AF537307

Wo kommt dat her?

Peter Honnen

Wo kommt dat her?

Herkunftswörterbuch der Umgangssprache an **Rhein** und **Ruhr**

GREVEN VERLAG KÖLN

Eine Veröffentlichung des LVR-Instituts für
Landeskunde und Regionalgeschichte

Lektorat: Johannes Klingen-Protti, Düsseldorf
Gestaltung: Thomas Neuhaus, Billerbeck
Satz: Angelika Kudella, Köln
Gesetzt aus der DTL Dokumenta
Lithografie: Prepress, Köln
Papier: Salzer EOS blauweiß
Druck und Bindung: Kösel, Krugzell
Coverabbildung: Bruce Nauman, *Double Poke in the Eye II,* 1985,
© VG Bild-Kunst, Bonn 2018
Kartografie: LVR-Institut für Landeskunde und Regionalgeschichte, Bonn

ISBN 978-3-7743-0692-9

Detaillierte Informationen über alle unsere Bücher finden Sie unter:

www.Greven-Verlag.de

Inhalt

Vorwort

»Wo kommt das her?« ist die häufigste Frage an die Sprachabteilung des LVR-Instituts für Landeskunde und Regionalgeschichte. Die Beantwortung dieser Anfragen nach der Geschichte eines Wortes und seines Ursprungs gehört zum täglichen Brot der LVR-Sprachwissenschaftler. Das muss allerdings hart erarbeitet werden. Denn die Wörter, um die es hier geht, sind Wörter der Umgangssprache, der Regiolekte oder der Dialekte – Wörter der gesprochenen Sprache also, die man nicht eben mal im Etymologie-Duden nachschlagen kann. Der Wortschatz der Alltagssprache ist, anders als die Hochsprache, kaum schriftlich überliefert. Die Sprachwissenschaft muss hier den mühsamen und nicht immer erfolgreichen Weg *über die Dörfer* gehen, indem in örtlicher oder regionaler Literatur recherchiert wird, großlandschaftliche Dialektdokumentationen abgeglichen, die niederländischen oder belgischen Nachbardialekte befragt oder örtliche historische Quellen herangezogen werden – eine Arbeit, die im Rheinland nur noch die Spezialisten des LVR-Instituts für Landeskunde und Regionalgeschichte leisten. Man könnte auch sagen: Dieses Wörterbuch ist ein direktes Produkt der umfangreichen Beratungstätigkeit der LVR-Sprachwissenschaftler, es ist unmittelbar aus der täglichen Arbeit entstanden.

Und das gleich in zweifacher Hinsicht. Denn die Aufgaben der Sprachabteilung sind die Dokumentation und Erforschung der Sprache, wie sie eben nicht im Duden steht. Das können alte Ortsdialekte, Reste der alten

Geheimsprachen, Sprachinseln und Fachsprachen, vor allem aber auch die Regiolekte, die rheinische Umgangssprache, sein, die viel mehr mit dem sprachlichen Alltag der Region zu tun haben als das in den Nachrichten gesprochene Standarddeutsch. Zu diesem Zweck hat der Autor vor zehn Jahren das interaktive »Rheinische Mitmachwörterbuch« aufgelegt, in dem die Rheinländerinnen und Rheinländer selbst ihren Alltagswortschatz online dokumentieren. Das bislang einzigartige Projekt ist mittlerweile zu einer beeindruckenden Wortsammlung angewachsen, und es ist die Quelle, aus der dieses Wörterbuch gespeist wird. Nahezu alle Beispielsätze entstammen diesem Internetwörterbuch. Auch hier könnte man also sagen: Dieses Wörterbuch ist ein Gemeinschaftsprojekt zwischen an ihrer Sprache interessierten Menschen im Rheinland und der Sprachabteilung unseres LVR-Instituts.

»Wo kommt dat her?« ist der Abschluss einer Trilogie, die mit dem Band »Kappes, Knies und Klüngel« 2003 ihren Anfang genommen hat. Aus diesem ersten rheinischen Wörterbuch der regionalen Umgangssprache ist das »Rheinische Mitmachwörterbuch« hervorgegangen, das wiederum Anlass für den Band »Alles Kokolores?« im Jahr 2008 war, der viele der dort gesammelten Wortgeschichten und Kommentare zum Inhalt hat. Dieses Wörterbuch nun ist die logische Synthese dieser Projekte, indem es die Wortdokumentationen mit der Sprachgeschichte verbindet und damit der aktuellen rheinischen Alltagssprache die Reverenz erweist, die ihr und ihren Sprecherinnen und Sprechern zukommt.

Deshalb kann ich Sie abschließend nur ermuntern, sich auch weiterhin am »Rheinischen Mitmachwörterbuch« und an den anderen Projekten der Sprachabteilung des LVR-Instituts für Landeskunde und Regionalgeschichte zu beteiligen. Das Buch, das Sie hier in der Hand halten, ist der schönste Beleg dafür, dass sich Ihre Mitarbeit lohnt.

Bonn, im März 2018 *Eckhard Bolenz*
Leiter des LVR-Instituts
für Landeskunde und Regionalgeschichte

Einleitung

Die gesprochene Sprache – seien es die allgemeine Umgangssprache, die Regiolekte oder auch die Dialekte – gilt für gewöhnlich als die etwas schmuddelige Schwester des Hochdeutschen. So wie man im Alltag lieber mit legerer Kleidung herumläuft und sich nur zu bestimmten Gelegenheiten *in Schale wirft,* bedient man sich im sprachlichen Alltag einer Sprachvariante, die weniger strengen Regeln unterliegt und sich nicht an den im Duden kodifizierten Wortschatz hält und die deshalb – wie ein sprachlicher Trainingsanzug – ein geringeres Prestige hat, oft sogar als falsch oder zumindest fehlerhaft gilt. Dialektsprecherinnen und -sprecher können (oder besser: konnten) davon ein Lied singen.

So alt diese Einschätzung ist, so falsch ist sie auch. Die Dialekte sind keineswegs primitive Varianten des Hochdeutschen, sondern alte Vorgängersprachen, die sich bis ins erste Jahrtausend zurückverfolgen lassen. Sie sind im Grunde Sprachmuseen, die einen Sprachstand archivieren, der die Grundlage für die Herausbildung der Hochsprache im 16. Jahrhundert war.

Auch die regionale Umgangssprache, die immer mehr die alten Dialekte ablöst, ist nicht unbedingt falsch, nur weil sie sich nicht an den kodifizierten Regeln orientiert. Die gesprochene Sprache ging der geschriebenen Sprache immer schon voraus, sie ist das Experimentierfeld, auf dem ausgelotet wird, wie stark etwa grammatische Konventionen gedehnt oder sogar über Bord geworfen werden können, wie konsensfähig Regelverstöße in einer

Sprachgemeinschaft sind und wie oder ob die Weichen für künftige Sprachentwicklungen gestellt werden. Ohne die gesprochene Alltagssprache gäbe es keine Sprachentwicklung (was der eine oder die andere vielleicht sogar befürworten würde). Das gilt sowohl für die Grammatik als auch für den Wortschatz. Die gesprochene Sprache ist so etwas wie ein Meiler, der ununterbrochen die Hochsprache befeuert und für deren Anpassung an die Sprachwirklichkeit sorgt.

Sie ist aber nicht nur innovativ, sondern auch konservativ. Der umgangssprachliche Wortschatz bewahrt wie die Dialekte unzählige Wörter, die – aus welchen Gründen auch immer – nicht den Weg in die Hochsprache gefunden haben. Die sind zwar aus standardsprachlicher Perspektive im Grunde Abfallprodukte der Sprachentwicklung, aber dennoch sprachgeschichtlich hochinteressant, ja oft sogar weitaus älter als ihr hochsprachliches Pendant. Kurz: Dass ein Wort nicht im Duden zu finden ist, bedeutet nicht, dass es in irgendeiner Weise »weniger wichtig«, »weniger wert« oder »weniger interessant« ist.

Im Gegenteil, viele Wörter der – rheinischen – Umgangssprache haben beispielsweise im Niederländischen eine völlig andere Karriere gemacht und gehören dort zur Hochsprache, denkt man etwa an slons »Schlampe«, rheinisch *Schlunz* »ungepflegte Person«; bluts, rheinisch *Blötsch* »Delle«; teef, rheinisch *Tiff, Teef* »Hündin«; bot »stumpf«, rheinisch *bott* »roh«; kneuteren, rheinisch *knöttern* »brummen, nörgeln«; knuffeln, rheinisch *knuffeln* »drücken, liebkosen«; laf, rheinisch *laff* »fade«; makker, rheinisch *Macker* »Kumpel, Freund«; pel, rheinisch *Pelle* »Haut«; zuipen, rheinisch *süppeln* »saufen«; klap, rheinisch *Klaaf* »Gerede, Gewäsch«; tergen, rheinisch *tärgen* »zerren, ärgern«; zolder, rheinisch *Söller* »Dachboden« oder verbazen, rheinisch *verbaseln* »etwas verhunzen«. Auch Wörter, die von Außenstehenden oder Nichtrheinländern eher als seltsam oder gar exotisch belächelt werden, gehören für die niederländischen Nachbarn ganz selbstverständlich zur Hochsprache, so das aus dem Jiddischen entlehnte stiekem, rheinisch *stickum* »heimlich, still«, der pip, rheinisch *Pips* für den »Schnupfen«, prul, rheinisch *Pröll* »Plunder, überflüssiges Zeug« oder mal, rheinisch *malle* für »verrückt, albern«. Selbst der so typisch rheinische und für Fremde unverständliche *Schavur* »Wirsing« findet sich im Niederländischen, wenn auch nicht in verballhornter Form, als savooikool und sogar im Englischen als savoy oder im Schwedischen als savojkål.

Überhaupt belegt dieses Wörterbuch die enge Verwandtschaft des Rheinischen mit dem Niederdeutschen und Niederländischen. Immer wieder findet sich in den Wortartikeln der Verweis auf mittelniederdeutsche Wurzeln oder niederländische Vergleichsformen: ein deutlicher Hinweis auf die Sprachgeschichte, die bei der Ausbildung der deutschen Standardsprache »parteiisch« gewesen ist und oberdeutsche und mitteldeutsche Dialekte bevorzugt und damit für den Untergang des Niederdeutschen als Schriftsprache gesorgt hat. Den Rest hat die Bibelübersetzung Martin Luthers erledigt, der sich in der Regel gegen niederdeutsche Varianten entschieden hat, wenn er sie denn überhaupt kannte. Das zentrale Rheinland mit seiner Handelsmetropole Köln war dagegen auf den Handel mit dem flandrischen und brabantischen Wirtschaftsraum und den Hansestädten an der Ruhr, Ijssel und in Westfalen ausgerichtet, entsprechend war auch seine Sprache beeinflusst. An der sprachhistorischen Schnittstelle zwischen hochdeutschen und niederdeutschen Dialekten (Benrather Linie) war die gesprochene Sprache im Rheinland noch im 16. Jahrhundert deutlich niederdeutsch geprägt. Und das sind die rheinischen Dialekte und die Regiolekte nördlich der Mosel noch heute, auch wenn sich Köln im 16. Jahrhundert dem Vordringen des Hochdeutschen ergeben hat. Dieses Wörterbuch ist also – wenn man so will – auch eine Erzählung von Siegern und Verlierern, von tapferen Rheinländerinnen und Rheinländern, die selbst in ihrer aktuellen Alltagssprache ihre sprachhistorischen Wurzeln bewahren und sich gegen jede standardsprachliche Gleichmacherei behaupten – so wie es Wrede vor einhundert Jahren bereits beschrieb (Wrede 1920 105): »Lange und zäh hat das Altkölnische dem machtvoll vordringenden Hochdeutschen standgehalten und noch heute stemmt sich die kölnisch-ripuarische Mundart mit den letzten Wortresten dem unaufhaltsam weiterdringenden schriftdeutschen Wort[schatz] entgegen.«

Dass diese Beobachtung auch heute noch für die gesprochene Alltagssprache gilt, hätte sich der berühmte rheinische Sprachforscher sicherlich nicht vorstellen können. Und doch ist es so: Noch heute lässt die Umgangssprache, die die Menschen zwischen Westfalen und der Pfalz sprechen, im Wortschatz die zweitausend Jahre alte Eroberungs-, Siedlungs- und Migrationsgeschichte des Rheinlands aufscheinen. Wenn eine Niederrheinerin vom *Söller* spricht, wenn ein Kind *fimmelich* ist und den Teller nicht leer isst, sich eine rheinische Kaffeerunde ein *Köppken* Kaffee genehmigt, ein Bergmann im Ruhrgebiet in die *Waschkaue* geht oder die Nachbarn auf dem *Dörpel* tratschen, dann benutzen sie Wörter, die in ähnlicher Form schon die römischen Soldaten im kaiserlichen Trier oder in der großen Metropole Köln gesprochen haben.

Wenn allerdings die vor allem im Bergischen Land und am Niederrhein so beliebten *Bollebäuschen* zu *drüch* geraten sind und deshalb die Stimmung am Kaffeetisch eher *düster* ist und die Gäste anfangen zu *kühmen,* dann zeigt sich hier das sprachliche Erbe der auf die Römer folgenden Franken und Sachsen, auf die auch solche Wörter wie *frackich* »wütend«, *Hülse* »Ilex« oder *tergen, zergeln* »ärgern« zurückgehen, die in den Ohren der modernen Rheinländerinnen und Rheinländer keineswegs *altfränksch* »altertümlich« klingen.

Weniger Siedlungsgeschichte als Sprache gewordene Sozialgeschichte steckt dagegen in den vielen französischen und jiddischen Lehnwörtern oder den ungezählten Übernahmen aus dem Rotwelschen, der berühmten deutschen Gaunersprache. Denn anders als vielfach angenommen sind die Französismen in der gesprochenen Sprache keine Relikte der napoleonischen Besatzungszeit, sondern vielmehr anschauliche Beispiele dafür, wie modische Überreiztheiten der »gehobenen Kreise« irgendwann auch das einfache Volk erreichen. In diesem Fall handelt es sich tatsächlich um sprachliche Moden, deren Diktat sich seit dem Mittelalter zuerst der deutsche Adel, dann aber auch das aufkommende deutsche Bürgertum unterworfen hatte. In diesen Kreisen war Französisch einfach *in,* auch wenn man oft nicht mehr als ein paar Brocken in ein Gespräch oder einen Brief einfließen lassen konnte. Diese Brocken wurden nicht nur in den Salons populär (!), sondern schließlich auch auf der Straße, wo sie, zum Teil lustig entstellt, bis heute quicklebendig geblieben sind; dazu gehören etwa *Amarasch* »Aufwand, Getue«, *Bagaasch* »Familienanhang«, *blümerant* »benommen«, *Dääz* »Kopf«, *malad* »kränklich« und *Plümmo* »Federbett«.

Mit Sprachmoden haben dagegen die Jiddismen in der Alltagssprache nichts zu tun, im Gegenteil: Schon im 19. Jahrhundert wollte das jüdische Bürgertum von solchen Wörtern nichts mehr wissen und hat sich dafür eher geschämt. Wenn sich dennoch zahlreiche jüdische Lehnwörter im Rheinischen finden, sind sie zu einem nicht geringen Teil im Kontakt zwischen jüdischen Viehhändlern, Metzgern oder Hausierern und der rheinischen Landbevölkerung entstanden. Dazu gehören etwa *Daffke* »Trotz«, *Kaff, Kahn* »Gefängnis«, *Keiloff* »Hund«, *Kippe machen* »Halbe-Halbe«, *malochen, meimeln* »regnen, pinkeln«, *stickum* »leise« oder das im Ruhrgebiet bekannte *Zachel* »Messer«. Andere jiddische Lehnwörter sind dagegen nicht durch direkten Sprachkontakt, sondern durch Vermittlung des Rotwelschen und der studentischen Umgangssprache entlehnt worden. Gaunersprachlichen Ursprungs sind *Kohldampf, verschütt gehen, Abstauber, Fusel* »Schnaps«, *Geseier* »Gerede«, *Heiermann, kötten* »heischen, betteln«, *nöppes* »nichts« oder *Patte* »Geld«.

Aber das Rheinland war nicht nur römische Kolonie, fränkisches Siedlungsgebiet, mittelalterliche jüdische Migrationsregion oder französisches Departement, es war auch immer eine Grenzregion mit vielen Nachbarstaaten und damit Sprachgrenze zum Niederländischen und Französischen – Sprachen, die einen nicht unwesentlichen Einfluss auf das Rheinische hatten. So ist die deutsche Handelssprache stark durch die intensiven flandrisch-brabantischen Geschäftsbeziehungen des Rheinlands beeinflusst worden. Denn seit Beginn des 15. Jahrhunderts übernahmen die Kölner Geschäftsleute die Kaufmannssprache, die sich in den Handelsmetropolen Antwerpen, Gent oder Mechelen ausgebildet hatte. Begriffe wie prijs (im Sinne von Geldwert), borse (Börse, daraus später auch Geldbörse), net (netto), balantz (Bilanz), bankerot (Zahlungsunfähigkeit) und profijt (Profit) tauchen im deutschen Sprachraum erstmals in der Kölner Stadtsprache auf. Das abgeleitete *profitlich* »nützlich« ist noch heute ein exklusiv rheinisches Adjektiv, das man hier sogar in Familiennamen findet. Auch der holländische Spekulatius hat seinen Weg in den deutschen Sprachraum über das Rheinland gefunden. Die Nähe zur Schwestersprache hat so auch der rheinischen Alltagssprache zu einer ganzen Reihe von niederländischen Lehnwörtern verholfen: *Pier* »Wurm«, *Pluse* »Feder«, *Pluten* »abgetragene Kleider«, *Poller* »Pfahl«, *Prötter* »Lehnsessel«, *pück* »unverdorben«, *Rabauke, verklickern* »mühselig erklären«, *Baas* »Chef«, *Bäus* »Jacke« oder *beiern* »Glocken rhythmisch läuten«. Viele dieser Wörter hat das Niederländische übrigens wiederum selbst aus dem Französischen entlehnt wie *Buhai, beiern, göbeln* »sich übergeben« oder *Rabauke.* Dagegen hat im Süden des Rheinlands der Sprachkontakt an der französisch-deutschen Sprachgrenze zu zahlreichen kleinräumigen romanischen Lehnwörtern in der Alltagssprache geführt, die andernorts völlig unbekannt sind: *Basküll* »Waage«, *Fissell* »Bindfaden«, *Fricko* »Frikadelle«, saarländisch *frosen* »falten«, *Gruschel, Groschel* »Stachelbeere«, *Hotte* »Tragekorb«, *karfarbel* »böse«, *Ovasch* »Umstände« oder *pommesäng* »kaputt«.

Die rheinische Alltagssprache ist ganz offensichtlich ein Spiegel der für den deutschen Sprachraum ungewöhnlich langen und wechselvollen Geschichte des Rheinlands und seiner ungewöhnlichen geografischen Situation entlang zweier Sprachgrenzen. Doch das ist nur ein Aspekt. Das Rheinische ist als Regiolekt, als regionale Umgangssprache, auch Erbe der alten Dialekte, die im sprachlichen Alltag in ihrer eigentlichen Form kaum noch zu hören sind. Oft als *Hochdeutsch auf Klompen* oder noch drastischer als *Hochdeutsch mit Streifen* verunglimpft, ist die aktuelle gesprochene Sprache im Rheinland dennoch das letzte Refugium für manche regionaltypischen Mundartwörter. Und es ist manchmal sogar erstaunlich, welch wirklich exklusiv rheinische Begriffe mit nur geringer Reichweite heute noch von Menschen zu hören sind, die nie Dialekt gesprochen haben. Dazu gehören etwa *Fumm* »dickes Butterbrot«, die Eifler Wendung *int Gewatt kommen* »sich einspielen«, *kiwief* »reaktionsschnell, intelligent«, *abklabastern*

»abklappern« (beide Wörter sind in dieser Bedeutung typisch rheinisch), *kläddernass* »klatschnass«, *Kläut* »Krempel«, *Klöfken* »Dietrich«, *kniestich* »geizig«, *knöseln* »nörgeln«, *krapp* »kross«, *Mösch* »Spatz«, *parsche* »pressen«, *Pittermännchen* »Fässchen«, *plästern* »heftig regnen«, das südrheinische *schlusen* »auftauen«, *Schwaderlapp* »Schwätzer« (der hier sogar Familienname sein kann), *spinksen* »lauern«, die Wendung *Strang vor etwas haben* »Angst haben«, *Ullig* »kleines Kind« oder *Ambach* in der Frage *Wat is Ambach?* »Was ist los?«. »Exklusiv rheinisch« muss dabei nicht unbedingt bedeuten, dass die entsprechenden Wörter rheinische »Erfindungen« sind, im Gegenteil können auch sie Lehnwörter sein, die wie *Mösch* oder *Ambach* eine vorgermanische Wortgeschichte haben. Im Fall von Letzterem ist die sogar eine ganz besondere, denn *Ambach* ist eines der ganz wenigen keltischen Wörter, die wir kennen (gallisch ambactus »Dienstmann«). Warum sich im nördlichen Rheinland, und nur hier, die alte Form (die im Hochdeutschen zu Amt geworden ist) nahezu unverändert gehalten hat, ist eine bislang unbeantwortete Frage.

Wie überhaupt der umgangssprachliche Wortschatz manches Rätsel birgt. Das gilt vor allem für relativ junge Wörter oder Neuschöpfungen, die noch gar keine Wortgeschichte haben können. Ein solches Wort ist zum Beispiel *Okolyt,* ein Platzhalter für etwas Großes, Dickes. Schon die für den deutschen Sprachraum ungewöhnliche Schreibung deutet auf ein Fremdwort – vielleicht aus dem Griechischen? Doch jede Suche nach einem fremdsprachlichen Vorbild ist vergeblich, weder *Okolyten* noch **Ockeliten* oder **Okolüten* sind außerhalb des rheinischen Sprachraums zu finden. Das gilt auch für den sinnverwandten *Oschi,* der etwas älter und weiter verbreitet, aber genauso wenig zu entschlüsseln ist. Rätselhaft sind auch *Zigulle* für »Nase« im Ruhrgebiet, eine überhaupt sehr fantasievolle Region, was Wortneuschöpfungen betrifft, *Zichte* für »Zigarette«, *Kutzen* für »Essensreste« im östlichen Rheinland oder die bekannten *Klamotten,* die zwar jeder hat, von denen aber keiner weiß, wo sie herkommen. Auch ältere, schon in den Mundarten verbreitete Wörter widerstehen oft allen Erklärungsversuchen. Im Bergischen kann der *Müter* sowohl ein Kater als auch ein Krug oder Essensgeschirr sein; schon diese Doppelbedeutung ist sehr seltsam, die Wortgeschichte völlig unbekannt. Auch wenn es für das weitverbreitete *Schisslameng* mit seinen zahlreichen Varianten viele Deutungen und Herkunftslegenden gibt, so muss das Wort doch nach wie vor als noch nicht entschlüsselt gelten. Und warum hat man im Rheinland *Strang,* wenn man ängstlich ist, weshalb rufen die Menschen in Aachen und Umgebung *Au Hur!,* wenn sie überrascht sind, und wieso heißen Evangelische im südlichen Rheinland die *Blauen?*

Noch sind also bei Weitem nicht alle Wörter der rheinischen Umgangssprache entschlüsselt, bei vielen der hier behandelten ist die Ableitung darüber hinaus nicht gesichert oder kann die Wortgeschichte nur vermutet werden. Das ist bei einer Sprache, die nur gesprochen und ganz selten einmal aufgeschrieben wird, nicht anders zu erwarten. Das macht sie eigentlich erst spannend. Aber auch wenn viele Rätsel bleiben, kann ein etymologisches Wörterbuch des Rheinischen die gesprochene Sprache in einem ungewohnten oder gar neuen Licht erscheinen und ihr Gerechtigkeit widerfahren lassen. Es kann Vorurteile widerlegen, wenn es zeigt, dass Schmunzeln oder sogar Spott bei Wörtern wie *Pips* »Schnupfen«, *Pillefüße, Kühmbrezel* »Person, die ständig klagt« oder *Küffken* »Haarknoten« völlig fehl am Platz ist. Mögen sie für Außenstehende vielleicht lustig klingen, so haben sie doch eine lange Geschichte: Der *Pips* ist eigentlich ein lateinisches Lehnwort und viel älter als der hochdeutsche Schnupfen, und auch die *Pillefüße* haben im Grunde lateinische Wurzeln. Das *Küffken* ist ein uraltes Wort, das aus dem Germanischen über das Spätlateinische cofea »Haube« wieder zurückgewandert ist; und *gekühmt* hat man schon im Altsächsischen, und es ist nur ein sprachgeschichtlicher Zufall, dass wir heute im Standarddeutschen klagen.

So ist, wenn man so will, die Rehabilitation des alltagssprachlichen Wortschatzes und seiner Sprecherinnen und Sprecher im Rheinland das eigentliche Anliegen dieses Buches. Es will zeigen, dass die gesprochene Sprache ebenso alte Wurzeln wie die Hochsprache hat, dass das Rheinische noch heute, anders als die alles vereinheitlichende Standardsprache, ein sprechendes Zeugnis der außergewöhnlichen rheinischen Geschichte ist und als sprachliches Kleid deshalb weit besser zu seinen Sprecherinnen und Sprechern passt als der im Duden kodifizierte Wortschatz. Sie sollten es deshalb nicht ablegen, sondern im Gegenteil bei allen sich bietenden Gelegenheiten selbstbewusst vorführen.

DAS RHEINISCHE

In diesem Buch ist unentwegt vom »Rheinischen« oder der »rheinischen Umgangssprache« die Rede, obwohl niemand in Emmerich, Essen, Aachen oder Trier von sich behaupten würde, sie oder er spräche »rheinisch«; auch Mundartsprecherinnen und -sprecher nicht. Die reden vielleicht noch *Kölsch, Mölmsch, Öcher Platt,* Bergisch oder Grafschafter Platt – wenn sie denn überhaupt Mundart sprechen –, aber sie würden ihre Sprache nie »Rheinisch« nennen.

Was also ist dann Rheinisch? Es ist ein Konstrukt, um die Sprache zu benennen, die an Rhein und Ruhr im Alltag gesprochen wird. Diese Alltagssprache ist weder Dialekt noch Hochdeutsch. Sie ist alles das, was man zwar spricht, aber normalerweise nicht schreiben würde (auch wenn sich in der Welt von Chats, Blogs und WhatsApp der Gegensatz von Schriftsprache und Sprechsprache aufzulösen beginnt), man kann sie nicht im Duden nachschlagen und sollte sie tunlichst nicht im Vorstellungsgespräch oder im Schulaufsatz benutzen. Sie ist so etwas wie die sprachliche Freizeitkleidung, nicht formell, keinen strengen Regeln unterliegend und den meisten alltäglichen Situationen angemessen. Und: Jede und jeder spricht sie.

Dennoch hat sie keinen Namen. Selbst im Ruhrgebiet nicht, dessen Regiolekt deutschlandweit berühmt ist. Hier sprechen die Menschen von *Pöttisch,* Ruhrslang oder Ruhrdialekt, wenn sie ihre Sprache benennen müssen. In allen anderen rheinischen Regionen könnten die Menschen die Frage nach ihrer Alltagssprache gar nicht beantworten. Das gilt entsprechend für die anderen Landschaften in Deutschland.

Deshalb heißt das interaktive Wörterbuchprojekt der LVR-Sprachabteilung, in Ermanglung von Alternativen, auch »Rheinisches Mitmachwörterbuch«. Es ist die bislang größte Dokumentation einer regionalen Umgangssprache und die wichtigste Quelle für dieses Wörterbuch. Das Mitmachwörterbuch sammelt den umgangssprachlichen Wortschatz, wie er zwischen Westfalen im Norden und dem Hunsrück im Süden entlang des Rheins und der Ruhr zu hören ist. In den Spielregeln des Projekts heißt es:

»Es ist ein Wörterbuch der rheinischen Umgangssprache, also der im Alltag gesprochenen Sprache im Rheinland. Es geht um die Wörter, die man in Gesprächen verwendet, die man aber im Allgemeinen nicht schreiben würde.

Mit Rheinland ist gemeint: der Niederrhein, das Ruhrgebiet, das Bergische Land, das zentrale Rheinland, die Eifel, der Westerwald und der Hunsrück.

Erfasst werden die Wörter, die im Rheinland tatsächlich zu hören sind. Dialektale Ausdrücke aus Bayern oder Sachsen gehören nicht dazu.

Auch wenn Vollständigkeit nicht zu erreichen ist, sollen möglichst alle Wörter der rheinischen Umgangssprache verzeichnet werden. Eingeschlossen sind auch Wörter, die der unteren Stilebene zuzurechnen sind.«

Der Wortschatz der regionalen Umgangssprache beschränkt sich also nicht auf die für die sprachliche Identität so wichtigen Relikte der rheinischen Mundarten wie *Brassel, fieseln, plästern, döppen, jückeln* oder *Häppken,* sondern wird auch durch Wörter und Wendungen der allgemeinen, überregionalen Umgangssprache wie *Kaventsmann, himmeln, Kittchen, Assi, klamüsern, Klitsche, den Larry machen* und *mein lieber Scholli* geprägt. Die sind nicht regional gebunden, aber eindeutig auch nicht schriftsprachlich. Dazu kommen Übernahmen aus Fachsprachen *(Hängen im Schacht, Henkelmann, Kumpel, Pütt)* oder anderen Sondersprachen wie dem Rotwelschen (*Kohldampf, Moos* »Geld«, *verkohlen, Heiermann* oder *Kluft*). Rheinisch im umgangssprachlichen Sinn bedeutet also für ein Wort nicht, dass es hier »entstanden« ist, sondern dass es hier gesprochen wird. Andererseits kann auch der alltagssprachliche Wortschatz, wie die Mundarten, immer noch sehr kleinräumig sein. Wörter wie *Bratze* (abwertende Bezeichnung für eine Frau), *Omme* (Kopf), *Oschi* (großes Ding) oder *Mottek* (Hammer) zum Beispiel sind nur im östlichen (Ruhrgebiet) und nördlichen Rheinland zu finden, anderswo wird man diese Wörter kaum verstehen. Dagegen kennen die Menschen im Aachener Raum die Ausrufe *Och härm!* und *Au Hur!* oder den *Lord Makai* (für den berühmten *Grafen Koks*), was schon in Mönchengladbach auf Unverständnis stößt. Weitere nur kleinräumig bekannte Wörter sind *Basküll* »Einkaufstasche«, *grellich, jrellisch* »wütend«, *Hitte* »Ziege«, *Hümmelken* »kleines Messer«, *Kille* »Brotscheibe«, *Kläut* »Krempel«, *kötten* »heischen«, *Kröcher* »Köter«, *Kühles* »Roggenbrötchen« oder *schreuen* »anbrennen«, die allesamt belegen, dass die regionale Umgangssprache nicht homogen, sondern immer noch sehr variantenreich ist – was wiederum die genaue Bestimmung des »Rheinischen« weiter erschwert. Oder andersherum: Nicht jeder Rheinländer wird alle hier erklärten Wörter kennen, nicht jede Rheinländerin wird alle ihr bekannten Wörter hier finden.

Dennoch zeigt dieses Wörterbuch, wie auch das »Rheinische Mitmachwörterbuch«, dass die sprachliche Welt jenseits der Schriftsprache bunt und vielfältig ist. Das »Rheinische« ist zwar ständig in Bewegung und nur schwer zu fassen, aber seine Wortgeschichten sind mindestens so alt und interessant wie die der Hochsprache.

DAS WÖRTERBUCH

Das interaktive »Rheinische Mitmachwörterbuch« ist seit 2007 online. Darin dokumentieren (bislang etwa zweitausend, Stand August 2017) Rheinländerinnen und Rheinländer in über siebentausend Stichwörtern mit unzähligen Beispielsätzen ihre rheinische Alltagssprache zwischen Hochdeutsch und Dialekt. Die Wortsammlung kann deshalb ein hohes Maß an Authentizität beanspruchen – und damit auch dieses Wörterbuch, in das viele Wortartikel eins zu eins übernommen wurden.

Auch die Schreibung der umgangssprachlichen (und kursiv gesetzten) Belege entspricht exakt den Einträgen im »Rheinischen Mitmachwörterbuch« oder, in seltenen Fällen, den Beispielen in dem Band »Kappes, Knies und Klüngel« (Honnen 2012a). Sie wurde nur sehr behutsam vereinheitlicht, um die Authentizität der sprachlichen Zeugnisse zu bewahren. Denn neben den Wörtern sind auch die lautliche Vielfalt und die sprechsprachliche Grammatik des Rheinischen *ein Kapitel für sich,* wie man im Rheinland sagen würde. Deshalb erhebt dieses Wörterbuch auch nicht den Anspruch, alle Lautvarianten zu berücksichtigen – dazu müssten sie erst einmal dokumentiert werden. Eine systematische Erhebung des rheinischen Regiolekts fehlt jedoch bislang, wie überhaupt Erhebungen zu regionalen Umgangssprachen bis heute nur in bescheidenem Rahmen durchgeführt wurden. Auch das »Rheinische Mitmachwörterbuch« ist noch längst nicht abgeschlossen, sondern wird fortlaufend um neue Stichwörter oder Bedeutungs- und Lautvarianten ergänzt und erweitert. Ein Ende ist nicht abzusehen.

Die Schreibung der fremdsprachlichen Vergleichsformen und der historischen Belege in diesem Buch wurde bewusst einfach gehalten. So werden weder bei den variantenreichen hebräischen und jiddischen Wörtern noch bei althochdeutschen, gotischen oder germanischen Vorformen Sonderzeichen (etwa zur Kennzeichnung der Vokallänge) benutzt. Auf diese Weise soll die sprachliche Verwandtschaft leichter erkennbar werden. Der Asterisk (*) vor einer historischen Wortform zeigt an, dass sie erschlossen wurde (wie bei schriftlosen Sprachen wie dem Germanischen oder Keltischen zu erwarten).

Ausnahmslos alle sprechsprachlichen, also umgangssprachlichen und dialektalen Belege sind in den Wortartikeln durch Kursivierung gekennzeichnet. Das sind sowohl die alltagssprachlichen Satzbeispiele, die in der Regel zu Beginn eines Artikels erscheinen, als auch einzelne Wortbelege aus den entsprechenden Dialekten wie dem Niederdeutschen, dem Limburgischen oder dem Rheinischen (das stellvertretend für alle regionalen Mundartvarianten steht). Wortbelege aus historischen Sprachepochen wie dem

Mittelniederdeutschen oder Mittelhochdeutschen und aus den Sondersprachen (Jiddisch, Rotwelsch) sind nicht kursiviert.

Die wenigen nicht zu vermeidenden sprachwissenschaftlichen Fachausdrücke wie Velarisierung, Intensivform oder Itinerativ werden in einzelnen Wortartikeln wiederholt erläutert. Wenn in dem Wörterbuch von »verschobenen« und »unverschobenen« Varianten die Rede ist, dann bezieht sich dies auf den historischen Lautwandel im Zuge der Zweiten Lautverschiebung, der für das Rheinland von besonderer Bedeutung ist und sich in der berühmten »Benrather Linie« manifestiert. Südlich dieser Linie, die sich von Maastricht über Benrath bis weit in den Osten nach Berlin erstreckt, sind im frühen Mittelalter die Konsonanten p, t und k zu f/pf, s/z und ch »verschoben« worden, während sich im Norden die alten, ursprünglichen Laute erhalten haben: *lope* – laufen, *Pipe* – Pfeife, *Water* – Wasser, *Tiet* – Zeit und *make* – machen. Man könnte verallgemeinernd auch sagen: Die Menschen nördlich der Benrather Linie sprechen niederdeutsche, südlich davon hochdeutsche Dialekte. Dieser Gegensatz findet sich auch in den germanischen Schriftsprachen: englisch to make, niederländisch maken, deutsch *machen*.

Historische Wortforschung ist im Rheinland deshalb nicht ohne einen Blick in das niederländische Nachbarland möglich, weil die angrenzenden Sprachen und Dialekte sprachgeschichtlich eng miteinander verwoben sind. Es ist dabei ein für dieses Buch besonderer Glücksfall, dass die niederländische Wortforschung eine lange Tradition hat und ungeheuer produktiv ist. Neben umfangreichen Werken zur Etymologie der niederländischen Standardsprache finden sich sogar Herkunftswörterbücher zu einzelnen Dialektregionen, unter anderem zum angrenzenden Limburgischen, aus dem in diesem Buch deshalb auch ausführlich zitiert wird. Als besonders nutzerfreundlicher Service sind auf der Internetseite www.etymologiebank.nl, gehostet vom Meertens Instituut in Amsterdam, über 25 etymologische Wörterbücher des Niederländischen zusammengefasst, darunter auch das neueste mehrbändige »Etymologisch woordenboek van het Nederlands« (M. Philippa/F. Debrabandere/A. Quak/T. Schoonheim/N. van der Sijs, Amsterdam 2003–2009). Dieses Wörterbuch ist ausschließlich in der Online-Version verwendet worden (zu erkennen an dem Weblink http://www.etymologiebank.nl), für die hier die geforderte Quellenangabe summarisch geliefert wird: Sijs, Nicoline van der (samensteller) (2010), Etymologiebank, op http://etymologiebank.nl/. Die Website hat für dieses rheinische Herkunftswörterbuch unschätzbare Dienste geleistet.

Eine weitere oft genutzte Internetseite ist der Online-Auftritt des Duden (www.duden.de), da hier weitaus mehr umgangssprachliche Stichwörter als in der konservativeren Printausgabe verzeichnet sind. Im Übrigen wurde versucht, die Zahl der Weblinks möglichst überschaubar zu halten. Bis auf einen Link (gekennzeichnet) waren bei der Überprüfung im August 2017 alle angegebenen Webadressen aktiv, weshalb auf die übliche Angabe des letzten Zugriffs verzichtet wird.

Um den Lesefluss nicht zu stören, erscheinen die Literaturnachweise in der Einleitung und in den über das Wörterbuch verteilten Exkursen im Text als Kurztitel in Klammern. Ihre Auflösung findet sich im ausführlichen Literaturverzeichnis vor dem Register.

Allen Leserinnen und Lesern sei ein Blick in das Register angeraten, weil sich nicht nur Lautvarianten, sondern auch viele Stichwörter in Wortartikeln verstecken, in denen man sie nicht ohne Weiteres vermuten würde. Auch bei der Suche nach einem Wort ist das Register hilfreich, weil das Lemma oft nicht der erwarteten Lautform entspricht. Hier wird man unter den vielen aufgeführten Varianten vielleicht fündig.

Ein abschließender Hinweis: In den Wortartikeln finden sich häufig die Wörter »vielleicht«, »wahrscheinlich« oder »wohl«, die signalisieren, dass die jeweilige Deutung nicht absolut gesichert ist. Mit diesen Zweifeln muss man bei einem Herkunftswörterbuch der Umgangssprache, das sich auf vergleichsweise wenige schriftliche Quellen stützen kann, wohl oder übel leben.

Aas rheinisch **Oos** in der Umgangssprache nur noch als **Schinnoos** (mit einem langen und ganz offenen o gesprochen), das nicht nur nach Ausweis des Rheinischen Wörterbuchs als »das beliebteste Schimpfwort für einen gemeinen, frechen, schlechten, arglistigen, hintertriebenen Menschen, böswilligen Quäler, besonders für ein freches, gerissenes Weib« gelten kann, wobei dieses »besonders« einen interessanten Einblick in das mundartliche Verhältnis der Geschlechter erlaubt (siehe unten). Das Schimpfwort ist auch in der rheinischen Umgangssprache noch häufig zu hören: *Pass auf, die Alte is son richtiges Schinnoos!* Allerdings kann darin durchaus auch so etwas wie Anerkennung ob der erfolgversprechenden Durchtriebenheit mitschwingen.

Schinnoos ist wörtlich als »Schindaas« zu übersetzen (im Standarddeutschen noch als Schindluder oder Schindmähre bekannt) und meint ein verendetes, dem Schinder verfallenes, nicht mehr verwertbares Tier. Deshalb kann man sich vorstellen, dass *Schinnoos* ursprünglich ein besonders drastischer Ausdruck gewesen ist. Auch das Grundwort Aas, in der Mundart *Oos,* ist im Rheinland sowohl als Schimpfwort *(Du Oos!)* wie auch als drastische Bezeichnung für den Kaffeesatz *(Schött noch jät Wasser op et Oos)* vielseitig verwendbar. Und die Verkleinerungsform **Öösje, Ösken** kann sogar ein Kosewort für kleine Kinder sein.

Anmerkung: Dass beim *Schinnoos* vielerorts automatisch an eine weibliche Person gedacht wird, zeigt die lustige Etymologie, die man sich an der Mosel erzählt: Dort wird das mundartliche *Schinnoatz* auf französisch chignon »Haarknoten« zurückgeführt, was einerseits ein interessantes Frauenbild offenbart, andererseits auch wieder das beliebte Französische ins sprachgeschichtliche Spiel bringt (siehe Exkurs »Das Französische im Rheinischen«).

RhWb 1/68 u. 7/1136; Werner 347; http://www.naves-historia.de/mundart.htm

abklappern suchen, absuchen, rauf- und runterlaufen *Ich hab alle Kneipen abgeklappert. Emil war nirgens zu finden.*

In den rheinischen Mundarten hat *klappen, klappern* (zu mittelniederdeutsch klappen »klatschen, schwatzen«) vielfältige Bedeutungen, darunter auch *angeklappt kommen* »angerannt kommen« und *abklappen* »eine Strecke ablaufen«, wohl durch das Geräusch der früher üblichen Holzschuhe motiviert.

Küpper 8; RhWb 4/615; http://www.duden.de/rechtschreibung/abklappern

abkratzen sterben; entstanden aus der höfischen Sitte des Kratzfußes bei Abschiedsverbeugungen. Aus der Bedeutung »davongehen, sich verabschieden« wurde in den Mundarten *abkratzen* als »sich aus dem Staube machen« und schließlich umgangssprachlich »sterben«.

Kluge 2011 7; RhWb 4/1398; Trübner 1/17

abmeiern jemanden abweisen, im Regen stehen lassen *Der hat den orntlich abgemeiert, der is jetz färtich.*

Abmeiern bedeutet eigentlich »einen Pachtbauern von Haus und Hof entfernen« und geht auf die alte fränkische Bezeichnung Meier für einen landwirtschaftlichen Beamten zurück (zu lateinisch maior »Höherer«). Hierher gehört wohl auch **lackmeiern**, das meist als *gelackmeiert* »angeschmiert, betrogen« vorkommt: *Wenn der nich pünktlich is, bin ich gelackmeiert.* Oft als Substantiv *Jetz bis du der Gelackmeierte. Lackmeiern* ist im Grunde eine Steigerungsform, denn *lackieren* bedeutet in den Mundarten oft »jemanden übervorteilen, betrügen«.

DtWb 1/77; Pfeifer 1/527; RhWb 5/22 u. 1038

abnippeln, abnibbeln derb für sterben, abkratzen *Dem seine Omma is gestern abgenippelt. Der nibbelt bald ab, wenn der so weiter macht. Bisde am abnibbeln oder wat?* (schwächlich sein)

In den niederdeutschen und rheinischen Mundarten kennt man diese Bedeutung nicht, hier steht *abnippeln, abnibbeln* nur für »knabbern, knibbeln, etwas abkneifen« (wie auch im Niederländischen (nibbelen) und Englischen (to nibble)). Da das rein umgangssprachliche *abnippeln* als »sterben« erstmals 1876 im Berlinischen auftaucht, scheint die Ableitung aus dem jiddischen niwel »verwelkt« nicht ganz abwegig.

DtWb 1/625; Honnen 2008a 30; Küpper 10; RhWb 6/182 u. 218; Wolf 1956 20

abplacken abrackern, schwer arbeiten *Der is sich nur am abplacken,* auch als einfaches **placken** *Der is (sich) den ganzen Tach am placken* (schinden, abmühen), dazu **Plackerei**: *Wenn ich ma tot bin, dann hat die Plackerei ein End* (Mühsal, Schufterei und so weiter). *Wat vonne elende Plackerei! Placken* ist verwandt mit plagen, es ist eine sogenannte Intensivbildung (verstärkende Form) und hauptsächlich im Norden des deutschen Sprachraums verbreitet.

Grimm 13/1872; RhWb 6/903; Schiller/Lübben 3/334

Abraham kennen viele Rheinländer auch in der Frage: *Na, hasse auch schon den Abraham gesehen?* Etwas Gehässigkeit und Schadenfreude schwingt schon mit, wenn man im Norden des Rheinlands oder im Bergischen Land und im Ruhrgebiet auf diese etwas seltsame Weise gefragt wird. Bedeutet es doch, dass der- oder diejenige den fünfzigsten Geburtstag bereits gefeiert hat. Andererseits gilt man, wenn man *den Abraham noch nicht gesehen hat,* als unerfahren und noch grün hinter den Ohren; eine andere Variante dieser Bedeutung ist: *Da hasse noch in Abrahams Wurstkessel gesessen.* Wie man es auch dreht, auf jeden Fall ist man immer entweder zu jung oder schon zu alt.

Manche Rheinländerinnen und Rheinländer kennen noch die Gewohnheit, dem Geburtstagskind zum Anlass des fünfzigsten Geburtstags eine

Abrahamfigur zu überreichen. In den angrenzenden Niederlanden ist der Brauch noch heute verbreitet, dort wird eine Abrahamfigur in den Vorgarten gestellt. Folgerichtig heißt die Feier des fünfzigsten Geburtstags deshalb oft auch das Abrahamsfest. Die Redewendung geht auf die Bibelverse Johannes 8,56 ff. zurück, wo Jesus in einem Streitgespräch sagt: »Euer Vater Abraham jubelte, weil er meinen Tag sehen sollte. Er sah ihn und freute sich. Die Juden entgegneten: Du bist noch keine fünfzig Jahre alt und willst Abraham gesehen haben? Jesus erwiderte ihnen: Amen, amen, ich sage Euch: Noch ehe Abraham wurde, bin ich.«

Anmerkung: Frauen haben nicht Abraham, sondern Sarah gesehen (zumindest am nördlichen Niederrhein).

Degen; Fellsches/Schnieber 10; RhWb 1/28; Röhrich 1/60; http://www.etymologiebank.nl/trefwoord/abraham

abstauben etwas umsonst oder billig ergattern, etwas (unverdient) geschenkt bekommen *Beim Ausverkauf hab ich haufenweise billige T-Shirts abgestaubt. Wo hasse dat denn abgestaubt?* Beim Fußball bedeutet abstauben »von der Vorarbeit eines Mitspielers profitieren«: *Der brauchte nach dem Patzer von dem Torwart nur noch abstauben.* **Abstauber, Abstaubertor**.

Die übertragene Bedeutung von *abstauben* ist um 1900 aufgekommen. Deshalb ist die oft zu lesende und sehr anschauliche Herleitung eher unwahrscheinlich: »Der Ausdruck ›etwas abstauben‹ stammt aus dem Müllerhandwerk. Der beim Mahlen entstehende Mehlstaub wurde von den Müllern nicht immer rückstandslos in die Säcke der Bauern gepackt. Diesen kleinen Nebenverdienst konnte der Müller also im wörtlichen Sinne ›abstauben‹. Es gibt für diese Erklärung allerdings keinen Beleg.« Das Wort ist wohl entstanden aus rotwelsch stapeln, abstappeln »betteln, auf Bettelgang gehen«. Es ist in vielen Ableitungen ein weitverbreitetes Wort der Gaunersprache.

Küpper 15; Paul 12; Wolf 1956 5532; http://etymologie.tantalosz.de/

abziehen betrügen, beklauen, verhauen *Mit dem Preis fürs Auto hat der dich aber voll abgezogen! In der U-Bahn haben se mir mein Handy abgezogen!*

Das Wort gilt als Verkürzung der Wendung »das Fell abziehen, über die Ohren ziehen«; aus bäuerlichem Umfeld; in den Mundarten sind alle Bedeutungen schon zu finden, nicht rotwelsch.

Küpper 17; RhWb 9/773; Röhrich 2/431

Abzocke siehe *zocken*

acheln, achilen essen, tüchtig essen *Die sind schon widder am acheln, kein Wunder, dat die so dick sind. Gibbet getz nich ma wat zu achilen, ich hab Kohldampf bis unter beide Arme!* **Achiele** kräftiges, nahrhaftes Essen. Das aus dem Jiddischen übernommene Wort war in allen rheinischen Mundarten verbreitet. In der Umgangssprache ist es noch häufig im Ruhrgebiet, aber auch rechtsrheinisch bis hinunter zur Sieg zu hören. Zu jiddisch acheln »essen«, ochel, auchel »Essen, Speise«.

Althaus 2006b 40; Fellsches/Schnieber 11; Meyer 16; PfWb 1/181; RhWb 1/31

achtkantig in der umgangssprachlichen Wendung *jemanden achtkantig hinauswerfen* wird häufig so erklärt: »Im Norden heißt ›achtern‹ beim Schiff so viel wie ›hinten‹. Wer ›achtkantig‹ rausfliegt, muss also durch die Hintertür hinaus. Es könnte aber auch heißen, dass die Person mit der ›Rückseite zuerst‹ rausfliegt und dann auf ihrem Hintern landet. Oder sie bekommt einen Tritt in denselben und fliegt dann durch die Tür.« Diese Herleitung ist eine gelungene, aber leider falsche Volksetymologie. Zwar kennen sowohl das Niederdeutsche als auch das Rheinische *achtern* für »hinter«, aber in allen entsprechenden Zusammensetzungen bleibt das Wort vollständig erhalten: *achteraus, Achterbacke* »Hintern«, *Achtergasse* »Hintergasse« (in Köln), *Achterhuck* »abgelegene Stelle«, *achtersichig* »hinterlistig« und eben auch *Achterkant* »Hinterkante«. Daneben kennt auch das Münsterländische das Adjektiv *achtkantig* als Bezeichnung für etwas Achteckiges. Deshalb lässt sich die Wendung nicht aus den Mundarten erklären, als Namenspate muss vielmehr an einen achteckigen Würfel gedacht werden, als Steigerungsform zur analogen Wendung *jemanden hochkant hinauswerfen.*

DtWb 1/1401; Küpper 18; Piirainen/Elling 72; http://etymologie.tantalosz.de/; http://www.tagesspiegelkinder.de/wewetzer/fragen/a/art54,2150

Adel Jauche, auch kontrahiert als **Aal** (zum Beispiel in **Aalscheppe** »Jauchekelle« oder **Aalskuhl** »Jauche-, Sickergrube«); in vielen rheinischen und nichtrheinischen Mundarten verbreitet. Die *Aalskuhl* mit der *Aalscheppe* ist im Ruhrgebiet – als Reminiszenz an die Plumpsklos in den Arbeitersiedlungen – ein regionales Erkennungswort geworden.

Es verwundert nicht, dass ein solch wichtiges »Urwort« eine lange Geschichte hat und reich belegt ist. Im Mittelniederdeutschen finden sich adde, adele neben aal als »garstige Feuchtigkeit, Jauche«, im Mittelniederländischen adel, im Mittelenglischen adel, addul. Im modernen Englisch bedeutet addle »faul, verrottet«, im Dänischen aile wie auch in schwedischen Dialekten adel »Kuhharn«. Auch in Flurnamen (Adelwies, Adelbach) und Ortsnamen (Ohlhof, Ettelbrück (bei Luxemburg)) lassen sich seine Spuren nachweisen. Zugrunde liegt ein erschlossenes urgermanisches *adala, adila »Schmutz, Jauche, Urin«. Das wiederum hat eine indogermanische Wurzel mit der Bedeutung »Geruch, Gestank«, auf die auch lateinisch oletum »Kot, Exkremente« und lateinisch olere »riechen« zurückgehen. Gegenüber **Jauche**, das ein slawisches Lehnwort ist (slawisch juche »Brühe, Suppe«), und **Gülle** (das auf mittelniederdeutsches göle »Sumpf« zurückgeht) ist der mundartliche *Adel, Aal* also das viel ältere und interessantere Wort, auch wenn es nur noch von Mundartsprecherinnen und -sprechern verstanden wird.

Grimm 1/177; Neri/Ziegler 9; RhWb 1/57; Wrede 2010 30

Alaaf ist der berühmte kölnische Narrenruf, der heute weit über die rheinischen Sprachgrenzen hinaus bekannt ist. Das Wort selbst birgt eigentlich keine Geheimnisse, denn es heißt nichts anderes als »all(es) ab(wärts)«, kölsch *all af,* was man im Schlachtruf *Kölle alaaf* als »alles steht unter Köln« verstehen muss – eine etwas schräge Variante des hymnenseligen »über alles«, rheinisch eben.

Spannender ist da schon die Wortgeschichte. Die zeigt nämlich, dass *Alaaf* ursprünglich weder etwas mit dem Karneval noch mit Köln zu tun hatte. Vielmehr findet sich der älteste bekannte Beleg auf einem 1951 aufgefundenen Bartmannskrug, einem für das Rheinland typischen Trinkkrug, in dem eingeprägten Spruchband: *Allaf für einen goden Druingk* »Nichts geht über einen guten Schluck«. Der Krug wird in das Jahr 1550 datiert, andere, wenig später gefundene Krüge aus einer Frechener Töpferei tragen dieselbe Aufschrift. *Alaaf* war also früher ein allgemeiner Hochruf, mit dem man alles Mögliche hochleben lassen konnte. Und er war keineswegs auf die Kölner Region beschränkt; schon im 18. Jahrhundert ist er für Aachen belegt, wo man sich heute noch bei einem vegetarischen Essen mit *Alaaf e Kotlett* sogar ein Stück Fleisch herbeiwünschen kann. Am Niederrhein sagt man: *Alaaf Mostert* »Nichts geht über Senf« oder *Allaf Köbes, der schmett et,* wenn man das Essen in der Kneipe loben will. Und sogar im angrenzenden Limburgischen und Westfälischen ist *Alaaf* bekannt, für Dortmund ist es als »das lobe ich mir« für das Jahr 1877 bezeugt. In der Umgangssprache ist *Alaaf* heute allerdings nicht mehr zu finden, und wenn es nur noch im Kölner Karneval zu hören ist, ist das nur gerecht, immerhin findet sich in Köln der älteste Beleg.

Noch spannender als die Sprachgeschichte sind jedoch, wie so oft, die meist sehr fantasievollen Deutungsversuche, die *Alaaf* in seiner Geschichte erlebt hat. Kaum eine Sprache, die nicht zur Erklärung des Wortes taugt; angefangen beim Keltischen (aus angeblichem alef »Glück« als Glückwunsch beim »Gesundheitstrinken«) über das Syrische (das die Kölnischen Kreuzfahrer beim Sturm auf Akkon in Olaf hadegel »Die Fahne sinkt« kennengelernt haben sollen), das Hebräische (weil beim Tarot der erste Buchstabe,

Aleph, dem Narren zugeordnet ist), das Englische (zu aloft »hoch oben«) bis zum Spanischen (aus alaber »loben, preisen« oder »maurisch-spanisch« alafia »Heil, Segen«). Und natürlich darf im Rheinland der Hinweis auf das Französische nicht fehlen: élève-toi, Cologne »hoch dir, Köln« oder noch schöner als Nachäffung napoleonischer Soldaten aus französisch aller »laufen, marschieren« und rheinisch *laafen* »laufen«. Genauso fantastisch sind die Ableitungen aus deutschen Dialekten. So soll das kölnische *Alaaf* tatsächlich auf alemannisch *a Laaf'n* (»eine Larve«, so die Bezeichnung schwäbischer Karnevalsmasken) zurückgehen. Harmloser ist da schon die Deutung aus dem helgoländischen Ruf *Alleeft* beim Ankerwerfen. Mit Schiffen hat auch eine andere Legende zu tun, die gleichzeitig *Alaaf* und *Helau* erklären kann: »Köln hatte im Mittelalter das sogenannte ›Stapelrecht‹. Jedes Handelsschiff, das ab 1259 Köln passierte, musste drei Tage lang die geladene Ware zu einem festgelegten Preis zum Verkauf anbieten. Der Ruf Alaaf bedeutete dabei so viel wie ›Alles abladen!‹. Ein Mainzer Kaufmann widersetzte sich der Legende nach diesem Privileg mit Waffengewalt und dem Ausruf ›Ik will he lau fahrn!‹. Den Mainzer Kaufleuten gelang es schließlich, die Blockade mit ihrem Schiff zu durchbrechen, wobei ihr Anführer tödlich verwundet wurde. Beerdigt wurde der Händler bei Kaiserswerth, sodass heutzutage der Karnevalsruf der Kölner Alaaf ist und die Antwort der Mainzer und Düsseldorfer Narren ›Helau‹ lautet.«

Döppen 6; Hilgers 2014; Hoffmann; Kluge 2011 27; MmWb; Müller/Weitz 3; Pelzer; RhWb 1/95; Wrede 2010 45; http://www.duden.de/rechtschreibung/alaaf; http://www.lukas14.de/tag/fasteleer; https://de.wikipedia.org/wiki/Narrenruf

alle (sein) aus oder nicht mehr vorrätig sein *Dat Bier is alle, geh ma anne Bude. Die Kartoffeln sind alle.*

Hartnäckig hält sich die Überzeugung, Hugenotten seien »schuld« an dieser Wendung. »Die Anekdote erzählt, daß zwei hugenottische Schwestern, die in Berlin ihre Stickereien und Spitzen verkauften, ihren Kunden ›c'est *allé*‹ sagten, ›es ist (aus)gegangen‹, wenn etwas nicht mehr auf Lager war.« Die Sprachwissenschaft weiß dagegen, dass Hugenotten nirgendwo den Sprachschatz der deutschen Umgangssprache erweitert haben und dass das alltagssprachliche *alle sein* ein schlichter Konstruktionswechsel aus »alle verbraucht« ist.

Duden 2008 111; Honnen 2008a 11; Legros 17; https://de.wikipedia.org/wiki/Hugenotten_in_Berlin

Altrüscher dazu die Varianten **Altreucher** und **Alträuscher** Lumpensammler, Schrotthändler; auch in Zeiten, in denen keine Pferdewagen mit lauten Schellen durch die Gegend fahren, um Altwaren oder Schrott einzusammeln, heißen die heute meist sehr professionell agierenden Schrotthändler in weiten Teilen des Rheinlands immer noch umgangssprachlich *Altrüscher, Alträuscher: Die Altrüscher fahren die dicksten Autos.*

Das Grundwort gibt einige Rätsel auf. Im Rheinischen Wörterbuch gilt es als eine – rheinische – Sonderbedeutung des Verbs rauschen, das in den Mundarten *ruusche* oder *rüüsche* lautet. Dafür spricht, dass es in der Mundart auch das abgeleitete Substantiv *Ruusch, Rausch* gibt, das »Kauf, Verkauf in Bausch und Bogen« bedeutet. Wie diese Sonderbedeutung von rauschen entstanden sein soll, ist jedoch kaum zu erklären. Außerdem hat das Verb nie die in *Altreucher, -räuscher* zu findende Lautung. Deshalb scheint ein Zusammenhang mit dem mittelhochdeutschen altriuze »Schuhflicker« wahrscheinlicher, ein Wort, das sich auch heute noch im Oberdeutschen als *Altreise* »Altwarenhändler« findet. Antiquare heißen dort manchmal *Bücheraltreisen.* Das Verb riuze, reisen ist verwandt mit Riester »Schuhflicken«. Auch der Flickschuster war früher kein angesehenes Gewerbe, sodass die Bezeichnung durchaus auf den Lumpensammler übergegangen sein kann.

Grimm 1/273; Müller/Weitz 203; RhWb 1/150 u. 7/191; Werner 25; Wrede 1928 111; Wrede 2010 50

Amarasch, Ameraasch, Ambarasch in der Südeifel auch die Kurzform **Ambra** Umstände, Getue, Aufhebens *Mach kei Amboraasch! Der macht immer son Ameraasch, wenn der ma helfen soll. Der ganze Ameraasch is mir zu viel. Wat is dat hier für en Ambra?* In Köln ist *Ambaraasch* auch »Pomp,

Prunk, Gepränge, glänzendes Gefolge, Hofstaat«. So kann man etwa im Karneval oder bei Staatsbesuchen einen Würdenträger (Karnevalsprinz, Erzbischof, Staatsmann) *mit seiner ganzen Amboraasch* (von hundert Mann) ankommen oder vorfahren sehen, die dann meistens auch viel *Amarage* »Gepäck« dabei hat. Ein vielseitiges Wort also, wobei die Variante »Gefolge« sicher eine Verballhornung von französisch entourage »Umgebung« ist, die an *Ameraasch, Amborasch* angeglichen wurde. Das wiederum geht zurück auf französisch embarras »Klemme, Verlegenheit« (nicht auf sans ambages »ohne Umschweife«, wie schon mal zu lesen ist), eine Entlehnung aus dem 17. Jahrhundert.

Bei der selteneren Variante **Lambraasch** wurde der französische Artikel in das Lehnwort integriert.

Bach 271; RhWb 1/156; Wrede 2010 53

Ambach kommt in der Umgangssprache nur noch in festen Wendungen vor: *Wenn der dir wat erklärt hat, weiße wat Ambach is* »Bescheid wissen«, »wissen, wo es langgeht« (mit leicht drohendem Unterton). *Wat is Ambach heute Abend* (angesagt sein)? *Wat is überhaupt Ambach* (los, passiert sein)? *Wat is denn nu Ambach?*

Diese überraschenden Sonderbedeutungen des alten Wortes Ambacht sind eigenständige Entwicklungen im Regiolekt des Ruhrgebiets und unteren Niederrheins. Die Mundarten des Niederrheins und des westlichen Rheinlands kennen, wenn überhaupt noch, nur die alte Bedeutung des Wortes als Bezeichnung für ein Handwerk oder die Gesamtheit einer handwerklichen Zunft.

Es ist erstaunlich, dass sich dieses wahrlich alte Wort – wenn auch in abgewandelter Bedeutung – nahezu unverändert in der nordrheinischen Umgangssprache erhalten hat, wo es auch von Jugendlichen häufig benutzt wird. In der Standardsprache hat sich ein kaum noch erkennbarer Abkömmling in **Amt** im Sinne von »Dienst, Dienstleistung oder Aufgabe« gehalten. Man kann Ambacht über das Althochdeutsche ambaht als eines der wenigen Wörter der deutschen Sprache überhaupt ziemlich sicher auf gallischen

Ursprung zurückführen (gallisch ambactus »Dienstmann« zu keltisch *ambiaktos »Bote, Diener«) – ein uraltes Wort also in ganz moderner Verwendung, exklusiv im Rheinland. Nur das Niederländische kennt es noch in seiner alten Bedeutung als ambacht »Amt, Handwerk«.

Bäcker; Fellsches/Schnieber 14; Kluge 2011 41; Post 1982 155; RhWb 1/158; Thurneysen 30; http://www.ruhrgebietssprache.de/lexikon/ambach.html

Ami meist als *fieser Ami* Unsympath, Fiesling *Dat is ene richtige fiese Ami!* (Die Betonung liegt auf der ersten Silbe.) Im gesamten Rheinland zu hören; zu französisch ami »Freund« (das im umgangssprachlichen Französischen auch eine verächtliche Bedeutung hat) oder lateinisch amicus »Freund«; in typischer Bedeutungsumkehrung wie umgangssprachlich *Freundchen (Pass bloß auf, Freundchen). Ami* war früher auch ein typischer Hundename (wie *Scholli*).

Honnen 2003 41; Leithaeuser 1894 9; RhWb 1/165; Schleef 8; Wrede 2010 51

Angeniesbrut ist ein im zentralen Rheinland mit Anis gewürztes Gebäck in Brotform. Es ist kein »Agnesbrot«, wie öfter zu hören, sondern die Bezeichnung geht auf die rheinische Variante *Angenies* für das Gewürz Anis zurück. Der Frauenname Agnes lautet im Kölschen *Angenis* (mit kurzem Endungs-i).

RhWb 1/93; Wrede 2010 54

Apparillo größerer, meist länglicher Gegenstand *Dat is aber en ordentlicher Apparillo. Mit som Apparillo willze den Motor reparieren?* Oft natürlich auch mit sexuellen Konnotationen *Hasse gesehen, wat der von Apparillo inne Hose hat?* Auch als **Mordsapparillo** zu hören. Neuerdings ist das Wort nicht mehr unbedingt an besonders große Objekte gebunden, sondern ein *Apparillo* kann schlicht jeder – meist technische – Gegenstand sein: *Mittlerweile hat ja jeder son Apparillo* (hier: MP3-Player). Oft steht das Wort auch allgemein für den Fernseher: *Abends schmeiß ich mich aufe Couch und werf den Apparillo an.* Das auf den ersten Blick italienische oder spanische Wort ist gar keins, es ist eine scherzhaft romanisierende Bildung zu Apparat.

http://www.duden.de/rechtschreibung/Apparillo

Aska gibt es im Rheinland nördlich der Mosel meist mit Schuhnägeln, aber auch mit anderen Begleitern: *Aschka mit Schimmela, Aska mit Kanulla, Aschka mit Sauerkraut, Aschka mit Leberwurst, Aska mit Schuhriemen, Aska mit Schinkenwurst* oder *Aska mit Fußsohle.* Gemeint ist allerdings immer dasselbe: Es geht um die Androhung von Prügel, ob in Form elterlicher Züchtigung oder in Form einer Abreibung zwischen Jugendlichen oder Männern. Die Drohung *Pass bloß auf, sons gibbet gleich Aska mit Schuhnägel* versteht im Rheinland jeder. Allein der Variantenreichtum deutet darauf hin, dass die Wendung weit verbreitet ist und viel benutzt wird.

Allerdings war es immer rätselhaft, woher sie eigentlich stammt. Da die Wendung im Rheinischen Wörterbuch gut belegt ist, muss sie schon im 19. Jahrhundert in den Mundarten in Gebrauch gewesen sein. Dort wird sie demnach auch ihren Ursprung haben. Doch erklärt das noch immer nicht ihre Herkunft, denn das Wort *Aska* in der isolierten Form existiert nicht. Man findet es immer nur in der Wendung »Aska mit irgendetwas«. Aber genau das könnte der Schlüssel zur Erklärung sein.

Da das Jiddische bekanntlich einen großen Einfluss auf die rheinischen Mundarten (und damit auch auf die aktuelle Umgangssprache) gehabt hat (siehe Exkurs »Das Jiddische im Rheinischen«), könnte auch unser *Aska* genau dort seinen Ursprung haben. Im Jiddischen bedeutet Aske »Beschäftigung, Handel«, daraus wurde im Rotwelschen dann auch »Diebstahl« (im Rotwelschen von Stotzheim ist Aske der »Handel«). Und handeln oder beschäftigen kann man sich eben nur mit etwas. Und da in unserem Fall nicht ein konkreter Handel gemeint ist, kommt es zu den oben genannten, eigentlich absurden Handelswaren. Diese Ableitung ist allerdings noch ohne Gewähr.

Honnen 1998a 130; RhWb 1/286; Stern 58

asselig, asslig, asslich unsauber, schmutzig, auch unsozial; bezieht sich besonders auf den Zustand von Haaren und Kleidung *Son asseligen Nell würd ich noch nichma en Tempo leihn. Künstliche Bräune sieht meiner Meinung nach ungeschlagen asselig aus. Asselig* kann auch als Synonym für *punkig* gebraucht werden. Abgeleitete Verben sind **rumasseln** und **abasseln** für »rumhängen, abhängen, nichts tun«.

Auf den ersten Blick erscheint eine Verwandtschaft mit dem modernen **Assi** (aus Asozialer) als Bezeichnung für jemanden, der sozial ausgegrenzt ist, naheliegend. Zugrunde liegt aber wohl das mundartliche *usselig* oder *össelig* (wie es in Westfalen heißt) und *aislik* (in Dortmund 1877 belegt), das »elendig, krank, schmutzig« bedeutet. Bei der umgangssprachlichen Lautvariante *asselig* dürfte der moderne *Assi* aber Einfluss genommen haben.

Döppen 6; RhWb 9/82; http://www.duden.de/rechtschreibung/assig

asten sich abmühen, schwer arbeiten *Ich aste mir hier einen ab, und du kuckst nache Perle dahinten. Der war vielleicht am asten, als er den Baumstumpf aus dem Boden geholt hat. Die sind den ganzen Tach am asten da aufe Baustelle.*

Das Wort ist im Rheinland nur in der Umgangssprache gebräuchlich, in ober- und mitteldeutschen Dialekten ist es jedoch weit verbreitet. Das Verb beruht auf einer alten Bedeutung von *Ast,* der in den Mundarten auch einen »Buckel« bezeichnen kann (*Ast* als »Auswuchs, Knoten«); daher auch *sich einen Ast lachen* (sich bucklig, krumm lachen), damit ist *asten* gleichzusetzen mit *buckeln.*

Anmerkung: Eine schöne alternative Erklärung findet sich im Rheinischen Mitmachwörterbuch, die beweist, dass Lateinlehrer auch schon mal Unsinn verzapfen: »Zur Redensart *sich einen Ast lachen* habe ich eine andere Erklärung, die von meinem in solchen Dingen immer recht versierten Lateinlehrer stammt. Nach seiner Überzeugung existierte im Mittelalter ein sehr egozentrischer Landesfürst, der es (wohl, da er ein sehr humorloser Mensch war) bei Todesstrafe verbot, in seiner Anwesenheit zu lachen. Die Hinrichtungsmethode war das Erhängen am Baum.«

MmWb; Neri/Ziegler 18; Paul 55; Pfeifer 1/84; http://www.duden.de/rechtschreibung/Ast

aufdonnern herausputzen, tunen *Die neue Putzfrau is vielleicht aufgedonnert als wenn se innen Farbpott gefallen wär. Die war gestern aufgedonnert, mein lieber Scholli.* Heute kann man auch Sachen *aufdonnern: Ich muss den neuen Computer noch wat aufdonnern, sons is der zu langsam. Hasde die aufgedonnerte Karre von dem gesehn?*

Zur Herkunft des seit dem 18. Jahrhundert bekannten Wortes gibt es mehrere Legenden: zu italienisch donna »Dame« (weil vorrangig Frauen *aufgedonnert* sind), zu Donnerstag, weil früher an diesem Tag oft schulfrei war und die Kinder dann in die besten Anzüge gesteckt wurden, vom prächtig herausgeputzten Pfingstochsen (der am Donnerstag vor dem Fest herumgeführt wurde), zu Theaterdonner (schnell vorübergehender Eindruck).

Aufdonnern gehört jedenfalls zur großen Wortfamilie um den Donner, die immer auf etwas Besonderes verweist: Theaterdonner, Donnerlittchen, donnernder Beifall, verdonnern, Donnerwetter und so weiter.

FrankfWb 2/215; Grimm 1/643 u. 25/237; Honnen 2008a 36; Kluge 1895 80; Kluge 2011 72; Küpper 53; Pfeifer 1/299; RhWb 12/1404; Röhrich 1/109

aufdröseln und **auseinanderdröseln** entwirren, aufklären *Wie willsde denn dat ganze Durchenander hier je wieder aufdröseln? Ich bin ja ma gespannt, wie de dat wieder ausenandergedröselt krichs. Englische Krimis mach ich nich, die sind da immer die Fälle so fürchterlich langatmich am aufdröseln.* Im südlichen Rheinland steht **Jedrössels** für etwas Kleinteiliges und kleine Krümel *Dat ess ich nich mehr, dat is ja nur noch Jedrössels.*

In den rheinischen Mundarten steht *dröseln* für »langsam, saumselig sein«, entsprechend niederländisch treuzelen »trödeln«; daneben seltener belegt *driseln* »drehen, kreiseln« und *Drisel* »Kreisel«. Obwohl auf den ersten Anschein zwei getrennte Wörter, haben alle wahrscheinlich dieselbe Wurzel: mittelniederdeutsch triselen »rollen, drehen«, das auf eine germanische Wurzel mit tr-Anlaut zurückgeht, aus der so unterschiedliche Wörter wie *triezen, trecken, trollen, trödeln* oder eben *dröseln* hervorgegangen sind. Aus der Grundbedeutung »drehen« sind die heutigen Varianten »verwirren« und »taumelnd gehen« (daraus ist »trödeln« geworden) entstanden.

Das eigentlich niederdeutsche Wort ist im 18. Jahrhundert in die Literatursprache übernommen worden, die Variante *aufdröseln* wird sogar dem Dichterfürsten Goethe zugeschrieben. Wahrscheinlicher ist allerdings ihr Aufkommen in studentischen Kreisen.

de Vries 747; Grimm 1/635 u. 2/1434; Kluge 2011 71; Küpper 53; Pfeifer 1/310; RhWb 1/1498; http://www.etymologiebank.nl/trefwoord/treuzelen

aufkröppen aufregen *Musse dich eigentlich immer so aufkröppen?* Das im zentralen und südlichen Rheinland verbreitete Verb ist eine Ableitung von *Kropp* »Kropf« und beschreibt eigentlich das Imponiergehabe eines Hahnes oder Täuberichs.

Honnen 2003 41; MmWb; RhWb 4/1564

aufmotzen tunen, verbessern *Hasse schoma sone aufgemotzte Karre gesehen? Ich muss meinen Rechner noch wat aufmotzen, sons kann ich damit nich die DVDs bearbeiten. Wat has du dich denn so aufgemotzt, gehse zur Beerdigung* (besonders sorgfältig kleiden, stark schminken)?

Aufmotzen ist keineswegs eine Erfindung der Tuningszene, sondern ein altes Wort, das als ufmutzen im Mittelhochdeutschen »fast unerhört, während des 16 jh. in aller mund, später wieder selten werdend, ... doch schon im 14. 15. jh. entsprungen sein« muss, wie das Grimmsche Wörterbuch schreibt. Auch das Mittelniederdeutsche kennt mutzen und aufmutzen als »herausputzen, zieren« (zu mutze »kurzes Oberkleid«). Ursprünglich bedeutete mutzen »abschneiden«, also »das Stutzen als Zier, wenn es sich um menschliche Tracht (siehe Stutzer) oder um Mähne und Schweif bei Rossen ... handelt«, so Trübners Wörterbuch. Aus der Hochsprache ist das Wort bereits im 18. Jahrhundert verschwunden, in einigen Mundarten und vor allem in der Umgangssprache führt *aufmotzen* noch heute ein putzmunteres Leben. In den südrheinischen Mundarten steht *mutzen, motzen* für »sich kleiden, putzen« (*der motzt de ganze Daag an sich* »der schmückt und frisiert sich den ganzen Tag lang«).

Küpper 55; RhWb 5/1495; Schiller/Lübben 3/142; Trübner 1/147; http://www.duden.de/rechtschreibung/aufmotzen

aufpäppeln etwas oder jemanden mühselig aufziehen oder wieder auf die Beine bringen *Die kleinen Katzen musste ich ers ma aufpappeln, bis ich die abgeben konnte. Wenne aus dem Krankenhaus kannz, dann kommsde hier hin, wir werden dich schon widder aufpäppeln.* Auch als **päppeln** *Dä päppelt sein Kinder met Breichen un Vitaminsaft.* Wenn man das *Päppeln* übertreibt, wird ein **verpäppeln** daraus: *Dat Tina hat sein Pänz total verpäppelt, di kriejen doch allein jaa nix auf de Reih. Meinze, dein verpäppelten Sohn würd innet kalte Schwemmbadwasser gehn? Näh!*

Bei *päppeln* und *aufpäppeln* denkt man automatisch an *Papp* »Brei« (siehe dort), doch überraschenderweise ist das Verb weder im Mittelniederländischen noch im Mittelniederdeutschen (der *Papp*-Hochburg) belegt. Es ist deshalb wohl von mittelhochdeutsch pepelen »füttern« abzuleiten, das erstmals in Österreich um 1292 auftritt. Von dort aus ist das Wort nach Norden gewandert. Zugrunde liegt mittelhochdeutsches peppe »Speise«, das auf mittellateinisches beziehungsweise italienisches pappa zurückgeht (und damit doch wieder mit *Papp* »Brei« verwandt ist).

Anmerkung: Das modische **aufpeppen** »etwas Schwung geben« und der entsprechende **Pep** haben nichts mit *Papp* zu tun, sondern sind Entlehnungen aus dem Englischen (zu pep als Abkürzung von pepper »Pfeffer«).

Grimm 1/699, 13/1442 u. 1445; Küpper 55; Lexer 2/217; RhWb 6/502; Trübner 5/52

Au Hur oder **Au Huur** ist ein in und um Aachen auch heute noch weit verbreiteter, an sich harmloser und dabei sehr rätselhafter Ausruf des Erstaunens oder milder Fluch *Au Hur, wat soll dat dann nu? Au Hur, ja leck mich doch!* Es kann aber auch eine ungehobelte Person *(Wat bes du mich für ene Au Hur)* oder im positiven Sinn ein Schlitzohr gemeint sein.

Zusammen mit **Au Banan** (im gleichen Sinn) ist *Au Hur* in Aachen omnipräsent und gilt als besonders typisch für die regionale Sprache. Bezeichnenderweise ist der Ausruf in den Aachener Wörterbüchern nicht verzeichnet – weil er offensichtlich als nicht gesellschaftsfähig gilt. Denn er kann eigentlich nur als »alte Hure« verstanden werden, auch wenn diese Deutung logisch anfechtbar ist (was aber auch für *Au Banan* gilt). Dafür spricht jedenfalls, dass *Hur* im Aachener Raum oft eine Steigerungsfunktion hat (dort spricht man von *Hurescheiße, Huurekuck* »Unwohlsein, Fieber« oder *Hurekneppel* »liederlicher Mensch«). In Aachen selbst ist man mit dieser Erklärung nicht ganz glücklich und hat nach schlüssigeren Erklärungen gesucht. So wird *Au Hur* auch als »Alte / Alter, höre!« verstanden, was dann aber *Au hür* lauten müsste, oder als »auf die Hohen / Höheren« (als angebliche Veräppelung von Höhergestellten) übersetzt, was aber sowohl lautlich (hoch – *huech*) als auch semantisch keinen Sinn ergibt. So bleibt der Ausruf *Au Hur,* der mittlerweile zu einem Aachener Markenzeichen (im Fußball, als Geburtstagslied oder Bandname) geworden ist, vorerst ein sprachliches Rätsel.

Kohnemann 10; MmWb

Aule, Uul, Üül, Aules, Uules, Üüles sind die vielen Varianten, die in großen Teilen des Rheinlands meist irdene Gefäße in unterschiedlichster Gestalt bezeichnen, weshalb Töpfer hier analog **Uulen-, Aulenbäcker** genannt werden. Als eine interessante kulinarische Variante kennt man *Uules* in Köln und Heinsberg: Warmbier mit Eidotter und Zucker geschlagen.

Uul, Aule ist ein Relikt der römischen Tonwarenindustrie, die im Rheinland an vielen Stellen nachgewiesen ist. Zugrunde liegt das galloromanische Wort ola, olla »Topf«, das hier nahezu unverändert seit zweitausend Jahren in Gebrauch ist.

Eine lustige Volksetymologie führt zu der rheinischen Redewendung *voll wie ne Eule sein.* Deren mundartliches Pendant lautet *De es voll wie en Üül* (sturzbetrunken sein). Da im Rheinland *Üül* »Krug« und *Üül* »Eule« gleich klingen, hat man bei der Verhochdeutschung die falsche Variante gewählt. Der unschuldige Vogel hat mit dem Rausch also überhaupt nichts zu tun, die Wendung müsste man korrekt als »voll wie ein Krug« übersetzen, was ihr aber jeden Charme nimmt.

Eine andere Deutung macht einen bestimmten Tonkrug, der von vorne einer Eule ähnelt, für die Redewendung verantwortlich.

Bach 256; Frings 114; Post 1982 247; RhWb 1/333; Werner 404; Wrede 2010 994

ausbaldowern herausbekommen, spitzkriegen *Wie hasde dat denn wieder ausbaldowert? Dat hab ich nie gehört.*

Zu jiddisch baal dowor »Führer, Unternehmer«, daraus »Person, mit der man nicht gern zu tun hat«; über das rotwelsche Baldower »Auskundschafter, Anführer« in die Umgangssprache gelangt.

Althaus 2006b 48; Bergmann 21; Kluge 2011 84; RhWb 1/408

ausflippen hat nichts mit dem Flipperspiel zu tun, sondern ist eine direkte Entlehnung aus dem englischen to flip out »verrückt werden«, aufgekommen mit dem modischen Rauschgiftkonsum im 20. Jahrhundert.

Pfeifer 1/450; http://www.duden.de/rechtschreibung/ausflippen; http://etymologie.tantalosz.de/

ausgekocht schlau, gerissen *Der Typ is ganz schön ausgekocht, pass auf bei dem.* Auskochen war im Rotwelschen üblich als »auskundschaften, sich vergewissern« und ist von dort in die Umgangssprache gelangt. Vielleicht beeinflusst von jiddisch chochem »klug, weise«. Im Niederländischen als Lehnübersetzung uitgekookt.

Althaus 2006b 45; Gutknecht 2002 25; Kluge 2011 75; Weinberg 58; Wolf 1956 197; http://www.etymologiebank.nl/trefwoord/uitgekookt

B

Baas ist der Chef von irgendwas (Männergesangsverein, Karnevalsverein, Heimatverein, Kegelklub und so weiter): *Der is der Baas vom Angelverein.* In den Mundarten ist das Wort mit vielen Bedeutungen weit verbreitet (Dienstherr, Bauer, Vorgesetzter, Meister), in der Umgangssprache spielt es nur noch im Vereinsleben eine Rolle.

Der *Baas* erscheint erstmals im 13. Jahrhundert im Mittelniederländischen als Nachname in pieter baes, hat sich von dort ins Niederdeutsche und Rheinische ausgebreitet und ist mit niederländischen Siedlern im Amerikanischen als Boss heimisch geworden. Von dort hat es das Englische übernommen, das den Boss wiederum in die deutsche Umgangssprache entlehnt hat.

Kluge 2011 143; RhWb 1/484; http://www.etymologiebank.nl/trefwoord/baas

babbeln, bäbbeln, bubbeln plappern, geschwätzig sein, plaudern *Bubbel nitt immer dozwesche. Babbel nich!* **Babbel, Bäbbel, Bebbel** schwatzhafter Mund *Halt ding Bäbbel. Boah, kannze dein Bäbbel nich halten?* **Bubbelwasser** Alkohol *Häsde widder Bubbelwasser jedronke?*

Die schönste Etymologie findet sich in einem alten Aachener Wörterbuch von 1836: »Ein Klangwort, das ... in fast allen Sprachen vorkömmt (dänisch bable, holld. babbelen, engl. to babble, franz. babiller, italien. babbolare, latein. fabulari ...), dessen Ursprung sich in die Nacht der babylonischen Sprachverwirrung verliert (engl. babel ›Unordnung, Verwirrung‹, to battle ›verwirren‹) ... Nach Hesychius hießen bei den Attikern alle Ausländer ... Babbeler, weil sie eine, den Griechen unverständliche ... Sprache redeten.« Die Vorstellung, dass sich *babbeln* von Babel oder Babylon ableitet, ist zu schön, um wahr zu sein. Aber immerhin ist das Wort in den genannten und noch weiteren Sprachen nachgewiesen und damit fast schon übersprachlich. Es ist wohl aus der lautmalenden Nachbildung des kindlichen Lallens und Brabbelns entstanden (weshalb im Niederländischen solcherart Wörter auch brabbelwoorden genannt werden) und in unserem Sprachraum erstmals im 16. Jahrhundert nachgewiesen. Auch wenn es in frühen Sprachen wie dem Lateinischen, Griechischen und sogar Sanskrit (als Eigenname balbuta-h »Stotterer«) belegt ist, kann man nicht von einem Stammbaum ausgehen. *Babbeln* scheint vielmehr an vielen Orten als ähnlich lautendes Verb entstanden zu sein.

Müller/Weitz 7; Pfeifer 1/107; RhWb 1/345;
http://www.etymologiebank.nl/trefwoord/babbelen

Back und die Verkleinerungsform **Bäckske, Bäcksje, Backche** sind im Rheinland weitverbreitete Bezeichnungen für Tröge, Gefäße und Schüsseln aller Art, die noch häufig in der Umgangssprache zu hören sind: *Ich hab den ganzen Back voll Grünkohl verputzt. Wir brauchen en neues Seifenbäcksken für dat Klo.* Umgangssprachlich ist auch die Bedeutungserweiterung zu »Gefängnis«: *Da gehste innen Back für,* sagt man am Niederrhein und im Ruhrgebiet, wenn jemand eine Straftat begeht. Im Niederländischen ist bak ebenfalls eine Schüssel oder ein Trog.

Das »Wort ist wohl keltischen Ursprungs« und von den Römern im gallischen Raum übernommen worden. Wir kennen es in seiner spätlateinischen Form als bacca, bacchia »Wassergefäß«, das schließlich Eingang in die nordfranzösischen Mundarten gefunden hat. Von dort ist es in das Niederländische gelangt, bis es schließlich in die rheinischen Mundarten übernommen wurde. Hier hat das Wort also in seiner ursprünglichen Form überlebt, während es im übrigen deutschen Sprachraum schon im Althochdeutschen und Mittelhochdeutschen zu becki, becke wurde, die Vorläufer unseres standardsprachlichen Beckens.

Debrabandere 2011 70; Post 1982 254; RhWb 1/361; Werner 32; Wrede 2010 70

Bäffken arrogantes Mädchen, ruhrgebietstypische Sonderbedeutung von **Beffchen**, das in den rheinischen Mundarten »Amtskragen von Pfarrern«, »Vorhemd«, »Schlabberlatz« oder »Spitzenarrangement auf der Brust von Frauen« bedeuten kann (letztere trugen entsprechend die Nase hoch). Zu mittelniederdeutsch beziehungsweise mittelniederländisch beffe »Kragen« aus kirchenlateinisch biffa »Halstuch«.

RhWb 1/392; Wrede 2010 83

Bagage, Bajaasch, Bagaasch Anhang, Familie, Sippschaft *Am zweiten Weihnachtstag standen se plötzlich mit ihrer ganzen Bagage auf der Matte. Die mit ihrer Bagage kann mir gestohlen bleiben. Die kommt mit der janzen Bajaasch.*

In den Mundarten hat *Bagage* auch die Bedeutung »Pack, Gesindel, fahrendes Volk«. Diese Variante geht auf die Zeit des Dreißigjährigen Krieges zurück, als die Bezeichnung auf den übel beleumundeten Begleittross eines Heerzugs ausgeweitet wurde. Ursprünglich war die bagage schlicht das Reisegepäck oder das Marschgepäck eines Soldaten. Bagage ist ein französisches Lehnwort, das im 16. Jahrhundert ins Deutsche gelangte (altfranzösisch bague »Bündel, Gepäck«). Die damalige Schreibung bagagie lässt vermuten, dass das Wort über das gleichlautende niederländische bagagie vermittelt wurde. Die weitere Wortgeschichte ist nicht sicher, vielleicht liegt mittellateinisch baga »Packen, Bündel« zugrunde, das sogar auf eine germanische Wurzel zurückgehen könnte. Dann wäre *Bagage* eine Rückentlehnung.

Bergmann 29; Pfeifer 1/110; http://www.duden.de/rechtschreibung/Bagage; http://www.etymologiebank.nl/trefwoord/bagage

Bagger Mund, Klappe *Jetz halt doch ma den Bagger!* oder ganz kurz *Bagger!*, auch: *Übrigens, wir hatten Spass wie en Bagger;* **anbaggern, baggern** anmachen, um eine Frau werben *Der Typ is schon den ganzen Abend wie blöde am baggern. Hast du die Maus da angebaggert?*

Baggern ist ein niederländisches Lehnwort (niederländisch baggeren »eine Fahrrinne ausbaggern«, zu mittelniederländisch baggher »Modder, Schlamm«); die übertragene Bedeutung von *anbaggern* ist vermutlich als »hart an etwas arbeiten« zu erklären, Küpper schreibt dazu: »Bezieht sich wohl auf einen vielliebenden Mann, der die Mädchen eimerweise zu Tage fördert.«

Kluge 2011 82; Küpper 74; Pfeifer 1/110; Trübner 1/216

ballern ist ein vielseitig einsetzbares Verb: *Der hat den Ball zehn Meter über dat Tor geballert* (einen Ball fest schießen). *Gleich baller ich dir eine, pass bloß auf! Der kricht gleich einen geballert, wenn der so weiter macht* (jemanden schlagen). *Danach ham wer uns orntlich einen geballert* (heftig trinken, saufen). *Der hat wild um sich geballert* (mit einer Waffe schießen). Offensichtlich neuerdings auch Szeneausdruck für »Kokain schnupfen«. **Geballer** *Dat war nur ein Geballer auf ein Tor.* **Ballerei** *Hört endlich mit der elenden Ballerei auf.* **Ballermann** Schusswaffe *Der hat en echten Ballermann zu Hause inne Schublade.* Der *Ballermann* (in diesem Fall eine Verballhornung aus Balneario Nr. 6, einer berüchtigten Amüsiermeile in S'Arenal auf Mallorca, unter Einfluss von *ballern* »saufen«) ist heute auch zum Synonym für eine ordinäre Kneipe geworden, die vornehmlich zum Zweck des Saufens bis zur Besinnungslosigkeit aufgesucht wird: *Dat is ja wie im Ballermann hier!*

Das Wort ist keine Erfindung des Fußballs oder der modernen Ballerspiele, sondern entlehnt aus den niederdeutschen Mundarten (in schwedischen Mundarten bedeutet ballra »lärmen«). Schon im Mittelniederdeutschen steht balderen für »einen lauten, harten Knall verursachen«, diese Bedeutung erweiterte sich zu »poltern« und schließlich »schießen«, das entsprechende Adjektiv *ballerig* »lärmend« hat es nicht in die Umgangssprache geschafft. *Ballern* als »schießen« ist schließlich bei Hobbyfußballern beliebt geworden.

Im Ruhrgebiet glaubt man – der Geschichte vom Ruhrgebiet als Schmelztiegel entsprechend – an die polnische Herkunft des Wortes, schließlich bedeutet balować im Polnischen so viel wie »sich auf einer Party vergnügen«. Diese Ableitung ist jedoch nur zum Teil richtig. Die Bedeutungsvariante »sich einen trinken, besaufen« ist in der Tat nicht sehr alt, und sie ist wahrscheinlich erst unter Einfluss des polnischen balować aufgrund der Lautähnlichkeit entstanden. Im Ruhrgebiet hat also ein altes Mundartwort unter Einfluss eines gleich klingenden polnischen Wortes eine Bedeutungserweiterung erfahren.

Anmerkung: Der mallorquinische *Ballermann* wäre damit sogar ein doppelter sprachlicher Ulk. Das bereits verballhornte *ballern* wird zur Grundlage der neuerlichen Verballhornung des spanischen Wortes balneario zum berüchtigten *Ballermann* – eine feuchtfröhliche Wortgeschichte.

Duden 1999 1/449; Grimm 1/1093; Honnen 2008a 42; Menge 1985 145; Pfeifer 1/116; RhWb 1/422; Röhrich 1/136; Schiller/Lübben 1/144; Woeste 19

Bambule Aufruhr, Getue *Mach ma nich sone Bambule wegen dein Auto! Jedes mal die Bambule, wenn ich ma inne Kneipe will.*

Die oft zu lesende Ableitung aus französisch bamboula »Feier« (insbesondere in der Wendung faire la bamboula »einen draufmachen«), das wiederum aus einem afrikanischen Trommeltanz übernommen und in französischen Gefängniskrawallen eingesetzt wurde als rhythmisches Klopfen, ist äußerst zweifelhaft. Eher wahrscheinlich ist eine Entlehnung aus dem Familienjiddischen: jiddisch bilbul »Verwirrung« wird dort zu bambulem »Streitigkeit, Schwierigkeit« (*mach keine bilbulem, bambulem* »mach keine Schwierigkeiten«).

Althaus 2006a 55; Althaus 2006b 45; Duden 1999 1/451; Honnen 2008a 43; Kluge 2011 87; Wahrig 1/503; Weinberg 52; Wolf 1956 464; http://www.duden.de/rechtschreibung/Bambule

Bambuschen unförmige Hausschuhe, warme Pantoffeln *Bei uns is der Boden so kalt, da zieh ich immer Bambuschen an.* Zu französisch babouche »Pantoffel«, aus persisch papus »Fußbekleidung«.

Bergmann 27; RhWb 1/424

Bammel Angst, Scheu *Ich hab vielleicht einen Bammel vor der Prüfung. Du hast auch immer Bammel.* **bammelich** sehr ängstlich *Mein Gott, wat is der bammelich. Bammel* kann aber auch eine fast gegenteilige Bedeutung haben *Da haste aber Bammel gehabt, datte den Zuch noch gekricht hast.*

Die Dialekte kennen das Wort nur in der Bedeutung »Herabhängendes« (zu *bammeln* als »baumeln«), als »Angst« ist es eine rein umgangssprachliche Erscheinung, die erst um 1850 in Berlin auftaucht. Umso schwieriger ist deshalb die Herleitung. Man hat *Bammel* als Verballhornung aus jiddisch baal emoh »Furchtsamer« gedeutet, was jedoch sehr unwahrscheinlich ist, zumal baal emoh sehr konstruiert erscheint und kaum in der ehemaligen jiddischen Sprachpraxis aufscheint. Deshalb ist *Bammel* wohl aus dem mundartlichen Verb *bammeln* zu erklären im Sinne von »schwanken« und »schwach auf den Beinen sein« hin zu »nicht wohl sein, ängstlich sein« (der lustige Verweis auf das »Baumeln der Gehenkten« ist wohl eher einer ausufernden Fantasie geschuldet).

Küpper 77; Paul 91; Pfeifer 1/118; RhWb 1/425; Röhrich 1/138; Wolf 1956 281; http://www.duden.de/rechtschreibung/Bammel; http://etymologie.tantalosz.de/

bandusen, rumbandusen lärmen, schimpfen, Krach machen, toben (von Kindern) *Die bandusen da wieder, man versteht sein eigenes Wort nicht. Die Blagen sin da am rumbandusen, dat is nich zum Aushalten. Bis drei Uhr morgens haben die Kleen da oom rumbandust, ich hab echt kein Auge zugekricht.* Auch das Herz kann *bandusen,* wenn es wild klopft.

Das Verb ist exklusiv nur in der südniederrheinischen Mundart und in der Umgangssprache des Ruhrgebiets zu hören. So erklärt sich auch der Versuch, *bandusen* aus polnisch bandos »gemieteter Schnitter« (also »Erntearbeiter«) zu erklären. Das ist jedoch genauso abwegig wie die Ableitung aus französisch blandices »arglistige Schmeicheleien« – aber seltene Wörter beflügeln in der Regel die Fantasie. Dabei muss gar nicht so weit ausgeholt werden. Das Westfälische kennt mehrere entsprechende Formen: *bandrosen* »wild hin und her laufen«, *bandloosen* »wild, unbeherrscht sein, Radau machen« und *bandisen* »mit Gewalt schlagen, wild herumschimpfen«; außerdem sagt man am Niederrhein *bandüweln* zu »teufelswild sein, toben«. Alle diese bedeutungsähnlichen Wörter zeigen dasselbe Bildungsprinzip aus dem Mundartwort *bannen* »drohen, fluchen, tadeln« (als Verstärkungsglied eingesetzt) und einem entsprechenden Verb wie rheinisch *deisen, dusen* »rennen, rasen« und *düweln* »wüten« oder westfälisch *disen* »blind losstürzen« und *rosen* »rasen«. *Bandusen* ist also ein Relikt der alten Mundarten der Region.

Küpper 78; Piirainen/Elling 124; RhWb 1/436, 447 u. 1311; WfWb 1/452; http://www.ruhrgebietssprache.de/lexikon/bandusen.html

bang, bange ängstlich, furchtsam, in allen rheinischen Dialekten und auch in der Umgangssprache *Da bin ich ze bang für! Bisde etwa bang vor dem Hund?* **Bangbuxe** Angsthase (zu *Buxe* »Hose«). Die ältesten Belege datieren ins 15. Jahrhundert (mittelniederdeutsch bange). Zugrunde liegt, wie dem standarddeutschen Angst auch, mittelhochdeutsch ange »eng« und althochdeutsch (be-)ango »ängstlich«. Im Standarddeutschen noch als »um etwas bangen« erhalten.

Grimm 1/1101; Kluge 2011 88; RhWb 1/438; van Veen/van der Sijs 73; Wrede 2010 74

Barras Militär, Bundeswehr *Ich muss zum Barras* (Wehrdienst).

Die überall zu lesende Erklärung als *Barras* »Militärbrot« (analog zu Kommissbrot mit Bedeutungserweiterung zu »Militär«) aus jiddisch barras »Fladenbrot« ist äußerst unsicher. Sie geht auf eine einzige Quelle (Horn Soldatensprache 1905) zurück, die *Barras* als soldatensprachliche Bezeichnung für Brot in Württemberg und Bayern meldet. Weitere Belege, auch für angeblich bairisches *Barras schroppen* »Brot essen«, lassen sich nicht finden. Jiddisch barras für »Fladenbrot« existiert so nicht, belegt sind jiddisch bercheß oder barches für das »Sabbatweißbrot«. Selbst Wolf, auf den die Etymologie zurückgeht, favorisiert die (ebenfalls unsichere) Ableitung aus rotwelsch Barra »Zopf« (als »Symbol des rückständigen, geistlosen Militärischen«). Die Herkunft von *Barras* bleibt ungeklärt.

Duden 2008 151; Horn 90; Klepsch 322; Kluge 2011 93; Küpper 93; Paul 94; Wolf 1956 327

baschden bersten, dazu **zebasch** viel, genug; in allen rheinischen Mundarten und noch in der Umgangssprache zu hören *Ich hab Pilze zebasch gefunden heute im Wald.* **baschtisch** viel, sehr *Hier ist es baschtisch heiß. Hier sind baschtisch viele Leute. Bleibste zum Essen? Wir haben baschtisch.*

Rheinische Variante von standarddeutsch bersten, niederländisch und niederdeutsch barsten, mittelniederdeutsch bersten, barsten, mittelhochdeutsch bresten. *Zebaschte, baschtisch* meint eigentlich »zum Bersten voll«.

Pfeifer 1/154; RhWb 1/469; Wrede 2010 77

Baselmanes hat es nicht in die rheinische Umgangssprache geschafft, gilt aber als eines der rheinischen Schlüsselwörter. Den *Baselmanes* oder *Baselemanes* kennt man nur zwischen Ahr und Niederrhein. Einen *Baselmanes* kann man machen (unterwürfige Geste, Verbeugung, dummes Geschwätz, unnötiges Getue), oder man kann einer sein (Schwätzer, Schmeichler, dicker Mensch). Dieses Bedeutungsspektrum legt eine Herleitung nahe, die unter anderen Umständen sicher als allzu fantastisch abgetan würde: die Ableitung aus spanisch beso las manos »ich küsse Ihre Hände«. Nachdem unter Karl V. das burgundische Handkusszeremoniell am kaiserlichen Hof eingeführt worden war, wurde es schnell im spanischen Einzugsbereich üblich. Mit der Zeremonie wurde auch das Wort selbst verbreitet, das allerdings in Diplomatenkreisen schnell einen ironischen Akzent bekam. Mit dieser Bedeutungsnuance wurde es auch in »unteren« Schichten bekannt und zum Spott von Schriftstellern, die damit ein unterwürfiges Verhalten verbanden. Spottgedichte wie das niederländische »Den nieuwen Serviteur« von 1608 oder Bemerkungen des Engländers Edmund Spenser belegen sowohl die schnelle Verbreitung des Wortes als auch seinen distanzierten Gebrauch.

Während das Wort im Englischen jedoch schnell wieder verschwand, wurde es im Niederländischen als baselmires und im Frühneuhochdeutschen als baselmanes und baßlaman sprachlich eingebürgert. Im heutigen Niederländischen kommt es sporadisch noch als beselosmanos vor (was seine spanische Herkunft deutlich zeigt), im deutschen Sprachraum hat das Wort nur in den Mundarten des Rheinlands überlebt. Wieso nur hier? Die rheinischen Varianten *Baselmanes* und *Baselemanes* geben selbst die Antwort. Schon die frühneuhochdeutsche Form baßlaman macht deutlich, dass hier gar keine spanische, sondern eine französische Wurzel vorliegt: Es ist das Wort baisemain »Handkuss«, das im Rheinischen an bekannte Formen (*Manes* als Kurzform für Hermann, zum Beispiel *Braselmanes* »Umstandskrämer«) angelehnt und so zum *Baselmanes* wurde. Es waren also keine spanischen Truppen, die im 16. und 17. Jahrhundert das Wort im Rheinland bekannt gemacht haben, sondern *Baselmanes* ist eines der vielen französischen Lehnwörter, die in der Alamodezeit ins Deutsche übernommen wurden.

Götze 21; Küpper 81; Müller/Weitz 10; RhWb 1/489; Schiller/Lübben 1/156; Stoett 142; Wrede 2010 77; Zakharine 497; http://www.dbnl.org/tekst/_bl001bl0e01_01/_bl001bl0e01_01.pdf; http://gtb.inl.nl/iWDB/search?wdb=WNT&actie=article&uitvoer=HTML&id=M007589; http://www.zeit.de/1948/43/schlague

Baselun, Jan Baselun, Baselüngke, Baselömchen, Baselümchen altes, abgetragenes oder unmodernes Kleidungsstück *Nee, wat en komisch Baselömken.* Auch **Waselömpche** und **Waselümmken** unförmige, verschossene Jacke oder Pullover *Was hast du denn da für en Waselömpche an?*

Das Wort ist in den rheinischen Mundarten weit verbreitet als Bezeichnung für einen kurzen, blauen Arbeitskittel, den früher alle Handwerker und Bauern trugen. Es geht zurück auf niederländisch boezeroen »Kittel«, daraus westfälisch *bazeron.* Der wiederum hat seinen Ursprung in französisch bourgeron »Soldatenkittel« aus altfranzösisch borge »grobes Leinen« und lateinisch burra »grobes Gewand«. Ein romanisches Lehnwort also, das über das Niederländische in den rheinischen Sprachraum gelangt ist.

Anmerkung: Der aus dem Spruchband »Orfeus der Erst Puseran« auf Dürers Zeichnung »Tod des Orpheus« bekannte »Buhlknabe« hat nichts mit

dem niederländischen boezeroen zu tun, wie Kluge in der 16. Auflage erläutert: »Widernatürliche Unzucht kennen die Deutschen der Reformationszeit von Florenz: frühneuhochdeutsch florenzen bedeutet ›der Knabenliebe frönen‹. So liegt das gleichbedeutende florentinische Zeitwort buggerare dem ... Substantiv, dem altvenezianisch buzzerone entspricht, zugrunde ...«
Kluge 2011 1953 116; RhWb 1/491; Wrede 2010 77; http://www.etymologiebank.nl/trefwoord/boezeroen

Basküll kann sowohl eine Einkaufstasche (im Aachener Raum) als auch eine Waage (im westlichen Rheinland) sein (dazu kommt noch die Bedeutung »Hanswurst« im Pfälzischen und am rechten Niederrhein). *Basküll* ist ein französisches Lehnwort (zu bascule »Klappe, Hebelwaage«) und in dieser Bedeutung auch in der Pfalz bekannt. So weit, so gut. Wie kommt es jedoch zu der seltsamen Doppelbedeutung im Aachener Raum? Hier, und nur hier, heißt eine Schnellwaage (auch römische Waage genannt) **Pöngel**. Es handelt sich um eine Sonderbedeutung, denn *Püngel, Pöngel* meint im gesamten Rheinland in der Hauptbedeutung nur »Bündel, Sack« oder »große Tasche«. In Aachen gab es also für die Waage zwei Begriffe – und so ist die Hauptbedeutung des einen Wortes *(Pöngel)* fälschlicherweise auf das andere *(Basküll)* übergegangen. Ein seltener, aber durchaus nachvollziehbarer Vorgang.
PfWb 1/592; RhWb 1/492 u. 9/82

baten, batten »helfen« ist ein in allen rheinischen, vielen anderen Mundarten und noch im Frühneuhochdeutschen gebräuchliches Verb, das Mundartsprecherinnen und -sprechern heute vornehmlich aus Redewendungen wie *All de Hölpen bate, sät de Möck, du pischet (pessde, seckte) se en de Rhin* »Jede Hilfe nützt, sagte die Mücke und pinkelte in den Rhein« kennen. In der Umgangssprache hört man manchmal noch *Dat bat nix* »Das nützt nichts« oder *Bat et nix, so schad et nix.* Im Niederländischen gehört baten »helfen, nützen« zur Hochsprache.

Das Wort ist ein sprachwissenschaftliches Rätsel. Man kennt zwar die Vorfahren in mittelhochdeutsch baten »nützen«, mittelniederdeutsch baten

»nützlich sein, helfen« und mittelniederländisch baten »helfen, besser werden«, womit eine Übernahme aus dem Niederdeutschen anzunehmen wäre. Dagegen steht althochdeutsch bazan »besser werden« (das allerdings nur selten bezeugt ist), der Vorläufer von mittelhochdeutsch baz »besser« (heute noch in bass erstaunt). Wenn *baten* und althochdeutsch bazan tatsächlich verwandt sind, wie oft behauptet wird, so ist zu fragen, wieso *baten* selbst in süddeutschen Mundarten nicht an der Lautverschiebung teilgenommen hat (analog zu englisch better – hochdeutsch besser). Die Erklärung, dass *baten* ein »unverschoben gebliebener Provinzialismus« sei, überzeugt nicht, weil das Wort eben das nicht, sondern weit verbreitet war. Eine alternative Wortgeschichte ist bislang jedoch noch nicht geschrieben, sodass das rheinische *baten* zwar als altes, aber in seinen Wurzeln rätselhaftes Wort gelten muss.

Grimm 1/1158; Lerchner 211; Lexer 1/135; PfWb 1/606; RhWb 1/496 u. 9/983; Schiller/Lübben 1/160; Wrede 2010 78; http://www.etymologiebank.nl/trefwoord/baten

battern, batten auch **herumbattern** fest, hart und meist unkontrolliert zuschlagen, hauen *Wenn Karl den Betonklotz mit einem Steinbohrer angebohrt hätte, brauchte er jetz nich so drauf herumzubatern.*

Gebatert oder *gebattert* wird nur am Niederrhein – und in den angrenzenden Niederlanden. Dort kommt das Wort auch her: limburgisch *batteren* »schlagen, Lärm machen«, dort seit 1450 belegt; eine Ableitung aus französisch battre »schlagen«, zu lateinisch battuere »schlagen«. Ein ganz besonderes Wort also, dem man seine römische Geschichte noch heute ansehen kann.

Debrabandere 2011 54; RhWb 1/596 u. 9/984

Bau Gefängnis *Der muss innen Bau. Dafür kommt der in den Bau.* Das Wort bezieht sich auf den Festungsbau (also in Festungshaft kommen) und ist aus der Soldatensprache (*drei Tage Bau bekommen* »Arrest«) in die Umgangssprache gelangt.

Grimm 1/1161; Küpper 81; Röhrich 1/158; Trübner 1/237; Wolf 1956 344

Bäuerchen, Bäuerken Aufstoßer (meist bei kleinen Kindern oder Babys gebraucht) *Wart ma noch, bis dat Ullig sein Bäuerchen gemacht hat. Gezz machse noch en Bäuerken, woll?*

Die Mundarten kennen kein *Bäuerchen,* es ist nur in der Umgangssprache zu hören. Zwar wird das *Bäuerchen* meist den ungehobelten, rülpsenden Bauern mit ihren angeblich schlechten Sitten zugeschrieben, doch ist es ursprünglich nur eine klangliche Nachbildung des zu hörenden Lautes, so auch beim niederländischen boer »Rülpser« und englischen burp. Die Verbindung mit den armen Bauern wurde später hinzugedichtet.

Küpper 83; http://www.etymologiebank.nl/trefwoord/boeren2; http://etymologie.tantalosz.de/; https://www.dwds.de/wb/B%C3%A4uerchen

Bäus meist abfällig für Jacke, Arbeitsjacke, auch noch in der Umgangssprache: *Wat hasde da von ollen Bäus an!* Die Verbreitung (westliches Rheinland, Niederrhein, Ruhrgebiet, Münsterland) lässt auf eine niederländische Entlehnung schließen. *Bäus* ist niederländisch buis »Jacke«, das wiederum aus wambuis verkürzt ist. Zugrunde liegt mittellateinisches wambesio, wambesum »wattiertes Unterkleid unter dem Panzer«.

Piirainen/Elling 164; RhWb 1/560; van Veen/van der Sijs 67; Wrede 2010 78

Beck Schnabel, auch übertragen für Mund, Schnauze *(He hät en losen Beck)* im zentralen und nördlichen Rheinland sowie im angrenzenden Westfalen; auch im Niederländischen als bek »Schnabel«.

Das Wort gilt zwar auch in den Mundarten bereits als veraltet, es lebt aber in Schimpfwörtern wie **Lellbeck, Jabbeck, Platzjabbeck, Schnabbeck** und einigen lokalen Varianten sogar über den eigentlichen Geltungsbereich hinaus weiter. Und damit hat nur im Rheinland ein altes lateinisches Lehnwort aus dem gallischen Raum überlebt, das im übrigen deutschen Sprachgebiet völlig unbekannt ist. Zugrunde liegt das galloromanische beccus »Schnabel« (noch heute im Italienischen als becco gebräuchlich), das im Altfranzösischen als bec belegt ist. In dieser Zeit ist es offensichtlich auch erst in das nördliche Rheinland und den niederländischen Sprachraum eingewandert. Im Mittelniederländischen und im Altkölnischen des 12. Jahrhunderts kennt man bec bereits als Spitznamen oder Beinamen, wie eben heute noch in der Mundart. Der *Lellbeck* oder *Lällbeck* ist deshalb ein Grünschnabel oder Einfaltspinsel, jemand, der gedankenlos daherplappert (zu rheinisch *lällen* »ohne nachzudenken reden, kindisch sprechen«). Ein *Gabbeck, Jabbeck* und *Platzjabbeck* (Figur am Kölner Rathaus) ist dagegen ein Gaffer, der mit offenem Maul dabeisteht, und der *Schnabbeck* ist eigentlich doppeltgemoppelt aus Schnabel und *Beck* und bezeichnet ein vorlautes oder unhöfliches Plappermaul.

Post 1982 186; RhWb 1/573, 2/1020 u. 7/1522; van Veen/van der Sijs 84; Woeste 23; Wrede 2010 80, 545 u. 846

behämmert dumm, bekloppt, bescheuert *Bisde eigentlich behämmert, hier so rumzuschreien? Die is doch behämmert!* Nicht zu jiddisch Beheme »Rindvieh, einfältiger Mensch«, sondern zum Verb behämmern »heftig auf etwas einschlagen«.

Mayer 278

beiern Glocken in einem bestimmten Rhythmus schlagen (nicht läuten; nur im zentralen Rheinland), auch übertragen in der Umgangssprache *Der Panz war den ganzen Tach nur am beiern* (quengeln) oder als **Gebeier** »stärkeres, nervendes, lang andauerndes Gejammer« *Ich halt dat Gebeier nich mehr lang aus.* Daneben auch: *Der Jung is am beiern* »die Beine baumeln lassen«.

Der Brauch des Beierns ist schon im Mittelniederdeutschen belegt, im Mittelniederländischen als beyeren 1373 nachgewiesen, vergleiche auch niederländisch beiaard und altfranzösisch bayart »Glockenspiel«. Das Wort ist aus dem Niederländischen ins Rheinland gelangt. Hierzu auch der Volksliedtitel »Bim Bam Beier«.

Fellsches 1999 21; Grimm 1/1368; RhWb 1/586; Schiller/Lübben 1/207; van Veen/van der Sijs 84; Wrede 2010 85

Bejavung, Bejoovung in der Wendung *die Bejavung kriegen* »leiden müssen« *Ich krich noch de Bejavung, wenn dat so weiter geht.* Die Wendung steht auch allgemein für »die Krise kriegen«. Die *Bejavung kriegt* man im zentralen Rheinland. Hier ist sie eigentlich eine (den Kindern angeblich angehexte) Kinderkrankheit, die sich in Krämpfen und Anfällen äußert. Daraus ist die übertragene Bedeutung entstanden.

RhWb 2/963; Wrede 2010 88

bekakeln etwas besprechen *Lass uns die Sache nochmal in Ruhe bekakeln.* Aus dem Niederdeutschen; mittelniederdeutsch kakelen »gackern, schwatzen«.

Piirainen/Elling 135; Schiller/Lübben 2/418; http://www.duden.de/rechtschreibung/kakeln

beknackt verrückt, schlecht, mies *Bisse beknackt, oder wat? Dat is doch echt beknackt hier! In soner beknackten Situation war ich no nie!* Angelehnt an *einen Knacks haben* »leicht verrückt sein«.

Küpper 91; http://www.duden.de/rechtschreibung/beknackt

belämmert, belemmert betrogen, angeschmiert, blöd *Ich hab mich echt belämmert gefühlt. Jetz stehse ganz schön belämmert da.*

Belemmert hat lustige Erklärungen provoziert: Oft zu lesen ist die Ableitung aus dem hebräischen b'li emor (oder ähnlich) »sprachlos«, noch häufiger die Deutung als »dumm wie ein Lamm« (die durch die neue Rechtschreibung als *belämmert* befeuert wird), seltener die Ableitung aus einem angeblichen Verb beleumunden »den Leumund beschädigen«.

Tatsächlich liegt das niederdeutsche Verb *belemmen* »lähmen, hindern« zugrunde, das im Niederländischen heute als belemmeren zur Standardsprache gehört. Dort findet sich auch der älteste Beleg aus dem Jahre 1285. Der Ursprung ist althochdeutsch bilemmen »lähmen«, das die Verwandtschaft mit lahm und seiner Geschichte deutlich macht.

Duden 2008 80; Grimm 1/1445; Honnen 2008a 47; Kluge 2011 108; Küpper 92; Mayer 278; Paul 111; RhWb 5/387; van Veen/van der Sijs 85; http://www.etymologiebank.nl/trefwoord/belemmeren; http://etymologie.tantalosz.de/

belatschern jemanden überreden, vollquatschen *Musse mich so belatschern? Hör auf, mich zu belatschern! Die is den den ganzen Tach am belatschern, pass ma auf, die kricht den noch rum!*

Latschen »breit reden« ist in vielen mitteldeutschen Dialekten (im Erzgebirge auch *dummes Gelatsch* »dummes Gerede«) und als *loetschen* »weinerlich reden« auch im Bairischen verbreitet. Von hier ist das Verb recht spät in die Umgangssprache gelangt. Es geht nicht auf französisch parlage zurück, sondern ist eine Streckform von platschen, mittelhochdeutsch blatzen »schlagen, schwätzen«.

Bach 278; Bergmann 204; Grimm 12/278; Schunk 217;
http://www.duden.de/rechtschreibung/belatschern

Bello kann im Rheinland alles Mögliche sein: etwas Großes, Dickes *Der hat mit sonem Bello von Stein nach mir geworfen.* Natürlich auch ein Synonym für einen Hund. Auch für einen Fünf-Kilo-Hammer: *Hol mir mal den dicken Bello.* Im Kölner Land kann man auch sagen: *Der reißt seinen Bello aber ganz schön auf* (mächtig angeben). *Bello* wird auch gern die Toilette genannt: *Mensch, wennste da so aufm Bello thronst, kannste ma richtich nachdenken.*

Der Hundename ist abgeleitet vom Verb bellen. Die Bezeichnung für den Hammer geht dagegen auf das Mundartverb *bällen, bällern, bellen* »schlagen, prügeln« zurück, das vor allem im Mitteldeutschen verbreitet ist. Vom »schweren Hammer« hat sich die Bedeutung auf alles »Dicke« übertragen. Die Herkunft von *Bello* als »Klo« erklärt Küpper originell so: »zusammengewachsen aus Bellen ›Gesäßbacken‹ und der ersten Silbe von ›Lokus‹.«

Bergmann 36; Fellsches/Küster 28; Küpper 92; MmWb; RhWb 1/421 u. 612;
SüdhessWb 1/554 u. 685; WfWb 1/591 u. 593

Bemme, Bämme Butterbrot, belegtes Brot *Ich brauch wat zum picken! – Hau dir ne Bemme rein!*

Die *Bemme* gilt allgemein als ostmitteldeutsche Spezialität; das Butterbrot ist jedoch auch im Rheinland und im angrenzenden Limburg als *Bemme, Bamme, Bamm* weit verbreitet (die oft zu hörende Behauptung, die *Bemme* sei erst nach der »Wende« im Westen aufgekommen, ist also falsch). Sie gilt hier allerdings eher als kindersprachliche Entstellung aus *Botteramm, Boterham* »Butterbrot«, der man im rheinischen Alltag weitaus seltener begegnet als der *Knifte, Stulle* oder *Dong* und dem *Botteram* oder *Dubbel.* Dennoch ist es gar nicht abwegig, hier die Heimat der *Bemme* zu suchen, denn die oft zu lesende Ableitung aus wendisch oder polnisch pomazka »Butterschnitte« ist aus lautlichen Gründen sehr unwahrscheinlich, was auch die ersten Belege putterpumme und butterbam bei Luther nahelegen. Es wäre allerdings ein Treppenwitz der Sprachgeschichte, wenn die als typisch sächsisch geltende *Bemme* ihren Ursprung in einem rheinischen oder niederländischen Kindermund hätte. Vielleicht haben niederländische Siedler das Wort im Mittelalter auf ihrem Zug nach Osten mitgebracht?

Ackermann 1/103; Alsters 95; Bergmann 36; Grimm 1/1461; Kluge 2011 108; Küpper 92; Pfeifer 1/151; RhWb 1/425 u. 9/971; Trübner 1/178; http://www.duden.de/rechtschreibung/Bemme; http://www.etymologie.info

benaut schwül, schwindelig, ängstlich; gesamtrheinisch, auch in der Umgangssprache zu hören: *Mir is ganz benaut heute.* Im Standarddeutschen dazu das eher seltene Verb benauen »in die Enge treiben«. Zu mittelniederdeutsch benouwen »einengen, beängstigen«. Das altkölnische Adverb *nau, näu* zeigt die Wurzel von *benaut:* mittelniederdeutsch nauwe, mittelniederländisch nouwe »eng, schmal«, mittelhochdeutsch wurde daraus genou »sorgfältig« und schließlich unser hochdeutsches genau. Zugrunde liegt wohl eine germanische Wurzel *hnawwa »knapp«. Auch im Niederländischen als benauwd »beklemmend«. Mit dem Französischen hat das Wort nichts zu tun.

Duden 1999 2/527; Grimm 1/1466; Kluge 2011 109; RhWb 6/117; Spohr 22; van Veen/van der Sijs 86; Wrede 2010 91 u. 644

Benn Korb, Weidenkorb *Hol mir ma bitte die Benn mit den Katoffeln aus dem Keller!*

Das Wort ist in seiner Verbreitung sehr interessant, man kennt es in den Mundarten des nördlichen Niederrheins und im Saarland. In Kleve hört man auch noch *durch die Benn fallen,* wenn man eine Prüfung nicht besteht.

Hier hat sich in der Umgangssprache erstaunlicherweise ein ganz altes Mundartwort gehalten, das von den Römern aus dem Gallischen importiert wurde: keltisch/lateinisch benna »geflochtener Wagenkorb«. Es ist auch im Niederdeutschen als *Benne* und im Standardniederländischen als ben erhalten.

Grimm 1/1473; PfWb 1/698; Post 1982 260; RhWb 1/615;
http://www.etymologiebank.nl/trefwoord/ben1

beömmeln sich totlachen, amüsieren *Ich könnt mich beömmeln, dat se dem schon wieder son Vertrach angedreht haben.* Das relativ neue Wort (wohl nach 1950) ist eine Verballhornung von älterem *bebaumölen* mit ähnlichem Bedeutungshorizont, das in der Umgangssprache seit dem 17. Jahrhundert verbreitet ist. Baumöl ist die alte, auch in den rheinischen Mundarten verbreitete Bezeichnung für Olivenöl; vergleiche die analoge Form *sich beölen. Beömmeln* ist nicht verwandt mit *ömmelig* (siehe dort) oder dem *Eumel.*

Grimm 1/1194; Honnen 2003 45; Honnen 2008a 69; Horster 85; Küpper 85 u. 94;
http://etymologie.tantalosz.de/b.php

berappen bezahlen, löhnen *Wat musstesde denn für die Karre berappen? Da hat der ordentlich berappt für, dat kannze wohl glauben.*

Das Wort ist aus süddeutschen Händlersprachen über die Studentensprache (dort 1848 erstmals belegt) in die Umgangssprache vermittelt. Der Ursprung ist unsicher: eher nicht zu Rappen »Scheidemünze«, da das Verb jünger ist; deshalb vielleicht zu rotwelsch Rebbes »hoher Gewinn« (zu jiddisch ribusem »Zinsen«) oder zu hebräisch rappo jerappe »Heilung bezahlen«.

Bergmann 37; Čirčić 74; Grimm 14/119; Kluge 2011 110; RhWb 7/86; Röhrich 1/172;
Trübner 1/281; Wolf 1956 4522; http://www.duden.de/rechtschreibung/berappen_bezahlen;
http://etymologie.tantalosz.de/

bescheißen siehe *einseifen*

bescheuert doof, verrückt, idiotisch *Der is so wat von bescheuert, dat kann schon weh tun.*

Geht zurück auf scheuern in der Sonderbedeutung »prügeln« *(Ich scheuer dir gleich eine!)*, die in den zentralrheinischen Mundarten gebräuchlich und von hier in die Umgangssprache gelangt ist. Indirekt ist damit auch *bescheuert*, also eigentlich »dumm und dämlich geprügelt«, ein rheinischer Export in die allgemeine Umgangssprache.

Küpper 96; RhWb 7/965; http://www.duden.de/rechtschreibung/bescheuert

Beschütt Zwieback, war früher im Rheinland weit verbreitet als Süßigkeit, oft mit Zucker, Schokolade oder Aniszucker bestreut; die Verbreitung des Wortes vor allem im westlichen Rheinland macht die direkte Ableitung aus französisch biscuit unwahrscheinlich. Vielmehr ist *Beschütt* ein Lehnwort aus niederländisch beschuit »zweimal gebackener Keks«, im Mittelniederländischen (zuerst 1343) als biscuut, buscuut belegt. Dies geht allerdings auf altfranzösisches biscuit »Zweiback« zurück, für das wiederum eine mittellateinische Wurzel *biscoctus (bis »zweimal«, coctus »gebacken«, analog zu Zwieback »Zweimalgebackenes«) angenommen wird (belegt als biscottum »Schiffszwieback«). Ein französisches Lehnwort, das über das Niederländische vermittelt wurde.

Heizmann 2011 29; RhWb 1/625; http://www.etymologiebank.nl/trefwoord/beschuit

betten die Wendung *Wie man sich bettet, so schläft man* hat zumindest im Rheinland nicht unbedingt etwas mit dem Bett zu tun, sondern geht auf den hier üblichen reflexiven Gebrauch des Verbs beten zurück: *Wer sech gut bet, schlöpt gut* bedeutet eigentlich »Wer gut betet, schläft danach gut«. *Sich beten* ist in allen rheinischen Mundarten üblich.

RhWb 1/643

betuppen betrügen; in vielen Mundarten und in der allgemeinen Umgangssprache. Das Wort hat zahlreiche Erklärungen provoziert. Häufig zu lesen ist die Ableitung aus französisch duper »betrügen, düpieren (!)«, die allerdings nicht die Vorsilbe erklären kann. Weitere Kandidaten sind das rheinische Kartenspiel *Tuppen,* auch als *Sibbeschröm* bekannt, und das Adjektiv taub. Eine anschauliche Legende wird in Mönchengladbach erzählt: »Es gibt die Geschichte des Schäfers Mohr aus Niederembt, der in Neurath um 1840 als Wunderheiler verehrt wurde. Er macht bei den Patienten drei Kreuzzeichen und die Leute nannten es betuppen. Vielleicht kommt der Begriff aus der Zeit danach, als die Wunderheilungen nicht mehr wirkten.« So sagenhaft diese Erzählung auch ist, so ist hier doch die im Prinzip einfache Auflösung des Rätsels aufgezeigt: *Betuppen* ist die mundartliche Variante von »betupfen«, das schon im Mittelniederdeutschen (betucken) viele Nebenbedeutungen hatte. Wahrscheinlich ist die Bedeutung »betrügen« dann über das Rotwelsche in die Umgangssprache gelangt.

FrankfWb 2/317; Grimm 22/1823; MmWb; Müller/Weitz 15; PfWb 1/771; RhWb 8/1804; Schiller/Lübben 1/303; Werner 44; Wolf 1956 441; http://www.duden.de/rechtschreibung/betuppen

betüttern, betütteln bemuttern, verwöhnen; im Rheinland als *tauteln, töteln, tünteln* und *tutteln* gebräuchlich. Wohl Ablautvarianten von *Tutte* »Brustwarze«, die schon althochdeutsch und mittelhochdeutsch als tutte belegt ist, einschließlich der Ableitung tuteln »schmeicheln«, aber auch »an der Brust saugen«.

Duden 1999 2/575 u. 3991; Grimm 2/1768; Lexer 2/1591; RhWb 8/1116, 1259 u. 1505

Binnes Trottel, steifer Mensch, eigensinniger Kerl; im südlichen Rheinland und in der Pfalz auch in der Umgangssprache häufig zu hören. Die Bedeutungsvariante »steifer Kerl« zeigt die Abstammung des Schimpfworts von mundartlich *Pinn* »Stock, Stab, Holzpflock«.

PfWb 1/920 u. 922; RhWb 6/852

bläck blank, bloß, nackt; die Kölschrockband »Bläck Fööss« hat das Mundartwort weit über seinen eigentlichen Geltungsbereich im Rheinland und Westfalen bekannt gemacht (dort als **bläckebasch, pläckebasch** »barfuß«).

Es geht zurück auf das mittelniederdeutsche Verb blecken »entblößen, bis aufs Hemd ausziehen«, das sehr alt ist und vordeutsche Wurzeln hat. Es ist verwandt mit althochdeutsch blecken »aufblitzen lassen«, das wir heute noch in der Wendung »die Zähne blecken« (entblößen) kennen.

Kluge 2011 131; RhWb 1/732; Schiller/Lübben 1/353; Spohr 23; Werner 46; WfWb 1/849; Wrede 2010 104

Blag, Blach (ungezogenes) Kind, meist im Plural *Blagen,* in den rheinischen und niederdeutschen Mundarten und der Umgangssprache weit verbreitet: *Die ham en ganzen Stall voll Blagen, dat is vielleicht immer en Krach bei denen.* Im westfälischen Raum auch weiblich *die Blage.*

Die Wortgeschichte ist dunkel. Das Grimmsche Wörterbuch verweist auf *Plack, Placken, Plagge* »Stück, abgerissenes Stück, Teil« (siehe *Plack*); darin wird »das kind ... durch einen ans kleid angesetzten zwickel bezeichnet«. Eine andere Deutung geht von mittelniederländisch blaren, mittelniederdeutsch blarren »plärren, weinen« aus: »Blag wäre somit vom Weinen des Kindes hergenommen.« Bei dieser Deutung haben wohl unangenehme Erinnerungen an die Elternzeit Pate gestanden. Eine weitverbreitete und die bislang wahrscheinlichste Erklärung sieht *Blag* als Ergebnis einer Umstellung aus Balg, das sowohl »Bauch, Wampe« als auch »Kind« (abwertend in Wechselbalg) bedeuten kann. Dann wäre an eine ähnliche Sinnverknüpfung wie bei *Pänz,* Pansen zu denken.

DtWb 5/330; Grimm 1/1084; Kluge 2011 128; RhWb 1/739; Küpper 109; Trübner 1/219; Werner 46; WfWb 1/815; Wrede 2010 104; http://www.duden.de/rechtschreibung/Blag

Blase, Bloos als »Tüte, Einkaufstüte« gibt es nur im Rheinland. Hier kann man *en Bloos Kamälle* am *Büdche, en Blöösje jebrannte Mandele* auf der Kirmes kaufen oder im Supermarkt mit *Un bitte en Bloos dobei* eine Plastiktüte einfordern. Ursprünglich war die mundartliche *Bloos* tatsächlich die

»Harnblase«. Die war in Zeiten, als Plastik noch ein Fremdwort war, beim Schlachter keineswegs Abfall, sondern sehr begehrt, weil vielseitig verwendbar. Getrocknet wurde die Schweinsblase als Geld-, Tabaks- oder Knopfbeutel genutzt. Daraus hat sich die heutige Bedeutung »Tüte« entwickelt, die sogar auf die modernen Einkaufstüten aus Kunststoff Anwendung findet – eine wirklich lustige Karriere für eine Schweinsblase.

Die konnte übrigens auch aufgeblasen als Ball genutzt oder als Schlagfell zu Fastnacht über den *Rummelspott* gespannt werden, um damit ordentlich Krach zu machen. Und schließlich erzählt man im Rheinland *usem Blöösje,* wenn man kleine Geheimnisse verraten will. Denn *Bloos* ist gleichzeitig auch die abfällige Bezeichnung für die ungeliebte Verwandtschaft oder Nachbarschaft *(die janze Bloos).* Auch die rheinische **Putschbloos** »Matschblase« darf nicht fehlen. So nennt man eine übergewichtige Person mit einem besonders dicken Bauch. Eine typische rheinische Redewendung lautet: *De Buur friss et Blöösje on weref de Kamälle fot* »Der Bauer frisst die Tüte und wirft die Bonbons fort«.

Grimm 2/67; RhWb 1/746

DIE »FARBE« BLAU

Es gibt kaum ein Wort, das mehr – ungeklärte – etymologische Facetten hat als das Wörtchen »blau« (abgesehen vielleicht vom Wörtchen »grün«). Am berühmtesten ist sicher der »blaue Montag«, um den sich eine ganze Reihe von Wortlegenden ranken. Fast alle haben mit dem Farbstoff »Blau« und seiner Herstellung zu tun. Im Kern geht es dabei immer um den Färberwaid, aus dem durch einen besonderen Prozess die eigentliche Farbe gewonnen wurde. Eine wahllos aus dem Internet herausgegriffene Legende beschreibt das so: »Die Waidblätter wurden mit Flüssigkeit bedeckt. Es ist eine chemisch einzigartige Flüssigkeit, die man braucht: frischen menschlichen Urin. In der Sonne beginnt die Urin-Waid-Brühe zu gären, dabei entsteht Alkohol, er löst den Farbstoff Indigo aus den Blättern … Man wusste, dass die

Gärung verstärkt wird, wenn man Alkohol zugibt. Allerdings kippte man den Alkohol nicht direkt in die Brühe, dazu war er zu schade. Der Alkohol wurde über einen Umweg zugeführt: In den alten Rezepten ist vermerkt, dass die Farbe besonders gut wird mit dem Urin von Männern, die Alkohol getrunken haben … Abgesehen vom Gestank – Blaufärben war eine angenehme Tätigkeit. Die Färber arbeiteten im Freien, bei schönem Wetter, und es gab reichlich zu trinken. Immer wenn die Färbergesellen am Montag betrunken in der Sonne lagen, um auf das Ergebnis zu warten, wusste jeder, dass blau gefärbt wurde, die Färber waren ›blau‹ und ›machten blau‹. Auch der Begriff ›Blauer Montag‹ findet hier seinen Ursprung« (Honnen 2008b 60). Diese auch logisch anfechtbare Legende wird in verschiedenen Versionen erzählt. Mal ist es die nicht färbende Bevölkerung, die ob des Gestanks der Färberflüssigkeit kollektiv den Ort verlässt und an diesem Tag eben nicht arbeitet und deshalb *blaumacht,* oder nach einer anderen Variante sind es wieder die Färbergesellen, die am Montag nicht arbeiten können, da die Färberflüssigkeit immer sonntags angesetzt wird und bis zum Montag oxidieren muss.

Eine andere Erklärung ist dagegen recht einfach: »Wenn die Handwerker am Montag nicht arbeiteten und stattdessen den blauen Festtagsrock anzogen, sprach man vom ›blauen Montag‹. Er stand damit im Gegensatz zum ›grauen Alltag‹.« Etwas ausführlicher ist dagegen diese historische Ableitung: »›Blauer Montag‹ geht zurück auf einen Begriff aus dem 16. Jahrhundert. Jede Zunft feierte einmal im Jahr an einem Sonntag ein Jahresfest. Der darauf folgende Montag war in der Regel arbeitsfrei. Allerdings wurde an diesem Tag für die Toten der Zunft eine ›blaue‹ Messe gefeiert. Der Pfarrer trug dazu ein blaues Messgewand. Das brachte diesem Montag die Kennzeichnung ›blau‹ ein. Mittlerweile wird der ›blaue Montag‹ auch zu anderen Anlässen zelebriert« (Honnen 2008b 60). In einer anderen Variante hat der arbeitsfreie Montag etwas mit dem Karneval zu tun: Am Fastnachtsmontag musste nirgendwo gearbeitet werden. Seinen Namen bekam er von den blauen Decken (Blau als Farbe der Buße), die in den Kirchen über die Altäre gelegt wurden (Zitzen 4/221). Schließlich könnte der »blaue

Montag« auch etwas mit »bläuen« zu tun haben. Weil sich die Gesellen am Fastnachtsmontag ausgiebig betranken und anschließend gegenseitig verprügelten, könnte der »blaue Montag« nichts anderes als ein »Prügel-Montag« sein.

Bekanntlich beschreibt »blau« nicht nur eine Farbe, sondern auch einen Zustand. Und es verwundert nicht, dass die betrunkenen Färbergesellen auch dafür den Grund abgeben sollen. Vom »blaumachen« zum »blau sein« ist es kein langer Weg. Allerdings konkurrieren auch hier wieder mehrere Wortlegenden miteinander. Auf ein anderes interessantes Wort, nämlich *blümerant* (siehe dort), spielt eine weitverbreitete Wortgeschichte an. Danach hatte »blau« vom 16. bis zum 18. Jahrhundert die Nebenbedeutung »schwindelig, unwohl«, die eben auch die Ursache für den Ausdruck *blümerant* sein soll. Man hat in dieser Zeit tatsächlich gesagt: Mir wird blau (statt schwarz) vor Augen! – ein Zustand, den völlig Betrunkene nur zu gut kennen. Eine ähnliche Argumentation führt die etymologische Fährte ins Englische. Weil dort blue einen »positiv wie negativ getrübten Gemütszustand« ausdrücken kann – man denke nur an die Wendung »den Blues haben« –, glauben viele, dass unser Blausein auf den Britischen Inseln seinen Ursprung gefunden habe.

Ganz handfest ist eine andere Legende. Danach geht der Ausdruck auf die Hautfarbe einer »unterkühlten Schnapsleiche« zurück, was aber empirisch nur schwer zu belegen ist. Deshalb wird auch sehr häufig behauptet, »blau« habe mit dem jiddischen b'lo zu tun, was so viel wie »ohne, mit nichts« bedeute. Diese Ableitung führt wieder zum »blauen Montag« und zum »Blaumachen« zurück, denn das hier gemeinte Nichtstun wäre durch das jiddische b'lo (eben »nichts«) ebenfalls gut erklärt. Ein weiteres Indiz für diese Etymologie ist vielleicht auch die typisch rheinische Wendung *blau sein* »alles verloren haben, pleite sein« *Der is so blau wie ne Forelle* (kein Geld haben)! Hier ist tatsächlich ein Bezug zum Jiddischen nicht so abwegig, zumal im Rotwelschen blau als Synonym für »schlimm, überhaupt nichts« weit verbreitet ist. Das gilt auch für die scherzhafte Bezeichnung *en Blauer* für einen Rothaarigen, die auf alte Vorurteile gegenüber

Menschen mit roten Haaren anspielt (auch diese Bedeutung ist im Rotwelschen üblich). Vielleicht gehört hierzu auch die rheinische Wendung *blau färben* für »lügen« (ebenso die Wendung *wie en blo Koh melke* oder *en blo Blömke fürmaake;* ein *Blaufick* ist ein Erzlügner). In allen diesen Zusammenhängen hat »blau« die für das Rotwelsche typischen negativen Konnotationen (Wolf 1956 524).

Überraschenderweise ist es auch vom »Blausein« nicht weit zu den Protestanten im Rheinland. Die werden hier nämlich seltsamerweise als *Blaue* oder auch *Blauköpp* bezeichnet (siehe dort). Deren Gebaren und Gebräuche waren den angestammten Katholiken offensichtlich dermaßen unverständlich und anstößig, dass hier »blau« im Sinne von »bezecht« verstanden werden muss und *Blaukopp* somit ein Synonym zu »Suffkopp« ist. Da aber eigentlich die katholischen Rheinländerinnen und Rheinländer eher als feier- und trinkfreudig gelten, hat auch diese Wortgeschichte wieder Konkurrenten bekommen. So sollen auch die schwedischen Soldaten, die im Dreißigjährigen Krieg im Rheinland ihr Unwesen trieben, für die Bezeichnung verantwortlich sein, weil sie angeblich blaue Helme trugen. Blaue Uniformen trugen auch die preußischen Soldaten (noch heute gibt es in Köln die »Blauen Funken«), und da sie hier besonders verhasst waren, wurden eben diejenigen, die der »preußischen« Religion anhingen, einfach *Blaue* genannt. Eine andere Ableitung erklärt die Protestanten zu besonders arrogant und herrschsüchtig auftretenden Zeitgenossen, weshalb hier das Farbadjektiv an das Wort blaublütig erinnere, das für »adelig« steht. Schließlich wird noch auf das Niederländische verwiesen, wo alles Minderwertige angeblich »blau« genannt wird (wie eben auch im Rotwelschen) – in dem berühmten Bild von Pieter Bruegel dem Älteren zur Illustration von Redensarten bekommt ein alter Mann von einer jungen Frau den blauen Mantel umgehängt als Zeichen ihres Betrugs. Und wie man die in Nimwegen geprägten schlechten Stüber auch *Blaumüser* nannte, so konnten die wenig geachteten Protestanten auch zu *Blauköpp* werden. Hierher gehört auch der »blaue Wagen«, eine Karre, mit der im gesamten Rheinland angeblich »die Irrsinnigen in die Irrenanstalt geholt« wurden (RhWb 1/759).

Seltsam auch die heute veraltete rheinische Gewohnheit, die »bunte Wäsche« als *blau Wäsch* zu bezeichnen, die vielleicht darauf deutet, dass Blau früher die mit Abstand häufigste Kleiderfarbe war. Deshalb konnte man auch den Wunsch nach einer neuen Hose mit der Antwort *Loss der den Arsch blau färwen* abfertigen. Wobei das auch wieder doppeldeutig ist, denn *blau färben* meint im Rheinischen »lügen, prahlen«.

Alle Wortlegenden zum unscheinbaren Wörtchen »blau« aufzuzählen, würde an dieser Stelle zu weit führen. Deshalb sei abschließend nur noch die wirklich gelungene Wortgeschichte der Wendung »das blaue Wunder erleben« erzählt: »Diese Redensart bezieht sich möglicherweise auf die Loschwitzer Brücke in Dresden. Es handelt sich um eine Hängebrücke, und es war die erste Eisenbrücke ohne Strompfeiler ... Als die SS im Frühjahr 1945 die Dresdner Elbbrücken sprengte, zerschnitten Erich Stöckel und Paul Zickler unabhängig voneinander unter Einsatz ihres Lebens die Zündkabel der Sprengsätze und retteten so das einmalige Wahrzeichen vor der Zerstörung. Diesem Umstand sowie ihres blauen Anstrichs und ihrer auffälligen Konstruktion wegen erhielt die Loschwitzer Brücke den Beinamen Blaues Wunder« (Honnen 2008b 61). Schade nur, dass hier Ursache und Wirkung verwechselt werden, denn die Redewendung ist eindeutig älter als die tapfere Rettungsaktion.

Endgültig rätselhaft ist der Name »Blauer Affe«, der nicht nur im Rheinland eine Kneipe bezeichnen kann (die bekannteste ist ein Biergarten in den Bonn-Beueler Rheinwiesen). Das Wörterbuch des Rotwelschen kennt zwar die Wendung *vom blauen Affen gebissen sein* für den Zustand eines streitlustigen Betrunkenen (Affe ist im Rotwelschen ein Synonym für »Rausch«), die ist aber nur einmal für Berlin belegt. Dagegen ist *den Affen haben* für »betrunken sein« weiter verbreitet. Doch das erklärt nicht die Farbbezeichnung in diesem Zusammenhang. Auch in dem berühmten Buch »Der blaue Affe« von Walter Serner kommt das farbige Tier außer im Titel nirgendwo vor, um Auskunft über die Bedeutung zu geben. Es bleibt festzuhalten: Die Sprachwissenschaft hat keinen blauen Dunst, wie die vielen Bedeutungsnuancen von »blau« im Alltagsdeutsch zu erklären sind.

Blauköpp sind echt rheinisch, da man sie nur hier kennt. Gemeint sind damit nicht die oft so bezeichneten einfachen Nägel aus gebläutem Stahl mit breiten Köpfen, sondern die Protestanten. Im Rheinland, das heißt südlich von Krefeld bis hinunter in den Hunsrück und ins Saarland, sind alle, die nicht katholisch sind, in der Umgangssprache einfach nur *Blauköpp* (oder **Finnblaue** »Feinblaue«). War der *Blaukopp* früher eher eine Beleidigung oder zumindest eine abfällige Bezeichnung – *ein Blauköpp kommt mir nich int Haus* bekamen heiratswillige junge Leute schon mal von ihren katholischen Eltern zu hören –, so wird das Wort heute von den Protestanten selbst entweder ironisch oder auch ganz selbstbewusst benutzt. In Köln gab es sogar ein *Blaukopp-Festival,* und in einem Karnevalslied bekennt man sich zudem ganz offensiv zum *Blaukoppsein: Ich ben ne kölsche Protestant un maach Rabbatz. Ich ben ne Blaukopp un sing Ajuja.*

Allerdings weiß man bis heute nicht, woher diese seltsame Bezeichnung kommt. Und immer dann, wenn man wenig oder auch nichts weiß, kann man prächtig spekulieren. So sind auch in diesem Fall eine ganze Reihe von fantasievollen Herleitungen vorgeschlagen worden:

1. Die ersten *Blauköpp* waren die protestantischen Schweden im Dreißigjährigen Krieg, weil sie blaustichige Helme trugen.

2. Früher hatten protestantische Färber (flämischer Herkunft?) blaue Kopfbedeckungen.

3. Die Protestanten waren früher oft betrunken, also *blau,* was ihnen die Bezeichnung *Blaukopp* eingetragen hat.

4. Blau ist seit alten Zeiten die Farbe der Täuschung und Lüge (man kann das Blaue vom Himmel herunterlügen), die Bezeichnung ist also eine böse Unterstellung der Katholiken (noch heute heißt es zum Beispiel im Elsass »Den Blauen ist nicht zu trauen«).

5. Die Protestanten traten sehr arrogant auf und wurden deshalb als blaublütig bezeichnet.

6. Im Saarland (ehemals Nassau-Saarbrücken) werden die Menschen aus Lothringen *Waggesse* »Wackersteine, Pflastersteine« genannt. Da die Pflas-

tersteine in der Eifel *Blauköpp* heißen, könnte hier eine analoge, sinnentsprechende Übertragung vorliegen.

7. Die letzte Variante ist schließlich auch die wahrscheinlichste. Danach gehen die *Blauköpp* auf die »preußisch-blaue« Uniform der preußischen Soldaten zurück, die im Rheinland gerade von der katholischen Bevölkerung oft als Besatzung und als Quelle allen protestantischen Übels empfunden wurden.

Übrigens: Noch heute ist *Blokäpp* im südlichen Rheinland ein verbreiteter Neckname für die Bewohner von Orten, die in der Mehrheit protestantisch sind, zum Beispiel Winningen, Mülheim oder Flammersfeld.

(Siehe auch Exkurs »Die ›Farbe‹ Blau«.)

Küpper 111; MmWb; RhWb 1/763

Blech Unsinn, Mist *Red kein Blech! Son Blech hab ich selten gehört. Blech* kann auch Geld bezeichnen, allerdings ist diese Bedeutung im sprachlichen Alltag nur noch selten zu hören. Dagegen begegnet man dem Verb **blechen** häufig: *Wat hasse dafür geblecht? Da wirse aber ordentlich blechen für!*

Das Adjektiv blechen bedeutet im Mittelhochdeutschen »glänzend«, das ist die eigentliche Bedeutung von althochdeutsch bleh, mittelhochdeutsch blech, mittelniederdeutsch blick und so weiter (auf dieselbe indogermanische Wurzel zurückgehend wie »bleich«). Eisen schlug man früher noch nicht zu Blech, wohl aber Gold, deshalb war es immer Goldblech. Da man schon in althochdeutscher Zeit aus Blech die damaligen Goldmünzen, die Brakteaten, trieb, entstand im 15. Jahrhundert die gaunersprachliche Bezeichnung *Blech* für Geld. Daraus entstand in der Studentensprache im 18. Jahrhundert das Verb *blechen* »bezahlen«. Die Wendung *Blech reden (Red kein Blech)* ist jünger, kommt aber auch aus der Studentensprache.

Trübner 1/354; Wolf 1956 535

Blech Gefängnis; nur in und um Köln (auch in der Umgangssprache) gebräuchlich: *Du komms noch inne Blech, wenne so weiter machs.* Die Bezeichnung geht auf den kölschen Namen *Bleche Botz* »blecherne Hose« für das Stadtgefängnis zurück, dessen Legende Wrede erzählt. Danach ist die humorvolle kölsche Bezeichnung entstanden aus der Kombination des Spitznamens *bleche Alexander* (der Blechschläger Alexander Hittorf war der Besitzer des Gefängnisgebäudes) und des Familiennamens Butz (Butz war der Baumeister, der das ehemalige Frauenkloster zu einem Gefängnis umgebaut hatte).

RhWb 1/769; Wolf 1956 537; Wrede 2010 106

Blinder Fisch Bratkartoffeln aus rohen Kartoffeln *Mama hat Blinden Fisch inne Fanne.*

Belegt für den südlichen Niederrhein und Duisburg. Es gibt eine ganze Reihe »blinder« Gerichte, zum Beispiel **Blinder Hase** »Hackfleischkloß« oder **Blindes Huhn** »Bohnensuppe« (ohne Huhn); *blind* wird im Rheinland etwas genannt, das vorgibt, mehr zu sein, als es ist (vergleiche auch Blinddarm).

Heizmann 2011 31; RhWb 1/780; Wrede 2010 108

Blötsch, Blötsche, Blütsche auch **Plötsch** Beule *Wo hasde denn die Blötsch am Kopp her? Dat Auto war kaum drei Tage alt, da hatt ich schon en Plötsch in de Tür. Dat zoch widder en Blötsch* (ein unfreundliches Gesicht machen, schlechte Laune haben). Am Niederrhein kann die *Blötsche* auch eine offene Stelle im Mund sein. **Blötschkopp** Dummkopf *Mit dem Blötschkopp is nix anzufangen.* **Blötschnas** eingedrückte Nase **Blötschauge** sagt man zu Autos mit einem defekten Scheinwerfer *Da kommt widder son Auto mit nem Blötschauge.* **Blötschhusten** starker Husten, Keuchhusten *Bah, wat hat der en fiesen Blötschhusten.* **verblötschen** etwas verbeulen, **verblötscht** verbeult *Wo hasse dir denn die Karre so verblötscht? Du siehs aber ordentlich verblötscht aus heute morgen* (verschwiemelt, verschwollen).

Die *Blötsche* ist ein exklusiv zentralrheinisches Wort; sie ist ein Import aus dem niederländischen Raum. Das standardniederländische bluts »Beule« ist schon im Mittelniederländischen um 1500 als blutse belegt. Das wiederum ist eine Nebenform des noch älteren buts, das auf altfranzösisches boce zurückgeht. So ist die rheinische *Blötsch* durch niederländische Vermittlung auch direkt verwandt mit der französischen bosse »Beule«.

de Vries 68 u. 97; RhWb 1/812; Spohr 25; van Veen/van der Sijs 107 u. 132; Verdam 105; Werner 49; Wrede 2010 111

Blotsche, Blotschen heißt im zentralen Rheinland der Holzschuh, in der Umgangssprache auch ein derber, plumper Schuh: *Mit sonne Blotschen willsde mitkommen? Blotsch* ist eine Verschleifung aus *Block-Schuh* (aus einem Holzblock geschnitzter Schuh). Eine weitere rheinische Bezeichnung für »schwere Schuhe« ist der **Klotsch** oder **Klotschen**, entstanden aus der Verschmelzung von *Blotsch* und *Klomp* (siehe dort).

Honnen 2003 47; RhWb 1/795; Wrede 2010 111

Blümchenkaffee ist ein dünner Kaffee, und der ist im Rheinland ein kleiner Weltuntergang. Das belegen die vielen Bezeichnungen für diese verhasste Brühe: *Blümchenkaffee, Schwerterkaffee, Bodenseekaffee, Zores, Spräuz, Schlöres, Schlüntes, Plörre, Geschläpps, Bankrottsbrühe, Flöres* oder *Schlotterbrühe* (zum bekanntesten Wort siehe *Muckefuck*).

In Sachsen reklamiert man die Entstehung von *Blümchen-* und *Schwerterkaffee* für sich (dünner Kaffee, durch den man die Verzierungen auf dem Boden der Tasse sehen konnte), angeblich ist er dort 1725 erstmals belegt. Das ist einigermaßen unwahrscheinlich, weil zu dieser Zeit der Kaffee ein reines Luxusgetränk war und kaum zu volkssprachlichen Witzen Anlass geben konnte. Die gekreuzten Meißner Schwerter wurden erst ab 1731 verwendet.

Bergmann 44; Heizmann 2011 32; Kluge 2011 135; RhWb 1/804; Röhrich 1/222

blümerant, plümerant, plümmerant schlecht, übel, komisch, schwindelig *Mir wird auf einmal so blümerant. Is dir blümerant? Dat is mir zu plümerant* (gefährlich)!

Blümerant ist in vielen Mundarten und vor allem der überregionalen Umgangssprache weit verbreitet. In den Dialekten ist das Wort oft noch eine

Farbbezeichnung (»hellblau«, auch »bunt«), wie auch in allen frühen Belegen im 17. Jahrhundert (zum Beispiel im »Simplicissimus« als »plümerant Kleid«). Französisch bleu mourant war als blasses Blau offenbar eine Modefarbe der Zeit, die französische Bezeichnung und das verballhornte Lehnwort stehen schon seit dem 17. Jahrhundert nebeneinander. Die für KPM typische Porzellanfarbe wurde erst um 1780 eingeführt und hat nichts mit der Herkunft von *blümerant* zu tun.

Seit dem 19. Jahrhundert hat *blümerant* die umgangssprachliche Bedeutung »schwindelig, mulmig«. Möglicherweise ist der sprachpuristische Barockdichter Philipp von Zesen mit seinem Rosemund-Roman der Urheber, in dem er statt bleu mourant penetrant »sterbe-blau« schreibt, oder die fahle Gesichtsfarbe einer Ohnmächtigen selbst ist das Motiv für die Bedeutungserweiterung von *blümerant* (als Farbbezeichnung für blassblau).

Deutsches Fremdwörterbuch 3/384; Grimm 2/119 u. 13/1936; Honnen 2008a 48; Kluge 2011 135; RhWb 1/805; Röhrich 1/223; Trübner 1/352; van Ingen 98ff.; http://www.duden.de/rechtschreibung/bluemerant; http://www.n-tv.de/wirtschaft/KPM-spuert-den-Aufwind-article11396246.html

boah ey (immer mit offenem o und als e-i gesprochenem *ey*) als Ausdruck des Erstaunens *Boh ey, wat has du dich schick gemacht! Boh eh, wat hat der für große Füße! Boh, ich glaub et hackt, ey! Boh* kann man aber auch durchaus ohne angehängtes *ey* hören: *Boh, war dat en Sturm gestern Abend!* Die Kombination der beiden Ausrufewörter ist in den letzten Jahren sehr populär und in den Medien so etwas wie ein Marker für die Sprache des Ruhrgebiets oder für *prollige* Sprache überhaupt geworden; Protagonisten dieser Sprachmode waren die sogenannten Manta-Filme und die ihnen folgenden Manta-Witze, Szenestars wie Tom Gerhardt oder Ruhrgebiets-Comedians.

Sie bedienten sich dabei alter Elemente der gesprochenen Sprache im Rheinland und in Westfalen. *Boh, boa* ist eine auch in den Dialekten weitverbreitete Interjektion (Ausrufewort, Empfindungswort) des Staunens und Entsetzens *(Boah, dat is ma gerade noch gut gegangen! Boah, wat für ne geile Kiste!)*. Verwandt mit *boh, boah* ist das berühmte **buh**, mit dem Kinder hinterrücks erschreckt werden; der **Buhmann** hat hier seinen Ursprung. Auch *ey* oder *ei* als Interjektion des Beifalls und der Bewunderung ist vom Saarland bis nach Westfalen verbreitet, sie kann darüber hinaus auch als Ausdruck des Ärgers oder der Abweisung gebraucht werden: *Ey, wat willsde? Hau ab, ey!* und so weiter. Die Kombination der beiden Ausdruckswörter hat es zwar immer schon mal gegeben, als feste Wendung hat sie sich jedoch erst durch ihre Präsenz in den Medien etabliert. Auch ihre Eigenschaft als Marker für die Sprache im *Pott* ist eine mediale Zuschreibung, die mit der Sprachwirklichkeit nichts zu tun hat. Und jugendsprachlich ist *boah ey* erst recht nicht, auch wenn es immer wieder zu lesen ist. Noch weniger stammt *ey* aus dem Englischen, wie der Duden behauptet.

RhWb 1/815 u. 2/27; http://www.duden.de/rechtschreibung/ey; https://metablock.hypotheses.org/423

Bock in der Wendung *(keinen) Bock haben* »(keine) Lust haben« *Ich hätt Bock auf en Kinobesuch. Auf gemütliches Zusammensein vor de Glotze hab ich kein Bock.* Auch in »Null-Bock-Generation« bekannt geworden.

Das Wort gehört zu den drei Lehnwörtern in der deutschen Umgangssprache, die mit Sicherheit aus dem Romanes abgeleitet werden können (neben *Zaster* »Geld« und *Kaschemme* »schäbige Kneipe«): zigeunersprachlich bokh »Hunger, Verlangen«. Die Wendung *Bock haben* ist wohl über das Rotwelsche erst in der zweiten Hälfte des 20. Jahrhunderts in der übertragenen Bedeutung Mode geworden. Diese späte Entlehnung ist verblüffend.

Küpper 118 u. 853; Matras 198; Röhrich 1/228; Wolf 1956 585; http://etymologie.tantalosz.de/n.php

bölken seltener **bälken** in den Dialekten des Niederrheins und Teilen des zentralen Rheinlands »brüllen (von der Kuh)« und »laut rufen, schreien (von Menschen)«. In der aktuellen Umgangssprache der Region nur noch in der letzten Bedeutung: *Bölk hier nich so rum!* Ableitungen: **rumbölken, anbölken, Gebölke.**

Interessant ist, dass die scheinbar auf der Hand liegende Annahme einer Lautumstellung (Metathese) von blöken zu *bölken* wohl nicht zutrifft.

Bölken und seine Varianten sind trotz der Lautähnlichkeit eine eigenständige Entwicklung und sowohl im Mittelniederdeutschen als bolken, bölken (Schreien des Rindviehs) als auch im Mittelniederländischen als belken belegt. Sogar im Altenglischen findet sich die Form bælcan »laut rufen«. *Bölken, bälken* ist also kein »echt ripuarisches, niederfränkisches Wort« (Wrede), sondern weiter verbreitet. Im aktuellen Niederländischen gibt es als feine Differenzierung die Varianten balken (Schreien von Eseln) und bulken (Brüllen der Kühe). Als eigentlicher Ursprung des Wortes wird lautmalende Nachahmung angenommen.

Grimm 2/231; Lerchner 220; MmWb; RhWb 1/853; Schiller/Lübben 1/380; van Veen/van der Sijs 71 u. 130; Verdam 72; Werner 51; Wrede 2010 73; http://www.duden.de/rechtschreibung/boelken

Bollebäuschen, Ballebäusken in Schmalz gebackener kleiner Krapfen (im nördlichen Rheinland und im Bergischen Land); zu rheinisch *bol* »hohl, rund, aufgedunsen«, niederdeutschen Ursprungs, altsächsisch bollo, mittelhochdeutsch bolle »rund«, auch im aktuellen Niederländischen bol »rund«; dort heißt der Feinbäcker auch bollenbakker und das »poffertje« ebenfalls bollebuis (siehe *Bollen*). Das Grundwort *Bäuschen* ist das Diminutiv zur mundartlichen *Bause, Bouse* »Anschwellung, Beule«, ein Wort mit etwas undurchschaubaren Wurzeln. Das Grimmsche Wörterbuch kennt noch bausen sowohl als »aufblasen, anschwellen« als auch als »schlemmen«. Das entspricht spätmittelhochdeutschem busen (mit beiden Bedeutungen) und eingeschränkt mittelniederdeutschem beziehungsweise mittelniederländischem busen, das nur noch »schlemmen« bedeutet. Vielleicht besteht zwischen vielem Essen und Blähbauch ja ein semantischer Zusammenhang. Als Wurzel für alle Varianten nimmt man jedenfalls indogermanisch *bhus »schwellen« an. Damit ist der Name *Bollebäuschen* eine äußerst exakte Beschreibung des Schmalzgebäcks: etwas aufgeblasenes Rundes!

de Vries 74 u. 94; Grimm 1/1200; RhWb 1/864 u. 858; Schiller/Lübben 1/380; van Veen/van der Sijs 111; Verdam 108

Bollen als gesamtrheinische Bezeichnung für den (Ober-)Schenkel oder das Hühnerbein, auch als **Hühnerbollen**: *Dat Mädchen hat aber orntliche Bollen! Bollen* hat seine Entsprechung im rheinischen **bol** »aufgedunsen, schwammig, dick, hohl«. Das Wort ist sowohl im Mittelniederdeutschen und Mittelniederländischen als bolle »etwas rund Angeschwollenes« als auch im Althochdeutschen als bolla »Zwiebel« belegt (siehe auch *Bollebäuschen*). Hierher gehören auch das Kinderschreckgespenst **Bullemann, Böllemann**, eigentlich »dicker, aufgeblasener Mann«, und das Adjektiv **bullig** »kräftig, untersetzt«.

Eine weitere Verwendung ist der **Bollo** als »unliebsamer Mensch, ungehobelter Typ« *(Du biss mir vielleicht en Bollo, wie kannse denn so wat machen?)* in der ursprünglichen Bedeutung von bol als »hohl« (Hohlkopf). Auch das Verb **bollern** »unangemessen laut sein« geht auf *bol* »hohl« im Sinne von »hohl klingen, ein dumpfes Geräusch hervorbringen« zurück *Musse eigentlich immer gleich so losbollern?* Dazu **Bollerkopp** »Grobian« und *bollerig* »ungehobelt«. Zu *bol* gehören auch **Böller** »Knallkörper« und das abgeleitete **böllern**.

de Vries 74; Kluge 2011 139; Paul 139; RhWb 1/854 u. 856; Trübner 1/386; van Veen/van der Sijs 111

Bollesch ist eine selten gewordene Bezeichnung für den Hasen oder das Kaninchen im Ruhrgebiet. Sie geht zurück auf das mundartliche Adjektiv *bölsch* für »brünstig«, das eigentlich auf Katzen bezogen ist, aber wegen der sprichwörtlichen Vermehrungsfreudigkeit der Kaninchen auf die Hasenartigen übertragen wurde.

Schleef 39; http://www.ruhrgebietssprache.de/lexikon/bollesch.html

Bölt, Bült altes Haus, schlechte Wohnung, Bruchbude *In wat vonne alte Bölt wohns du denn da?* Die mundartliche *Bölt* kennt man noch heute in der Umgangssprache des Niederrheins und Ruhrgebiets. In den nordrheinischen Mundarten kann die *Bölt* auch ein großes Bretterzelt zum Tanzen sein. Damit verweist diese Bedeutung unmittelbar auf die Wortgeschichte, die auf lateinisches pulpitum zurückgeht, das ebenfalls ein »Brettergerüst für öffentliche Darstellungen« bezeichnete (und auch der Ursprung des hochdeutschen Pultes ist). Allerdings ist das Wort wohl erst im ausgehenden Mittelalter über das Französische entlehnt worden. Die rheinische Bedeutungsvariante hat sich wohl aus der Bedeutung »Bretterbude« entwickelt. *Bölt, Bült* ist also ein exklusiv nordrheinisches Wort.

Post 1982 70; RhWb 1/1116; Werner 51

Bolz im Ruhrgebiet und im Westfälischen »Kater«, auch »Katze«; in den Dialekten des Niederdeutschen als *Balse;* auch in der Umgangssprache noch zu hören *Müllers alter Kater is en richtig fetter Bolz, nä?*

Bolz ist ein sehr spannendes Wort, über dessen Geschichte bislang nur spekuliert werden kann. Die auffällige Parallele zu dem norwegischen Dialektwort *Bolt* »männlicher Waldvogel, Kater« hat zur Vermutung geführt, dass *Bolz* mit dem Bolzen verwandt ist, der in allen nordischen Sprachen als bolt oder bult belegt ist (mittelniederdeutsch bolte »Pfeil«, angelsächsisch bolt, althochdeutsch bolz). Andere Belege als die Lautähnlichkeit können diese Ableitung jedoch nicht stützen. Deshalb schlägt das Grimmsche Wörterbuch auch eine Verkürzung aus dem Namen »Tibald« oder »Tibert« vor, wie der Kater in der mittelniederländischen Variante der Fabel von Reineke Fuchs heißt, setzt aber vorsorglich ein »vielleicht« dazu.

Falk/Torp 92; Grimm 2/234; MmWb; Pokorny 124; RhWb 9/1041; Trübner 1/222

bolzen rustikal oder amateurhaft Fußball spielen *Sonntachs gehn wir imme inne Rheinwiesen bolzen.* **Bolzplatz** allgemein zugänglicher Fußballplatz *Die Blagen sind noch auf em Bolzplatz am kicken.*

Schon das ehrwürdige Rheinische Wörterbuch kennt *bolzen* als »technischen Ausdruck der Jugend beim Fuss- und Faustball« um 1900, sodass ein »studentischer Stil« (Kluge) ausgeschlossen werden kann. Das Gekicke hat sicher mit dem Bolzen (siehe *Bolz*) zu tun, gegen den entweder kraftvoll geschlagen oder der mit einer Armbrust verschossen wird. Das mittelhochdeutsche bolzen bedeutet »wie ein Bolzen herausfahren«.

Grimm 2/236; Kluge 2011 139; Küpper 122; Paul 139; RhWb 1/864; Werner 52; http://www.duden.de/rechtschreibung/bolzen

Bongert, Bungert Obstwiese, Streuobstwiese *Der is da hinten in seinem Bongert un sammelt die Äppel auf.*

Bongert ist die rheinische Variante des Baumgartens, mittelhochdeutsch boumgarte.

Dittmaier 1963 45; RhWb 1/556

bosseln heimwerken, basteln, Gartenarbeit verrichten *Der is auch immer wat am bosseln. Bosseln* nennt man auch ein Kegelspiel, das in Mönchengladbach-Rheindahlen gespielt wird.

Das Wort ist eines der vielen regiolektalen Synonyme für »amateurhaft arbeiten, werkeln« *(frickeln, fummeln, püntern, brötscheln, puseln, pruddeln),* in vielen Mundarten heimisch und sehr alt. Es geht zurück über mittelhochdeutsch bozeln (hier auch schon »Kegel schieben«) und mittelniederdeutsch boten auf althochdeutsch bozan »schlagen, stoßen« (verwandt mit altenglisch beatan, englisch to beat »schlagen«). Es ist auch in Amboss zu finden. Interessanterweise geht die Bedeutungsvariante »basteln« nicht direkt auf das althochdeutsche »schlagen« zurück, sondern ist beeinflusst von französisch bosseler »Treibarbeiten (in Goldblech) machen« (zu französisch bosse »Beule«), das wiederum eine Entlehnung aus dem Germanischen ist. Im Frühneuhochdeutschen bedeutet bosselen entsprechend »erhabene Arbeit machen«.

Grimm 2/265; Kluge 2011 143; Lerchner 212; Paul 141; RhWb 1/882; Röhrich 1/244; Trübner 1/69 u. 236; van Veen/van der Sijs 117; Wrede 2010 119 f.; http://www.duden.de/rechtschreibung/bosseln

bott seltener **butt** roh, poltrig, gefühllos, stumpf; das Mundartwort ist auch in der Umgangssprache noch häufig zu hören: *Nu sei doch nich so bott zu der Kleinen.* Manchmal auch auf Sachen bezogen *Und dat Kleid von der war auch total bott* (nicht elegant).

Von einer schönen Etymologie berichtet das Aachener Idiotikon. Danach leitet Martinius in seinem Lexicon philologicum »dieses Wort aus Böotien her, weil dessen Bewohner als Rinderhirten weiland sich nicht in den feinen attischen Ton zu finden gewußt«. Immerhin ist dies ein Beleg dafür, dass *bott* im 17. Jahrhundert weit verbreitet und deshalb einen Eintrag in Martinius' Lexikon wert war. Sein Ursprung ist allerdings weiter im Norden zu suchen. Das Mittelniederdeutsche kennt das Adjektiv butt »plump, stumpf«, das mittelniederländische bot hat zu dem gleichlautenden standardniederländischen bot »stumpf« geführt. Hierher hat auch der **Butt** (Steinbutt, Heilbutt) als plumper Plattfisch seinen Namen.

Kluge 2011 165; Lerchner 207; Müller/Weitz 22; RhWb 1/1163; van Veen/van der Sijs 117; Werner 55; Wrede 2010 120; http://umgangssprache_de.deacademic.com/4294/bott

bötteln in der Nase bohren *Böttel nich dauernd in der Nase rum, dat gehört sich nich!* Auch als Nomen geläufig: der **Böttel** verfestigter Nasenschleim *Ferkel, wo schmierst du den Böttel hin?*

Bütteln, pütteln »stochern, in etwas bohren« ist ein typisch zentralrheinisches Mundartwort, das sich in der aktuellen Umgangssprache gehalten hat (*Böttel* ist eine neuere, umgangssprachliche Erscheinung); wahrscheinlich verwandt mit *piddeln* (siehe dort).

Debrabandere 2011 68; RhWb 1/1169; Tonnar/Evers 26

Botteram, Butter, Bütterken belegtes Brot, Butterbrot. Die auch im Niederländischen als boterham gebräuchliche Bezeichnung *Botteram* hört man in den Mundarten des nördlichen Rheinlands bis hinunter nach Köln, daneben meist *Botter* oder *Bütterken*. Letztere sind Verkürzungen aus Butterbrot.

Boterham erscheint im Niederländischen im 16., im Westfälischen und Rheinischen erst im 18. Jahrhundert, was die Annahme einer Entlehnung wahrscheinlich macht. Das Grundwort -ram beziehungsweise -am gibt allerdings Rätsel auf. In der Regel wird es als Schleifform zu Ham, Hamme »Hinter-, Vorderkeule, Schinken« gelesen. Die so entstehende Wortstellung »Butterbrotschinken« ist jedoch ungewöhnlich. So ist auch niederländisch ham in der Bedeutung »Stück, Brocken« vorgeschlagen worden. Das Wort bezieht sich jedoch ausschließlich auf ein »Stück Land« und ist in anderen

Zusammenhängen nicht belegt. Deshalb ist als Grundwort zudem auf den rheinischen *Rämmel, Remmel* »dicker Gegenstand« (siehe dort) verwiesen worden, der auch als *Rämmel Brot* »dicke Brotscheibe« erscheinen kann. *Rämmel, Remmel* hat jedoch keine Entsprechung im Niederländischen, was die Wortgeschichte wiederum verrätselt. Alle drei Erklärungsversuche können demnach nicht überzeugen.

Anmerkung: Eine schöne Volksetymologie wird im Rheinischen Mitmachwörterbuch zur Wendung »alles in Butter« (in Ordnung sein) erzählt: »Die Redewendung ›alles in Butter‹ kommt aus der Keramikindustrie. Wenn früher Keramik oder Glas transportiert werden musste, bestand die Gefahr, dass die Sachen auf dem Wagen zerbrachen, weil die Straßen sehr holprig waren. Darum setzte man die Sachen einfach in ein Fass und goss flüssige Butter darüber. So konnte sich nichts bewegen, nichts passieren und darum ›war alles in Butter‹.«

de Vries 81; Mangold/Tielemans 48; MmWb; RhWb 1/1181 u. 7/53; van Veen/van der Sijs 117; Werner 55; Wrede 2010 120; Zitzen 5/93

Brackmann und **Backmann** großer, meist unförmiger Gegenstand im Ruhrgebiet und am Niederrhein, seltener **Brallemann**: *Der hat mir son dicken Brackmann annen Kopp geschmissen!* Ein Wort der regionalen Umgangssprache ohne Verankerung in den Mundarten, lediglich **Backmann** ist als »dicker Kieselstein« für Mülheim gemeldet. Das Wort scheint eine eigenständige Bildung des Ruhrgebiets zu sein, vielleicht zu westfälisch *braken* »den Acker umwerfen«, wenn zu dicke Schollen entstehen.

MmWb; RhWb 1/379; Woeste 39; http://www.ruhrgebietssprache.de/lexikon/brackmann.html

braken, rumbraken laut (und meist dumm) daherreden *Der von nebenan war mal wieder am rumbraaken, dat hörse zehn Kilometer gegen den Wind.* Im zentralen Rheinland hat sich **Brake** als alte Variante der (Flachs-)Breche gehalten, die auch als Synonym für einen großen Mund steht.

RhWb 1/900

bräsig, bräsich sowohl das Substantiv als auch das Adverb/Adjektiv in der überregionalen Umgangssprache gebräuchlich für »faul, antriebslos« *Der liegt da wie Bräsig auf dem Sofa. Die is lahm wie Omma Bräsig beim Katoffel holen. Ich liech den ganzen Tach schon bräsich inne Ecke. Die hät äver ne bräsigen Aasch* (breiter Hintern)! Neuerdings auch für »dumm, blöd« *bräsig inne Birne sein.*

Da man auch *den Bräsig* kennt, hat man ihn als den berühmten Onkel aus dem Roman »Ut mine Stromtid« von Fritz Reuter aus den Jahren 1862–64 identifiziert. Das ist »im Prinzip« richtig, allerdings gilt hier Nomen est Omen, denn der Onkel Bräsig ist nach dem plattdeutschen Wort *bräsig* »wohlgenährt, stolz, selbstgefällig« benannt, das auch der Ursprung des umgangssprachlichen Gebrauchs ist.

Anmerkung: Dass Reuters Romanfiguren tatsächlich in der Umgangssprache heimisch werden können, zeigt der **Trillewitz**, wie im Bergischen Land ein Luftikus genannt wird. Dessen Vorbild ist ziemlich sicher der Fritz Triddelfitz, ebenfalls ein Hauptdarsteller aus »Ut mine Stromtid«.

Dittmaier 1957 99; Duden 1999 2/652; Honnen 2008a 58; Wahrig 1/769; http://www.duden.de/rechtschreibung/braesig

Brass, Brast Ärger, Wut auf jemanden, Sorge, Stress *Ich hab ganz schön Brass mit dem Finanzamt. Hasse Brass mit deiner Frau? Der arme Kerl hat aber auch Brass am Hals. Es gibt viel Brass un Leid inne Welt. Die hat immer Brass mitte Füße. Ich bin ganz schön in Brass* (in Zeitnot, in Eile). *Dem seine Firma is nach dem Skandal doch ärch in Brass gekommen* (in Schieflage geraten). Man kann auch *Brass* auf jemanden haben: *Ich hab Brass auf meinen Chef* (ärgerlich, wütend sein). **brastich** *Der war vielleicht brastig, als der das mit dem geklauten Auto hörte. Brass, Brast* als Ausdruck für Kummer und Ärger ist im Dialekt des südlichen Rheinlands (und in der Pfalz) bis hinauf nach Köln verbreitet. In der Umgangssprache ist das Wort aber inzwischen viel weiter nach Norden gewandert.

In *Brass, Brast* hat sich ein altes Wort gehalten, das in der Hochsprache praktisch ausgestorben ist. Früher hatte man Gebresten, wenn man ein Leiden oder einen Mangel hatte, und war entsprechend bresthaft; zu mittelhochdeutsch gebresten »fühlbaren Mangel an etwas leiden«, aus althochdeutsch gibrestan. *Brast* ist davon eine Ablautvariante (siehe aber auch *Brassel*).

Anmerkung: Der mundartliche *Brass* »Schmaus, Gelage« geht zurück auf brassen »schlemmen«, wie bis zum 16. Jahrhundert das Verb prassen lautete. Hier hat der rheinische Dialekt also die alte Lautung bewahrt (mittelniederdeutsch bras »Lärm, Prasserei«).

Grimm 2/307; Küpper 126; Müller/Weitz 24; PfWb 1/1160; RhWb 1/916; Trübner 3/41; Werner 57; Wrede 1928 110; Wrede 2010 124; http://www.duden.de/rechtschreibung/Brass

Brassel und seine vielen Ableitungen werden je nach Region mit weichem oder scharfem s gesprochen. Das sowohl in den Mundarten als auch in der Umgangssprache hochfrequente Wort bedeutet »Last, Arbeitsbelastung, schwere Arbeit« *Ich bin ganz schön im Brassel, für Urlaub hab ich keine Zeit. Man kommt überhaupt nich mehr aus dem Brassel heraus. Der hat ganz schön viel Brassel am Hals* (viel Arbeit). **Brasselei, Gebrassel, Gebrassels** *Mein Gott, war dat ein Gebrassels, bis dat endlich geklappt hat mit der Umstellung auf DSL* (mühevolle Arbeit, Wühlarbeit). *Vor lauter Brasselei komm ich zu nix. Dat ganze Gebrassel bringt doch nichts.* **brasseln** schwer arbeiten, wühlen *Der arme Mann is nur am brasseln, um seine vielen Kinder durchzukriegen. Wat der immer zu brasseln hat? Der is schon den ganzen Tag im Keller am brasseln; und fertig is der übermorgen noch nich* (planlos herumarbeiten, dilettantisch werkeln). **herumbrasseln** vor sich hin arbeiten *Der kann stundenlang an seinem Auto herumbrasseln.* **durchbrasseln** durchschlagen *Wie gehdet? Man brasselt sich so durch.* **brasselich** arbeitsintensiv, umständlich, aufwendig *Nee weißde, de Schoh für de ganze Familie putz ich nich, dat is mir zu brasselich jetz.* **aufbrasseln** übertrieben zurechtmachen, aufbrezeln *Liebchen, was haste dich aufgebrasselt!* **Brasseler, Brasselspitter, Brasselsfutt** ununterbrochen Arbeitender (interessanterweise können mit diesem Wort nur Männer bezeichnet werden) *Die hat son richtigen Brasseler geheiratet. Kuck den ollen Schmitt-*

mann, seit seine Frau tot is, wühlt der den ganzen Tach im Gaaten, der wird noch die reinste Brasselsfutt; auch **Brasselbiest**. In Köln und seinem Umland ist auch noch in der Umgangssprache die Bezeichnung **Brassel(e)-manes** zu hören: *Der Nachbar is en richtiger Brasselemanes* (Umstandskrämer).

Das typisch rheinische und westfälische Wort wird oft auch in typisch rheinischer Manier aus dem Französischen erklärt. So wird es – nicht ganz unberechtigt – auf französisch brasser »brauen, durcheinanderrühren« zurückgeführt oder sehr fantasievoll von französisch bras »Arm« abgeleitet. Noch lustiger ist die Ableitung aus abrasseln, die kurzerhand die Vorsilbe spaltet. Diese Erklärungsversuche illustrieren aber andererseits die äußerst undurchsichtige Wortgeschichte dieser großen Wortfamilie, die auch schon mit *Brass* »Ärger« in Zusammenhang gebracht wurde. Die Lösung liegt wahrscheinlich im ambivalenten Charakter des mittelniederdeutschen Wortes bras, das sowohl »Prasserei, Gelage«, aber auch »Haufen, Menge« (mittelniederländisch bras »Gerümpel, Durcheinander«) bedeuten kann. Daraus wird in den Mundarten *Brassel* »wüster Kram« und schließlich »unruhiges Vielerlei an Arbeit, wobei man nicht ruhig bei derselben Tätigkeit bleiben kann«, wie das Rheinische Wörterbuch definiert. Daraus leitet sich das Verb *brasseln* ab. Damit sind *Brassel, brasseln, Brast* »Sorge« und französisch brasser »brauen« (und damit auch die Brasserie) tatsächlich miteinander verwandt.

Küpper 126; Leithaeuser 1891 15; MmWb; Müller/Weitz 24; RhWb 1/914; Spohr 27; Steinröx 154; Werner 58; WfWb 1/1144; Wolf 1956 662; Wrede 2010 124; http://www.etymologie.info

Bratsch, Bratschen, Brötsch, Brödsch am nördlichen Niederrhein **Bratz, Bratze** Ausschlag, Wundkruste, Pickel im Gesicht, Herpesbläschen *Boh, wenn ich den seh, kieg ich Bratschen. Mann, ich krich schon wieder en Bratschen im Gesicht vom Herpes. Der hat vielleicht ne Brötsch anne Lippe! Küss mich lieber nich, isch han en Brödsch.*

In den rheinischen Mundarten nördlich der Eifel ist Bratsch »Ausschlag, Grind, Wundkruste, Kruste des Ausschlags, besonders am Mund der Kinder«, eine früher sehr häufige Krankheit, heute ist die Bezeichnung für die modernen Herpeserscheinungen übernommen worden. Wohl zu rheinisch *Pratsch, Bratsch* »Dreck, Schlamm«, da Grind und Ausschlag durchaus wie Schmutz erscheinen; auch im Westfälischen als *Bratske, Bratsche.*

RhWb 1/924 u. 6/1075; Weischer 143; WfWb 1/1148

Bratsch, Pratt Gesicht, Mund *Der zieht vielleicht wieder ne Bratsch.*

Das Rheinische Wörterbuch kennt die Redewendung *ein Gesicht* oder *Mund wie en Bratsch;* das Bild bezieht sich auf den mundartlichen *Bratsch,* einen großen, runden Henkelkorb (im nördlichen Rheinland).

Das Verb **bratschen** (pfälzisch *pratschen*) »großmäulig sprechen, weinen« gehört dagegen zu mundartlich *Bratsch* »Schleim«, *bratschen* meint also eigentlich »Schleim auswerfen«. Die Verbindung zur Bratsche »Altgeige« ist abwegig.

PfWb 1/1165; RhWb 1/923 u. 925; Spohr 27; van Veen/van der Sijs 691

Bratze *prollige,* geschmacklos aufgedonnerte oder arrogante Frau, verstärkend auch als **Kackbratze** und **Hohlbratze**: *Wie kann man auf sonne Bratze stehen?* Das relativ neue Wort in der Umgangssprache hat deutlich Konjunktur und bereits Einzug in die Populärkultur (Liedtexte, Comedy) gefunden.

Die Ableitung aus Pratze »Tatze« ist abzulehnen. Dagegen weist die Bedeutungsvariante »arrogante Frau, Angeberin« den Weg zum niederdeutschen Verb *bratzen* »angeben, prahlen« (verwandt mit protzen), das im Mittelniederdeutschen als pratzig »arrogant« und im Mittelniederländischen auch als brats »wild, geil« belegt ist. Im Limburgischen ist die *brats* entsprechend ein Straßenmädchen. In den Mundarten taucht *Bratze* sporadisch als Frauenbezeichnung auf. Der plötzliche Aufstieg des Mundartworts zum Modewort ist überraschend.

Debrabandere 2011 73; PfWb 1/1166; RhWb 1/925, 993 u. 6/1079; http://etymologie.tantalosz.de/k.php

bratzen fest schießen beim Fußball *Komm wir spielen hier aufem kleinen Feld, aber ohne bratzen! Hör doch auf, so zu bratzen!* Das Wort ist am Niederrhein und im Ruhrgebiet zu hören. In den rheinischen Mundarten bedeutet *bratzen* »hörbar braten«; und da braten auch die Nebenbedeutung »schlagen« (jemandem eine überbraten) oder »schnell fahren« hat, mag hier eine analoge Bedeutungsübertragung vorliegen.

MmWb; RhWb 1/923

Braunkopf, Brunkopp Hausierer, Prolet, ordinärer Mensch; die Bezeichnung ist exklusiv für das Bergische Land und südliche Ruhrgebiet. Die Herkunft ist unklar.

MmWb; RhWb 1/930

Bremse seltener **Bremme** ist nicht nur im Rheinland der Name einer äußerst unangenehmen Stechfliege (auch Dasselfliege).

Als *Bremme* in der Geschichte vielfach belegt (so bei Luther). Das Wort ist von brummen abzuleiten, dessen germanische Wurzel sowohl brom- als auch brem- kennt. Die Variante mit s ist ein niederdeutscher Import: mittelniederdeutsch bromese, mittelniederländisch bremse, friesisch brims.

RhWb 1/961; Trübner 1/427

brettern schnell fahren *Der kam da umme Kurve gebrettert, dat war lebensgefährlich. Kumma, wie der den Hang runter brettert. Der is voll über den Zebrastreifen gebrettert.* Mit allen Geräten, mit denen man fahren kann, wird auch *gebrettert.*

Da Küpper nur *bretteln* kennt, wohl eine Übernahme aus dem österreichischen Deutsch: bretteln »schnell fahren«; zu Brettel »Ski«.

Küpper 131; Sedlaczek/Winder 42 u. 48; http://www.duden.de/rechtschreibung/brettern_rasen

Brimborium, Brimbamborium, Bramborium Aufsehen, Aufhebens, Getue *Mach doch nich son Brimbamborium, nur weil du die Klausur bestanden hast. Dat ganze Brimbamborium jedes Mal, wenn die zu Besuch kommen, geht mir auf den Wecker. Mach doch nicht son Brimborium.* Das Wort ist seit dem 18. Jahrhundert studentensprachlich belegt; zu französisch brimborion »Lappalie«, mittelfranzösisch breborion »Zaubergebete, Zauberformel«.

Kluge 2011 152; Röhrich 1/261; http://www.duden.de/rechtschreibung/Brimborium

Britz Geländer, Zaun, Bretterverschlag; gebräuchlich im zentralen Rheinland und in der regionalen Umgangssprache: *Die Britz an unserem Balkon es locker.* Auch im übertragenen Sinn als *stiever Britz* »unbeweglicher Mensch«. *Britz* ist die seit dem 13. Jahrhundert bekannte rheinische Variante des Bretts, verwandt mit der Pritsche, die ebenfalls eine Ableitung aus althochdeutsch bret ist.

MmWb; RhWb 1/992; Wrede 2010 129

Brocken alte, wertlose Dinge *Ich hab die ollen Brocken jetzt mal alle weggeschmissen.* Als *Brocken* werden im Ruhrgebiet auch Kleidungsstücke im Allgemeinen bezeichnet. *Überall fliegen deine Brocken rum!* Ein *Brocken* steht auch für ein großes, schweres Lebewesen, zum Beispiel ein Kind oder einen Hund: *Der Sohn von denen ist aber ein Brocken, mein lieber Mann!* In der Wendung *die Brocken hinschmeißen* »eine Tätigkeit einstellen, kündigen« *Wenn die hier dat nich besser vorbereiten, schmeiß ich demnächst die Brocken hin.*

»Wertloser Kram« ist eine umgangssprachliche und mundartliche Sonderbedeutung von Brocken, der ursprünglich »abgebrochenes Stück« meint. In der Schweiz hochsprachlich als Brockenstube »Ramschladen, Flohmarktgeschäft«.

RhWb 1/998; Röhrich 1/261

brummen in den Wendungen *im Gefängnis brummen, jemandem eine Strafe aufbrummen* ist in der Schüler- und Studentensprache des 19. Jahrhunderts entstanden. Das Motiv für dieses sprachliche Bild ist unklar; vielleicht ein Vergleich mit eingesperrtem Rindvieh; die oft zu lesende Herleitung aus rotwelsch Brummbaijes »Bienenkorb« ist eher unwahrscheinlich, weil das Wort in der Gaunersprache nie die Bedeutung »Gefängnis« hatte.

Čirkić 80; Kluge 2011 155; Pfeifer 1/221; Röhrich 1/271; Trübner 1/445; Wolf 1956 729

Bücking heißt im Rheinland der Bückling, geräucherter Hering. Der hat weder mit dem niederländischen Fischer Wilhelm Beukelsz (gesprochen Böökels) zu tun, wie immer wieder zu lesen, noch mit dem Wort Pökling (gepökelter Fisch). Der *Bücking,* niederländisch bokking, ist schon im frühen Niederdeutschen und Niederländischen als buckinc bekannt, also eigentlich ein »Bockshering« oder »Böckling«, der so heißt, weil er früher abscheulich gerochen haben muss.

de Vries 513; Gutknecht 2002 52; Honnen 2008a 54; Pfeifer 2/1294; RhWb 1/1087; Zitzen 5/167

Buckmann auch **Buggemann** »Weckmann«, bekannt im Raum Viersen-Heinsberg und Mönchengladbach; das Bestimmungswort Buck ist die niederdeutsche (unverschobene) Variante von standarddeutsch Bauch (eigentlich *Bauchmann*).

MmWb; RhWb 1/523

buddeln graben, umgraben *Der is den ganzen Tach im Garten am buddeln.* **aufbuddeln** *Die ham schon zum dritten Mal in diesem Jahr die ganze Straße aufgebuddelt.* **verbuddeln** vergraben, eingraben *Mist, der Bello verbuddelt alles im Garten.* **ausbuddeln** ausgraben. **Buddelei** Grabarbeit *Die ganze Buddelei da war vergebens, wir ham nix gefunden.*

Buddeln ist erst seit dem 18. Jahrhundert bekannt, möglicherweise zu älterem puddeln »im Matsch herumwühlen«, im Englischen schon im 15. Jahrhundert als puddle belegt.

Duden 1999/3047; Grimm 13/2204; Kluge 2011 159; Küpper 140; Onions 721; RhWb 6/1162; Schmachthagen 96

Bude, Büdchen, Büdeken (im nördlichen Rheinland) Trinkhalle, Kiosk; im Rheinland unverzichtbar für den Nachbarschaftseinkauf *Am Büdchen krichse alles. Geh ma ane Bude und hol ma noch ne Flasche Bier.* Im Bergischen Land unterscheidet man zwischen einer begehbaren *Bude* und einem **Klingelbüdchen.** Auch in **Frittenbude** oder **Pommesbude** verbreitet. Die *Bude* kann aber auch ganz allgemein für die Wohnung stehen: *Hier is aber dicke Luft inne Bude. Bei denen siehdet vielleicht aus inne Bude! Ich hab ne neue Bude, komm mich do ma besuchen.* **Patex-Bude** Stamm-Trinkhalle, in der man immer kleben bleibt, wenn man zufällig vorbeikommt und unbedingt einen Kaffee oder ein Bier trinken muss. Außerdem kann man im Handball und Fußball auch *die Bude voll bekommen,* das heißt »viele Tore kassieren«. *Am Sonntag haun wir denen die Bude voll! Ne Bude machen* ist dann entsprechend »ein Tor schießen«.

Die *Bude* ist in den rheinischen Mundarten kaum gebräuchlich, in der Umgangssprache dagegen allgegenwärtig. Sie hat niederdeutsche Wurzeln, mittelniederdeutsch bode (mittelhochdeutsch boude), mittelniederländisch boede, altnordisch buud, und geht auf germanische und sogar urindogermanische Wurzeln zurück. Im Mittelalter war eine *Bude* ein kleines Haus (im Gegensatz zu den Giebelhäusern der Begüterten), die Bedeutung als »Bretterhütte zum Feilhalten von Waren« erhält sie erst im 18. Jahrhundert. Hier ist der Ausgang für die modernen abfällig gemeinten Verwendungen. Die Bedeutung »Zimmer« erhält die *Bude* in studentischen Kreisen um 1800.

Anmerkung: Im Ruhrgebiet waren *Buden* früher »winzige Geschäfte, die Sondergenehmigungen für die Öffnung außerhalb der normalen Geschäftszeiten hatten«. Ursprünglich als Trinkhallen gegründet (die Bezeichnung lebt heute noch im Ruhrgebiet), um Selterswasser als Alternative zu Schnaps und Bier zu verkaufen, wurden sie schnell als Verkaufsbuden und schließlich *Büdchen* zu wichtigen Versorgungseinrichtungen für die Schichtarbeiter außerhalb der normalen Einkaufszeiten. Eine amtliche Voraussetzung für die Betriebsgenehmigung war ursprünglich: »Es mußte aus einem Erdgeschossfenster heraus verkauft werden.«

Grimm 2/489; Heizmann 1989; Küpper 140; MmWb; Neri/Ziegler 34; Pfeifer 1/227; Trübner 1/459

Büggel Beutel, Tasche. Das rheinische Mundartwort hört man noch häufig in der regionalen Umgangssprache, auch als *Einkaufsbüggel, Quetschebüggel* »Akkordeon«, *Kniesbüggel* »Geizhals«. Der *Büggel* ist die rheinische »velarisierte« Variante des hochdeutschen Beutels. Das Erscheinen dieser typisch rheinischen Lautung (braun – *brung;* heute – *hük*) ist in und um Köln wohl um 1600 anzusetzen, also eine relativ junge Entwicklung.

Buhei, Bohai, Bahai, Behai im rheinischen Süden auch **Pohei** Getue, Aufhebens wegen einer Kleinigkeit, Gerede, Lärm *Nu mach doch nich son Buhai um dat bisschen Hausarbeit!* Auch *sonnen Buhai. Wat en Buhai! Wat war denn dat von Bohei bei euch inne Bude?* **Weihnachtsbuhai** *Dies Johr machen wir de janze Weihnachtsbuhai nit mit.*

Für den *Buhei* mangelt es nicht an fantasievollen Herkunftslegenden: japanisch für »Welle« *(die Welle machen)* oder eine Kampfsportart, rumänisch für »Reibetrommel«, polnisch »Stier«, jiddisch »Lärm«, philippinisch »Lebensfreude«, mittelhochdeutsch buhurt »mittelalterliches Turnier« oder österreichisch Bahöl »Wirbel, Krawall«.

Der älteste Nachweis im deutschen Sprachraum findet sich in Köln um 1824; noch älter sind allerdings die vielen niederländischen Belege: 1578 als bohaai und behaai, 1698 als poechai, jeweils schon mit der aktuellen Bedeutung »Rummel, Aufregung für nichts«. *Buhai* ist also mit Sicherheit ein Import aus dem Niederländischen, die weitere Wortgeschichte ist jedoch umstritten: vielleicht zu französisch brouhaha »Lärm, Getöse«, auf hebräisch barukh hab-ba »gesegnet sei, der da kommt« zurückgehend.

Dittmaier 1957 105; Leithaeuser 1891 14; Honnen 2008a 52; Kluge 2011 160; Küpper 141; MmWb; Sedlaczek/Winder 39; Werner 62; Wrede 2010 117; http://www.duden.de/rechtschreibung/Buhei; http://www.etymologiebank.nl/trefwoord/poeha

Bulle Polizist – ein umgangssprachliches Wort mit sehr vielen Herkunftslegenden: zu Bulle »Stier« als »Anspielung auf den kräftigen Körperbau«, aus *Pole* (Abkürzung von Polizist, siehe auch gaunersprachlich *Polente*) mit landschaftlicher Vokalfärbung, zu rotwelsch Landpuller »Amtsknecht« (das wiederum zu niederländisch bol »kluger Mensch«), studentische Weiterbildung aus Pedell »Aufpasser an der Universität«, zu *Bullenbeißer* als studentisches Ulkwort.

Am häufigsten kolportiert wird die Ableitung aus dem Rotwelschen – sie ist allerdings äußerst unwahrscheinlich. Sie geht zurück auf das berühmte Wörterbuch des Rotwelschen von Wolf und beruht auf zwei gaunersprachlichen Glossaren aus den Jahren 1687 und 1726, die in Dresden verfasst wurden und die die nahezu identischen Einträge »ein Landknecht im Amte *ein Land-Puller*« aufweisen (womit der Bezug zu niederländisch bol abwegig erscheint). Es handelt sich hier um einen einzigen, völlig isolierten Beleg, der unmöglich das Aufkommen der Bezeichnung *Bulle* im späten 19. Jahrhundert erklären kann, zumal das Grundwort *Puller* sich in der gesamten Rotwelschliteratur sonst nicht nachweisen lässt. Es kann also keine Rede davon sein, dass Gemeindeboten oder Landjäger in den Mundarten als *Landpuller* bezeichnet wurden, geschweige dass ein rotwelsches *Puller die Blaupause für den heutigen *Bullen* abgegeben hat.

In der Studentensprache von Freiburg ist der *Bulle* als Bezeichnung für den Pedell immerhin schon 1813/14 erstmals erwähnt, später erscheint er in vielen studenten- und soldatensprachlichen Wortsammlungen, sodass hier der Ursprung für den modernen *Bullen* zu suchen ist, ob nun ironisch zu Bullenbeißer oder Pedell, sei dahingestellt.

Kluge 1901 167 u. 188; Kluge 2011 162; Küpper 141; Paul 150; Trübner 1/467; Wolf 1956 760; http://www.duden.de/rechtschreibung/Bulle_Stier_Polizeibeamter; http://etymologie.tantalosz.de/

Bulles, Bolles, Bullesje Gefängnis *Lass dich nich erwischen, sonst kommsde in de Bulles.* Diese eher lustig gemeinte Bedeutungsvariante ist im südlichen Rheinland und in der Pfalz verbreitet. Sonst versteht man unter einem *Bulles* einen groß gewachsenen Mann: *Du bis aber ene Bulles* (zu Bulle oder Beule).

Es ist versucht worden, das Wort auf rotwelsch Bolle »Uniform« zurückzuführen. Außer Lautähnlichkeit gibt es dafür aber keine schlüssige Begründung. In Frage käme da eher rotwelsch Bollerbaies, Polderbais »Arbeitshaus, Gefängnis«, das seit dem 18. Jahrhundert belegt ist. Da aber der *Bulles, Bolles* nur in einem eng begrenzten Gebiet bekannt ist, in dem überdies der *Bolles* auch als Polizist seinen Dienst tut, und in diesem Gebiet die Übernahme von Wörtern aus dem Bereich der französischen Verwaltung üblich gewesen ist, liegt die Ableitung aus französisch police »Polizei« auf der Hand. *Bullesje* ist die verniedlichende Verkleinerungsform für ein »Dorfgefängnis«.

Anmerkung: Das ehemalige kurtrierische Amtshaus im historischen Ortskern von Kaisersesch, das im Laufe der über sieben Jahrhunderte seines Bestehens die unterschiedlichsten Funktionen erfüllte, wird noch heute *Bulles* oder *Bullesje* genannt.

MmWb; PfWb 1/1092; Post 1992 177; RhWb 1/1114 u. 9/1074; Wolf 1956 4299; http://www.gfds.de/sprachberatung/fragen-und-antworten/uebersichtsseite/bullesje/; https://www.kuladig.de/Objektansicht/O-60210-20130131-2

bullich sehr warm, heiß *Dat is aber ganz schön bullig hier.* Auch als Adjektiv *Wat is dat für ne bullige Hitze? Dat is aber bullich warm bei euch.* Dazu kommt natürlich noch die Standardbedeutung *Dat war son bulliger Typ* (massig, kräftig). **Bullenhitze**.

Die Ableitung zu Bulle ist jung (seit 1900), *bullig* zuerst in der Bedeutung »stark«, daraus dann »sehr«.

Küpper 142; Paul 150; RhWb 1/1112; Röhrich 1/279

Butike, Budike Kramladen, kleines Haus *In sonne Butike würd ich nix kaufen.*

Zu französisch boutique, das volksetymologisch als Diminutiv von Bude gedeutet wurde und so die abwertende Bedeutung erhielt. Im Ruhrgebiet ist der *Buddiker* ein Kneipenwirt (weil eine Kneipe ursprünglich eine enge Kaschemme war; siehe *Kneipe*).

Küpper 140; Neri/Ziegler 34; PfWb 1/1398; RhWb 1/1159; Sprick 32

Bütt, Bütte als »Fass, Wanne« im gesamten Rheinland verbreitet, oft als **Waschbütt** *(Ab inne Bütt mit dir Schmierlapp!)* oder speziell in Köln und Umgebung als **Karnevalsbütt** (Redekanzel für die **Büttenreden**). *Mit etwas in die Bütt gehen* meint im Rheinland deshalb »etwas öffentlich machen«.

Die Wortgeschichte ist insofern etwas problematisch, als im südlichen Rheinland und auch überregional eine weitere **Bütte, Butte** als »Tragekorb, Kiepe, Korbflasche« existiert, die vor allem in Weinanbaugebieten verbreitet ist. Die Frage ist nun, ob es sich hier um ein und dasselbe Wort handelt. Ohne Zweifel ist die *Bütte, Butte* als Traubenkiepe – wie viele weintechnische Begriffe – ein sehr altes Wort. Es geht auf die galloromanischen Formen buttis, buttem »Fass« zurück. Allerdings ist ungeklärt, wann das Wort Eingang in die Winzerterminologie an der Mosel gefunden hat. Zu vermuten wäre eine römerzeitliche Entlehnung, analog zu den vielen anderen galloromanischen Fachwörtern, die noch heute benutzt werden. Dagegen spricht jedoch das tt am Wortende, das nach den Regeln der Zweiten Lautverschiebung »eigentlich« verschoben sein müsste (zu s). Das wiederum ließe auf eine Entlehnung erst nach 800 schließen. Das Dilemma könnte aufgelöst werden, wenn man ein spätantikes *bude ansetzt (diese »Lenisierung«, also Erweichung des Dentals, ist in der Romania nicht ungewöhnlich), das dann später wieder eine Verhärtung im Auslaut erfahren hätte. Diese Annahme ist jedoch arg spekulativ.

Sicher ist dagegen, dass die eher zentralrheinische *Bütt* eine frühmittelalterliche Entlehnung ist, die auf ein althochdeutsches und mittellateinisches butina, botina zurückgeht (mit denselben antiken Wurzeln), woraus sich im Mittelhochdeutschen büte, büten »offenes Daubengefäß« entwickelt hat. Ein mögliches Szenario ist also eine doppelte, an Mosel und Rhein zeitlich verschobene Entlehnung eines auf die gleiche (ursprünglich griechische) Quelle zurückgehenden Wortes.

Das Wort ist in nahezu allen europäischen Sprachen zu finden; französisch und italienisch botte, englisch butt, spanisch bota, schwedisch bytta und dänisch bøtte. Im Büttenpapier, in einem Kübel handgeschöpft, lebt das sonst durch das Fass verdrängte Wort in der Hochsprache weiter.

Debrabandere 2011 71; Grimm 2/579; Kluge 2011 166; Pfeifer 1/237; Post 1982 200; RhWb 1/1165; Trübner 1/489; Wrede 2010 142

Butze kleines schäbiges Haus oder Zimmer *Wat, in sonner Butze wohnste? Wie kann man in sonner Butze leben?* In der letzten Zeit nimmt der abwertende Charakter des umgangssprachlichen Wortes offensichtlich ab.

Butze ist eine Übernahme aus dem Niederdeutschen, dort ist sie ein Wandbrett in der Küche alter Bauernhäuser oder – wie das Grimmsche Wörterbuch schreibt – ein »auf bauerhöfen des nördlichen Deutschlands schrankähnlicher bretterverschlag, fensterlose nebenkammer, worin knechte und mägde schlafen«. Im Mittelniederdeutschen war die butze noch ein kleines Schiff zum Heringsfang, im Sächsischen als *Strapuze* »Schlaflager auf dem Boden« gebräuchlich.

Bergmann 316; Buurman 2/247; Grimm 2/591; MmWb; Schiller/Lübben 1/458

bützen freundschaftliches Küssen (auch »französisch küssen« genannt als »küssen mit geschürzten Lippen«) auf die Wange oder den Mund; im zentralen Rheinland wird besonders zu Karneval viel *jebützt: Die jecken Weiber da, sie sin auch nur am bützen den ganzen Tach.* Ein unverbindlicher Kuss ist entsprechend ein **Butz** oder **Bützje.**

Im alten Aachener Idiotikon von 1836 ist *Butz* nur als Stoß verzeichnet, und auch im Rheinischen Wörterbuch wird zu *bützen* als Hauptbedeutung »stoßen« angegeben. Schon diese Belege machen die Geschichte des Wortes deutlich: Es geht zurück auf mittelhochdeutsch buzen, biezen »stoßen«, das in vielen mittel- und süddeutschen Mundarten erhalten ist. Die Bedeutungserweiterung zu »küssen« ist eine rheinische Besonderheit, die sonst nirgendwo zu finden ist (außer überraschend in einem mittelniederdeutschen Beleg als »Mit lecken und bützen ists nicht allgethan ...«). Die rheinische Umgangssprache kennt *bützen* nur als »küssen«.

Honnen 2008a 61; Lexer 1/291; Müller/Weitz 29; RhWb 1/1187; Schiller/Lübben 1/465; Wrede 2010 142

Buxe, Botz, Buchse, Bötzje Hose *Du has die Buxe auf halb acht hängen. Mach die Buxe zu.* Auch als **Strumpbux** Strumpfhose, **Unterbuchse** und **Schwimmbutz** Badehose *Hasde ding Schwimmbutz dabei? Schwimmbux* kann auch die Bezeichnung für einen schlaksigen Mann sein. Eine schöne Verbindung aus Platt und Anglizismus ist die **Jeansbuxe. Knickerbockerbuxen** mussten die Kinder früher oft anziehen. Natürlich hat eine Hose auch **Buxenpiepen** Hosenbeine *Kumma, wie du rumläufs. Mach ma die Buxenpiepen runter. Die Buxenpiepen sind ja viel zu kurz.* Eine **Knaatschbuxe** ist hingegen ein unzufriedenes und quengelndes Kind. **Schissbux, Bangebuchs** ist die Bezeichnung für einen ängstlichen Menschen *Die Schissbux, der is für alles viel zu bang!* Man kann auch **ausbüxen**, also weglaufen oder entkommen *Gestern ist unser Karnickel ausgebüxt!*

Im Rheinland heißt die Hose *Botz,* weil hier die Strümpfe *Hosen* heißen. In dieser knappen Formel ist die Wortgeschichte von *Botz, Buxe* treffend zusammengefasst. Denn ursprünglich gab es gar keine Hosen, sondern nur Strümpfe, und die nannte man seit dem frühen Mittelalter Hosen. Das waren um die Waden gebundene Lappen, wie man sie von Mittelaltermärkten kennt. Erst in der frühen Neuzeit kamen Beinkleider auf, die auch die Oberschenkel bedeckten. Als sie auch Hosen genannt wurden, brauchte man ein neues Wort für die Unterschenkelbekleidung: Das war der Auftritt des Strumpfs, der bis dahin ein ausgehöhlter Baumstamm gewesen war.

In den niederdeutschen und rheinischen Mundarten war es genau umgekehrt. Hier sprechen die – zumindest älteren – Menschen im Dialekt immer noch von *Hosen,* und zwar ausschließlich im Plural, wenn sie Strümpfe meinen, was bei Nichtrheinländerinnen und -rheinländern regelmäßig zu Irritationen führt. Die rheinischen Dialekte haben also das Wort in seiner ursprünglichen Bedeutung bewahrt. Womit die *Buxe* oder *Botz* ins Spiel kommt. Letztere ist die rheinische Variante der niederdeutschen *Buxe,* die im eigentlichen Sinn eine »Buckhose«, also ein Strumpf aus Bocksfell ist. So wurde seit dem 16. Jahrhundert in den Dialekten eine wollene Oberhose genannt, die über den »Hosen« getragen wurde. Weil sie von diesen abstammen, gab es die botzen ursprünglich auch nur im Plural, erst später wurde daraus die einzelne *Botz* im Rheinischen.

Honnen 2008a 62; RhWb 1/1088; Trübner 1/455; Weijnen 23; Wrede 2010 121

D

Dachhase ist eine heute noch oft zu hörende scherzhafte Bezeichnung für die Katze, die schon aus dem 15. Jahrhundert bekannt ist. Im niederdeutschen Sprachraum ist das Tier auch als *Bönhase* (Bühnenhase, zu niederdeutsch *Bön* »Speicher«) bekannt. Ein *Dach-* oder *Bönhase* kann aber auch ein Pfuscher oder schlecht arbeitender Handwerker sein, wie er heute noch im Standardniederländischen als beunhaas bekannt ist. Die Bezeichnung geht auf unzünftige Handwerker zurück, die ihr Gewerbe verborgen in abgelegenen Räumen wie einem Dachboden ausüben mussten.

Kluge 2011 140; Röhrich 1/239; Wolf 1956 925

Daffke meist in der Wendung *aus Daffke* »aus Trotz, aus Rache« *Ach, die hat dir nur aus Daffke Dreck auf die Windschutzscheibe geschmiert? Aus Daffke tut nich gut!*

Das umgangssprachliche *Daffke* ist entlehnt aus dem Jiddischen; dort bedeutet das Adverb davko »notwendigerweise, nichts anderes als«.

Althaus 2006b 70; Küpper 154; Stern 78

Dalles, Dallas Kopf *Ich hab mir den Dalles gestoßen.* Das Wort ist sporadisch sowohl in den rheinischen Mundarten als auch in der regionalen Umgangssprache belegt. Die Herkunft ist völlig dunkel. Vielleicht eine Variante von mundartlich *Dolles, Dölles* »Kopf«.

Besse 2013 84; MmWb; PfWb 2/323; RhWb 1/1228, 1371 u. 9/1095; WfWb 2/23

Dalles hat vielfältige Bedeutungen, ist aber immer mit irgendwelchen Missliebigkeiten verbunden: *Häste dir de Dalles jehollt?,* alternativ am Niederrhein *den Pips un Dalles holen* »Erkältung«. Sonst bedeutet *sich den Dalles holen* »das Unglück anziehen«, *den Dalles kriegen* oder *haben* »Pech haben in finanzieller Hinsicht, pleite sein«, *alles Bruch un Dalles sein* »kaputt, zerstört sein«. *Dalles* ist am Mittelrhein auch ein Treffpunkt der Rentner und Müßiggänger, meist am Rheinufer in den kleinen Schifferstädtchen.

Dalles ist in vielen Mundarten zu Hause und in der überregionalen Umgangssprache noch häufig zu hören. Es ist ein jiddisches Lehnwort, jiddisch dalles »Armut« zu hebräisch dallut »Armut«. Als *Dalles* oder *Dallesplatz* wurden und werden in Mittel- und Süddeutschland auch Trödelmärkte, Tagelöhnerbörsen oder Treffpunkte von Herumtreibern bezeichnet.

Anmerkung: Das rheinische *Pips un Dalles holen* ist eine besonders reizvolle Wendung, da hier ein romanisches beziehungsweise lateinisches Lehnwort mit einem jiddischen kombiniert ist (siehe *Pips*).

Althaus 2006b 71; MmWb; PfWb 2/58; RhWb 1/1228; Stern 79; WfWb 2/23; http://www.duden.de/rechtschreibung/Dalles

dalli in der Wendung *dalli machen* »sich beeilen« *Nu mach aber ma langsam dalli, denksde, die warten ewig auf uns?* Interessant ist die häufige Kombination mit langsam, was zu einer eigenartigen Wendung führt.

Zu polnisch dalej »los, vorwärts«; im frühen 19. Jahrhundert als dolley entlehnt.

Kluge 2011 178; Paul 159; Röhrich 2/301

Dassel, Dasel Kopf *Ich hab wat auf den Dassel bekommen. Hasde dir den Dasel gestoßen?* **dasseln** einen Schlag bekommen oder austeilen *Wenn du mit dem Krach net aufhörs, dann kriste von mesch eenen jedasselt. Dä Jupp hät am Stromkabel einen gedasselt gekricht.*

Man stößt sich den *Dassel* (immer mit stimmhaftem s) von Frankfurt bis Hamburg, Berlin und Ostpreußen, wie er überhaupt eigentlich nur in Verbindung mit »schlagen, stoßen« vorkommt. Das macht die Ableitung aus mundartlich *daseln* »unsicher sein«, niederländisch dazen »albern sein« (als Bedeutung »Dummkopf«) unwahrscheinlich; zum Rotwelschen gibt es ebenfalls keine Verbindung. So bleibt nur zu konstatieren, dass der *Dassel* eindeutig niederdeutschen Ursprungs, seine weitere Geschichte jedoch unbekannt ist.

FrankfWb 3/462; Küpper 159; Mengel 42; MmWb; RhWb 1/1276; Schildt/Schmidt 364; Schmachthagen 113; Sprick 35; Werner 67; WfWb 2/63

dätschig, tätschich nicht ausgebacken, matschig *Dat is aber en tätschiges Brötchen. Die Kartoffeln sind viel zu dätschich* (weich). *En tätschiger Schinken* (nicht ausreichend abgehangen). *Der hat aber en dätschiges Gesicht heute* (aufgedunsen). **dätschen** matschen *Dat tun die Blagen gern: so richtich im Schlamm dätschen.*

Das schöne und anschauliche Wort ist die rheinische Variante von tatschen, das zur großen Gruppe der lautmalenden Wörter auf -tsch wie Matsche, klatschen, latschen, Ratsche gehört und hier auf die klatschenden Geräusche beim Teigmachen anspielt.

RhWb 1/1276; Werner 67

Deeßem ist in sehr vielen Mundarten der Teig, speziell Sauerteig. Damit bewahren die Dialekte (wie auch das niederländische desem) ein altes Wort: mittelhochdeutsch deisme, althochdeutsch deismo »Sauerteig«, für die eine germanische Wurzel *paismian angenommen wird.

Müller/Weitz 31; PfWb 2/201; RhWb 1/1311; http://www.etymologiebank.nl/trefwoord/desem

Deez, Dääz Kopf *Ich hab mir den Dääz gestoßen. Der is mit seinem Deez voll gegen de Laterne gehauen. Boh ey, voll mit dem Däz widder vor die Glastür!*

Den *Deez* stößt man sich seit dem 18. Jahrhundert überall im deutschen Sprachraum (wie Kleists »Zerbrochener Krug« belegt). Das Wort geht wohl auf französisch tête »Kopf« zurück, vielleicht vermittelt über das Rotwelsche oder die Studentensprachen. Der Emmericher **Dezzel, Dässel** ist wohl eine Kombination aus *Dassel* (siehe dort) und *Deez.*

Bach 271; Kluge 2011 195; Küpper 162; PfWb 2/182; RhWb 1/1297; Röhrich 2/313; Werner 65; WfWb 2/65; Wolf 1956 978; http://www.duden.de/rechtschreibung/Dez

Delle, Dellen, Dülle, Düllen, Dölle negative Beule *Der Klausi hat gleich aufe erste Fahrt in sein neuen Audi ne Delle reingefahren.* (*Dülle, Dölle* sind westfälische Varianten, die im Ruhrgebiet zu hören sind.)

Überregional weit verbreitet, niederländisch del. Ein ursprünglich norddeutsches Wort: mittelniederdeutsch beziehungsweise mittelniederländisch delle »Tiefe«, spätmittelhochdeutsch telle, wohl in der germanischen Wurzel mit Tal verwandt. Die auch im Bergischen Land zu findende niederdeutsche **Dääl, Däle**, das tiefere, mit Steinplatten belegte Vorhaus, hat dieselbe Wortgeschichte.

Bergmann 66; Kluge 2011 188; RhWb 1/1225; WfWb 2/79 u. 80; http://www.etymologiebank.nl/trefwoord/del1

deuen, däuen schieben, drücken, vorwärtsbewegen, schubsen *einen Kinderwagen deuen. Deu nich so* (in einer Schlange). *Deu mich doch nich so, du siehst doch, wie jestopp voll et hier is. Die Schupplade klemmt! – Dann deu ma richtich! Du musst ihr dat ma vorsichtich deuen* (jemandem etwas beibringen). *Du kannz mir ma den Nachen deuen!* »Du kannst mich mal gerne haben.« **andeuen** anschieben *Kannst du mich ma andeuen* (in Schwung bringen beim Schaukeln)? *Wir müssen dat Auto andeuen, sonst springt der nich an.* **sich abdeuen** verschwinden *Ich deu mich ab!* **Deu** Schubs, Anstoß, Antrieb, Motivation *De braucht mal ne Deu, dat der vorankommt. Gib dem ma en ordentlichen Deu. Ich han kein Deu! Nu tu dir kenn Deu aan!*, sagt man in Köln zu jemandem, der sich affektiert benimmt (»Brich dir keinen Zacken aus der Krone«).

Als typisch rheinisches Wort, in den Mundarten eine große Wortfamilie bildend, war *deuen* einmal weit verbreitet, bevor es von schieben in seinen rheinländischen Rückzugsraum abgedrängt wurde; im Niederländischen hat es als duwen »schieben« überlebt. Das alte Wort lautet mittelhochdeutsch diuhen, mittelniederdeutsch duwen und douen und spätalthochdeutsch duwen, davor thujan. So ähnlich wird auch die germanische Wurzel gelautet haben. Das Rheinische bestätigt sich einmal mehr als – niederdeutsches – Wörtermuseum.

Dass *deuen* noch produktiv ist, sieht man zum Beispiel an dem schönen Wort **Deubagger** »Planierraupe« aus der Nordeifel.

de Vries 146; RhWb 1/1280; Werner 73; Wrede 2010 149;
http://www.etymologiebank.nl/trefwoord/duwen

Dilldopp Kreisel; als Kinderspielzeug heute veraltet, dagegen als Bezeichnung für ein unruhiges Kind oder einen Zappelphilipp im Rheinland und Ruhrgebiet noch weit verbreitet *Der Dilldopp da kann nich für zwei Minuten stillsitzen.*

Die wörtliche Übersetzung von *Dilldopp* ist »Drehkreisel«. Ein **Dopp** ist in allen rheinischen und westfälischen Mundarten ein Kreisel, der mit der Peitsche angeschlagen werden muss; meist als **Döppken** »kleiner Kreisel« in vielfältigen Wendungen *laufen wie en Döppchen, Döppken* (unerwartet) ganz schnell laufen und *abgehen wie Döppken* sich schnell bewegen *Wie, ich dacht, der Jupp is krank! Tüllich, arbeiten is nich drin. Abber, solls ma sehn, wenn die Zaretten alle sind, dann kann der auf eima laufen wie en Döppken, bis anne Bude, dat sollze gaanich glauben. Die Kiste geht ab wie Döppken, damit häng ich se alle ab. Der läuft wie en Döppken* (wie geschmiert). Die Wendungen beziehen sich auf die schnellen Bewegungen eines Kreisels. Das Wort selbst ist sehr alt, es wird eine germanische Urform **topp* angenommen, aus der das spätere altenglische wie auch niederländische top (Gipfel, Spitze) und das althochdeutsche Zopf hervorgegangen sind. Der *Dopp* ist also ein Kreisel, der auf der Spitze steht. Nicht ganz gesichert ist, ob die Bedeutung »Kreisel« erst aus dem altniederländischen topp über das altfranzösische topet, topier (Kreisel) als Rückentlehnung ins Rheinland gelangt ist oder schon immer hier heimisch war. Die schöne rheinische Wendung *de Dopp fumpen* (*Du kannst mir mal de Dopp fumpen* »jemanden gern haben können«) bedient sich des Mundartverbs *fumpen* »eine schnelle Bewegung machen«.

Das Bestimmungswort ist weniger eindeutig. Da ein entsprechendes Verb nicht bekannt ist, wird ein entstelltes *Drill* (zu drillen »drehen« wie in Drillbohrer) angenommen.

RhWb 1/1359; Schleef 55; Trübner 7/56; Werner 69/74; Woeste 52; Wrede 2010 160 u. 169

dinseln mit kleinen Schritten gehen, trippeln *Mit sone Schuhe könnt ich auch nur dinseln.* **dinselich** unruhig, nervös *Mann, wat biste heute wieder dinselich.*

Das Wort ist exklusiv für das südliche und zentrale Rheinland, es wird in den Mundarten deutlich vom *dänsele, densele* »tänzeln, tanzen« unterschieden; die Herkunft ist unklar.

RhWb 1/1368; Wrede 2010 161

Dippo, Tippo Gefängnis; nur noch selten zu hören. Zu französisch dépôt »Lagerhaus, Polizeigewahrsam«.

Cornelissen 2009 51; Wrede 2010 958

Ditz, Ditzje ist ein kleines Kind oder Säugling im zentralen Rheinland. Es hat nichts mit dem *Dotz, Dötzchen* zu tun, sondern ist eine eigene Entwicklung zu *Ditz,* **Titz, Titte** (alles alte Varianten zu standarddeutsch Zitze) »Mutterbrust«. Die ursprüngliche Bedeutung ist deshalb »Säugling«, daraus haben sich dann die Bedeutungsvarianten »Kleinkind, kleiner Mensch« und »kleines Figürchen, Puppe« entwickelt, wobei Letztere wiederum für den **Hoppeditz** »unruhiges, hüpfendes Kind, Karnevalsfigur« Pate stand.

PfWb 2/704; RhWb 1/1376; Wrede 2010 162 u. 386

döck, dück ist das rheinische Wort für »oft«, das man auch manchmal noch in der Umgangssprache hört *Auf Wiedersehen, aber nich so döck! Döck* ist eine alte Lautvariante von dick, dicke, standardsprachliches i erscheint im Rheinland oft noch als ö. Im Mittelhochdeutschen hat dick noch die beiden

Bedeutungen »umfangreich, dicht« und »oft, häufig«, im Standarddeutschen ist davon nur »dick, fett« übrig geblieben, während im Rheinland beide Varianten erhalten sind. Interessanterweise klingen sie jedoch nicht gleich, sondern *döck* »oft« hat altes ö bewahrt, während dick als »korpulent« im Rheinland durchweg *deck* lautet. Ein schönes Beispiel für das Bestreben der Sprache, gleichlautende Wörter zu vermeiden (sogenannte Homonymenflucht).

RhWb 1/1335; Wiesinger 855; Wrede 2010 165

Döckchen Knäuel (von Wolle oder Garn) *Gib ma dat Döckchen Wolle da!*

Das Wort hat in den rheinischen Mundarten viele Bedeutungen: »Strohpuppe«, »Spielsteinchen oder -knöchelchen«, »Geflecht aus Hanf oder Wolle«. Es ist erstaunlich, dass sich die oben genannte Bedeutung in der Umgangssprache gehalten hat. Zu Docke »Strohpuppe«, mittelhochdeutsch tocke, althochdeutsch tocka »Puppe«.

Grimm 2/1208; Kluge 2011 208; RhWb 1/1381

Dödel hat zwei Bedeutungen: *Kumma, dem hängt sein Dödel ausse Hose* (Penis) und *Der Dödel is vor de Laterne gerannt* (Dummkopf, Tagträumer); auch **Dummdödel**. Letzterer ist Teil einer größeren Wortfamilie: **dödelich** ungeschickt, dämlich, unkonzentriert, benommen *Wenn ich morgens zu früh aufsteh, bin ich ers mal ganz dödelich im Kopp, bis ich ne Tasse Kaffe drin hap. Mannoh! Bleib mir wäk mit dem Bodo, dä is viel zu dödelich für sowat.* **verdödeln** geistig verwirrt werden, etwas verschlampen *Hömma, wenn isch dat seh, kann et sein, unser Oppa verdödelt allmälich?*

Der *Dödel* als »Penis« gehört zu niederdeutsch *Dödel* »Pflock, Dübel, Finger«; der Dummkopf, süddeutsch auch *Dodel,* geht zurück auf mittelhochdeutsch todern »undeutlich reden, stottern«, daraus niederdeutsch *dödeln, döddeln, tötteln* »quasseln, taumeln, nicht ganz klar sein« (daraus auch **tüddelich**).

Ebner 97; Küpper 168; RhWb 1/1383; Schmachthagen 121; Sedlaczek/Winder 67

Döneken, Dönchen (im Niederdeutschen *Döntje*) kleine Erzählung, Anekdote *Der Oppa hat gestern vielleicht wieder Dönekes erzählt, du glaubs et nich! Nich schon wieder son Dönchen!* **Dönekes** können aber auch Streiche oder schlicht Blödsinn sein *Der hat aber wieder Dönekes im Kopp! Die Blagen haben wieder Dönekes gemacht.*

Eine fantasievolle Ableitung stellt das Wort zu Anekdote und macht *Döneken* so zum griechischen Lehnwort. Diese Deutung ist jedoch weit von der Wirklichkeit entfernt. Da das *Dönchen, Döneken* überall, auch im Niederdeutschen, die Doppelbedeutung »Streich« und »kleine Geschichte« aufweist, kann es nicht zu Ton, wie vielfach behauptet, sondern nur zum Verb tun, rheinisch *don,* gestellt werden. Im Westfälischen gilt das *Döneken* sogar als Verkleinerungsform von *Döne* »Dummheiten, harmlose Streiche«. Das Rheinische Wörterbuch verteilt die Belege allerdings salomonisch zu gleichen Teilen auf die Wortartikel »tun« und »Ton«.

Duden 1999 2/845; RhWb 8/1223 u. 1458; Spohr 35; Werner 74; WfWb 2/179

Dong, Dung kleines Butterbrot, belegte Brotscheibe *Häste dir en Dong mitjenomme?* Auch als **Döngelchen, Düngelchen** gebräuchlich.

Die *Dong* kennt man nur rechtsrheinisch zwischen Ruhr und Sieg. Auch wenn es auf den ersten Blick seltsam anmutet, so haben *Dong* »Butterbrot« und Dung »Mistwasser« dieselbe Wurzel. Beide gehen zurück auf mittelhochdeutsch tunge, das sowohl »Dünger« als auch »Stärkung, Imbiss« bedeuten kann (mittelhochdeutsch tungen, tüngen »düngen« und »bedecken, darauflegen«). Wie schreibt Dittmaier so nett? »Der Zusammenhang der genannten Wörter besteht also nur etymologisch, aber nicht sachlich.«

Dittmaier 1963 51; Kluge 2011 222; Lexer 2/1569; RhWb 1/1562 u. 9/1130

Döppe, Döpp, Düppen Topf, Behältnis; das **Döppchen** ist in Köln und Umgebung eine Art moderner *Henkelmann,* das es als **Tupperdöppchen** und **Tondöppchen** gibt. Im Ruhrgebiet war ein *Düppen* früher auch ein Fass, in dem Sauergemüse (Sauerkraut oder *Schnibbelbohnen*) hergestellt wurde. *Hol mal wat Sauerkraut aussem Düppen!* Ein **Drömdöppen, Döp-**

pen ist ein verträumter, schusseliger Mensch, das **Kappesdüppen** ein Steingutgefäß zum Aufbewahren von Sauerkraut. Im rheinischen Süden findet man die Varianten **Dibbe** oder **Dippe**. Hier ist das Wort in der Umgangssprache noch hochfrequent und vor allem auch der **Dippekuchen, Döppekuchen**, ein fettiges Kartoffelgericht, zu Hause.

Wie der *Döppe* »Topf« mit dem *Dopp* »Schale« (siehe *Döppen*) zusammenhängt, ist noch nicht ganz geklärt. Im Mittelniederdeutschen stehen duppe »Gefäß« und dop, doppe »Hülse, Schale« schon getrennt nebeneinander, das Mittelniederländische kennt nur dop, doppe als Schale. Aber da das rheinische *Dopp* und das niederländische dop auch »Deckel« bedeuten und das *Döppe, Döppen* ein »Deckelgefäß« ist, wird hier Verwandtschaft angenommen. So dürften die althochdeutschen Formen dupfen und duppen wohl die gemeinsamen Vorläufer für beide Varianten gewesen sein – gegen die sich der eher ostmitteldeutsche »Topf« später in der Hochsprache durchgesetzt hat.

Kluge 2011 921; RhWb 1/1569; Schiller/Lübben 542 u. 600; Wrede 2010 169; http://www.etymologiebank.nl/trefwoord/dop1

döppen jemanden untertauchen (Jungenstreich im Schwimmbad) *Die ham dat Mädchen so lange gedöppt, bis dat keine Luft mehr gekricht hat.* Am Niederrhein nennt man den Haubentaucher sinnigerweise **Döppente**; und das Rheinische Wörterbuch überrascht im Wortartikel *duppen* mit dem Eintrag »einen duppen, ins Wasser tauchen (besonders ein brütelustiges Huhn)«.

Döppen ist die alte niederdeutsche Variante von standardsprachlich taufen, vergleiche niederländisch dopen und englisch to dub, auch dippen »eintauchen«. Die regionalen rheinischen Varianten *düppen, duppen* sind eigenständige rheinische Mundartwörter, deren Wortgeschichte unsicher ist.

RhWb 1/1569, 8/1103 u. 1465; Werner 75; WfWb 2/184

Döppen, Döppers (nur Plural) Augen *Mach doch die Döppen auf! Der hat die Döppers dicht;* auch **Doppe** (in Köln) *die Doppe op* (mach die Augen auf)! Hierher gehört überraschenderweise auch das Verb **döppen** »Erbsen oder Bohnen enthülsen« *(Ich hab früher immer gern Erbsen gedöppt, weil ich die Schalen gegessen hab),* weil beide auf das weitverbreitete, vor allem niederdeutsche Mundartwort **Dopp** zurückgehen, das für etwas Rundes (zum Beispiel einen Knopf), Schalenförmiges (Eierschale, Schale um Früchte und so weiter), Erhabenes steht (niederländisch dop »Schale, Deckel«): mittelniederländisch doppe, mittelniederdeutsch dop, doppe »Hülse, Schale«.

Wahrscheinlich gehört hierhin sowohl das **Döppken** (**Döppken Doof**), wie im Rheinland ein kleines Kind oder Mädchen genannt werden kann, als auch *Döppe, Düppen, Dippe* »Topf« (siehe *Döppe*).

Grimm 2/1258; Kluge 2011 921; RhWb 1/1405; Schiller/Lübben 1/542; WfWb 2/179; Wrede 2010 169; http://www.etymologiebank.nl/trefwoord/dop1

dormeln, dörmeln, drömeln, drömmeln sich Zeit nehmen, etwas langsam machen, die Zeit vertrödeln *Wenn der weiter so drömelt, werd ich noch verrückt. Drömel doch nich so!* Im Ruhrgebiet schickte man die Kinder mit dieser Mahnung zum Bäcker: *Kind, hol zum Kaffee mal schnell ein paar Teilchen vom Bäcker, aber nich widder drömmeln.* Auch: »ein paar Minuten schlafen« *Der dörmelt ma eben.* **eindörmeln** einschlafen, einnicken *Bei Rosamunde Pilcher dörmel ich immer ein, so langweilig is dat.* **rumdörmeln** *Nä, ich mache eigentlich kein Mittagsschlaf! Mir reichtet, wenn ich mich kurz auf der Couch lang machen und ein halbet Stündchen rumdörmeln kann.* **dörmelich, drömelich** langsam, zögerlich (auch geistig abwesend, tagträumend) *Nu sei doch nich so dörmelich, dat is ja nich zum Aushalten.* Ein **Drömel** oder **Drüemel** bezeichnet einen Menschen, an dem alles vorbeigeht.

Das Wort hat eine ungewöhnliche Geschichte. Es geht zwar eindeutig auf französisch dormir »schlafen« zurück, ist aber wohl keine direkte Entlehnung, sondern über das Jiddische in die rheinischen Mundarten vermittelt. Wahrscheinlich haben es die jüdischen Einwanderer aus den romanischen Ländern um das Jahr 1000 ins Rheinland mitgebracht, wo es in den Mundarten und auch im Rotwelschen heimisch geworden ist. Dass dies kein isolierter Fall ist, belegt das Wort *Schalet* (siehe *Schales, Schalert*).

Honnen 2014 174; Mengel 37; PfWb 2/676; Post 1992 194 u. 210; RhWb 1/1418; Stern 126; Wolf 1956 1064

Dötsch Beule *Ich hab ne Dötsch im Kotflügel. Der Pfirsich hat schon ne Dötsch.* **Dötschauge** entzündetes Auge *Woher hasse denn dat Dötschauge? Has de dich geprügelt?* **Dötschkopp** Trottel; **dötschen** anstoßen, häufiger **andötschen** *Ich weiß gar nich, wo ich mit dem Kotflügel angedötscht bin. Ich hab den Pohl doch nur leicht gedötscht.* **verdötscht sein** Druckstellen haben *Der sieht aber arg verdötscht aus. Wie siehs du denn so verdötscht aus, has de gestern gefeiert? Dafür, dat die so verdötscht aussieht, hatte se viele Freunde.* Auch ein Mensch kann (in Köln und Umgebung) *verdötscht* sein, dann ist er mehr oder weniger verrückt oder übergeschnappt (im Kölschen gibt es sogar noch eine Steigerung: *knatschverdötscht*). **dötschig, dötschich** angeschlagen, kaputt *Nimm nich den dötschigen Appel! Dat Wetter macht einen ganz dötschich.* Hierher gehört auch die Wortfamilie um **Dotz, Dutz** Knicker, Murmel, auch Augen *Mach doch die Dötze auf.* Auch »Stoß, Schubs« *Wenne dem auch nur en kleine Dutz gibs, dann fällt der um.* Ein *Dotz am Kopp* ist eine Beule. **dötzen** Murmel spielen *Wollen wir dötzen? dötzen,* **dotzen,** *dutzen* bedeutet deshalb auch »stoßen, anstoßen« *Ich bin mit dem Ratt gegen dat Auto gedotzt. Jetz im Frühling dotzen die Vögel dauernd anne Fensterscheibe.* **andötzen** *Wer hat hier den Schrank angedötzt?*

Das Verb *dotzen* als »stoßen, einbeulen« ist weit verbreitet (im Westfälischen als *dötten, dotten*), *dötschen* ist dagegen eine regionale Variante, die vor allem in der rheinischen Umgangssprache heimisch ist. Die gesamte Wortfamilie geht wohl auf mittelniederdeutsche (vordutten »besinnungslos machen«) und vor allem mittelniederländische Wurzeln (dutten »klopfen, schlagen, stoßen«, standardniederländisch auch duts »Trottel«) zurück. Die mittelhochdeutsche Entsprechung ist tuzen »pressen, drücken«, aus der auch verdutzen »betäuben« und schließlich unser heutiges verdutzt hervorgegangen sind. Die umgangssprachlichen Bedeutungen von *Dötsch, Dotz* als »Trottel« spielen auf einen Schlag auf den Kopf an. *Dutz, Dotz* und **Dötzken, Dötzchen** als »kleines Kind« beruhen auf der Bedeutungskette Beule – etwas Gerundetes – etwas Dickes – dickes Baby – Kleinkind. Weit über die rheinischen Grenzen hinaus ist das **I-Dotz** oder **I-Dötzchen** »Schulanfänger« bekannt (weil das I der erste erlernte Buchstabe ist).

Duden 1999 2/853; FrankfWb 3/540; Grimm 2/1313 u. 1773 u. 25/263; Kluge 2011 951; Piirainen/Elling 230; RhWb 1/1579, 1598 u. 3/1059; Schiller/Lübben 5/347; Spohr 38; SüdhessWb 1/1616; Verdam 155; Werner 76; WfWb 2/194; Wrede 2010 171; http://www.etymologiebank.nl/trefwoord/dutten

Draht in der Wendung *einen Draht haben* oder *kriegen zu* »eine Beziehung haben zu etwas oder jemandem« *Zu dem hab ich keinen Draht. Zu der hab ich in der ganzen Zeit noch nie en Draht gekricht. Der neue Lehrling is schwer auf Draht, der wird bestimmt die Prüfung schaffen* (clever, aufmerksam, sachkundig sein). *Draht* kann auch ein Synonym für Geld sein: *Ich hab kein Draht mehr, ich kann mir die Disko nich leisten. Da fällt* oder *fliecht dir der Draht ausse Mütze!* (Redensart, um etwas Unerhörtes zu kommentieren).

Während *einen Draht zu jemandem haben* wohl tatsächlich eine Anspielung auf die Telegrafie ist, geht die Bedeutung »clever« vielleicht auf althochdeutsch drate »schnell«, mittelhochdeutsch drate »eilig, schnell« zurück und hätte dann mit dem Metalldraht nichts zu tun. *Draht* für »Geld« ist gaunersprachlich, die Etymologie unbekannt, vielleicht in Handwerkerkreisen entstanden, wo Draht (auch mit der Bedeutung »Faden, Seil«) unentbehrlich ist.

Čirkić 70; Günther 54; Lexer 1/459; Pfeifer 1/303; RhWb 1/1430; Wolf 1956 1074 u. 1075; Wrede 2010 182

Drempel, Drämpel Fahrbahnhindernis, Fahrbahnschwelle *Der Hubbel da auf der Straße, dat is en Drämpel, dat die hier nich so rasen.* Als *Drempel* wird in der (Vor-)Eifel und im Aachener Raum auch noch die Schwelle im Türdurchgang bezeichnet *Pass op dä Drempel op, dat de net stolperst.* Das ist auch die eigentliche Bedeutung: mittelhochdeutsch drempel »Türschwelle«, ursprünglich wohl ein friesisches Wort (drampel, drompel; standardniederländisch drempel).

Grimm 2/1400; Lexer 1/460; RhWb 1/1483; http://www.etymologiebank.nl/trefwoord/drempel

Drickes ist ein tollpatschiger, einfältiger Mensch *Ey du Drickes.* Oft von einem entsprechenden Adjektiv begleitet *Dat is aber ne stieve Drickes* (unbeweglicher Mensch), *faule Drickes, kölsche Drickes* (der Kölner als Typ).

Drickes ist die in allen rheinischen Mundarten gebräuchliche Kurzform von Heinrich (Hendricus), im Klever Raum auch Abkürzung für Dietrich.

RhWb 1/1489

Driet, Driss auch **Gedress, Gedriss** (dicker, klebriger) Dreck, Mist, Unsinn, Aufhebens *Da senn dicker Driet hier aufe Fliesen, die sin ewich nich geputzt worn. Mach nich son Dritt. Sone Driete aber auch! Erzähl nich sonnen Driss. Früher ham die Beatles auch viel Mist gesungen, Liebesliedchen un so Gedresse. Mach doch nich son Gedriss um sonne kleine Blötsche. Ich hab Driss ine Bux* (Angst). *Driss am Schohn* meint »Pech haben«; einer der schlimmsten kölschen Flüche ist *Driss am Dom.* Im Ruhrgebiet gibt es daneben die Verkleinerungsform **Dritzken, Drissken**: *Der kann sich aber auch über jedes Dritzken aufregen.* **drießen, drissen, drieten** scheißen *Die sin wie jekotz und jedrisse* (sich ähnlich sehen) heißt es im zentralen und südlichen Rheinland. **Driesarsch** Schimpfwort für jemanden, der ständig nachfragt oder nörgelt. *Driss inne Pief haben* verrückt sein *Hässe Driss inne Pief?* Ein **Drisser** ist ein kleiner Junge, der noch in die Hose macht. **hartdrissich** nervös *Der läuft rum wie ne hartdrissije Hunk* (wörtlich: wie ein Hund mit Verstopfung). **drietendick** sturzbetrunken *Ey, gestern is mein Nachbar wieder drietendick gewesen.*

Die unverschobenen *Driet*-Varianten hört man am nördlichen Niederrhein. *Driet, Driss* gehört zu einer großen internationalen Wortfamilie: niederländisch dreet »Kot«, englisch dirt »Schmutz« (mit Lautumstellung, fachsprachlich: Metathese), bulgarisch driskam »Durchfall haben«, russisch dristat »scheißen«. Entsprechend alt ist das Verb *drieten, drissen:* mittelniederländisch beziehungsweise mittelniederdeutsch driten, altenglisch dritan, althochdeutsch trizan, zu einer germanischen Wurzel *dritan »scheißen«, für die man sogar eine indogermanische Urform *dhreid konstruiert hat.

Debrabandere 2011 92; Onions 271; RhWb 1/1498; Wrede 2010 179; http://www.etymologiebank.nl/trefwoord/dreet

drill in Eile *Loss mich, ich bin drill!* Das Wort *drill, drell* ist eine im Hochdeutschen nicht bekannte adverbiale Ableitung aus drillen »drehen«.

PfWb 2/511; RhWb 1/1492; Wrede 2010 177

drüch, tröch, dröge, dröch, drüsch trocken *Der Kuchen is mier ze drüch. Der macht aber en drögen Unterricht* (langweilig, stofflastig). *Im Garten is alles ganz drüsch. Dat is aber en drögen Pitter, den die sich da angelacht hat* (wortkarger, wenig lustiger Mensch) *sich drööch halten* den Mund halten, sich zurückhalten *Die wollen uns unbedingt besuchen, aber halt dich mal dröööch!* Im Kölner Raum ist mit *drüge Kooche* – im Gegensatz zu Sahnekuchen – Marmorkuchen gemeint. Ein Kuchen kann auch **knochentröch** sein, dann ist er ungenießbar. *Dat is en ganz Knochentrögen* meint einen Menschen, der Witze erzählen kann, ohne die Miene zu verziehen. So einen nennt man am nördlichen Niederrhein auch *drögen Pipper* (eigentlich »trockene Kartoffel«, einer, der zum Lachen in den Keller geht). Ein **Drüchfüzzer** (Trockenfurzer) ist im zentralen Rheinland ein Mensch, der zwar viel redet, aber wenig tut oder sogar ein richtiges Weichei ist.

Die niederdeutschen und rheinischen Mundarten haben statt der Variante trocken die alten nördlichen Formen bewahrt. Schon in althochdeutscher Zeit stehen sich truckan (daraus mittelhochdeutsch trucken) und die altsächsischen Varianten druckno und druknian gegenüber. Ob sie tatsächlich eine gemeinsame Wurzel haben, ist unsicher. Auf jeden Fall sind die nördlichen Formen alt und werden einer germanischen Wurzel *draugi »trocken« zugeschrieben. Daraus leiten sich mittelniederländisch droge, altenglisch dryge (daraus englisch dry) und mittelniederdeutsch droge ab, woraus die rheinischen Formen entstanden sind.

Grimm 22/727; Kluge 2011 931; RhWb 1/1516; Wrede 2010 185; http://www.etymologiebank.nl/trefwoord/droog

drück, dröck ist ein in der Standardsprache nicht bekanntes Adverb zum Verb drücken und kommt im Rheinland in der Wendung *et* oder *es drück haben* »es eilig haben« vor *Der hadet aber drück, nach Hause zu kommen, wahrscheinlich macht seine Alte wieder Theater. Hasset drück* (zur Toilette müssen)?

RhWb 1/1512

Dubbel Butterbrot aus zwei Brotscheiben *Hier, nimm die Dubbels mit, die hab ich doch extra geschmiert für dich. Wat hat mir denn meine Frau hier auf dat Dubbel getan?* Man kann auch in der **Dubbelpause dubbeln** »*Dubbels* essen, Pause machen«. *Dubbel* meint wörtlich ein »doppeltes Butterbrot, Doppelschnitte«.

Küpper 181; RhWb 1/1408

ducken sich schnell nach unten beugen, bücken, den Kopf einziehen, in die Hocke gehen, um sich zu verstecken *Duck dich, sonst finden die dich ja sofort.* Hierzu auch **duckes** in der Wendung *sich duckes halten* »sich bedeckt halten, ruhig verhalten, nichts sagen« *Der hält sich wie immer duckes, dat is en Feigling.*

Ducken ist die niederdeutsche Variante von tauchen, niederländisch duiken, mittelniederdeutsch ducken, mittelhochdeutsch tücken, althochdeutsch tuhhan »eintauchen«.

Kluge 2011 220; Pfeifer 1/314 u. 3/1788; RhWb 1/1535; Trübner 2/98; Wrede 2010 187

dudeln mundartlich auch **duddeln** unaufhörlich Klänge erzeugen *Bei denen dudelt den ganzen Tach dat Radio, ich kann et nich mehr hören.* **Gedudel** lästige Schallberieselung, Muzak *Dat Gedudel im Kaufhaus nervt mich. Dat Gedudel soll Musik sein?*, auch **Kaufhausgedudel.**

Ein schallnachahmendes Verb, seit dem Frühneuhochdeutschen belegt; im 17. Jahrhundert wurde aus polnisch-tschechisch dudy »Sackpfeife« unter Einfluss von dudeln der Dudelsack, der wiederum mit seinem bisweilen eintönig wirkenden Klang die heutige Bedeutung des Verbs geprägt hat.

Bergmann 74; Pfeifer 1/314; RhWb 1/1539; Trübner 2/98; http://www.duden.de/rechtschreibung/dudeln

duhn, duhne betrunken, benommen, beduselt *Ich bin noch ganz duhne vonne Nakose. Der is total duhn* (betrunken).

Duhn, dohn bedeutet in den rheinischen Mundarten »prall, vollgepfropft«, Luther verwendet es als »vollgefressen«. Die Bedeutungsvariante »betrunken« ist wohl norddeutschen Ursprungs.

Grimm 2/1220 u. 1529; RhWb 1/1394

dull, dulle durcheinander, unkonzentriert, schwer von Verstand *Wat erzähls du denn da fürn Quatsch, bin ich denn dulle? Gezz halt ma zwei Minuten den Rand, bei dein ewiget Gesabbel da wird man ja ganz dull in en Kopp von.* Man kann sich auch *dull und dämlich lachen* und in Bochum auch *dull un dämlich malochen!* Ein **Dull** ist am Niederrhein ein Spinner.

Das Wort ist nicht aus dem Englischen übernommen, sondern geht, wie englisch dull »benommen, langweilig« auch, auf die alten germanischen Vorgängerformen von standarddeutsch toll zurück: Aus einer germanischen Wurzel dul entwickeln sich althochdeutsch tol »dumm« und mittelhochdeutsch toll, doll (hieraus auch das Verb tollen, herumtollen) sowie die (mittel)niederdeutschen Varianten *dul, dull, düll* »dumm, benommen, unsinnig«.

Grimm 21/631; Onions 293; RhWb 1/1546 u. 1549

Dürpel, Dörpel oder **Dölper** nennt man zwischen Niederrhein und der Nordeifel die Türschwelle und die zur Tür führenden Treppenstufen. Eine *Dürpelsflar* oder *-magd* ist deshalb ein »schwatzhaftes Weib, das den Klatsch von Türschwelle zu Türschwelle trägt«, und die *Dürpelsche* (in Aachen) die »Türsteherin an Bordellen«.

Das Wort ist nur in der benannten Region sowie im Niederländischen (dorpel) bekannt. Allerdings ist es schon in der merowingischen Lex Salica belegt als duropullo und durpilo. Diese Formen nur anders zu deuten als Mischformen aus lateinisch palus »Pfahl« und germanisch *dur »Tür«. »Duri-Palus wäre demnach ein frühes Beispiel für germanisch-romanische Interferenz im Bereich der Wortbildung. Diese Bildung dürfte aus einer Zeit des Nebeneinanders beider Sprachen herrühren.«

Müller/Weitz 34; Post 1982 68; RhWb 1/1582; Werner 76

Dussel, Dusel Glück *Da hasde aber Dussel gehabt, dat der Ball nur an die Latte gegangen is. So viel Dusel kann man doch gar nich haben!* **Duseltier, Duselkopf** dummer, vergesslicher oder *dösiger* Mensch *Du Duseltier, kannsde nicht aufpassen?* **duselig, dusselig** (mit stimmhaftem s) unfähig, blöd *Bist du dusselich. Der is zu dusselich, sich die Strümpfe anzuziehen. Dusselige Kuh!* Ein *Dussel* ist jemand, der *dusselich,* also ein Blödmann ist: *Der Dussel streicht den Fußboden von der Tür aus, getz kommt er nich mehr raus.* Ein *Dussel* kann aber auch ein liebenswerter Tollpatsch sein. **Dusselskuh** dumme Frau *So ne Dusselskuh aber auch.* **duseln** vor sich hin träumen *Ich hab im Zug so vor mich hin geduselt. Bisse am dusseln, oder wat?* **rumdusseln** *Wenne den ganzen Tach hier rumdusselst, brauchsde dich nich wundern, wenne nix geschaft kriss.* **beduselt, bedusselt** benommen, betrunken *Ich bin ganz beduselt von der neuen Farbe! Der war ganz schön beduselt gestern.* Hierher auch **dösen** vor sich hin brüten, wachend träumen, geistesabwesend sein *Dös nit, pass op!* **eindösen** einschlafen *Wir machen Schluss, der is schon am eindösen.* **Döskopp** Schlafmütze, Tagträumer *Der Döskop is voll vor die Glastür gerannt. Dat sieht dem Döskopp ähnlich!* **Döspaddel, Dösbaddel** Tollpatsch, Blödmann; **dösich** nicht ganz gescheit.

Ein wirklich altes Wort mit einer indogermanischen Wurzel *dhues, dhus »verwirrt, betäubt«, daraus angelsächsisch dwaes »dumm« (englisch dizzy), mittelniederdeutsch dwars (siehe deshalb auch *verquast*), mittelhochdeutsch twas »Tor, Narr«, althochdeutsch tüsig »einfältig«, mittelniederdeutsch düsig »betäubt«, mittelniederländisch duselen, niederländisch duizelen »schwindelig sein«. Das Wort entstammt also dem niederdeutschen Sprachraum. Alle modernen umgangssprachlichen Bedeutungsvarianten sind schon in der Wortgeschichte angelegt; den Übergang zur Bedeutung »Glück« erklärt Trübners Wörterbuch so: »Es ist ein bekanntes Volkswort, daß Kinder und Betrunkene ihren eigenen Schutzengel haben.«

Kluge 2011 213 u. 225; RhWb 1/1590; Trübner 2/119; Werner 84; Wrede 2010 194; http://www.duden.de/rechtschreibung/Dusel

duster, düster dunkel, ohne Tageshelle, auch im übertragenen Sinn *(düstere Stimmung)* heute noch in der Umgangssprache hochfrequent *Et sieht düster uus mit dem FC, die steigen ab.*

Das Wort ist ein Import aus dem Niederdeutschen, im Altsächsischen kennt man es als thiwstri, im Mittelniederländischen bereits als duuster. Im aktuellen Niederländischen findet es sich als duister, und sogar das russische tusk »dunkel« ist mit ihm verwandt. Interessanter ist die Steigerungsform **zappenduster, tappenduster** »stockdunkel«, die auch eine bedrohliche Situation beschreiben kann: *Wenn der noch ne fünf schreibt, siehdet zappenduster aus mit seine Versetzung.* Die Herkunft ist noch ungeklärt. Auffällig ist, dass das Wort sowohl im Niederdeutschen als auch in anderen Regionen ausschließlich in dieser Form zu hören ist und nicht landschaftlich angepasst als **zapfendüster.* Dies lässt die vielfach zu lesende Herleitung aus Zapfenstreich (nach dem militärischen Zapfenstreich ist es in der Kaserne stockdunkel) als eher unwahrscheinlich erscheinen, auch wenn der Bezug auf das Militärische den drohenden Unterton von *zappenduster* erklären würde. Damit kommt das jiddische zophon »Mitternacht, Dunkelheit« ins Spiel. *Zappenduster* würde also »besonders dunkel, schwarz«

bedeuten. Auch im Rotwelschen ist das Wort, vor allem in seiner übertragenen Bedeutung, weit verbreitet. Dort müsste es auch entstanden sein, denn im Westjiddischen ist es unbekannt.

Grimm 2/1761; Kluge 2011 1002; Küpper 939; Piirainen/Elling 1064; Spohr 247; van Veen/van der Sijs 241; Werner 84 u. 425; Wolf 1956 6314; Wrede 2010 1101; http://www.duden.de/rechtschreibung/zappenduster

Dutt Haarknoten *Meine Tante hatte immer son Dutt hinten am Kopp. Ohne Dutt hassde die nie gesehen.* Mit dem Knoten verschwindet langsam auch das Wort aus der Umgangssprache.

Niederdeutsch *Dutt* »Klumpen, Haufen, Knäuel, Knoten, geflochtener oder gedrehter Haarknoten«; wohl zu *Dotz, dötschen* (siehe *Dötsch*).

Kluge 2011 225; Pfeifer 1/324

E

eff, effe, äff, äffe einfach, gewöhnlich. Das Mundartwort ist im zentralen Rheinland und am Niederrhein auch heute noch oft zu hören: *äffe Weck* einfaches Weißbrot, *effen Schnaps* billiger Korn; *bei denen gab et nur so effe Wurst aum Büffet.* Das einfache Wort ist nicht einfach zu entschlüsseln. Die Ableitung aus rheinisch *ewe, effe* »eben« (»Die Bedeutung ›eben, glatt‹ wandelt sich in den Mundarten – in Aachen oder Rheinberg zum Beispiel – in ›einfach, gewöhnlich, billig‹«) ist nicht ganz unproblematisch, da sie historisch nicht untermauert werden kann. Gestützt wird sie durch die niederrheinische Wendung *effen af,* die man mit »gerade eben« übersetzen könnte. So bedeutet *effen af met en Spol* (Spule) »auf die einfachste Weise weben«. Das korrespondiert sehr schön mit der mundartlichen Hauptbedeutung von *effe, äffe* als »einfarbige, nicht gemusterte, nicht gekeperte« Gewebe und Tuche. Überhaupt erscheint das Wort sehr oft in Verbindung mit der Weberei *(äffe Dooch, äffe Kett, äffe Klür).* Das wiederum erklärt die nur lückenhafte Belegdichte des Wortes, die durchaus auch den ehemaligen rheinischen Webereizentren zugeordnet werden kann. Danach wäre die heutige Hauptbedeutung aus der Vorstellung »einfacher Stoff« verallgemeinert.

Das Rheinische Wörterbuch erkennt dagegen keine Verwandtschaft zwischen eben, *ewe* und *effe.* Dann wäre die eigenständige und geografisch sehr isolierte Entwicklung dieses Wortes, das man weder in Köln noch in Venlo oder Bocholt hört, jedoch sehr ungewöhnlich und wiederum erklärungsbe-

dürftig. In Frage käme eine »einfache« Verschleifung von *eefach* »einfach«, wobei dann zu fragen wäre, warum sie nicht flächendeckend eingetreten ist.
RhWb 2/1 u. 2/14; Schiller/Lübben 1/750; Verdam 161; Werner 88; Wrede 2010 224

efkes, ebkes eben, mal eben; ein »wichtiges« Wort am Niederrhein, denn ohne *efkes, ebkes* liefe dort nichts: *Gehste mal ebkes zum Bäcker? Ich muss ma efkes umme Ecke. Mach doch ma ebkes en paa Dubbels. Tusse mich mal ebkes zur Hanni bringen? Kannsde ma ebkes das Fenster los machen? Kannse mich efkes die Schüssel geben? Effkes mitten Lappen drübber, schon iset sauber.*

Anders als im Hochdeutschen kann im Rheinischen die Diminutivendung *-kes* zur Verstärkung (hier: besonders kurz, eben mal schnell) auch an Konjunktionen oder Adverbien angeschlossen werden (siehe *knäppkes*).
Honnen 2012a 71; RhWb 2/1

einbleuen, einbläuen jemandem etwas mit Nachdruck eintrichtern *Dem musse alles mit Gewalt einbläuen, sonst versteht der dat nich.*

Das Wort hat nichts mit blau zu tun, sondern geht zurück auf althochdeutsch bliuwan, mittelhochdeutsch bliuwen »schlagen« (die Ableitung Bleuel »Mörserkeule« führt zur modernen Pleuelstange).
Kluge 2011 133; RhWb 1/764; http://etymologie.tantalosz.de/e.php

einpacken aufgeben (müssen), zur Erfolglosigkeit verdammt sein *Wenne kein Geld has, dann kannze gleich einpacken. Die können gleich einpacken, wenn die gegen Bayern spielen müssen.*

Diese besondere Variante ist in studentischen Kreisen im 18. Jahrhundert entstanden und bedeutete zuerst »in einem Streitgespräch unterliegen«. Von dort ist es nicht mehr weit bis zur modernen sportlichen Niederlage.
Kluge 1895 88; Küpper 199

einseifen jemanden betrügen, prellen, für sich einnehmen, gegen jemanden (mit betrügerischen Mitteln) gewinnen. Das Wort ist in dieser Bedeutung in der allgemeinen Umgangssprache gebräuchlich. Obwohl sich die

Assoziation »einseifen beim Barbier, Brei um den Mund schmieren« anbietet, könnte das Wort auch eine völlig andere Geschichte haben. Dann wäre das jiddische beziehungsweise rotwelsche Wort Sefel, Sewel, Seibel »Kot, Dreck, Schmutz« die sprachliche Wurzel. Das Wort kommt in den Ableitungen **beseibeln**, verseiweln und schließlich verseifen seit dem 17. Jahrhundert in vielen rotwelschen Vokabularien in der Bedeutung »betrügen, anführen« vor. Da die ursprüngliche Bedeutung »scheißen« in verseifen für Nichtrotwelschsprecher nicht mehr erkennbar ist, ist der Weg von verseifen zu *einseifen* nicht mehr weit. Damit wäre auch das umgangssprachliche **bescheißen** mit derselben Bedeutung auf das jiddische beziehungsweise rotwelsche beseiweln zurückzuführen, das in diesen Sprecherkreisen schon immer für »betrügen« stand. *Beseibeln* ist auch heute noch in der rheinischen Umgangssprache zu hören: *Willze mich beseibeln? Ich könnt mich beseibeln vor Lachen.* Gegen diese Ableitung spricht lediglich, dass immer schon negativ besetzte Begriffe aus dem Geschäftsleben mit einem gewissen Automatismus auf jiddische oder hebräische Wurzeln zurückgeführt werden (siehe Exkurs »Das Jiddische im Rheinischen«).

Čirkić 85; Duden 1999 3/978; Küpper 201; Stern 206; Wolf 1956 5299; http://www.sachsen-lese.de/index.php?article_id=267

Elend in der Wendung *langes Elend* »groß gewachsener, meist schlanker Mensch« *Unser Karl, dat is abber auch en langes Elend, für den krichsde überhaupt keine normalen Klamotten mehr.* Geht zurück auf eine alte Bedeutung von *Elend* als »armer, dünner, knochiger Mensch«.

RhWb 2/105

Elzem, Elz, Alsem, Alzen, Alz, Äls Wermut, sowohl die Pflanze (artemisia absinthium) als auch der daraus gewonnene Schnaps (auch **Älzbettere** oder **Bitteralsem** genannt). Im Norden wird nur das Getränk, nicht aber der Wermut *(Wermoot)* selbst so genannt, da hier die *Else* die mundartliche Bezeichnung für die Erle ist. Das Wort ist typisch rheinisch und fast ausschließlich links des Flusses vom Saarland bis nach Emmerich verbreitet. Zu dieser räumlichen Verteilung passt, dass es in den Niederlanden als alsem standardsprachlich geworden ist.

Das wahrlich alte Mundartwort demonstriert aufs Schönste, wie stark Sprachgeschichte und die allgemeine Geschichte einer Region verwoben sein können. Man hat sogar den Boten benannt, der das lateinische Lehnwort in unsere Region gebracht haben soll: »Es ist eine ansprechende Vermutung ..., daß der griechische Arzt Anthimus, der Leibarzt der Merowinger, das Wort im 6. Jahrhundert nach Nordfrankreich gebracht hat.« Auch wenn dies natürlich nur symbolisch gemeint ist, so ist die merowingerzeitliche Erstbezeugung tatsächlich mit dem poetischen Namen des Arztes verbunden. Das Wort geht über lateinisches aloxinum auf das griechische alóē oxínēs zurück, das eigentlich die bittere Aloe meint, und ist seit 600 im Moselraum nachweisbar, wo es schließlich um das Jahr 1000 das germanische Wort Wermut vollständig verdrängt. Von hier gelangt es auch in das Mittelniederländische und von dort schließlich ins Mittelniederdeutsche. Dass auch die Siebenbürger Sachsen das Wort als *Alsam* kennen, ist ein eindeutiger sprachlicher Beleg für ihre rheinländische Herkunft. Interessanterweise wurde das Wort im französischen Norden, von wo es einmal in das Rheinland einwanderte, wieder durch den germanischen vermouth verdrängt.

Frings 142; Grimm 1/260 u. 3/417; RhWb 1/129; Tonnar/Evers 37; Trübner 8/123; van Veen/van der Sijs 30

Enkel Knöchel, Enkelknochen *Ich hab mich am Enkel gestoßen. Enkel* bezeichnet in vielen rheinischen Mundarten (außerdem in Bayern und im gesamten niederdeutschen Raum) den Fußknöchel, in der Umgangssprache wird heute auch schon der Ellenbogen so genannt. Im Gegensatz zu Knöchel, das die Verkleinerungsform des jüngeren und »langweiligeren« Wortes Knochen ist, bewahren die Mundarten in *Enkel* das ältere und ehemals weiter verbreitete Wort, genauso wie das Englische in ancle und das Niederländische in enkel. Diese Gemeinsamkeit ist wie immer ein Indiz für eine lange Wortgeschichte: Im Althochdeutschen interessanterweise sowohl als anchal (maskulinum) als auch als anchala (femininum) belegt, kennt man das Wort im Altslawischen als ogulu, im Lateinischen als angulus und im Altindischen als anga »Glied«. Die Rekonstruktion einer indogermanischen Wurzel *ang, ank »biegen, krümmen« ist in diesem Fall deshalb wohl eine erlaubte Spekulation. *Enkel* ist also einer der vielen Fälle, in denen die Mundarten ein altes, ehrwürdiges Wort bewahren, das in der Hochsprache durch ein viel neueres abgelöst wurde.

Grimm 3/485; RhWb 2/135; Trübner 2/191; van Veen/van der Sijs 260; Werner 90; http://www.duden.de/rechtschreibung/Enkel_Knoechel

Erpel, Ärpel, Ääpel meist im Plural **Erpels, Erpele** Kartoffeln *Hol ma en Eima Erpels ausem Keller. Jetz han ich de Ääpel im Keller* sagt man in Bonn, wenn etwas Schlimmes passiert ist. Um Stampfkartoffeln zu machen, benötigte man am Niederrhein einen **Ärpelknötscher. Erpelschlot, Ärpelschloot** Kartoffelsalat *Erpelschlot musde mit Mayonaise machen, mit Öl und Essich essen dat nur die Bayern. Erpels* (eigentlich Erdäpfel) sind in den Mundarten des nördlichen und zentralen Rheinlands bis zur Nordeifel zu finden, weiter südlich beginnt das Gebiet der *Grompere* (Grundbirnen) – das Rheinland ist also in zwei Benennungstypen aufgeteilt.

Erpel, Ärpel ist die rheinische Variante des Erdapfels, *Erdappel.* Obwohl die Kartoffel erst im 16. Jahrhundert im deutschen Sprachraum eingeführt wurde, ist das Wort Erdapfel älter, in althochdeutscher Zeit bezeichnete erdaphul eine Art Gurke. Der *Erpeschloot, Ärpelschloot* ist so etwas wie ein nordrheinisches Kennwort. Die rheinische Aussprache *Schloot* belegt, dass der »Salat« hier ein französisches Lehnwort ist: Romanisches anlautendes s- wird hier entweder sch oder z ausgesprochen (siehe *zuppen*).

Grimm 3/745; RhWb 2/152

Essig in der Wendung *Essig sein* »aus, vorbei sein« *Nach der Aktion is jetz ers ma Essich mit Taschengeld.*

Die Wendung gilt als volksetymologische Umdeutung von jiddisch hessek, esek »Schaden, Nachteil, Verlust« (jiddisch: wie harbe is hessek »wie groß, herb ist der Schaden«), die über das Berlinische in die deutsche Umgangssprache gelangt ist. Allerdings ist die Wendung *das ist Essig* »das ist schlecht, nichts« schon 1831 in der Studentensprache belegt. Deshalb kann das Wort auch über das Rotwelsche vermittelt sein, wo Hessik als »Verlust, Einbuße« seit dem 18. Jahrhundert weit verbreitet war.

Anmerkung: Im Grimmschen Wörterbuch findet man den Säuerling im Stichwort Essich und darin eine Polemik gegen die Schreibweise Essig, »da dem wort wie fittich, eppich, lattich, teppich ch gebührt« (womit Rechtschreibdogmatiker in arge Nöte geraten dürften).

Althaus 2006b 77; Grimm 3/1169; Kluge 1895 89; Küpper 215; Stern 85; Wolf 1956 2154

etepetete geziert, wählerisch, zimperlich *Mein Gott, wat is die etepetete, die isst nix ause Pommesbude. Sei nich so etepetete.*

Die Ableitung aus französisch être peut-être »es kann sein« leuchtet nicht ein. Wahrscheinlich aus niederdeutsch *öte* »geziert« und *petute* »zimperlich«, Letzteres aus dem französischen petit »klein«.

Bach 275; Bergmann 85; Kluge 2011 261; Röhrich 2/404

ette, ötte sie, er *Ette nu wieder! Wer war dat? – Ötte. Kuck ma ette da, wat der wieder anstellt. Pssst, da hinten kommt ötte. Gestern hat ötte schon wieder angerufen.* Oft die Umschreibung für eine etwas seltsame, anstrengende, nervige Person, eine sehr laute oder herausgeputzte Person, die sich besonders toll vorkommt. In vielen Orten, zum Beispiel am Niederrhein, ist mit *ötte, ette* eine Frau gemeint, **Ötteken** dagegen ist ein Kind. Diese ungewöhnliche Verwendung des unpersönlichen Personalpronomens *et, öt* »es« ist im Rheinland häufig zu finden. Wie die Endung in *Ötteken* zeigt, ist vielen Sprecherinnen und Sprechern die Herkunft des Wortes nicht mehr bewusst, es wird schlicht als ein persönliches »Dingens«, also als Substantiv verstanden.

RhWb 12/175; Wrede 2010 223

Eule *voll wie eine Eule;* siehe *Aule.*

F

faseln nichtssagend schwätzen, dummes Zeug reden *Wat fasels du denn da von Unsinn?;* auch **Gefasel** und **Faselei** *Ich kann dat Gefasel von dem nich mehr hören.*

Nachweislich *gefaselt* wird nur im deutschsprachigen Raum seit 1734. Davor verwischt sich die Spur des Wortes. 1691 ist im Stielerschen Wörterbuch das Verb fasen mit ähnlicher Bedeutung verzeichnet. *Faseln* könnte somit eine Diminutivform sein (eine Variante mit geringerer Intensität ähnlich hüsteln zu husten). Dann wären die mittelniederdeutschen vase »Torheit« und visevase »Schnickschnack« direkte Vorläufer und das niederländische vazelen »flüstern« und dänisches fjas »dummes Geschwätz« direkte Verwandte.

de Vries 766; Duden 2008 273; Kluge 2011 278; Paul 262; RhWb 2/312; Schiller/Lübben 5/298 u. 261; Weigand 501; Werner 95; http://www.duden.de/rechtschreibung/faseln

Fastelovend heißt im Rheinland der Fastenabend, also der Karneval. Eine zentralrheinische Variante ist **Fasteleer** »Fastnacht«, die aus **Fastelerum** entstanden ist, einer gebildet-latinisierenden Spielform des 19. Jahrhunderts, die heute wieder verschwunden ist.

MmWb; RhWb 2/300; Wrede 2010 234

Fatzke eingebildeter, überheblicher Mensch (meist männlichen Geschlechts) *Dat is vielleicht en blöder Fatzke. Mit som eingebildeten Fatzke will ich nix zu tun haben. Wat is dat denn fürn reicher Fatzke?* Schön ist auch *Fatzko da Gama.*

Das Wort ist nicht in den Mundarten verankert, im Rheinischen nur einmal als *Fatzki* belegt. Der *Fatzke* hat vielfältige Herkunftslegenden: Unwahrscheinlich ist die Erklärung als »Verquatschung von jiddisch asuskeit ›Frechheit, Unverschämtheit‹; etwas sinnvoller ist die Ableitung aus Faxen (wobei sich *Fatzke* aus der Unsprechbarkeit von *Faxke ergeben soll); oft behauptet wird die Herkunft aus dem polnischen Vornamen Wacek (aus tschechisch Václav). Wahrscheinlich ist *Fatzke* aber auf das frühneuhochdeutsche Verb fatzen »Possen treiben, foppen, plagen« oder auf Fatz »Spötterei, Witz« zurückzuführen, die im späten 15. Jahrhundert auftauchen. Fatzen ist bei Weigand verzeichnet und nicht, wie oft behauptet, schon im 18. Jahrhundert völlig verschwunden.

Bergmann 87; Duden 2008 274; Grimm 3/1363; Kluge 2011 280; Lexer 3/34; Paul 254; Pfeifer 1/414; RhWb 2/326; Trübner 2/302; Wahrig 2/680; Weigand 504; Wolf 1956 1301; http://www.duden.de/rechtschreibung/Fatzke

feckern, feckeln schnell rennen in der Umgangssprache, seltener in rheinischen und pfälzischen Mundarten: *Der kam vielleicht um die Ecke gefeckert, als wenn er verfolcht würde.*

Das Wort gilt als Intensivbildung (etwa »verstärkende Ausdrucksweise«) von fegen, das in der Umgangssprache sowie in den Dialekten ebenfalls »schnell rennen« bedeuten kann.

Debrabandere 2011 106; Honnen 2003 67; PfWb 2/1081; RhWb 2/230

Feez, Fez Unsinn, Scherz, Spaß *Da ham wer Feez gemacht. Mach kein Feez! Ohne Feez jetz, willsde da wirklich hingehen?* In *Mach nich soon Feez* oder *Die macht en Feez um ihr Hündschen* bedeutet *Feez* »Umstand, *Bohei,* Aufwand, *Gedöns,* Theater«. Das Wort ist zwar in vielen Mundarten belegt, gehört aber eher zur überregionalen Umgangssprache und soll, wie so oft, dem Berlinischen des 19. Jahrhunderts (Erstbeleg 1878) entstammen. Als Ursprung wird häufig fêtes, der Plural von französisch fête »Fest, Feier, Belustigung«, angenommen, was jedoch weder in der Lautung noch in dem Geschlecht seine Entsprechung findet, zumal der vergleichbare *Dääz* »Kopf« (zu französisch tête) im Deutschen den offenen Vokal behält. Weshalb *Fez* mit gleichem Recht zu mittelhochdeutsch fatzen »foppen« gestellt wird, aus dem auch der *Fatzke* (siehe dort) entstanden sein könnte. Dann wäre *Fez* allerdings ein älteres Wort, wofür die Belege fehlen.

FrankfWb 3/669; Kluge 2011 292; Küpper 232; Lexer 3/34; Paul 273; Pfeifer 1/428 u. 430; PfWb 2/1354; RhWb 2/434; Wahrig 2/739; Wolf 1956 1313; http://www.duden.de/rechtschreibung/Fez_Spasz_Unsinn

Feger meist als *heißer* oder *echter Feger* ist vor allem im Ruhrgebiet und am Niederrhein gebräuchlich als durchaus bewundernde Bezeichnung für einen »sexuell erfolgreichen Eroberer« *Der Typ is en echten Feger, der hat echt ne Schnitte bei Frauen.* Auch als Bezeichnung für ein Mädchen, das viel herumläuft und sich mit Männern einlässt: *Die Perle is en heißer Feger.* Schließlich kann auch ein Auto ein *heißer Feger* sein: *Der Mini Cooper is en heißer Feger* (zu: um die Ecke fegen). In der Eifel dagegen ist ein *Feger* ausschließlich eine attraktive Frau. Ein *Feger* kann aber auch ein unerzogener Hund sein: *Pass auf, dem Nachbar sein Köter, de schnappt auch, dat is ein richtiger Feger!*

Das Wort erklärt sich aus den vielen verschiedenen Bedeutungen, die das Verb fegen vor allem in den Mundarten hat: »reinigen, kehren, schmeicheln, prügeln, naschen, tanzen, zechen, herumlaufen« und, in unserem Zusammenhang entscheidend, vor allem »es toll treiben« und »beischlafen, koitieren«. Dabei scheint der weibliche *Feger* als *Fege* im Niederdeutschen und Rheinischen und im Niederländischen als veeg die ältere Variante zu sein, die schon um 1600 als »starke, selbstbewusste, freche Frau« belegt ist. Die sexuelle Komponente hat sich erst später herausgebildet, im Studentenjargon war der *Feger* noch 1830 durchaus ein »braver Bursch«.

Debrabandere 2011 419; de Vries 767; Kluge 1895 90; Küpper 224; RhWb 2/352; Woeste 288

Fent, Fant in der Nordeifel auch **Vente** (etwas abfällig für) »Jugendlicher, Halbstarker« *Wat, mit sonem jungen Fänt bis du zusammen? Lass doch ding Fänte der Garten paraat mache, die han doch Kraft! Die Fänte standen am Wartehäuschen rum und ham die Leute mitte Wasserpistole geärgert.* Auch **Fäntebrööder**.

Den *Fent, Fant* gibt es mit vergleichbaren Bedeutungen im gesamten deutschen Sprachraum (einschließlich niederländisch vent »Kerl«). Seine Wortgeschichte ist etwas verzwickt, da es zwei Wurzelstränge gibt. Der eine fußt im Niederdeutschen und geht zurück auf mittelniederländisch veem »Genossenschaft, Gericht« (das mittelalterliche Femegericht, heute noch in verfemt) und dem daraus abgeleiteten vennoot »Genosse, Gesellschafter«, das schließlich zu vent »Bursche« wird und in den niederdeutschen Raum als »Knabe, Junge« vordringt. Dort erscheint es im 15. Jahrhundert und wandert weiter nach Süden (um 1600 in Marburg als vent »junger Mensch, Sohn« nachgewiesen). Die oberdeutsche Wurzel dagegen erstreckt sich nach Süden und fußt auf italienisch fante »Knabe« (aus lateinisch infans »Kind«), das in der Schweiz und in Bayern als sekundäre Entwicklung die Bedeutung »leichtsinniger, närrischer Bursche« erhält, die im Mittelhochdeutschen noch fehlt, sich aber dann nach Norden ausbreitet (nicht im Niederländischen). Gerade im Rheinland kann man also nicht mit Sicherheit bestimmen, auf welche Wurzel der hiesige *Fent, Fant, Vent* nun zurückgeht, wahrscheinlich ist das nördliche Vent von südlichem Fent in seiner Bedeutung erweitert worden. Der ganz seltene Fall, dass zwei lautlich identische Wörter mit nahezu gleichem Bedeutungsspektrum völlig unterschiedliche Wurzeln haben.

Debrabandere 2011 102; Grimm 3/1318 u. 1320 u. 1329; Kluge 2011 276; Lexer 3/63; Schiller/Lübben 5/235; RhWb 2/292; Trübner 2/291; Wahrig 2/669; Werner 97; Wrede 2010 232; http://www.duden.de/rechtschreibung/Fant; http://www.etymologiebank.nl/trefwoord/vent1

fetzen, fätzen schnell rennen; in den nordrheinischen Mundarten und in der regionalen Umgangssprache zu hören *Die kam um die Ecke gefetzt und is direkt in dat Auto gelaufen.*

Wenn überhaupt, dann wird das Verb in der Literatur zum Fetzen gestellt, wofür allerdings nur die Lautähnlichkeit spricht. Erfolgversprechender ist ein Blick auf die rheinische Mundart. Hier ist das von *Fitz* »Geflecht, Rute« abgeleitete Verb *fitzen, fetzen* in vielen Bedeutungen weit verbreitet, unter anderem als »es toll treiben, schnell bewegen, rasch laufen«. Diese Variante ist im ganzen Rheinland bis ins Saarland zu hören.

Anmerkung: Die Bedeutung »flott leben« führt in Aachen zu diesem Trinkerspruch: *»Wenn ich genge Nier mieh hei, da fitzet ich sen de Leever«* (Wenn ich keine Nieren mehr habe, dann lebe ich eben auf Kosten der Leber).

Kluge 2011 290; Küpper 231; RhWb 2/326 u. 510

ficken erscheint neben der sexuellen Bedeutung meist als *gefickt werden* betrogen werden, auffliegen, erwischt werden, blamiert werden. *Jetz bisse gefickt, wa! Als kleiner Mann bisse immer der Gefickte! Ich war gestern in Venlo im Coffeeshop, aber an der Grenze haben mich die Bullen voll gefickt.*

In den Mundarten weit verbreitet als »hin und her bewegen« oder »reiben«, auch die übertragenen Bedeutungen »jemanden schlagen«, »jemanden ärgern, triezen« (deshalb nicht aus »der neueren Soldatensprache«) und »Geschlechtsverkehr ausüben«. Das Wort ist seit dem 16. Jahrhundert mit seinem gesamten Bedeutungsspektrum belegt, die weitere Wortgeschichte ist unbekannt.

Grimm 3/1617; Kluge 2011 292; Lexer 3/334; Paul 273; PfWb 2/1356; RhWb 2/437; Trübner 2/342; http://www.duden.de/rechtschreibung/ficken

fickerig, fickrig nervös, aufgeregt, in der rheinischen Umgangssprache verbreitet *Dat lange Warten macht mich ganz fickerich.*

Das Adverb beziehungsweise Adjektiv ist abgeleitet von *ficken,* das im Rheinischen noch in seiner ursprünglichen Bedeutung »hin und her bewegen, kurze, rasche Bewegungen machen« gebräuchlich ist (siehe *ficken*).

Duden 2008 282; RhWb 2/439

Fickfackerei wertloses Zeug, überflüssiges Getue, im Rheinland immer seltener zu hören: *Hör doch mit der Fickfackerei auf.* Es ist eine Ableitung zu dem in der Umgangssprache weit verbreiteten Verb *fickfacken* »Unsinn treiben«, das aber im Rheinland kaum gebräuchlich ist.

Fikfakken »tändeln, dummes Zeug reden« ist überraschenderweise zuerst im Niederländischen um 1636 bezeugt, obwohl es als deutsches Lehnwort gilt. Als erster Nachweis im deutschsprachigen Raum gilt das Wörterbuch von Kaspar von Stieler aus dem Jahr 1691, in dem die gesamte Wortfamilie *fickfacken, Fickfacker* und *Fickfackerei* belegt ist. Da das Wort überproportional im niederdeutschen Raum auftritt, wird dort auch sein Ursprung vermutet. Es geht wohl auf das Verb *ficken* in seiner ursprünglichen Bedeutung »reiben, hin und her bewegen« zurück, das sprachspielerisch verdoppelt wurde (wie in Wischiwaschi oder Wirrwarr). Die Variante *facken* ist in niederdeutschen Dialekten gebräuchlich.

Adelung 2/145; Debrabandere 2011 107; Grimm 3/1619; Küpper 233; RhWb 2/439; van der Sijs 208; van Veen/van der Sijs 292; Weigand 524; Wrede 2010 242; http://www.duden.de/rechtschreibung/fickfacken

fies eklig, ekelerregend, Abscheu erregend *Da bin ich fies vor! Dat riecht aber fies bei denen inne Küche, da würd ich nix essen. In dem fiesen Modder kannze doch nich liegen bleiben, komm! Der is zu fies, um aus meinem Glas zu trinken. Der is abber auch für jaanix fies* (sich vor nichts ekeln)! Wenn man in Essen und Duisburg *fies vor etwas* ist, sagt man häufig: *Bah, wat sah dat Essen da fies aus, mir ist glatt der Schwimmer hochgekommen* (sich ekeln). *Fies* kann auch »böse »oder »sehr« bedeuten: *Da hat die sich aber fies vertan, so einfach war dat doch nich, wie die gedacht hat. Dat war aber en fieses Foul. Der is fies gefallen. Da hasse dir aber en fiesen Sonnenbrand geholt. An der scharfen Kante kannste dich fies dran weh tun.* Kann auch neutral als Verstärkung gebraucht werden: *Dat schmeckt äver fies joot.* Außerdem kann man einen *fiesen Charakter* haben und *ein fieser Möpp* sein. Das Verb **fiesen** »sich vor etwas ekeln« *(Vor dem fiese ich mich)* wird nur im Raum Köln gebraucht.

Fies ist ein rheinisches und niederdeutsches Wort (niederländisch vies), das mittelniederdeutsch als vis und frühniederländisch erstmals 1573 als vies, vijs »Widerwillen hervorrufend« nachgewiesen werden kann; altkölsch im 17. Jahrhundert gebräuchlich. Die weitere Herkunft ist unsicher (nicht zu *Fiesel, fiseln*), vielleicht zum mundartlich weit verbreiteten **feisten, fisten** »Darmwind lassen, blasen«, niederländisch veest »Darmwind«, mittelniederdeutsch und mittelhochdeutsch vist »Wind« und visten »einen Wind lassen, blasen«, althochdeutsch fist. Die Ableitung des Adjektivs ist jedoch nur schwer nachvollziehbar (zum Beispiel aus *Fieskerl* zu *fiese Kerl*).

Debrabandere 2011 427; Duden 2008 283; Köppen 20; Pfeifer 1/432; RhWb 2/445; Werner 98; Wrede 2010 243; http://www.duden.de/rechtschreibung/fies; http://www.etymologiebank.nl/trefwoord/vies

fieseln, fisseln, fiseln leicht, in feinen Tropfen regnen; in vielen regionalen Umgangssprachen hochfrequent: *Et rechnet nich, es is nur am fiseln!*; **fieseliges** Wetter ist demnach ein leichtes Regenwetter.

Das Verb ist eine Ableitung aus mundartlich *Fise, Fisel* »feine Bohnenseitenfaser, Fädchen«; *fiseln* bedeutet also »in ganz feinen Fäden regnen« (siehe *Fisel*).

Anmerkung: Während das Standarddeutsche eigentlich nur ein Wort für regnen hat (und deshalb durch Adjektive differenzieren muss: leicht, stark, heftig regnen und so weiter), kennt die rheinische Umgangssprache dagegen gleich eine ganze Reihe von Verben, die mit Niederschlag zu tun haben: *plästern, sicken, schiffen, trätschen, trötschen, pladdern, gallern, sopschen* und *fieseln, fisseln*. Alle diese Wörter stammen aus den rheinischen oder westfälischen *(gallern)* Mundarten, die hier eine offensichtliche Lücke im standarddeutschen Wortschatz besetzen.

Kluge 2011 297; PfWb 2/1404; RhWb 2/493; Werner 100; Wrede 2010 247; http://www.duden.de/rechtschreibung/fisseln

Fiets, Fitz steht am Niederrhein für das Fahrrad *Ich bin ma eben mitte Fits wech. Kann ich ma deine Fits haben?* **Bromfits, Brumfits** Mofa, Moped; **fitsen** Fahrrad fahren *Da kann et Steffken doch ma ebkes hinfitsen.*

Wie der Gegenstand erwarten lässt, ein junges Wort. Obwohl es im Rheinischen Wörterbuch für den gesamten Niederrhein schon um 1900 nachgewiesen ist, wird es ein Import aus den Niederlanden sein. Hier ist es erstmals 1870 in Apeldoorn nachgewiesen und hat sich »uiteindelijk razendsnel« ausgebreitet. Es scheint nicht aus Veloziped hervorgegangen zu sein (beide Wörter wurden in den Niederlanden lange Zeit parallel verwendet), sondern aus einem südlimburgischen Verb *vietse* »sich schnell fortbewegen« (wohl zu französisch vite »schnell«).

Anmerkung: Eine hartnäckige niederländische Legende führt das Wort auf den Schmied Elie Cornelis Viets zurück, der seit 1889 einen Fahrradverleih betrieb (also zwanzig Jahre nach dem ersten Nachweis des Wortes).

RhWb 2/508; http://www.etymologiebank.nl/trefwoord/fiets1

Fimmel Verrücktheit, Tick *Ach der Karl hat nen Fimmel, dem kannsde nich alles glauben.* Aber auch »Faible für eine bestimmte Sache« *Dat Erna hat nen Fimmel für Liebesfilme, et lässt keinen aus.* Auch: *Dem Blödmann könnt ich ständig en Fimmel zeigen* (mit dem Finger an die Stirn tippen).

Allgemein weit verbreitet; erst seit 1900 belegt, deshalb nicht verwandt mit älterem *fimmelich* (siehe dort). Herkunft unbekannt, die Ableitungen aus bergmännisch Fimmel »Hauklotz« und *fummeln* »herumtasten« überzeugen nicht.

Bergmann 92; Kluge 2011 295; Küpper 235; Paul 274; PfWb 2/1385; RhWb 2/455; Röhrich 2/443

fimmelich ist man im Rheinland, wenn man zimperlich und wählerisch ist: *Nu seima nich so fimmelich, hier wird gegessen, wat auf den Tisch kommt.* Ein **Fimmel** oder **Fimmelken, Fimmeliesken** ist entsprechend ein zimperliches Mädchen, männliche *Fimmel* sind in der Umgangssprache höchstens als **Fimmelsköpp** bekannt. Das Verb *fimmeln* »zaudern, etwas mit den Fingerspitzen arbeiten« kommt nur noch in **Fimmelsarbeit** vor.

Die Wortfamilie geht zurück auf die aus dem Lateinischen stammende Terminologie des Hanfanbaus, der auch im Rheinland einmal von Bedeutung war. Femella, also das Diminutiv von Femina, bezeichnete im gallisch-römischen Raum Lebewesen weiblichen Geschlechts, weshalb cannabis femella die weibliche, also kleinere Hanfpflanze war (fälschlicherweise, denn die kleinere Hanfpflanze ist eigentlich die männliche Variante). Diese »weibliche« Bedeutung findet man noch heute im rheinischen *Fimmel* »zarte Frau« und in der gendermäßig völlig unkorrekten Ableitung *fimmelich* als »zimperlich«. In den Mundarten ist die Herkunft noch deutlich, dort ist *Fimel* auch heute die Bezeichnung für die Hanfpflanze, und das Verb *fimmeln* bedeutet entsprechend »den Hanf rupfen«. Das Wort ist nicht über das französische femelle ins Rheinland gelangt, sondern gehört zu einer römerzeitlichen Lehnwortschicht.

Kluge 2011 295; Post 1982 229; RhWb 2/452; Werner 99

fimpen seltener **fumpen** pfeifen, ziehen, stechen (von Wind) *Männe, zieh dich warm an, et is fies am fimpen draußen. Draußen fimpd-et, abber hier drin is lekker warm, wa?* In der Wendung *de Milz am fumpen haben* »Seitenstiche haben« *Nach einer Runde hatte ich schon de Milz am fumpen.*

Das Wort ist exklusiv für das nördliche Rheinland, es ist entlehnt aus dem dortigen Dialekt, der auch die *Fimpe, Fump* als Musikinstrument (Flöte) kennt. Die Wortgeschichte ist unklar.

RhWb 2/459 u. 890; Werner 100; Wrede 2010 282

fimpern, fimpen, fimmen zündeln, mit dem Feuer spielen *Ey, ihr fimpert hier noch so lange rum, bisset brennt. Hör auf zu fimpen!* **Fimmbruder** Zündler *Kuck dir den Fimmbruder an, kaum hasse dat Lagerfeuer an, hängt der mitte Foten da drin.* Auch **Fimper** jemand, der mit dem Feuer spielt.

In den rheinischen und westmünsterländischen Mundarten ist die **Fimpe** oder der **Fimp** »Fidibus, Anzünder, Kienspan« weit verbreitet. Im angrenzenden Limburgischen als *fimp, femp* und *vlim, vlimp, plimp* gebräuchlich. Das Wort ist verwandt mit limburgisch *vlim, vlum* »Fischgräte«, »dünnes

Stäbchen«, in rheinischen Mundarten als *Flimme* »Korsettstange«; wohl wegen der Form.

Debrabandere 2010 429; Piirainen/Elling 284; RhWb 2/458; Tonnar/Evers 40; Verdam 715; Werner 100; WfWb 2/673; Wrede 2010 244

fimpschich leicht anrüchig, fast verdorben, aber auch »schwach gebaut, nicht sicher, wackelig« *Der Dachträger is aber wat fimschich, da würd ich kein Fahrrad drauf bauen. Dat is aber ne fimpschige Angelegenheit. Dat Obst is aber schon wat fimschich, dat nimm ich nich. Dat is aber en fimpschiges Blatt* (schlechte Karten beim Skat). Auch in der Bedeutung von »empfindlich, leicht reizbar« *Stell dich doch nich so fimpschich an.* In der Eifel bedeutet *fimpschich* auch »sich Krankheiten einbildend, hypochondrisch«, wobei dort Männer als generell *ziemlich fimpschich* gelten. Im südlichen Rheinland (Vorgebirge, Bonn, Eifel) kann *fimmschich* auch ängstlich bedeuten: *Was für ne fimmschigen Kerl!* oder *Der is fimmschich vor dem Hund.* Am Niederrhein auch für »kompliziert, schwer durchschaubar« *Nee, dat lese ich jetz nich weiter, dat is mir zu fimmschich.* **Fimpsch** Ramsch *Son Fimpsch kauf ich nie wieder, dat Dingen is beim ersten Wind schon kaputtgegangen.* **Fimpschladen** Ramschladen

Ein für das zentrale Rheinland typisches Mundartwort, das auch hier seinen Ursprung hat: Zugrunde liegt das heute kaum noch gebräuchliche Verb *fimpen,* das »übel, faulig riechen« bedeutet und auf das heute gänzlich verschwundene Verb *fimsen, fimmschen* zurückgeht, das »sausen«, aber auch »einen üblen Geruch entstehen lassen« meint.

Piirainen/Elling 284; RhWb 2/460; Wrede 2010 244

finnig schlau, gewitzt *Dat is son ganz finnich Bürschchen. Dat hat die aber ganz finich eingefädelt.* Oft als Substantiv gebraucht: **Finniger** oder im Ruhrgebiet auch **Finnigen** *Dat is son ganz Finnigen, da musse aufpassen.* In dem Wort schwingt sowohl Bewunderung als auch Ablehnung mit.

Nicht zu findig, sondern zu **Finne** »Pustel, Larve, Pickel«. Ältere Landbewohner kennen das Wort noch im **Finnekieker** »Trichinenbeschauer«.

Mittelhochdeutsch phinne »Fäulnis«, mittelniederländisch vinne »Pustel«; daraus mittelniederländisch (1289) vinnich »schimmelig, verdorben«, mittelniederdeutsch vinnich »verdorben«, aber auch »garstig«. Daraus haben sich im 16. Jahrhundert die Bedeutungen »gierig, missgünstig, kritisch, scharf« entwickelt. Ein *finniger Typ* ist also jemand mit einem scharfen Verstand. So noch heute im Niederländischen, dort meint vinnich »scharf, flink«. Die **Finne** selbst ist ein sehr altes niederdeutsches Wort, das wohl auf germanische Wurzeln zurückgeht.

Grimm 3/1665; Kluge 2011 296; Neri/Ziegler 62; RhWb 2/477; Schiller/Lübben 5/258; Werner 100; WfWb 2/689; http://www.etymologiebank.nl/trefwoord/vinnig

Fips, Fipke, Fipselchen Kleinigkeit, kleiner Mensch *Mensch, du muss doch wenigstens en Fipselchen essen, auch wenn et dir nich gut geht. Ich bin kaputt, ich tu heut keinen Fips mehr* (Japser, Atemzug). *Brauchse den Fips noch oder kann der weg* (der kleine Verschluss(draht), der um eine Brot- oder Plätzchentüte gebogen wird)? **fipke, fipsig** klein, unauffällig *Nee, der Kulli is mir zu fipsich, kannze gar nich richtich mit schreiben. Mit son fipsigen Hemd siehste aber auch nich gut aus! Kannze mir mal den Faden in dat Nadelöhr friemeln? Dat is mir zu fipsich* (knifflig)!

In den rheinischen Mundarten kaum belegt, wohl neueren Ursprungs; zu rheinisch und niederdeutsch *fippen, fipsen* »schnelle Bewegungen machen«. Der *Fips* ist in vielen Mundarten der Spottname für das Schneiderlein.

Küpper 237; RhWb 2/480; http://www.duden.de/rechtschreibung/Fips

Firlefanz etwas Unnützes, Überflüssiges *Dat ganze moderne Design is doch nur Firlefanz. Den ganzen Firlefanz, den de da am Spiegel hängen hast, würd ich wechmachen.*

Im späten Mittelhochdeutschen als firlefanz »eine Art Tanz« belegt; geht wohl zurück auf mittelhochdeutsch firlefei, firlei mit gleicher Bedeutung, ein französisches Lehnwort aus altfranzösisch virelei »Ringeltanz«.

Grimm 3/1672; Kluge 2011 296; Lexer 3/364; RhWb 2/482; Röhrich 2/449; Trübner 2/351; Wrede 2010 247

Fisel, Fissel, Fiselchen, Fiselken Faser, Fädchen; sowohl in den rheinischen Mundarten als auch in der Umgangssprache: *Hier hängen überall noch die Fisels dran. Du hast da son Fiselken aufer Bluse.* Eine Reihe von Ableitungen: **Gefisel** und **Fiselskram**, **Fiselsarbeit** lästiger Kram, fummelige oder unfachmännische Arbeit, **fiselig** zart, zerbrechlich, auch »schwierig zu bewerkstelligen« *fiselige Arbeit,* **fiseln** etwas aufspalten (siehe *fieseln* »regnen«), **abfiseln**, **ausfiseln**.

Die mundartliche Variante *Fise,* auch *Fese,* führt zur Wortgeschichte. Mittelniederdeutsch vese, mittelniederländisch vees, vese und mittelhochdeutsch visel »Faser« sind die unmittelbaren Vorfahren. Sie gehen zurück auf althochdeutsches vaso, vasa, das wiederum auf älteren indogermanischen Formen beruht, mit denen auch russisches pasmo »Garnstrang« verwandt ist. Das Mittelhochdeutsche bewahrt als Parallelform auch die Variante vase, die sich als Fase »Faser« in der Schriftsprache bis ins 18. Jahrhundert gehalten hat und dann durch die moderne Faser abgelöst wurde. Die (seltener: der) *Fisel, Fissel* ist also eine mittelhochdeutsche Diminutivvariante der Faser, die es nicht ins Hochdeutsche »geschafft«, aber in den Mundarten überlebt hat.

Eine andere Geschichte hat das südrheinische und pfälzische **Fisséll** »Bindfaden«, das ein französisches Lehnwort ist (zu französisch ficelle »Faden«).

Debrabandere 2011 106; PfWb 2/1408; RhWb 2/429 u. 498; Schiller/Lübben 245; van Veen/van der Sijs 940; Werner 100

Fisematenten, Fisimatenten, Fissematenten, Fiesematenten, Visimatenten unnötige Schwierigkeit, Getue, unnütze Umstände *Nu mach ma keine Fisematenten und geh dich entschuldigen. Immer diese Fisematenten. Wat solln denn diese Fisimatenten schon wieder?*

Ein Wort mit einer äußerst hartnäckigen Legende, die napoleonische Soldaten und ihre Aufforderung an die rheinischen Mädchen »Visitez ma tente!« (Besucht mein Zelt!) verantwortlich macht. Oft zu lesen ist auch die falsche Ableitung aus italienisch fisima »Grille, Spleen«. Das Wort ist jedoch

1499 erstmals in der berühmten Koelhoffschen Chronik aus Köln in der Wendung »it is ein viserunge ind ein visimetent« (Geschwätz und überflüssiges Getue) nachgewiesen. Visimetent ist wiederum entstellt aus mittelhochdeutsch visamente »Verzierung, Aussehen«, das seinerseits auf altfranzösisch visement »Aussehen« beruht.

Honnen 2008a 71; Kluge 2011 297; Leithaeuser 1891 6; RhWb 2/495 u. 9/1186; Trübner 2/354; Wrede 2010 248

fispeln flüstern *Warum fispelze denn? Wat sind die denn schon wieder am fispeln?*

Das Mundartwort *fispeln* kennt man zwischen der Pfalz und dem südlichen Niederrhein; es ist die dialektale Variante von hochdeutsch wispern.

PfWb 2/1407; RhWb 2/496; Wrede 2010 248

Fisternöll, Fisternöllchen, Fisternöllschen ist im zentralen Rheinland um Köln eine heimliche Liebelei *Ham die en Fisternöll?* Auch die oder der Geliebte wird so bezeichnet: *Der is bei singem Fisternöll.* Besonders häufig anzutreffen als **Fastelovendsfisternöll** *En Fastelovendsfisternöll ist am Aschermittwoch vorbei.* Am westlichen Niederrhein ist ein **Fisternölleken** oder **Fisternölleke** eine seltsame Form von Schnaps: ein Klarer (Korn oder Doppelkorn) mit einem Zuckerstückchen und (auf der Duisburger Beecker Kirmes) einer Rosine oder einer Kaffeebohne. Sonst ist *Fisternöll* im gesamten Rheinland (mit der Ausnahme von Düsseldorf, nur dort ist der *Fisternölles* ein »Kritikaster«) eine »Bastelei, Fummelei, irgendeine unbedeutende Kleinarbeit« *Der määt järn su e Fisternöll.* Jemand, der so eine Bastelei unternimmt, ist dementsprechend ein **Fisternölles, Fispernölles, Festernölles** oder auch **Fiskesnöres** (eine seltene Lautvariante), dazu **fisternöllen, fispernöllen** basteln.

Das seltsam disparate Bedeutungsspektrum hat zu einer Reihe von Volksetymologien geführt. So wird die heimliche Liebelei erklärt als französisch fils à noël oder fils de noël, was leicht frivol als »Christkind« zu deuten ist (als Ergebnis einer Fastnachtsliebelei), oder als fils de neuille (französische

Umgangssprache für »Nacht«). Die niederrheinische Schnapsspezialität gilt als Mittel gegen Blähungen und wird deshalb zu mundartlich *fisten* »furzen« und *nöll* »null« gestellt, in Düsseldorf ist der *Fisternölles* ein **Pfisternölles* »Klosterbäcker« und im Heinsberger Raum ein Bastler, der eine *Fiselsarbeit* ausführt (siehe *Fisel*).

»Basteln« scheint tatsächlich die Hauptbedeutung von *fisternöllen* zu sein; das angrenzende Limburgische kennt den *Fispernölles* als »findige Person« und das Verb *fiesternullen, fispernullen* nur als »basteln, fummeln«; auch im Rheinischen meint *fisternöllen* in erster Linie »herumhantieren, herumbasteln«, ein *Fisternölles* ist hier allgemein ein »Praktikus, Bastelhans«. Damit kommt als Bestimmungswort nur das nordrheinische *fistere, festere* »tüfteln, basteln« in Frage, das im Limburgischen seine Entsprechung in *fitselen, fistelen* »geduldig werkeln« und in der Eifel und im zentralen Rheinland in *fispeln* »amateurhaft werkeln« hat (Letzteres erklärt die Variante *fispernöllen*). Am nördlichen Niederrhein kennt man die Variante *fützeln* »basteln«, die die Verwandtschaft des Verbs mit mittelniederländisch futselen, vitselen »fummeln« belegt. Das Grundwort dürfte die typische rheinische Kurzform *Nölles, Nöll* zu Arnold sein, die auch im Limburgischen gebräuchlich ist. Danach ist ein *Fisternölles* eigentlich ein »Bastelarnold«, das Verb *fisternöllen* entsprechend eine spätere Ableitung.

Anmerkung: Möglicherweise geht die niederrheinische Schnapsvariante tatsächlich auf das Verb *fisten* »furzen« zurück. Die isolierte Düsseldorfer Bedeutungsvariante »Nörgler« dürfte eine spätere Entwicklung sein, die das Grundwort *Nölles* mit dem rheinischen *nölen* »nörgeln« in Verbindung bringt (was angesichts des Kurzvokals als Volksetymologie gelten muss).

Ackermann 1/464; Crompvoets 31; Debrabandere 2011 105; Honnen 2008a 75; Küpper 238; Müller-Schlösser 164; RhWb 2/497, 500 u. 959; Spohr 50; Tonnar/Evers 41; Werner 101; Winschuh 126; Wrede 2010 248; http://www.etymologiebank.nl/trefwoord/futselen

Fitsch Schnäppchen *Wie die mich gez inne Karstadt sonne Pulle Milden Emil für 19,80 verticken wollten, hab ich die wat über dat neue Rabattgesetz verklickert und mit drei Pullen für 60 Märker en satten Fitsch gemacht.*

Einen *Fitsch* macht man nur im Ruhrgebiet und im angrenzenden Westfalen. Das Wort ist abgeleitet vom weiter verbreiteten Mundartverb *fitschen* »schnell durchschlüpfen, eilen, schlagen«. Daraus hat sich bei *Fitsch* die Bedeutung »schneller Zuschlag« herausgebildet. Im Bergischen Land ist *Fitsch* auch ein »Abstecher«, eine »schnelle Reise«.

Fellsches/Küster 70; MmWb; RhWb 2/502; Schleef 73; Woeste 301; http://www.ruhrgebietssprache.de/lexikon/fitsch.html

Fitsche in der Eifel auch **Flitsche** »Türangel, Scharnierband«; wird in Baufachbüchern zu französisch viche »Türband« gestellt; wahrscheinlicher (aufgrund der Verbreitung des Wortes) ist der Ursprung im rheinischen Mundartwort *Fitsche* »etwas, das man schnell hin und her bewegen kann« zu suchen.

RhWb 2/504; Werner 102; http://www.duden.de/rechtschreibung/Fitsche

Fitütten Faxen *Nu mach ma keine Fitütten hier.* Nur am nördlichen Niederrhein und im Münsterland *(Fitüttkes)* gebräuchlich, die **Fitten** »Launen, Flausen« dagegen nur im Bergischen Land und am südlichen Niederrhein *Der hat nur Fitten im Kopp.*

Ein seltenes Wort, in Wesel auch als *Fitz* »Ulk, lustiger Streich« belegt; wohl verwandt mit limburgisch *fetuten* »dumme Streiche«, das auf lateinisch virtutis zu virtus »Mut« zurückgeführt wird.

Debrabandere 2011 104; Honnen 2012a 77; Piirainen/Elling 289; RhWb 2/501 u. 506; WfWb 2/716; http://www.etymologiebank.nl/trefwoord/vitten

Fitz, Fitzel, Fitzken, Fitzelken, Fitzchen kleines Stück, ein bisschen, etwas Abgerissenes; mundartlich ist *Fitz* ein »Splitter«; das Wort ist in der Umgangssprache hochfrequent: *Von sonem Fitzel wirsde doch nich satt. Kein Fitzelken krisse davon ab.*

Wohl nicht zu *Fisel* »Faser« (so das Pfälzische Wörterbuch) und nicht zu hochdeutsch Fetzen, was die Lautung nahelegt (so »Limburgs etymologisch woordenboek«). *Fitz* und Konsorten sind Ableitungen aus (heute) mundartlich **fitzen, fitzeln** »schnitzen, Stücke abschneiden«, das noch von Lessing als »abteilen« schriftsprachlich verwendet wird. Diese Bedeutung führt zurück zu Fitz, Fitze, das – früher auch in der Schriftsprache – »Faden, Garnsträhne, Verwirrung von Fäden« bedeutet (womit fitzen, fitzeln genau genommen »fadenweise abteilen« meint). *Fitz* geht zurück auf mittelhochdeutsches vitz, vitze »Anzahl Fäden, Gebinde« und damit auf althochdeutsches fizza mit ähnlicher Bedeutung (Fachwort des Spinnens), ein Wort mit germanischen und wohl auch indogermanischen Wurzeln. Hierhin gehört auch die **Fitzebohne** »Kletterbohne«, die eigentlich eine *Schnibbelsbohne* ist.

Debrabandere 2011 104; Grimm 3/1694; Honnen 2003 70; Kluge 2011 298; PfWb 2/1410; RhWb 2/507; Trübner 2/355; Weigand 533; Werner 102; Wrede 2010 248

Fitzbohne am Niederrhein **Fitschbohne** Schnittbohne, Stangenbohne, *Schnibbelsbohne* (sowohl mundartlich als auch umgangssprachlich).

Das beliebte Gemüse hat zu einigen Spekulationen verleitet. So wird die *Fitschbohne* über mittelniederländisches vitsche, vitse aus dem lateinischen vicius »Wicke« abgeleitet. Zwar ist die Lautähnlichkeit verblüffend, aber die niederländische vitsche ist eindeutig eine Linsenart (und geht tatsächlich – wie die deutsche Wicke auch – auf lateinisch vicius zurück). Ähnlich ist es mit der angeblich nach dem heiligen Veit benannten Veitsbohne, die vor allem im norddeutschen Raum als *Vietsbohne, Vicebohne, Fitzbohne* und *Fikesbohne* bekannt und schon im Mittelniederdeutschen als vitbone und vikbone belegt ist. Hier ist die Entwicklung allerdings genau andersherum verlaufen als volksetymologisch angenommen. Die Veitsbohne ist erst im

17. Jahrhundert als Bezeichnung für die Saubohne aufgekommen, offenbar als Umdeutung der älteren Varianten. Deshalb spricht nichts dagegen, die *Fitz-* und *Fitschbohne* mit den Verben *fitzen* »zerkleinern, *schnippeln*« und *fitschen* »kleine Stücke abschneiden« zu erklären, was auch semantisch einleuchtend ist.

Grimm 26/353; Kluge 949; MmWb; Pekrun 332; RhWb 2/503 u. 507; Schiller/Lübben 263; van Veen/van der Sijs 946; Verdam 717; Werner 102; Wrede 2010 248; http://www.duden.de/rechtschreibung/Fitzbohne

Flabes, Flabbes, Flappes, Flawes, Flabis jemand, der nicht ernst sein kann *Nu hör ma auf zu grinsen, du Flabes. Hier gibt et nix zu lachen.* Auch ein naiv-dümmlicher Mann mit dem latenten Hang, in jedes Fettnäpfchen zu treten *Dat is ene schönne Flabes.* In der Eifel ist mit *Flabes* ein unsensibler, ungeschickter, tölpelhafter und meist männlicher Mensch gemeint (der aber, vor allem im westlichen Rheinland, auch ein durchaus liebenswerter Kauz sein kann). Ein *Flabbes* kann schließlich auch ein pubertierender Jugendlicher sein, der sich seltsam verhält.

Wohl zum Verb **flappen**, das im Rheinland viele Bedeutungen hat, unter anderem auch »schwerfällig, träge gehen« und »schlottern«, daraus ist die *Flapp* »Hängemaul, herunterhängende Unterlippe« abgeleitet (mittelniederdeutsch vlabbe, vlebbe »breit hängendes Maul«), die wir in der Umgangssprache noch als **Fläppe** kennen *(Zieh nich sonne Fläppe!).* Hierzu gehört auch der **Flappmann** »Weichei, unzuverlässiger Mensch«. Es mag sein, dass der *Flabes* als »Grinser« auf das alte rheinische Mundartwort fladebis zurückgeht, das sich aus mittelhochdeutsch vladebiz »Maske« ableitet. Eine lustige Volksetymologie leitet das Wort vom lateinischen Namen Flavius (flavus »blond«) ab.

Dittmaier 1957 87; Honnen 2008a 77; MmWb; RhWb 2/514 u. 9/1186; Werner 102; Wrede 2010 250

Flärke meist nur Plural **Flärken** lange Haarsträhnen *Tu ma die Flärken aus em Gesicht.* **Fettflärken** fettige Haare *Hasse gesehn, wat die für Fettflärken hat?*

Flerken kennt man nur am Niederrhein, in den Mundarten sind damit auch »Lumpen, Fetzen« gemeint. Es scheint sich um eine eigenständige niederrheinische Form zu handeln, die Verwandtschaft mit westfälisch und niederländisch vlerk »Flügel« ist sehr unwahrscheinlich.

RhWb 2/598; Werner 104

Flatsch, Flatschen, Fletsch Fladen, Fleck (und weitere übertragene Bedeutungen wie »Schlag«); in den Mundarten und der Umgangssprache weit verbreitet: *Ich krich von Bremsenstichen immer sonne Flatschen im Gesicht.* Auch als **Flametsch** *Wat hasde da von Flametsch anne Backe?* Sehr viele Ableitungen: **flatschen** klatschend werfen *Der hat die Tapete aber lieblos anne Wand geflatscht!* **Kuhflatschen, Fletschauge** Triefauge, **Bauchflatscher** Bauchlandung.

Die im *Kuhflatschen* besonders anschauliche Vorstellung von etwas sich breiig Ausbreitendem führt zu althochdeutsch flaz »flach, breit« und flatz »Fladen«, das sich im Mittelhochdeutschen in vletze »geebneter Boden« wiederfindet. Allerdings nur dort, denn das Adjektiv flaz selbst ist im Deutschen untergegangen. Somit hätte das alte Wort in der Mundart und der davon beeinflussten Umgangssprache eine Überlebensnische gefunden.

In den Mundarten kann *Flatsch, Flatschen* auch »Schlag, Hieb« bedeuten. Hier liegt das mittelhochdeutsche vlatsche, vletsche »Schwert mit breiter Klinge« zugrunde, das ebenfalls auf althochdeutsches flaz zurückzuführen ist.

Duden 1999 3/1254; Grimm 3/1729; Lexer 3/388 u. 400; RhWb 2/564; Wrede 2010 252

flau übel, schwach, mulmig *Mir is ganz flau vor Hunger. Mir is vor Angst ganz flau.*

Ein niederländisches Lehnwort: mittelniederländisch (1350) vlau »schlapp, schwach«, aus altfranzösisch flo, flou »müde«; entweder zu lateinisch flavus »gelb« (im Sinne von »verwelkt«) oder altfränkisch *hlao »lau, mild«. Das

Wort ist über das mittelniederdeutsche flau »schwach, matt« als seemannssprachlicher Begriff in die deutsche Umgangssprache gelangt (verwandt mit Flaute, abflauen und so weiter).

Paul 278; Schiller/Lübben 6/299; Werner 104; http://www.duden.de/rechtschreibung/flau; http://www.etymologiebank.nl/trefwoord/flauw

fläzen, flezen meist als **hinfläzen** und **rumflezen** sich lümmeln, sich hinflegeln, faulenzen; in der allgemeinen Umgangssprache weit verbreitet, ebenso in den Mundarten des zentralen Rheinlands, hier auch **Fläz** »frecher, anmaßender Mensch«.

Wiktionary weiß: »von Fläz ›grober, flegelhafter Mensch‹, zuerst 1611 bei Christoph Helwig, abgeleitet vom Namen des Theologen und Polemikers Matthias Flacius« (nach Meyers Großem Konversationslexikon von 1905). Die erste Ableitung ist zutreffend, die zweite reine Fantasie. Flacius als Namenspate ist äußerst unwahrscheinlich, weil erstens konkrete Namen sehr selten Anlass für Wortschöpfungen sind (außer in Satirikerkreisen selbst), zweitens auch die ältesten niederdeutschen Belege einen Umlaut aufweisen (Flötz) und die ursprüngliche Bedeutung eher »Halunke, Schuft, Flegel« gewesen ist. Das Verb *fläzen, flezen* ist sicherlich eine Ableitung aus diesem alten Schimpfwort, dessen Wortgeschichte ist jedoch unbekannt (vielleicht zu niederdeutsch *Vlotte* »breiter Löffel« oder zu Flöz »Schicht, Masse«).

Duden 2008 289; FrankfWb 4/694; Grimm 3/1729 u. 1734; Kluge 2011 301; Paul 278; RhWb 2/580; Schmachthagen 161; https://de.wikipedia.org/wiki/Matthias_Flacius

flennen weinen *Hör getz ma endlich auf zu flennen, du kriss auch en Eis. Die is auch nur am flennen.* **Flennerei** *Die ewige Flennerei wegen nix geht mir echt auf den Zeiger.*

Althochdeutsch vlannen »den Mund verziehen«, mittelhochdeutsch vlans »Mund, Maul«, dazu gehört auch **Flunsch** *Was ziehsde für ne Flunsch?* Hierzu auch der fachsprachliche Begriff **Flansch** »Anschlussende am Rohr« (eigentlich das verbreiterte Maul).

Grimm 3/1768; Pfeifer 1/448; PfWb 2/1452; RhWb 2/598; Trübner 2/379; Werner 106; http://www.duden.de/rechtschreibung/flennen

Fletten (nur im Plural) abfällig für »Blumen« *Der stand da mitte Fletten inne Tür. Hasse de ollen Fletten auf em Friedhof bei denen auf em Grab gesehn?* In den rheinischen Mundarten sind *Fletten* eigentlich »Nelken«, aus französisch violette »Veilchen«.

RhWb 2/598 u. 9/1193

Flimmflämmche ist ein altes, kleines Auto: *Wat hasde denn da für ein lustiges Flimmflämmchen? Passde da überhaupt rein?*

Das *Flimmflämmken* oder *Flimmflämmchen* ist in den Mundarten des Rheinlands eigentlich der Marienkäfer und steht übertragen für etwas Kleines. Vielleicht wurde ursprünglich der VW Käfer so genannt?

RhWb 2/619

Flitsch, Flitsche, Fletsch Schleuder, Steinschleuder, Zwille *Komm, ich zeich dir ma, wie man die Flitsch spannt. Mach dat doch mitte Flitsche wech, dat geht doch viel besser als mitten Aufnehmer* (Abzieher mit Gummilippe zum Putzen von Glasflächen). Auch als **Flitscher** gebräuchlich. Im übertragenen Sinn ist eine *Flitsch* eine Herumtreiberin, Streunerin. Ein **Gummiflitsch** ist in Moers ein (dünner) Gummiring. In der Nordeifel ist eine **Flitschlampe** eine Taschenlampe. *Flitsch* kann auch eine Geige oder Mandoline (vergleiche den bekannten Hans Süper aus Köln) oder neuerdings auch die Fernbedienung sein *Gib ma die Flitsch her, deine Zapperei geht mir auf den Sack.* Außerdem wird die »Oleftalbahn« zwischen Kall und Hellenthal in der Eifel *Flitsch* genannt. Auch **flitschen** kann vieles bedeuten *Flitschen tut man zum Beispiel einen Stein, mit einem Gummiband.* Oder man *kriegt eine geflitscht,* wenn man einen Stromschlag bekommt. Auch im Zusammenhang mit einer leichten Ohrfeige *Ich flitsch dir gleich eine, wennde nich aufhörst. Nu hör doch endlich mal die Flitscherei auf, das macht einen ja ganz nervös* (zappen). Im Ruhrgebiet bedeutet *flitschen* »schnell rennen, um die Ecke verschwinden«.

Flitschen ist eine Variante von hochdeutsch flitzen (weshalb der Flitzebogen in Köln auch **Flitschboge** heißt) und hat in den Mundarten viele

Bedeutungsvarianten, die alle mit schneller Bewegung zu tun haben. Ursprünglich ein germanisches Wort für »Pfeil«, mittelniederländisch vlieke, das ins Französische gewandert ist. Französisch flèche »Pfeil« wurde im 16. Jahrhundert zurückentlehnt ins Deutsche als frühneuhochdeutsch flitsche (diese Lautvariante ist im Rheinischen erhalten geblieben) und niederdeutsch *flitse,* die Verben *flitschen* und flitzen (ursprünglich »mit Pfeilen schießen«) sind daraus abgeleitet. Alle umgangssprachlichen Verwendungen von *flitschen* erklären sich aus der Grundbedeutung »schnellen« (die moderne *Flitsche* ermöglicht das blitzartige Umschalten zwischen den Sendern).

Duden 2008 291; Küpper 244; RhWb 2/631; Verdam 720; Wrede 2010 258

flöck, flück flugs, schnell *Jetz aber flöck nach Hause, bevor dat Wetter kommt. Geh ma flöck nach drüben un bestell schon ma zwei Pizza Funghi. Geh ma flux anne Bude Kippen kaufen.* Aus dem Bergischen wird die Wendung *ich han der flöcke Machvüran* (Durchfall) gemeldet.

Im zentralen Rheinland zwischen Erft und Ahr geht nichts schnell. Das heißt nun nicht, dass man hier wie in Westfalen alles eher langsam oder bedächtig macht, nein, man kennt nur das Wort nicht. Hier geht oder ist alles *flöck* und *flück. Un dat ens flöck!* oder *E bessje flöck!,* sagt die rheinische Mutter im Anschluss an eine Anweisung zu ihren Sprösslingen, wenn sie mit ihrer Geduld am Ende ist; und eine bekannte Redewendung weiß: *Dat es flöck jesaat, äver net flöck jedoon.* Und selbstverständlich darf hier auch eines der rheinischen Lieblingswörter nicht fehlen: Wer den *Pitter-maach-flöck* hat, der verbringt zwangsläufig viel Zeit da, wohin auch der Kaiser zu Fuß geht.

Daneben kann *flöck* auch »gelenkig, behende« bedeuten; so ist *ne flöcke Jung* ein gewandter junger Mann. *Flöck* ist im Grunde die rheinische Form des hochdeutschen flügge und heißt im Ursprung also »in der Lage zu fliegen«. Die Bedeutung »schnell« hat sich daraus als rheinische Spezialform entwickelt.

Anmerkung: siehe auch *sier* »schnell«.

RhWb 2/675; Wrede 2010 259

Flönz einfache Blutwurst *Bei Himmel un Äad muss Flönz dabei.*

Die Herkunft des Wortes ist noch unklar. Sicher ist auf jeden Fall die Verwandtschaft mit der eher süddeutschen *Plunze, Blunz* (Blutwurst) (auch polnisch płuca (Lunge) oder dänisch pølse (Wurst); zu mittelhochdeutsch plunsen »aufblähen«). *Plunz* war wohl ursprünglich die Bezeichnung für tierische Innereien, die zur Wurst verarbeitet oder in die Wurst gepresst wurden.

Kluge 2011 135; RhWb 2/682; Spohr 55; Werner 106; Wrede 2010 259

Flötekies eigentlich Quark, Weichkäse (in dieser Bedeutung nur noch selten in der Umgangssprache), Synonym für **Flötepiepen** »denkste« *Da hab ich diesmal den doppelten Einsatz beim Lotto jemacht und jedacht, jetz muset klappen, Flötekies, wieder nix. Ich hatte gedacht, die hätten dat Spiel schon im Sack, aber flötepiepen!*

Das Bestimmungswort in *Flötekies* (ein exklusiv rheinisches Wort) geht zurück auf ein altes niederdeutsches Verb *vlöten, fleeten,* hochdeutsch flößen, mit der Bedeutung »fließen, flüssig machen« (auch urinieren *Mama, ich muss ma flöten gehen*), und bezieht sich auf das Rahmabschöpfen beim Quark- oder Magerkäsemachen. Allerdings ist das Verb in dieser Bedeutung im Rheinland schon lange nicht mehr bekannt, sodass der *Flötekies* volksetymologisch als »Flötenkäse, Pfeifenkäse« verstanden wurde. Man schrieb ihm deshalb besondere Eigenschaften zu. Kleine Kinder und Vögel sollen durch Fütterung mit dem Magerquark leichter das Singen oder Flöten erlernen. Die besondere Bedeutung der Wendung *ja Flötekies!* spielt einerseits auf die mindere Qualität des Magerquarks an, andererseits ist sie angelehnt an das norddeutsche *Flötepiepen* (eigentlich »Flötenrohr, Flötenpfeife«), das auf die niederdeutsche Redewendung *Fleuten sünd hale (hohle) Pipen* im Sinne von »nichts wert sein, inhaltslos sein« zurückgeht.

Meisen 1954; RhWb 2/655 u. 685; Tonnar/Evers 43; Werner 107

flöten in der Wendung *flöten gehen* »verloren gehen, verpassen« *Dem is seit dem Unfall der ganze Spass am Radfahren flöten gegangen. Ich war gestern auf Sauftour, da is all mein Geld flöten gegangen. Ich hab diesmal unseren Hund anne Leine, dat der mich nich wider flöten geht.*

Die Herkunft ist unsicher: Oft wird die Wendung aus jiddisch beziehungsweise hebräisch peleta »Entrinnen« (daraus umgangssprachlich **Pleite**) abgeleitet, der Weg wäre dann eventuell mitteldeutsch *blede* »pleite« zu *fleede gehen* »verloren gehen«. Einleuchtender ist jedoch niederdeutsch *fleuten gahn* »davonlaufen« zu mittelniederdeutsch vlöten »fließen, treiben« (siehe *Flötekies*), zumal die Wendung in Hamburger Kaufmannskreisen 1755 erstmals erwähnt ist.

FrankfWb 4/707; Kluge 2011 306; Mengel 46; Pfeifer 1/453; Stern 161; Trübner 2/396; Werner 107; Wolf 1956 1498

Flumme Fußball im rheinischen Regiolekt *Wat is dat denn vonne weiche Flumme, damit sollen wir spielen?* Das relativ neue Wort ist abgeleitet aus dem mundartlichen *flummen* »knallen, etwas mit dumpfem Schall bewegen«.

Anmerkung: Es hat nicht mit dem **Flummi** »Hartgummiball« zu tun, der aus »fliegendes Gummi« kontrahiert ist und dem Disney-Film »Der fliegende Pauker« (1960) entstammt.

Duden 2015 620; Honnen 2003 73; RhWb 2/679

Fluppe Zigarette *Mach sofort die Fluppe aus! Hasse ma ne Fluppe? Fluppe* ist kein exklusiv rheinisches Wort, so nennt man die Zigarette in vielen Teilen Deutschlands mittlerweile. Die Bezeichnung scheint allerdings ein rheinischer Export zu sein. Sie ist im Westen des deutschen Sprachgebiets gegen Ende des 19. Jahrhunderts zuerst aufgetaucht und hat sich von hier ausgebreitet. Das entsprechende Verb *fluppen* ist nicht so verbreitet, *jefluppt,* also geraucht, wird im Rheinland eher selten. Woher das Wort stammt, ist nicht geklärt, wie das bei vielen umgangssprachlichen Begriffen der Fall ist, die nicht so alt sind. In der Regel wird behauptet, *Fluppe* sei ein lautmalendes Wort, das den Ton wiedergebe, der beim Rauchen, also beim kurzen Öffnen und Schließen der Lippen entstehe. Das kann man glauben, muss man aber nicht. Übrigens ist auch die *Zichte* noch so ein ungeklärter Fall, ein anderes im Rheinland weit verbreitetes Wort für die Zigarette. Die **Zichte** ist mit ziemlicher Sicherheit im Ruhrgebiet oder im südlichen Münsterland entstanden, dort war sie schon in der Geheimsprache Masematte gebräuchlich. Aber auch hier hören die Raucherinnen und Raucher immer häufiger: *Mach bloß die Zichte aus!*

Honnen 2003 73; Küpper 247; RhWb 2/683

fluppen klappen, (in guter Zeit) funktionieren *Dat hat ja ma gefluppt mitte Reperatur. Getz issen Verkehr widder am Fluppen aufe Autobahn.* **flupptich** wie geschmiert *Dat ging ja ma flupptich.* In Mönchengladbach-Neuwerk ist der Karnevalsgruß **et flupp**.

Die übliche Ableitung aus *Fluppe* »Zigarette« ist unwahrscheinlich. Im Rheinland ist das Wort in unterschiedlichsten Bedeutungen weit verbreitet (auch als »rauchen«), die Hauptbedeutung in den Mundarten ist allerdings »schnell bewegen, schlüpfen, Schwierigkeiten überwinden«. Auch *flupp* als »plötzlich, wie geschmiert« ist in den Dialekten häufig belegt. In Anlehnung an *flutschen* »reibungslos funktionieren« ist *fluppen* von hier in die allgemeine Umgangssprache gelangt.

Küpper 247; RhWb 2/682; http://www.duden.de/rechtschreibung/fluppen

Fochel ist im westlichen Rheinland eine despektierliche Bezeichnung für eine unförmige Nase: *Boa, hat der ne Fochel! Der hat se dermaßen auffe Fochel gekricht, dat glaubse nich!* Älteren Mundartsprecherinnen und -sprechern auch noch in der Kombination *Judenfochel* bekannt.

Eine *Fochel* ist im Rheinland eigentlich eine Vorrichtung am Ofen zur Regelung der Luftzufuhr. Zugrunde liegt das Verb *focheln* »Zugluft machen«, »schwer atmen«, das wiederum auf mittelhochdeutsches fochen »blasen« zurückgeht und mit dem hochdeutschen fachen (etwas entfachen) verwandt ist.

Grimm 3/1863; RhWb 2/696 u. 3/1225; Wrede 2010 261

frackich ärgerlich, wütend *Der is echt frackich wegen der Geschichte, ich versteh gar nich, warum. Warum bisse denn jetz frackich? Der is frackich wegen nix.* In der Nordeifel bedeutet *frackich* auch »unnachgiebig, widerspenstig« *Bei der Kälte is dat Kabel janz frackich.* **Frackigkeit** auch **Frack** Ärger, Wut, aber auch »Sturheit, Eigensinnigkeit« *Dat macht der jetz aus reiner Frackichkeit nich. Vor lauter Frackichkeit schadet der sich selber. Die macht dat nur aus Frack jetz nich.*

Ein im Alltag nützliches und auch interessantes Wort. Eigentlich sind *Frack* und Rache ein und dasselbe, nur hat die rheinische Variante – wie so oft – einen sehr alten Lautstand bewahrt, der im hochdeutschen Sprachraum seit dem Mittelalter verschwunden ist. Aus einem Altsächsischen wraka wurde im Althochdeutschen rahha und schließlich im Mittelhochdeutschen rache, unsere moderne Rache also. Im Rheinischen, wie im Niederdeutschen, blieb es jedoch bei der alten Lautform, im Mittelniederdeutschen findet sich in wrakgiricheit schon die direkte Verwandte der rheinischen *Frackigkeit.* Nebenbei ist hier wieder einmal die Verwandtschaft des Rheinlands mit den niederländischen Nachbarn bewiesen, wo die Rache ebenfalls wraak heißt.

Indirekt gehört hierher auch **frack, fräck, wrack** »kaputt, zerbrochen«: *Die Glühbirnen sind all fräck, eine nach der anderen fräck gegangen. Das Teil is voll frack.* **frackig** alt, kaputt *die frackige, alte Karre. Wrack* als Adjektiv »untauglich, beschädigt« ist seit dem Mittelalter belegt (mittelniederdeutsch wrak, mittelniederländisch wrac) und geht auf eine germanische Wurzel *wrek zurück, die auch der Ursprung von altsächsisch wraka »Vergeltung« ist. *Wrack, frack* geht dem Schiffswrack voraus, das eine spätere Ableitung des 17. Jahrhunderts ist. Niederländisch wrak »unbrauchbar, fahruntüchtig«.

Kluge 2011 996; RhWb 2/717; Schiller/Lübben 5/775; Trübner 8/264; Wrede 1920 100; Wrede 2010 269; http://www.etymologiebank.nl/trefwoord/wraak1; http://www.etymologiebank.nl/trefwoord/wrak1

fräd war früher ein weitverbreitetes Mundartwort im südlichen Rheinland und ist heute vor allem im Zusammenhang mit Wein noch oft in der Umgangssprache zu hören: *Uh, der is aber fräd, wo hast du denn den Wein gekauft* (sauer, herb)? In der Eifel kann *fräd* auch »hart im Nehmen« bedeuten *Die is fräd, dat haut die nicht um.* Im zentralen Rheinland ist die Entsprechung **fried** »zäh, widerstandsfähig« *Für den Marathon is der doch nich fried genuch.* Diese Bedeutung führt direkt zur Wortgeschichte; im Mittelniederländischen ist wreet »hartherzig, herb, barsch«, im Mittelniederdeutschen wret »grausam, wild, streng« und mittelhochdeutsch bedeutet vreide »Strenge«. Die Bedeutungsübertragung auf Sachen erklärt sich von selbst.

RhWb 2/770 u. 9/1212; Schiller/Lübben 5/780; Verdam 810; Wrede 2010 277

DAS FRANZÖSISCHE IM RHEINISCHEN

Es gehört zum Gemeinwissen im Rheinland (aber auch in der Pfalz oder in Berlin), dass die Mundarten und die Umgangssprache erkennbar geprägt sind durch die französische Nachbarsprache. Vor allem die sogenannte Franzosenzeit, also die Herrschaft Napoleons in den Jahren 1794 bis 1814, wird dafür verantwortlich gemacht. Es sind Wörter wie *Malör, Lamäng, Bredullje, Feez, Amarasch, blümerant, Plümmo, malad, Kamesol, Paraplü* oder *Fassong,* die in diesem Zusammenhang immer wieder genannt werden.

Und in der Tat ist der französische Lehnwortschatz in den rheinischen Mundarten beträchtlich. Allein der »Neue kölnische Sprachschatz« von Wrede verzeichnet rund fünfhundert Wörter mit französischem Ursprung (Greive 72), und im großen Rheinischen Wörterbuch hat man verblüffende siebentausend romanische Lehnwörter gezählt (Post 1985 13). Hier sind jedoch alle Wörter aus dem romanischen Sprachkreis zusammengerechnet, denn nicht immer lässt sich klar entscheiden, ob ein lateinisches Wort ein römerzeitliches Erbe, eine mittelalterliche Entlehnung oder über die Vermittlung des Französischen ins Rheinland eingewandert ist. Spielt das Rheinland bei der Vermittlung lateinischer Lehnwörter in die deutsche Sprache eine ganz besondere Rolle (siehe Exkurs »Das Lateinische und Römische im Rheinischen«), so finden sich französische Einflüsse jedoch in gleicher Zahl auch in anderen Mundarten, so im Pfälzischen, Badischen oder Berlinischen. Auch diese Regionalsprachen haben einen erheblichen romanischen Lehnwortanteil, der durchaus mit dem des Rheinischen konkurrieren kann – und wie im Rheinland ist man auch dort stolz auf diese fremden Wörter (Schmitt 38).

Wie ist es dazu gekommen? Zuerst einmal ist festzuhalten: Viele der in den Mundarten ehemals verbreiteten Französismen sind heute kaum noch bekannt, sie sind zum großen Teil schon zu Beginn des 20. Jahrhunderts verschwunden und nie in die Umgangssprache gelangt. Dazu gehören etwa *Perrong* »Bahnsteig«, *Pavei* »Pflasterstein«, *Trottewa* »Bürgersteig«, *Komkommere* »Gurke«, *Kavalöres* »Liebhaber«, *Schemisett* »Vorhemd«, *mangschere* »essen«, *Allewittchen* »rasche Besorgung«, *Fernüs* »Ofen«, *Tipo* »Gefängnis«, *Plafumm, Plavong* »Zimmerdecke«, *Schanditz* »Polizist«, *kaduck* »gebrechlich«, *Kaschott* »Gefängnis«, *kujonieren* »jemanden quälen«, *Traleje* »Fenstergitter« oder *jüstemang* »gerade, sofort«. Jüngere Rheinländerinnen und Rheinländer können also kaum noch nachvollziehen, wie stark die Mundarten einmal durch französische Lehnwörter geprägt waren und weshalb ältere Mundartsprecher immer wieder – und zu Recht – diesen Einfluss hervorheben.

Die große Bedeutung des Französischen für die deutsche Sprache erklärt sich aus der Geschichte. Jahrhundertelang, seit den Kreuzzügen, war die französische Kultur die Leitkultur in Zentraleuropa. Das galt sowohl für höfische Kreise als auch für die religiösen Reformbewegungen, die sich seit dem 11. Jahrhundert über das gesamte Abendland verbreiteten (Bach 262). Hinzu kam der Handel, der durch die Kreuzzüge einen bedeutenden Aufschwung nahm und in den berühmten Champagnemessen, die auch von rheinischen Händlern besucht wurden, seinen sichtbaren Ausdruck fand. »Zusätzlich aber erlangte in Köln schon im 12. Jahrhundert das Französische eine Wertschätzung, die weit über die Handelsinteressen der Kaufleute hinausging und die auch dauerhafter war als die des höfischen Französischs der Ritterkultur. Bereits um 1200 ist Paris als beliebtester Studienort für Kölner Studenten bezeugt und schon wenig später entwickelte sich das Französische zu einer Art Zweitsprache innerhalb der Stadt. Das geht aus den Spuren hervor, die das Französische in der Stadtsprache hinterlassen hat…« (Mihm 35)

Die mit Abstand wichtigste Entlehnungsepoche war allerdings die Zeit nach dem Dreißigjährigen Krieg, als der Absolutismus in Frankreich seinen glanzvollen Höhepunkt erreichte und sich im deutschsprachigen Raum jeder noch so kleine oder unbedeutende Hof am Pariser Vorbild orientierte. Es war die Alamodezeit, in der der Alte Fritz besser Französisch als Deutsch sprach, in Berlin – nach einem Bonmot Voltaires – nur noch die Soldaten mit ihren Pferden Deutsch redeten und die Nachbarsprache oder zumindest ein mit Gallizismen durchsetztes Deutsch praktisch die Sprache der höheren Stände war. Es waren also die französisch radebrechenden Städter und Gebildeten, von denen die Landbewohner und Mundartsprecherinnen die Wörter aufschnappten, die noch heute in den Dialekten zu hören sind. Und es war eben weder der direkte Verkehr mit französischen Soldaten oder Verwaltungsbeamten in der Franzosenzeit, der die Sprache im Rheinland oder anderswo beeinflusst hat, noch der direkte Kontakt mit hugenottischen Auswanderern, wie ebenfalls oft zu lesen ist. Denn dann müssten die Lehnwörter zumindest partiell den Lautstand der französischen Heimatmundarten der berühmten Glaubensflüchtlinge widerspiegeln. Das tun sie aber nicht.

»Wir fragen: Wie sollen die Mundart-Sprechenden im direkten Verkehr mit Franzosen französische Worte übernehmen, da sie doch nur ihre Muttersprache verstehen? Nach unserem Dafürhalten können von ihnen auf dem Wege des direkten Verkehrs nur solche Worte oder kurze Redewendungen übernommen werden, die in der Regel von einer Geste oder einem Gesichtsausdruck begleitet sind, der unmittelbar auf den Inhalt des Gesagten schließen lässt. Es kämen also hier fast nur Fluchworte, Grussworte, Interjektionen oder Schimpfnamen und Ausdrücke des Dankes (wie merci, grand merci) in Betracht. Die große Mehrzahl der übrigen Worte dagegen stammt nach unserer Überzeugung aus der Umgangssprache der Gebildeten« (Bach 267). Das erklärt auch, weshalb in allen deutschen Mundarten der Grundstock der französischen Lehnwörter im Großen und Ganzen derselbe ist: Es handelt sich um »gesunkenes sprachliches Kulturgut«, das am Ende einer langen Entlehnungskette schließlich in den Stadtmundarten und den ländlichen Dialekten angekommen ist.

Interessanterweise haben diese Französismen dort bis heute überdauert, während sie in der Hochsprache zum großen Teil schon seit dem Ende des 19. Jahrhunderts wieder verschwunden sind. Zwar reden wir heute noch von der Cousine, der Mama oder dem Onkel (die alle zur Alamodezeit im 18. Jahrhundert entlehnt wurden), aber ehemalige Modewörter wie *dusmang* »sachte«, *tuttswitt* »sofort«, *Schassewitt* »Seitensprung«, *Schemisettchen* »Kleid, Vorhemd«, *alert* »aufgeweckt«, *Paraplü, Foschett* »Gabel«, *kapabel* »fähig« oder *kujonieren* »quälen« (mit der schönen kölnischen Ableitung *Kujoniermatante* »altes Weib, das seine Umgebung quält«) sind nur noch in den Mundarten zu hören. Sie haben dort überlebt, weil die Dialekte, anders als das Hochdeutsche, weniger anfällig waren für Sprachmoden. Denn nach der Napoleonzeit hatte der bis dahin frankophile Adel nichts mehr zu *kamällen,* wie man im Rheinland französierend sagen würde, und das deutsche Bürgertum besann sich auf seine nationalen Tugenden und entdeckte den Erzfeind im Westen. Diese Gesinnung machte den französischen Lehnwörtern im Deutschen schnell den Garaus. Auch in der rheinischen Umgangssprache ist von den Französismen wenig geblieben. Einzig die rheinischen Mundarten haben die ehemals modischen Lehnwörter bewahrt, weshalb sie heute als liebenswerte Exotismen von Mundartliebhabern gehegt und gepflegt werden. Sie gelten nicht, wie die Anglizismen im modernen Deutsch, als Bedrohung, sondern im Gegenteil als geradezu typisch für die regionale Sprache. Weshalb auch immer wieder Mundartwörtern völlig unbegründet ein französischer Ursprung zugeschrieben wird, um sie in diesem Sinne interessant zu machen. Neben den berühmten Wortlegenden um *Fisematenten, Fisternöll, Jeck* oder *Muckefuck* findet man solche falschen Ableitungen beispielsweise auch bei *Pluute* »alte Kleidungsstücke« (zu französisch pelote »Knäuel«), *seibern* (zu französisch saliver »sabbern«), *Möhne* (zu französisch moine »Mönch«), *Klüngel* (zu französisch clin d'œil »Augenzwinkern«), *Labbes* (zu französisch labile), *bütze* (zu französisch baiser »küssen«), *Männeken* (zu französisch mannequin), *Maue* »Ärmel« (zu französisch manche »Ärmel«) oder *Truffel* (aus französisch truelle »Kelle«). Die Menschen im Rheinland scheinen, vielleicht aus nachbarschaftlichen Gefühlen, stolz auf ihre französischen Lehnwörter zu sein, auch wenn sie im Allgemeinen als Relikte militärischer Auseinandersetzungen angesehen werden (Leithaeuser 1891 10 f.); warum sollten sie sie sonst erfinden?

Dass das Rheinland eine der interessantesten Sprachlandschaften überhaupt ist, zeigt sich im Übrigen auch bei der Wanderung von Lehnwörtern, die keineswegs immer den direkten Weg nehmen. »... und so begreifen wir, dass die Mehrzahl der französischen Worte – ebenso wie die höfische Dichtung – durch die Vermittlung der Niederlande zu uns gelangte. Die Gegenden am Unterrhein spielen überhaupt eine wichtige Rolle in der Geschichte des Lehnworts im Deutschen. Auch in frühneuhochdeutscher Zeit finden sich die meisten französischen Worte im Niederländischen und im Kleve'schen« (Bach 262). Das hat natürlich damit zu tun, dass beide Regionen sprachlich gesehen lange Zeit eine relative Einheit gebildet haben. Auch wenn es nicht immer leicht ist, die Wanderungen von Lehnwörtern exakt nachzuzeichnen (zum Problem Jiddisch / Rotwelsch siehe die Exkurse »Das Jiddische im Rheinischen« und »Das Rotwelsche im Rheinischen«), so kann man doch bei einer Reihe von Französismen im Rheinischen den Umweg über das Niederländische belegen. Dazu gehören etwa *Klör, Kulör* »Farbe«, *den Pik auf etwas haben* »auf jemanden zornig sein«, *Pluse* »Fluse, Faden«, *Baselun* »alte Jacke«, *Printe* »Gebäck« oder *Beschütt* »Zwieback«. Wahrscheinlich ist auch das umgangssprachliche *Buhai, Bohei* und sogar unser modernes *Tschüss, Tschö* als *Adjüs* aus dem französischen Sprachraum über niederländische Umwege in unsere Alltagssprache gelangt. Wie bei der Vermittlung lateinischer Lehnwörter kann die Rolle des Rheinlands auch bei den Französismen kaum überschätzt werden.

Fraß in der Wendung *jemandem am Fraß kriegen* »packen, erwischen, festhalten« *Den hab ich am Fraß jekricht.* Es ist erstaunlich, dass diese Wendung auch heute noch in der Umgangssprache zu hören ist, da sie selbst in den rheinischen Mundarten nicht weit verbreitet war. Vielleicht hat zur Bekanntheit auch das berühmte Kölner Lied *»In d'r Kayjass Nummero Null«* mit seiner Strophe *»Neulich krät uns en d'r Jass die Frau Kääzmanns beim Fraass …«* beigetragen. Zugrunde liegt das mundartliche Wort *Fraß* »Ende eines zugebundenen Sacks, Sackkrause«, das ausschließlich im zentralen Rheinland zwischen Aachen, Köln und Moers zu hören ist.

MmWb; RhWb 2/734; Wrede 2010 269

frasseln ist in der Bedeutung »fummeln, unbeholfen arbeiten, werkeln, sich abmühen« heute nördlich der Eifel in der Umgangssprache weit verbreitet: *Wat bisde da wieder am frasseln im Keller? Wat frasselsde da immer an der Kette?,* einschließlich der Ableitungen wie etwa **anfrasseln** »sich wenig sorgsam anziehen«. **Frasselei** Gezerre, Fummelei *Nu hör doch ma mit der Frasselei auf!*

Die zentralrheinischen und niederfränkischen Mundarten geben die entscheidenden Hinweise auf die Wortgeschichte. Denn dort bedeutet *frasseln* mit den Varianten *wrasseln* und *worselen* zuerst einmal »ringen, raufen, herumzerren«. Das lässt nicht ohne Grund an das englische Verb to wrestle und die bekannte Show-Sportart Wrestling denken. Denn in der Tat haben wrestling, das niederländische worsteln »streiten« und das rheinische *frasseln* eine gemeinsame Wurzel. Das Wort ist im Altenglischen als wraestlian, im Mittelniederländischen als wrasteln, im Mittelniederdeutschen als worstelen belegt und geht wohl auf eine indogermanische Wurzel *uert (sich winden) zurück. Während sich im Englischen, Niederländischen und in den Mundarten die alte Bedeutung bis heute gehalten hat, ist sie in der rheinischen Umgangssprache verschwunden.

Debrabandere 2011 432; RhWb 2/736; van Veen/van der Sijs 980; Werner 110; Wrede 1920 100; Wrede 2010 270

fratze steht in der Umgangssprache für »kaputt, erledigt« *Die Karre is jetz endgültich fratze, da is nix mehr zu machen. Bisse schon fratze oder wat? Steh widder auf un spiel weiter!*

Hier lebt das Mundartwort *fratzig* weiter, das bei Sachen etwas Minderwertiges bezeichnet und nichts mit der Fratze »Gesicht« zu tun hat, sondern wohl auf eine andere Wurzel zurückgeht, vielleicht althochdeutsch frazar »hartnäckig, widerspenstig«, im Limburgischen *fratselen* »sich mühsam fortbewegen«.

Fellsches/Schnieber 62; MmWb; RhWb 2/739 u. 9/1210; http://www.ruhrgebietssprache.de/lexikon/fratze.html

frecken kaputtgehen, auch »sterben« *Die neue Kaffeemaschine is schon wieder gefreckt. Wenn wir ma alle gefreckt sind …* Aus dem südlichen Rheinland wird auch das Substantiv **Freck** gemeldet *Der hat die Freck* (krank sein). **Freckmännchen** kaum lebensfähiges, neugeborenes Tier (auf einem Bauernhof). Nicht zu *frackich* (siehe dort), sondern mundartliche Variante von verrecken.

RhWb 2/757

Fressklötsch, Frätklütsch war nach einer kölnischen Legende »ein Johann Arnold Klütsch, einfacher Leute Kind, geboren zu Köln 1775 …, mit riesiger Körperkraft ausgestattet und dem Vermögen, ungewöhnliche Mengen fester Speisen und Flüssigkeiten auf einmal zu vertilgen …«, der als Vielfraß sprichwörtlich geworden ist. Die Geschichte ist sehr unwahrscheinlich, da der **Klötsch, Klütsch, Klutsch** als »dummer Mensch; jemand, der immer unangenehm auffällt«, aber auch als »plumper, fressgieriger Kerl« weit verbreitet ist: *Dä is ne mächtige Klötsch, der Kerl.* Auch »plumpe, dickliche Frau«. Das Wort ist eine Variante von Klotz, Kloß und in dieser Form von der Pfalz bis an den südlichen Niederrhein gebräuchlich, der *Fressklötsch* ist nichts anderes als ein »Fresskloß«.

PfWb 4/324; RhWb 2/790 u. 4/827; Wrede 2010 276 u. 473

frickeln an etwas herumfummeln, sich an einer Reparatur versuchen, herummurksen, auch **zusammenfrickeln** *Da hat der sich wat zusammengefrickelt, dat funktioniert nie.* Dazu **Frickelei, Gefrickel** fummelige, lästige Arbeit; **Frickler** ausdauernder Bastler. Das Wort ist in der allgemeinen Umgangssprache heute weiter verbreitet als in den Mundarten. Die Ursprungsregion scheint zwischen Hunsrück und Niederrhein zu liegen, die angrenzenden Mundarten kennen das Wort in dieser Bedeutung nicht. Im niederdeutschen Sprachraum bedeutet *wriggeln, vriggeln* ausschließlich »hin und her rütteln, wackeln« (*wricken* kennt man heute noch in der Schiffersprache für eine bestimmte Form des Ruderns, die im Rheinland allerdings *frimmeln* heißt, siehe *friemeln*). Diese Bedeutung findet sich auch in den rheinischen Mundarten, sodass das rheinische *frickeln* wohl mit dem niederdeutschen *wriggeln* verwandt ist. Die Bedeutungsvariante »eine stümperhafte Arbeit verrichten« ist jedoch eine exklusiv rheinische Sonderentwicklung. Eine interessante Wortgeschichte also, in der ein niederdeutsches Wort mit einem eng umgrenzten Bedeutungshorizont im äußersten Süden des Verbreitungsgebiets eine Umdeutung erfährt.

Debrabandere 2011 433; Küpper 256; RhWb 2/800; Woeste 309

Fricko, Friko im Rheinland weit verbreitet für die Frikadelle *Soll ich Ihnen die Fricko noch eben heiß machen? Fricko* wird oft auch als Schimpfwort gebraucht und bedeutet dann so viel wie »unangenehmer Mensch« *Wat en widderlich Fricko.* Noch ziemlich neu dagegen ist der **Sozialfriko** »Sozialarbeiter, Jugendbetreuer«: *Heute Nachmittag hab ich ein Date mit dem Sozialfriko wegen dem Schulpraktikum.*

Die Abkürzung für den beliebten Fleischklops geht natürlich zurück auf französisch fricot »Fleischgericht, gutes Essen«; wie jedoch *der Fricko* zum rheinischen Schimpfwort wurde, ist ungeklärt. Vielleicht liegt das französische fricoteur »Schieber, Schwindler« zugrunde, womit *die Fricko* und *der Fricko* zwei verschiedene Wörter wären.

Bach 271; RhWb 2/811 u. 9/1215; Werner 112; Wrede 2010 278

friemeln oder **frimmeln** steht in der Umgangssprache für »fummeln, etwas zusammenflicken, geduldige Feinarbeit verrichten«. Das Wort ist in vielen Ableitungen (*auffriemeln, zusammenfriemeln, herumfriemeln, Frimmelsarbeit* und so weiter) hochfrequent – und es ist tatsächlich eine ziemliche *Friemelei,* seine Wortgeschichte *aufzudröseln.* Gilt *friemeln, frimmeln* als ein typisch zentralrheinisches und niederrheinisches Mundartwort, kennt das Grimmsche Wörterbuch unter dem Stichwort wrimmeln Belege aus dem gesamten niederdeutschen, hessischen und rheinischen Raum. Der Duden listet das Wort unter *pfriemeln* sowohl als landschaftlich (mit der Bedeutung »zwirbeln«) als auch als umgangssprachlich (mit der Bedeutung »mit den Fingern pulen«). Diese Schreibung legt darüber hinaus die Ableitung aus Pfriem »Ahle« nahe, die semantisch durchaus einleuchtet: mit einem Pfriem etwas zusammenpfriemeln. Daraus könnte man wiederum schließen, dass *friemeln* und *frimmeln* unterschiedliche Wörter sind, denn in allen Mundarten erscheint das Verb meist mit kurzem Vokal und der Hauptbedeutung »etwas – zwischen den Fingern oder Handflächen – reiben«. Die *wrimmeln-frimmeln*-Belege ergeben dabei ein relativ einheitliches Bild über den gesamten niederdeutschen Sprachraum bis in das rheinische Gebiet. Das Wort hat also mit großer Wahrscheinlichkeit einen niederdeutschen Ursprung und ist damit eines der vielen niederdeutschen auf wr- anlautenden Verben. Es könnte auf die germanische Wurzel *wremp »drehen« zurückgehen, was jedoch nicht weiter belegt werden kann.

In den Mundarten ist *frimmeln* im Rheinischen auch als »schlechte, unregelmäßige Arbeit leisten« gebräuchlich, also mit der Bedeutung, die heute in der Umgangssprache vorherrscht. Das könnte ein Indiz dafür sein, dass es sich hier um ein und dasselbe Wort handelt. Die Umgangssprache kennt sowohl *friemeln* als auch *frimmeln* als »basteln«, jedoch überwiegen, anders als in den Mundarten, hier eindeutig die Varianten mit Langvokal. Außerdem ist *friemeln* auch in den Regionen gebräuchlich, die das Verb *frimmeln* in der Mundart gar nicht kennen. Das wiederum ist ein Indiz für die Verwandtschaft von *friemeln* und *pfriemeln.*

Duden 1999 3/1321 u. 7/2914; Grimm 13/1793 u. 30/1684; RhWb 2/612; Tonnar/Evers 45; van Veen/van der Sijs 981; Werner 112; Woeste 309; Wrede 2010 278; http://www.duden.de/rechtschreibung/pfriemeln

frößeln, frösseln basteln, hantieren, rastlos arbeiten, wühlen. Das Mundartwort ist auch noch in der Umgangssprache zu hören: *Bisse wieder an deinem Motorrad am rumfrösseln?*

Das Wort, das viele Ableitungen hat (*Frößel, Frößelskram, anfrößeln, rumfrößeln* und so weiter), ist im zentralen Rheinland von Eupen bis ins Bergische Land gebräuchlich. Dies scheint auf ein Mundartwort zu deuten, das exklusiv für das Rheinland ist und deshalb auch hier entstanden sein muss. Das gilt jedoch nur im Hinblick auf diese spezielle Bedeutung. Als Hauptbedeutung verzeichnet das Rheinische Wörterbuch nämlich »im Schmutze wühlen, vom Schweine« – und außerdem die Lautvarianten *fruteln* am Niederrhein und *frötele* in Eupen und Aachen (mit demselben Bedeutungsspektrum). Von hier ist der Weg zum Niederdeutschen nicht mehr weit, das das Verb ebenfalls in beiden Varianten als *fröten, wröten* und *frösseln, wrösseln* allgemein für »wühlen« kennt. Und so führt die Spurensuche folgerichtig zum mittelniederdeutschen wroten »mit der Schnauze (dem Rüssel) aufwühlen«, das wiederum im angelsächsischen vrotjan seine Entsprechung hat.

Während im Rheinland die Verteilung der Varianten *fruteln, frötele* und *frösseln* exakt den Vorgaben der berühmten Benrather Linie entspricht, ist das Nebeneinander von *frösseln* und *fröteln* im Niederdeutschen ungewöhnlich. Bemerkenswert ist auch, dass das alte Wort nur im Rheinland die Bedeutungserweiterung von »wühlen« über »in der Arbeit rastlos wühlen« hin zu »hantieren« erfahren hat. Somit ist das Wort wieder typisch für die Region.

Anmerkung: Ungewöhnlich sind auch die vielen auf fr- anlautenden rheinischen Mundartwörter, die für dieselbe amateurhafte Form des Bastelns stehen: *frönzeln, frickeln, friemeln, frößeln, frasseln, friesen, fröseln, frunzeln.*

Buurman 11/415; Debrabandere 2011 116; MmWb; RhWb 2/844; Schiller/Lübben 5/547 u. 784; Tonnar/Evers 46; Wrede 2010 280

frunzeln fummeln, knittern, zusammenknüllen, **Frunzel** »Falte«, in den nordrheinischen Mundarten und in der Umgangssprache oft als **zusammenfrunzeln** »unfachmännisch zusammenbasteln« und **verfrunzeln** »zerknittern« *Wer hat die Decke so verfrunzelt?*

Das Wort ist wohl eine Kreuzung aus mittelhochdeutsch und neuhochdeutsch Runzel und alt- und neufranzösisch fronce »Kräuselfalte«. Das saarländische **Frosen** »Falten« ist eine direkte Entlehnung aus französisch fronce.

Honnen 2003 76; RhWb 2/843 u. 9/1219

fuchsen als *(sich) fuchsen* »(sich) ärgern« *Dat fuchst mich gewaltig, dat der damit auch noch durchkommt!*

Wohl nicht zu lateinisch vexare »quälen«, wie im Internet zu lesen ist, sondern eine studentensprachliche Erfindung aus dem 19. Jahrhundert, die auf den Fuchs als »angehenden Studenten« oder als »Neuling in einer Verbindung« anspielt. Diese Füchse hatten oft nichts zu lachen und waren häufig das Ziel studentischer Streiche. *Fuchsen* bedeutet also eigentlich »wie als Fuchs behandelt, gequält werden«.

Grimm 4/343; Kluge 1895 191; Kluge 2011 321; Trübner 2/463; Wrede 2010 281; http://etymologie.tantalosz.de

fuchtich auffahrend, erbost, wütend *Nu werd ma nich gleich fuchtig!* Das Wort ist allgemein in der Umgangssprache gebräuchlich. Es ist eine Ableitung aus fuchteln »wütend herumwedeln«, das wiederum zu Fuchtel gehört, eine alte Bezeichnung für einen breiten Degen. *Fuchtig* hat nichts mit dem rheinischen und niederdeutschen *fuchtig* »feucht« oder mit fauchen zu tun.

Duden 1999 3/1335; Duden 2008 305; Küpper 260; RhWb 2/861; Trübner 2/463; Wrede 2010 281; http://www.welt.de/welt_print/article2233838/Auf-ein-Platt-Wort.html

fuckackig ist ein zwar seltsam anmutendes, aber doch sehr nützliches rheinisches Wort, weil es etwas bezeichnet, was sonst nur umständlich zu beschreiben wäre. Wenn etwas *fuckackich* ist, dann ist es außen zwar noch schön anzusehen, innen jedoch schon faul. Vor allem Obst, besonders Birnen und Äpfel, können *fuckackich* sein, wenn sie am Kerngehäuse schon matschig und angebräunt, vielleicht sogar wurmstichig sind, außen jedoch noch ganz gesund scheinen: *Die Äppel musde dringend aufbrauchen, die sind schon wat fuckackich.* Auch Menschen können *fuckackich* sein. Dann fühlen sie sich unwohl oder haben schlicht schlechte Laune. Auch der klassische Hypochonder, der ständig über irgendwelche Wehwehchen klagt, ist *fuckackich.*

Es verwundert nicht, dass über die Geschichte dieses ungewöhnlichen Wortes viel spekuliert worden ist. So soll es auf die italienische focaccia zurückgehen, weil das Fladenbrot auch schon mal *dätschig* (siehe dort) sein kann, oder auf französischem faux caque (falsches Fass) beruhen. Diese Herleitungen sind jedoch völlig aus der Luft geholt. *Fuckackich* ist echt rheinisch. Das Adjektiv *fuck* bedeutet in rheinischen Mundarten »faul, verdorben«, die Endung *-kackig* findet sich auch in *faulkackig* oder *wurmkackig,* zwei Adjektive mit ähnlichem Bedeutungsspektrum.

Honnen 2008a 81; RhWb 2/861; Spohr 61; Werner 113; Wrede 2010 282

Fuddel, Foddel alter Lappen oder altes Kleidungsstück *Wat haste denn da für ein Foddel an? Gib mir mal den Foddel da, damit mach ich den Fleck weg! Bah, wat is dat denn fürn ekligen Foddel, damit willsde die Küche putzen? Wat fällt dir denn ein? Den alten Foddel kannse doch nich mehr anziehen.*

Wohl nicht zu niederdeutsch *Feudel,* das nur im hohen Norden gilt, sondern ein relativ neues Wort, das erstmals 1552 im Niederländischen als vodde »Lappen zum Fegen« belegt ist (standardniederländisch vod); die weitere Wortgeschichte ist unsicher. Da *Fuddel* in den rheinischen und limburgischen Mundarten (wie nicht anders zu erwarten, möchte man sagen) auch als Schimpfwort für »liederliche Frauen« verwendet wird, hat man eine

Verwandtschaft mit mittelhochdeutsch vut und mittelniederdeutsch fut »weibliche Scham« (siehe *Futt*) angenommen. Das ist allerdings eine nicht zu belegende Vermutung.

Debrabandere 2011 112; de Vries 795; Kluge 2011 291; RhWb 2/342 u. 868; Wahrig 2/732; Werner 113; Wrede 2010 282; http://www.atlas-alltagssprache.de/runde-2/f05/; http://www.duden.de/rechtschreibung/Feudel; http://www.etymologiebank.nl/trefwoord/feil2; http://www.etymologiebank.nl/trefwoord/vod

fudeln betrügen, pfuschen *Der is nur am fudeln beim Kartenspielen.* **Fuddelskram**, **Fudelsarbeit** schlechte, fehlerhafte Arbeit, **fudeln, fuddeln** pfuschen, **zurechtfudeln** mehr schlecht als recht zusammenbasteln, **durchfudeln** schlawinern *(Der hat sich sein ganzes Leben durchgefudelt).* In den Mundarten als **fauteln, fuuteln, fudeln** im gesamten Rheinland gebräuchlich.

Die mundartliche Variante *fauteln* hat zur häufig zu lesenden Ableitung aus französisch faute »Fehler, Verstoß« geführt, auf das auch niederländisch fout »Gebrechen, Missbildung« zurückgeht. Diese Deutung hat allerdings ihre Tücken. In den hessen-nassauischen Mundarten kennt man die *Faut* als »Missbildung am Menschen oder Tier«, also genau die Bedeutung, die das französische Pendant tatsächlich hat. Deshalb ist diese *Faut* mit Sicherheit ein französisches Lehnwort. Allerdings fehlt diese Bedeutung in allen rheinischen Mundarten, genauso wie ein Substantiv *Faut »Missbildung« völlig unbekannt ist. Hier kennt man nur das Verb als »betrügen, pfuschen« mit entsprechenden Ableitungen als *Fautele, Fuddler* »Betrüger«. Deshalb hat »dieses Wort zweifellos nichts mit frz. faute zu tun«. Im Gegenteil ist wallonisches *fouteler* »Betrüger« sogar ein aus dem Rheinischen übernommenes Lehnwort. Damit bleibt als – bislang unbefriedigende – Erklärung nur die Verwandtschaft mit *Fudel, Fuddel* »Lumpen« und den daraus entstandenen Bedeutungen »pfuschen, betrügen«, womit *fudeln* ein rheinischer oder niederländischer Export in die allgemeine Umgangssprache wäre.

Bach 275 u. 277; Grimm 3/1367 u. 4/1065; Müller/Weitz 61; PfWb 2/1078; RhWb 2/342; Steinröx 154; Werner 117; Wrede 2010 288

Fumme oder **Fumm,** seltener mit stimmhaftem Anlaut **Vumm** und **Vümmken,** ist im zentralen Rheinland ein besonders dickes Butterbrot, in den Mundarten des gesamten Rheinlands darüber hinaus eine dicke, schwerfällige Frau. Am Niederrhein ist eine *Fumm* ein Nasenpopel. Das angrenzende Limburgische kennt *fom, foeme* als »dicke, schwere Frau«.

Auch wenn die Bedeutung »dickes Butterbrot« exklusiv für das Rheinland ist, ist die *Fumm* an sich kein exklusiv rheinisches Wort, sondern Teil einer weitverbreiteten Wortfamilie um *Fump, Pfump* und *Pfumpf,* deren Vertreter sogar in den Schweizer Dialekten zu finden sind (*Pfumpf* »schwere, unbeholfene Person«) und immer etwas Dickes, Plumpes bezeichnen.

Debrabandere 2011 114; Grimm 4/527 u. 13/1810; RhWb 2/885; Werner 114

fummeln dribbeln beim Fußball *Der fummelt sich kaputt* (mit dem *Fummeln* übertreiben). *Nu hör doch ma auf zu fummeln un gib den Ball ma ab!* Auch »etwas anpacken, befühlen« *Die fummelt ständig an ihre Zöppe rum. Hör auf, anne Tischdecke zu fummeln!* Außerdem können Menschen **miteinander fummeln**, besonders unter Jugendlichen ist dieser Ausdruck gebräuchlich, um körperliche Annäherung zu beschreiben. **Fummel** billiges, minderwertiges oder leichtes Kleidungsstück *In dem Fummel siehse aus wie en Flittchen.*

Ein sehr weitverbreitetes Wort (englisch to fumble, niederländisch fommeln, schwedisch fumla), das erstmals im Mittelniederdeutschen des 16. Jahrhunderts und Mittelniederländischen des 17. Jahrhunderts nachgewiesen ist. In den Mundarten bedeutet es eigentlich »unruhig hin und her bewegen«, weshalb es dort wie *ficken* (siehe dort) auch sexuell konnotiert ist, woraus sich wiederum der *Fummel* als »fadenscheiniges, leichtes Kleid« ergibt.

Grimm 4/526; Kluge 2011 323; Küpper 260; Pfeifer 1/486; RhWb 2/888; Trübner 2/474; Wrede 2010 282; http://www.dwds.de/?view=1&qu=fummeln; http://www.etymologiebank.nl/trefwoord/frommelen

fumpen in der schönen zentralrheinischen Wendung *de Milz am fumpen haben* »Seitenstiche haben« *Nach einer Runde hatte ich schon de Milz am fumpen. Fumpen* ist ein typisch rheinisches Verb, das in den Mundarten verschiedene Bedeutungen haben kann, hier wohl »pfeifen«. Die **Fump** ist im Rheinland irgendein Instrument, mit dem sich Töne hervorbringen lassen.

MmWb; RhWb 2/899

Fünfzehn in der Wendung *kurze Fuffzehn machen* wird in zwei Bedeutungen verwendet: *Komm, wir machen jetzt ma kurze Fuffzehn* (Pause machen) und *Mit dem machen wir kurze Fünfzehn* (jemanden kurz abfertigen, ohne Umschweife zur Sache kommen).

Die Pausenvariante ist nur im Ruhrgebiet verbreitet (die Stadionzeitschrift des Vereins Rot-Weiss Essen heißt so), die Drohung dagegen auch überregional.

Über die Herkunft ist viel spekuliert worden: kurze Arbeitspause (oder die »Viertelstundendauer der für die Notdurftverrichtung bemessenen Frist«), Fünfzehnerschlagrhythmus der Pioniere oder bei der Arbeit mit Rammen, Marschpause bei Soldaten, Abwandlung der Altfrankfurter Redensart »fünfundzwanzig auf die Hosen«, Variante des mittelalterlichen Wurfzabelspiels (einer historischen Form des modernen Backgammon mit fünfzehn Steinen) oder eine Anspielung auf die romanische Angewohnheit, von fünfzehn Tagen für »zwei Wochen« zu sprechen. Überzeugend ist keine dieser Herleitungen.

Fellsches/Schnieber 108; FrankfWb 4/656; Honnen 2008a 83; Küpper 261; Röhrich 2/487

Funz seltener **Punz** ist ein derber Ausdruck für das weibliche Geschlechtsorgan und damit auch gleichzeitig ein drastisches Schimpfwort für eine Frau im Zentralrheinischen; in der Umgangssprache aber auch *Der fährt wie en aal Funz* (langsamer Autofahrer). *Kuck dir mal diese Funz an, wie die rumläuft* (nachlässige Frau). **Fischfunz** abfälliger Ausdruck für eine heruntergekommene Prostituierte; **Funzwochen** Flitterwochen. In Lothringen *an de Fons holen* derb für »in die Enge treiben«. In Österreich ist eine *Funzen* eine eingebildete oder dumme Frau.

Funz ist die rheinische Variante zur Punze, Bunze, die in großen Teilen des deutschsprachigen Raumes ebenfalls ein ordinäres Wort für die Vagina sein kann. Eigentlich ist mittelhochdeutsch punze (zu italienisch punzone »Stoß, Stempel«) ein Stichel, mit dem Stempel gestanzt werden. Ob hier die Form eines Stempels selbst oder die Vorstellung des »Ausgestochenen« Motiv für die sexuelle Konnotation ist, bleibt der Fantasie überlassen.

Grimm 2/531; Ebner 134; Küpper 261 u. 636; LuxemWb 1/400; PfWb 1/1359; RhWb 1/1130 u. 2/902; Sedlaczek/Winder 180; Trübner 5/232

Funzel seltener **Funsel** trübes Licht, schwache Lampe; **funzelig** *Bei dem funzeligen Licht kannsde doch nich lesen!* Hierher gehört natürlich auch die **Tranfunzel** »trübe Leuchte« (sowohl sächlich als auch persönlich).

Funzel ist eine spielerische Bildung des 18. Jahrhunderts, wahrscheinlich aus studentischen Kreisen. Es gilt als Ableitung von Funke auf -sel beziehungsweise -sal, also ursprünglich Funksel, Fonksel.

Anmerkung: Das Grimmsche Wörterbuch stellt die *Funzel* zu Funse, wie im mitteldeutschen Sprachgebiet ebenfalls eine trübe Leuchte genannt wird. Das Wort soll sogar gotische Wurzeln haben (gotisch fon »Feuer«). Diese Deutung ist unsicher, weil in diesem Fall eine schriftliche Überlieferung anzunehmen wäre, die jedoch fehlt.

Duden 1999 3/1347; Grimm 4/613 und 614; Kluge 1895 91; Kluge 2011 324; RhWb 2/901; Trübner 2/470

Fuppes nennt man hauptsächlich im Westen des deutschen Sprachraums etwa seit den 1990er-Jahren sowohl den Fußball als auch das Fußballspiel: *Heut Abend kann ich nich, da is Fuppes im Fernsehn!* Man kann sogar neudeutsch sagen: *Skaten is cooler als Fuppes.* Auch Komposita sind möglich: *Fuppesspielen, Fuppesspieler;* die Verwendungsmöglichkeiten sind grenzenlos: *Hurra-Fuppes* (der Mönchengladbacher Angriffsfußball), *attraktiven Fuppes spielen, Tisch-Fuppes, Fuppes öcken* (im Ruhrgebiet), *Fuppes zocken,*

Fuppes-Thread, Live-Fuppes, Fuppes gucken, Fuppes-Mathe (Tabellenarithmetik), *Kleinfeldfuppes, Fuppesspießer* (wohl Fans eines »gepflegten« Fußballs).

Das Geschlecht des Wortes lässt sich nur schwer bestimmen, da es meist artikellos gebraucht wird. Sporadisch kommen aber *der* und *das Fuppes* vor.

Das Wort wird vornehmlich von Fußballfans aus dem Westen benutzt, obwohl es von diesen offensichtlich aus lautlichen Gründen für ein hessisches Wort gehalten wird. Schaut man allerdings etwa in das Forum der Frankfurter Eintracht, so kann man dort zwar *drobbkigge, bolze* oder *fußbällen* lesen, *Fuppes* wird aber bei den Eintrachtfans eindeutig nicht als heimisch angesehen. Auch der Augsburger Atlas zur Deutschen Alltagssprache kennt den *Fuppes* nicht. Die Dortmunder Fans bringen zwar ein ähnliches Wort ins Spiel, den *Fussek,* das aber ist eine für den *Pott* typische polonisierende Spielform, die auf keinen Fall der Vater des *Fuppes* sein kann.

Deshalb ist die Wurzel des *Fuppes* wohl doch im sprachlichen und fußballerischen Westen zu suchen. Vielleicht geht sie ja zurück auf ein früher sehr gebräuchliches Mundartwort. *Fuppen* bedeutet in den rheinischen Dialekten »springen, hüpfen«, sowohl von Gegenständen als auch von Menschen. Da auch ein Ball gut *fuppt,* kann daraus die Bezeichnung für das Spielgerät sowie für das Spiel selbst entstanden sein. Das Verb *fuppen* ist übrigens ein schönes Beispiel für die Multifunktionalität dialektaler und umgangssprachlicher Wörter. Es kann alles Mögliche bedeuten: springen, hüpfen, wippend gehen, klappen (*et fuppt,* ein Vorläufer des heute so beliebten *es funzt*), pochen, schaukeln, pfuschen, furzen, beischlafen und vieles mehr.

MmWb; RhWb 2/904; http://www.atlas-alltagssprache.de

Fusel billiger, minderwertiger Schnaps *Der stinkt nach Fusel. Son Fusel wollze mir doch wohl nich anbieten?* **fuselkrank** alkoholabhängig. Aus dem niederdeutschen Rotwelsch ins Niederländische entlehnt, dort gilt foezel als »billiger Genever«, »Kartoffelschnaps«, »Preußischer oder Münsterländer

Genever« (der im 19. Jahrhundert massenhaft in die angrenzenden niederländischen Provinzen geschmuggelt wurde). Im Amerikanischen steht fusel oil für ein »alkoholisches Getränk in schlechter Qualität«.

Das Wort ist im deutschen Sprachraum erstmals 1724 in Duisburg (im Niederländischen bereits 1716) als Fussel in geheimsprachlichem Zusammenhang belegt und ist dann sehr schnell in studentischen Kreisen Mode geworden. Über seine weitere Geschichte kann nur spekuliert werden: »Vielmehr wird an den ›Wein, von einem Chemicus durch die Retort getrieben‹ zu denken sein: der Weingeist ... tropfte abgekühlt in einen Behälter, der Rückstand ... gab immer noch ein fusile (zu lat. fundere ›gießen‹), eine Flüssigkeit, die zu einem geringen Schnaps langte. Der Name stammt somit ... unmittelbar aus der ›lateinischen Küche‹.«

Grimm 4/961; Pfeifer 1/490; RhWb 2/929; Trübner 2/486; http://www.etymologiebank.nl/trefwoord/foezel

fussig rheinische Variante von fuchsig (an das rote Fell des Fuchses erinnernd).

Futt, Fott Hintern *Ich tritt dich gleich inne Futt. Da pack ich mir nit für an de Futt* (nichts Besonderes). *Du stinks usem Hals wie ne 39er use Futt* (den Vergleich verstehen nur noch Ältere, die wissen, dass das 39. preußische Infanterieregiment einmal in Düsseldorf stationiert war). *Dat Schmitze Billa hätt de Fott zujemaht* (sterben). Die Verkleinerung ist das **Föttche** (vergleiche *Stippeföttche*), wobei es ein ganz besonderes *Föttche* gibt, nämlich das **Höhnerföttche**, womit ein Gerstenkorn gemeint ist. Ein **Föttchesföhler** ist ein Mann, der gerne Frauen an den Hintern fasst, im übertragenen Sinn ein eher älterer Mann, der die Finger nicht bei sich halten kann. **Futtekruper** Arschkriecher, Ausdruck für einen Menschen, der sich durch Unterwürfigkeit beliebt machen möchte. *Dat is misch vielleicht ne Futtekruper.* Wenn jemand am Niederrhein als **Fottloch** bezeichnet wird, ist das eine weniger schlimme Beleidigung als seine hochdeutsche Entsprechung. Sehr schön auch der Satz *Sie ist übrigens eine sehr gute Katholikin – aber* *kein hilliges Föttche* (bigott). **fottlastisch** sagt man von jemandem, der einen dicken Hintern hat *Junge, Junge, der is aber fottlastisch.*

Fott ist in den Mundarten »der gangbare Ausdruck, ohne Scheu gebraucht«, wie das Rheinische Wörterbuch schreibt (im Gegensatz zu Arsch), die Wortgeschichte ist nicht ganz eindeutig. Im Spätmittelhochdeutschen stehen *Fott* und **Fotze** nebeneinander als Bezeichnung für die Vagina, beide gehen zurück auf mittelhochdeutsches und mittelniederdeutsches vut (in vielen nordischen Sprachen ähnlich), das in manchen Regionen – wie dem Rheinland etwa – auch Hintern bedeuten kann (was wohl zudem die ältere Bedeutungsvariante ist). Ab hier kann über die weitere Wortgeschichte nur spekuliert werden. Eine Variante ist eine germanische Wurzel *pu, die auch zum Adjektiv faul geführt hat, womit *Futt* eigentlich »das Stinkende« bezeichnen würde. Das auslautende -t ist allerdings so nur schwer erklärbar. Deshalb wird zudem eine indogermanische Wurzel angenommen, die zum Beispiel auch zu altiranisch putau »Hinterbacken« geführt hat und in indisch-arischen Sprachen verbreitet ist, oder eine indogermanische Wurzel *pu, die den Bedeutungskomplex »dick« begründet, was durchaus zum »Hinterteil« passen würde. Damit verwandt sind alle modernen Bezeichnungen der Scheide wie englisch pussy oder österreichisch Putze.

Duden 2008 298; Grimm 4/42 u. 1060; Kluge 2011 312; Pfeifer 1/466; RhWb 2/944; Werner 109; Wrede 2010 268

Futtsack nur in der Wendung *Futtsack haben* oder *kriegen* »Ärger, Mist, Probleme haben« *Der hat jetz echt Futtsack am Hals. Da krisse noch Futtsack mit, pass ma auf! Ich hatte mit der Maschine noch nie Futtsack, ich versteh dein Ärger gar nich. Mit dem neuen Computerspiel gibbet immer Futtsack.* Man kann neuerdings auch sagen: *Da is en Futtsack drin* (zum Beispiel ein Kurzschluss).

Landläufig wird der *Futtsack* als Futtersack der Grubenpferde im Ruhrbergbau erklärt. Diese Deutung macht aber weder lautlich (dann *Foodersack*) noch inhaltlich Sinn. Der *Futtsack* ist vielmehr der Sack, der den Pferden zum Auffangen der Pferdeäpfel an die *Futt, Futte* »Hintern« (siehe dort) gebunden wurde (heute noch zu sehen bei Pferdekutschen). Wenn man den am Hals hat, dann *hat man echt Futtsack.*

Honnen 2003 78; Honnen 2008a 86; MmWb

Futzi kleiner, schwächlicher Mann *Vor son Futzi wie dir hab ich doch keine Angst. Wat en kleinen Futzi!* Im Zentralrheinischen sagt man, wenn etwas winzig klein ist, **futzich**, **futzisch** *Der hat aber en futzich klein Häuschen. Deine futzich kleine Schrift kann kein Mensch lesen.* Auch den **Futzemann** und das **Futzemännchen** findet man hier: kleiner Junge, kleines Kind *Futzemann, komm mal bei de Oma.*

Nicht zu englisch Fuzzy (eine amerikanische Wildwest-Figur), sondern zu rheinisch *Fuzz* »Furz«, der häufig für etwas »Kleines, Unbedeutendes« steht (so auch beim beliebten Kosewort **Furzknoten** für ein kleines Kind).

Küpper 266; RhWb 2/921; Weischer 154; http://www.duden.de/rechtschreibung/Fuzzi

G

Gannef Typ, Macker, zwielichtige Person, Gauner *Da kam son Gannef angeschoben und wollte zwanzich Cent für nach Hause anzurufen.*

Wie einige andere rotwelsche Wörter hat sich auch *Gannef* in der Umgangssprache des *Ruhrpotts* gehalten; das Wort geht zurück auf jüdischdeutschen Ursprung: westjiddisch gannew »Diebstahl«, hebräisch gannav »Dieb«. In den rheinischen Mundarten selten als **Kanf** »Dieb«, aber häufig als **kanfen** »stibitzen«. Der umgangssprachliche **Ganove** geht auf die jiddische Pluralform gannowem »Diebe« zurück.

Kluge 2011 330; RhWb 4/132; Stern 87; Weinberg 63

garz, jartz, gaaz, jazz bitter, sauer *Den Kuchen mag ich nich, die Johannisbeeren sind mir zu jazz. Boh, der Wein is aber garz.*

Garz kann der Wein von der Nordeifel bis zum nördlichen Niederrhein sein, im angrenzenden Limburgischen ist er *jats* oder *jatzig.* Wie so oft bewahrt hier die gesprochene Sprache die ursprüngliche, alte Bedeutung und Lautform des Wortes. Das hochdeutsche Adjektiv garstig geht zurück auf mittelhochdeutsch garst, mittelniederdeutsch garst »ranzig, verdorben«, altnordisch gerstr »bitter«.

Debrabandere 2011 121; Kluge 2011 333; RhWb 2/1038

gau, jau schnell *Nochma gau zum Klo, dann können wer los.* Das alte nordrheinische Mundartwort hört man in der Umgangssprache heute nur selten.

Verwandt mit standarddeutsch jäh und jählings, mit dem *gau* gemeinsame Wurzeln hat: mittelhochdeutsch gach, mittelniederdeutsch gauwe, gouwe, althochdeutsch gahi, altniederfränkisch galik »plötzlich«, wohl zu einer germanischen Wurzel *gaha »schnell«. Wie das moderne Niederländische in gauw bewahrt also der nordrheinische Dialekt hier eine alte Form, die im Hochdeutschen durch die von Luther eingeführte j-Schreibung als jäh verdrängt wurde.

de Vries 185; Grimm 4/1125 u. 1144; RhWb 2/1050; Wrede 2010 295; http://www.etymologiebank.nl/trefwoord/gauw

Gedöns oder **Jedöns** hat zwei Bedeutungen: *Mach doch nich son Gedöns mit den Blagen* (Aufhebens, überflüssiges Getue) oder *Lass mich mit dem Gedöns da in Ruhe* (Kram, wertloses Zeug). Ein **Herr Gedönsrat** ist ein Umstandskrämer. Das Wort ist in allen rheinischen und niederdeutschen Sprachregionen weit verbreitet und wurde durch das Bonmot des ehemaligen Bundeskanzlers Gerhard Schröder über »Familienpolitik und das ganze Gedöns« bundesweit bekannt. Das Wort ist – nicht deshalb – in allen großen deutschen Wörterbüchern zu finden.

Die sind sich darüber hinaus, was die Etymologie betrifft, völlig einig. Für rheinländische Mundartsprecherinnen und -sprecher vielleicht überraschend, wird *Gedöns* auf ein mittelhochdeutsches gedense zurückgeführt, das »Gezerre, Handgemenge« bedeutet. »Das Wort ›Gedöns‹ stammt aus Norddtl. u. geht auf mhd. ›gedense‹: Hin- und Herziehen zurück, das zu mhd. ›dinsen‹: ziehen, zerren gebildet ist, es hat etymol. also nichts mit ›tönen‹ zu tun.« (Röhrich) Diese Deutung wiederum geht auf die Brüder Grimm zurück, die in ihrem Wörterbuch unter dem Stichwort gedöns lediglich auf den Eintrag »Gedense« verweisen. In den dort gelisteten Belegen kommen jedoch die heute üblichen Bedeutungen nicht vor. Merkwürdig ist auch, dass ausgerechnet ein mittelhochdeutsches Wort als Vorlage für das fast nur im niederdeutschen Raum gebräuchliche *Gedöns* angenommen wird.

Die beiden Ausnahmen von der Regel sind, für Rheinländerinnen und Rheinländer nun nicht überraschend, neben dem »Wörterbuch der Umgangssprache« die beiden großen rheinländischen Mundartwörterbücher. Dort wird *Gedöns* als Ableitung des Verbs tun, in den Mundarten *donn* oder *duun*, gesehen, was auch der Bedeutung »Getue« exakt entspricht. Im Rheinland gibt es die unterschiedlichsten Varianten wie *Getäts, Gedients, Jedünts* oder eben *Gedöns*, in Köln gab es neben dem Substantiv *Dun* »Tun« auch die ältere Variante *Döns* (Redewendung: *Dat es all ein Dun un Döns*), die sich in der präfigierten Form in unserem *Gedöns* wiederfindet. Diese Substantivierungen auf -s sind – wohl als alte Genitive – im Übrigen im Rheinland oder im Ruhrgebiet nicht selten. *Gedöns* lässt sich problemlos aus den rheinischen und münsterländischen beziehungsweise niederdeutschen Mundarten herleiten, mit dem mittelhochdeutschen gedense verbindet es nur die Lautähnlichkeit.

Duden 1999 3/1402; Grimm 4/2012; Kluge 2011 338; Küpper 275; RhWb 8/1460; Röhrich 1/516; Schmachthagen 172; Wahrig 3/84; Wrede 2010 300; http://www.duden.de/rechtschreibung/Gedoens; http://www.dwds.de/?view=1&qu=ged%C3%B6ns;

Geheuchnis, Jehöschnes, Jehöchnis Zufriedenheit, Geborgenheit, Wohlbefinden; Ort, an dem man sich wohlfühlt *Da find ich kein Geheuchnis* (sich nicht wohlfühlen). Man kann auch sagen: *Mein Kater ist ein echtes Geheuchnis* (in angenehmer Gesellschaft sein). Im Köln-Bonner Raum ist ein **Jehööch** dagegen ein altes Haus oder eine heruntergekommene Wohnung. Das ist auch die eigentliche Bedeutung des Wortes: Aus mittelniederdeutsch gehuchte und mittelniederländisch gehochte »Gehöft« hat sich die übertragene Bedeutung »Geborgenheit« entwickelt und *Geheuchnis, Jehöchnis* zu einem der mundartlichen Kennwörter des südlichen Rheinlands gemacht, das äußerst wichtig für die sprachliche Identifikation der Menschen in der Eifel und im Hunsrück ist. So wurde es in einer Umfrage von 1995 zum »wichtigsten« Mundartwort der Region erklärt.

Honnen 1995 57; MmWb; RhWb 3/866 u. 9/1311

gelten erscheint in den rheinischen Mundarten als **gele, gelde, jelle** oder **jölle** in der Bedeutung »kaufen, kosten« *Dat häb ech för en Appel on en Ei jejolde.* Damit bewahren die Dialekte die ursprüngliche Bedeutung des Wortes, die in der deutschen Standardsprache schon lange verschwunden ist und nur noch in vergelten »zurückerstatten« aufscheint. Gotisch gildan und althochdeutsch geltan meinen »zurückerstatten, opfern«, das mittelhochdeutsche gelten hat die Bedeutung »sich mit einem Opfer loskaufen«, daraus wird schon bald »kosten, kaufen«.

Anmerkung: So erklärt sich auch die noch heute in der rheinischen Umgangssprache häufig zu hörende Form *dat gildet nich* »das gilt nicht«, die keineswegs grammatisch falsch ist, sondern nur die alte Verwendung »das gilt es nicht, das ist es nicht wert« bewahrt.

Anmerkung: Das leidige Geld ist eine schon im Altsächsischen und Althochdeutschen bekannte Ableitung aus gelten und bedeutet ursprünglich »Opfer, Bezahlung, Lohn«.

Grimm 5/3066; PfWb 3/181; RhWb 2/1186; Trübner 3/84; Werner 141

geprinzt gelackmeiert, angeschmiert *Wenne zu spät komms, bisde geprinzt. Da war ich ganz schön geprinzt.* Im zentralen und nördlichen Rheinland bedeutet **prinzen** eigentlich »prügeln, verhauen«, die Umgangssprache kennt nur noch das Partizip in der übertragenen Bedeutung. Wahrscheinlich zu *printen* »prägen, drucken«.

RhWb 6/114

Geraffel unnützes Zeug, Plunder, Krimskrams, Gelumpe *Schmeiß dat ganze Geraffel doch einfach inne Kiste. Wat willse denn mit dem alten Geraffel hier? Dat ganze Geraffel macht mich noch verrückt! Wat man immer von Geraffel dabei hat, wenn man surfen geht* (Ausrüstung). Auch Soldaten der Bundeswehr nennen ihre Ausrüstung *Geraffel.*

Das Wort ist eine Ableitung von raffen und meint in den Mundarten »aufgelesenes Reisig, zusammengeharktes Stroh«, daraus hat sich die Bedeutung »unwichtiges Zeug, Gelumpe« entwickelt.

Grimm 5/3560; Küpper 305; RhWb 7/32

Geschlönz, Jeschlüns, Geschlonz ist eigentlich das »Eingeweide von Tieren« *Schneid ma dat Geschlönz von dem Fleisch ab!*, in der Umgangssprache meist nur in der übertragenen Bedeutung als »Überflüssiges, Abfall« *In dem Laden sind nur Punks, Skins un sonstiges Geschlönz.* Werbung in einem Elektronikmarkt: »*Geschlönz:* Sonderposten, Reste usw.« *Geschlönz* kann auch ganz einfach nur *Geraffel* sein. *Pack dein ganzes Geschlöns ein und komm her damit, dann wern wer schon sehn!*

Das Wort gehört zu Schlund und meint alle Eingeweide, die an der Speiseröhre eines Tieres hängen. *Geschlünz* ist eigentlich ein niederrheinisches und westfälisches Mundartwort.

Grimm 5/3921; Küpper 289; RhWb 7/1400

Geschniffels, Jeschniffels Nieselregen, Schneeregen *Was en Geschniffels, da will ich nich nach draußen.* Es gibt auch den **Schniffelregen** »Schneeregen« *Son bisjen Schniffelregen is nich schön, aber besser als plästern die ganze Zeit.* **Schniffelwetter** *Hach nee, et janze Wochenende Schniffelwetter, dat hälsde nich aus.* **schniffeln** nieseln, leicht regnen *Hier isset schon den ganzen Tach am schniffeln.*

Es *schniffelt* von der Pfalz bis hinauf an den südlichen Niederrhein (in Limburg *sniffelen, snuffelen*). Wohl nicht verwandt mit *schnippeln,* sondern ein Reflex der alten mittelniederdeutschen und mittelhochdeutschen Form sniwen »schneien«, altnordisch snivvin »beschneit«. *Schniffeln* ist die Frequentativform von sniwen.

Debrabandere 2011 377; PfWb 6/1366; RhWb 7/1608 u. 1620; Wrede 2010 852; http://www.etymologiebank.nl/trefwoord/sneeuwen

Geseier, Geseire Gejammer, Gemecker *Hör auf mit dem Geseier. Ich kann dat ewige Geseier nich mehr hören.*

Das Wort ist in sehr vielen Mundarten zu Hause und in der allgemeinen Umgangssprache oft zu hören. Ein westjiddisches Wort, das über das Rotwelsche populär geworden ist: zu jiddisch gesera »böser Zustand, Verhängnis«, aus hebräisch geseiro »Not, judenfeindliches Gesetz«. Im Rotwelschen erhält das Wort seine umgangssprachliche Bedeutung »Lärm, unnützes Geschwätz«. Hierzu gehört auch **Geseiber** »überflüssiges Gerede« *(Dessen Geseiber geht mir auf den Zeiger),* das volksetymologisch *Geseier* mit *seibern* (siehe *Seiber*) in Verbindung bringt.

Klepsch 616; Mengel 44; RhWb 8/43; Stern 91; Wolf 1956 1764

Gesocks, Gesöcks, Jesocks Gesindel, Pack *Dat ganze Gesocks da kannze inne Pfeife rauchen. Mit dem Gesocks will ich nix zu tun haben. Dat langhaarige Gesocks werden se beim Bund schon einnorden. Da inne Siedlung wohnt nur Gesocks. Braunes Gesocks!* Älter ist die Bezeichnung *besser Gesocks* für die oberen Stände.

Das Wort beruht auf der besonderen Verwendung von Socke in den Dialekten. Die ist dort nicht nur ein Strumpf, sondern auch eine »männliche Person, die sich ungebührlich benimmt«, ein »liederlicher Kerl«, eine »zweifelhafte Frau«, ein »antriebsloser Mensch« oder sonst eine zu verachtende Person. In der Umgangssprache finden diese Bedeutungen noch ihren Reflex in der *armen Socke: Der Willi hat bei dem Irmgard nix zu lachen, der is ne ganz arme Socke!* Von diesem Bedeutungsspektrum ist es zum *Gesocks* nicht mehr weit. Die Frage ist nur, wie die *arme Socke* zu diesen negativen Konnotationen gekommen ist. Eventuell hat hier wie so oft das Jiddische und Rotwelsche mitgespielt, die den Soken als »bejahrten Menschen, Greis« kennen.

Auch der **Sockenschuss** in der Wendung *einen Sockenschuss haben* »dumm, bescheuert oder auch dreist sein« *(Du hass wohl en Sockenschuss, hier in dem Aufzuch aufzukreuzen)* dürfte hier seinen Ursprung haben. Die Mundarten kennen den *Sockenschuh, Sockenschuck* als »wollenen Hausschuh für den Winter mit Schnalle zum Schließen«, unter Einfluss der negativen Bedeutungen ist daraus der lustige *Sockenschuss* verballhornt (durch *einen Schuss haben* »bescheuert sein« beeinflusst). Die auch bei Wikipedia verbreitete Geschichte der gesondert gekennzeichneten linken Socken in Wäschereien ist eine alte Wanderlegende.

Duden 1999 4/1491; Kluge 2011 354; Küpper 292; PfWb 6/140; Post 1992 217; RhWb 7/181; Werner 145; Wolf 1956 5376; http://www.duden.de/rechtschreibung/Gesocks; https://de.wikipedia.org/wiki/Sockenschuss

Gewatt, Jewatt in der Wendung *int* oder *ausem Gewatt kommen* »etwas in Angriff nehmen, umsetzen« *Ich glaub ja nich, dat unser Sohn mal int Gewatt kommt un sich anner Uni einschreibt. Int Gewatt kommen* hat auch die Bedeutung »sich einspielen« *Immer wenn ich mitm Fahrrad inen Urlaub fahr, brauch ich drei Tage, um int Gewatt zu kommen.*

Es überrascht, dass dieses exklusiv zentralrheinische Wort in der Umgangssprache des Rheinlands überlebt. Es ist nur hier in ebendieser Bedeutung im Dialekt belegt. Eine Deutung ist schwierig: *Gewatt* kann auch »eine lange Reihe gemähtes Gras« bedeuten, im Limburgischen als *gewade* üblich; damit wäre die ursprüngliche Bedeutung »in der Reihe bleiben beim Mähen«.

Debrabandere 2011 124 u. 130; MmWb; RhWb 9/315

gibbeln albern lachen, kichern; mundartliche Varianten im Rheinland sind *geifeln, jiffeln, jiefeln, gibberen/giebelen* (in der niederländischen Provinz Limburg); meint vorrangig das alberne Kichern von Mädchen *Wenn die zusammen sind, sind die nur am gibbeln,* deshalb schreibt das Grimmsche Wörterbuch zu giggeln: »der *i*-vocal in allen diesen formen malt das hohe, mädchenhafte oder verhaltene lachen im gegensatz zum lauten, tiefen der formen mit *a* wie *gacheln* u. s. w.« Ableitungen sind **gibbelig** »zum Kichern aufgelegt« und **Gibbelstante** »kicherndes Mädchen« (mit den entsprechenden mundartlichen Lautvarianten).

Anders als Wrede meint, ist *gibbeln, jiefeln* kein »echt kölsch-ripuarisches« Wort, sondern weit verbreitet: im Niederländischen als giebelen und gijbelen, im Niederdeutschen als *gibbelen* »spotten«, im Englischen als gibber »Geschnatter« und sporadisch im Hochdeutschen als geifeln. Die mittelniederländische Urform gipen »den Mund verziehen, einen offenen Mund haben« verweist auf die gemeinsame Wortgeschichte mit dem niederdeutschen *gapen* »gaffen, mit offenem Mund dastehen«, das wiederum auf altgermanische Wurzeln zurückgeht.

Debrabandere 2011 130; de Vries 205; Grimm 5/2558, 2563 u. 7/7272; RhWb 2/1138 u. 1213; van Veen/van der Sijs 335; Werner 147; Wrede 2010 320

Glibber schleimige, eklig glitschige Masse *Der Glibber sieht aus wie Götterspeise. Bah, wat is dat denn von Glibber? Ich hab in irgend son Glibber gepackt. Beim Chinesen hasse nur immer son Glibber auf em Teller.* **glibbrich** *Ii, son glibbriger Schleim hier. Dat is mir zu glibberich, dat kann ich nich essen.* Sülze ist eine **Glibberwurst**.

Das Wort ist in den rheinischen Mundarten kaum verankert, im Niederdeutschen aber weit verbreitet, schon im Mittelniederdeutschen als glibberich, glipprich »schlüpfrig« belegt. Zugrunde liegt das mittelniederdeutsche Verb glippen, mittelniederländisch glibberen »ausgleiten, sich auf schlüpfrigem Grund bewegen« (im aktuellen Niederländischen glippen »ausrutschen«), das auch im Englischen seit dem 16. Jahrhundert als glibbery »schlüpfrig« und glib »aalglatt« weiterlebt. Hierzu gehört auch mittelhochdeutsch glipfen »ausrutschen«. Allen gemeinsam ist wohl eine germanische Wurzel *glippari »gleiten«. Man sieht, auch ein so ekliges Wort hat eine lange, in diesem Fall niederdeutsche Geschichte.

Grimm 8/1 u. 126; Paul 360; RhWb 2/1275; Schiller/Lübben 2/120; http://www.etymologiebank.nl/trefwoord/glippen

göbeln »sich übergeben, erbrechen« ist ein mittlerweile weit über die Grenzen des Rheinlands verbreitetes, aber dennoch typisch rheinisches Wort *Ich hab die ganze Nacht gegöbelt. Den nimmt doch kein Taxi, der göbelt denen doch die ganze Kiste voll.*

In den Mundarten des Rheinlands und der angrenzenden Niederlande meist kurz als *göbbeln, gobbeln.* Im Niederländischen schon im 17. Jahrhundert (gobelen, geubelen), gleichzeitig (1611) als dégober im französischen Sprachraum belegt (heute als dégobiller »kotzen«). In die rheinische Umgangssprache ist das Wort über das Limburgische gelangt.

Debrabandere 2011 133; Dubois/Mitterand/Dauzat 228; Küpper 301; RhWb 2/1292; Werner 150; http://www.etymologiebank.nl/trefwoord/gobbelen

gofeln rauchen *Kumma, dat Ullich gofelt sich einen.* **Gofel** Zigarette, Kippe *Hasse ma nen Gofel für mich?* Diese Sorte Zigarette findet man (wenn auch immer seltener) nur im Ruhrgebiet. Die Herkunft ist dunkel.

MmWb

golloch in der Wendung *golloch sein* »blöd, überflüssig sein« *Dat is doch widder golloch, wat du da machs!*

Wohl eine umgangssprachliche Entstellung aus dialektal *gollich, gölschig.* Das Adjektiv *gol* steht in vielen Mundarten für »schlecht, bitter, ranzig, verdorben«, früher war *Gollicht* »Unschlittkerze« weit verbreitet.

Bergmann 119; Grimm 4/1572 u. 8/677; RhWb 2/1294

gorrig geizig *Nu sei ma nich immer so gorrich!* In der Umgangssprache häufig zu hören, in den nordrheinischen und westfälischen Mundarten (hier zudem **jörrich, jorrich**) auch in der Bedeutung »mager, elend, schwächlich«. Diese Bedeutungsvariante erklärt die Wortgeschichte aus althochdeutsch gorag »armselig, mager« und mittelhochdeutsch gorec »mager, wenig«, die ältere, germanische Wurzeln haben. Die Mundarten bewahren hier also noch ein altes Wort in seiner ursprünglichen Bedeutung, während die Umgangssprache nur noch die daraus abgeleitete, übertragene Verwendungsweise kennt. Das südliche Rheinland kennt die Entsprechung **gur, gurrich** »geizig«, allerdings ist hier *karrig* (siehe dort) vorherrschend, zu dem auffallende lautliche und semantische Parallelen bestehen.

Das seit dem 16. Jahrhundert bekannte Gör »Mädchen« (auch: die Göre) kann im Übrigen durchaus in *gorrig* seine Wurzel haben (in der Bedeutung »die Kleine«).

Grimm 8/966; Kluge 2011 367; RhWb 2/1306 u. 1496; Schützeichel 129; Werner 152

Graf Koks Angeber, eingebildeter Stutzer; den Grafen gibt es mit vielen Titeln: *Graf Koks vonne Pannhütte* (Ziegelei), *vonne Müllkippe, vonne Aschenkippe, vonne Gasanstalt* oder *vonne Halde,* meist in Sätzen wie *Du läufst hier rum wie Graf Koks, un deine Alte muss malochen gehen!*

Warum *Graf Koks?* Eine originelle Erklärungsvariante führt die Bezeichnung zurück auf einen steifen, zylinderähnlichen Hut, den man allgemein *Koks* nannte. Er wurde gegen Ende des 19. Jahrhunderts von dem englischen Dandy William Coke populär gemacht. Noch heute gehört er zur Kluft wandernder Zimmermannsgesellen. Eine andere Ableitung bemüht das Jüdischdeutsche *gag* »Dach«, aus dem sowohl der Hut *Koks* als auch der *Keks* als Bezeichnung für den Schädel entstanden sein soll: *Du hass wohl nen weichen Keks!* (siehe *Keks*). Daneben gilt auch Kurt Tucholsky als sein Erfinder (der aber nur eine schon bekannte Wendung aufgegriffen hat) oder ein stutzerhafter Besitzer einer Berliner Gasanstalt als sein Vorbild. Die besten Chancen hat wohl die Erklärung aus *Koks* als »Unsinn, Geschwätz« (in dieser Bedeutung in Analogie zu Kohl, *Kappes* umgangssprachlich weit verbreitet) oder als »Geld« (in Analogie zu Kohle). Auf jeden Fall deuten die vielen fantasievollen Adelsprädikate eher auf eine Entstehung im *Ruhrpott* als auf eine Berliner Erfindung.

Duden 2008 426; Honnen 2008a 131; Kluge 2011 513; Küpper 443; MmWb; Wolf 1956 2837

grellich, jrellisch wütend, verärgert, aber auch »durchsetzungsstark« (zum Beispiel ein Kind, das seinen Willen nicht bekommt) *Dat Kleene is aber grellich!* **Grell** in der Wendung *einen Grell haben* »ärgerlich sein« *Dat Kind hat aber heute en Grell.*

Grellich ist man nur im zentralen Rheinland und am südlichen Niederrhein – und *grellich* sind nur Frauen oder Kinder. Hier bewahrt die Umgangssprache die alte Bedeutung von mittelhochdeutsch grel als »zornig, laut« und mittelhochdeutsch grellen »vor Zorn schreien«, die man im Hochdeutschen nicht mehr kennt.

RhWb 2/1391

Grielächer, Jrielächer Mensch mit hintergründigem Humor, aber auch Schadenfroher; das Verb *grielachen, jrielachen* ist heute fast nur in den rheinischen Mundarten zu hören, obwohl es überraschend viele Varianten gibt: nordrheinisch *grimlachen* »höhnisch lächeln«, niederländisch glimlach »stilles Lachen«, grimlachen »bitter lachen« und grijnslachen »den Mund spöttisch verziehen«, hochdeutsches (veraltetes) grimmlachen »zornig lächeln« und mittelniederdeutsches griflachen »spöttisch lächeln«. Das Wort ist eine Zusammensetzung aus lachen und *grimeln* (siehe dort).

Debrabandere 2011 137; Grimm 9/366; Honnen 2003 80; RhWb 2/1383 u. 1406; Schiller/Lübben 146; van Veen/van der Sijs 339; Wrede 2010 337; http://www.etymologiebank.nl/trefwoord/grimlach

griemeln, jriemeln schmunzeln, leicht grinsen *Wat griemels de, is wat? Wat gibbet hier zu griemeln?*

Auch hier bewahren die rheinischen Mundarten und die Umgangssprache ein Wort in einer alten Bedeutung, die in der Standardsprache schon lange verschwunden ist. *Jriemeln* hat gemeinsame Wurzeln mit Grimm, grimmig und grämen und geht zurück auf althochdeutsch gremman »zornig machen«, das auf noch ältere Formen wie gotisch gramjan und angelsächsisch grimetan »knirschen, den Mund verziehen« zurückgeht. Diese alte Bedeutung des Mundverziehens hat sich im Rheinischen *jriemeln* als »grinsen« wie auch im standardniederländischen gremelen erhalten.

Debrabandere 2011 137; Kluge 2011 369; RhWb 2/1405; Trübner 3/222 u. 240; Wrede 2010 337; http://www.etymologiebank.nl/trefwoord/gremelen2

Grillaschtorte, oft **Grillagetorte** geschrieben, ist eine Eissplittertorte oder eine Torte mit Halbgefrorenem (in neuester Zeit auch in anderen Variationen), die in einem eng umgrenzten Gebiet am Niederrhein und im westlichen Rheinland geliebt wird, außerhalb dieser Region ist sie unbekannt.

Die Herkunft des Namens ist völlig unklar. Zwar ist Grillage ein süddeutscher Fachausdruck für Krokant (der durchaus auf einer *Grillaschtorte* zu finden sein kann), aber das erklärt nicht das isolierte Vorkommen am Niederrhein. Sicher nicht zu französisch grille »Rost«.

Honnen 1998; Honnen 2008a 89

gripschen, gribschen gehen die Kinder im Bergischen Land und in Düsseldorf zu Sankt Martin, dann singen sie an den Haustüren und bitten um Süßigkeiten. Früher gab es zu diesem Anlass spezielle **Gripschlieder**.

Gripschen ist die rheinische Mundartvariante von »greifen« und bedeutet auch »raffen, zugreifen, stehlen«, weshalb man Handtaschen- und Smartphoneräuber neuerdings auch **Gripscher** nennt. *Gripschen* ist eine Intensivform (man könnte sagen: »verstärkende Variante«) von mittelniederdeutsch gripen »greifen«, das Mittelhochdeutsche kennt die Parallelform gripfen.

Lexer 1/1987; PfWb 3/448; RhWb 2/1413; Schiller/Lübben 2/148

griselig, jriselich geronnen, körnig; sowohl in den zentral- und nordrheinischen Mundarten als auch in der regionalen Umgangssprache: *Bah, den Pudding ess ich nich, der is ganz griselich.* **Grisel** *Dat is ja mehr Grisel als Hagel.*

Naheliegend ist die Verwandtschaft mit Grieß in seiner allgemeinen Bedeutung »Feinkörniges« (so das Grimmsche Wörterbuch). Da die mundartlichen Grieß-Varianten jedoch – im Gegensatz zu *griselich, Grisel* – alle Langvokal aufweisen, vermutet das Rheinische Wörterbuch ein eigenständiges, exklusiv rheinisches Mundartwort *Gris* »Geröll aus kleinen Steinen«, das sich auch in dem noch heute gebräuchlichen Kohlengris »Kohlenstaub« findet. Davon sind *griselich* und *griseln* »leicht schneien« abgeleitet. Exklusiv rheinisch ist das Wort jedoch nicht, im Niederländischen kennt man gruis als »zerbröseltes Material«, aus mittelniederländisch greus, groys »grober Sand«, das entlehnt ist aus französisch grès »Sandstein«, altfranzösisch groisse »Kieselstein«. Das wiederum geht auf ein altfränkisches *greot »Sand, Kiesel« zurück. Es ist also gut möglich, dass ein altes fränkisches Wort im Französischen über das Niederländische ins Rheinische zurückgewandert ist.

Gesondert zu betrachten ist **griseln** in der Bedeutungsvariante »schaudern, kalt überlaufen«, die eine eigene Geschichte hat. Hier liegt mittelniederländisches grisen »schaudern« und altenglisches agrisian »schaudern« zugrunde, die eine gemeinsame germanische Wurzel mit dem hochdeutschen Grusel haben.

Debrabandere 2011 137; Grimm 9/256, 280 u. 385; Honnen 2003 81; RhWb 2/1400 u. 1416; Verdam 230; Werner 156; Wrede 2010 338; http://www.etymologiebank.nl/trefwoord/gruis

Großkotz Angeber, Möchtegern *Der Großkotz wird sich noch umkucken, wennet ant Bezahlen geht.* **großkotzig** angeberisch *Kuck ma, wat der vonne großkotzige Karre fährt.*

Kotz ist eine umgangssprachliche Verballhornung von jiddisch kozin »Richter, Anführer, Reicher« (wohl im Berlinischen entstanden), *Großkotz* ist eine Steigerungsform.

Althaus 2006b 88; Gutknecht 2002 96; Kluge 2011 377; Küpper 309; Stern 117; Wolf 1956 2893

DIE »FARBE« GRÜN

Wie das Farbadjektiv »blau« ist auch »grün« Anlass für fantasievolle Volksetymologien, die die seltsamen Wendungen erklären sollen, in denen es erscheint. So kennen manche den Ursprung von *Ach du grüne Neune* zum Beispiel ganz genau: »Das Berliner Vergnügungslokal ›Coventgarden‹ in der Blumenstraße 9 hatte einen Eingang am ›Grünen Weg‹. Nach 1852 wurde das Lokal ein billiges Tanzcafé, in dem es ständig zu Handgreiflichkeiten kam. Die ›grüne Neune‹ wurde also eine volkstümliche Benennung des berüchtigten Lokals.« Allerdings ist diese Ableitung nicht ganz unumstritten: *Grüne Neune* »geht auf einen keltischen/germanischen Brauch zurück: ›Neunerlei Kräuter räuchern‹, oder als Schutzzauber. Die Zahl Neun symbolisiert die Vegetationskräfte und die neun Welten des germanischen Weltenbaumes. Der Ausruf ›Ach du grüne Neune‹ hat mit der Verteufelung der Vegetationsgottheit durch das Christentum zu tun« (Honnen 2008b 58).

Die bekannte *Grüne Minna* dagegen, in der früher Gefangenentransporte stattfanden, hat eine noch bemerkenswertere Geschichte: »Ich habe mal irgendwo gelesen, dass eine Frau namens Minna auf dem Jahrmarkt so lange Karussell gefahren ist, bis sie ganz grün im Gesicht war und sich dann direkt vor dem Standbild des Kaisers übergeben hat. Das war Majestätsbeleidigung und man rief die Polizei, die die im Gesicht immer noch grüne Minna in der Pferdekutsche, die für Gefangenentransporte bestimmt war, mitnahm. Diese Kutsche hieß ab sofort ›Grüne Minna‹, der Name wurde später für alle Gefangenenfahrzeuge übernommen« (auch alle Folgezitate siehe: Honnen 2008b 58f.). Eine andere Ableitung bemüht den alten gaunersprachlichen Wortschatz des Rotwelschen. Dort ist »grün« das Codewort für alles Unangenehme und Gefährliche, und das ist für manche Kreise eben die Polizei oder das Gefängnis. Deshalb hieß früher in Berlin die in der Antonstraße gelegene Strafanstalt »Grüner Anton«, obwohl es sich um ein eher graues Gebäude handelte (Wolf 1956 1936).

Wer einmal in der *Grünen Minna* saß, kam hinterher auf *keinen grünen Zweig* mehr. Auch diese Wendung wird – wie schon die *grüne Neune* – auf alte heidnische Glaubensvorstellungen bezogen: »Früher lebten in immergrünen Bäumen noch die ›guten Geister‹. Diese holte man sich seit dem 16. Jahrhundert in Form von Tannenbäumen in die Häuser. Wer sich den aber nicht leisten konnte, kam zu keinem grünen Zweig und damit auch zu keinem guten Geist.« Doch auch die christliche Kirche reklamiert diese Wendung für sich: »Wie jemand auf ›(k)einen grünen Zweig‹ kommt, lässt sich unter Hinweis auf das Kranzsingen erklären. Möglicherweise geht dieses Bild zurück bis auf Hiob, wo es heißt (15, 32): ›Bevor sein Tag kommt, welkt er hin, und sein Palmzweig grünt nicht mehr‹ (früher wurde z. T. übersetzt: und sein Zweig wird nicht mehr grünen).«

Auch die Wendung *dasselbe in Grün* hat angeblich einen konkreten Hintergrund. Hier spielt der alte Opel mit dem lustigen Beinamen »Laubfrosch« eine wichtige Rolle, der 1924 auf den Markt kam und ein schnuckeliger Zweisitzer war: »Zum ›Laubfrosch‹ findet man eine wirklich interessante Wortgeschichte. Den 1924–1928 hergestellten Zweisitzer ›Opel 4 PS‹ mit Spitzheck gab es anfangs nur in froschgrüner Lackierung. Es handelte sich dabei um eine Kopie des ›Citroën 5HP‹. Diesen gab es vorwiegend in der Farbe Gelb. Und nun gab es ›dasselbe in Grün‹.« Das ist eine wirklich gelungene, fast schon modellhafte Wortlegende, die jedoch auch schon Konkurrenz bekommen hat. Danach kommt die Wendung aus dem Eisenbahnwesen. Früher waren die Fahrscheine der ersten Klasse braun, die der zweiten Klasse grün. Am Bahnschalter hieß es daher: »Das Gleiche in Grün bitte.«

Die gaunersprachliche Bedeutung von »grün« als etwas »Unangenehmes, Verdächtiges« findet sich auch im Rheinischen. Wenn sich hier Menschen *nicht grün sind,* dann haben sie große Vorbehalte gegeneinander. Andererseits ist daraus aber auch das Gegenteil ablesbar, denn ohne die Verneinung wäre »grün« in diesem Zusammenhang ja »angenehm, wohlwollend«, was sich auch in der bekannten *grünen Seite* findet *(komm an meine grüne Seite).* Anders verhält es sich mit der Wendung *nicht mehr grün werden,* die die Unmöglichkeit einer Situation bezeichnet, nach einem Schicksalsschlag oder einer Krankheit wieder auf die Beine zu kommen. Hier spielt die allgemeine Bedeutung von »grün« als »jung, frisch, unversehrt« eine Rolle, die im Rheinland in dem chauvinistischen Spruch mündet: *Munch al Juffer get näs grün, wenn se soll en Braut gen* (viele alte Jungfern werden wieder unversehrt, wenn sie eine Braut werden).

Auch um den Gründonnerstag ranken sich eine Reihe von Herkunftslegenden. Die älteste deutet das Wort als »Tag, an dem geweint wurde«, als »Klagedonnerstag«, und verweist damit auf mittelhochdeutsch grinen »greinen, weinend den Mund verziehen«, aus dem volksetymologisch der »grüne Donnerstag« wurde. Allerdings war der Gründonnerstag eigentlich von alters her eher ein Freudentag, weil »die mit grünen Zweigen geschmückten Büßer ... im Mittelalter am Donnerstag vor Ostern von ihren Sünden losgesprochen wurden« (Döring 145). Sie waren wieder »grün«, also »frisch, erneuert, sündenlos« wie die rheinischen Jungfern. Auch daher soll der Feiertag seinen Namen bekommen haben (http://gfds.de/gruendonnerstag/).

Eine andere Erklärung bemüht die grünen Paramente, die früher (neben weißen) am Donnerstag vor Karfreitag im Gottesdienst getragen wurden (Bächtold-Stäubli 3/1187). Allerdings scheint das eher die Ausnahme gewesen zu sein. Lustig ist die Herleitung aus den Essgewohnheiten am Gründonnerstag. Die sind nämlich tatsächlich grün: »Heilsam und vorgeschrieben ist der Genuß bestimmter Speisen. Besonders muß grünes Gemüse verzehrt und in ihm die frische Kraft des Frühlings aufgenommen werden, Salat, Kohl, Nesseln und junge Triebe von allerlei Pflanzen ... Oft nimmt man sieben-, neun-, zwölferlei Kräuter. Wer nicht neunerlei Kräuter ißt, bekommt das Fieber« (Bächtold-Stäubli 3/1187f.). Da diese Speisen im Einklang mit dem Fastengebot stehen und gleichzeitig frühjahrstypisch sind, müssen hier wohl keine namensgebenden vorchristlichen Vorstellungen bemüht werden. Vielmehr dürften die farblich passenden Speisen eher umgekehrt in Anlehnung an den Namen Gründonnerstag Tradition geworden sein. Der ist jedenfalls als »grüene donnerstac« seit 1200 belegt. Die Bezeichnung hat wohl mit der »grünen Woche« zu tun, wie die Karwoche auch genannt wird. So wie der Palmsonntag auch »grüner Sonntag« genannt wird, trägt der auf ihn folgende Donnerstag ebenfalls diese Farbbezeichnung. Ursprung ist der Brauch, den Gottesdienst am Palmsonntag mit grünen Zweigen zu begehen in Erinnerung an den Einzug Jesu in Jerusalem, als ihm mit Palmzweigen gehuldigt wurde (Kluge 2011 378). Aber so ganz genau weiß man es eben nicht – die Farben in der Alltagssprache sind sehr tiefgründig.

Gruschel oder **Groschel,** mit unzähligen rheinischen Lautvarianten (**Knurschel, Kroschel, Grünschel, Krischel, Drüschel** und so weiter), ist die Stachelbeere und gehört zu den vielen im Rheinland so beliebten Beerenwörtern. Alle Varianten gehen zurück auf die altfranzösischen Formen grosele, groisele, aus denen das moderne französische Wort groseille »Johannisbeere, Stachelbeere« entstanden ist. Interessant ist, dass die altfranzösischen Formen wahrscheinlich wiederum auf eine altfränkische Vorform *krusil zurückzuführen sind. Dann wäre das lateinische grossularia erst daraus entstanden und eines der wenigen Beispiele für ein fränkisches Lehnwort im Galloromischen. Die Variante *Grünschel* ist wohl als volksetymologische Verballhornung entstanden: *Grünschel* aus Grün Schell (Frucht mit grüner Schale). Da die Stachelbeere schon viel früher kultiviert wurde, ist die spätere Kulturpflanze Johannisbeere in manchen Regionen ebenso benannt worden.

Lausberg/Möller 7; Post 1982 217; RhWb 2/1423

H

Halfjehang ist ein schöner Beleg für die oft zu hörende Behauptung, die Mundart sei viel bildhafter und anschaulicher als das Hochdeutsche. Man könnte auch sagen: viel unverblümter und direkter. Nach der Definition des Rheinischen Wörterbuchs ist ein *Halfjehang* ein »nachlässig, halbgekleidetes Weib«, aber »auch wohl von einem Manne«. Heute bezeichnet man mit *Halfjehang* jedoch ganz allgemein einen Menschen, der keinen Wert auf gut sitzende Kleidung legt. In den 1960ern und -70ern war *Halfjehang* ein beliebtes Schimpfwort für hippiemäßig gekleidete und langhaarige Jugendliche *Als son Halfjehang gehste mir nich vor die Tür!,* was beweist, dass *Halfjehang* auch in der Umgangssprache gebräuchlich ist. Das Wort kennt man im Gebiet zwischen Moers und Bonn.

Eigentlich bedeutet das Wort »Halbgehangen« oder »Halbgehängter«, weshalb es auch eine treffende Bezeichnung für einen dünnen Menschen ist, dem die Kleider nur so am Leib schlottern. Plausibel deshalb der Kommentar einer Bonnerin anlässlich einer Modenschau in einem Kaufhaus *Dat sin doch alles Halfjehangs!,* was streng genommen grammatikalisch nicht ganz korrekt ist, denn von *Halfjehang* gibt es eigentlich keinen Plural.

Honnen 2003 82; RhWb 3/126; Wrede 2010 350

Hallas Ärger, Krach, Radau, Spektakel *Mach bloß kein Hallas jetz, hau lieber ab. Am Samstach is Hallas in der Westfalenhalle, da steigt ne Riesensause.* Eine große alljährliche Comedy-Veranstaltung in Dortmund nennt sich »Watt'n Hallas«.

Hallas ist in vielen Rotwelschdialekten belegt und in der Gaunersprache weit verbreitet. Von dort ist das Wort wohl in die Umgangssprache gelangt. Der Ursprung liegt im Polnischen, dort bedeutet halas »Lärm, Getöse«.

Fellsches/Gronemann 62; Fellsches/Schnieber 65; FrankfWb 6/1042; Honnen 1998a 143; MmWb; RhWb 9/1280; Siewert 1993 45; Wolf 1956 2028

Halligalli ausgelassene Stimmung, buntes Treiben, Action *Heute abend gehn wir aufe Piste, da machen wir ma richtich Halligalli! Da war aber echt Halligalli inne Bude* (Aufregung).

Um das Wort ranken sich mehrere Entstehungslegenden; so soll es auf den Namen eines Kirmeskarussells (Hullygully) in den 1970er- oder einen Modetanz der 1960er-Jahre zurückgehen. Wahrscheinlich Übernahme eines englischen Modeworts: hulligulli »Party, Aufruhr«.

http://www.duden.de/rechtschreibung/Halligalli

Halve Hahn ist ein im Rheinland berühmtes Kneipengericht, in Köln ein *Röggelchen* mit mittelaltem Holländer, Senf und Zwiebelringen, in Düsseldorf dasselbe mit Harzer Käse.

Zu der Spaßbezeichnung gibt es in Köln mehrere Entstehungslegenden, das Grundgerüst einer vielzitierten Variante erzählt Wrede: »Die Bezeichnung verdankt ihren Ursprung der humorvollen Täuschung, die ein *kölscher Jrielächer* im 19. Jh. an seinen Freunden in fröhlicher Runde in einer *kölschen Weetschaff* beging, als er jedem einen knusprig gebratenen halben Hahn zu spendieren verhieß, aber nach Verständigung mit dem *Köbes*... je ein *Röggelchen met Kies*... auftischen ließ.«

Abgesehen davon, dass Hähnchen im 19. Jahrhundert nicht zu den Kneipengerichten zählten, kennt man Hahn (hier Truthahn) seit dem 19. Jahrhundert auch in Thüringen und Sachsen als Bezeichnung für ein Gericht aus Käse, Brot und Butter. Die Entstehung im Rheinland ist also keineswegs sicher, allerdings ist der *Halve Hahn* heute eine typisch rheinische Spezialität.

MmWb; Nail 2011; RhWb 3/94; Stauff; Wilhelm 190; Wrede 2010 347 u. 349

Hämmchen, Hämmche Eisbein, Vorderhachse des Schweins, auch Hinterkeule, Eisbein (im gebratenen oder gekochten Zustand) *Ich hätt ma wieder Lust auf son richtich fettes Hämmchen.* Ein kölsches Nationalgericht ist *Hämmche met suure Kappes.*

In England und den Niederlanden ist ham als »Hinterbein des Schweins, Schinken« hochsprachlich, was erste Hinweise auf die Herkunft des Wortes gibt: mittelhochdeutsch, mittelniederdeutsch und mittelniederländisch hame »Kniekehle«, aus althochdeutsch hamma »Hinterschenkel, Kniescheibe«. Zugrunde liegt ein spätgermanisches *ham(m) mit der Grundbedeutung »gebogen, krumm«, das vielleicht sogar mit griechisch skambós »krumm« und knéme »Schienbein« verwandt ist. Auch der **Hamen** als Zugvorrichtung für ein Gespann (aus einem gebogenen Holz) hat hier seinen Ursprung. Das *Hämmchen* hat als ehemals weitverbreitetes Wort nur im äußersten Westen des deutschen Sprachraums überlebt, überall sonst isst man den ebenfalls sprachlich alten Schinken.

Grimm 19/309; RhWb 3/172; Wrede 2010 352; http://www.etymologiebank.nl/trefwoord/ham1

Hanak, Hannack Scherzbold, Schlingel, leichtfertiger Mensch, durchtriebener Typ *Der Hannack hat sein Auto met Wandfarbe anjemalt. Och nö, dat dat Anna jetz met dem Hannack jeht, dat is aba schad.* **Hannackenpack** ist entsprechend das »Gesindel«.

Das Wort wird allgemein zur mährischen Landschaft Hanna bei Olmütz und ihren als Hanneken bezeichneten Einwohnern gestellt mit der Begründung: »Mindergeltung wegen des schwelenden Abwehrkampfes der deutschsprechenden Böhmen gegen die Minderheiten der tschechischen Volksstämme«, was irgendwie nicht ganz logisch zu sein scheint. Da das Wort hannik als »Lümmel« auch im Niederländischen erscheint und dort vom Vornamen Johannes abgeleitet wird, scheint der Bezug zu mährischen Einwohnern wohl eher bestimmten Traditionen geschuldet zu sein. Deshalb ist eine andere Herleitung mindestens ebenso wahrscheinlich: In manchen Mundarten und in Flandern wird die Dohle (seltener der Rabe) *Hanneka, Hanneken* oder *Hannek* genannt (als Verkleinerungsform von Johann). Da der Vogel als tierischer Inbegriff des Schlingels gilt, ist wohl hier die Herkunft des *Hannacks* zu suchen.

Bergmann 131; Küpper 323; PfWb 3/634; RhWb 3/187; Suolahti 189; Wrede 2010 354; http://www.etymologiebank.nl/trefwoord/hannik

happig übertrieben, unbescheiden, unmäßig *Dat is aber ganz schön happich, wat der sich da geleistet hat. Die ham aber happige Preise hier!* Auch »groß, viel, umfangreich« *Die Portionen waren so happich, da konnten zwei von satt werden. Mer ham dis Jahr happisch Äppel auf de Bäume, dat wiet happisch Kompott geben für der Winter. Happig* gehört zu Happen und **Häppchen, Häppken** »Kleinigkeit zu essen«, das in der rheinischen Umgangssprache fest verankert ist *Ers ma en Häppken essen! Dat war doch nur en klein Häppken.* Oft wird es auch in Unkenntnis moderner Buffetgepflogenheiten verwendet: *Die hatten nur so komische Häppken zu essen.* Heute findet man das *Häppken* sogar schon auf Speisekarten *(Häppken auf Toast)* oder in Reisetipps *(vom kleinen Häppken bis zur Münsterländer Kaffeetafel).* Weitere Verwendungen: *Der is wohl en Häppken dösig,* also in der Bedeutung von »etwas«. Wer etwas *in Häppkes, in Häppkens, in kleinen Häppchen* oder *häppschensweise* tut, der macht es in kleinen Schritten oder verwendet eine Salamitaktik: *Ich weiß nich, datte na Amerika auswandern wills, dat musde de Mutter abba in Häppkes beibringen.*

Happig ist eine Ableitung aus Happen »großes Stück«, die in der Bedeutung »gierig, unbescheiden« erstmals 1797 im Niederdeutschen auftaucht, wohl angelehnt an das niederländische happig, das schon um 1650 belegt ist. Älter ist das selten zu hörende Verb happen »mit dem Mund nach etwas greifen, beißen«, das im Niederländischen 1588 erstmals erscheint (der Happen ist also das »abgebissene Stück«), im Französischen jedoch schon im 11. Jahrhundert als happer »wegschnappen« belegt ist. Dies ist auch der einzige Hinweis auf ein mögliches hohes Alter der Wortfamilie, die allgemein auf eine Lautgebärde beim Zuschnappen des Mundes zurückgeführt wird. Falls das französische happer ein niederländisches Lehnwort ist (mittelniederländische oder mittelniederdeutsche Parallelformen aus dieser Zeit sind leider nicht bekannt, die Verbreitung der Wortfamilie legt diesen Schluss jedoch nahe), dann kann man ein germanisches Adjektiv *happa »anteilig« annehmen, das auf die indogermanische Wurzel *kehp »fassen« zurückgeführt werden kann, die auch für lateinisch capere »fassen, nehmen« verantwortlich ist.

Der neuerdings in Mode gekommene **Haps** »kleiner Bissen, kleine Portion« – *Dat is ja nur mehr en Haps für dat Vieh. En kleiner Haps für zwischendurch* – ist eine Rückbildung aus hapsen »gierig essen«, einer Variante von happen analog zu jappen gegenüber japsen »nach Luft schnappen«.

Kluge 2011 394; Neri / Ziegler 85; Pfeifer 2/646; RhWb 3/247; Wahrig 3/407; http://www.etymologiebank.nl/trefwoord/happen

Harke in der Wendung *jemandem zeigen, was eine Harke ist* »jemandem den Standpunkt klarmachen« wird allgemein zu jiddisch horik, horeg »Mörder«, hebräisch harag »töten« gestellt, womit die Phrase eigentlich einen gefährlichen Unterton haben soll. Die Wendung selbst ist im Jiddischen jedoch nicht bekannt, und weder harig, horik noch harigen »töten« sind außerhalb des Rotwelschen umgangssprachlich geworden (die mundartlichen Belege bei Stern beziehen sich ausnahmslos auf mundartlich *Hork* »Fastnachtsmaske« und haben nichts mit jiddisch horik zu tun). Zudem ist die Wendung seit dem 16. Jahrhundert belegt und als spätmittelalterliches Schwankmotiv vielfach bezeugt, sodass die oft belächelte Herkunftslegende vom arroganten Bauernsohn durchaus glaubhaft erscheint: Der aus der Fremde heimkehrende Bauernsohn kennt angeblich die Harke nicht mehr, bis er versehentlich auf ihre Zinken tritt und das gegen seinen Kopf schnellende Gerät als »verdammte Harke« verflucht.

Anmerkung: Auch das Adjektiv **haarig** (eine haarige Angelegenheit) wird auf jiddisch harigen »morden« zurückgeführt; aber auch hier ist die einfache Ableitung aus haarig als »borstig, widerspenstig, kratzend« wohl zielführender.

Bergmann 132; Grimm 10/478; Küpper 315 u. 328; PfWb 3/1268; RhWb 3/821; Stern 94; Trübner 3/262 u. 330; Weinberg 67; Wolf 1956 2069

Hasenbrot wurde vom Vater von der Arbeit (auf dem Feld oder im *Pütt*) wieder mit nach Hause gebracht: *Mann, hab ich Kohldampf! – Da is noch en Hasenbrot vom Vatter!*

Im Rheinischen Wörterbuch liest man dazu: »Butterbrot, das man mit aufs Feld (auf die Reise, Jagd) nimmt u. unberührt wieder zurückbringt u. den Kindern gibt, wobei man sagt, man habe es einem Hasen abgenommen, nachdem man ihm Salz auf den Schwanz gelegt habe ...« Die Legende kann unterschiedliche Ausprägungen haben (ein Hase ist darübergelaufen, ein Hase hat es angebissen und so weiter). Analog gibt es die Bezeichnung **Vogelbrot**, »in das die Vögel hineingepfiffen haben«.

PfWb 3/682; RhWb 3/285

hauschnau plötzlich, schnell, kurz angebunden, wenig Umstände machend, lieblos *Die sin da wat hauschnau in dem Krankenhaus. Bei denen geht dat immer hauschnau.* Die umgangssprachliche Variante von mundartlich *met Hau un Schnau* »schroff, barsch«. *Schnau* gehört zu mundartlich *schnauen* »jemanden derb anfahren« (zu niederländisch snauwen »jemanden hart anfahren«), *Hau* »Hieb, Schlag« (zu hauen) hat im Rheinischen auch die Bedeutung »schlagende Antwort, Rüge«.

Bücher 411; RhWb 3/322 u. 7/1564; Wrede 2010 363; http://www.etymologiebank.nl/trefwoord/snauwen

Heckmeck Getue, Umstände *Nu mach ma nich son Heckmeck hier. Lass den Heckmeck! Wat dat immer fürn Heckmeck is, wenn ich einmal im Jahr ma für zwei Tage weg will.*

Um *Heckmeck* ranken sich viele Legenden. So soll es aus türkisch ekmek »Brot« (gerufen von hungernden türkischen Soldaten in den Türkenkriegen) entstanden sein, aus arabisch haqi milki (angebliche Forderungsfloskel von Juden bei Kreditverhandlungen im Mittelalter), aus niederrheinisch **Hickemick** (mechanische Bremse am Pferdewagen, aus *Hemme* und französisch méchanique), als »affektive Verdopplung mit Anschluss an meckern« oder aus jiddisch hakol bakol »alles miteinander«.

Hinweise auf die wahrscheinliche Geschichte gibt das Rheinische Wörterbuch mit *Hackemack* »Mischmasch, Gesindel« und das alte Dortmunder Wörterbuch von 1877 mit dem Stichwort *Hack und Mack* »wertloses Zeug«. Das verweist auf älteres Haggamagga sowie hak und mak, das seit dem 15. Jahrhundert vielfach belegt ist als »Plunder, Pöbel, dummes Gerede«, ursprünglich wohl »Gehacktes, Durcheinander«. Die Bedeutung »Getue, Aufwand« scheint eine Entwicklung im Westfälischen und Niederrheinischen zu sein.

Bergmann 137; Döppen 99; Honnen 2008a 93; Küpper 335; Mengel 41; RhWb 3/37; Röhrich 2/686; Stern 93; Winschuh 126; Wolf 1956 2010; http://www.duden.de/rechtschreibung/Heckmeck; http://etymologie.tantalosz.de/h.php

Heiermann (Fünfmarkstück) ist ein Wort mit vielen schönen Herkunftslegenden. Es wird als *Heuermann gedeutet (weil Seeleute früher angeblich fünf Mark als Handgeld erhielten) oder als *Heiamann (weil der Hurenlohn früher fünf Mark betragen habe) und vom Familiennamen Heiermann abgeleitet (weil die ehemals adelige Familie ihren Titel verkaufen musste). Die bislang überzeugendste Herleitung nimmt eine Übernahme aus dem Rotwelschen an. In vielen Händlersprachen steht jiddisch heh (als he oder hai; he ist der Name des fünften Buchstaben im hebräischen Alphabet) für das Zahlwort fünf, Bildungen auf -mann sind in der gesprochenen Sprache häufig.

Duden 1999 2/927; Grimm 19/891; Honnen 2008a 96; Kluge 2011 404; Küpper 335; Spohr 84

Heiopei, Haiopai (liebenswerter) Blödmann *Ey du Heiopei, kanns de nich aufpassen? Der Heiopei is doch glatt vor die Glastür gerannt.* Auch Bezeichnung für ein schwächliches Bürschchen, nicht ganz ernst zu nehmender Typ *Wat bis du denn von Heiopei? Der Heiopei hat die Sache schon wieder vermasselt.* Ein *Heiopei* ist zwar eine schwache Persönlichkeit, aber man ist ihm nicht böse dafür.

Die schönste Wortgeschichte geht so: »Das Wort Heiopei stammt ursprünglich von dem Großfürsten Hans Joachim Pei, kurz Hajo Pei. Dieser war nicht der Hellste und Schnellste. Im Laufe der Jahre hat sich die Schreibweise von Hajo Pei zu Heiopei bzw. Haiopei geändert.« Die wahrscheinlichste Ableitung führt zu Heiapopeia als Synonym für ein Wiegenlied seit dem 19. Jahrhundert. Ein *Heiopei* ist demnach ein Mann, der eigentlich ein Kind geblieben ist.

Duden 1999 2/927; Grimm 10/891; Honnen 2008a 98; Küpper 335; MmWb

heischen ist im Rheinland eines von vielen Verben für den auch heute noch beliebten Brauch, zu bestimmten Anlässen (Martinsfest, Neujahr, Ostern, Halloween, Junggesellenfeste) an den Haustüren um Gaben zu bitten (siehe deshalb auch *kötten, gripschen, schörzen* und *dotzen*), weshalb Kulturanthropologen auch von Heischebräuchen sprechen.

Mal wieder bewährt sich hier das Rheinische als Schatztruhe alter Wörter, die im Standarddeutschen und auch in anderen Regionen bereits untergegangen sind. Nur in älterer Literatur findet man noch Sätze wie »Er heißt ihn einen Mörder« (nennen), »Sie heißt ihn zu gehen« (auffordern, befehlen) oder »Er heischt um Anerkennung« (bitten). Diese eigentlich sprachgeschichtlich zu trennenden Verben sind in den rheinischen Mundarten im Verb *heische(n)* zusammengefallen, das alle diese Bedeutungen haben kann. Aus der Variante »bitten« ist hier mit der Zeit »betteln« und »Gaben einsammeln« geworden, die in den Dialekten wohl wichtigste Bedeutung, wie die vielen Komposita zeigen: *Heischbagasch* »Bettelpack«, *Heischefrau, Heischemöhn, Heischemärg* »Bettlerin« oder *Heischemann, Heischejude* »Betteljude« und *Heischejunge.* In der aktuellen rheinischen Umgangssprache ist jedoch einzig die Bedeutung »Gaben sammeln« ohne den abwertenden Unterton übrig geblieben.

Die beiden im Rheinischen zusammengefallenen mittelhochdeutschen Verben sind (h)eischen, althochdeutsch eiscon »fragen, fordern«, und heizen, althochdeutsch heizzan »nennen«. Beide sind uralt, *heischen* kann auf altfränkische Wurzeln zurückgeführt werden, die indogermanische und sogar altindische Parallelformen haben; ähnlich hat heizen germanische Wurzeln und griechische sowie altindische Vergleichsformen. Bleibt zu hoffen, dass das altehrwürdige *heischen* auch in Zukunft im rheinischen Brauchleben eine Überlebenschance hat und nicht wie seine Brüder hier ebenfalls in Vergessenheit gerät.

Kluge 2011 407; RhWb 3/474; Trübner 3/393; Wrede 2010 369; http://www.duden.de/rechtschreibung/heischen

Hengersch, Hängersch, Hingersch Hintern *Tu deinen fetten Hingersch da weg! Dein Hängersch hat heut Kirmes.*

Das durch eine Fernsehserie berühmt gewordene Wort (als Ortsname) hat mit *Hängarsch nichts zu tun, sondern ist die substantivierte rheinische (velarisierte) Form von hinten, hinters, hinterste: *hinger, henger, hingersch, hengersch.* (Zur Velarisierung siehe das Stichwort Büggel.)

RhWb 3/662

herm, härm als *Och härm!* im Aachener Land ein Ausruf des Mitleids oder Bedauerns. Die Wendung, die als typisch für die Region gilt, ist entstanden aus dem Ausruf ach und dem Mundartadjektiv *ärm* »arm«. Da die Wortgrenzen nicht mehr erkennbar waren, wurde aus *ärm* schließlich in Anlehnung an härmen (wie in abgehärmt aussehen) im Bewusstsein der Sprecherinnen und Sprecher die Wendung *Ach härm!* In Erkelenz gibt es deshalb als Schimpfwort für einen Neider auch die substantivierte Variante *Och-hörmer.*

Hermanns 190; RhWb 3/262

Herzkasper als Herzinfarkt oder Rhythmusstörung des Herzens ist eine Verballhornung von *Herzklabastern* (siehe *klabastern*).

hibbelig, hippelig unruhig, zappelig, nervös, hyperaktiv *Mann, wat bis du hibbelich, sitz doch ma still! Ich bin ganz hippelich vor Aufregung.* Ein *hibbeliger* Mensch ist entsprechend ein **Hibbel, Hippel.** Das Wort ist in der rheinischen Umgangssprache und im niederdeutschen Raum weit verbreitet, wird aber vom Rheinischen Wörterbuch offenbar nicht zum mundartlichen Wortschatz gezählt. Das ist umso verwunderlicher, als hier im westlichen Kernland die *Hippe* »Ziege« (oft *nervöse Hippe*) geradezu sprichwörtlich als Bezeichnung für ein nervöses Mädchen geworden ist (siehe *Hippe*). In Köln versteht man unter *hippeln* »wie eine Hippe in kurzen Schritten laufen«. Dieser Ableitung aus der *Hippe* steht allerdings das Verbreitungsgebiet von *hibbelig* entgegen, das weit über die Heimat der Ziege hinausgeht. Deshalb muss – aus rheinischer Sicht: leider – auch die Herkunft von einem Mundartverb *hippeln* als Variante von hoppeln, hüpfen erwogen werden, das in den niederdeutschen und mitteldeutschen Dialekten bekannt ist.
Küpper 344; Wrede 2010 381; http://www.duden.de/rechtschreibung/hibbeln

Hick, Hickepick, Hickeschlick ist – vorrangig am Niederrhein und im Münsterland – ein Schluckauf. Wie so oft bei Wörtern im niederfränkischen Sprachraum hat das Wort eine niederländische Entsprechung: hik »Schluckauf« und hikken »den Schluckauf haben«; auch das Englische kennt das lustig klingende Wort als hiccups oder hiccough. Und da es sogar in norwegischen Dialekten zu finden ist, kann der *Hick* oder *Hickepick* keine niederrheinische Eigenentwicklung sein. Im Gegenteil hat sich hier im Dialekt und noch in der Umgangssprache ein Wort gehalten, das in den sprachlich verwandten Nachbarländern zur Hochsprache gehört, das aber im deutschsprachigen Raum sonst verschwunden ist, obwohl es hier offensichtlich einmal weiter verbreitet gewesen sein muss. Denn schon im Mittelniederdeutschen ist der huckup als »Schluchzen, Schluckauf« belegt, das Mittelenglische kennt hickock und das Mittelniederländische das Verb hikken »nach Luft schnappen«. Das ist verwandt mit dem niederländischen hijgen »schwer atmen, keuchen«, das wiederum auch seine Entsprechung im Niederdeutschen hat: *hichen, higen* »schwer atmen« mit noch älteren, aber schwer zu eruierenden Wurzeln. *Hick* und *Hickepick* sind also die letzten Inseln eines niederdeutschen Wortes am Niederrhein und im Münsterland, das überall sonst im Meer der *Schlicks, Schlickse* und Schluckaufs untergegangen ist.

de Vries 257; Hoad 216; RhWb 3/620; Schiller/Lübben 2/264 u. 325; van Veen/van der Sijs 378

hicken, hinkeln das Hüpfspiel *Solln wer hinkeln?* spielen, in einem auf den Boden gemalten Spielfeld, dem **Hickkasten.**

Die Mundarten bewahren hier alte Formen des Verbs hinken: mittelhochdeutsch hickeln »springen, hüpfen«, mittelniederländisch hinckelen »auf einem Bein hüpfen«.

Debrabandere 2011 152; Lexer 1/1280; RhWb 3/655; http://www.etymologiebank.nl/trefwoord/hinkelen

Hipken kleines Küchenmesser, eine Verkleinerungsform der **Hippe** oder **Häpe** »Haumesser, Stielsichel«; aus althochdeutsch habba, happa, mittelhochdeutsch heppe »Sichel, Gärtnermesser«.

Pfeifer 2/693; RhWb 3/242

Hippe als »Ziege« ist in den niederrheinischen Mundarten rechts des Rheins, im Ruhrgebiet, in Westfalen und als *Heppe* in Thüringen verbreitet. Man findet sie aber auch sporadisch im zentralen Rheinland, zum Beispiel in Köln, wo sie eigentlich als Geiß oder *Jees* bekannt ist. In der Umgangssprache kommt die *Hippe* im übertragenen Sinn als *magere Hippe* »dünne Frau, dünner Mensch«, *nervöse Hippe* oder als *Hippengestell* »sehr dünner Mensch« vor. Daneben gibt es das *Hippeland,* das ist am Niederrhein da, wo man eigentlich nicht hinwill, weil dort nur noch Ziegen zu finden sind, ein Synonym also für das platte Land.

Das Wort wird in den Dialekten eher als Lockruf für die Ziege denn als Gattungsname gebraucht; oder es ist eine allgemeinere, abwertende Bezeichnung für ein mageres oder unbrauchbares Stück Vieh. Deshalb nimmt man vielerorts auch an, dass die *Hippe,* ähnlich der Entwicklung der *Miezekatze* aus *miez, miez,* auch aus dem typischen Lockruf, der weit verbreitet war, entstanden ist. Doch das Wort ist viel älter: Es ist verwandt mit dem Bestimmungswort in der *Habergeiß* (»Sumpfschnepfe«) oder im *Haberfeldtreiben* (ein brutaler Rügebrauch in Bayern). *Haber* ist ein altes Wort für den Ziegenbock, das schon im Altnordischen als hafr, im Altsächsischen als häfer, im Lateinischen als caper und schließlich im Griechischen als kápros belegt ist. Bei dieser Belegdichte kann eine indogermanische Wurzel mit Sicherheit vorausgesetzt werden. Einmal mehr bewahrt hier die rheinische Umgangssprache demnach ein uraltes Wort, das sich in der Standardsprache nicht hat behaupten können.

Drenda 139; Duden 1999 4/1620 u. 1829; Kluge 2011 418; König 211; RhWb 3/673; Wrede 2010 381

Hitte oder **Hitze** heißt die Ziege im Bergischen Land und Siegerland, liebevoll auch **Hättchen**; in Eupen ist die *alte Hätt* ein Schreckgespenst für Kinder.

Die *Hattel, Hättel* »Ziege« findet sich in vielen mitteldeutschen Dialekten, im Mittelhochdeutschen als hatele weit verbreitet. Frühere Belege gibt es nicht, aber altnordisch hathna »Ziege« lässt auf ältere Formen schließen (germanisch *hadn »Hüpfer«) – wie viele Tierbezeichnungen ist auch *Hitte, Hitze* ein altes Wort.

Neri/Ziegler 89; RhWb 3/303 u. 701

holzen heute in der Bedeutung »übermäßig hart beim Fußball einsteigen«, auch als übles **Geholze** »technisch unsauberes Gekicke« gebräuchlich.

Das Wort ist als »prügeln« seit etwa 1800 belegt; es ist eine der typischen studentensprachlichen Ableitungen, die es in der Standardsprache eigentlich nicht gibt, wie *büffeln* aus Büffel, *ochsen* aus Ochse, *bechern* aus Becher; so eben auch Holz und *holzen.*

Grimm 10/1769; Kluge 1895 67

hömmele viel, sehr viel, außerordentlich (groß) *Das ist hömmele weit wech. Dat sind hömmele Lü* (Leute) *auf der Straße.*

Himmlisch wird in den Mundarten als verstärkendes Adjektiv eingesetzt *(himmels gern, himmels lang, himmels leicht, himmels voll); hömmele* ist die westrheinische Lautvariante.

RhWb 3/640

Honk Trottel, Blödmann (fast nur in der Anrede) *Hau ab, du Honk! Ey du Honk, wat soll dat hier?* Steigerung ist der **Vollhonk.**

Im Rheinland glaubt man, dass hier der rheinische Hund Pate gestanden hat, der in seiner velarisierten Form als *Honk* gesprochen wird (wie Kind zu *Kenk*). Diese Lautung ist jedoch auf einen kleinen geografischen Raum beschränkt, den *Honk* als Schimpfwort kennt man dagegen im ganzen deutschen Sprachraum; er ist darüber hinaus erst in den 1970er-Jahren aufgekommen. Mögliche Erklärungen sind das Akronym für »Hauptschüler ohne nennenswerte Kenntnisse« oder die Entlehnung aus dem amerikanischen Schimpfwort honky (abfällig für »Weißer«). Beide Herleitungen befriedigen nicht richtig.

MmWb; https://de.wiktionary.org/wiki/Honk

hösch, häusch ist ein Adjektiv, das seiner Bedeutung »zart, leise, geräuschlos« auch lautlich gerecht wird, weil es wie dahingehaucht klingt: *Der Wind is nur ma ganz hösch, da kannsde keinen Drachen steigen lassen. Nu mach ma höschkes!* Dennoch ist das im Rheinland noch oft zu hörende Wort nicht lautmalend, sondern hat ganz handfeste sprachliche Wurzeln. Es ist im Rheinischen Wörterbuch unter dem Stichwort höfisch verzeichnet und geht zurück auf die mittelhochdeutschen beziehungsweise mittelfränkischen Formen hövesch, hovesch, die man mit »wie bei Hofe, fein, zierlich« übersetzen könnte. Auf die Rede oder Geräusche bezogen ist daraus die Bedeutung »still, leise« geworden. Im Grunde sind hövesch, hovesch nichts anderes als Eindeutschungen des französischen Wortes courtois »feingesittet, hofmäßig«, das die Lebensweise des französischen Hofes meint, der seit dem Mittelalter das Vorbild für den deutschen Adel abgegeben hat. Auf dieselbe Wurzel gehen auch die Adjektive höflich und hübsch zurück, deren ältere Bedeutungen sich auf das feine Benehmen und nicht auf das Aussehen bezogen. Das Niederländische kennt heus als »freundlich, höflich«.

Hierher gehört auch die Wendung *Tu mal häusch, wir ham noch Zeit* (nicht drängeln)!, die man im westlichen Rheinland hört.

Peters 42; RhWb 3/743; Werner 128; Wrede 2010 391

Hospes oder **Hosbes** ist im Rheinland ein unerfahrener, alberner Mensch; er kann aber auch ein Gefährte oder sogar ein guter Freund sein. Die dritte Bedeutung »Wirt, Hauswirt, Gutsbesitzer« führt schließlich zum Ursprung der Bezeichnung. Das ist der lateinische hospes »Gastgeber, Hauswirt«, der auch für das Hospital oder die moderne Hostess verantwortlich ist (und für die italienische Osteria). Allerdings scheint das Wort nicht direkt aus dem Lateinischen entlehnt zu sein, sondern über das Rotwelsche vermittelt. Dort ist der Hospes als Wirt mit oft zweifelhaftem Ruf hochfrequent. Auch in der Studentensprache ist er seit dem 18. Jahrhundert gebräuchlich als tölpelhafter Hauswirt, der fantasievoll um die Miete geprellt wird (daher die Bedeutung »albern«).

Bach 290; MmWb; RhWb 3/843; Werner 128; Wolf 1956 2240;
http://www.duden.de/rechtschreibung/Hostess

Hotte als »Rückentragekorb«; bis auf den Niederrhein im gesamten Rheinland und darüber hinaus bekannt als das typische große Tragegerät der Wanderhändler und Hausierer, aber auch für die Kiepe der Winzer an Nahe und Mosel. Das Wort ist deshalb interessant, weil es zwar eine Entlehnung aus den angrenzenden französischen Mundarten und mit dem Warentransport eingewandert ist, aber ursprünglich wohl auf ein fränkisches *hotta »Rückenkorb, Eimer« zurückgeht, das wiederum im romanischen Gebiet übernommen wurde. *Hotte* ist damit gewissermaßen eine Rückentlehnung aus dem Französischen in mittelhochdeutscher Zeit.

Grimm 10/1845; Post 1982 200; RhWb 3/850

Hucke, Huck oft auch **Hücksken** ist im Münsterland, Ruhrgebiet, Bergischen Land und am Niederrhein ein kleines, unscheinbares Haus, ein mieses Zimmer, eine Abstellkammer oder abgelegene Ecke. *In wat von Hücksken wohns du denn da? Die alte Hucke kannsde nur ma abreißen.* Das Wort ist in den regionalen Mundarten hochfrequent, die Hauptbedeutung ist dort »Ecke, Winkel« oder »kleines Stück (Acker)«. Genau diese Bedeutung hat das Wort auch im modernen Niederländischen, wie die Ortsnamen Hoek van Holland, der bekannte Fährhafen von Rotterdam (wörtlich »Ecke von Holland«), und die Region Achterhoek (wörtlich »hintere Ecke«) nordöstlich von Emmerich belegen. Das Wort ist im niederdeutschen Sprachraum entstanden, im Mittelniederdeutschen ist hok, hök und huk als »Winkel, Ecke« belegt, wobei es dort noch ganz neutral verwendet wurde: »... dat Franciscus to den veer hoecken van der werlt solde predigen.« Die Bedeutung »kleine Ecke, kleines Haus« entwickelte sich später, ähnlich wie das Wort Winkel heute auch einen kleinen Laden oder eine abgelegene kleine Ecke in einem Ort meinen kann.
de Vries 260; RhWb 3/867; Schiller/Lübben 2/283; van Veen/van der Sijs 380; Werner 129

Hucke in den Wendungen *die Hucke voll kriegen* »verprügelt werden« oder *sich die Hucke vollsaufen, vollschlagen* »sinnlos betrinken, übermäßig essen«, *jemandem die Hucke volllabern, volllügen.* Das Wort ist die veraltete und heute kaum noch bekannte Bezeichnung für den Rückentragekorb oder das Bündel eines Hausierers; die Wendungen dürften auch in diesem Umfeld entstanden sein. Die *Hucke* ist im 15. Jahrhundert im niederdeutschen Sprachraum nachgewiesen; es ist unsicher, ob das Wort mit dem mittelniederländischen hoyke, huke »Kapuzenmantel« verwandt ist, dann jedenfalls wäre es sehr alt und hätte Entsprechungen in vielen europäischen Sprachen.

Das entsprechende, aber heute ungebräuchliche Verb *hucken* (etwas *aufhucken* »Last auf den Rücken nehmen«) hat in Verbindung mit der Backe (als Hinter- oder Arschbacke gebräuchlich), die auf althochdeutsches bah »Rücken« zurückgeht, zu der Wendung etwas **huckepack** tragen geführt, die in der allgemeinen Umgangssprache weit verbreitet ist.
Kluge 2011 428; Küpper 363; Verdam 254; Werner 129

huckeln holpern *Dat huckelt aber ganz schön hier in der Karre, sind die Stoßdämpfer kaputt?* **huckelich** wellig, unregelmäßig *Mensch, wat is die Strasse huckelich.* **Huckel** kleine Erhebung, kleiner Berg *Im Sauerland kannsde mitte Skier nur so kleine Huckel runterrutschen.* Zum rheinischen Mundartwort *huckeln* »etwas anhäufeln«, ein *Huckel* ist also eigentlich ein Haufen.

RhWb 3/877

Hücksken in der Wendung *im Hücksken sitzen* »in der Hocke sitzen«, »Kniebeuge« *Boh, wie kannsde so lang im Hücksken sitzen, mir wärn da schon lang die Füße eingeschlafen, ich käm gar nich mehr hoch. Hucke* ist die rheinische Variante der Hocke, *Hücksken* die entsprechende Verkleinerungsform.

RhWb 3/873

Huddel und **huddeln** sind die Grundwörter einer umfangreichen umgangssprachlichen Wortfamilie: **Huddel, Hoddel** alter Lappen *Nu schmeiß den Hoddel endlich wech un nimm ma en sauberen Lappen. Wat is dat von Huddel hier* (schlechte Arbeit)? Auch als **Huddelei, Gehuddel** oder **Huddelskram** gebräuchlich *Wer hat dieses Gehuddel denn verbrochen? Für sonne Huddelei soll ich auch noch Geld zahlen.* Jemand, der für den *Huddelskram* verantwortlich ist, ist ein **Huddeler**. *Huddel* kann auch allgemein »Schwierigkeit, Ärger« bedeuten: *Mit dem da hab ich nix als Huddel.* **huddeln** schludern, lustlos arbeiten. Jemand, der *huddelt,* ist ein **Huddelbruder**.

Hudel ist erstmals im Mittelniederdeutschen bezeugt als Bezeichnung für ein altes, zerrissenes Kleidungsstück. Die daraus abgeleitete Wortfamilie hat sich sehr schnell im deutschen Sprachraum ausgebreitet, schon im Spätmittelhochdeutschen ist Hudel auch im Oberdeutschen vielfach nachgewiesen. Eine neuere Entwicklung des späten 18. Jahrhunderts ist **lobhudeln** (nach dem Vorbild von lobpreisen), das Eingang in die deutsche Standardsprache gefunden hat.

Grimm 10/1860; Kluge 2011 428; RhWb 3/881; Schiller/Lübben 2/326; Trübner 3/484; http://www.duden.de/rechtschreibung/Hudel

Hülse, Hülsen oder **Hülskrabbe** (seltener *Hulder* oder *Hünschel*) heißt in vielen Mundarten die Stechpalme (Ilex), ein in früheren Zeiten weitverbreitetes Gewächs, wie die rheinischen Ortsnamen Hüls, Hülsdonk oder Hülsberg belegen. Das Rheinische Wörterbuch weiß darüber hinaus zu berichten, dass »der Stock aus Ilex ein gefürchtetes Züchtigungsmittel, früher besonders in der Hand des Lehrers«, war.

Obwohl er sich im Standarddeutschen nicht gegen den lateinischen Namen Ilex aquifolium hat durchsetzen können, ist der Pflanzenname Hülse ebenfalls uralt. Das Wort geht auf germanische Wurzeln zurück und ist im Althochdeutschen als hulisboum vielfach belegt. Es hat Entsprechungen im Altenglischen (holen), Altnordischen (hulfr), Altsächsischen (hulis) und im Mittelniederländischen (hulse). Daraus haben sich über das mittelhochdeutsche huls und mittelniederdeutsche hulst die heutigen dialektalen Varianten entwickelt. Im Niederländischen (hulst) und Englischen (holly; daraus Hollywood) ist das Wort standardsprachlich geworden. Sogar das Französische hat das germanische Wort entlehnt (houx) und überraschenderweise nicht die lateinische Bezeichnung übernommen.

de Vries 273; Grimm 10/1902; Kluge 2011 429; RhWb 3/934; Schiller/Lübben 2/331; van Veen/van der Sijs 390; Verdam 262

Hummelken, Hümmchen, Hümmelchen kleines Messer, Küchenmesser; eine der vielen dialektalen Bezeichnungen für das Küchenmesser. Das *Hümmchen* benutzt man im Bergischen Land, im Ruhrgebiet und in Westfalen (hier auch **Humme**), im Sauerland heißt es **Hummel**. Es war früher ein »altes Messer, besonders ein ausgeschlissenes Kartoffelmesser«, die negative Konnotation zeigt sich auch in der Dortmunder Bedeutungsvariante »verschlissenes, verdrießliches Weibsbild«. Dies führt zur Wortgeschichte, die auf ein altes, heute kaum noch gebräuchliches Mundartwort zurückgeht: Die *Humme* oder *Hümmel* ist vor allem im Bergischen das stumpfe Ende des Eies (oder das Ei selbst) und Bezeichnung für alles mögliche Runde (zum Beispiel den Hintern oder den *Hümmel,* die bekannte kurze Tabakspfeife). Ursprünglich war das *Hümmelken* also ein altes, stumpf gewordenes Messer, das man nur noch zum Kartoffelschälen benutzen konnte.

Piirainen/Elling 416; Pilkmann-Pohl 132; RhWb 3/940 u. 5/1100 u. 9/1314; Schleef 116; WfWb 3/353; Woeste 109

hummeln leise donnern *Et hummelt, gleich gibbet en Gewitter.* Das Verb ist vom brummenden Geräusch der Hummel abgeleitet. In den rheinischen und pfälzischen Mundarten hat *hummeln* die Bedeutung »brummen, leise brüllen«. Im zentralen Rheinland steht **Hummel** deshalb auch für das Gewitter, ein **Hummelkeil** ist entsprechend der »Donnerkeil«.

PfWb 3/1224; RhWb 3/937

I

I-Dotz, I-Dötzken siehe *Dötsch*

iggelig ungeduldig, nervös, gereizt und die Variante **niggelig** sind typisch für die Mundarten des Rheinlands und der Eifel. Auch in der rheinischen Umgangssprache ist das Wort noch lebendig: *Na, nu bes doch nit immer so iggelisch. Wie et op die Prüfung losjing, wurd er plötzlich ganz iggelich. Wat rennt der do so hin und her, woröm is der dann so iggelich?* **Iggel** schlecht gelaunter Mensch.

Iggelig ist ein spannendes Wort, denn es ist eine isolierte, autochthone Bildung der Region, die sonst nirgendwo bekannt ist. Umso schwieriger ist seine Herleitung. Denkbar wäre eine Entwicklung *iggel* – igdəl – īdel – althochdeutsch ilen »eilen« – indogermanisch *ielo »Eifer«. Dann würde es sich tatsächlich, wie das Rheinische Wörterbuch schreibt, »um ein sehr altes Restwort« handeln, »das sich sonst im Deutschen nicht findet«. Der Hinweis auf englisch eager »ungeduldig, begierig« führt wohl in die Irre, weil es zur romanischen Wurzel acer »scharf, sauer« gehört.

Honnen 2003 89; RhWb 3/1070 u. 9/1317; Wrede 2010 406

Imi, Immi unechter Kölner, Zugezogener *Hier wohnen nur Imis. Der blöde Imi da hät Helau jeschrien.*

Das Wort ist relativ neu (noch nicht im Wörterbuch von Fritz Hönig gelistet) und nur in Köln zu hören; als ältester Beleg gilt das kölsche Lied »Sag ens Blotwoosch« von Jupp Schlösser von 1948. Ein *Imi* ist darin ein »imitierter«, also nachgeahmter Kölner. Ein richtiger Kölner kann man nach der *Imi*-Ideologie erst in der dritten Generation sein.

Hönig 82; Wrede 2010 406

ipschig, ipsig, imschig klein, unscheinbar, zurückgeblieben, zierlich *Die Büsche bei euch im Garten sind aber wat ipschich. Dat Bild is aber wat ipsich, da kannze ja nix erkennen.* **Ipsch** kleiner Vogel, Spatz.

In den Mundarten ist das Wort nur insgesamt dreimal belegt, jeweils einmal in Wuppertal, im Westfälischen als *Ipsken* »kleiner Knicker« und im Niedersächsischen als *Ipske,* in der Umgangssprache des Ruhrgebiets dagegen ist es hochfrequent. Das südliche Rheinland kennt **impig** und **impelig** für »klein, zierlich«, allerdings nicht in der Umgangssprache. Dieser Befund ist insgesamt ungewöhnlich und lässt eine Deutung kaum zu. Es ist fast zu vermuten, dass *ipschig* gegen den Anschein keine dialektale Grundlage hat, sondern eine Neubildung der Umgangssprache ist.

Fellsches 1999 68; Honnen 2012a 98; Remmers 121; RhWb 3/1084 u. 1095; WfWb 3/414; http://www.derwesten.de/nrz/region/niederrhein/kleine-woerterkunde-id2626253.html

Ische Frau, Mädchen, Geliebte *Wat hat der denn da für ne Ische angeschleppt?* Heute auch oft **Superische** für eine tolle Frau.

In den Mundarten hatte *Ische* vorrangig die Bedeutung »Judenfrau« und »Schlampe« (aus jiddisch ische, ischo »Frau«). Das Wort hat in der Umgangssprache jede negative Konnotation verloren und wird in der Jugendsprache völlig wertfrei verwendet.

PfWb 3/1313; RhWb 5/1100; Stern 97

J

Jabbeck siehe *Beck*

janken, junken jammern, quengeln *Nu hör doch endlich ma auf zu janken.* Abgeleitet davon die **Jankerei** und das **Gejanke** *Deine Jankerei geht mer ganz schön auf de Schüssel!*

Janken ist eines der vielen niederdeutschen Wörter im Rheinischen: mittelniederdeutsch janken »schmerzlich winseln« (meist bei Tieren), mittelniederländisch janken »heulen« (besonders von Musikinstrumenten); möglicherweise ein Import aus dem Altfranzösischen jangler »schwätzen«; auch im aktuellen Niederländischen als janken.

Grimm 10/2263; RhWb 3/1140; Schiller/Lübben 2/398;
http://www.etymologiebank.nl/trefwoord/janken

Jeck Narr, Dummkopf, Fastnachtsfan, Karnevalist *Jede Jeck is anders* (bekanntes Motto im Kölner Karneval). *Wat bis du denn vonne Jeck?* Nicht unbedingt abwertend, auch ehrlich und liebevoll gemeinter Ausdruck von Respekt oder Sympathie *Du lieber schöner Jeck!* **jeck, geck, jeckisch, gäckisch** verwirrt, verrückt, närrisch, ärgerlich *Nu mach mich nich jeck. Du machs mich noch ganz geck mit deinem Rumgerenne. Da werd ich janz jeck von. Der wird aber schnell jeckisch wegen nichts.* Häufig heißt es: *Nää, do bes jeck!* als verwunderte Reaktion auf eine soeben erfahrene Neuigkeit.

Um den *Jeck* ranken sich drei unausrottbare Entstehungslegenden. Die eine macht die Bibel verantwortlich, wo es im Alten Testament in Sprüche Kapitel 30 heißt: »Die folgenden Sprüche stammen von Agur Ben-Jake aus Massa ... ›Ohnmächtig bin ich, Gott, / ohnmächtig! Was könnte ich denn? Ich bin zu dumm für einen Mann, / mir fehlt der Menschenverstand. Ich habe keine Weisheit gelernt‹«, womit jener Ben-Jake zum Urahnen aller *Jecken* gemacht wird. Auch die zweite Volksetymologie macht Juden verantwortlich, da deutschjüdische Immigranten in Palästina Jeckes genannt werden. Die Bezeichnung ist allerdings viel jünger und kann nur – wenn überhaupt – eine spätere Anlehnung an die rheinischen *Jecken* sein. In der schönsten Legende sind es schließlich französische Söldnertruppen aus der Gascogne, die als Armagnaken (zum Hause Armagnac) und später *Armejäcken* »arme *Jecken*« im 15. Jahrhundert am Oberrhein und in Lothringen für Angst und Schrecken sorgten. Um diese Zeit war der Geck als Schimpfwort am Niederrhein jedoch schon lange verbreitet, 1385 ist er als »Hofnarr der Bischöfe von Köln und Lüttich« nachgewiesen. Das Adjektiv *geck* ist eindeutig niederdeutschen Ursprungs: mittelniederdeutsch geck, mittelniederländisch gec. Daraus erklärt sich auch seine Verbreitung: niederländisch gek »verrückt, bekloppt«, englisch geek »Fachidiot«, schwedisch gäck »Narr«. Der *Jeck* ist der den rheinischen Lautgewohnheiten angepasste niederdeutsche *Geck*.

Honnen 2008a 105; Kluge 2011 336 u. 451; Mayer 279; Pape 44; RhWb 2/1082; Röhrich 2/514; Trübner 3/42; Wrede 2010 298; http://www.etymologiebank.nl/trefwoord/gek

DAS JIDDISCHE IM RHEINISCHEN

In diesem Lexikon stößt man allenthalben auf den Eintrag »aus dem Jiddischen«. Jiddismen, also Lehnwörter aus dem Jiddischen, sind in der Umgangssprache und vor allem in den rheinischen Mundarten weit verbreitet, denn die Sprache der Juden hat hier eine wirklich lange Geschichte. Immerhin wurde schon im kölnischen Mittelalter nachweislich eine frühe Form des Westjiddischen gesprochen. Seit dieser Zeit haben im Rheinland jiddisch und »rheinisch« sprechende Menschen zusammengelebt und miteinander kommuniziert, haben sich ihre Sprachen gegenseitig beeinflusst und dabei bis heute unübersehbare Spuren hinterlassen. Die sind in der Alltagssprache und in den Dialekten allgegenwärtig, auch wenn das Westjiddische selbst seit 150 Jahren als ausgestorben gilt.

Die Geschichte der Sprache, die wir heute als Jiddisch bezeichnen, begann vor rund elfhundert Jahren im rheinfränkischen Gebiet um die Städte Worms, Speyer und Mainz (Gruschka 31 f.). In diese Region waren vorrangig französisch sprechende Juden aus dem romanischen Raum eingewandert, die sich innerhalb weniger Generationen die dortige Umgangssprache, einen rheinfränkischen Dialekt, aneigneten. Allerdings blieb ihr Wortschatz durch ihre französische Vergangenheit geprägt, wie die Mundartwörter *dormeln, dörmeln* (siehe dort) oder *preien* »jemanden bitten« illustrieren, die noch heute im südlichen Rheinland zu hören sind. Dazu kommt als dritte Komponente (weshalb man das Jiddische auch als Komponentensprache bezeichnet) das Hebräisch-Aramäische, das als »Sprache der Heiligkeit« zwar keine Rolle mehr als gesprochene Sprache spielte, aber als Kultsprache in der Synagoge und als Sprache der heiligen Texte immer gegenwärtig war. Einzig die hebräische Schrift blieb über die Jahrhunderte das verbindende Element der Jiddisch sprechenden Juden. Die auf diese Weise entstandene Sprache wird Westjiddisch genannt.

Allerdings haben wir nur ein vages Bild der tatsächlich gesprochenen Sprache der ins Rheinland weitergewanderten Juden, die sowohl im jüdischen Viertel in Köln als auch auf dem platten Land siedelten. Es gibt aus der Entstehungszeit des Westjiddischen in der Regel nur Quellen, die in Hebräisch-Aramäisch verfasst sind, vor allem Gebetstexte oder rabbinische oder Geschäftsdokumente. Selbst die ersten in frühem Jiddisch verfassten Texte vermitteln ein ungenaues Bild, da sie bereits für den überregionalen Verkehr gedacht waren.

Umso überraschender und für die Geschichte des Westjiddischen aufschlussreich sind jüngste Funde aus der Archäologischen Zone in Köln, die man aus sprachwissenschaftlicher Sicht durchaus als Sensation bezeichnen kann, weil sie zum ersten Mal Rückschlüsse auf die Alltagskultur und sogar Alltagssprache der kölnischen Juden im Mittelalter erlauben. Das Kölner Judenviertel ist die älteste jüdische Ansiedlung nördlich der Alpen, ein kaiserliches Dekret aus dem Jahre 331 gilt als frühester Beleg für seine Existenz. Seit dieser Zeit scheint es eine ununterbrochene jüdische Siedlungstradition in der Stadt gegeben zu haben, die mit dem offenbar von der Fleischergilde initiierten Pogrom im Jahr 1349 abrupt endete, bei dem große Teile des jüdischen Viertels völlig zerstört wurden. In der dazugehörigen Zerstörungsschicht, vor allem in den Trümmern der Synagoge, wurden nun bei Ausgrabungen »Inschriften, Graffiti und beschriftete Schiefertafeln gefunden, die einen Einblick bieten, auf welche Art und Weise die Kölner Juden in der Mitte des 14. Jahrhunderts verschiedene Sprachen benutzten« (Hollender 42). Bis dahin waren auch aus Köln nur in Hebräisch bzw. Aramäisch verfasste Texte bekannt, etwa Kommentare zur Bibel, liturgische Texte, Rechtsgutachten oder verschiedene Vertragswerke.

Viele der, oft nur bruchstückhaften, mittelalterlichen Graffiti sind hebräische Namen, mit denen sich Besucher der Synagoge auf deren Wänden verewigt haben, wie dies die Menschen auch in heutigen Zeiten noch tun. Aufschlussreich sind diese, wie alle Schriftfunde in hebräischer Schrift geschriebenen Namen deshalb, weil sich hier sprachliche Übergänge im Vollzug beobachten lassen. So findet sich darunter zum Beispiel die Namensform »Samuel, Sohn des Selig, ha-Levi«, die deshalb auffällig ist, weil sie das eingedeutschte »Selig« und nicht das zu erwartende hebräische »Baruch« verwendet. Außerdem signalisiert die hebräische Schreibung, dass Selig offenbar mit dem harten Auslaut -k ausgesprochen wurde.

Auf vielen der beschrifteten Schiefertafelfragmente finden sich deutsche Namen, zum Teil sogar ganze Namenslisten, die belegen, dass sie ein selbstverständlicher Teil der Alltagskultur der Kölner Juden gewesen sind. So finden wir bei den Männern so bekannte Namen wie *Lipmann* (aus der kölschen Kurzform für Philipp, *Lipp,* hervorgegangen), *Lyvermann* und sogar den kölschen *Manes* (die Kurzform für Hermann), den wir noch heute in Köln als *drüje Manes* kennen. Ganz besondere Belege schließlich sind *Koppchen* und *Köppchen,* die eindeutig als dialektale Formen von Jakob zu erkennen sind. Hier lässt der kölsche *Köbes* herzlich grüßen. Dies ist umso auffälliger, als in christlichen Quellen dieser Zeit immer nur die Form Koppin, Copgin erscheint. Also verwenden nur die Kölner Juden die mundartlichen Varianten.

Aufgrund dieses Befundes ziehen die an den Ausgrabungen beteiligten Sprachwissenschaftler ein eindeutiges Fazit: »Die Verwendung deutscher Namen zeigt, dass die Kölner Juden des Mittelalters Deutsch als selbstverständliche Sprache verwendeten, auch im innerjüdischen Gebrauch ... Die jüdische Gemeinde Kölns war sprachlich – zumindest bis 1349 – vollständig integriert« (Hollender 54). Oder anders ausgedrückt: Die Juden im mittelalterlichen Köln sprachen Kölsch mit hebräisch-aramäischen Einsprengseln.

Nach den Pogromen im 14. Jahrhundert begann das, was in der Forschung heute als »Atomisierung des jüdischen Lebens« bezeichnet wird (Cluse 16). Ein großer Teil der jüdischen Bevölkerung wanderte aufgrund der Vertreibungen in den Osten nach Polen und in die Ukraine ab. Dort entstand in den folgenden Jahrhunderten unter dem Einfluss der neuen slawischen Umgebungssprachen das Ostjiddische, die Variante des Jiddischen, die wir heute neben dem Hebräischen als Sprache der Juden kennen.

Die im Rheinland verbliebenen Juden, deren Sprache jetzt zur Abgrenzung vom Ostjiddischen Westjiddisch genannt wird, sahen sich nun vielen Beschränkungen und Repressalien ausgesetzt. Die meisten rheinischen Städte verboten jüdische Ansiedlungen, »die Stadt Köln durften Juden nur tagsüber mit einer besonderen Erlaubnis des Rates sowie nach Entrichtung eines Entgeltes und nur in Begleitung eines Boten betreten« (Küntzel 62). Diese rigide antijüdische Politik trieb viele Juden aufs platte Land, mit dramatischen Folgen für ihre Existenz, da die Landgemeinden nicht mehr in der Lage waren, die Armen zu unterstützen. »Letztere wurden von einer Gemeinde zur nächsten geschickt, wodurch sie ins Vagantendasein gedrängt wurden. Teilweise betrug der Anteil der Betteljuden 10 bis 25% der jüdischen Bevölkerung im Reich« (Küntzel 62). Sie wurden Teil des großen Heeres der Landfahrer, der Nichtsesshaften, die seit dem Mittelalter sogar so etwas wie eine eigene Sprache hatten, das Rotwelsche. Dieser gaunersprachliche Wortschatz wiederum erfuhr nun durch das Jiddische der Betteljuden eine so deutliche Ausweitung, dass die beiden Sprachformen von der nichtjüdischen Bevölkerung später oft nicht mehr unterschieden wurden.

Ähnliches erlebten auch die aus den Städten vertriebenen Juden, die auf dem Land sesshaft wurden. Diese Landjuden hatten auf den Dörfern mangels Landbesitz nur sehr eingeschränkte Möglichkeiten des Broterwerbs. Sie arbeiteten als Kopfschlächter, Viehhändler, Marktbeschicker und vor allem als Wanderhändler in Berufen, die noch heute einen eher zweifelhaften Ruf haben. Ihr Jiddisch wurde nicht zuletzt aufgrund seines Komponentencharakters auf der Basis der rheinischen Dialekte von ihren christlichen Nachbarn nicht als Fremdsprache, sondern als Händlersprache oder sogar als Geheimsprache gesehen. Unter anderem auch deshalb wurde das Westjiddische vom vorwiegend in den Städten lebenden jüdischen Bildungsbürgertum immer stärker abgelehnt. Es war als »verdorbenes Deutsch« zunehmend verachtet und wurde in diesen Kreisen seit Mitte des 19. Jahrhunderts nicht mehr gesprochen. So waren es schließlich nur noch die sogenannten Landjuden, die als Viehhändler, Metzger, Hausierer oder Markthändler in enger Nachbarschaft zu christlichen Familien in den rheinischen Dörfern lebten, die im ausgehenden 19. und beginnenden 20. Jahrhundert im Alltag Westjiddisch sprachen. Und obwohl sie jahrhundertelang nebeneinander gelebt hatten, wurde ihre Sprache schließlich auch von der christlichen Landbevölkerung zunehmend als fremd empfunden, auch wenn die ländlichen Dialekte im Rheinland selbst heute noch eine verblüffende Anzahl an jiddischen Lehnwörtern aufweisen.

In jeder rheinischen Ortsmundart lassen sich leicht zwischen fünfzig und hundert Jiddismen finden, die sich jeweils von Ort zu Ort unterscheiden. Die Stadt Bad Kreuznach trägt im Dialekt sogar den jiddischen Namen *Zelemochum,* wörtlich »Kreuzstadt«, und kennt in der Ortsmundart weit über hundert jiddische Lehnwörter. Den Vogel schießt der kleine ehemalige Händlerort Stotzheim bei Euskirchen ab, wo weit über zweihundert Jiddismen gezählt wurden. Dass dies keine Ausreißer waren, zeigt der Blick in andere Regionen. So verzeichnet das Badische Wörterbuch allein 1829 Hebraismen, die über das Jiddische in die Mundarten vermittelt wurden, und im Pfälzischen Wörterbuch sind 550 jiddische Lehnwörter gezählt worden (Honnen 2014 123 f.). Die spiegeln noch heute das dörfliche Alltagsleben und die Profession der jüdischen Dorfbewohner. Schon auf den ersten Blick fallen viele Jiddismen auf, die sich direkt auf den Handel im Allgemeinen und den Viehhandel im Besonderen beziehen. Zur ersten Gruppe gehören zum Beispiel *Bachillem* »kleine Münze, Geld« (zu jiddisch bechinnem »umsonst«), *batteln, ausbatteln* »etwas ausbezahlen« (zu jiddisch batteln »sich etwas vom Hals schaffen«), *besohl* »billig«, *Bus* »Tuberkulose des Viehs«, *Dalles* »Geldmangel, schlechte wirtschaftliche Lage« (zu jiddisch dalles »Armut«), *dibbern* »das Sprechen der Handelsleute«, *jauker* »teuer«, *Kaljes* »einen Kauf hintertreiben« (zu jiddisch kalje machen »verpfuschen«), *Kimeler* »Händler«, *Kippe (machen)* »halbpart (machen)«, *machulle* »bankrott« (zu jiddisch mechulle »bankrott«), *Massematten* »Handel, Geschäft«, *meschulme* »bezahlen«, *peiern* »Bankrott machen«, *pleiten sen* »bankrott sein«, *Rebbes* »Gewinn«, *Reibach* »Profit, Gewinn«, *schachern* »handeln, feilschen«, *schauker* »minderwertig« (zu jiddisch schauwe), *schibes gehen* »bankrottgehen, fehlschlagen«, *Schmul machen* »etwas unterschlagen« (zum jüdischen Namen Samuel), *Schmus machen* »eine Ware schönreden«, *Schores* »vorteilhaftes Geschäft« (zu jiddisch peschore »Vergleich im Geschäft«), *schruzen* »nichts kaufen, kleinlich beim Einkauf sein«, *Schuck* »Mark«, *schucken* »wiegen« (zu jiddisch schuck »Geld«), *Tenef* »schlechte Ware«, *Zasseras* »Provision« (zu jiddisch sasserer »Vermittler«); zur zweiten Gruppe gehören *Baheime, Bahemmes* »Vieh, Kuh«, *Bosert, Pohsem* »Fleisch« (zu jiddisch boser »Fleisch«), *Dippel* »Drehkrankheit des Viehs« (zu jiddisch tippol »Epilepsie«), *Kasser* »Schwein«, *Katzuff, Katzoff* »Metzger«, *Massick* »störrisches Vieh« (zu jiddisch masik »Dämon, Teufel«), *Mischkel* »Waage des Metzgers« (eines der seltenen ostjiddischen

Wörter, aus mishkoyles »Gleichgewicht«), *pattisch* »trächtig«, *roches* »verdorben« (beim Fleisch), *Schallef* »Metzgerlehrling«, *Seibel* »Kot des Schweins, die Schleimhaut des Schweinedarms«, *Susemchen* »Pferd« (zu jiddisch zuss, zosse), *Taufele* »Schindmähre«, *treifer* »unreines Fleisch« und *Zaumes* »Knochen, Beihau zum Fleisch«.

Dieser unvollständige Auszug belegt den großen Einfluss der jiddischen Händlersprache im dörflichen Alltag des Rheinlands. Die Wörter waren keineswegs Exotismen, vielmehr belegt ihr oftmals ausdifferenziertes Bedeutungsspektrum, dass sie ihre ursprüngliche Domäne verlassen hatten und in den Dorfmundarten hochfrequent gewesen sein müssen. So ist *Dalles* in den rheinischen Mundarten ein Universalwort für jegliches Übel geworden; wenn man *den Dalles kricht,* ist man entweder arm, krank, betrunken oder schon fast tot. Selbst Gegenstände können den *Dalles haben* (dann sind sie kaputt), oder eine Arbeit *ist dalles* »minderwertig«. In Mönchengladbach ist der gefürchtete Gerichtsvollzieher ein *Dallesmännchen. Jauker* bedeutet zwar auch »teuer«, daneben aber »minderwertig, verdächtig, auf der Kippe oder wucherisch«. Das Wort war so verbreitet, dass es wohl für das rheinische *verjücken* Pate gestanden hat: *Der hat sein ganzes Geld verjückt* »verprasst«. Und ein *Massick,* das in der Händlersprache für ein Nutztier steht, das wegen seines Verhaltens kaum zu gebrauchen ist, kann in den Mundarten alles Mögliche sein: ein gewalttätiger Bursche, ein widerspenstiger, fauler oder überspannter Mensch, ein Schlaumeier oder auch eine bösartige Frau. *Pattisch,* das im Jiddischen eigentlich nur auf das Vieh bezogen wird, ist in der Eifel ein ganz normales Synonym für »schwanger« geworden, und aus *Schmul* ist in den rheinischen Mundarten eine ganze Wortfamilie entstanden: *schmulen* »stibitzen«, *Schmulgroschen* »Schwarzgeld«, *Schmulhöttche* »Geldversteck«, *Schmullebchen* »Schmeichler«, *Schmulpöttschen* »Spardose«.

Dass jiddische Wörter in den Mundarten ein eigenständiges Leben geführt haben, belegen auch andere Beispiele, die nicht der Fachsprache der Händler, sondern der Alltagssprache der Landjuden entstammen. Ein besonders sprechendes ist der *Schauter* oder *Schautermann* (zu jiddisch schaute, schote »Narr«), den man auch aus der rheinischen Umgangssprache kennt. Es gibt ihn in vielen Lautvarianten als *Schoure, Schauden, Schouden, Schöden, Schoutchen* oder *Schouten* in den Bedeutungen »treuloser Mensch«, »Hinterhältiger«, »Dummkopf«, »harmloser Witzbold«, ein *jecke Schouten* ist ein Angeber, ein ausgelassenes Mädchen, ein tölpelhaftes Weib, ein Pferd, das nicht ziehen will, oder sogar der Vollmond. Dazu kommen die Komposita *Schautenberger, Schautenbinnes, Schautenkrämer, Schautenmächer, Schautenmanes* und so weiter. Noch umfangreicher ist die Wortfamilie um den *Schabbes,* den jüdischen Ruhetag, der in seiner eigentlichen Bedeutung in allen rheinischen Dialekten bekannt, aber dann immer auf das Leben der Juden bezogen ist. Interessanter sind die vielen zum Teil seltsamen Bedeutungen, die das Wort und seine Komposita im Rheinland auch haben können: ein ungesäuertes Brot, Gewinn, alter Hut, dummer Mensch; *Schabbesämpelchen* (schlecht brennende Lampe), *Schabbesbrötchen* (kleines minderwertiges Brot), *Schabbesdeckel* (Gebetbuch der Juden, alter Hut, Kinderkreisel), *Schabbesdüppen* (Kinderkreisel), *Schabbesgoje* oder *Schabbesmagd* (christliche Magd, eine überflüssige Frau zur Stütze der Hausfrau, »Samstagsstundenfrau«, eine Frau, die bei Vorgesetzten ihres Mannes umsonst arbeitet, um diesem Vorteile zu verschaffen), *Schabbesschmuser* »Schönredner«, *Schabbesschnüsse* »jemand, der sinnloses Zeug schwätzt«.

Viele Jiddismen finden sich sowohl in den rheinischen Dialekten als auch in der aktuellen rheinischen Umgangssprache. Beispiele dafür sind *betucht, dibbern* »palavern«, *Geseier* »Geschwätz«, *Ische, Kaff/Kaffer, Kahn* »Gefängnis«, *kapores, Knast, Kohl* »Unsinn«, *lau* »umsonst«, *Macke/Mackes, malochen, Massel, mauscheln, meschugge, Mischpoke, Moos* »Geld«, *Pleite machen, Reibach, Roches* »Zorn«, *schachern, schäkern, schicker* »betrunken«, *Schickse, Schlamassel, Schmu machen, Schmus, schofel, stiekum, Stuss, Tenef* oder *toffte.* Allerdings haben fast alle dieser Lehnwörter in den Mundarten ein erweitertes oder sogar gänzlich anderes Bedeutungsspektrum, das in der Regel noch näher an der ursprünglichen Verwendung ist.

Viele dieser Lehnwörter dürften von den rheinischen Sprecherinnen und Sprechern wenn auch nicht als Jiddismen, so doch immerhin als fremd erkannt werden. Für einige der hier genannten gilt das jedoch eher nicht, denkt man an *lau* (zu jiddisch lau »nicht, auf keinen Fall«), *stiekum, stickum* (jiddisch stike »Ruhe«), *Kohl* als Unsinn (zu jiddisch koll »Stimme«) oder *Knast* (zu jiddisch kansen, knasen »bestrafen«). Von solchen »versteckten« Jiddismen findet man in der aktuellen rheinischen Alltagssprache eine ganze Reihe. So gehen auf den *Kohl* als Unsinn sowohl die Verben jemanden *be-* oder *verkohlen* »jemanden anschmieren, beschwindeln« als auch der mundartliche *Kappes* in der Wendung *Erzähl doch nich son Kappes* zurück, der diese Bedeutung erst nachträglich durch den Einfluss des jiddischen *Kohl* erhalten hat. Andere aus dem Jiddischen abzuleitende Wörter in der Alltagssprache sind *Macke* im Kopf oder im Autolack (zu jiddisch macko, Plural mackes »Schläge, Prügel«), *ausgekocht* »mit allen Wassern gewaschen« (zu jiddisch chochom »weise, schlau«), *mauern* »sich zurückhalten, nicht mit der Wahrheit herausrücken« (zu jiddisch mora »Furcht«), *mosern* »meckern, sich beschweren« (zu jiddisch massern »denunzieren, verraten«), die ganze Wortfamilie um *vermiesen, mies, miesepetrig, Miese* auf dem Konto, *miesmachen* und so weiter – die nicht auf das französische misérable zurückgeht, wie im Rheinland oft zu lesen, sondern auf das jiddische mis »widerlich, schlecht« –, der *Großkotz* »unsympathischer Angeber« (zu jiddisch kozen »Vorsteher, Anführer der Gemeinde«) oder das Verb *schäkern* »flirten, nette Witze machen«, das sich bezeichnenderweise vom jiddischen Wort scheiker, schekker für »Lüge« ableitet.

Auch diese Liste ist bei Weitem nicht komplett, aber schon die wenigen Beispiele zeigen, wie stark die rheinischen Dialekte und Regiolekte vom Jiddischen beeinflusst worden sind. Und selbst das aktuelle Ruhrdeutsche weist eine ganze Reihe von seltenen Jiddismen wie *teilachen* »laufen, wandern« oder *Osnik* auf, die auf die alten münsterländischen Händlersprachen zurückgehen und nur in der Region noch verstanden werden (siehe Exkurs »Zum Wortschatz im *Pott:* das Ruhrdeutsche«). Allerdings lässt sich nicht immer mit Sicherheit entscheiden, ob ein Wort direkt aus dem Jiddischen entlehnt wurde oder über den Umweg des Rotwelschen in den rheinischen Wortschatz gelangt ist. Denn seit die Betteljuden im 16. Jahrhundert die

»Gaunersprache« entscheidend mitgeprägt haben, sind die Vermittlungswege nicht mehr eindeutig zu bestimmen. Ob es nun rotwelsche Scherenschleifer, Korbmacher, Kesselflicker, Bürstenbinder, Mausefallenhändler, Wandermusikanten, Lumpenhändler und Hausierer oder aber jüdische Viehhändler, Metzger oder Wanderhändler waren, von denen die Menschen im Rheinland die fremden Worte aufgeschnappt haben, ist heute nur schwer zu klären. Das gelingt nur bei solchen Lehnwörtern, die erkennbar keinen hebräischen oder jiddischen Hintergrund haben. Nicht zu vergessen sind schließlich auch die Studentensprachen, die als Vermittler von jiddischen Lehnwörtern in die allgemeine Umgangssprache eine gewisse Rolle gespielt haben. Allerdings sind die dann meist nicht direkt aus dem Jiddischen entlehnt, sondern aus dem Rotwelschen übernommen worden. Dazu gehören zum Beispiel *berappen* »bezahlen«, *Kluft* »Kleidung, Anzug«, *Moos* »Geld« und die Wendung *es ist Essig.*

Ein Letztes noch: Das Jiddische hat für viele »scheinbar« unerklärliche umgangssprachliche Wendungen herhalten müssen. Man könnte fast behaupten: Immer dann, wenn die Umgangssprache rätselhaft ist, wird eine jiddische Wurzel vermutet. Ein »Klassiker« unter diesen Etymologien ist die Herleitung der seltsamen Umschreibung *es zieht wie Hechtsuppe* für »Durchzug« aus jiddisch hech supha (?), das man als »wie ein Sturmwind« übersetzen könnte. Allerdings ist diese Wendung im Jiddischen nicht belegt, sondern gleichsam »passend« konstruiert und kann deshalb kaum verballhornt sein (außerdem ist hech ein Fragewort). Da überzeugt eher schon der Hinweis auf den ostniederdeutschen Gebrauch der Wendung bei Schmerzen in der Brust, eine Anspielung auf das Brennen in der Speiseröhre nach dem Genuss einer scharf gewürzten Fischsuppe. Auch die Ableitung des Neujahrsgrußes »Guten Rutsch« aus jiddisch rosch haschana (?) ist sehr zweifelhaft, weil der westjiddische Name des jüdischen Neujahrsfests rausch haschone lautet, der jiddische Neujahrsgruß gegenüber Christen jedoch Schone chadosche! (Röll 16). Auch die Deutung des *Pustekuchen* (als Ausdruck für etwas, was man nicht bekommt) als Verballhornung von jiddisch poschut chochem »wenig schlau« (Gutknecht 2002 180) ist äußerst spekulativ. Dasselbe gilt für die Herleitungen von Wendungen wie *wissen, wo Barthel den Most holt* aus hebräisch barzel »Eisen, Brecheisen« und rotwelsch *Moos* »Geld« oder *trübe Tasse* aus westjiddisch daas »Erkenntnis, Wissen«.

Jieper seltener **Jipp** Gier, Verlangen *Mensch, hab ich jetz einen Jieper auf ein Eis. Ich hab Jieper nach en Bier. Ich hätt getz en Jipp auf Erdbeeren.* Auch in Zusammensetzungen **Frauenjieper, Bierjieper**. In nahezu allen rheinischen Mundarten ist das Verb *geipen, giepen, jiepen* als »gierig verlangen« vertreten.

Verwandt mit Geifer »ausfließender Speichel«, schon mittelhochdeutsch als geifer belegt. Die neuhochdeutsche Bedeutung »Schäumen vor Wut« ist eine spätere Entwicklung.

Grimm 5/2606; Kluge 2011 341; RhWb 2/1144

Jonny, Johnny (gesprochen Dschonni) etwas Großes, Dickes, Kräftiges *Da stand son Jonny von Kerl ine Tür, da kamse nich vorbei. Der hat sich son Jonny von Prängel genommen und dann hinein in den Kampf.* Dass bei einem solchen Wort sexuelle Konnotationen nicht ausbleiben, verwundert nicht: *Hasse gesehen, der hat son Jonny* (großer Penis)!

Wobei zu fragen ist, ob die Konnotationen nicht andersherum zu lesen sind. In der allgemeinen Umgangssprache jedenfalls ist *Jonny* wie im Englischen ein Synonym für den Penis, wahrscheinlicher ist also, dass die rheinischen Bedeutungen (*Prängel* kann ja auch diese Bedeutung haben) daraus abgeleitet sind. Wie kommt der Penis nun zu seinem Namen? *Jonny* kann eine direkte Übernahme aus dem Englischen sein, allerdings kann auch der deutsche **Johannes** hier eine Rolle gespielt haben, der ja bekanntlich ebenfalls ein Synonym für den Penis ist *(Die Nase eines Mannes ist so groß wie sein Johannes).* Und hier kommen die rheinischen Mundarten ins Spiel, die den Johannes als »Däumling«, »Goldfinger« oder »Langmann« aus der Märchenwelt kennen. Es braucht nicht viel Fantasie, hier von der Form auf die sexuelle Bedeutung zu kommen. Wie und ob der Johannes nun den

Jonny beeinflusst hat, ist nicht zu klären, die Parallelen sind jedoch offensichtlich.

Duden 1999 5/2008; RhWb 3/1178

Jörg in den Wendungen *den Jörg mit nach Hause nehmen, den heiligen Jörg anbeten* oder *eine Andacht zum heiligen Jörg halten* »sich erbrechen«.

Der unschuldige Personenname ist wohl wegen seiner Ähnlichkeit mit den entsprechenden Geräuschen zu dieser Ehre gekommen. *Jörg* ist die Kurzform von Georg (weshalb der *heilige Jörg* auch ein sprachlicher Witz ist).

jrängeln bedeutet im zentralen Rheinland »quengeln, nörgelnd weinen« und ist auch in der Umgangssprache zu hören: *Dat ewige Jrängeln nützt dir auch nix. Jrängeln* zeigt den für das Rheinland typischen Lautwandel der Velarisierung von -n zu -ng (vergleiche *brung* zu braun, *Ring* zu Rhein) und des J-Anlauts im hochdeutschen Verb greinen.

Honnen 2003 91; RhWb 3/1385

jückeln, jöckeln nur zum Zeitvertreib umherfahren, in der Gegend herumrennen *Du juckels auch was in der Gegend rum. Die is nur ine Gegend am herumjückeln. Der kommt da ganz gemütlich angejückelt.* In südrheinischen Mundarten bedeutet *juckeln,* einen festsitzenden Gegenstand (zum Beispiel Pfosten, Nagel, Schraube) durch kraftvolles Hin- und Herbewegen zu lockern oder zu lösen. In der Wendung *auf* oder *op* **jück, jöck** *sein* unterwegs, weg sein *Ja, wo isser denn? – Ach, der is wieder mal op jück. Die brauchsde nich suchen, die is immer op jöck* (immer unterwegs). Hat auch die Bedeutung »ausgehen« angenommen *Morgen gehma aber endlich mal wieder auf jück!*

Jückeln hat nichts mit jucken zu tun, sondern ist ein eigenständiges, weitverbreitetes Verb (das vielleicht eine gemeinsame Wurzel mit jucken hat). Ein Dortmunder Beleg von 1877 als »reiten, schlecht zu Pferde sitzen« (heute auch noch so im Münsterland als »schlecht fahren«) verweist auf den Ursprung im mittelhochdeutschen jöuchen, jouchen »jagen, treiben«, das um

1500 auch als jöken »weggehen« belegt ist. Die Wendung *auf* oder *op jück* scheint typisch rheinisch zu sein, man könnte sie als »auf der Jagd sein« übersetzen.

Döppen 29; FrankfWb 7/1338; Grimm 10/2364; Honnen 2003 91; Lexer 1/1483 u. 3/263; PfWb 3/1368; Piirainen/Elling 441; RhWb 3/1210 u. 9/1320; Werner 150; Wrede 2010 414

Judenspeck für »Zitronat« hört man heute aus naheliegenden Gründen nur noch selten, im Rheinischen Wörterbuch ist das Wort noch mehrfach belegt. Es scheint ursprünglich keinen diskriminierenden Unterton gehabt zu haben, sondern ist eine eher lustige Anspielung, die auf die Bedeutung der Zitronatzitrone und des Zitronats für das jüdische Leben zurückgeht. Vielleicht gehörte Zitronat auch zum Angebot der vielen jüdischen Hausierer im Rheinland. Das Wort selbst aus dem jiddischen jeled »Knabe« abzuleiten (weil man die empfindliche Innenseite des jugendlichen Oberschenkels früher angeblich *Judenspeck* nannte) ist unnötig.

Mengel 42; RhWb 3/1227 u. 9/1321

Jux Spaß, Spiel *Da macht der sich doch en Jux draus! Ich hab im Lotto gewonnen, ohne Jux.* Oft zu hören ist auch die Wendung *etwas aus Jux und Dollerei tun* etwas aus bloßem Übermut machen *Dat hat der nur aus Jux und Dollerei gemacht.* Man kann auch **herumjuxen** »die Zeit vertun« *Wo bis du denn gestern die ganze Nacht herumgejuxt? Die juxt den ganzen Tach ine Nachbarschaft herum.* **verjuxen** Geld mit leichter Hand ausgeben, etwas verschwenden *Der hat sein ganzes Erbe in Null-Komma-Nix verjuxt.*

Die Wortfamilie ist eine Entstellung von lateinisch jocus »Scherz«, die wohl schon früh in studentischen Kreisen entstanden ist. Die weite Verbreitung in den Dialekten und die abgeleiteten Verben lassen auf eine Entstehung zu Beginn des 18. Jahrhunderts schließen.

Grimm 10/2350; Kluge 2011 460; RhWb 3/1263; Wrede 2010 421 u. 1016; http://www.duden.de/rechtschreibung/Jux

K

Kabache auch als **Klabache** und **Kabachel** baufälliges Haus, kleine Hütte, miese Unterkunft *In sonne Kabache möchte ich nich wohnen.* Das Wort ist im Rheinischen Wörterbuch nur ein Mal für den Hunsrück belegt, aber noch heute in der Umgangssprache des Niederrheins und Ruhrgebiets häufig zu hören. *Kabache* gehört zu einer auffälligen Gruppe von abwertenden Bezeichnungen für ein heruntergekommenes Haus, eine heruntergekommene Wohnung: *Kabache, Kabracke, Kabäusken, Kaficke* (östliches Ruhrgebiet, Westfalen), *Kabuse, Kabuff, Kaschemme.* Bis auf Letztere (siehe dort) ist allen Wörtern gemeinsam, dass ihre Wortgeschichte noch nicht endgültig geklärt ist. Die Frage ist, ob hier in allen Fällen ein Grundwort mit der in der gesprochenen Sprache häufig zu findenden Vorsilbe ka- anzusetzen ist (*kapaftig, kabiestig, Kabänes, Kavumm, Karämmel, kafetschen* und so weiter). Allerdings ist ein solches Grundwort bislang in keinem Fall, auch nicht für die *Kabache* gefunden worden, obwohl Woeste sehr spekulativ hier ein mittellateinisches bacca »Gefäß« erfindet. Das Wort ist wohl eindeutig im niederdeutschen und ostdeutschen Sprachraum beheimatet. Ältere literarische Belege in der Variante *Kabacke* finden sich für Westfalen, die Mark Brandenburg, Schlesien, Westpreußen und Livland. Im 18. Jahrhundert erhält das Wort eine neue Bedeutung als »billige Kneipe, Kaschemme«. Diese Bedeutungsvariante ist mit Sicherheit aus dem Russischen übernommen. Vor allem in Nowgorod lernten deutsche Händler nach 1600 eine russische Institution kennen, die unter Iwan dem Schrecklichen eingeführt wurde und die man als staatlich organisiertes Wodkasaufen bezeichnen könnte. Angeblich hatte der Zar bei der Einnahme Kasans 1552 die dortigen als Kabaks bezeichneten Saufbuden kennengelernt und sie zu einer reichsweiten Einrichtung gemacht, um den Schnapsverzehr zu monopolisieren und die Einnahmen aus der Alkoholsteuer zu verbessern. Dass dies Iwan mit noch heute beobachtbaren Folgen gelungen ist, steht außer Zweifel. Unsicher ist allerdings, ob das Wort wirklich seine Wurzeln in tatarischen Sprachen hat. Das Wort Kabak existiert zwar im Balkarischen, einer kleinräumigen südrussischen Sprache in Tscherkessien, doch bedeutet es dort ausschließlich »Dorf, Ansiedlung«. So kann der Weg durchaus andersherum gewesen sein. Die ursprünglich niederdeutsche Lautvariante *Kabacke* ist als »mieser Schuppen« zur Namensgeberin der russischen Schnapsbuden geworden, die tatsächlich ausgesprochen billig und ungemütlich waren und nur der schnellen, ungestörten Alkoholaufnahme dienten.

Damit muss das Wort im Niederdeutschen schon lange vor 1600 in Gebrauch gewesen sein. Es kann deshalb auch nicht aus Kabüse und Baracke entstanden sein (duden.de), weil Letzteres erst im 17. Jahrhundert aus dem Französischen entlehnt wurde. Somit bleibt zu konstatieren: Die *Kabache* hat ihre Wurzeln wahrscheinlich im Niederdeutschen, das Wort selbst ist bislang nicht erklärbar. Anzumerken ist, dass die *Kabache* in vielen einschlägigen Rotwelschwortsammlungen als Bezeichnung für ein »schäbiges Haus« geführt wird. Auch in Münster wird es der Geheimsprache Masematte zugerechnet.

Biss 6; Grimm 11/6; Günther-Hielscher u. a. 118; Küpper 385; MmWb; RhWb 4/1; Schlobinski 97; Siewert 1993 52; Woeste 117; Wolf 1956 2645; http://www.berliner-zeitung.de/archiv/der-wodka-als-macht--und-ausbeutungsinstrument--staat-und-alkohol-in-russland-diktatur-der-trunkenheit,10810590,9495380.html; http://www.duden.de/rechtschreibung/Kabache; http://fremdworterbuchbung.deacademic.com/39108/Kabache

Kabänes ist ein echt rheinisches Wort. Hört man also jemanden *Dat is aber ne janz schöne Kabänes* sagen, muss die oder der aus dem Rheinland stammen. Ein *Kabänes* ist immer irgendetwas Schwergewichtiges, sei es ein kapitaler Fang des Anglers, ein dicker Mensch oder auch nur dessen Kopf, eine große Kartoffel oder ein schwerer Stein. Außerhalb von Köln kann *Kabänes* mittlerweile zudem als Kosewort für einen lieben, knuffigen Kerl gebraucht werden. Dass *Kabänes* heute auch als Synonym für einen Schnaps gilt, ist die Schuld der Brühler Firma Flimm, die 1952 den Kräuterschnaps gleichen Namens einführte.

Das Wort selbst birgt noch viele Geheimnisse. Als typisch rheinisch ist es natürlich auch sofort der französischen Abstammung verdächtig. Wieso es allerdings auf französisch capon (Gauner, Angeber) zurückgehen soll, leuchtet bei dem Bedeutungsspektrum gar nicht ein. Außerdem ist es in diesem Fall eigentlich völlig ausgeschlossen, dass hier Hugenotten oder napoleonische Besatzungssoldaten die Finger im Spiel hatten, denn das Wort ist überraschend jung. Es kann vor 1900 nicht nachgewiesen werden, selbst um 1905 noch ist es in Köln nicht bekannt. Der Ursprung wird daher weniger in der Stadt selbst als im Kölner Umland vermutet.

Deshalb ist auch die Herkunft aus dem Lateinischen sehr unwahrscheinlich. Die vorgeschlagene Ableitung aus lateinisch caput »Kopf« ist nur der Beobachtung geschuldet, dass ein *Kabänes* auch ein dicker Kopf sein kann, die mittellateinischen scabinii »Schöffen« haben ebenfalls mit einem *Kabänes* wenig zu tun. Überhaupt sind hier »sprachliche Beziehungen zu Wörtern anderer deutscher Mundarten oder verwandter germanischer Sprachen (Niederländisch, Englisch, nordische Sprachen) nicht nachweisbar, auch nicht zu Wörtern fremder (romanischer) Sprachen«. Es bleibt in diesem Fall nur die Vermutung, dass das Wort spontan gegen Ende des 19. Jahrhunderts entstanden sein muss. Vielleicht hat hier *Kabass* (siehe dort) Pate gestanden, ein früher in Köln weitverbreitetes Wort für eine dickbäuchige Strohtasche. Der kölnische Sprachtrieb mag auch aus dem seit den 1850er-Jahren in der Stadt nachgewiesenen Familiennamen Cabanis einen *Kabänes* gemacht haben, genauso wie der ehemalige FC-Spieler Ricardo Cabanas prompt von der lokalen Presse zum *Kabänes* umgetauft wurde. Aber all dies ist ebenso Spekulation wie eine »Entstellung aus Kavenzmann« oder eine »Streckform« von *Köbes* als Kurzform von Jakob. Eine mögliche Ableitung aus den rheinischen Mundarten selbst entspricht leider nicht ganz der geografischen Verteilung. Im südlichen Rheinland bis zur Sieg ist der **Binnes** irgendetwas Dickes (ein Mensch, ein Stier oder Kopf), entsprechend den rheinischen Bildungsgepflogenheiten könnte zusammen mit dem Verstärkungspräfix ka- (siehe *Kabache*) der *Kabinnes und im Zentralrheinischen der *Kabänes* entstanden sein. Dann wäre das Wort keine Kölner Schöpfung.

Fellsches 1999 72; Heinen/Kremer 91; Küpper 385; Pape 44; RhWb 1/707 u. 4/1; Werner 159; Wrede 2010 123; http://www.kabaenes.de

Kabass große Einkaufstasche *Die geht immer mitter Kabass zum Markt. Wenne Grünkohl kaufs, nimm am besten die Kabass mit.* Die *Kabass* kennt man im zentralen Rheinland, sie gerät jedoch langsam aus der Mode.

Nicht zu spanisch cabazo, calabaza (das zu calebasse »Kürbisflasche«), sondern zu französisch cabas »Strohtasche«, die schon 1599 im Niederländischen nachgewiesen ist. Von dort ist die *Kabass* ins Rheinland gelangt.

Debrabandere 2011 166; RhWb 4/2 u. 9/1321; Wrede 2010 423

Kabäuschen und **Kabäusken** ist vor allem in west- und niederdeutschen Umgangssprachen weit verbreitet als Bezeichnung für ein kleines, oft schäbiges Zimmer. In Köln ist das Wort erstmals 1481 als kabeußchen »enger Verschlag« nachgewiesen. Im Mittelniederländischen wie auch im Mittelniederdeutschen vielfach als cabuse, cabus, kabuis, karbuiz mit der Bedeutung »Spind« belegt (im Englischen caboose). Die weitere Herkunft ist völlig dunkel. Erwogen wurde als Grundwort niederdeutsch *huus* »Haus«, da *Kabus* dort auch »Kerngehäuse (des Apfels)« bedeuten kann, was schon im Mittelniederdeutschen belegt ist. Dafür spricht auch die überlieferte Form kabhusen als »Verschlag für Schweine«. Dann wäre es eines der vielen ka-Wörter. Die volksetymologische Umdeutung von slawisch kabaku »Hütte« gilt als unwahrscheinlich. Im Niederländischen, wo cabuse ab 1450 als combuys, später kombuis erscheint, wird die Anlehnung an lateinisch cacabus »Kochtopf« oder an das spätlateinische copanna »Hütte« diskutiert.

Im Mittelniederdeutschen war kabuse auch schon die Bezeichnung für einen kleinen Verschlag auf einem Schiff. Seltsamerweise hat sich diese Variante im Deutschen jedoch nicht eingebürgert. Die Kombüse, wie heute die Schiffsküche genannt wird, ist ein späterer Import aus dem Niederländischen, das für viele seemännische Begriffe Pate gestanden hat, obwohl im Niederdeutschen ein entsprechendes Wort im Gebrauch war.

Grimm 11/10; Kluge 2011 461 u. 516; Küpper 385; RhWb 4/3; Schiller/Lübben 2/415; Trübner 4/70; van Veen/van der Sijs 471; Werner 159; Wrede 1920 111

käbbeln, kabbeln streiten; siehe *kiebig*

Kabuff kleines, dunkles Zimmer, Verschlag; oft als **Kabüffken** *Dat war vielleicht en Kabuff, wat die uns als Ferienwohnung verkaufen wollten.* Das Wort ist im gesamten mittel- und niederdeutschen Sprachraum seit Beginn des 19. Jahrhunderts umgangssprachlich. Es ist deshalb auf keinen Fall »ein kölsch-ripuar.-südniederfränk. Eigenwort« (Wrede). In der Regel wird das Wort zu niederländisch kombof gestellt, das »kleine Außenküche« bedeutet und in den Niederlanden als Name für Gastwirtschaften noch heute sehr beliebt ist. Aus kombof soll sich unter Einfluss von Kombüse der oder das *Kabuff* entwickelt haben. Der oder das hatte jedoch in der deutschen Umgangssprache nie eine mit Küche oder Kochen in Zusammenhang stehende Bedeutung. Deshalb ist wohl eher anzunehmen, dass hier das (mittel)niederdeutsche Wort *Kuffe* »kleines, schlechtes Haus« zugrunde liegt, das in vielfältigen Zusammensetzungen auftritt. Allerdings wäre auch hier eine Streckform oder der Einfluss von Kabuse, Kombüse anzunehmen, was wiederum unbefriedigend bleibt.

Bergmann 163; Heinen/Kremer 91; Kluge 2011 462; MmWb; RhWb 4/8; Schiller/Lübben 2/590; Trübner 4/71; Werner 160; Wolf 1956 2394; Wrede 2010 423; http://www.duden.de/rechtschreibung/Kabuff

Kadangs Angst, Furcht, auch »Respekt, Haltung«; in den Mundarten des Rheinlands weit verbreitet, in der Umgangssprache nur noch selten zu hören: *Da hat der aber Kandangs für!* Ein nur für das Rheinland belegtes Wort, überraschenderweise nicht im Wrede'schen Wörterbuch verzeichnet. Die Bedeutungsvariante »Haltung« *(der Jung hat Kandangs am Leib)* lässt das Rheinische Wörterbuch vermuten, dass hier das französische cadence »Takt« Pate gestanden habe, das an »Gleichschritt, militärische Haltung« denken lässt. Die Frage ist dann, wieso *Kadangs* nur auf einen so kleinen Raum beschränkt ist. Vielleicht liegt hier deshalb auch nur eine typisch rheinische Streckform mit der Vorsilbe ka- vor (wie in *Kafumm, kafetschen* und so weiter), die aus der hochsprachlichen Angst die *Kadangs* gemacht hat.

Heinen/Kremer 91; RhWb 4/20; Werner 160

kadaunenvoll, kardaunevoll bedeutet im Rheinland »sturzbetrunken« *Der war aber auch kadaunevoll gestern. Unsre Stadtsoldaten waren ma widder kadaunevoll, abber friedlich.*

Kartaune ist eigentlich die Bezeichnung für ein altes Vorderladergeschütz aus dem 16. Jahrhundert und eine Verballhornung der italienischen Bezeichnung quartana bombarda, was so viel wie »Viertelbüchse« bedeutet in Anspielung auf das Gewicht der Munition. *Kadaunenvoll* heißt also eigentlich »kanonenvoll« (analog zu granatenvoll).

RhWb 4/209; Wrede 2010 439

Kaff langweiliger, kleiner Ort, in dem nichts los ist *In dem Kaff is doch der Hund begraben. Wat wollt ihr denn in dem Kaff? In dat Kaff kriegen mich keine zehn Pferde! Der kommt von som kleine Kaff hinter de Grenze.* Solche *Käffer* kennt man überall im deutschen Sprachraum. Der **Kaffer** »Dummkopf, Bauer« ist dagegen kaum noch zu hören.

Der wurde früher meist mit dem Namen für afrikanische Bantuvölker assoziiert (heute noch in Kaffernbüffel), der *Kaffer* als »Bauer« ist allerdings älter (schon 1724 in Duisburg belegt) und hat nichts mit dem kolonialzeitlichen Schimpfwort zu tun. Er geht vielmehr auf die Pluralform kapherim von jiddisch kapher »Bauer« zurück. Die kann man noch heute in rheinischen Dialektwörtern wie **Kafferinem** »dummer Bauer« oder **Kafferus** »Gesindel« erkennen. Hier interessiert jedoch weniger der *Kaffer* als das *Kaff,* aus dem er augenscheinlich zu kommen scheint. Überraschenderweise sehen das die meisten Wörterbücher anders, die *Kaff* nicht auf das entsprechende jiddische kefar »Dorf«, sondern auf das zigeunersprachliche gaw, gab »Dorf« zurückführen, das über das Rotwelsche in die Umgangssprache gelangt sein soll. Diese Ableitung geht auf das berühmte Rotwelsch-Wörterbuch von Wolf zurück, der nur einen volksetymologisch konstruierten Zusammenhang zwischen *Kaffer* und *Kaff* sieht. Diese weitverbreitete Deutung steht jedoch auf tönernen Füßen. Lehnwörter aus dem Romanes sind in der deutschen Umgangssprache extrem selten, wir kennen lediglich *Zaster, Bock* und *Kaschemme* (siehe jeweils dort). Hinzu kommt, dass romani gab, gaw in allen bekannten Belegen immer einen langen Vokal hat (gaab), *Kaff* und seine vielen Zusammensetzungen dagegen ein kurzes a haben und das Romaneswort immer stimmhafte Konsonanten aufweist. Außerdem erscheint es äußerst unwahrscheinlich, dass zwei gleichklingende Wörter mit gleichem Bedeutungshorizont unterschiedliche Wurzeln haben sollen. Deshalb ist *Kaff* als Abkürzung von jiddisch kephar »Dorf, Provinzstadt« oder als spätere »volksetymologische« Ableitung zu *Kaffer* anzusehen.

Althaus 2006b 104; Bergmann 163; Grimm 11/24; Kluge 2011 463; Matras 199 u. 203; Mengel 43; PfWb 4/4; Post 1992 211; RhWb 4/31; Stern 102; Trübner 4/72; Weinberg 69; Wolf 1956 2405 u. 2544; http://www.etymologiebank.nl/trefwoord/kaffer

Kahn kann neben der standardmäßigen Bedeutung auch für das Gefängnis stehen: *Der muss bestimmt innen Kahn.* Beim Fußball ist *Kahn* das Tor: *Wer geht heute innen Kahn?* muss vor dem Spiel geklärt sein. *Ab innen Kahn* (Bett). Außerdem kann man *einen im Kahn haben* (betrunken sein): *Der hatte gestern total einen im Kahn.*

Der *Kahn* als Gefängnis geht zurück auf jiddisch bekaan, kaan »hier, hierselbst«, daraus cane »Haus«. Im Rotwelschen wurde daraus die Bezeichnung für das Gefängnis oder den Arrest (ironisch als Zuhause der Gauner).

Althaus 2006b 104; Mengel 42; PfWb 4/15; RhWb 4/55; Wolf 1956 2417

Kailoff, Keiloff Hund, Töle *Dem Wirt sein bissigen Keiloff hat dem Postboten schon wieder eine Bux geschreddert.* **Kailoffschuhe** (nur Plural) dreckige, hohe Schuhe *Müsst ihr hier mit eure Kailoffschuhe durch dat frisch Gewischte laatschen?*

Das Wort ist überraschenderweise im Ruhrgebiet noch häufig zu hören. Es ist ein Überbleibsel der alten rotwelschen Händlersprachen und war in den Mundarten weit verbreitet auch als Schimpfwort für eine gemeine Person. Es ist ein westjiddisches Lehnwort (kelew, keilew »Hund, Schurke«).

RhWb 4/55; Stern 108; Wolf 1956 2561

kakeln, bekakeln ist als »quatschen, besprechen« in der Umgangssprache weit verbreitet: *Worüber die schon wieder am kakeln sind, möcht ich gar nich wissen. Wat die immer zu bekakeln haben!*

Schon im Mittelniederdeutschen ist kakelen als Gackern (des Federviehs) belegt, allerdings auch schon in der übertragenen Bedeutung als »schwätzen«. In beiden Bedeutungen erscheint das Verb in vielen niederdeutschen Mundarten. Auch im Niederländischen als kakelen »gackern, plappern« und im Englischen als cackle mit derselben Bedeutung.

Grimm 11/48; Honnen 2003 93; RhWb 4/13; Schiller/Lübben 2/418; http://www.duden.de/rechtschreibung/kakeln

Kalabreser, Kalabräses etwas Dickes, Schweres *Die hat vielleicht en Kalabräses* (dickes Hinterteil). *Wat en Kalabreser von Mann!* In der eigentlichen Bedeutung als breitkrempiger Hut (aus der italienischen Region Kalabrien) ist das Wort in der Umgangssprache kaum noch zu hören. Allerdings ist er heute noch eine typische Kopfbedeckung der wandernden Handwerksgesellen.

RhWb 4/61

Kaleika, Taleika Getue, *Buhei,* Aufstand *Mach hier nich son Kaleika! Kaleika* ist eines der wenigen polnischen Wörter, die im Ruhrgebiet erhalten geblieben sind, seine größte Verbreitung hat es im Osten Deutschlands; dort ist es seit 1865 belegt. Zugrunde liegt polnisch kolejka »Warteschlange«. Das Wort dürfte mit schlesischen Bergleuten ins Ruhrgebiet gelangt sein.

Bielfeldt 339; Duden 1999 5/2031; RhWb 4/75;
http://www.duden.de/rechtschreibung/Kaleika

Kalle, Dachkalle Abwasserrinne, auch »Dachrinne« *Unsere Dachkalle is verstopft. Der hat schon drei Kallen geworfen* (»Pudel« beim Kegeln). *Kalle* für »Rinne« sagt man fast im ganzen Rheinland, eine eher südliche Variante ist **Kändel, Kandel**. Ein berühmtes kölnisches Wort ist der **Kallendresser** (»Dachrinnenscheißer«), an den bis heute eine Figur an einem Haus am Altermarkt gegenüber dem Rathaus (!) erinnert. Eine daran geknüpfte Wortlegende geht so: In früheren Zeiten haben die Dachdecker ihre Notdurft in der *Kalle* verrichtet, um sich den mühseligen Abstieg zu ersparen. Ursprünglich war ein **Kallendrisser** allerdings ein armer Mensch, der aus Ermangelung sanitärer Anlagen die Straßenrinne benutzen musste.

Kandel oder *Kall* ist ein lateinisches Lehnwort; es geht zurück auf lateinisch canalis »Röhre, Rinne«, das wohl schon in voralthochdeutscher Zeit entlehnt worden ist, althochdeutsch chanale, mittelhochdeutsch kannel, kandel, das im Rheinischen über kanle (1185 belegt) zu *Kalle* zusammengezogen wurde. »Das Wort ist eines der ältesten kölschen Wörter lateinischen Ursprungs.«

Bach 253; Debrabandere 2011 192; Grimm 11/68 u. 160; Honnen 2008a 108; Kluge 2011 469; Post 1982 56; RhWb 4/81; Wrede 2010 429

kallen reden, erzählen *Du has gut kallen!* **bekallen** besprechen *Lass uns dat doch ers ma bekallen!* **Kall** Gelaber, Gerede, Unsinn *Mach doch nich so ne Kall. Bei dem Kall war dat doch klar, dat dat bald alle wissen!* **Kallbacken** Schwätzer *Der is en alter Kallbacken.*

Kallen war lange Zeit nicht nur im Rheinland das übliche Wort, bevor es durch sprechen in die Mundarten abgedrängt wurde. Davon zeugt auch noch seine moderne Verbreitung in englisch to call und limburgisch *kallen*.

Es ist ein dementsprechend altes Wort, mittelhochdeutsch kallen »laut schwatzen«, mittelniederländisch callen, altenglisch ceallian, althochdeutsch challon »erzählen«. Die gemeinsame Wurzel germanisch *kallon geht auf den indogermanischen Stamm *gal »Ruf« zurück. Wieder einmal erweist sich das Rheinische als Wortmuseum.

Debrabandere 2011 170; Grimm 11/86; Onions 137; RhWb 4/83; Werner 162; Wrede 2010 430

Kam, Kom, Kan Schimmelbelag, Schimmel; das Wort ist in allen rheinischen (und in vielen anderen) Mundarten zu Hause und steht im südlichen Rheinland in Konkurrenz zu *Pand* (siehe dort). Beide Wörter haben verblüffende Parallelen sowohl in der Bedeutung als auch in der Herkunft. So ist auch *Kam* ein romanisches Lehnwort und geht zurück auf lateinisch canus »grau«, das schon spätlateinisch als Substantiv zu cano »grauer Schimmel« wird. In den Mundarten wird daraus die Bezeichnung des Schimmels, der sich auf Flüssigkeiten absetzt. Allerdings hört man das alte Wort heute nur noch selten, im Niederländischen gehört es als kaam zur Standardsprache.

Grimm 11/31; Kluge 2011 463; Post 1982 210; RhWb 4/102;
http://www.etymologiebank.nl/trefwoord/kaam

Kamälle hat zwei unterschiedliche Bedeutungen: »(Karamell-)Bonbon«, vornehmlich im rheinischen Karneval geworfen, nachdem die *Jecken* mit dem Ruf *Kamälle, Kamälle!* eindringlich dazu aufgefordert haben, und »alte Geschichten« *Der erzählt doch nur immer die gleichen alten Kamellen. Der un seine alten Kamällen* (nur im Plural). Dazu **kamällen** reden, quatschen, mitreden *Wat has du denn hier zu kamällen? Has du etwa auch wat zu kamellen? Hier hat wohl jeder wat zu kamellen. Wenn der nix zu kamällen hat, is der nich zufrieden* (im Sinn von meckern). **rumkamällen** *Der is immer nur am rumkamellen* (blöd oder angeberisch daherreden).

Die berühmte rheinische *Kamelle* aus dem Karneval hat sprachgeschichtlich mit dem Verb *kamellen* und den alten Geschichten, die weit über das Rheinland hinaus vor allem im niederdeutschen Raum erzählt werden, wohl nichts zu tun, auch wenn man das im Rheinland anders sieht. Die niederdeutsche Wendung *Dat sünd olle Kamellen, de rükt nich mehr* deutet jedenfalls auf alte Kamillenblüten, die nicht mehr duften. Die rheinische *Kamell* ist dagegen eine Karamelle aus französisch caramel (zu lateinisch calamus »Rohr«).

Duden 1999 5/2038; Kluge 2011 467; Paul 445; RhWb 4/118; Röhrich 3/798; Wrede 2010 432

Kante in der Wendung *sich die Kante geben* »sich betrinken« *Gestern ham wer uns aber ordentlich die Kante gegeben. Der gibt sich jeden Tach die Kante.*

Überraschenderweise hat sich hier ein alter Ausdruck für die Kanne gehalten; frühneuhochdeutsch kante »Kanne«, zu althochdeutsch kannata, kanta; das Wort war bis ins 19. Jahrhundert auch in der Literatursprache gebräuchlich.

Grimm 11/172

Kapee in der Wendung *schwer von Kapee sein* »etwas nicht verstehen, dumm sein« *Bisse eigentlich schwer von Kapee oder wat?* Die Verwendung in *Ich krich da kein Kapee dran* oder *Da hab ich kein Kapee für* (Verständnis) scheint eine rheinische Eigentümlichkeit zu sein – wie das ebenfalls rheinische *kapabel, kombabel, karfarbel* »fähig, geschickt« (siehe *karfarbel*).

Zugrunde liegt lateinisch capere »fassen, begreifen«, woraus im 17. Jahrhundert das französierende kapieren wurde, daraus verkürzend *Kapee.*

Kluge 2011 472; MmWb; RhWb 4/148 u. 149; Werner 164; Wrede 2010 436

kapores tot, kaputt, pleite, defekt *Der Kappes kammer nich mer essen, der is hinüber, kapores. Ach kuk ma, der Bauer jibt sein Vieh ab, kapores, widder einer weniger. Un wat is mit deim Auto? – Wat wohl – kapores!*

Über das Rotwelsche aus dem Jiddischen entlehnt; jiddisch kappora »schlagen, schlachten« (»Schlachten des um das Haupt des Sühnenden geschwungenen Hahns als Sühneopfer«; kapores »Opferhuhn«). Daraus entwickelte sich im Rotwelschen die Bedeutung »ums Leben kommen« und schließlich »kaputtgehen« (wohl unter Einfluss von **kaputt**, das zur selben Zeit aus dem Französischen entlehnt wurde; caput machen »keinen Stich machen beim Kartenspiel«, zu être capot »keinen Stich haben«). In den rheinischen Mundarten lässt sich die ursprüngliche Bedeutung noch sehr schön beobachten: *Er geht kapores, er hat den Kapores* (Pleite).

Althaus 2006b 105; Bergmann 167; Kluge 2011 473; RhWb 4/153; Stern 106; Wolf 1956 2469; Wrede 2010 437

Kappes ist die in allen rheinischen Mundarten und auch in der aktuellen Umgangssprache reich bezeugte Bezeichnung für den Kohl oder das daraus bereitete Sauerkraut: *Wenne Kappes kochst, stinkt die ganze Bude tagelang. Früher sind wir mitte Räder durch Kappes und Taback gefahren, da gab et kein Halten* (über Stock und Stein). Auch die vielen Komposita zeugen von der Beliebtheit des Gemüses: **Kappeskopp**, **Kappesbauer** Gemüsebauer; **Kappesbure-Express** Eisenbahnlinie oder Buslinien durch das Vorgebirge bei Bonn, abgeleitet aus dem ehemaligen Kürzel der Verkehrsbetriebe KBE (Köln-Bonner Eisenbahnen); **Schlodderkappes** Kohleintopf. Auch als »auszeichnender« Zusatz für (Vor-)Orte mit vorwiegend landwirtschaftlicher Prägung, Beispiele in Duisburg *(Kappes Serm)* oder Düsseldorf *(Kappes Hamm).*

Den *Kappes* findet man im Rheinland von der Nahe bis Westfalen und überraschenderweise in der deutschsprachigen Schweiz, überall sonst heißt das Gemüse »Weißkohl« oder »Kraut«. Allerdings haben die schweizerdeutschen (chabis), luxemburgischen (Kabes) und mittelniederländischen (cabuus) Varianten anders als die rheinischen Formen ein lenisiertes (»weiches«) b in der Wortmitte. Das lässt darauf schließen, dass diese Varianten eine unterschiedliche Wortgeschichte haben. Beide gehen zwar auf das lateinische caput »Haupt« zurück. Daraus wurde im Mittellateinischen caputia und im Althochdeutschen kabuz, cabuz. Die B-Varianten scheinen jedoch erst nach dem 5. Jahrhundert übernommen worden zu sein, wogegen die P-Varianten als die älteren wohl direkt auf das lateinische caput zurückzuführen sind.

Interessanterweise hat sich auch nur im Rheinland die ursprüngliche Bedeutung »Kopf, Haupt« erhalten: *Du has doch en Ratsch im Kappes. Bei sone Flanke muss der doch den Kappes hinhalten.* Dagegen ist eine andere Bedeutungserweiterung mittlerweile sogar über das eigentliche *Kappes*-Gebiet hinaus verbreitet: *Der erzählt vielleicht en Kappes. Son Kappes, wie da im Fernsehen läuft, hat man keine Lust zu kucken.* Wie wird aus dem *Kappes* ein Synonym für Unfug oder Blödsinn? Die Antwort ist: nicht aus dem *Kappes,* wohl aber aus dem Kohl. Der hat im Rotwelschen genau die gesuchte Bedeutung: Unsinn, Scherz, sinnloses Gerede. Woher dieser Kohl stammt, ist nicht ganz sicher. Vielleicht aus dem zigeunersprachlichen kal »schwarz« oder – wohl eher – aus dem jiddischen Kol, das »Geräusch, Stimme« oder »Nachricht« bedeuten kann. Vielleicht ist es auch eine Mischung aus beidem, auf jeden Fall hat der essbare Kohl mit dem unsinnigen Kohl nichts zu tun. Wir erkennen diese Wortgeschichte noch in den Verben **verkohlen** *(Bisse mich am verkohlen oder wat?)* oder **ankohlen**. Aus dieser Wortgeschichte kann man auch schließen, dass unser *Kappes* die Nebenbedeutung »Unsinn« ursprünglich gar nicht hatte; erst als der Kohl nicht mehr nur Gemüse war, wurde auch sein rheinisches Pendant im 19. Jahrhundert zum Synonym für allerlei unsinniges Zeug. Viele nichtrheinische Sprecherinnen und Sprecher wissen oft überhaupt gar nicht mehr, dass der *Kappes* eigentlich ein Gemüse ist.

Eine Anmerkung zum *Ratsch im Kappes* »dumm, verrückt sein«: Über den erzählt man sich in Siegburg eine schöne Entstehungslegende. Danach behandelte der auch heute noch berühmte Irrenarzt Carl Pelman in seinem Krankenhaus psychisch kranke Patienten mit Trepanationen (Schädelöffnungen). Die so Malträtierten hatten danach im Volksmund eben einen *Ratsch im Kappes.*

Honnen 2008a 184; LuxemWb 2/261; Post 1982 226; RhWb 4/161; Schiller/Lübben 2/415; Stern 114; Werner 165; Wrede 2010 438

Karessör ist eine veraltende Bezeichnung für einen Mann, der charmant und deshalb bei den Frauen beliebt ist *Der Kerl hat en Schuss bei den Frauen, dat is aber auch en Karressör.* Auch **Karessierstengel**.

Das Wort ist eine Entlehnung aus dem Französischen. Das französische caresser »zärtlich sein« wiederum ist aus dem italienischen carezzare »liebkosen« entstanden (zu lateinisch carus »lieb«).

RhWb 4/181; Wrede 2010 439

karfarbel, kapabel, kombabel fähig, brauchbar, geschickt; in der Umgangssprache meist negativ verwendet *Ich glaub, du bis nich ganz karfabel* (blöde, ungeschickt).

Das Wort ist in den rheinischen (und südlich angrenzenden) Mundarten weit verbreitet, in der Umgangssprache dagegen nur noch in der Nordeifel zu hören. Das Wort ist aus dem Spätlateinischen über das französische capable »fähig« in die Mundarten gelangt.

PfWb 4/51; RhWb 4/148; Wrede 2010 436

karjohlen, kariolen (weitere mundartliche Varianten **karjitzen, karjilen, karjacheln, karjuschen, karjucken, karjuckstern, kafetzen, kajohlen, kaijolen, kaiolen**) umherfahren, wild umherlaufen; im Pfälzischen *kajackern, kasackern.* Auch im Niederdeutschen als *karjolen* und im Mitteldeutschen als *karriolen* weit verbreitet. Das Verb gilt als Ableitung zu **Karjole, Karjool** (standarddeutsch Karriole) »kleiner Wagen, leichter Pferdewagen«, ein Wort, das ebenfalls in vielen Mundarten zu Hause ist; heute in der Umgangssprache durchaus auf moderne Fahrzeuge bezogen, so im Ruhrdeutschen als **Kajöhle** »altes Auto« *Die Kajöhle von der ihren neuen Mäck hat doch nur ma 400 Emmchen gekostet.* Dass sich *Kajöhle* und seine Varianten wiederum auf das französische carriole »Karre, Handkarren« zurückführen lassen, ist wohl unbestritten. Das Wort wurde vielleicht zur Unterscheidung der einrädrigen Schubkarre von der zweirädrigen Handkarre eingeführt.

Damit sind aber die vielen angeführten Varianten noch nicht erklärt. Sollten alle rheinischen Verben mit der Vorsilbe ka-, kar- und der Bedeutung

»wild herumlaufen oder -fahren« nachträglich analog zu *kariolen* gebildet worden sein? Es handelt sich jedenfalls bei allen Grundwörtern um selbstständige Verben, die auch unpräfigiert verwendet werden. Sehr schön ist die Aachener Variante **kasocken**, die auf die umgangssprachliche Wendung *sich auf die Socken machen* zurückgeht und das Bildungsprinzip sehr anschaulich macht. Aber auch die Grundwörter *jachen, jacken, jacheln, jucken, jückeln* oder *fetzen* sind bekannte Verben der Bewegung im Rheinland, die durch die Vorsilbe *kar-* verstärkt werden. Deshalb liegt bei diesen Wörtern auch keine Analogiebildung vor, sondern es sind, anders als *kariolen,* Zusammensetzungen aus Mundartverben mit dem Verstärkungspräfix *ka-, kar-,* das auch in anderen Verbindungen in derselben Funktion vorkommt: *Kawumm, kafupptich* und so weiter.

Bergmann 168; Fellsches/Küster 113; Grimm 11/217; PfWb 4/18; RhWb 3/1111 u. 1150 u. 4/185 u. 242; Schleef 126; Schmachthagen 244; Werner 162; Wrede 2010 441; http://berlinerische.deacademic.com/935/kajolen

Karl Napp in der Wendung *aussehen* oder *rumlaufen wie Karl Napp* »aufgrund modischer Missgriffe etwas dämlich und bescheuert aussehen« *Wat hasse dir die Haare so an en Kopp geklätscht. Dat sieht vielleicht aus! Orginal wie Karl Napp! Du siehs heut morgen wieder aus wie Karl Napp auf Urlaub.* Möglich sind alle denkbaren absurden Varianten: *Karl Napp der Abwaschbare, Karl Napp der Erfinder der lenkbaren* oder *rostfreien Bratkartoffel, Karl Napp aus Erkner* (Stadt bei Berlin), *Karl Napp mit der Wellblechhose, Karl Napp der Ungeküsste, Karl Napp mit de Gummikapp, Karl Napp der Erfinder der Luftpumpe, Karl Napp der Erfinder der ärmellosen Tarnkappe, Karl Napp der Dehnbare.* Die verschiedenen Inkarnationen des *Karl Napp* kennt man im gesamten deutschen Sprachraum.

Die Bezeichnung ist nicht alt und wohl erst nach dem Zweiten Weltkrieg aufgetaucht. Deshalb könnte sie auf den Düsseldorfer/Berliner Humoristen gleichen Namens zurückgehen. Möglich wäre es aber auch genau andersherum: Der Entertainer hat sich vielleicht den Namen angeeignet, weil er schon sprichwörtlich war.

MmWb; https://de.wikipedia.org/wiki/Carl_Napp

karrig geizig, meist in der Wendung *Dat es en karriger Hund!* Ist mit wenigen Überschneidungen im Süden des Rheinlands verbreitet, wo *gorrig* nicht bekannt ist. *Karrich* gilt als mundartliche Variante von karg, jedoch ohne die hochdeutschen Bedeutungsvarianten. Allerdings sind die lautlichen und semantischen Parallelen zu *gorrig* auffällig (siehe dort).

Honnen 2003 96; RhWb 4/184

Kasalla, Casalla Prügel, Schläge, Abreibung *Die Schalker ham in Köln aber orntlich Kasalla gekricht. Wenne nich sofort aufhörst, da gibbet gleich Casalla.* Um Neuss kennt man auch die Variante **Kadalla**. Im Saarland bedeutet die Wendung *ordentlich Casalla haben* »betrunken sein«, analog *sich Kasalla geben* »sich die Kante geben«.

Das Wort ist relativ neu und offensichtlich nicht dialektbasiert, denn es ist weder in Dialektwörterbüchern noch in anderen Dokumentationen verzeichnet. Die ältesten Belege scheinen in die 1960er-Jahre zu deuten. Deshalb kann ein moderner, schülersprachlicher Ursprung angenommen werden, der in diesem Fall sogar eine Entstehungslegende wahrscheinlich macht, die normalerweise als lustige Anekdote abgetan worden wäre: »Noch bis weit in die fünfziger Jahre wurde in deutschen Schulen durchaus einmal eine ordentliche Tracht Prügel verabreicht. Die übliche Form der Bestrafung, die nur die Jungen betraf, waren Schläge auf den Hintern. Dazu musste sich der Delinquent bäuchlings auf einen Tisch im Klassenraum legen. Auf einer Seite hing er dann kopfüber herunter. Und was erblickte der beklagenswerte Kerl in dieser Situation? Ein kleines dreieckiges Schild mit der Aufschrift ›Casala‹. Dazu muss man wissen, dass die Firma Casala zwischen 1920 und 1965 Möbel, ab 1946 vor allem Schulmobiliar hergestellt hat. Im Rheinland waren nachweislich sehr viele Schulen mit den Tischen und Stühlen aus Lauenau ausgestattet. Die Firma unterhielt in den sechziger Jahren sogar ein Auslieferungslager in Pulheim. Das kleine Firmenschildchen, das auf allen Schulmöbeln angebracht war, zeigte einen sitzenden Schüler und den Schriftzug Casala, eine Abkürzung der Initialen Carl Sasse Lauenau.«

Diese schöne Wortgeschichte kann zumindest vorläufig geglaubt werden, allerdings spricht der saarländische Beleg dagegen.

Fellsches/Gronemann 52; Honnen 2008a 110; MmWb; Schreiben von Hermann Müller an das LVR-Institut in Bonn 2003

Kaschemme heruntergekommenes Haus, Bruchbude, Kneipe mit schlechtem Ruf *In die Kaschemme würd ich abba nich gehn. Wat is dat denn vonne Kaschemme?*

Eines der drei umgangssprachlichen Wörter (siehe *Bock* und *Zaster*), die sicher aus zigeunersprachlichen Wurzeln abgeleitet werden können. Es ist im 19. Jahrhundert über das Rotwelsche aus Romanes kacima, kircima »Kneipe, Wirtshaus« entlehnt, das wiederum ebenfalls ein Lehnwort (aus dem slawischen Sprachraum) und ein Produkt des Migrantenlebens der Roma ist.

Matras 199; Pfeifer 2/801; Wolf 1956 2498

kaschen jemanden fangen, ins Gefängnis gehen *Den ham se endlich gekascht.* Das Wort ist in den Mundarten spärlich belegt, in der allgemeinen Umgangssprache jedoch weit verbreitet. Die Etymologie ist unklar. Nach Grimm ist das Wort bereits bei Stieler (»Der Teutschen Sprache Stammbaum«, 1691) als *kaschen spielen* »Fangen spielen« bei Kindern belegt. Es wird deshalb oft zu Kescher (Fischfanggerät) gestellt, das im 16. Jahrhundert über das Niederdeutsche aus dem Neuenglischen catcher »Fischhamen« (zu to catch »fangen«) entlehnt wurde. Eine andere lustige Etymologie bezieht sich auf die moderne umgangssprachliche Bedeutung von to cash als »einkassieren«, die unter Einfluss von haschen zu *kaschen* geführt haben soll. Aber eigentlich muss man solche Umwege gar nicht gehen. In vielen deutschen Mundarten ist und in der allgemeinen Umgangssprache war das Wort *Kaschott* (siehe dort) oder *Kascho* »Gefängnis, Kerker« weit verbreitet. Es ist eine direkte Entlehnung aus dem Französischen; dort ist cachot eine dunkle Zelle, ein Verlies. Wegen seiner weiten Verbreitung muss *Kascho, Kaschott* schon früh entlehnt worden sein. Das Verb *kaschen* dürfte eine direkte Ableitung sein. Es hat sich in der Umgangssprache gehalten, auch als das Substantiv langsam veraltete und verschwand.

Besse 2013 84; Dubois/Mitterand/Dauzat 110; Grimm 11/247; Küpper 309; MmWb; PfWb 4/84; Post 1982 189; RhWb 4/225; Wahrig 4/88; Werner 166; Wolf 1956 2398; http://www.duden.de/rechtschreibung/kaschen

Kaschott, Kaschöttche ist in den Mundarten des Rheinlands das Gefängnis, ein Kerker oder eine Arrestzelle. Das Wort ist eine direkte Entlehnung aus dem Französischen. Dort ist cachot eine dunkle Zelle, ein Verlies, abgeleitet aus cacher »verstecken«. Allerdings kann *Kaschott* ebenfalls ein kleiner Kasten, Käfig oder ein kastenförmiges Bett sein. Hier hatte vielleicht auch saarländisches und lothringisches *Kasch* »Vogelkäfig« (aus französisch cage »Käfig«) Einfluss (siehe *kaschen*).

Dubois/Mitterand/Dauzat 110; Post 1982 189; RhWb 4/225; Wrede 2010 442

Kassel in der Wendung *ab nach Kassel* als Aufforderung wegzugehen *Nu aber ab nach Kassel, un dalli dalli!*

Die Wendung ist erst seit der zweiten Hälfte des 19. Jahrhunderts belegt. Das bekannte Zitat von Catharina Elisabeth Goethe: »Das ist wahrhaftig ein Brief nach dem alten stiel – als wenn es nach Caßel sollte«, kann nicht als Beleg dienen, es ist eine Anspielung auf die Sprache des Ortes. Da die Redewendung jedoch im Rheinischen Wörterbuch als allgemein verbreitet gilt, muss sie auf jeden Fall weit vor 1900 entstanden sein. Das macht die schöne Wortgeschichte um den armen Kaiser Napoleon III., der von Moltke und Bismarck nach der Niederlage 1870 nach Cassel beziehungsweise Kassel geschickt wird, eher unwahrscheinlich. Da sich für die Wendung vor 1850 jedoch keine Belege finden lassen, erscheint auch die oft zitierte These, wonach Kassel als Sammelstelle der nach Amerika verkauften Rekruten im 18. Jahrhundert die Herkunft erkläre, als spekulativ. Wie so oft, ist es auch hier wenig zielführend, einen konkreten Anlass als Ausgangspunkt einer Redewendung zu suchen. Deshalb ist, bei allem Vorbehalt gegen allzu schnelle Ableitungen aus dem Jiddischen, die Herkunft aus dem Rotwelschen hier durchaus zu erwägen. In der Gaunersprache bedeutet das Verb verkasseln oder kasseln (aus jiddisch gassern »verordnen«) »jemanden des Landes verweisen«, *ab nach Kassel* könnte also ursprünglich »nach Verfügung verschwinden« meinen.

FrankfWb 7/1408; Mengel 46; PfWb 4/100; RhWb 4/244; Röhrich 1/54; Wolf 1956 3502; http://www.swr.de/blog/1000antworten/antwort/2641/woher-stammt-die-redensart-ab-nach-kassel/; http://de.wikipedia.org/wiki/Ab_nach_Kassel

Katscher, Katsche Kerbe, Scharte, dicker Kratzer *Wer hat die Katsche inne Tür gemacht?* Die Variante *Der hat ja einen anne Katsche* (verrückt sein) ist eine Analogie zu *einen Ratsch im Kappes haben* (siehe *Kappes*). Das Wort ist eine Variante von *Kitsche* (siehe dort).

Debrabandere 2011 183; Honnen 2003 96; RhWb 4/270

Katzoff Metzger *Geh mal schnell nachem Katzoff un hol en Viertel Gehacktes.*

Das typisch rotwelsche Wort hört man noch im Bergischen Land und im Ruhrgebiet. Früher war es in vielen Mundarten verbreitet. Es ist ein Relikt der Sprache der sogenannten Handelsjuden, die in den Dörfern und Kleinstädten oftmals Metzger, Schlachter oder Viehhändler waren; zu jiddisch kazow, kazew »Fleischer, Fleischhändler« aus hebräisch quassab »Fleischhauer«.

Althaus 2003 17; Althaus 2006b 106; RhWb 4/306; Stern 107

Käu sinnloses Geschwätz, Gerede *Erzähl doch keinen Käu!*, auch **Gekäuer** *Dat ganze Gekeuer bringt doch nix.* Das auch in der rheinischen Umgangssprache beliebte Wort ist eine Ableitung aus dem zentralrheinischen Mundartverb **käuern, käuen**, das sowohl »kauen« als auch »langsam, verlegen sprechen« (wie im Hochdeutschen »auf den Wörtern kauen«) bedeutet. Hierzu auch **Käues** in der Wendung *sich wie Käues ziehen: Dat zieht sisch wie Käues* (stinklangweilig sein, endlos andauern). *Käues* steht auch für »Kaugummi« *Haste mal en Käues?*

RhWb 4/314; Werner 194; Wrede 2010 445

Kauderwelsch unverständliche Sprache *Wat reden die denn von Kauderwelsch? Dat Kauderwelsch von denen versteht kein Schwein.*

Wohl nicht zu Churwelsch (im 15. Jahrhundert als Kurwalchen bezeugt) als Bezeichnung des Rätoromanischen, sondern der alte Name für Händler aus dem romanischen Raum (welsch »nicht-deutsch, französisch«), der als Beiname unter anderem schon 1379 in Köln in Hermanus Kudirwale belegt ist. Aus der Berufsbezeichnung wurde, wohl unter Einfluss von *kaudern* »unverständlich reden« (noch heute in den Mundarten weit verbreitet), das Synonym für die Sprache dieser Händler, wenn das Verb selbst nicht als Bestimmungswort in Frage kommt. Das niederländische koeterwaals »Kauderwelsch« ist eine Entlehnung aus dem Deutschen.

Anmerkung: Welsch ist ein uraltes Wort und ursprünglich der Name eines gallischen Volkes (Volcae), der später auf andere Völkerschaften übertragen wurde; althochdeutsch walahisc »keltisch, romanisch«, mittelhochdeutsch walhisch, welhisch »italienisch, französisch«; es findet sich in Walnuss (eigentlich also »Nuss aus Gallien«), Wallonie oder Cornwall.

Grimm 11/307; Kluge 2011 482; Lühr 23f; Pfeifer 2/813; PfWb 4/399; RhWb 4/309; http://www.etymologiebank.nl/trefwoord/koeterwaals; http://www.etymologiebank.nl/trefwoord/walnoot

Kaue oder **Kau** kennt man nicht nur im Rheinland in unterschiedlichen Bedeutungsvarianten, wobei die Grundbedeutung immer »Hütte, Häuschen« ist. Daraus leiten sich die vielen Gebrauchsweisen ab: (Vogel-)Käfig (heute noch vielfach als *Möschekau* zu hören), Taubenschlag, Lattenverschlag, Kaninchenstall, Hütte über dem Bergwerksschacht, Waschkaue, altes Haus, Bett. So erklärt sich auch die moderne Bedeutungsvariante als Waschanstalt für Bergleute. Ursprünglich war die *Kaue* eine kleine Schutzhütte über dem Bergwerksschacht, aus der sich mit der Zeit die großen Werksgebäude übertage entwickelt haben. In der *Waschkaue* hat sich das alte Wort bis heute erhalten. Dass auch Betten als *Kaue* bezeichnet werden *(Nu ab inne Kaue un geschlafen!)*, hat seinen Grund in der früheren Gewohnheit, die Schlafstätten in enge Holzverschläge zu verlegen. Im Mittelniederländischen nannte man diese »Schlafwandschränke« kooi, woraus sich im Niederdeutschen die *koye* entwickelte, die wir noch heute als **Koje** auf Schiffen kennen.

Alle diese Varianten gehen als frühe romanische Entlehnungen zurück auf das lateinische cavea »Höhlung, Käfig«. Dagegen ist der auch standardsprachliche Käfig, der in den südrheinischen und im Süden angrenzenden Mundarten als **Kiffe** die *Kaue* ersetzt, eine spätere Entwicklung. Er ist abgeleitet aus dem vulgärlateinischen cavia (das natürlich auch auf cavea zurückgeht), das im Althochdeutschen zu kevia und im Niederländischen zu kevie »Käfig« wurde. Sowohl im Niederländischen als auch im Deutschen hat es also zwei auch zeitlich unterschiedliche Entwicklungsstränge zu *Kau,* Koje und Käfig, kevie gegeben. Vergleiche auch englisch cave »Höhle«.

Grimm 11/310; Kluge 2011 483; Post 1982 191; van Veen/van der Sijs 453, 473 u. 477; Werner 168

Kaventsmann, Kawentsmann, Kawänzmann, Kaffänzmann, Kafenzmann Prachtexemplar, großes Stück, großer Mensch *Dat is aber en Kawenzmann von Stein. Der is aber ein ganz schöner Kawänzmann geworden. Der hat son Kawenzmann von Karpfen ausse Sieg gezogen!*

Der *Kaventsmann* gilt gemeinhin als Ausdruck der Seemannssprache. Das ist er jedoch nicht, denn er ist in keiner der einschlägigen Dokumentationen belegt. Vielmehr scheint der *Kaventsmann* zuerst ganz allgemein etwas »Dickes« gewesen und in der Folge erst zur Bezeichnung von großen Wellen benutzt worden zu sein. Er ist auch nicht alt, sondern frühestens seit der Mitte des 19. Jahrhunderts nachweisbar. Das macht aber eine überall zu lesende Ableitung unmöglich: »Mittellateinisch conventum ›Kloster‹ ... Dem Worte folgend sind Kaventsmänner ›Klosterbrüder‹. Diesen wurde in älterer Zeit Völlerei und Trunksucht nachgesagt, weshalb man sie auf Karikaturen dickwanstig, tönnchenhaft dargestellt findet ... Man versucht auch, auf lateinisch cavere ›bürgen, Bürgschaft‹ leisten zurückzuführen. Der Kaventsmann ›der bürgende Mann‹ wird als gewichtig gesehen.« Der *Kaventsmann* als Klosterbruder ist eher unwahrscheinlich, belegt ist lediglich der Coventsbruder, allerdings nur im Spätmittelalter. Dagegen erscheint der Hinweis auf lateinisch cavere erfolgversprechender. Zwar ist der *Kaventsmann* kein »Bürge«, da Kavent ein sehr spezialisierter Rechtsbegriff des 18. Jahrhunderts war, aber im Pfälzischen (und Hessischen) kennt man das Adjektiv *kavent,* das als Hauptbedeutung »bei Kräften, gut dabei sein, tüchtig« hat. Davon wiederum ist der *Kaventsmann* als »dicker Mensch, imponierendes Exemplar seiner Gattung« abgeleitet. Das Adjektiv selbst geht wahrscheinlich auf lateinisch cavere »sich hüten, bürgen« zurück. Damit hat der *Kaventsmann* seinen Ursprung in den mitteldeutschen Mundarten.

Grimm 11/1574; Honnen 2008a 113; Küpper 405; PfWb 4/146; RhWb 4/352; SüdhessWb 3/1225; Werner 168

kavieren etwas zusichern, garantieren *Ich kaviere nich dafür! Dafür kann ich dich kavieren.* Ein exklusiv rheinisches (und limburgisches) Wort, das jedoch nur noch ältere Menschen kennen.

Dass sich im Rheinland das mittellateinische cavere »bürgen« (zu lateinisch cavere »aufpassen«) in der Alltagssprache gehalten hat, ist erstaunlich.

Debrabandere 2011 177; RhWb 4/353; Wrede 2010 446

Kavumm, Kafumm, Karfumm selten auch **Krawumm** Kraft, Wucht *Dat war ne Granate, da war ordentlich Kawumm hinter, den konnter nich halten. Hau ma drauf, aber mit Kafumm.* Das abgeleitete Adjektiv lautet **krawummzich**. Hierher gehört auch **Fumm** Elan, Antrieb, Energie *Der hat überhaupt keinen Fumm inne Fott. Der hat keinen Fumm zum Arbeiten. Wat meinste wat der Puck manchmal fürn Fumm hat, wenn son Eishockeyprofi zugehaun hat.* Das typisch nordrheinische Wort gehört zu *Fumme* »dicke Trommel«, die mit *ordentlich Schmackes* geschlagen werden muss.

Kavumm gehört zur großen Wortfamilie um die Vorsilbe *ka-, kar-,* die typisch für die rheinischen und westfälischen Mundarten ist. Dazu gehören: **karbatschen** heftig schlagen, prügeln (das Pfälzische Wörterbuch stellt **Karbatsche** »Peitsche« allerdings zu tschechisch karabač und türkisch kyrbatsch »Peitsche«), **karfeckeln** schnell laufen (zu *feckeln, feckern* »rennen«, siehe *feckern*), **karjohlen** (siehe dort), **Karämmel** etwas besonders Dickes (zu *Remmel* »dicke Scheibe«, siehe *Rämmel*), **kafetschen** (zu **fetschen, fetzen** »streiten«), **kasocken** schnell sein **Kamuffel** unsympathischer Mensch (zu *Muffel* »unfreundlicher Typ«, siehe dort), **kawupptich** rasch, schnell« (zu *wupptich* »schnell«, siehe *wuppen*), **Kafuck** Schwung, **kapaftig** plötzlich, schnell, **Kadangs** Angst (siehe dort), **kajitzen** schnell rennen, **karjachlen** schnell rennen (zu *jachen* »rennen«), **Kabänes** etwas Dickes (siehe dort). Einen Reflex dieser Wortbildung findet man auch im Englischen in kaboom »starker Knall« (bekannt aus vielen englischsprachigen Comics) und im Limburgischen *karbouwen* »ein Wurfspiel spielen« (zu **karbau**, der rheinischen Variante von kaboom).

Das Präfix *ka-, kar-* hat in allen Beispielen eine verstärkende Funktion und kann sowohl bei Verben als auch bei Substantiven Verwendung finden. Seine Herkunft ist völlig offen, Woestes Ableitung aus niederdeutsch *kwad* »schlecht, gering« passt nach der Bedeutung nicht, im Limburgischen wird *karbouwen* sogar auf malaysisch karbau »zahmer Büffel« zurückgeführt. Diese Erklärungen zeigen, wie ungewöhnlich die Vorsilbe ist.

Debrabandere 2011 173; PfWb 4/66; RhWb 2/885 u. 4/177 u. 224; Werner 161 u. 163; Woeste 117 u. 124

Kei, Kai Stein, Kieselstein *Der schmeißt mit Keie!* Das Mundartwort ist in einem scharf umgrenzten Gebiet im westlichen Rheinland nördlich der Eifel, am Niederrhein sowie im Münsterland gebräuchlich. *Kei* ist ein niederländisches Lehnwort. Im Standardniederländischen bezeichnet kei einen Kieselstein. Obwohl das Wort schon im Mittelniederländischen als kei, kay und schon im 14. Jahrhundert im Friesischen als kei belegt ist, ist die eigentliche Wortgeschichte unklar. Wahrscheinlich ist es verwandt mit Kegel (kegelförmiger Stein), weil es in älteren Quellen nur im Zusammenhang mit einem Spiel erwähnt wird, bei dem keie *(kaie schieten)* eine Rolle spielen, offensichtlich eine Vorform des Kegelspiels.

Debrabandere 2005 167; Debrabandere 2011 166; MmWb; RhWb 4/376; van Veen/van der Sijs 450; Verdam 285; WfWb 3/600

Keife Pump, Schulden, nur in der Wendung *auf Keife: Die ham schon widder en neues Auto, bestimmt auf Keife gekauft. Bei denen is eh alles auf Keife.*

Ein altes rotwelsches Wort, das heute noch im Ruhrgebiet und in Westfalen zu hören ist. Gaunersprachlich Keif »Geldschuld, Wirtshauszeche«; die rotwelschen Varianten Chaif, Chauf und Chof legen die Verwandtschaft zu jiddisch chojw »Schulden« nahe.

Lötzsch 57; Siewert 1993 56; Wolf 1956 2555

Keks Kopf *Hasse einen am Keks* oder *einen weichen Keks* (bescheuert sein)? *Warum häls de auch deinen Keks dazwischen? Geh mir bloß nich auf den Keks* (auf die Nerven gehen). *Erzähl doch nich son Keks* (Unsinn). *Dat interessiert mich en porösen Keks* ist eine Redensart aus dem Raum Witten, um Desinteresse zu signalisieren.

Der Keks ist die eingedeutschte Variante von englisch cake, aber warum wurde er ein Synonym für den Kopf? Eine mögliche Antwort wäre der *weiche Keks,* der nicht mehr in Ordnung ist und – entsprechend der weichen Birne – für »nicht bei Verstand sein« steht, später verallgemeinert zu »Kopf«. Eine andere Ableitung bemüht das jüdischdeutsche gag »Dach«, aus dem sowohl der Zylinderhut (siehe *Graf Koks*), berlinisch *Gox,* als auch der *Keks* als Bezeichnung für den Schädel entstanden sein könnten.

Duden 2008 440; Honnen 2008a 115; Küpper 406; Paul 454; Wolf 1956 2837

Kerl auch **Kehr** oder sogar **Keea** als Ausruf der Verwunderung oder des Missmuts *Kerl, Kerl, wat war dattänn vonne Flanke? Kehr, nu höma auf damit. Kerl, wat war dat von tollen Abend gestern.* **Kerl inne Kiste** als Fluch oder Ausdruck der Verblüffung *Kerl inne Kiste, wo hab ich denn schon wieder den Schlüssel hin?*

Dieser vor allem im Ruhrgebiet zu hörende Ausruf ist ein Relikt der alten westfälischen Mundarten der Region, in denen der *Kerl* auch die Bedeutung von »Mensch, Mann« hat, im Münsterländer Platt hört sich das so an: *Kehr, Karl, wat is dat ne Aap wuorn* (Mensch, Karl, was ist der affig geworden).

Denkler 9; Piirainen/Elling 444

Kickschosserei Nebensächlichkeit, Belanglosigkeit, etwas Sinnloses *Ach lass mich doch mit deine Kickschosserei in Ruhe, dat is doch ejal. Komm, mir gehn da rein, wat kaufen. – Nää, alles Kickschosserei da, dat es en Ramschladen.*

Das lustige Wort ist nicht exklusiv rheinisch (schweizerdeutsch geggschoserei), es wird allgemein aus »französisch quelque chose, in schneller Aussprache *kiksjooz*« abgeleitet. Solange keine bessere Erklärung gefunden wird, muss man das glauben.

Debrabandere 2011 187; Leithaeuser 1891 19; RhWb 4/458; Socin 327

kiebig, kiewig oder **kibbig** *Wat bisse widder so kiebich heute?,* sagt man zu jemandem, der aufsässig, gereizt oder streitsüchtig ist. Nach Ausweis des Grimmschen Wörterbuchs handelt es sich hier um ein »merkwürdiges Wort«, das in unterschiedlichen Varianten in nahezu allen Mundarten des deutschen und niederländischen Sprachraums verbreitet ist, jedoch nie Aufnahme in die Schriftsprache gefunden hat, »so brauchbar es [auch] war.«

Das hat nur das verwandte Verb keifen (mit schriller Stimme schimpfen) geschafft, das dieselben Wurzeln wie das Adverb *kiebig, kiewig* hat. Die werden deutlicher, wenn man die bedeutungsgleiche Variante keiben betrachtet, die lange Zeit ebenfalls hochsprachlich war, heute aber nur noch im Süden gebräuchlich ist (vielleicht, weil sie sich so schön zu den bekannten frauenfeindlichen Sprüchen eignet wie: »Wer da lebt ohn keib, der hat kein weib« und Verwandte). Keifen, keiben und *kiebig* gehen jedenfalls auf gemeinsame mittelhochdeutsche und vor allem mittel- und niederdeutsche Vorformen zurück: kiiven, kiiben und die Nebenformen kibbelen und kivvelen, die alle den Bedeutungshorizont »zanken« haben und wohl auf eine germanische Wurzel *geib oder *kib zurückgehen, wie die altnordische Form kifa vermuten lässt. Eine Verwandtschaft mit dem lateinischen cavillari »necken, sticheln« ist deshalb wohl unwahrscheinlich.

Hierher gehört auch das Verb **käbbeln** »sich streiten oder necken« *(Die sin sich nur am käbbeln),* das eine Variante des mittelniederdeutschen kibbeln ist. Küstenbewohner oder auch Segler kennen das Wort noch in anderem Zusammenhang: *Kabbeliges* Wasser hat eine unruhige und von kurzen Wellen bewegte Oberfläche, die sensiblere Naturen oft seekrank werden lässt.

Debrabandere 2011 186; Grimm 11/433; Kluge 2011 489; PfWb 4/218; RhWb 4/451; Schiller/Lübben 2/414 u. 460; van Veen/van der Sijs 254 u. 255; Werner 171; Wolf 1956 2595; Wrede 2010 423 u. 454; http://www.duden.de/rechtschreibung/kiebig

kiebitzen beim (Karten-)Spielen zuschauen, der **Kiebitz** ist entsprechend der heimliche Beobachter oder unerwünschte Ratgeber. Der bekannte Vogel ist hier völlig unschuldig, vielmehr geht das Wort in diesem Fall auf rotwelsch Kiewisch »Durchsuchung« und Kibitz »Untersuchungsrichter«, kiebitschen »durchsuchen« zurück; das eventuell zu hebräisch hapas »durchsuchen«.

Duden 2008 443; Stern 109; Wolf 1956 2607; http://www.duden.de/rechtschreibung/kiebitzen

Kies Geld, Reichtum *Ich hab den Kies, ich war grad aufer Bank. Schieb den Kies rübber, du hass verloren.*

Gegen die übliche Ableitung aus dem jiddischen kiss »(Geld-)Beutel« spricht der Langvokal in *Kies,* der nur über eine volksetymologische Anlehnung an Kies »kleine Steine« zu erklären wäre. Deshalb ist das ursprünglich rotwelsche Wort wohl als Umdeutung von Kies »eine Menge von Steinen« im Sinne von »Geld wie Kies« (analog zu »Geld wie Heu«) zu deuten.

Duden 2008 444; Kluge 2011 490; PfWb 4/197; Stern 111; Trübner 4/142; Wolf 1956 2602

Kiewief in der Wendung *auf Kiewief sein* oder als Adjektiv **gewieft** bedeutet »aufmerksam sein, wachsam sein, nicht leichtgläubig sein«. Das Wort an sich sicher nicht, aber manche seiner Verwendungen sind offensichtlich exklusiv rheinisch: *Der Kleine is en kiwief Kerlchen. Der Verkäufer, der euch die Kiste angedreht hat, war aber ganz schön kiwief.* Ist jemand *kiwief,* dann ist er aufgeweckt, intelligent, reaktionsschnell oder gerissen. Uneingeschränkt positiv ist das Lob wohl nicht immer gemeint, lebenstüchtig ist die so bezeichnete Person aber allemal. Der Inbegriff eines *kiwiefen Kerlchens* könnte zum Beispiel ein Banker sein, der sich gerade mit einer millionenschweren Abfindung aus der Krise verabschiedet hat.

Kiwief als Adjektiv oder Adverb mit dieser Bedeutung scheint nur im Rheinland gebräuchlich zu sein. Überall sonst kennt man nur die Wendung *auf Kiewief sein* oder *jemanden auf (dem) Kiwief haben* im Sinne von »auf der Hut, vorsichtig sein«. Dies sagt man sowohl in Pommern, im Rheinland, in Schleswig-Holstein als auch in Schwaben, wenn man zur Wachsamkeit oder Vorsicht mahnen oder jemanden warnen will: *Pass bloß auf, Männeken, ich hab dich ab jetz auf dem Kiwief, nochma gelingt dir dat nich!*

Diese Verwendung hat auch zu der landläufigen Erklärung geführt, das Wort stamme aus dem Französischen und gehe damit auch wieder, wie so oft, auf die napoleonischen Besatzungssoldaten zurück, die auf dem Wachgang jeden Unbekannten mit »Qui vive?« (Wer da?) anriefen. Diese (auch sprachlich zweifelhafte) Herleitung erzählt man sich gleichermaßen in den Niederlanden und in England, wo man »Qui vive?« ebenfalls kennt. Eine zweite Erklärung hat auch militärische Wurzeln, hierbei gingen die französischen Soldaten jedoch nicht Wache, sondern suchten nach der Schlacht auf dem Schlachtfeld nach Überlebenden mit dem (sprachlich ebenso unkorrekten) Ruf: »Qui vive encore?« (Wer lebt noch?)

Wie immer ist der Ursprung in der napoleonischen Besatzungszeit auch hier nicht zu belegen. Deshalb ist auch eine Verballhornung des Wortes gewieft denkbar, das denselben Bedeutungshorizont hat. Es bleiben dabei aber ebenfalls berechtigte Zweifel, genau wie bei der Ableitung von gewieft aus dem mittelhochdeutschen Verb wifen (winden, schwingen).

RhWb 4/588; van Veen/van der Sijs 715; Werner 174;
http://www.etymologiebank.nl/trefwoord/quivive

Kille eine sehr dicke Scheibe Brot *Wat hasse denn da vonne Kille abgeschnitten? Wat is dat denn für ne Kille?* Am Niederrhein und im Ruhrgebiet und in der Münsteraner Geheimsprache Masematte zu finden. *Kille* ist die niederrheinische und westfälische Variante des hochdeutschen Keils, die in den Mundarten auch für ein dickes Stück Brot steht, limburgisch *kijl* »Kanten

Brot«, mittelniederländisch kile, mittelniederdeutsch kil »Keil«; im Grunde also »ein wie mit einem groben Keil abgetrenntes Stück Brot«.

Debrabandere 2011 187; RhWb 4/390; Schiller/Lübben 2/461; Siewert 1993 57

Killefitt, Killefitz, Killepitsch, Killewitsch, Killefit, Killefik Mumpitz, Kleinkram, überflüssiges Zeug *Mein Gott, über son Killefitz musse dich doch nich aufregen. Dat is doch alles Killefit hier auf dem Flohmarkt.* Das Wort ist im Rheinland, im Ruhrgebiet und in Westfalen häufig zu hören.

Killefitt ist eines der Wörter, die Etymologien geradezu provozieren. So soll es auf einen Familiennamen (Gebrüder Killefitt in Wuppertal, weil in der Firma eine »Killefittkiste« für Abfall in Gebrauch war) oder – wieder einmal – auf das Französische zurückgehen und eine Verballhornung aus qui le fit (»wer das machte« im Sinne von »wer auch immer das gemacht hat«) sein. Diese Herleitungen sind mit Sicherheit falsch, denn das Wort ist in den rheinischen und münsterländischen Mundarten in den unterschiedlichsten Varianten und Bedeutungen, aber immer mit demselben Bildungsprinzip verbreitet. Im Westfälischen ist *Killefietken* ein mageres Schwein, im alten Aachener Land war *Killefitz* ein *Klicker* (siehe *Knicker*), im westlichen Rheinland ist ein *Killefitz* ein Schmarotzer oder einer, »der die Leute erst aneinanderhetzt, dann sich aber bei ausbrechender Schlägerei heimlich aus dem Staube macht«, im zentralen Rheinland heißt ein Kleinigkeitskrämer *Killefitzer,* und das Verb *killefitten* bedeutet »sich verkünsteln«, aber auch häufig »jemanden ärgern, necken«. Das erklärt die Entstehung aus *Kille* »das Kitzeln begleitend« und *fitzen* »jemanden verhöhnen« oder *fitschen* »etwas mit flinken Fingern machen«. *Killefitt* hat seinen Ursprung also im Rheinland.

Anmerkung: Die Entstehungslegende des berühmten Düsseldorfer Kräuterlikörs Killepitsch geht so: Der Name entstand im Zweiten Weltkrieg in einem Luftschutzbunker im Gespräch zwischen Hans Müller-Schlösser, dem Schöpfer von »Schneider Wibbel«, und Willi Busch, bei dem Busch angeblich gesagt hat: *Ech sach dech bloß ens Hans, koome meer he heil erus, dat se ons nit kille, dann brau ech dech ö Schabäuke, do kannste de Zong noh lecke, dann dommer eene pitsche on dä kannste dann von mech us »Killepitsch« nenne!* So schön diese Geschichte ist, so unwahrscheinlich ist sie auch. *Killefitsch* oder meist *Killefitt* ist vor allem am Niederrhein bis hinunter nach Düsseldorf eine in den Mundarten weitverbreitete Bezeichnung für ein fades Getränk oder einen Fuselschnaps. Hieraus resultiert auch die in der Umgangssprache übliche Bedeutung »überflüssiges Zeug«, der Düsseldorfer Killepitsch ist sicher eine ironische Anspielung.

Anmerkung 2: Die umgangssprachliche Variante **Pillefitz** mit der Ableitung **pillefittich** »unwichtig, nebensächlich« *(Den kleinen Kratzer mach ich nich weg, der is mir einfach zu pillefittich, da pack ich nich extra mein Polierzeuch für aus)* scheint dagegen nicht dialektbasiert, sondern eine modernere Entwicklung zu sein.

MmWb; Müller/Weitz 197; Piirainen/Elling 468; RhWb 4/466 u. 6/838; Tonnar/Evers 80; http://ulaya.blogspot.de/2007/12/killefit-etymologie.html; https://de.wikipedia.org/wiki/Killepitsch

kimmeln, kümmeln und **verkimmeln, verkümmeln** sind Verben mit einem verblüffend breiten Bedeutungsspektrum, das nur schwer unter einen Hut zu bringen ist: *Wollze wat kimmeln? Gibbet hier wat zu kimmeln? Der kann ganz schön wat verkimmeln. Da hat ihmchen doch ganz stickum ne halbe Flasche Korn verkimmelt* »essen, an irgendetwas kauen, wegtrinken«; *Den Grand wirs de aber verkimmeln, dat sach ich dir jetz schon. Hapt er schon wieder en Spiel verkimmelt?* »im Spiel verlieren«; *Hasde dat verkimmelt gekriegt?* »verkaufen«; *Hasde wat zu kümmeln?* »tauschen, handeln«; *Komm, wir gehen in de Stadt, ich hab wat zu verkimmeln* »Geld zum Ausgeben«; *Der hot mir de Freud verkimmelt* »zerstören, verderben«. Im Pfälzischen kennt man noch *abkimmeln* »jemandem im Spiel etwas abluchsen«, im Saarländischen *Das da muss ich noch verkimmele* »verstecken«.

Es ist fraglich, ob hier wirklich ein und dasselbe Verb vorliegt. Man wird drei Hauptbedeutungen unterscheiden müssen: verkaufen / kaufen, verlieren, essen. Der Komplex »kaufen« wird in aller Regel auf das jiddische kinijen, verkinjinen »kaufen« zurückgeführt, das über das Rotwelsche in die

Mundarten und Umgangssprache gelangt sein soll. Lautlich vermag diese Ableitung jedoch nicht zu überzeugen. Fast alle, zum Beispiel bei Wolf gesammelten, rotwelschen Belege sind nahezu lautgetreu (kinijen, kündigen, kongen, kanjen), nur zweimal sind kemere und kimmere und als Substantiv Kümmerer, Verkümmler »Händler, Hehler« erwähnt, wobei fraglich ist, ob es sich hier tatsächlich um rotwelsche Belege handelt. Denn diese Formen verweisen deutlich auf frühneuhochdeutsches verkümmern (zu Kummer) »verkaufen, versetzen, verpfänden«, das eine ehemals weitverbreitete alte Sonderbedeutung unseres standardsprachlichen verkümmern ist. Dieses alte verkümmern hat sich in den Mundarten in *verkimmeln, verkümmeln* erhalten (der Wechsel von r zu l ist häufig zu beobachten), was auch die rheinische Bedeutung »verderben« und »verlieren« (etwas Verpfändetes, Versetztes ist verloren) erklärt. *Verkimmeln* in der Bedeutung »verkaufen« hat somit keinen geheimsprachlichen Hintergrund. Dasselbe gilt für *verkimmeln* als »essen, austrinken«, was eine typisch rheinische Variante und aus den regionalen Dialekten zu erklären ist. **Kimme** ist hier eine dicke Scheibe Brot, in Düsseldorf heißt *verkimmeln* entsprechend »einen großen Haufen Butterbrote essen«. Wobei beim *Verkimmeln einer Flasche Schnaps* auch an den Kümmelschnaps gedacht werden kann.

Anmerkung: Es ist nicht ganz auszuschließen, dass die Bedeutung »verlieren« auch durch das früher sehr verbreitete Glücksspiel **Kümmelblättchen** beeinflusst ist, das auf jiddisch gimmel »drei« zurückgeht. Dann hätte das Rotwelsche doch noch einen gewissen Einfluss auf die Wortgeschichte gehabt.

Bergmann 339; Besse 2004 174; Grimm 11/2591 u. 25/692; Klepsch 1466; Kluge 2011 953; MmWb; Paul 968; PfWb 1/45 u. 2/1205; RhWb 4/468 u. 1718; Schleef 129; Schmeller 2/300; Siewert 1993 115; Stern 104 u. 110; Weinberg 72; Werner 409; Wolf 1956 2616 u. 3011; Woeste 292; Wrede 2010 1018

Kippe in der Wendung *Kippe machen* »halbpart machen, sich zusammentun«, auch »Anteil vereinbaren«, *etwas auf Kippe kaufen* »anteilmäßig kaufen«. In vielen Mundarten und in der allgemeinen Umgangssprache verbreitet.

Im Westjiddischen hat *Kippe* dieselbe Bedeutung: »Teilhaberschaft, gemeinsame Kasse«, auch im Rotwelschen ist die Wendung vielfach belegt. Hier ist auch der Ursprung zu suchen (zu jiddisch kuppo, kippe »Büchse, Kramladen«, aus lateinisch cupa »Fass, Tonne«; oder zu ostjiddisch kupe »Haufen«, das zu polnisch kupa »Haufen«).

Althaus 2006b 110; Čirkić 69; Kluge 2011 492; Küpper 413; PfWb 4/217; Post 1992 212; RhWb 4/503; Weinberg 72; Wolf 1956 2619

Kippe Zigarette *Hasse ma ne Kippe für mich? Der schmeißt seine Kippen einfach aufen Boden.* »Zigarettenstummel«, auch **Kippchen**.

Die ursprüngliche Bedeutung ist wohl »Zigarettenrest, -stummel«, so auch schon im Rheinischen Wörterbuch belegt (also kurz nach der Einführung der Zigaretten in Deutschland). Deshalb wohl zu niederdeutsch *Kippe,* mittelhochdeutsch kipfe »Spitze« in der Bedeutung »abgeschnittenes Stück«.

Besse 2004 88; Kluge 2011 492; RhWb 4/503; http://www.duden.de/rechtschreibung/Kippe_Zigarette_Rest_Stummel

Kitsche kennen viele Rheinländerinnen und Rheinländer sowohl in der Bedeutung »Kerbe, Scharte« *(Da is ne Kitsche im Schrank)* als auch in der Zusammensetzung *Appelkitsche* als »Kerngehäuse des Apfels«. Lautvarianten sind *Ketsch, Kätsch* oder *Katsche,* wobei die letztere nur in der Bedeutung »Kerbe« vorkommt (siehe *Katscher*). Zugrunde liegt ein ausschließlich im Rheinland zu findendes Verb *kitschen, ketschen,* das die Bedeutung »einkerben, von einem Holz Späne abschneiden« hat und nur im mundartlichen Zusammenhang vorkommt. Eine Nebenbedeutung ist »ausstechen«, weshalb die *Appelkitsche* ursprünglich das ausgestochene und nicht abgenagte Kerngehäuse oder schlicht ein Apfelschnitz ist. Die Wortfamilie ist echt rheinisch.

Debrabandere 2011 183; Lausberg/Möller 15; RhWb 4/270 u. 570; Wrede 2010 452

Kittchen als Bezeichnung für das Gefängnis ist sicherlich über das Rotwelsche (siehe Exkurs »Das Rotwelsche im Rheinischen«) in die Umgangssprache gelangt. Die weitere Geschichte ist nicht ganz eindeutig. Das zugrunde liegende rotwelsche Kitt, Kitte »Hütte« hat gemeinsame Wurzeln mit der bekannten Kate und dem bergischen *Kotten* (kleines, ärmliches Haus; siehe dort), doch könnte auch das frühneuhochdeutsche kiche, keuche »Gefängnis« beteiligt gewesen sein (dann wäre *Kittchen* keine Verkleinerungsform von Kitte). Letzteres wiederum hat dieselbe Wurzel wie die standarddeutschen keuchen und Keuchhusten (die feuchten Gefängnisse machten früher ihre Insassen so krank, dass die Gebäude »Keuche« genannt wurden).

Kluge 2011 493; Mengel 43; Pfeifer 2/837; Wolf 1956 2640 u. 2641; http://www.duden.de/rechtschreibung/Kittchen

klabastern kommt in der aktuellen rheinischen Umgangssprache nur noch als *abklabastern* »eine Strecke mühsam abgehen« vor: *Ich bin sämtliche Geschäfte abklabastert, aber ich hab nix gefunden.* Allenfalls kann man noch *Herzklabastern* haben (Herzrhythmusstörungen). Das unpräfigierte Verb hört man nur im mundartlichen Zusammenhang, dort allerdings auch mit einem erweiterten Bedeutungsspektrum.

Die »Standardetymologie« behauptet eine Entlehnung aus dem italienischen calpestare »mit Füßen treten«, das wiederum auf lateinisch calce pistare »mit der Ferse stampfen« zurückgeht. Diese Herleitung, die bisher in allen Auflagen des »Kluge« zu finden ist, scheint allerdings arg spekulativ und auf nicht mehr als Lautähnlichkeit zu beruhen. Wie, wann und in welchem Zusammenhang das Verb entlehnt worden ist, ist völlig ungeklärt. Das wäre aber gerade im Zusammenhang mit der großen Bedeutungsvielfalt von *klabastern* in den deutschen Mundarten (allerdings nirgendwo »mit Füßen treten«) und seinen frühesten Nachweisen von großer Bedeutung. Bezeichnenderweise waren sich die Wörterbuchautoren der 16. Auflage im Jahr 1953 auch ihrer Sache noch gar nicht so sicher, als sie schrieben: »Möglicherweise darauf [ital. calpestare] geht das vorwiegend rhein.

klabastern ›einhertrotten‹ zurück, das in frühnhd. Zeit Verbreitung gewinnt.« Die Zweifel sind in der aktuellen Ausgabe ausgeräumt, die das erste literarische Erscheinen des Wortes außerdem nun in das 18. Jahrhundert verlegt.

Dieses »vorwiegend rheinische klabastern« ist ein deutlicher Hinweis auf das eigentliche Problem: das große Bedeutungsspektrum des Wortes. Das hat schon das Grimmsche Wörterbuch angemerkt: »ein merkwürdiges volkswort, das nach der entwickelung der bed[eutung] und den reichen nebenformen alt sein musz.« Es ist im gesamten deutschsprachigen Raum verbreitet, wobei die im Rheinland nahezu unbekannte Hauptbedeutung allerdings »Menschen und Tiere prügeln oder schlagen« zu sein scheint. Erst an zweiter Stelle findet sich die Bedeutungsvariante »sich in schwerfälliger, plumper, lauter und polternder Gangart bewegen«, die nach den Erhebungen des Rheinischen Wörterbuchs im Rheinland vorherrscht. Hieraus erklärt sich auch das *Herzklabastern,* das als »Herzstolpern« übersetzt werden kann (siehe *Herzkasper*). Daneben gibt es im Rheinland regional isolierte Nebenbedeutungen wie »sein Geld vertun«, »umherirren«, »klettern« oder »zusammenschmieren«; im angrenzenden Pfälzischen kennt man nur *abklabastern* (verhauen oder ausschelten) und *verklabastern* (verhauen und verschmieren), wobei letztere auf den Zusammenhang von *klabastern* und *Klabuster* verweist (siehe dort).

Fasst man die Varianten zusammen, so haben nahezu alle Bedeutungen mit lautem Krach, Klopfen, Schlagen und Poltern zu tun, was eine Entlehnung aus dem italienischen calpestare sehr unwahrscheinlich oder, wie das »Woordenboek der Nederlandsche Taal« schreibt, »onaannemelijk« macht. Deshalb ist *klabastern* wohl eher ein lautmalendes Verb, das in enger Anlehnung an klappern (niederdeutsch *klabbern*) als dessen Streck- oder Spielform entstanden ist. Damit ist zu Beginn die Bedeutung »laut schlagen« anzunehmen, daraus haben sich dann die Bedeutungszweige »jemanden schlagen, prügeln« und »polternd, klappernd fahren« entwickelt (noch heute zu hören in der Variante *Die Schäse kam um die Ecke klabastert*). Die daraus abgeleitete Sonderbedeutung von *abklabastern* als »schwerfällig, mühsam dahergehen« und schließlich »eine Strecke (mühsam) ablaufen« ist dann tatsächlich als eine exklusiv rheinische Variante entstanden.

Anmerkung 1: Der vom Grimmschen Wörterbuch behauptete Zusammenhang von *klabastern* und Klabautermann wird heute angezweifelt. Hier liegt wohl das Verb kalfatern (Schiffsplanken abdichten) zugrunde, was die Sagengestalt zu einem ursprünglichen *Kalfatermann* macht.

Anmerkung 2: Woher die im Internet wandernde Legende stammt, der Spruch *Klabastert op de beester* sei ein niederländischer (oder belgischer oder deutscher) Kavalleriebefehl zum Aufsitzen, ist unklar. Im Niederländischen jedenfalls ist die Wendung unbekannt. In der Koblenzer Stadtmundart wird sie als Spottvers auf französische Einflüsse benutzt: *Schang, stih stall, klabastert op den Bester,* weil so angeblich bei den luxemburgischen (!) Soldaten kommandiert werde.

Bergmann 176; Duden 1999 5/2122; Kluge 1953 385; Kluge 2011 494;Küpper 416; Paul 347; Pfeifer 2/837; PfWb 1/45 u. 4/259; RhWb 4/589 u. 7/910; van Veen/van der Sijs 458 zu klasteren »klettern«; Wrede 2010 461; http://gtb.inl.nl/iWDB/search?actie=article&wdb=WNT&id=M032742; http://www.karl-leisner.de/klabastert-op-de-beesters-2/

Klabuster oder **Klabusterbeeren** bezeichnen einen eher unappetitlichen und deshalb selten in aller Öffentlichkeit benannten Gegenstand: kleine Kotklümpchen am After von Tieren oder auch Menschen *(Mach dem Köter ma die Klabusterbeeren ab!).* So peripher das Wort zu sein scheint, so rätselhaft ist es auch. Eine Zuordnung zum Rheinischen, wie sie Wrede versucht hat, scheint eher unwahrscheinlich, dazu sind die *Klabusterbeeren* zu weit verbreitet. Man kennt sie auch in der Pfalz, im Siegerland, im Ostfälischen und sogar in Sachsen (dort als *Klapusteren* und *Klapusterbeeren*). Somit ist die von Wrede wohl auch nur halbherzig vorgeschlagene Verwandtschaft mit dem rheinischen *Kläbbel* (mit gleicher Bedeutung) arg spekulativ.

Überzeugender scheint dagegen die jüngst im Sächsischen Volkswörterbuch vorgeschlagene Herleitung aus dem Französischen zu sein. Die lautlichen und inhaltlichen Parallelen zum französischen Verb éclabousser oder zur Variante esclaboter sind geradezu verblüffend. Es bedeutet unter anderem »mit Kot bespritzen, mit Kot beschmieren«, ist in Frankreich seit dem 16. Jahrhundert bezeugt und scheint sehr alt zu sein. Allerdings ist sein Weg in die deutsche Umgangssprache aus verständlichen Gründen nicht nachvollziehbar, denn es existieren keine schriftlichen Belege, die den Gebrauch im Deutschen dokumentieren. Das Verb müsste direkt in die entsprechenden regionalen Umgangssprachen entlehnt worden sein, was bei allem, was wir über den Einfluss des Französischen auf das Deutsche wissen, äußerst untypisch ist. Nahezu alle französischen Lehnwörter sind über die Sprache der gebildeten adeligen und bürgerlichen Schichten in die Mundarten und die Umgangssprache gelangt, das Verb éclabousser und seine hiesige Verballhornung passen nur schwer in diesen Übernahmeprozess. Zumal es dann eigentlich auch eine weitere Verbreitung gefunden haben müsste.

Eher schmunzeln macht der Ansatz, die *Klabusterbeeren* aus dem Verb *klamüsern* (siehe dort) zu erklären, das auch »etwas heraussuchen, ergründen« bedeutet. Dieser Deutungsversuch, der das sprichwörtliche Pferd von hinten aufzäumt, bleibt hier – auch aus ästhetischen Gründen – unkommentiert.

Damit bleibt eigentlich nur eine Herleitung, die seinerzeit schon das Grimmsche Wörterbuch favorisiert hat. Das kannte allerdings nur die sächsischen Belege *Klapuster, Klapusterbeeren*. Deshalb ist es für Rheinländerinnen und Rheinländer verwunderlich, aber für Sachsen durchaus nachvollziehbar, dass die *Klabusterbeeren* zum Verb *klabastern* (siehe dort) gestellt werden. Das kennt man am Rhein zwar nur in der Bedeutung »polternd herumlaufen« und als *abklabastern* »etwas mühsam ablaufen«, im Osten und andernorts, zum Beispiel in der Pfalz oder in den Niederlanden, dagegen auch oder sogar ausschließlich als »beschmieren, beschmutzen« und den davon abgeleiteten *Klabaster* dementsprechend als »breiige Masse, klebrigen Schmutz«. Von hier ist es nicht weit zum »Kotklümpchen«, das, wohl in Anlehnung an die Ligusterbeere, schließlich zur *Klabusterbeere* wurde. Allerdings ist so auch nachgewiesen, dass das Wort nicht im Rheinland entstanden sein kann, obwohl hier durchaus die Heimat des Verbs *klabastern* vermutet worden ist.

Bergmann 176; Duden 1999 2/2122; Gamillscheg 511; Grimm 11/887; Kluge 2011 494; Küpper 416; PfWb 4/259; RhWb 4/592; Schmoeckel/Blesken 134; Wrede 2010 461; http://www.duden.de/rechtschreibung/Klabusterbeere; http://gtb.inl.nl/iWDB/search?actie=article&wdb=WNT&id=M032742; http://de.wiktionary.org/wiki/Klabusterbeere

kläddernass ist eine exklusiv rheinische Umschreibung für »völlig durchnässt«. Zugrunde liegt *Klatter* »feuchte Masse, nasser Dreck, Fleck«, niederländisch klad, klodder »Klecks«; limburgisch *klater* »Fleck, Spritzer«, zu mittelniederländisch cladde, clatte »Fleck, Schmier«, mittelniederdeutsch kladeren »beschmieren«, ursprünglich wohl ein lautmalendes Wort (siehe *klatrig*).

Debrabandere 2011 191; Honnen 2003 99; RhWb 4/642 u. 663; Schiller/Lübben 2/470; http://www.etymologiebank.nl/trefwoord/klad1

Klaf, Klaaf Geschwätz, lang andauernde Unterhaltung *Bei dem Klaaf kommen die heut nich mehr zu Potte.* Das zentralrheinische Verb **klafen** hört man nur in dialektalem Zusammenhang.

Die Grundbedeutung von *klafen* ist »den Mund offen halten«, was direkt zu klaffen führt (auseinanderklaffen), das im Mittelhochdeutschen noch »schallen, tönen, klappern, schwätzen« bedeutete. Reflexe der althochdeutschen und frühmittelhochdeutschen Vorformen klaphon und klapfen finden sich noch in alten Kölner Quellen um 1500 als Klap, Klapf »unanständige Reden«. Im Standardniederländischen bedeutet klap »Klatsch, Gewäsch«.

Duden 2008 447; Grimm 11/892; RhWb 4/595; Wrede 2010 461

Klähn klebrige Verschmutzung (zum Beispiel durch Limonade) *Basses noch, die Marmelad is kaputt jejangen, kick dich der Klähn an!* **verklähnt** klebrig *Der Jung hat en Eis gegessen, die Finger sind janz verklähnt;* dazu **klennen** aasen, verschwenden, dick auftragen (von Farbe oder Butter) *Klenn mit der Butter net so rum.*

Die Wortfamilie ist in den Mundarten des südlichen und westlichen Rheinlands verbreitet als Fachausdruck im Lehmbau (»mit Lehm verschmieren«), aus dem sich die umgangssprachliche Bedeutung abgeleitet hat. Schon im Althochdeutschen als chleimen, klenen und im Mittelhochdeutschen als klänen, klenen »verputzen, verstreichen, schmieren« belegt.

Debrabandere 2011 192; Grimm 11/1144; RhWb 4/705

klamm sein »in Geldnöten sein« *(Ich bin im Moment wat klamm)* gehört wie auch die Bedeutungsvariante »feucht, steif gefroren« zum Verb klemmen »einzwängen«. *In der Klemme* oder *klamm sein* bedeutet »in einer Notlage sein«.

Duden 1999 5/2124; Kluge 2011 495; Pfeifer 2/839 u. 848

Klamotte kommt in der Umgangssprache (außer in der Wendung *Dat is ne alte Klamotte* »alter Film, Witz«) meist im Plural vor. *Klamotten* sind für gewöhnlich alte Kleider, können aber auch Möbel oder eine abfällige Sammelbezeichnung für Habseligkeiten sein *(Pack deine Klamotten un hau ab!)*. Das Wort hat sich erst im 20. Jahrhundert in erstaunlich kurzer Zeit in der Umgangssprache eingebürgert.

Interessant ist, dass die rheinischen, pfälzischen und angrenzenden niederländischen Mundarten noch weitere, in der allgemeinen Umgangssprache unbekannte Bedeutungen kennen. Hier können *Klamotten* auch »Hände, Finger« *(blief met deine Klamotten dovan)* und »Geld« bedeuten oder ein Schimpfwort für dicke und *schlunzige* Frauen sein. Ob die »eigentliche« Bedeutung von *Klamotte* tatsächlich »Trümmer, zerbrochener Ziegelstein« ist, wie in vielen Wörterbüchern behauptet, ist jedoch fraglich, weil sie nur in und um Berlin bekannt ist (wie der berühmte *Klamottenberg* »Trümmerberg« in Lanke belegt). Allerdings lässt sich damit sehr schön die Ableitung aus tschechisch klamol »Bruchstück« und Schamott begründen; wobei jedoch rätselhaft bleibt, wie diese beiden Wörter zusammengekommen sein sollen.

Da ist eine Herkunft aus dem Rotwelschen eher wahrscheinlich. Hier kommen gleich drei Möglichkeiten in Frage: rotwelsch Klabot »Kleidung«, rotwelsch Klamonis »Einbruchswerkzeug« oder jiddisch k'le umonos »Handwerksgerät«. Aber auch diese Ableitungen sind nicht gesichert.

Debrabandere 2011 189; Kluge 2011 495; Mengel 43; Paul 348; Pfeifer 2/849; PfWb 4/265; RhWb 4/606; Wolf 1956 2657; http://www.duden.de/rechtschreibung/Klamotte

klamüsern ist in der rheinischen Umgangssprache in der Regel als *auseinanderklamüsern* zu hören: *Jetz hab ich dir dat lang und breit auseinanderklamüsert, und du verstehs immer noch nix* (erklären, verdeutlichen). Das Grimmsche Wörterbuch nennt es »ein viel gebrauchtes und mehrdeutig seltsames wort« und Trübners Wörterbuch kalauert sogar: »An diesem Fremdwort ist viel kalamäusert und herumklamüsert worden, besonders von den Kalmäusern selbst ...« Damit ist die Etymologie auf originelle Art erläutert: Die im 16. Jahrhundert belegte Vorform kalmäusern (grübeln) verweist auf den Kalmäuser, Kalmüser, wie in dieser Zeit in Schüler- und Studentenkreisen arme Schulmeister und weltfremde Bücherwürmer verulkt wurden. Der findet sich auch im Rotwelschen als Kammesierer (gelehrter Bettler) und im Jiddischen als camzon (Geizhals). Zugrunde liegt wahrscheinlich lateinisch calamus »Rohr, Schreibrohr, Schreibfeder«.

Čirkić 107; Duden 1999 5/2125; Grimm 11/70; Klepsch 844; Honnen 2008a 118; Pfeifer 2/840; Trübner 4/80; Werner 176; http://www.duden.de/rechtschreibung/klamuesern

klatrig, klaterig oder **klaterich** bedeutet in der Umgangssprache ausschließlich »verkatert, missmutig, schlecht aussehend« *Wat kuckse so klatrich auße Wäsche, bisse erkältet oder wat?,* in den Mundarten im gesamten niederdeutschen und rheinischen Raum dagegen »schmutzig, zerlumpt, liederlich«. Es ist deshalb eine Ableitung von niederdeutsch *Klater, Kladder* »Schmutz, Fleck«, mittelniederdeutsch als kladde »Fleck« (mit vielen lautlichen Varianten) und mittelniederländisch als cladde, clodder »Fleck«. Das Wort ist Mutter einer großen, nicht nur mundartlichen Wortfamilie, unter anderem gehören dazu die **Kladde** (eigentlich »Schmierheft«; so noch im Niederländischen klad »Skizze«) und wahrscheinlich **Kladderadatsch** »Drumherum, Zeug, Durcheinander« *Am liebsten würd ich den ganzen Kladderadatsch* *hier zusammenfegen un in die Tonne kloppen.* Auch »unangenehme Situation« *Jetz hammer den Kladderadatsch. Da hasde aber für nen ganz schönen Kladderadatsch gesorgt.* Kann auch als Adverb gebraucht werden: *Da bin ich kladderadatsch hingefallen* (plötzlich). Letzteres ist die eigentliche mundartliche Bedeutung von *Kladderadatsch:* »ein mit großem Krach erfolgter Sturz«. *Kladdern* heißt in den rheinischen Mundarten »polternd hinfallen«. Hierhin gehört auch **klattern, klatern** klatschen, tratschen (meist von Frauen) *Wat die schon widder zu klatern haben!,* das im zentralen Rheinland auch umgangssprachlich ist.

Grimm 11/1009; RhWb 4/594 u. 663; http://www.duden.de/rechtschreibung/Klater; http://www.etymologiebank.nl/trefwoord/klad1; http://www.platt-wb.de/platt-hoch/?term=klattrig

klemmen in der Bedeutung von »weglassen, sein lassen« *Dat kannze klemmen, dat brauchen wir nich.* Auch als Synonym für »klauen, stehlen« gebraucht: *Dat Kabel hab ich auf der Baustelle aufe Düsseldorfer Straße geklemmt.* Wenn irgendetwas nicht richtig funktioniert, heißt es: *Irgenwie klemmt da wat, wir kommen nich richtig vorwärts mit der ganzen Aktion. Das Windows-Update klemmt.*

In der Bedeutungsvariante »stehlen« hat sich die ursprüngliche, mittelhochdeutsche Bedeutung von klemmen als »packen, zugreifen« erhalten; das Wort ist über die Studentensprache in die Umgangssprache gelangt. Die Verwendung als »etwas klemmen können« ist neu.

Duden 2008 451; Küpper 424; RhWb 4/703; Trübner 4/174; Wolf 1956 2693 u. 2694

Kleut, Kläut Krempel, alte, wertlose Sachen, Plunder *Der ganze Kläut da kannze inne Tonne kloppen!,* auch »Sippschaft« *Der ganze Kleut da hält zusammen, da kannze nix beweisen.*

Das Wort ist exklusiv für die Mundarten des Niederrheins, und es überrascht, dass es dort in der regionalen Umgangssprache noch benutzt wird. Es gehört zu *Klütte, Klut* (siehe *Klütte*) im Sinne von etwas Zusammengeballtem.

RhWb 4/673

Klitsch bedeutet »Lakritz« *Klitsch mach ich nich, da krieg ich Herzklabastern von.*

Das Wort Lakritz wird in den rheinischen Mundarten fantasievoll entstellt: *Lagrisch, Kalis, Laritz;* **Kulitsch, Koletsch** und daraus schließlich *Kletsch, Klitsch.*

Anmerkung: Es ist eines von vielen rheinischen Synonymen für die Süßigkeit: *Lakrips, Zuckerkritz, Lakores, Rakoles, Litschekuche, Bärendreck, Teufelsdreck, Hustekuchen, Mohrkuchen, Tropp, Zuckerpech, Stimmes, Stimmekuchen.*

RhWb 5/57

Klitsche ist eine kleine, unzuverlässige Werkstatt oder auch ein kleiner Bauernhof: *Von sonne Klitsche holse dich dein Kappes?* Das Wort ist in den rheinischen Dialekten unbekannt und wohl ursprünglich im Ostdeutschen beheimatet. Dort ist die *Klitsche* als »kleines, ärmliches Landgut, besonders auf lehmigem Boden« im frühen 19. Jahrhundert belegt. Die oft zu lesende Ableitung aus slawisch klet »Haus« ist nicht bewiesen, wahrscheinlich geht das Wort auf das Verb *klitschen* »etwas schnell zusammenpappen, zusammenschustern« zurück, das wiederum auch im Rheinland bekannt ist (siehe *klitschig*).

Bergmann 178; Grimm 11/1211; Kluge 2011 501; Mengel 42; MmWb; Pfeifer 2/854

klitschig oder **klätschig** ist in manchen Teilen des Rheinlands der Brot- oder Kuchenteig, wenn er nicht ganz aufgegangen ist. Beide Adjektive gehen auf das heute noch in den Mundarten gebräuchliche Verb *klitschen* zurück, das neben der Hauptbedeutung »mit einem hellen Ton aufschlagen« auch die Nebenbedeutung »zusammenkleben, zusammenballen« hat. Das erst später belegte Verb klatschen ist aus der Ablautform von *klitschen* (klitschen, klatschte, geklatscht) entstanden. Hierher gehören auch *klitschnass* und *klätschnass,* der **Klätschkies, Klatschkies** »Quark« (breiiger Käse aus frischem Rahm), das **Klätschauge** »Triefauge« (verklebtes Auge) und der **Klätschkopp** »pomadisiertes Haar«.

Grimm 11/1024; Pfeifer 854; RhWb 4/739; Wrede 2010 465

Klöfken, Klöfchen, Klöafken benutzt man am Niederrhein und im Bergischen Land *Da brauchse en Klööfken für, sonst krichse dat nich auf* (Nachschlüssel, Dietrich). Ein exklusiv niederrheinisches und bergisches Wort.

Nicht zu französisch clef »Schlüssel« (das zu lateinisch clavis »Schlüssel«), sondern zu Klaube, ein altes Wort für »Kralle«, mittelniederdeutsch kluve »gespaltenes Stück«, niederländisch kluif, schwedisch klöf.

Anmerkung: Im zentralen Rheinland zwischen Eifelrand und Duisburg heißt der Dietrich (und das Küchenschälmesser) auch **Klößchen**, eine Verkleinerungsform von *Klos* »Nikolaus«, die schon im 15. Jahrhundert in Köln als clessgin belegt ist, eine ähnliche Bildung wie *Pitterken* »kleines Schälmesser« (eigentlich »Peterchen«).

Leithaeuser 1891 20; RhWb 4/635 u. 792; Wrede 2010 471; http://www.etymologiebank.nl/trefwoord/kluif

Klomp, Klump, Klumpen Holzschuhe *Der Oppa trägt immer noch Klompen, wenner im Garten brasselt. Der hat Klumpen an, der kann sich mitte Schüppe nix an de Zehn tun.* Mittlerweile auch die Bezeichnung für einen harten Überschuh, der bei der Gartenarbeit getragen wird: *Die Tante mit ihrn klein Füßen ging immer mitte Hausschuh in em Oppa sein Klumpen, wenn se schnell wat ausem Garten holen wollte, Lauch oder so.* In Duisburg sagt man: *Dä kann misch ma de Klompen wichsen,* wenn man jemandem seine Verachtung ausdrücken will. Bei vielen Kirmessen gibt es noch immer einen **Klompenball** mit einem **Klompenkönig**.

Ein niederdeutsches Wort, das im Mittelniederdeutschen nur als klumpe, klompe »Holzschuh« belegt ist, die Bedeutung »Klumpen, Haufen« ist wohl erst in frühneuhochdeutscher Zeit allgemein geworden; mittelniederländisch clomp »Haufen« (1377), dort 1567 erstmals als clompe »Holzschuh«; standardniederländisch klomp »Holzschuh, Klumpen«.

Eine alternative Bezeichnung für Holzschuhe war **Klotschen**, heute umgangssprachlich noch abwertend für »Schuhe« gebraucht *Lauf bloß nicht über den hellen Teppich mit deinen Drecksklotschen!* In Essen auch gebräuchlich *einen inne Klotschen haben* »angetrunken sein«; zu rheinisch *Klotsch* »Holzblock, Klumpen«.

Grimm 11/1289; RhWb 4/775 u. 798; Schiller/Lübben 2/493; Trübner 4/189; Werner 181; Wrede 2010 475; http://www.etymologiebank.nl/trefwoord/klomp

Klöten Hoden (Singular *Klöte* selten) *Der hat den Ball voll inne Klöten gekricht.* Das Wort ist ausschließlich in der Umgangssprache zu hören, die Mundarten kennen es nur in anderem Zusammenhang (siehe *Klütte*). Zugrunde liegt Kloß in seiner niederdeutschen Variante *Kloot;* mittelniederdeutsch klot »Kugel, Klumpen, Hoden«, auch als klotsack. Das Wort ist vielfach belegt in den wunderlichsten heilpraktischen Anweisungen, die auf weitverbreitete Schwellungen hinweisen, beispielsweise: »weinrauten über die hoden oder klöt gelegt vertreibet die geschwulst derselben.« Standardniederländisch kloot »Kugel, Hode«. Typisch rheinisch: *Klötenköhm* »Eierlikör«.

Grimm 11/1244; Schiller/Lübben 2/488; http://www.duden.de/rechtschreibung/Kloeten

klüchtich, klöchtig gilt zwar in Wredes »Neuem kölnischen Sprachschatz« schon als veraltet, es ist aber in der rheinischen Umgangssprache immer noch zu hören. Es bedeutet sowohl »besorgniserregend« als auch »seltsam, sonderbar« *(Dat is aber ne klöchtije Kerl),* auch als Substantiv **Klöschtije, Klüchtije** »seltsamer, merkwürdiger Mensch« *Dat es och enne Klöschtije.*

Das Wort gehört zum Substantiv *Klucht,* die rheinische und niederdeutsche Entsprechung von Kluft (Spalt, etwas Gespaltenes). Kluft und *Klucht* waren bis zum späten Mittelalter Parallelformen, dann hat sich im allgemeinen Sprachgebrauch – wie so oft – die südlichere Variante durchgesetzt, das eher niederdeutsche *Klucht* und seine Ableitungen überlebten nur in der Eifel. Im Mittelniederdeutschen belegt als kluftig »klug, schlau, gewandt«, im Mittelniederländischen als cluchtig »verständig«, so noch heute im Standardniederländischen. Das rheinische *klüchtig, klöchtig* hat offensichtlich die ursprüngliche Bedeutung »gespalten« hin zur exklusiven Variante »eigenartig, sonderbar, wunderlich« weiterentwickelt.

Debrabandere 2011 196; de Vries 332; Honnen 2012a 114; MmWb; RhWb 4/781; Schiller/Lübben 2/493; Wrede 2010 474; http://www.etymologiebank.nl/trefwoord/kluchtig

Kluft Kleidung *Wat hasde denn vonne Kluft an?*, im Rheinland in der Wendung *in Kluft sein* »vornehm angezogen sein« *Wat bisse heute so in Kluft, musse auf ne Beerdigung?*

Kluft gehört zu den ältesten rotwelschen Wörtern (seit 1450), die wir kennen, ist in vielen Rotwelschdialekten belegt und von dort in die Studentensprache gelangt. Zu jiddisch kelipho »Schale, Rinde«, daraus im Westjiddischen Kluften »Kleid«; rotwelsch Klaffot »Kleid«.

Althaus 2006b 111; Grimm 11/1267; Kluge 2011 503; RhWb 4/792; Stern 112; Trübner 4/187; Wolf 1956 2736; http://www.duden.de/rechtschreibung/Kluft_Garderobe_Bekleidung

Klumpatsch (überflüssiges) Zeug, Haufen; in vielen Mundarten und der allgemeinen Umgangssprache weit verbreitet, obwohl das Wort eine relativ neue Bildung und erst in der zweiten Hälfte des 19. Jahrhunderts entstanden ist. Das Bestimmungswort ist der niederdeutsche *Klumpen* »Klotz«, als Grundwort kommen Quatsch, das auch die Bedeutung »breiartige Masse« haben kann, und Matsch in Frage.

Bergmann 179; Duden 1999 5/2154; Grimm 13/2333; Kluge 2011 503; Küpper 428; Werner 180; http://www.duden.de/rechtschreibung/Klumpatsch

Klüngel oder **Knüngel** ist eines der wenigen rheinischen Mundartwörter, die Eingang in die allgemeine Umgangssprache gefunden haben. Der ehemals *Kölsche Klüngel* ist heute im gesamten deutschen Sprachraum der Inbegriff für »unlautere, geheime Machenschaften, Regelung persönlicher oder öffentlicher Angelegenheiten unter der Hand, Vetternwirtschaft, Gruppen von Menschen, die sich gegenseitig fördern und Vorteile verschaffen«; mithin ein äußerst »brauchbares« Wort, wie es Trübners Deutsches Wörterbuch anschaulich formuliert.

Ein so »wichtiges« Wort ist natürlich anfällig für etymologische Deutungsversuche. So wird der *Klüngel* abgeleitet von den capitula clancularia (clancularius »heimlich«) genannten »geheimen Kränzchen«, die in Köln vor allem im Umkreis des Stiftes St. Severin üblich waren und schon 1615 ausdrücklich vom Erzbischof verboten werden mussten. Auch die Ableitung aus dem Französischen fehlt in diesem Fall nicht: Hier soll das französische clin d'œil (Augenzwinkern) Pate gestanden haben. Eine echt rheinisch-katholische Wortsage erzählt man sich in der Eifel: »Wenn dat letzte Stündchen geschlagen hat, kam dat Bodenpersonal vom Herrgott. Die kamen mit einem Glöckchen un han geklingelt (geklüngelt). Weil ja dat letzte Hemd keine Taschen hat, wurde ein Deal gemacht. Um den Aufstieg zum Paradies, befreit von allen Sünden, anzutreten, wurde Hilfe angeboten. Die zurückgelassenen irdischen Güter wurden eingetauscht. Sie kamen zu den übrigen Schätzen des Heiligen Geistes. So war auf dem kleinen Dienstweg allen bestens gedient.«

Die tatsächliche Wortgeschichte ist prosaischer. Der *Klüngel* wird 1782 in Köln im Zusammenhang mit der städtischen Lotterie erstmals erwähnt, danach taucht das Wort sehr schnell in Zeitungen, Protokollen und in der Literatur auf. Eigentlich bedeutet *Klüngel* in allen rheinischen Mundarten »Knäuel, Gewirr« und geht zurück auf mittelhochdeutsches klungelin mit dem gleichen Inhalt. Es hat somit eine lange Wortgeschichte bis hin zum Althochdeutschen und Altnordischen, wo klungr auch »Büschel« oder »Haufen« bedeutet. Für diese Deutung spricht auch die große Wortfamilie um den *Klüngel,* die sich ausschließlich um Unordnung, Schlampigkeit und Heimlichkeit dreht. So ist ein *Klüngel* auch eine heimliche Liebschaft, man kann **klüngeln** (trödeln), **klüngelich** sein (unordentlich) oder eine *Klüngelsarbeit* (schwierige, knifflige Arbeit) verrichten. Der Wechsel von l zu n in den regionalen Varianten *Knüngel* und *knüngelich* ist für das Rheinland nicht ungewöhnlich.

Grimm 11/1296; Hilgers 1993; Honnen 2008a 120; Kluge 2011 503; Meisen 1964/65 45; MmWb; Pfeifer 2/858; RhWb 4/807; Trübner 4/189; Werner 187; Wilhelm 256; Wrede 2010 475

Klunte kennt man am Niederrhein und sporadisch im Rheinland. *Klunte* ist ein Klumpen oder speziell ein Stück Würfelzucker. Als **Klunter** ist es auch im südlichen Rheinland als »kleines Klümpchen« vielfach bezeugt. Die weitverbreitete Bedeutungsvariante von *Klunte* als »schmutziges, liederliches Frauenzimmer, Dirne« geht zurück auf die Nebenbedeutung »Dreckklumpen, Kotklumpen, Schmutzknoten«.

Seine größte Bekanntheit dürfte das Wort in der Variante **Kluntje, Klüntje** haben, wie in Norddeutschland der Würfelzucker zum Tee genannt wird. Das Wort hat auch dort seinen Ursprung, es ist im Friesischen schon im Mittelalter belegt, ebenso im Mittelniederdeutschen als klunte. Aus dem mittelniederländischen clont (erstmals belegt 1477) hat sich das heutige standardniederländische klont »Klumpen« entwickelt.

de Vries 331; Lerchner 210; RhWb 4/815; ten Doornkaat Koolman 1/289; van Veen/van der Sijs 463; http://www.duden.de/rechtschreibung/Kluntje

Klür und **Klör** stehen in fast allen rheinischen Mundarten nördlich der Eifel für die Farbe. Interessant ist, dass das französische Lehnwort hier über das niederländische kleur vermittelt ist, während die südrheinische Variante **Kulör** direkt auf das französische couleur »Farbe« zurückgeht. Das wiederum ist entstanden aus lateinisch color.

RhWb 4/767; Werner 182; Wrede 2010 472

Klüsen (nur im Plural) Augen *Mach die Klüsen zu, watte dann siehs, is dein! Ich hab dicke Klüsen, ich seh nix.*

Aus der niederdeutschen Seemannssprache: *Klüse* »Öffnung in der Bordwand für die Ankerkette« (seit dem 17. Jahrhundert), in nordischen Sprachen weit verbreitet; vielleicht zu niederländisch kluis »Klause«.

Grimm 11/1308; Kluge 2011 504; RhWb 4/822; Werner 182

Klütte meist im Plural als **Klütten** »Kohle, Braunkohlebrikett, Eierkohlen« *Wir müssen noch die Klütten in den Keller tragen. Jung, hol mir mal die Klütten hoch!* In der City von Frechen, der **Klüttenstadt**, gibt es den **Klüttenbrunnen** (für Nichteingeweihte: Frechen liegt mitten im Braunkohletagebaugebiet). Ein **Klüttenpüffer** ist eine Dampflok. Man nennt das Dachschild eines Taxis *Klütte: Machen se de Klütte an, wenn se leer sind!* Am Niederrhein kann eine *Klütte* auch ein Erdklumpen sein; wenn sich Kinder damit bewerfen, gibt es eine **Klüttenschlacht**. **Klüttenkerl** Kohlenhändler. In den rheinischen Mundarten ist das Wort in unzähligen Kombinationen und Bedeutungen gebräuchlich.

Klütten waren ursprünglich wohl topfgroße, mit Lehm und Stroh vermischte, luftgetrocknete Brocken aus Kohlenstaub als Armeleutebrennstoff.

Klütt mit kurzem Vokal ist – anders als *Klöten* – ausschließlich nördlich der Ahr (und im gesamten niederdeutschen und niederländischen Sprachraum) zu hören. Auch *Klütte* ist eine unverschoben gebliebene Variante von standarddeutsch Kloß, zurückgehend auf germanisch *klauta, daraus mittelniederdeutsch klut, altenglisch clute, mittelniederländisch clut, standardniederländisch kluit »Klumpen«.

Grimm 11/1244; Lerchner 208; RhWb 4/822; Venema 280 ff.; Werner 182; http://www.duden.de/rechtschreibung/Kloeten

knacken in der Wendung *knacken lassen* »etwas beginnen, sich irgendwo reinhängen« *Nu lass knacken, Mann, wir sind schon zu spät. Lass knacken, ich brauch die Karre jetzt. Knacken* meint auch »schlafen«: *Ich geh ne Runde knacken. Boah, gestern bin ich ers um 12 knacken gegangen.* **verknacken** verschlafen *Ich war so müde, dass ich bis mittags durchgeknackt habe, dabei habe ich völlig den Termin verknackt.* **Knacki** Krimineller *Och, das is doch en Knacki, den hatten se für 5 Johr verknackt* (zu einer Gefängnisstrafe verurteilt).

Die Bedeutungsvariante leitet sich wohl von der alten Bekräftigungsformel »etwas tun, bis die Schwarte knackt« oder kurz »bis es knackt« ab. Die Bedeutung »schlafen« ist eher gaunersprachlichen Ursprungs, zu rotwelsch Knacker machen »auf dem Fußboden schlafen«. Ebenso *Knacki* zu rotwelsch knacken »verhaften«.

Anmerkung: Eine oft zu hörende Legende zu *knacken lassen* geht so: »Eine alte Redensart, die auf das Spinnen zurückgeht. Weil das Spinnrad bei jeder Umdrehung knackte, konnte man schon mit dem Gehör feststellen, ob jemand langsam oder schnell arbeitete. Lass knacken! war also die Aufforderung, schneller zu arbeiten.«

Grimm 11/1328; Kluge 2011 504; Küpper 429; Wolf 1956 2749 u. 2751; http://www.lehrerbarth.de/Deutsch/sprichwoerter/sprichwoerter.htm

knallen geschlechtlich verkehren *Der hat die geknallt.* Diese Bedeutung ist in nahezu allen Mundarten verbreitet, studentensprachlich seit dem 18. Jahrhundert belegt. Die Benennungsmotivation ist jedoch unklar.

Grimm 13/36; Kluge 1895 100; RhWb 4/844; Wolf 1956 2759

Knäppchen und **Knäppken** ist eines der vielen rheinischen Wörter für das Brotende (oder den Brotanschnitt) und eines der vielen mit kn- anlautenden Wörter für etwas *Knubbeliges* (siehe *Knüstchen*). *Gib der Omma ma dat Knäppchen, die hat dat gerne. Knäppchen* ist die Verkleinerungsform von **Knabbel, Knäbbel**, das im Rheinischen für einen Klumpen oder ein dickes Stück steht: *Nach der Knollenkampagne liegen immer sonne dicken Knabbels aufe Straße. Der Arsch hat mir en dicken Knäbbel anen Kopp geworfen* (dicker Erdklumpen). Eine weitere Variante ist **Knabben** mit derselben Bedeutung. Das Wort ist verwandt mit knabbern und Knubbel und ist im Mittelniederländischen als knobbel »Knolle, Knorren« belegt. Aufgrund der vielen auf kn- anlautenden Wörter, die alle einem Bedeutungshorizont angehören, wird eine indogermanische Wurzel *geneb- oder *gneubh- angenommen, die auf etwas Zusammengeballtes, Zusammengedrücktes verweist. Auch das englische knob bedeutet sowohl »Knopf« als auch »dicker Brocken«.

Debrabandere 2011 197; Grimm 11/1513; Lausberg/Möller 13; RhWb 4/832; Schiller/Lübben 2/496; Werner 183; Wrede 2010 477

knäppkes heißt am Niederrhein »soeben, gerade noch, besonders knapp« *Ganz knäppkes hab ich den Zuch noch gekricht. Das war kurz vor knäppkes* (in letzter Sekunde). *Die Rosen hab ich ganz knäppkes am Haus gepflanzt* (nahe bei). Das Wort belegt, dass die Menschen dieser Region die alte dialektale Verkleinerungsendung *-ken, -kes* (statt hochdeutsch -chen) entgegen allen standarddeutschen Regeln auch an Adverbien oder Adjektive anhängen können. Die Endung bekommt damit eine Steigerungsfunktion: Aus dem Wort knapp wird *knäppkes* »besonders knapp« (siehe *efkes*).

Knas, Knaas Dreck, Schmiere; siehe *Knies.*

Knast Gefängnis, dazu **Knastpraline** »Frikadelle«.

Aus dem Rotwelschen in die Umgangssprache gelangt; zu jiddisch knas »Strafe«; ob hier eine hebräische Wurzel vorliegt, ist unsicher, vielleicht auch eine westjiddische Entlehnung aus den Mundarten, hier ist knassen, knasten »hart bestrafen« ein weitverbreitetes und offensichtlich altes Verb. Die rheinischen Mundarten kennen *knasten* »gerichtlich verurteilen«, nicht jedoch das Substantiv *Knast.*

Althaus 2006b 112; Duden 2008 457; Grimm 11/1356; Kluge 2011 505; PfWb 4/335; RhWb 4/866; Wolf 1956 4766

knatschen, Knatsch, knatschig (jeweils mit langem Vokal) Die umgangssprachliche Wortfamilie, die sich um Nörgelei und Zank dreht, ist überregional weit verbreitet: *Jetz sei nich knatschig, dat war doch nichts. Ich hab Knatsch mitte Nachbarn. Knatsch* als Streit kennt man seit dem 18. Jahrhundert, davor, so die nahezu einhellige Meinung der etymologischen Wörterbücher, war das Wort nur in der Bedeutung von »Schmutz, Schlamm, Straßenkot« gebräuchlich. Damit gehört es zu *knatschen, knätschen,* das wir als eines der klassischen lautmalenden Verben in vielen Mundarten und Regiolekten kennen. Anschauliche Beispiele liefert das Rheinische Wörterbuch: »nasse, angefaulte Gegenstände knatschen«, »die Sumpfstelle der Wiese knatscht, wenn man sie betritt, so dass die gelbe Brühe hervortritt«, »in weicher, breiiger, dickflüssiger Masse mit den Händen knetend matschen« und schließlich »mit widerlichem Geräusch breiig, unanständig essen«. Gerade die letzte Bedeutungsvariante hört man noch oft in der Umgangssprache: *Oppa, knätsch nich so beim Kauen!*

Allerdings muss diese Ableitung mit einigen Ungereimtheiten auskommen. So leuchtet der plötzliche, angeblich in Thüringen und Sachsen erstmals belegte Bedeutungsübergang von »Matsch« zu »Streit« nicht recht ein. Zum anderen bereitet die Lautung ein Problem. *Knatschen* und seine Derivate werden in der Bedeutung »matschen« wie dieses immer kurz gesprochen, mit der Bedeutung »Streit« und »nörgeln« jedoch ausschließlich mit langem Vokal als *knaatschen,* und zwar ohne Ausnahme. Deshalb ist es nicht abwegig, hier wie das Sächsische Volkswörterbuch zwei verschiedene Verben mit unterschiedlicher Geschichte anzunehmen. Leider sind dafür bislang keine älteren Verbformen belegt, sodass wohl trotz der Bedenken weiterhin der etwas resignierende Schluss der Brüder Grimm gilt: »es wird doch mit vorigem urspr. eins sein.«

Bergmann 180; Grimm 11/1360; Kluge 2011 505; Küpper 429 u. 432; RhWb 4/868; Werner 183; http://www.duden.de/rechtschreibung/knatschen

knauserig geizig, knickerig; seltener als Verb **knausen** und **knausern** »sparsam sein« und als Substantiv **Knauser** »Geizhals«. Die Wortfamilie ist überregional in vielen Umgangssprachen verbreitet. *Knauserig* ist seit dem 17. Jahrhundert auch in der Schriftsprache belegt und scheint seinen Ursprung im östlichen Mitteldeutschen zu haben. Es wird allgemein auf ein untergegangenes, im Frühneuhochdeutschen als knuus »hochfahrend« und im Mittelhochdeutschen als knuz »keck, vermessen« belegtes Adjektiv zurückgeführt, eine Deutung, die das Grimmsche Wörterbuch zu Recht anzweifelt. Eine bessere Etymologie ist jedoch noch nicht gelungen.

Duden 2008 457; Kluge 2011 505; Küpper 433; Pfeifer 2/861; RhWb 4/807; Wrede 2010 480

Kneipe ist kein rheinisches Wort, hier dominiert die Wirtschaft. Die *Kneipe* ist ein Import aus dem Sächsischen, dort ist im 18. Jahrhundert die Kneipschenke belegt; zu kneipen »klemmen, einengen, zusammendrücken«; die Kneipe war also ursprünglich eine kleine Wirtsstube, in der man sehr eingeengt saß. In studentischen Kreisen hat die Kneipe schnell Karriere gemacht. Nach Wolf war die Kneipe ursprünglich ein verrufenes Bordell.

Fuß 2000; Grimm 11/1404; Kluge 2011 506; Nail 1988 360; RhWb 4/915 u. 9/580; Trübner 4/199; Wolf 1956 2772

kneisen, kneissen oder **kneisten** ist ein seltsames Wort, da es im Rheinischen Wörterbuch nur in Elberfeld belegt ist als »sehen, etwas überblicken«. Hier kennt man auch die schöne Wendung *den Mond kneisen* »das Nachsehen haben«. Allerdings ist das Wort heute in der Umgangssprache sowohl im Ruhrgebiet, am rechten Niederrhein als auch im angrenzenden Westfälischen zu hören: *Hömma, so richtig kneisten kann ich dat nich,* meist in dieser Bedeutung als »verstehen, durchblicken«.

Einen ersten Hinweis auf die Geschichte des Wortes gibt die Münsteraner Geheimsprache Masematte, die gleich eine ganze *Kneisten*-Sprachfamilie kennt: *Kneisterkasten* »Fernseher«, *Kneistermaschine, Kneisterschiene* »Brille« und eben *kneistern* als »sehen, gucken«. Und schließlich ist das Wort im großen »Wörterbuch des Rotwelschen« vielfach belegt. *Kneisen* ist also eines der vielen Wörter dieser alten Geheimsprache, die sowohl in die Mundarten als auch in die Umgangssprache eingedrungen sind. In diesem Fall ist bemerkenswert, dass *gneisen, geneisen* eigentlich auch ein Mundartwort ist. Es ist im Bairischen und Schwäbischen weit verbreitet als »wahrnehmen, merken, erkennen« und gehört dort zum Wortschatz jedes Dialektsprechers. Es kann demnach nur außerhalb seines dialektalen Geltungsgebiets als Element der Geheimsprache funktionieren. In den rheinischen Geheimsprachen der Stotzheimer *Wannlepper* (siehe dort) und Taschendiebe war es jedenfalls bekannt, ebenso im Saarländer Jenisch.

Anmerkung: Das süd- und zentralrheinische Wort **unüsselich, unüssich, ungeneusen** »ungenügsam, unmäßig, wählerisch« ist mit dem bairischen *gneisen* verwandt. Beide Wörter gehen auf gemeinsame Wurzeln zurück, haben sich aber nach dem Mittelhochdeutschen in verschiedene Bedeutungsstränge auseinanderentwickelt.

Besse 2013 34; Fellsches/Schnieber 98; Grimm 5/3391; Honnen 1998a 133 u. 144; Klepsch 638; Küpper 433; Mengel 39; MmWb; RhWb 4/921 u. 6/300; Schmeller 1/1759; Siewert 1993 59; Wolf 1956 2773

knibbeln ist ein ausgesprochen »nützliches« Wort, für das es im Standarddeutschen keine Entsprechung gibt: »mit den Fingerspitzen an etwas herumfummeln« (zum Beispiel an einer Wundkruste) und »mit den Vorderzähnen nagend essen« *(Wat bisse da an der Stulle am knibbeln, schmeckt die nich?).* Dazu die präfigierten Formen **aufknibbeln** und **abknibbeln**, das Adjektiv **knibbelig** »knifflig, fummelig« und das Substantiv **Knibbelsarbeit** »schwierige, fummelige Arbeit«.

Die Herkunft des Wortes ist im Grunde ungeklärt. Die Verbreitung lässt auf einen mittelniederdeutschen Ursprung schließen, alte Belegformen kennt man allerdings nicht. Zwei Entwicklungslinien sind denkbar: *Knibbeln* könnte eine Nebenform von knüpfen sein, das auf älteres knüpfeln zurückgeht. Wahrscheinlicher, weil auch inhaltlich zum Teil übereinstimmend, ist aber die Verwandtschaft mit niederdeutschem *knabbeln* »naschen, nagend essen«, das sich auch im heutigen Niederländischen als knabbelen findet. Das i in *knibbeln* wäre dann als Ablaut zu interpretieren.

Debrabandere 2011 198; Grimm 11/1311; Küpper 433; RhWb 4/928; Werner 185; Wrede 2010 481; http://www.duden.de/rechtschreibung/knibbeln

Knicker ist die nördliche und **Klicker** die südliche Bezeichnung der Murmel nicht nur im Rheinland. **knickern, klickern** ist das abgeleitete Verb »mit Murmeln spielen«. Auch wenn die *Knicker* und *Klicker* heute kaum noch in Kinderhänden und allenfalls noch in Sammlerhänden zu finden sind, waren sie einmal Objekte der wohl wichtigsten Kinderspiele. Die fantasievollen Bezeichnungen für die vielfältigen Murmeln im rheinischen Dialekt sind legendär. Die ziemlich unbekannte standarddeutsche Bezeichnung für das Spielgerät lautet Knippkugel. Die *Klicker, Knicker* haben ihren Namen vom hellen Schall beim Aufeinandertreffen der Kugeln.

FrankfWb 8/1490; Grimm 11/60; Kluge 2011 499; RhWb 4/728 u. 932; Werner 185; Wrede 2010 468

knickerig geizig *Nu sei doch nich so knickerich und gib ma einen aus! Dat is vielleicht ne knickerige Type. So wat Knickeriges, wie der is!* **Knicker** Geiziger *Weiße watte bis? En Knicker bisse!* Im Ruhrgebiet nennt man einen Geizhals auch **Knickerbühl.**

Zum Verb knicken, das früher auch die Bedeutung »abknapsen, knausern« hatte: »Ein Knauser sucht von jeder Summe, die er zahlen soll, einen Betrag abzuknapsen und heißt darum Knicker.«

Grimm 11/1420; Kluge 2011 506; PfWb 4/350; RhWb 4/937; Trübner 4/200

kniepig geizig *Nu sei ma nich so kniepich un schenk dem Kleinen dat Fahrrad.* **Kniepiger** oder **Kniepsack** Geizhals *Dat is son ganz Kniepigen. Der alte Kniepsack, der gibt doch nix.* Das Wort gehört zu niederdeutsch *kniepen,* rheinisch *kneipen* »kneifen, etwas abzwacken«; auch niederländisch knijper »Geizhals«.

RhWb 4/920; http://www.duden.de/rechtschreibung/kniepig

Knies, Kniest, Kneus, Knaas Schmier, Schmutz *Da sitzt der Knies von den letzten zehn Jahren dran. Wat hasde da von Knies anne Hose? Bei denen sitzt der Knies so hoch! Bah, wat vonne Kneus! Du hast noch Knies inne Augen, hasde dich nich gewaschen* (Verkrustungen am Auge)? *Knies* ist ein unverzichtbares rheinisches Universalwort für all das, was man im Hochdeutschen umständlich als »alter, fest haftender, meist klebriger Schmutz oder Schmier« beschreiben müsste. *Knies* kann man an der Kleidung, in den Ohren oder Augen und an Möbeln finden. Wenn irgendwo in der Küche der *Knies* fingerhoch sitzt, sollte man also besser woanders essen gehen.

Die vor allem in den Mundarten bekannte Bedeutung von *Knies* »Schorf, Ausschlag, Absonderung der Augen« führt zur Geschichte des Wortes. Man kennt Knist und Gneist seit dem 14. Jahrhundert als Bezeichnung für Grind und andere Hautkrankheiten, mittelniederdeutsch ist gnist als »Räude, Schorf« belegt. Wahrscheinlich hat das Wort sogar mit Grind gemeinsame indogermanische Wurzeln und ist verwandt mit althochdeutsch gnitan »reiben«. Im Rheinischen wurde *Kniest,* anders als im Pfälzischen, wo

Gneist auch heute noch nur für Grind steht, zur allgemeinen Bezeichnung für ekligen Schmutz.

Der abgeleitete rheinische **Kniesbüggel** (Varianten sind **Knieskopp** und **Kniesuhr**) bereitet sprachgeschichtlich größere Probleme. Denn er kann einerseits ein »Schmutzbeutel«, also Schmutzfink sein, er steht aber auch für einen Geizkragen. Auch das Adjektiv **kniestich** kann sowohl »schmutzig« als auch »geizig« bedeuten. Wie diese Bedeutungserweiterung entstanden ist, darüber kann nur spekuliert werden (vielleicht ist ein unsauberer Mensch im Rheinland der Inbegriff eines Geizkragens), jedenfalls ist *kniestig* als »geizig« exklusiv für das Rheinland nördlich der Eifel und Westfalen (siehe hierzu jedoch *Knies* »Streit«).

Grimm 8/638; PfWb 3/366; RhWb 4/864, 865, 900; 921 u. 1076; Schiller/Lübben 2/125; Werner 186; Wrede 2010 482

Knies Streit *Der hat wieder Knies mit seiner Schwiegermutter. Mit dem hasde nur Knies.*

Sehr oft wird *Knies* »Streit, Groll, Zwist« als Variante von *Knies* »Schmutz« gesehen. Das ist semantisch jedoch nur schwer zu erklären. Dazu kommt, dass der Streit überall im Rheinland immer *Knies* lautet, während am selben Ort für Schmutz *Kneus, Knaas, Knös* oder *Knüsel* gelten kann. Die Sprecherinnen und Sprecher unterscheiden also oft zwei Wörter. Außerdem kennt das Westmünsterländische den *Knies* nur als »Streit«, nicht aber als »Schmutz«, das südliche Rheinland dagegen den *Kneist,* wie das Pfälzische den *Gneist,* ausschließlich als »Schmutz«. Somit ist hier mit Sicherheit ein eigenes Wort anzusetzen, das niederdeutsche Wurzeln haben muss. Niederdeutsch *knisen, gnisen* bedeutet »auslachen, knirschen«, nordfriesisch gnise »auslachen«, mittelniederländisch knitsen (um 1340) »ausschimpfen«, althochdeutsch chnisten »demütigen«. Im modernen Niederländischen steht kniezen für »mürrisch sein, wehklagen«.

Anmerkung: Die Areale für *Knies* als »Streit« und *Knies* als »Geiz« sind deckungsgleich. Deshalb ist es sehr wahrscheinlich, dass hier ein und dasselbe Wort vorliegt, das nicht mit *Knies* »Schmutz« verwandt ist.

RhWb 4/921; Werner 186; WfWb 3/796; http://www.duden.de/rechtschreibung/Knies; http://www.etymologiebank.nl/trefwoord/kniezen

knifflig, kniffelig verwickelt, problematisch; das Adjektiv gehört nicht zu Kniff »Trick«, wie man annehmen könnte, sondern zu einem vor allem in ostdeutschen Mundarten belegten Verb *kniffeln, knüffeln* »mühselige Arbeit verrichten«. Die rheinische Entsprechung ist *knibbeln* (siehe dort).

Duden 2008 458; Trübner 4/203

Knifte ist ein belegtes Brot im zentralen Rheinland, am Niederrhein, im Ruhrgebiet und in Westfalen. *Wat hasse mir denn da von Karemmel als Knifte gemacht?*

Eine echte *Knifte* ist eine dicke, gefaltete Scheibe Brot, mit Butter beschmiert; deshalb ist die Bezeichnung auf das westfälische Verb *kniffen* »falten« zurückzuführen. Das erklärt auch die Bedeutungsvariante der *Knifte* als »Gesäßfalte« *(Die Hose klemmt inne Knifte),* die im Ruhrgebiet zu hören ist. Im Westfälischen Wörterbuch von Woeste ist die *Knifte* außerdem als »abgekniffenes Stück« belegt. Ob allerdings damit eine Verwandtschaft zu *kniepen, kneipen* »kneifen« besteht, wie vielfach zu lesen ist, ist lautgeschichtlich mehr als zweifelhaft. Die soldatensprachliche Bedeutungsvariante der *Knifte* als »Gewehr«, die sowohl in der Bundeswehr als auch in der ehemaligen Volksarmee gebräuchlich war, muss anders erklärt werden.

Küpper 435; Piirainen/Elling 491; RhWb 4/945; Woeste 135

Knilch, Knilsch abwertende Bezeichnung für einen Mann *Der Knilsch taucht nichts. Wat is dat denn von Knilch?* Nicht in den Mundarten; das Wort taucht Ende des 19. Jahrhunderts »als junger, dummer Bauer« auf, von dort ist es in die Umgangssprache gelangt; nicht zu lateinisch canonicus.

Kluge 2011 507; Mengel 35; Paul 469

Knippchen ursprünglich als **Kneip, Knipp** »großes Messer« bekannt, ist das Wort heute im Rheinland fast ausschließlich in der Verkleinerungsform als kleines Küchenmesser auch in der Umgangssprache verbreitet: *Gib ma dat Knippchen für zum Kartoffelschälen.*

Der oder die Kneip (im Niederdeutschen *Knif (!)*) war im gesamten deutschen Sprachraum als Bezeichnung des Schustermessers oder eines Taschenmessers verbreitet, das Wort hat es jedoch nicht in die moderne Standardsprache geschafft. Schon im Mittelhochdeutschen sind die unterschiedlichen Formen knipen, gnippe und genippe belegt, die auch auf das Mittellateinische gewirkt haben, dort ist gnibba, gnippa ein »Dolch«.

Besse 2013 92; Grimm 11/1403; PfWb 4/347; RhWb 4/913

knispelich kleinlich, pedantisch, unflexibel, stur *Wenn Männer über die Fümzich kommen, wern se oft so knispelich.* Ein rheinisches Mundartwort, das sich in der Umgangssprache gehalten hat und überregional sogar dann verstanden wird, wenn man es vorher noch nie gehört hat. Häufiger ist das Verb **knispeln** als Beschreibung eines leisen Tuns *Da knispelt doch wat im Brennholz; eine Maus?* **abknispeln** kleine Stückchen von etwas lösen *Ich hab mir von dem Streuselkuchen wat abgeknispelt.* **zerknispeln** etwas in kleine Stücke zerlegen *Der Hamster hat über Nacht dat Sofapolster zerknispelt.* **rumknispeln** an irgendetwas herumfummeln *Wat bisde die ganze Zeit am rumknispeln? Du machs mich ganz nerviös.*

In den rheinischen Mundarten weit verbreitet, in den angrenzenden Regionen nur sporadisch nachgewiesen. Es handelt sich um ein altes, lautmalendes Wort (wie knistern).

Kluge 2011 507; PfWb 4/357; RhWb 4/959; Werner 187; WfWb 3/796

Knöllchen bekommt man überall. Selbst auf der offiziellen Website von Deutschlands heimlicher Hauptstadt spricht man verschämt vom »sogenannten Knöllchen«, aber auch in München kann man nicht länger leugnen, dass nach *Tschüss, Klüngel* und *pingelich* nun ein weiteres rheinisches Wort die bairische Umgangssprache infiltriert hat.

Denn dass das *Knöllchen* aus dem Rheinland stammt, ist genauso sicher wie die leidige Tatsache, dass es bezahlt werden muss. Hier kannte man schon lange vor 1900 die Verniedlichungen *Protoköllchen* und *Protoknöllchen,* aus denen dann später die *Köllchen* und *Knöllchen* wurden. Auch die vom eigentlichen Wortsinn abweichende Verwendung von Protokoll für jegliche Schreiben »vom Amt« und damit auch für Strafzettel und Bußgeldbescheide hat im Rheinland eine lange Tradition.

Raum für Spekulationen bietet lediglich das n in *Knöllchen.* Ob es aus dem kölschen *Knöllchen* für die Kopfnuss entlehnt wurde oder eine Anspielung auf das Zusammenknüllen der unbeliebten Zettel ist, kann nicht mehr beantwortet werden. Jedenfalls hat das *Knöllchen* nichts mit der rheinischen *Knolle* »Rübe, Kartoffel« zu tun, auch wenn man heute hier vielfach hört: *Mist, ich hab ne Knolle am Auto!* Letztere ist eine moderne Entwicklung, die nichts mit der eigentlichen Wortgeschichte zu tun hat.

Duden 1999 5/2166; Küpper 437; RhWb 4/1131; Wrede 2010 484

Knorsch, Knosch, Knursch, Knurschel und die Verkleinerungsform **Knörschken** sind Varianten ein und desselben zentralrheinischen Wortes, das eine Verdickung, einen knotenartigen Auswuchs, ein hartes Brotende und vor allem den unerwünschten Knorpel im Fleisch oder in einer Wurst bezeichnen kann: *Bah, da is ja nur Knursch dran, dat ess ich nich.*

Knorsch und Konsorten sind jedoch, anders als das Rheinische Wörterbuch annimmt, nicht exklusiv rheinisch, sondern nur die Lautvarianten eines weitverbreiteten Wortes, dessen Grundform man als Knorz angeben kann, die wiederum im oberdeutschen Raum gesprochen wird. Knorz ist schon im Mittel- und Althochdeutschen als »Auswuchs, Knoten« und sogar im Dänischen und Schwedischen als knort belegt. Es hat darüber hinaus gemeinsame Wurzeln mit dem auch im Hochdeutschen gebräuchlichen Knorren.

Anmerkung: Hierher gehört auch die zentralrheinische Bezeichnung für die Stachelbeere, die als **Knurschele, Knoschele, Knürschele** und **Knuschele** erscheinen kann. Sie ist als Kulturpflanze seit dem 13. Jahrhundert belegt. Weil mit *Knorsch, Knursch* grundsätzlich kleine, runde und verdickte Gegenstände gemeint sind, hat die Stachelbeere im Rheinland so ihren Namen erhalten.

Anmerkung: *Knursch* mit seinen vielen Varianten ist ein weiteres Beispiel aus der großen Gruppe von auf kn- anlautenden Wörtern, die etwas Rundes und Knubbeliges bezeichnen (siehe *Knüstchen*).

Duden 2008 460; Grimm 11/1492; Kluge 2011 508; Lausberg/Möller 7; RhWb 4/1004 u. 1061; Trübner 4/211; Wrede 2010 484 u. 487

knöseln, knösseln weinen, nörgeln, jammern *Wat bisse wieder am knösseln?,* zu hören in der Umgangssprache des Niederrheins und westlichen Ruhrgebiets.

Das Wort ist exklusiv niederrheinisch und ein Relikt des heute auch in den Mundarten verschwundenen *Knösel* »Knirps, etwas Verwachsenes, Verkrüppeltes«, das in Aachen sporadisch noch als Bezeichnung für ein kleines Kind zu hören ist. Es gehört wohl ursprünglich zu *Knaus* (siehe *Knüstchen*) und nicht zu *knosen, Knös.*

Grimm 11/1493; Honnen 2003 107; RhWb 4/898

knosen, knosern, knöse gehören zu einer nicht nur rheinischen Wortfamilie, die wie immer, wenn Schmutz und Unappetitliches im Spiel ist, sehr umfangreich daherkommt: *Bisse schon wieder im Essen am knosern, schmecktet dir ma wieder nich? Nu hör endlich auf, mit der Schokolade rumzuknösen. Knös bloß das Sofa nich voll.* In der Bedeutung »im Dreck, Essen matschen, beschmutzen«. Man kann sich auch selbst **beknösen** *Seit minne Mann älter wird, beknöst de sich immer so.* Varianten sind **herumknösen, knöseln, rumknöseln.** *Knösen* kann man praktisch alles, zum Beispiel Mörtel, Gips, Knetgummi oder Essen, Hauptsache, es entsteht dabei unappetitlicher **Knös, Knöös** oder **Knüsel** »klebriger Schmutz, Dreck« *Wat hasse da fürn Knös auffem Hemd? Mach den Knös von de Schuh, wenn du rinn kommst. Iii, was isen das wieder fürn Knüsel auf deiner Jacke?* Im westlichen Rheinland sind *Knös* auch Kotklümpchen in der Gesäßritze.

Ein schmuddeliger Mensch ist entsprechend ein **Knösel, Knüsel, Knöspitter, Knöskopp, Knüselskopp, Knisselskopp** oder **Knöskusel** (kleines Kind, das im Dreck spielt) *Der Knüsel sieht wieder aus, als ob er in seinen Klamotten gepennt hätte.* Dann ist man **knösisch, knöselig, knüselig, knüsselich** oder **verknöst** »ungepflegt, bekleckert« *Wenn der am Tisch sitzt, is die Tischdecke hinterher garantiert knösisch. Dat Hotel war ziemlich knüselig. Den knüseligen Lappen kannste nit nemme* (weil er ein fieser *Knüsel* ist). Schließlich ist ein **Knöselchen** ein kleines Knübbelchen, der **Knöselkram** oder die **Knöselsarbeit** eine komplizierte Verrichtung, Handarbeit *Son Knöselkram is nix für mich.* Und ein **Knüselche** ist eine unordentliche Frau, die auch einen *Knüsel* mit jemandem haben kann (Verhältnis, Liebschaft).

Die Wortfamilie ist im Süden des Rheinlands nicht bekannt, im Westfälischen dagegen ähnlich umfangreich. Das macht einen niederdeutschen Ursprung wahrscheinlich. Dort überwiegt die Bedeutungskomponente »unordentlich arbeiten, werkeln«, die in der rheinischen Umgangssprache kaum bekannt (vergleiche *Knöselskram*), in den Mundarten aber ebenfalls weit verbreitet ist. Hinzu kommt dort das Bedeutungsspektrum »zerknittern, zerknüllen, etwas durcheinanderbringen«, das zusammen mit der rheinischen Variante »etwas zermatschen, zu Brei zerdrücken« auf das althochdeutsche Verb knussen »schlagen, etwas zerdrücken« verweist, woraus wiederum mittelniederländisch »zertrümmern«, niederdeutsch *knusen* »zerkauen, zermalmen« und niederländisch kneuzen »quetschen, pressen« hervorgegangen sind. Daraus haben sich die mundartlichen Bedeutungen »matschen« sowie »zerknittern, zerknüllen« ergeben. Aus der ersten entstand die Wortfamilie mit »Dreck, Schmutz«, aus der zweiten die mit »basteln« (etwas Verwirrtes wieder zusammensetzen).

Grimm 11/1526; Honnen 2003 106; Küpper 440; RhWb 4/898 u. 1072; Werner 188 u. 189; WfWb 3/826; Wrede 2010 486; http://www.etymologiebank.nl/trefwoord/kneuzen

knöstern, knüstern basteln, herumwerkeln, umständlich arbeiten, auch knobeln und rätseln *Der knöstert wieder an seinem Auto.* Aus dem Bergischen Land werden auch der **Knösterer** und der **Knösterpitter** gemeldet, die geduldig und ausdauernd ein handwerkliches Problem bearbeiten. *Knöstern,* in der Umgangssprache der Region hochfrequent, ist ein altes Mundartwort (hier auch *kniestern*), das vor allem rechtsrheinisch von Südhessen bis hinauf nach Emmerich und Westfalen verbreitet ist.

Diese seltsame Verbreitung gibt Rätsel auf, denn sie passt nicht zu *knosen, knöseln* (siehe dort). Das Rheinische Wörterbuch stellt die Variante *kniestern* zu knistern »ein knisterndes Geräusch machen«, das seit dem 16. Jahrhundert belegt ist, allerdings nie in der Geschichte die Bedeutung »basteln« aufweist. Andere historische Vergleichsformen lassen sich nicht finden. *Knöstern* ist also ein genuines Mundartwort ohne sichtbare Spuren in der Vergangenheit.

Grimm 11/1497; Piirainen/Elling 494; RhWb 4/962, 1010 u. 1077; SüdhessWb 3/1537 u. 1569; WfWb 3/829; Woeste 136; http://www.etymologiebank.nl/trefwoord/kneuzen

knöttern, knüttern, knottern nörgeln, meckern, quengeln *Wat bisse am knöttern, passt dir wat nich? Lass die ma, die knöttert schon den ganzen Tach.* **knötterich** quengelich *Dat Ullich kricht Zähne, dat is schon seit ne Woche nur knötterich.* **Knötterpott, Knötterdöppen, Knöttersack, Knötterkump, Knütterbüchs, Knüttertante** Nörgler; angebliche Grabinschrift am Niederrhein: *Hier ruht in Gott unser alter Knötterpott.* **Knötterpitt** notorischer Meckerer, Querulant *Hat der alte Knötterpitt schon widder Zoff mit seim Nachbarn? Der gibt auch keine Ruhe.*

Das Wort hat weder mit dem Knoten (weil der etwas Knorriges hat) noch mit dem Knurrlaut eines Hundes zu tun, sondern ist ein altes niederdeutsches Verb, das im Mittelniederdeutschen als knoteren, im Mittelniederländischen als cnoteren, cneuteren »brummen, murren« belegt ist. In den niederländischen Mundarten weit verbreitet, standardniederländisch kneuteren »brummen«.

Debrabandere 2011 201; FrankfWb 8/1528; Küpper 441; RhWb 4/1012 u. 1085; Spohr 100; Wrede 2010 485; http://www.etymologiebank.nl/trefwoord/kneuteren1

Knubbel Klumpen, dickes Stück *Dat has de aber nich gut umgegraben, da sin ja noch ganz dicke Knubbels. Da sind Knubbel in der Suppe. Dat sind aber dicke Knubbels von Kohlen, die wir da gekricht haben. Da könnt ich mir en Knubbel im Bauch dran fressen. Vorm Kino is seit ner Stunde en janzer Knubbel auf de besten Plätze am Warten* (Menschentraube). *Der Kerl kommt immer im Knubbel mit seine Freunde. Herr Dokter, ich hab da en Knubbel in der Brust, kammer fühlen, dat wird doch wol nich ...* (Verdickung im medizinischen Sinn). *Der hat en ganzen Knubbel von den Dingern gekauft* (eine Menge). *Natürlich wollten se alle in dat eine Parkhaus, ich mitten im Knubbel* (kleiner Stau). *Dem seine Kleider liegen als Knubbel aufm Stuhl vorm Bett. Statt dat dat dat Zeuch mal zum Lüften aufhängt ...* (unordentliche Ansammlung, Bündel). *Der spricht Hochdeutsch mit Knubbeln* (mundartliche Einsprengsel). Ein kleiner *Knubbel* ist im nördlichen Rheinland ein **Knübbelken**. **Knubbelsnase** dicke Nase, Kartoffelnase, auch Boxernase; **Knubbelsfinger** dicke, breite, klobige, große, ungeschlachte, wenig feinmotorische Finger beziehungsweise eine derartige Hand; **Knubbelfuß** Klumpfuß. **Knubbeln haben** schlecht gelaunt, beleidigt sein *Hei, du, hasse Knubbeln?* **Knubbelspapp** Haferschleim *Putz dir ma immer schön die Zähne, sons fallen dir die ma aus un dann kannze nur noch Knubbelspapp essen* (bekannt am Niederrhein). Ganz neu: **Knubbelskäse** Mozzarella *Bring mal noch en Päckchen Knubbelskäse mit!* **Knubbelfutz, Knubbelefutz** sehr kleiner, untersetzter Mensch *Dä Schaffner, dat wa son Knubbelfutz, kuckt uns vom Bauch rauf an, da mußte mer de Fahrscheine verkehrtrum halten.* **knubbelich** *Der Stoff is ganz knubbelich. Der lacht sich knubbelich* (stark lachen). *Da könnt ich mich knubbelich dran essen* (etwas sehr gerne essen). *Dat Ding is knubbelich voll* (übervoll). **knubbeln** *Da hinten is nix los, un hier inne Kneipe knubbeln se sich. Dat knubbelt sich hier! Jetz vor Weihnachten knubbeln sich wieder die Termine. Dat Trina un der Mattin, die knubbeln aber nur noch zusammen* (zusammenkleben). *Mamma un Oma knubbeln vor Weihnachten immer gemeinsam rum un ham Geheimnisse* (klüngeln, tuscheln). *Wie bis du denn am knubbeln* (Hochdeutsch *mit Knubbeln* reden)? **vollknubbeln** unordentlich, eng beziehungsweise zusammengeknäuelt füllen *Der hat sein Koffer mit de Wäsche vollgeknubbelt.* **knubbel(s)voll** randvoll, übervoll, zum Platzen gefüllt *Der Kahn war knubbelsvoll, de Leute knubbelten sich bis zum Rand. Hasde schon mal einen gesehn, der sich en Bauch so knubbelvoll geschlaren hat?* **geknubbelt** extrem dicht oder eng, zusammengekauert *Die Kneipe war geknubbelt voll. In dem klein Auto kansde nur geknubbelt sitzen.* **zusammengeknubbelt** zusammengekauert, klein gemacht, eingezwängt *Den I-Dötzjen iere Eltern mussten zusammengeknubbelt in ieren Kindern iere Schulbänken platznehmen.*

Ein unverzichtbares Wort also; niederdeutsch *Knubbe,* niederländisch knobbel »dicke Verhärtung«, englisch knob »Knauf«; aus mittelniederdeutsch knobbe »Knorren, Knoten«; das Wort gehört in eine Familie mit Knopf, rheinisch *Knopp.*

Grimm 11/1513; RhWb 4/1014; Schiller/Lübben 2/503; Wrede 2010 485; http://www.etymologiebank.nl/trefwoord/knobbel

knuddeln, knüddeln jemanden herzen oder liebevoll drücken *Ich könnt dich knuddeln! Dat Ullich is zum Knuddeln.* **knuddelich** zum *Knuddeln* sein; auch »knüllen, zusammenballen« *Knüddel dat Papier doch nich so, dat kann man noch mal gebrauchen.* **zusammenknüddeln** *Wer hat denn hier dat Geschenkpapier so zusammengeknüddelt? Das knüddeln wir zusammen* (verknoten). **Knüddel** Knoten *Hilf mir mal, ich hab einen Knüddel in dem Bindfaden.* **Knudeln** (meist im Plural) in Dampf gegarte Hefeklöße, am südlichen Niederrhein gegessen mit eingemachtem Obst oder einer Specksoße.

Die Wortfamilie ist verwandt mit Knödel »Teigballen«, mittelhochdeutsch Knödel »kleiner Knopf«, mittelniederdeutsch knutte »Knoten«, mittelniederländisch cnode »Knubbel«.

Debrabandere 2011 199; RhWb 4/1022; Schiller/Lübben 2/507

knuffig, knuffelich, knuffich niedlich, süß *Der is aber auch zu knuffelich. Dat is aber ma ein knuffeliger kleiner Hund. Dem Rita sein neuer Freund sieht irgenswie ganz knuffich aus.* Auch Sommerwetter kann *knuffich warm* sein: *Hitzefrei gibt et heutzutage nur noch, wenn et so richtich knuffich is!* **knuffeln, knuwweln** knittern, knüllen, auch »jemanden herzen« *Knuffel dein Hemd nich so inne Hose! Den Kleinen könnt ich immer knuffeln.*

Lustig ist, dass das zugrunde liegende niederdeutsche Verb *knuffen* (*knuffeln* ist ein Frequentativ von *knuffen,* das die Wiederholung einer Tätigkeit anzeigt: klingeln bedeutet »wiederholt klingen«) eigentlich »stoßen« bedeutet (jemanden einen Knuff geben) und erst im 18. Jahrhundert in den Mundarten den zärtlichen Unterton bekommen hat (wohl: einen liebevollen Knuff geben). Auch die Bedeutung »knüllen« ist eine spätere Entwicklung. Im Standardniederländischen ist knuffelen »jemanden liebkosend berühren«.

Kluge 2011 509; RhWb 4/1030; Werner 190;
http://www.etymologiebank.nl/trefwoord/knuffelen

knülle betrunken, benommen *Gestern war ich vielleicht knülle. Bei der Hitze bin ich schon nach zwei Bier knülle. Ich bin ganz knülle.*

Knülle ist über die Studentensprache (dort als *knill* erstmals 1831 belegt) in die Umgangssprache gelangt. Schon im Frühneuhochdeutschen (1640) im mitteldeutschen Raum als knöllich, knöllicht »massenweise saufen« gebräuchlich.

FrankfWb 8/1529; Kluge 1895 82; Kluge 2011 509; Mengel 45; Nail 1988 361; Pfeifer 2/868; RhWb 4/1032; Werner 187; WfWb 3/821

Knürken, Knürchen, Knürrchen, Knörrchen Warmhaltegeschirr für Essen, Henkelmann (in dem das mitgebrachte Essen im Wasserbad erwärmt werden konnte) *Ich hab mir mein Knürken mitgebracht. Hasse dein Knürrchen nicht dabei?* So nannte man den Henkelmann im zentralen Rheinland bis hinauf nach Duisburg.

Das Wort kann nur eine Bedeutungsvariante von rheinisch *Knur, Knür, Knör* sein. Das Mundartwort bezeichnet etwas Dickes, Rundes, Klumpiges; vielleicht hat hier die meist verbeulte und eher unansehnliche Form des Essgeschirrs Pate gestanden.

Hierher gehört auch das **Knürzken** »kleines Stück«.

Honnen 2008c 28; RhWb 4/1054

Knüstchen, Knuust, Knuus, Knuuz oder **Knaus, Knäuschen** ist eine der vielen Bezeichnungen der Umgangssprache und Mundarten für das Brotende oder den Brotanschnitt (diese beiden Wörter hört man so gut wie nie). In diesem Fall hat offensichtlich die Form die Wortwahl motiviert. *Knuus* und seine Varianten gehören zu einer auffälligen Gruppe von mit Kn- anlautenden Wörtern, die alle etwas Rundes oder eine Verdickung bezeichnen: *Knützje, Knäppchen, Knabbe, Knorren,* Knolle, *Knubbel,* Knopf, Knospe, Knauf und so weiter.

Zugrunde liegt in diesem Fall das mittelniederdeutsche Wort knûst, das etwas Knorriges, Knubbeliges beschreibt; das entsprechende mittelhochdeutsche Verb ist knüs(s)en »stoßen, schlagen«, weshalb im Rheinischen ein *Knuuz* auch ein Schlag oder Knuff sein kann (daher heißt das Elektrisierknöchelchen des Ellenbogens im zentralen Rheinland auch *Knuuz: Ich hann mich furchbar der Knuuz gestosse*). *Knust* ist in Varianten in vielen westgermanischen Sprachen und Dialekten zu finden; so nennt man im Niederländischen die Faust beispielsweise knuist. Im hochdeutschen Sprachraum ist das Wort unbekannt. Werden *Knuust* und seine Lautvarianten in der Umgangssprache heute ausschließlich für die Bezeichnung des Brotendes gebraucht, kann es in den rheinischen Mundarten außerdem »Haarknoten, Geschwulst, Knöchel oder Anschwellung (nach einem Schlag)« bedeuten.

Anmerkung: Märchenhaft verewigt als »Knusper, Knusper, Knäuschen...«.

Grimm 13/1373; Kluge 2011 509; Lausberg/Möller 11; RhWb 4/804 u. 903; Schiller/Lübben 2/506; Wrede 2010 487

knutschen küssen, Liebkosungen austauschen; das Wort ist in der allgemeinen Umgangssprache weit verbreitet. Zugrunde liegt das Verb knautschen »pressen, zusammendrücken«. Das Rheinland hat insofern mit *knutschen* zu tun, als es die Lautform beigetragen hat. In den rheinischen Mundarten lautet das entsprechende Verb *knuutschen* und meint unter anderem »liebkosend drücken, zärtlich tätscheln, an sich drücken, bes. von Liebespärchen, auch für derbes Betasten«. Im Niederdeutschen gilt entsprechend *knutsen* und im Süden, etwa im Pfälzischen, *knotschen*. Die als lebensfroh bekannten Rheinländerinnen und Rheinländer haben also die lautliche Blaupause für die intensive Küsserei geliefert.

Kluge 2011 509; PfWb 4/377; RhWb 4/1079

knütten »stricken« ist noch manchmal in der Umgangssprache zu hören: *Wat bisse da am knütten, wat soll dat werden? Knütten* ist ein altes niederdeutsches Mundartwort, seine ursprüngliche Bedeutung ist »knüpfen«. Anders als im Englischen (to knit) hat sich *knütten* nicht gegen das ebenfalls niederdeutsche Wort *stricken* durchsetzen können.

Grimm 11/1536; RhWb 4/1084

Köbes rheinische Kurzform für Jakob und Bezeichnung für den Kellner in einem traditionellen Brauhaus.

Weshalb der Kellner *Köbes* heißt, ist bislang ungeklärt. Die kölnischen Entstehungslegenden (Wirte in Jakobspilgerherbergen wurden *Köbes* genannt; Jakobuspilger arbeiteten als Kellner) sind nicht zu belegen; die älteste Erwähnung ist knapp zweihundert Jahre alt. Deshalb wohl zu mundartlich *Köbes* »vierschrötiger Mensch«, eher unwahrscheinlich beeinflusst von lateinisch caupo »Gastwirt«.

Honnen 2008a 126; RhWb 4/1094; Wrede 2010 488

kodderig ist einem, wenn man Übelkeit oder Unwohlsein verspürt *Mensch, mir is so kodderig heute.* Wenn jemand allerdings *kodderig* ist, dann ist er frech oder unverschämt. Oft ist das verbunden mit einer *Kodderschnauze. Der hat aber en kodderigen Ton am Leib!*

Das Wort kennt man im Rheinland und im angrenzenden Niederdeutschen. Dort gilt es als Mundartwort, das Rheinische Wörterbuch nennt es überraschenderweise eine Übernahme aus der neuhochdeutschen Umgangssprache und behauptet damit einen nichtrheinischen, in dem Fall also niederdeutschen Ursprung. Das ist durchaus möglich: Die beiden Wortbedeutungen gehen wohl auf zwei verschiedene Wörter zurück. Im Mittelniederdeutschen ist koder eine schmutzige Flüssigkeit oder ein ekliger Schleim (entsprechend das mittelniederländische codde »Schleim, Schmutz«). Daraus leitet sich die Bedeutung »Übelkeit verspüren« ab. Daneben gibt es im Mittelniederdeutschen das Verb koderen, koddern, das »schwätzen, sprechen« oder »plappern« bedeuten kann. Das abgeleitete Substantiv kodderige meint entsprechend »Geschwätz, Gespräch«. Das ist der Ursprung der heutigen *Kodderschnauze. Kodderig* ist also ein Homonym, ein Wort, dessen beide Bedeutungen auf unterschiedliche Quellen zurückzuführen sind.

Duden 1999 5/2174; Piirainen/Elling 497; RhWb 4/1108; Schiller/Lübben 2/510; Werner 192; http://www.spiegel.de/kultur/zwiebelfisch/zwiebelfisch-nu-man-bloss-nich-in-tuedel-geraten-a-616380.html

Kohldampf starker Hunger *Ich hab Kohldampf bis unter de Arme. Kohldampf* kann man auch *schieben: Sei froh, datte nich im Kriech wars, wat meinze, wat wir da von Kohldampf geschoben haben. Kohldampf schieben muss heute keiner mehr.*

Ein rotwelsches Wort, das seit dem 19. Jahrhundert umgangssprachlich ist (wohl über die Soldatensprache). Sowohl *Dampf* als auch *Kohl, Kohler* sind gaunersprachliche Synonyme für »Hunger«, die tautologische Zusammensetzung dient hier zur Verstärkung (»starker Hunger«). Die Herkunft von *Kohler, Koller* ist ungewiss, wohl nicht zu romanes kalo »schwarz«, eher eine Ableitung aus mundartlich *kollern* »rumpeln, poltern« (im Sinne von »Magenknurren«).

Anmerkung: Auch das zum *Kohldampf* gehörende Verb **schieben** hat rotwelsche Wurzeln. Es ist eine Verballhornung des rotwelschen *scheffen,* das als Universalverb »sein, sitzen, haben, legen, machen, tun, arbeiten, gehen« bedeuten kann (und deshalb viel zur Verrätselung gaunersprachlicher Rede beiträgt). Es geht zurück auf hebräisch beziehungsweise jiddisch jaschab »sitzen« (jiddisch zum Beispiel fifrach scheffen »weggehen«).

Duden 2008 462; Günther 115; Honnen 2008a 128; Kluge 2011 512; Küpper 442; RhWb 4/1114; Röhrich 3/864; Stern 183; Trübner 4/220; Wolf 1956 954 u. 2827; http: //www.duden.de/rechtschreibung/Kohldampf

kokeln, verkokeln, ankokeln zündeln, etwas anbrennen, anschmoren *Nee, Kinder, ihr kricht keine Streichhölzer, ihr wollt doch nur kokeln. Hier riechts irgendwie verkokelt* (angebrannt). *Ich bin total verkokelt* (einen Sonnenbrand haben). *Wat riecht dat hier so angekokelt?*

Das Wort ist in den rheinischen Mundarten nicht bekannt. Es hat nichts mit Kohle oder Koks zu tun, sondern ist die mitteldeutsche Form von gaukeln »Possen treiben«, hier in der Bedeutungsvariante »unvorsichtig (mit dem Feuer) sein« (siehe *Kuckeleboom*).

Grimm 11/1566; Honnen 2003 110; Küpper 443; Wahrig 3/261

Kokolores, Kokelores, Kuckelores Unsinn, Quatsch *Dat is doch Kockelores, wat du da erzähls. Son Kockelores hör ich mir nich an. Red donnich son Kockolores. Was ist das denn für ein Kokolores?* Nur in den Mundarten des westlichen Rheinlands ist der *Kukelöres* ein Purzelbaum.

Kokelores erzählt man seit dem 17. Jahrhundert im gesamten deutschen Sprachraum. Es verwundert nicht, dass dieses seltsame Wort auch seltsame Herkunftslegenden provoziert hat: So wird es als Verballhornung der Gebetsschlussformel »per omnia saecula saeculorum« (von Ewigkeit zu Ewigkeit) interpretiert oder auf das österreichische Brettspiel Kakelorum zurückgeführt.

Wahrscheinlicher sind zwei andere Erklärungen. Danach könnte *Kokolores* auf den Gaukler oder das – veraltete – Verb gaukeln zurückgehen, die im 16. Jahrhundert in vielen Varianten zu finden sind: (mittelniederdeutsch) kuckelerie »Gaukelei«, kökelen, kockelen, Köckelpossen, Kokelaer, Kokeler (1589 in Köln belegt). Diese mit k- anlautenden Formen findet man auch im Rheinland, hier kennt man unter anderem die *Kökelerei* »Possenspiel, Blendwerk«; auch die latinisierende Endung findet man hier (*Stinkadores, Zubbelöres* »Angsthase«), die aber auch zum Teil auf den Namen Theodor zurückgehen kann. *Kokolores* könnte also eine Variante von gaukeln mit einer sich gelehrt gebenden, pseudolateinischen Endung sein.

Die zweite Erklärungsvariante ist noch mehr im rheinischen Raum verankert. Besonders im Westen nennt man hier den Hahn *Kuckelures* oder *Kuckelöres* (in Aachen heißt es *Kuckelöres! sätt der Hahn*); in den angrenzenden Niederlanden bedeutet koekeloeren »krähen«, und selbst das Englische kennt den cockalorum »Angeber, Prahlhans«. Damit wäre das prahlerische Getue des männlichen Hühnervogels die Blaupause für den umgangssprachlichen *Kokelores*. Die weite Verbreitung macht die Ableitung aus gaukeln, Gaukler allerdings wahrscheinlicher.

de Vries 342; Duden 2008 463; Grimm 4/1563; Hermanns 336; Honnen 2008a 129; Kluge 2011 513; Küpper 443; Paul 473; RhWb 4/1638 u. 1640; Röhrich 3/866; Schiller/Lübben 2/589; van Veen/van der Sijs 468; Weischer 167; Werner 192; Wrede 1920 111; http://www.duden.de/rechtschreibung/Kokolores; http://www.etymologiebank.nl/trefwoord/koekeloeren2; http://gfds.de/?s=kokolores

kollerich überspannt, erregt, aufbrausend, aber auch »schwindelig, benommen« *Der wird immer so kollerig, wenn dem wat nich passt.*

Das im Standarddeutschen seltene Adjektiv ist eine Ableitung aus Koller »Wut, Reizbarkeit« *(den Koller kriegen),* das auf mittelhochdeutsch kolre, althochdeutsch kollaria »Wut« zurückgeht (ursprünglich ein spätlateinisches Lehnwort cholera »Ruhr«). Die Bedeutung »benommen« geht auf die rheinische Nebenbedeutung von *Koller* als Pferdekrankheit *(Schlafkoller)* zurück.

Grimm 11/1616 u. 1617; Kluge 2011 514; RhWb 4/1131

kollern oder heute in der Umgangssprache meist **kullern** »rollen, kugeln« *Die ham sich vor Lachen aufem Boden gekullert.* Auch zu hören als **Kullerball** *Mann, ers en Freistoß schinden, un dann son Kullerball fabriziern* »schwach getretener Ball«.

Das Wort ist, anders als zum Beispiel der Duden angibt, bereits im 16. Jahrhundert als *kaulen* vielfach im Norden und Osten des deutschen Sprachraums belegt. Das und die rheinischen Varianten *kauweln* und *kuweln* machen die Herleitung aus der in vielen Mundarten verbreiteten *Kaule* »Kugel, Kegel« wahrscheinlich, die wiederum mit mittelhochdeutsch kugele »Kugel« verwandt ist.

Duden 2008 465; Grimm 11/350; RhWb 4/1134

kolone ist im Ruhrgebiet, im Bergischen Land und im angrenzenden Münsterland noch häufig in der Umgangssprache zu hören: *Du machs mich noch ganz kolone im Kopp!* »verrückt, durcheinander«. Das Wort hat seinen Ursprung im Jiddischen. Es war als kulone »verrückt« auch im rudimentären Familienjiddisch der jüdischen Bevölkerung im westfälischen Raum noch lange gebräuchlich. Der Ursprung des Wortes ist nicht ganz eindeutig, es scheint sich um eine Wortspielerei zu handeln, zugrunde liegt wohl das jiddische cholemen »träumen, geistesabwesend sein«. *Kolone* hat auch Eingang gefunden in die Geheimsprache Masematte in Münster, es ist aber über die jiddischen Händlersprachen in die rheinische Umgangssprache gelangt.

Fellsches/Gronemann 104; Mengel 45; Siewert 1993 61; Strunge/Kassenbrock 101; Weinberg 74

kölschen hat nichts mit Köln zu tun, sondern bedeutet »lautstark husten, rotzen« und ist eher unappetitlich. Es ist die zentralrheinische Lautung eines Verbs, das in Varianten wie *külzen, keltschen* und *gelzen* in vielen deutschen Mundarten verbreitet ist. Selbst im Schweizerdeutschen kennt man kältschen als »kläffen«. Zugrunde liegt das mittelhochdeutsche Wort kelzen »schreien, sprechen«.

Grimm 11/524 u. 527; RhWb 4/114 u. 1715; Wrede 2010 495

Kolter, Kulter ist eine nur in den rheinischen und niederdeutschen Mundarten verbreitete Bezeichnung für das Pflugmesser. Wie viele Fachausdrücke der Landwirtschaft geht auch *Kolter, Kulter* auf die Römerzeit zurück. Aus dem lateinischen culter »Pflugmesser« ist das Wort wohl über das altfranzösische coltre in den westdeutschen Sprachraum gelangt. Im Niederländischen noch heute als kouter gebräuchlich.

Grimm 11/1623; Post 1982 143; RhWb 4/1712

Komkomer, Kumkumer, Kukumer, Gugumer oder ähnlich heißt in vielen westdeutschen Mundarten die Gurke; und nicht nur dort, auch im aktuellen Englischen (cucumber), Niederländischen (komkommer) und Französischen (concombre). Im Standarddeutschen hat sich dagegen die aus dem Slawischen stammende Gurke durchgesetzt.

Komkomer und die Varianten gehen auf altfranzösische Formen (coucombre) zurück, die wiederum aus lateinisch cucumis »Gurke« entstanden sind. Wann sich das Wort in den deutschen Mundarten eingebürgert hat, ist unsicher, auf jeden Fall baute man schon zu Zeiten Karls des Großen cucumeres an. Im deutschen Sprachgebiet tritt das Wort erst im 13. Jahrhundert, im Niederländischen noch später auf. »Im Mittelalter scheint der Gurkenanbau zurückgegangen zu sein, und erst in der Neuzeit verbreiteten sich vom slawischen Raum her bei uns die modernen Gurkensorten.« Somit ist das Rheinland auch hier ein sprachliches Reliktgebiet.

PfWb 4/683; Post 1982 223; RhWb 4/1715; Wrede 2010 496

Kompes in Franken auch **Kombes** ist ein Gericht aus eingemachtem Weißkohl mit Schweinefleisch. In Düren bezeichnet man so auch die Silage aus Rüben und Rübenblättern als Viehfutter in einer Grube, was natürlich an den Kompost erinnert. Damit ist der *Kompes* auch in der Tat verwandt, die moderne Bedeutung »Mischdünger« ist allerdings eine Entlehnung aus dem Englischen im 19. Jahrhundert. Ursprünglich war das Partizip compositum (zu lateinisch componere) im romanischen Raum die Bezeichnung für »in Essig und Salz eingemachte Lebensmittel«. Daraus wurde althochdeutsch kumbost und mittelhochdeutsch kumpost »eingemachtes Sauerkraut«. Im Rheinischen hat sich also die ursprüngliche Bedeutung erhalten. Mit einem keltischen kumbas »Trog« hat der *Kompes,* wie von Wikipedia behauptet, nichts zu tun.

Kluge 2011 520; Lexer 1/1770; Post 1982 227; RhWb 4/1180; https://de.wikipedia.org/wiki/Kombes

kontant oder **kontent** kommt im Rheinischen, Pfälzischen und Hessischen in der Wendung *kontant miteinander sein* »in Übereinstimmung sein« vor. Das Wort geht zurück auf französisch content »zufrieden« und ist eine Entlehnung des 17. Jahrhunderts.

PfWb 4/450; RhWb 4/1200

Köppken, Köppschen oder auch **Käppchen** ist im Rheinland ein Tässchen, eine Tasse oder Portion Kaffee: *Wir Mädchen ham uns des Samstachs nammitachs immer im Cafe getroffen un ham uns en Köppschen Kaffe getrunken, ohne die Männer. Ich könnt jetz gut en Köppken Kaffe vertragen.*

Damit hat sich in der rheinischen Umgangssprache die ursprüngliche Bedeutung von althochdeutsch koph »Trinkgefäß, Becher« (mittelhochdeutsch kopf) erhalten, aus dem unser standarddeutscher Kopf hervorgegangen ist. Auch die Niederländer kennen »en kopje koffie« und die Engländer ihre »cup of tea«. Im Hochdeutschen ist diese Bedeutung seit dem Mittelalter untergegangen. In den rheinischen Mundarten dagegen ist **Kopp** eine »kleine, henkellose, fast kugelige Obertasse« als feine Tasse für »den Besuch«, ein – veraltetes – Hohlmaß und erst in dritter Linie die Bezeichnung für den Körperteil. Ursprünglich ist das zugrunde liegende lateinische cuppa im römisch-gallischen Raum das allgemeine Wort für einen »Becher«, das wiederum auf lateinisch cupa »Tonne, Fass« zurückgeht. Die standarddeutsche Bedeutung »Kopf, Haupt« ist eine Folge der mittelhochdeutschen Bedeutungsnuancen »Schalenförmiges, Hirnschale«.

Honnen 2012a 126; Post 1982 257; RhWb 4/1206 u. 1222; http://www.etymologiebank.nl/trefwoord/kop

Körmel, Kürmel, Kurmel Gerümpel, Unordnung (kann sowohl männlich als auch weiblich sein) *Mein Gott, wat hast du hier von Körmel! Au weia, wat is dat hier für eine Kurmel. Räumt mal sofort auf!* Das abgeleitete **körmelich** bedeutet folgerichtig »unordentlich«. Das Wort war früher im Rheinland weit verbreitet, ist aber heute nur noch im Bergischen Land, im Ruhrgebiet und in Westfalen zu hören. In dieser Region scheint auch sein Ursprung zu liegen. Die weitere Wortgeschichte ist unbekannt, sodass es sich um eine eigenständige Bildung handeln dürfte (Woestes Hinweis auf althochdeutsch carmula (?) führt in die Irre).

RhWb 4/1763; WfWb 3/1075; Woeste 151; Wrede 2010 539

Korona, Corona Gesellschaft, lärmende Kinderschar, Sippschaft *Die sind mit der ganzen Korona anngerückt gestern. Ich kann die ganze Korona von denen nich mehr ab.*

Aus der Studentensprache, eine scherzhafte Umdeutung von lateinisch corona »Krone, Kranz«.

Bergmann 188; Kluge 2011 532; RhWb 4/1270; Werner 196

Korsch oder **Koosch**, am Niederrhein oft auch in der Verkleinerungsform als **Körschken**, ist im Rheinland die Bezeichnung für die Brotkruste oder das – oft ungenießbare – Ende eines Brotlaibs: *Die Omma kann stundenlang aufem Körschken rumkauen. Sonne harte Koosch kann ich nich beißen.* Das Mundartwort ist auch in der rheinischen Umgangssprache noch sehr verbreitet und gilt als typisch rheinisch.

Koosch, Korsch ist ein schönes Beispiel für die sogenannte R-Metathese, die Umstellung des r, die zum Beispiel auch in Born, Brunnen oder englisch burn, brennen zu beobachten ist. *Koosch, Korsch* ist die rheinische Variante der Kruste, die schon althochdeutsch als krusta belegt ist und auf lateinisch crusta »Rinde« zurückgeht. Im Rheinischen ist die R-Metathese schon im 16. Jahrhundert in korst und im Mittelniederdeutschen durch korste belegt. Im Niederländischen heißt die Rinde deshalb heute ebenfalls korst.

Honnen 2003 112; Lausberg/Möller 13; RhWb 4/1614; Wrede 2010 497

Köter abfällige Bezeichnung für einen nicht reinrassigen Hund, als **straßenköterblond** wird eine Haarfarbe bezeichnet, die heller als Hellbraun, aber dunkler als normales Blond ist. **abgekötert** abgenutzt (bei Polstermöbeln) *Nä, Karl, für sonne abgeköterte Kautsch kannze nix mehr verlangen.*

Das Wort ist eine Verkürzung aus *Köterhund,* das heißt Wachhund eines Köters »Bewohner einer ärmlichen Kate« (siehe *Kotten*); mittelniederdeutsch koterhund und koter »Bauernhund«.

Duden 2008 482; Grimm 11/1887; Paul 484; RhWb 4/1281; Schiller/Lübben 2/551

Kötsch, Kotsch Ecke, Bett, meist in der Aufforderung *Ab in deine Kötsch* (zum Beispiel in den Hundekorb)!

Ein exklusiv zentralrheinisches Wort (limburgisch *koets* »Schlafplatz, Bett«), das über das Niederländische (mittelniederländisch coetse »Lagerstatt«) aus französisch coucher »hinlegen« entlehnt ist.

Debrabandere 2011 205; RhWb 4/1283

kott *Ich bin dir kott* oder *Bisse mir nich mehr kott?* kann man im Rheinland hören, wenn jemand ärgerlich oder jemandem böse ist. In den rheinischen Mundarten ist das Adjektiv weit verbreitet und bedeutet dort allgemein »schlimm, schlecht« und auf Menschen bezogen »böse, zänkisch, verärgert«. Das Wort ist verwandt mit dem hochdeutschen Kot und deshalb auch uralt. Über mittelhochdeutsch quat, kot und althochdeutsch quat (Kot, Dung) wird es bis auf vordeutsche Formen zurückgeführt. Das mittelhochdeutsche Adjektiv quat (böse, schlecht, eklig) hat sich zwar im Niederländischen erhalten (kwaad »schlimm, schlecht«), im deutschen Sprachraum kennt man es jedoch nur noch im Rheinischen und in Teilen des Niederdeutschen. Auch hier sind also die rheinischen Mundarten so etwas wie ein Archiv der gesprochenen Sprache, das anderswo schon längst verlorene alte Wörter bewahrt.

Eine lustige Anmerkung: In Köln nannte man vorzeiten den berühmten Code Napoléon, das napoleonische Gesetzbuch, kurz und abwertend *den kodde Napoleon.*

Kluge 2011 534; RhWb 6/1271; van Veen/van der Sijs 487; Wrede 2010 502

kötten ist in der aktuellen rheinischen Umgangssprache die Bezeichnung für das Gabenheischen der Kinder zu Sankt Martin. Das Wort ist nur in einem scharf umgrenzten Gebiet beiderseits des Rheins vom Nordrand der Eifel bis hinauf nach Mönchengladbach und Düsseldorf und in einem isolierten Fleck im nördlichen Kleverland (dort als *ködde*) zu finden. Das Mundartwort bedeutet eigentlich »von Haus zu Haus betteln« oder schlicht »betteln«, das selbstverständlich auch einem guten Zweck dienen kann: *De Pastur hält sich ant kötten.* Entsprechend ist der **Kötter** schlicht ein Bettler.

Das Wort war Anlass für schöne Volksetymologien: »Hergeleitet wird es vom Cut (gesprochen *Kött*), dem Gehrock, der viele grosse Taschen hatte, in denen man etwas mitbringen konnte. Der Gehrock wurde zu festlichen Gelegenheiten getragen, und vor dem Heimweg wurde für die Daheimgebliebenen (meist die Kinder) ›geköttet‹, also Essensreste erfragt (z. B. Stullen, Bratenstücke etc.).« Eine andere Herleitung, die im Bergischen Land erzählt wird, bezieht sich auf den bergischen *Kotten,* dessen Bewohner oft sehr arm waren und deshalb als *Kötter* für ihren Lebensunterhalt betteln mussten.

In Köln wird *kötten* auf das französische Wort quêter (sammeln, erbitten) zurückgeführt, das wiederum seine Wurzeln in der lateinischen Wortfamilie um quaeso, quaestum (gewinnsuchend, dringlich bitten) hat. Damit wäre das typisch rheinische Wort sehr alt. Allerdings hat diese Ableitung außer der Wortähnlichkeit bislang keine weitere Begründung, Belege für diese Deutung sind nicht zu finden, zumal quêter als Lehnwort im Deutschen keine Rolle gespielt hat. Irritierend ist auch, dass der Gebrauch des Wortes nach Westen abnimmt, im angrenzenden Belgien oder Limburg, also in unmittelbarer Nähe zur Romania, ist es völlig unbekannt. Deshalb lohnt vielleicht ein Blick in die entgegengesetzte Richtung. Im östlichen Bergischen Land, im Sauerland und im angrenzenden Westfalen nämlich ist *Kötten* die Bezeichnung für »fahrendes Volk, Wanderhändler« oder auch »heimatloses Gesindel«; das abgeleitete Verb *kötten* bedeutet »streiten, zanken«, aber auch »dem Wandergewerbe nachgehen«. Ein westfälischer Ursprung würde auch das rheinische Verbreitungsgebiet von *kötten* erklären, sogar die niederrheinische Enklave um Kleve mit ihrer Nähe zu Westfalen.

Das westfälische *kötten* gilt als Übernahme aus dem Rotwelschen. Dort ist *kutten* weit verbreitet als Bezeichnung für jede Form des unehrenhaften »Handels« wie stehlen, Taschendiebstahl begehen, makeln oder tauschen. Damit wäre *kötten* die rheinische Entsprechung des südrheinischen *schnörzen,* das heute ebenfalls »Gaben heischen« bedeutet, aber ursprünglich das allgemeine Wort für »stehlen« war. Auch *schnörzen* ist ursprünglich ein rotwelsches Wort, das als *schnorren* in die allgemeine Umgangssprache eingegangen ist (siehe unter *schnörzen*).

Dubois/Mitterand/Dauzat 638; Greive 1993 71; Hönig 99; MmWb; Neft 52; Pilkmann-Pohl 156; RhWb 4/1286; Schiller/Lübben 2/606; Schönberner 173; Woeste 140; Wolf 1956 3037; Wrede 2010 502

Kotten ist im Rheinland entweder »eine am Wasser gelegene Werkstätte und Behausung des *Schlipers*«, ein kleines Anwesen, ein altes, baufälliges Haus oder ein Heuhaufen. Eine besondere Bedeutung hat der *Kotten* für das Bergische Land, weil in dieser Region die Schleiferwerkstatt als Sinnbild für eine wichtige Periode der Bergischen Wirtschaftsgeschichte steht. Deshalb wird hier die **Kottenbutter**, ein belegtes Brot, noch heute auf vielen Speisekarten und Vereinsfeiern angeboten (mit **Kottenwurst** »geräucherte Mettwurst« belegt).

Das Grimmsche Wörterbuch nennt *Kotten, kote* »ein altes bedeutsames wort«, das in vielen Regionen und Varianten auftritt, unter anderem in allen drei Geschlechtern, »wie oft bei alten worten«. Als anschauliches Beispiel kann hier die (!) Kate dienen, die sich im 16. Jahrhundert als Parallelform entwickelt und schließlich Einzug in das Hochdeutsche gefunden hat. Die rheinische (und auch pfälzische) Variante *Kotten* ist dagegen näher an den Ursprungsformen, die im Niederdeutschen zu suchen sind. Im Mittelniederdeutschen ist kote belegt, die entsprechende mittelniederländische Form lautet cote. Auch im Altnordischen findet sich eine Entsprechung in kot »Hütte« wie auch im Altenglischen cote »Stall«. Bei der Fülle dieser Belege ist eine germanische Vorform anzunehmen, etwa der Stamm *kuta »Haus«. Ein anderer Vorschlag ist die Wurzel *geu, die im Zusammenhang mit »biegen, krümmen« steht. Dann wäre der *Kotten* verwandt mit dem **Kiez** »Ort, wo die Fischer wohnen«, der auf *Kietze, Kötze* »Tragekorb« zurückgeht. Auch mit dem **Kittchen** (siehe dort) könnte der *Kotten* verwandt sein.

Im Englischen ist cot »Hütte, Stall« und mit romanischem Suffix als cottage »Landhaus« genauso hochsprachlich geworden wie im Niederländischen kot »armselige Hütte«.

Grimm 11/1882; Kluge 2011 489; Lerchner 213; Onions 219; RhWb 4/1285; Trübner 4/105; van Veen/van der Sijs 477

kotzen (er-)brechen, sich übergeben *Boh is mir schlecht nach dem komischen Essen, ich glaub, ich muss gleich kotzen. Nach em dritten Schnäpsken hat unser Lütter et Kotzen angefangen. Wenn ich dem seine dreckige Bude seh, könnt ich glatt kotzen. Dat find ich zum kotzen, wenn ich dat seh.* Man kann auch das *kalte Kotzen kriegen,* wenn man sich besonders stark ärgert: *Ich krich dat kalte Kotzen, wenn ich nur an den Typen denk!* **ankotzen** anwidern *Das kotzt mich jetzt aber an, dass die Handwerker immer noch nicht fertig sind. Ich bin so was von angekotzt, wie der immer um 6 mit Rasenmähen anfängt.* Ein im Bergischen zu hörender Fluch lautet *Kotz verdorri.* **kotzübel** Übelkeit bis zum Erbrechen verspüren *Gestern Abend waren et wohl zwei Bierkes zuviel, et war mir die ganze Nacht kotzübel.* **Kotzklümpchen, Kotzbrocken** widerlicher Typ *Der Typ is en echter Kotzbrocken.* In Essen sagt man auch in abgemilderter Form **Kotz und Brocken**: *Dat is en Vertreter der Firma Kotz und Brocken.* Dort wird auch die lustige Wendung gemeldet: *Kotzebues Werke studieren: Boah, letze Nacht war furchtbar, ich habe stundenlang Kotzebues Werke studiert* (»sich übergeben« bei Intellektuellen).

Kotzen ist im 15. Jahrhundert entstanden aus mittelhochdeutsch koppezen »erbrechen«, das wiederum (als Intensivbildung) aus älterem koppe »aufstoßen, rülpsen«.

Kluge 2011 535; Lexer 1/1677; RhWb 4/1290; Trübner 4/243; http://www.duden.de/rechtschreibung/kotzen

krabitzig gilt als ein typisch rheinisches Wort und taucht deshalb hier in Beliebtheitsumfragen regelmäßig an vorderster Stelle auf. Es ist jedoch auch im Münsterland als *krebenstig, kribenstig* und im Osten Westfalens als *krabetzig* verbreitet. Das Mundartwort, das heute in der Umgangssprache noch häufig zu hören ist, bedeutet »kratzbürstig, launenhaft, zänkisch, störrisch« und ist im Rheinland in der Regel auf Frauen bezogen. Entsprechend ist eine *Krabitz, Krabitze* eine »unerträgliche Frauensperson«. Im Ruhrgebiet und in Westfalen können jedoch auch Männer oder Kinder *krabitzig* sein, dann sind sie – weniger abfällig gemeint – überdreht oder temperamentvoll.

Das beliebte Wort hat immer wieder zu Deutungen herausgefordert. So glaubt man unter anderem in Dortmund, dass *krabätzig* auf den Völkernamen Kroaten zurückgehe wegen »der sprichwörtlich gewordenen ausgelassenheit dieser im 30jährigen kriege«. Ein Indiz dafür sei die im Mitteldeutschen verbreitete Bezeichnung *Kroate* oder *Krawate, Krabat* für ein lebhaftes Kind und das Verb *kroatischen* für »sich zanken, balgen«. Zwar gibt es diese Anspielungen auf das Balkanvolk im Sächsischen und anderswo noch heute, aber dort gibt es eben das Wort *krabitsig* nicht, das nur viel weiter im Westen zu finden ist, wo man aber keinen *Krawate, Krabat* kennt. Mit den Kroaten hat das rheinische Mundartwort deshalb sicher nichts zu tun. Auch die Krabbe soll Pate gestanden haben, da »das Krebstier als unfreundlich, unleidlich gilt«; diese Deutung scheint etwas weit hergeholt, zumal die rheinischen Mundarten weder das Wort noch das Tier kennen. Da ist schon der Hinweis auf französisch caprice »Laune, Launenhaftigkeit« zielführender, da man im Rheinland immerhin das Wort *Karbitz* als Bezeichnung für »Dünkel, Stolz« kennt. Allerdings ist der Stellungswechsel des r in diesem Zusammenhang nur schwer zu erklären, da hier nicht von der klassischen R-Metathese (Born zu Brunnen) auszugehen ist. So bleibt nur die Vermutung, das *krabitsich* als eine rheinische Wortspielerei aus kratzen und beißen (Biss) entstanden ist, wobei vielleicht sogar die umgangssprachliche *Kratzbürste* beteiligt war. Hier war also kein geheimnisvoller fremder Einfluss am Werk, sondern die Sprachfantasie der rheinländischen Sprecherinnen und Sprecher.

Küpper 453; Piirainen/Elling 519; Weischer 168; Werner 197; Woeste 141; Wrede 2010 504

Krächel oder **Krechel** etwas Zurückgebliebenes (mageres Tier, krüppeliges Gewächs, dünner Mensch) *Wat is dat denn von Krächel von Weihnachtsbaum?* Das Wort ist in der Umgangssprache des Ruhrgebiets und Niederrheins verbreitet. In den Mundarten ist es nur für den Hunsrück belegt. Weiter südlich in den pfälzischen Dialekten kennt man das Wort *Krachel* als Bezeichnung für einen verkümmerten Menschen oder eine alte Frau. Es handelt sich um die verschobene Parallelform zur *Kracke* (siehe dort), sie ist also ebenfalls zu krachen (»zusammenkrachen«) zu stellen. Es ist verblüffend, dass im Ruhrgebiet und am Niederrhein, wo die unverschobene Form *Kracke* heimisch ist, auch die verschobene südliche Variante in die Umgangssprache (nicht in die Dialekte) eingewandert ist. Der Grund dürfte das unterschiedliche Bedeutungsspektrum sein. Eine *Kracke* ist hier immer ein altes Fahrzeug, während ein *Krächel* ein zurückgebliebenes Lebewesen oder eine Pflanze ist.

Fellsches 1999 95; Honnen 2003 113; PfWb 4/517 u. 519; RhWb 4/1314

Kracke, Kräcke erscheint in der Regel als *alte Kracke* in der Umgangssprache: *Wat hasde denn da vonne alte Kracke von Auto gekauft?* Gemeint ist also ein altersschwaches, schrottreifes Fahrzeug. Es ist die Übertragung der alten Bedeutung des Wortes, das ursprünglich die Bezeichnung für ein abgehalftertes, altes Pferd, eine Schindmähre war. In den rheinischen Mundarten steht *Kracke* darüber hinaus auch für eine alte Kuh und – wie kann es in diesem Zusammenhang anders sein? – für eine (alte) zänkische Frau. In manchen Mundarten bezeichnet *Kracke* auch einen schwächlichen Menschen gleich welchen Alters oder Geschlechts. Im Rheinland kennt man außerdem noch das Adjektiv **krackelig** »schwächlich, altersschwach« *(Wat von krackeliges Rad, da würd ich nich mehr mit fahrn)* und im Süden das Verb **kracken** »nörgeln« sowie den dazugehörigen **Krackarsch**.

Die *Kracke* ist nicht nur im Rheinland, sondern auch überregional, vor allem im niederdeutschen Raum und im Niederländischen (krake, kragge mit derselben Bedeutung) verbreitet, sie ist wohl auch in dieser Region entstanden. Darauf deutet schon die Lautung, die an ein unverschobenes ch denken lässt. Dann ist die *Kracke* zum Verb krachen zu stellen, das im Niederdeutschen wie im Niederländischen das alte k bewahrt hat und dort *kraken* lautet. Die Bedeutung ist im Sinne von »zusammenkrachen« zu verstehen.

Es ist verblüffend, wie weit das Wort in den (nord-)europäischen Sprachen verbreitet ist. Es findet sich im Schwedischen (krak »Plunder«; schon altnordisch als kraki »magere Person«) und auch als englisches Dialektwort (croke »Abfall« und crack »Knirps«; die Bedeutung »kleines Kind« kann *Kracke* im Rheinischen auch haben). Das französische caraque »Kahn, Schiff« hat, anders als oft zu lesen ist, nichts mit der *Kracke* zu tun.

Debrabandere 2011 211; Grimm 11/1927; Honnen 2003 114; Kluge 2011 535; Küpper 454; Mengel 42; Paul 366; PfWb 4/521; RhWb 4/1317; Werner 198; Woeste 141; Wrede 2010 504; http://www.duden.de/rechtschreibung/Kracke

krakeelen, rumkrakeelen lärmen, Radau machen, laut streiten *Krakeel hier nich so rum!* Das Wort ist in unterschiedlichen Lautungen mittlerweile in der allgemeinen Umgangssprache verbreitet. Das hat zu den verschiedensten Herleitungen geführt. Weit verbreitet ist die Ableitung aus italienisch gargagliata »Lärm von durcheinanderredenden Leuten«. Das Wort soll von Landsknechten im Dreißigjährigen Krieg eingeführt worden sein. Diese Deutung fußt allerdings auf eher seltenen Lautformen im Süden des deutschen Sprachraums und setzt R-Metathese voraus. Der Schwerpunkt des Gebrauchs des Verbs liegt jedoch deutlich erkennbar im niederdeutschen, rheinischen und niederländischen Sprachraum (sowie auch in den nordischen Sprachen), sodass eine italienische Wurzel unwahrscheinlich erscheint. Das Wort ist in den Niederlanden und in Köln seit dem 16. Jahrhundert belegt, sodass schon angenommen wurde, es sei als Lehnwort mit »den niederländischen Flüchtlingen in Köln« um 1530 eingebürgert worden. *Krakeel* (das heute selten gebrauchte Substantiv ist im Grunde die ältere Form) könnte eine volksetymologische Umformung des Verbs *kraken* »krachen« sein (siehe *Kracke*). Allerdings müsste dann die Endung mit Langvokal erklärt werden, die durch das französische querelle »Streit« beeinflusst sein könnte. Dies ist aber genauso Spekulation wie die konkurrierende Annahme einer Streckform (Verlängerungsform) des flämischen *kreel* »Lärm« (das wiederum aus französisch querelle) mit dem abwertenden Präfix kra-, die aber den späteren Ausfall des zweiten r voraussetzt. Die exakte Etymologie ist demnach noch nicht geklärt, die Entstehung im niederländisch-rheinischen Sprachraum unter Einfluss von französisch querelle jedoch wahrscheinlich. Schnelle Verbreitung fand *krakeelen* durch die Studentensprache seit dem 17. Jahrhundert.

de Vries 356; Dubois/Mitterand/Dauzat 637; Grimm 11/1976; Kluge 2011 536; Küpper 455; Paul 366; Pfeifer 2/921; PfWb 4/531; RhWb 4/1344; van Veen/van der Sijs 478; Wahrig 4/291; Wrede 2010 505

Kramanzies (als *Kramantsiejes* gesprochen) oder **Kramanzius** ist ein Mundartwort, das im Rheinland in der Nordeifel, an der Sieg, im Siegerland und im Westerwald verbreitet ist. Heute kennen es allerdings nur noch ältere Menschen. Es bedeutet »Umstände, überflüssige Komplimente« oder auch »Fratze«.

Kramanzies ist deshalb interessant, weil hier in einem isolierten Gebiet ein altes und sehr spezielles Wort erhalten ist, das eine interessante und umstrittene Geschichte hat. Man kennt es auch als *Gramantes, Krammantes* »Umstände, Getue« und *Gegramanzel* »schnörkelhafte Verzierungen« in der Pfalz und in Bayern als *Gramantes, Gramanzen* »unnötige Zeremonien«. Schon diese Belege machen deutlich, dass hier kein genuin rheinisches Mundartwort vorliegt, sondern andere Wurzeln zu vermuten sind. Unstrittig ist, dass hier ein mittelhochdeutsches Vorbild zu suchen ist, allerdings bieten sich zwei Möglichkeiten. Die großen regionalen Mundartwörterbücher führen *Kramanzies* auf das mittelhochdeutsche gramazie zurück, das, verkürzt aus nigromanzie, »Gaukeleien, schwarze Kunst, Possen« bedeutet. Es ist entstanden aus dem lateinischen necromantia, das in die geheimnisvolle Welt der Magie und schwarzen Künste führt und noch heute bei Spökenkiekern wie dem Gruselautor Lovecraft mit seinem berühmten »unsäglichen« Buch »Necronomicon«, bei Totenbeschwörern (Nekromanten) oder bei Heavy-Metal-Fans (es gibt sogar eine Band gleichen Namens) hoch im Kurs steht.

Aber irgendwie will dieses düstere Wort nicht so recht zum eher unschuldigen mundartlichen *Kramanzies* passen, das »übertriebenes Getue und Geziere« meint. Deshalb ist als Ursprung wohl besser das nahezu gleich klingende mittelhochdeutsche gramerzi anzusetzen, das leicht als Verballhornung von französisch grand merci zu erkennen ist und in der mittelalterlichen Literatur das höfische Dankritual der Ritterfräulein bei Turnieren bezeichnet. Daraus hat sich die Redewendung *Gramanzen machen* entwickelt, die in vielen Regionen des deutschen Sprachraums für »überflüssige Komplimente, Umstände« und auch »unterwürfige Bücklinge« steht. Es ist eine schöne Vorstellung, dass sich im rheinischen *Kramanzies* einerseits noch die Erinnerung an höfische Sitten bewahrt hat, andererseits aber auch so etwas wie ein »bürgerliches« Sich-lustig-Machen über das affektierte Gehabe an französischen Höfen durchscheint.

Etwas rätselhaft bleibt allerdings die Bedeutungsangabe »Fratzen schneiden« im Niedermendiger Wörterbuch. Hier könnte noch eine dritte sprachliche Wurzel durchscheinen, die schon im zweiten Band des Grimmschen Wörterbuchs diskutiert, aber später wieder verworfen wurde: die Ableitung von französisch grimace, das als Grimasse im 16. Jahrhundert ins Deutsche entlehnt wurde. Dann aber müsste *Kramanzies* tatsächlich für beide Bedeutungen zwei unterschiedliche Wortgeschichten haben.

Clemens 155; Grimm 2/637 u. 11/1991; Lexer 1/1067; PfWb 3/115 u. 405; RhWb 4/1357; Schmeller 2/995 u. 1368

Krämpel, Krempel Zeug, Kram, Klamotten. *Pack deinen Krempel hier weg. Da ham wer den ganzen Krämpel drin, den wir nich mehr brauchen.*

Das limburgische *krempel* »alle zu transportierenden Waren« zeigt noch die ursprüngliche Bedeutung, die in der deutschen Umgangssprache verloren gegangen ist: mittelhochdeutsch grempler »Kleinhändler, Trödler«, grempeln »Handel treiben, hökern« (wohl zu italienisch comprare »kaufen«). Krempel war ursprünglich also die Trödlerware. Ebenso war auch kram im Mittelalter die Marktbude und wurde erst später die Bezeichnung für die dort gehandelte Ware (weshalb man im Limburgischen *krempel* auch als Diminutiv von kraam »Handelswaren« ansieht).

Debrabandere 2011 213; Dittmaier 1957 88; Duden 2008 488; Grimm 11/2007 u. 2008; Kluge 2011 540; Lexer 1/1078; RhWb 4/1364 u. 9/1346; Werner 1999; http://www.duden.de/rechtschreibung/Krempel_Plunder_Ramsch_Muell

Kran heißt der Wasserhahn nur in Westfalen und im Rheinland (und im Niederländischen), und nur hier kennt man den Euphemismus **Kranenberger** für das Leitungswasser.

Im Mittelhochdeutschen ist krane und im Mittelniederdeutschen kran die Bezeichnung sowohl für den Kranich als auch für das Hebewerkzeug, das nach der Form des Vogels benannt ist. Am Niederrhein entwickelt sich im 15. Jahrhundert die Sonderbedeutung »Ausguss, Zapfrohr«, woraus aus gleichem Motiv der *Wasserkran* entstand.

Trübner 4/255; http://www.atlas-alltagssprache.de/runde-3/f14b/

krapp knusprig *Dat Brötschen is schön krapp. Krapp* ist ein Mundartwort des zentralen Rheinlands und südlichen Niederrheins. Im angrenzenden niederländischen Limburg bedeutet *krap* »gebraten mit braunen Rändern«, mittelniederländisch ist es als crappe »Karbonade« belegt, später als krappe, das auch »Kuchen« bedeutet. Das und die mittelniederländische Nebenbedeutung »Haken« zeigen die Verwandtschaft von *krapp* und Krapfen, das auf mittelhochdeutsch krapfe »hakenförmiges Gebäck« zurückgeht. Weitere Verwandte sind damit auch Krampe und krimpen. Die Bedeutung »kross, knusprig« und das Adjektiv selbst sind jedoch exklusiv rheinisch.

Debrabandere 2011 212; RhWb 4/1387

krass ist deshalb interessant, weil es wohl eines der langlebigsten Modewörter überhaupt ist. Die studentische Erfindung des 18. Jahrhunderts wird als »ein in manchen kreisen beliebtes superlativisches kraftwort«, wie das Grimmsche Wörterbuch unnachahmlich schreibt, nahezu bedeutungsgleich in der modernen Jugendsprache immer noch verwendet. Lediglich die Kombination *voll kruss* dürfte für die damaligen Studenten eher ungewöhnlich klingen.

Das Wort ist wohl ein sprachlicher Jux aus lateinisch crassus »dick, grob«.

Grimm 11/2069; Kluge 1895 103; Kluge 2011 538

Krat oder **Kraat** ist je nach Region eine zänkische Frau, ein Mann oder auch beides *Meine Güte wat biste denn so grantig? Du benimmst dich ja beinah wie en Kölsche Kraat!* In Köln sind *Kraden* geschlechtsunabhängig Angehörige der »Unterschicht«, auf die man herabschaut. Es gibt sie aber auch anderswo: *Watte als Deutsche in Mallorca für Landsleute erlebs, boh nee, da ham se am Strand gesoffen un gehaust wie die Kraden.* Zeitgeistig kann in Köln heute auch jemand eine *Krat* sein, die oder der ein selbstbestimmtes und nicht angepasstes Leben führt. Im Plural sind *Kraden* meist kleine – ungezogene – Kinder.

Um die *Krat* ranken sich schöne Herkunftslegenden. So soll das Schimpfwort im 19. Jahrhundert mit dem Aufkommen der Sozialdemokraten aus dem Parteinamen verkürzt worden sein (was im katholischen Rheinland durchaus nicht ganz abwegig wäre) oder einfach »Kroate« bedeuten und auf die berüchtigten Kroatenjahre 1636/37 im Dreißigjährigen Krieg zurückgehen. Diese Herleitungen sind zu schön, um wahr zu sein. Die *Krat* ist schlicht die Kröte oder der Frosch (die Rheinländerinnen und Rheinländer machen da keinen Unterschied), ein Wort, das für alle möglichen Typen oder auch Dinge stehen kann.

Dittmaier 1957 88; Honnen 2008a 133; Küpper 457; Paul 492; RhWb 4/1323; Wrede 2010 507

Krätzchen, Krätzjen ist im zentralen Rheinland eine Anekdote, lustige Erzählung oder ein Schwank »mit etwas derbem Einschlag«: *Der hat den ganzen Abend Krätzjer erzählt, wir haben unterm Tisch gelegen vor Lachen.* Hervorgegangen ist das Wort aus der veralteten Bedeutung von *Kratzer* als »Streich, Hieb«, daraus hat sich die übertragene Bedeutung »lustiger Streich« entwickelt.

Honnen 2003 115; RhWb 4/1405; Wrede 2010 508

krauchen kriechen, gerade noch mühsam laufen können *Wo is denn dein Mann? – Der kraucht da hinten im Garten rum. Der konnt gerade noch krauchen mit sein Ischias. Krauchen* ist eine weit (so auch in Sachsen, Berlin oder der Schweiz) verbreitete (abgelautete) Nebenform von kriechen, schon ihre germanischen Vorgänger *kreukan und *krukan standen nebeneinander.

Grimm 11/2083; RhWb 4/1410; Trübner 4/273

Kraut in den rheinischen Mundarten als **Kruut** oder **Kruck** bezeichnet, ist im Rheinland nicht nur Gemüsepflanze, sondern auch eine ziemlich süße und klebrige Melasse aus Rüben oder Obst, zum Beispiel Rübenkraut oder Apfelkraut.

Diese Bezeichnung findet man in anderen Sprachräumen nicht, ihre Entstehung ist unklar. Kruyt oder Gekruyde war im Rheinischen im 15. Jahrhundert auch die Bezeichnung für allerlei Süßes, etwa Konfekt, oder Spezereien (Gewürze). Da Obstsirup oder Rübensirup lange Zeit der einzige süße Brotaufstrich, Kuchenbelag oder das einzige Süßungsmittel für die »einfachen« Leute war, ist Kruyt oder später *Kraut* vielleicht auch als Name selbst üblich geworden. Oder der rheinische Obstsirup hat gar nichts mit dem Wort Kraut für Pflanze zu tun, sondern die lautliche Übereinstimmung ist nur zufällig. Dann könnte Kraut verwandt sein mit dem limburgischen *kroet,* das »minderwertiges Obst, gepresstes Obst« und »Sirup« bedeutet. Das wiederum geht auf französisch croûte »Kruste« zurück, das wir in Croûton kennen.

Debrabandere 2011 217; RhWb 4/1426; Wrede 2010 521;
http://www.etymologiebank.nl/trefwoord/kruid

Krauter kleiner Handwerker, Einmannbetrieb *Bei som Krauter würd ich dat Auto ja nich reparieren lassen!* Das Wort ist in dieser Bedeutung in der Umgangssprache weit verbreitet, auch wenn es in Köln schon vor einhundert Jahren als veraltet galt. Die Herkunft ist nicht geklärt. *Krauter* war im 17. Jahrhundert eine neutrale Bezeichnung der Handwerksgesellen für ihren

Meister. Da hier jede abfällige Bedeutung fehlt, muss der Ursprung des Wortes anderswo gesucht werden. *Krauter* hießen früher außerdem zunftlose Handwerker vom Land, die sich bei Meistern in der Stadt verdingten. Sie wurden auch *Dorfkrauter* genannt. Wahrscheinlich sind sie die Wurzel der heutigen Bezeichnung. Allerdings war *Krauter* auch im Rotwelschen eine weitverbreitete Bezeichnung für Handwerksmeister (Dalleskrauter »schlechter Meister«), sodass auch eine Vermittlung über die Geheimsprache in die Umgangssprache möglich ist.

Anmerkung: Auffällig ist norwegisch krutla und schwedisch krottla »langsam arbeiten«, die ebenso wie der mitteldeutsche *Krutscher* »schlechter Handwerker« mit kriechen verwandt sind. Möglicherweise haben *Krutscher* und *Krauter* eine gemeinsame Vergangenheit.

FrankfWb 1605; Grimm 11/2114; Küpper 458; Neri/Ziegler 93; Paul 488; RhWb 4/1440; Schulte-Wess 84; Wahrig 4/302; Werner 201; Wolf 1956 2931; Wrede 2010 509

Kreet, Kreit in der Wendung *etwas aus Kreet tun* oder *machen* »etwas aus Trotz oder Ärger tun« *Dat hat der nur aus Kreet gemacht.* Das alte rheinische Mundartwort ist in der Umgangssprache nicht mehr sehr oft zu hören, das entsprechende Verb *kreiten* »jemanden ärgern, triezen, zanken« ist sogar nur im Dialekt verbreitet.

Kreet, kreiten sind weitere Wörter, die die enge Verbundenheit des Rheinlands und Niederrheins mit dem angrenzenden niederländischen Sprachraum belegen, denn auch im Limburgischen kennt man *kreten, kreiten* als »plagen, quälen«. Das Wort ist sowohl im Mittelniederdeutschen als kreten, kriten (auch kreter »Streithansel«) als auch im Mittelniederländischen als creten schon früh belegt.

Seltsamerweise taucht zur gleichen Zeit (12. Jahrhundert) am Niederrhein auch das Wort creizen, creeze auf, das ebenfalls »ärgern, zum Zorne reizen« meint. Dennoch scheinen beide Formen nichts miteinander zu tun zu haben. Letztere gehört eindeutig zu kreischen (niederländisch krijten), das eine andere Wortgeschichte hat (mittelhochdeutsch krischen, mittelniederländisch criscen). In den rheinischen Mundarten leben beide Formen noch heute nebeneinander, wobei kreischen, *kriesche* hier heute die Hauptbedeutung »laut schreien, weinen« hat.

Debrabandere 2011 214; Grimm 11/2166; RhWb 4/1462; Schiller/Lübben 2/565

kregel munter, lebhaft, aufgeweckt *Mein Gott, dat is aber en kregel Kerlchen, du! Ganz schön kregel, dat Ullich! Kregel* ist ein Import aus dem norddeutschen Sprachraum, auch ostfriesisch *krägel;* mittelniederdeutsch kregel »munter, rührig«, aber auch »immer zum Kampf bereit«. Diese Bedeutung legt die Verwandtschaft mit niederländisch kregel »reizbar« nahe, was wiederum zu althochdeutsch widarcregil (auch chriegil) »widerspenstig« führt.

Grimm 11/2136; RhWb 4/1448; Schiller/Lübben 2/561; Wrede 2010 512; http://www.etymologiebank.nl/trefwoord/kriegel

Krepel, Kräpel ist im Regiolekt des Niederrheins und Ruhrgebiets etwas Schwächliches, Zurückgebliebenes *Wat hasse denn da von Kräpel von Hund?* Entsprechend kann etwas **kräpeln** *(Die Pflanze kräpelt so vor sich hin)* oder **kräpelig** sein. Die Ableitung aus Krüppel ist naheliegend, weil viele Lautvarianten im Rheinland einen langen Stammvokal *(Krööpel, Krüüpel, krüüpelig)* aufweisen. Allerdings kennt man hier für den Krüppel keine Varianten mit dem Vokal ä oder e, wie sie in ostdeutschen Dialekten anzutreffen sind. Deshalb ist auch eine südrheinische Herkunft denkbar; dort ist der *Kräpel* »schwächlicher Mensch« bekannt als eine Ableitung aus *Krapen* »Haken« (man denke an den *Hungerhaken*).

Bergmann 195; Grimm 11/2393; Küpper 457; Nail 1988 363; RhWb 4/1383 u. 1610

Krimskrams Kleinkram, wertloses Zeug, unbedeutende Angelegenheit. Das Wort ist in der allgemeinen Umgangssprache weit verbreitet. Es ist entstanden aus dem älteren niederdeutschen *Kribskrabs* »seltsames Tun und Reden« (aus *kribbeln* und *krabbeln* gebildet) unter Einfluss von Kram und dem heute verschwundenen Verb *krimmen* »kratzen« (also: »zusammengekratzter alter Kram«).

Grimm 11/2313; Kluge 2011 542; Küpper 463; Paul 490 u. 491; Werner 202

Krintekäcker, Krentekäcker Korinthenkacker, Kleinigkeitskrämer; ein sich selbst erklärendes Wort. Im Rheinland ist *Krinte, Krente* seit dem 16. Jahrhundert belegt als Kontraktion aus Korinthe. **Krint** steht in der rheinischen Umgangssprache auch für ein eigensinniges, launisches Kind, **krintig** bedeutet dementsprechend »launisch, mürrisch«. Ob diese Bedeutungen mit dem Aussehen »der kleinen vertrockneten Beere, die unansehnlich wirkt«, zu tun hat, mag man glauben oder nicht.

Eine Anmerkung: Im Rheinland gibt es auch die Wendung *In den Sack hasse aber Krinten!* (»Das hast du dir so gedacht, aber das kannst du vergessen!«) Die Bedeutung erklärt sich, wenn man weiß, dass die rheinische *Krinte* auch das Kotkügelchen eines Schafes oder einer Ziege sein kann.

Noch eine Anmerkung: In der Aachener Mundart gibt es den **Krentemesseies**, einen selbstgerechten Kritikaster, der die eigenen Fehler nicht erkennt; er geht angeblich auf den berühmten flämischen Maler Quentin Massys zurück, weil der »als ursprünglicher Grobschmied scharfe Kritik« übte.

Honnen 2003 116; RhWb 4/1254; Wrede 2010 517

kriolen johlen, wimmeln, oft als **herumkriolen** *Wat sind die Blagen wieder am herumkriolen!* Das interessante Mundartwort ist überraschenderweise noch heute in der Umgangssprache zumindest am Niederrhein und im Ruhrgebiet zu hören. Es ist auch in dieser Region entstanden, denn es ist nur hier und in den angrenzenden Niederlanden belegt. Sogar das moderne Niederländische kennt es als krioelen. Das Wort hat eine lange Geschichte, die Wurzel ist wohl das althochdeutsche kriohhan »Getier, Gewürm«, das sich zu krewelon »wimmeln« entwickelte. Daraus entstanden im Mittelniederländischen crielen und im Friesischen krielje »wimmeln«. In den Mundarten in Limburg und im Rheinland kennt man heute noch die Varianten *krimmeln, kriwweln* und *krijvelen* in der gleichen Bedeutung, die aber nicht den Sprung in die Umgangssprache geschafft haben. *Kriolen* ist ein schöner Beleg für die gemeinsame Geschichte der Sprache des nördlichen Rheinlands mit dem Niederländischen und für das ehrwürdige Alter mancher kleinräumigen Mundartwörter. (Nicht zu verwechseln mit *karjohlen,* siehe dort.)

Debrabandere 2011 215; de Vries 361; Honnen 2003 116; RhWb 4/1523; Schützeichel 160; van Veen/van der Sijs 482

Krisse in der Wendung *auf Krisse kaufen* »auf Pump kaufen« *(Krisse wat auf Krisse?)* ist ein schönes ruhrgebietstypisches Wortspiel: *krisse* ist die sprechsprachliche Kontamination von »kriegst du« (ähnlich *bisse* »bist du«, *hasse* »hast du«), die hier substantiviert wird zu »etwas, was man haben will«.

kritteln nörgeln, mäkeln, launisch sein; **Krittelei** Nörgelei *Der geht mir mit seine ewige Krittelei aufe Nerven.* Das Wort hat nur ganz am Rande etwas mit dem (über das Französische) aus dem Lateinischen entlehnten kritisieren zu tun, sondern ist ein in vielen Mundarten belegtes Verb, das im Rheinland als *krüddeln* und *kritteln* weit verbreitet ist. Die genaue Herkunft ist unbekannt, aber die Ableitung *krüddelich* ist im Kölner Raum schon seit dem 16. Jahrhundert als »verdrießlich, ärgerlich, nervös« bekannt. Die dazugehörige Wortfamilie ist in den rheinischen Dialekten sehr umfangreich, sodass von einem alten Mundartwort auszugehen ist. In der Umgangssprache haben jedoch nur das Verb *kritteln* und das Substantiv *Krittelei* überlebt. Da in einigen süddeutschen Dialekten die Formen *gritteln, grütteln* überliefert sind, hat man *kritteln* als eine Anpassung an das lateinische Lehnwort Kritik angesehen. Diese Annahme ist aber nicht stichhaltig, denn alle niederdeutschen und mitteldeutschen Dialekte weisen den K-Anlaut auf.

Im 18. und 19. Jahrhundert war das Wort auf dem Sprung in die Schriftsprache, wie viele Belege bei Lessing, Klopstock oder Goethe beweisen. Bekannt ist die Anekdote aus Klopstocks »Gelehrtenrepublik«, in der er das Wort *Krittelei* als Ersatz für Kritik und Kunstrichterei vorgeschlagen hat. In dieser Zeit scheint das Wort zumindest in der Schriftsprache noch nicht die abwertende Bedeutung »kleinliche Kritik« gehabt zu haben (oder Klopstock wollte tatsächlich seine Kritiker ärgern).

Duden 2008 490; Grimm 11/2338; Kluge 2011 543; Pfeifer 2/935; RhWb 4/1541 u. 1582; Trübner 4/278; Wrede 2010 522; http://www.duden.de/rechtschreibung/kritteln

Kröcher oder **Kröch** ist am Niederrhein und im Ruhrgebiet die abfällige Bezeichnung für einen *Köter*(siehe dort): *Wenn den Nachbarn sein Kröch nich bald Ruhe gibt, dann schlaarich en kaputt.* Das Verb **kröchen** bedeutet hier in den regionalen Mundarten »stark husten« und »keuchen« *(Der kröcht schonn den ganzen Tach rum).* Es handelt sich wohl um ein lautmalendes Verb. Das heisere Bellen der Hunde hat also für den Namen Pate gestanden.

MmWb; RhWb 4/1545

Krollekopp Lockenkopf; ist noch heute weit verbreitet in der Umgangssprache des Rheinlands (und hatte eine Renaissance zur Zeit der Minipli-Mode); dagegen ist das Bestimmungswort *Krolle* »Locke« nur noch selten zu hören. Zugrunde liegt das mittelhochdeutsche krol »Locke«, das im Westen des Mittelhochdeutschen entstanden ist, deshalb auch heute noch niederländisch krul mit der gleichen Bedeutung. *Krolle* und krause (Haare) haben wohl einen gemeinsamen Ursprung in einem germanischen Wort, das *kruzla gelautet haben wird.

de Vries 367; Grimm 11/2351; Kluge 2011 543; Paul 491; Wrede 2010 518

Krombiere, Grompere Bezeichnung für Kartoffel im südlichen Rheinland *Heute gibbet Krombere mit Gemüse! Die Krombere werden dies Jahr nichts!*

Im Gegensatz zum nördlichen »Erdapfel« (siehe *Erpel*) bezeichnen die südlicheren Mundarten die Kartoffel als »Grundbirne«.

RhWb 2/1456

Kroos (mit offenem o) heißt am Niederrhein und im angrenzenden Limburg das Kerngehäuse des Apfels *Den Kroos musse nich essen.*

Kroos ist eigentlich das Gekröse (Eingeweide), zu mittelniederdeutsch kruse, kröse, mittelniederländisch croos, crose »Eingeweide«.

Debrabandere 2011 218; Lausberg/Möller 15; RhWb 4/1567

Kropnoki ist nur im Ruhrgebiet für »Graupenwurst« und »Graupensuppe« bekannt: *Geben se ma en Killo von de Kropnoki da.* Das Wort ist eine direkte und lautmalerisch »verfeinerte« Übernahme aus dem Polnischen: krupnik »Graupensuppe« und »Kornschnaps«. Dass das Wort mit den polnischen Bergleuten um 1900 in das Ruhrgebiet eingewandert ist, scheint eher unwahrscheinlich, weil es in alten Sammlungen von Polonismen im Revier nicht erwähnt wird. Es ist wohl eine spätere spielerische Wortbildung ähnlich den polonisierenden Wörtern auf -ek.

Heizmann 2011 146; Menge 1979 106; MmWb

Kroppzeug als abfällige Bezeichnung für etwas Kleines, Minderwertiges oder Wertloses und als Synonym für »Gesindel, Pack« ist – für Rheinländerinnen und Rheinländer überraschend – in allen großen deutschen Wörterbüchern verzeichnet. Überraschend deshalb, weil man an Rhein und Ruhr glaubt, *Kroppzeuch* sei ein typisch rheinisches Wort und gehe auf den Kropf zurück, der hier **Kropp** lautet und besonders im Ruhrgebiet als **Kröpper** (»Taube«) noch häufig im Umfeld der dortigen Taubenzüchter zu hören ist. *Kroppzeug* ist nach dieser Herleitung also das Schlechte, das nach bekannter Märchentradition nicht im Topf, sondern im Kropf landet. Dazu passt auch, dass hier *Kroppzeuch* nur stark abwertend gebraucht wird.

Das ist jedoch im gesamten norddeutschen Raum anders. Hier ist *Kroppzeug* oder mundartlich *Kropptüch* zuerst einmal die Bezeichnung für etwas Kleines; meist sind kleine Kinder oder kleine Tiere gemeint. Im Mittelniederdeutschen lautet das Wort für Kleinvieh krop oder krup (auf das auch das Wort »Krüppel« zurückzuführen ist). Das wiederum geht auf das Verb krupen, kruupen »kriechen« zurück. *Kroppzeug* ist also eigentlich etwas auf dem Boden Kriechendes. Eine abfällige Bezeichnung für Menschen ist daraus erst später entstanden. Vor allem in der Soldatensprache im Siebenjährigen Krieg war es ein häufig gebrauchtes Schimpfwort preußischer Offiziere.

Duden 2008 491; Honnen 2003 117; Küpper 464; Pfeifer 2/936; RhWb 4/1562; Trübner 4/282; Wrede 2010 520; http://www.duden.de/rechtschreibung/Kroppzeug

Krösken (ganz selten nur **Kröschen**) macht schon durch die Endung deutlich, dass das Wort nur nördlich der Linie Neuss–Düsseldorf zu finden ist. Hier bedeutet es »heimliche oder verbotene Liebschaft«: *Krich ich spitz, datte en Krösken mit irgend son Graf Rotz am laufen hass, kannze gleich deine Plörren packen.* Im südlichen Rheinland kennt man das Wort nicht, hier hat man ein *Fisternöll* (siehe dort).

Da *Kroos* und *Kröske* in den nordrheinischen Mundarten auch »Durcheinander« bedeuten kann, hat man es mit dem Wort »Gekröse« (zu mittelhochdeutsch krose »Innereien«) in Verbindung gebracht. Die Bedeutungserweiterung zu »Liebschaft« lässt sich hier aber kaum erklären. Deshalb kommt als Wurzel nur das typisch rheinische Verb **krosen** in Frage. Das Mundartwort ist im zentralen und nördlichen Rheinland auch als *krösen* oft zu hören für »kramen, herummachen, einer wenig sinnvollen Beschäftigung nachgehen« *Wo is der Vatter? – Der is ma wieder im Keller am krosen. Wat bisse am krösen, kannsde nich ma ins Bett jehn?* Auch **herumkrosen** *Wat krost du da eigentlich die ganze Zeit im Garten herum?* **verkrosen** verlegen, verkramen *Ich hab ma wieder meinen Pass verkrost. Wo hasse den Autoschlüssel verkröst?* Auch als Substantiv **Kros, Kroos** Unordnung, Durcheinander *Ich muss noch den ganzen Kros aufräumen. In dem Kros findet man nix.* **krosig** unordentlich *Das ist aber sehr krosig hier.*

Die Herkunft dieses wichtigen Wortes ist unbekannt. Aber da *krosen* auch das heimliche, stille Herumwerkeln meint, erschließt sich die besondere Bedeutung des abgeleiteten Substantivs *Krösken* als heimliche Liebschaft. Lustigerweise wird auch das südrheinische Pendant *Fisternöll* mit einem Verb erklärt, das ebenfalls »arbeiten, basteln« bedeutet. Im Rheinland scheint ein Liebesverhältnis offenbar kein leichtes Vergnügen zu sein, sondern eines, das man sich erarbeiten muss oder das sogar Arbeit macht.

Honnen 2003 117; Küpper 464; MmWb; RhWb 4/1393; Werner 205; Wrede 2010 521

Kröten (nur Plural) ist ein weit verbreitetes Synonym für »Geld« oder eine »kleine Geldmenge«: *Ich möcht ma wissen, wo der die Kröten für die neue Karre her hat. Mit den paa Kröten kommsde nich weit.* In der Regel wird das Wort als eine Verballhornung des bekannten und sprichwörtlich gewordenen Groschens angesehen, der im niederdeutschen Sprachraum *Grote, Groten* hieß und lautlich der krode ähnelte, der mittelniederdeutschen Kröte. Für diese Herleitung würde auch sprechen, dass die übertragene Bedeutung schon sehr früh in diesem Sprachraum belegt ist. Allerdings macht dieser frühe Beleg auch stutzig, da er praktisch zeitgleich mit dem Erscheinen des Groschens oder möglicherweise sogar früher zu datieren ist. Dann jedoch kann sich die übertragene Bedeutung nur auf das Tier beziehen. Die Kröte als Vorstellung von etwas Kleinem, Unbedeutendem ist in den Mundarten und in der Umgangssprache nicht ungewöhnlich, man denke nur an die *kleine Krott* (kleines Mädchen) im Pfälzischen. Und in der französischen Umgangssprache kennt man den Ausdruck œil de crapaud »Krötenauge« als Bezeichnung für ein Geldstück, sodass man sogar hier den Ursprung der Bedeutung angenommen hat. Auch wenn diese Annahme genauso unwahrscheinlich ist wie die Vermutung, die Bezeichnung gehe auf Schildkrötendarstellungen auf griechischen Münzen zurück, ist die Ableitung der umgangssprachlichen *Kröten* aus dem niederdeutschen Groschen keineswegs die einzig mögliche Erklärung. Siehe hierzu auch das Stichwort *Patte* als weiteres Synonym für Geld im Zusammenhang mit der Kröte.

Kluge 2011 544; Küpper 464; Pfeifer 2/937; Schiller/Lübben 2/155 u. 574; Riegler 212; Trübner 4/383; http://www.duden.de/rechtschreibung/Kroete; http://etymologie.tantalosz.de/e.php

krötschen langsam bewegen, kriechen, sich auf allen vieren fortbewegen *Bei Nebel krötschen die Autos nur ganz langsam durch die Gegend. Die Kinder krötschen auf der Wiese herum.* **Bergkrötscher** kleines, schlecht motorisiertes Auto *Wat hast du dir denn fürn Berchkrötscher angeschafft?* **Krötschhose** Kinderhose (mit aufgesetzten Flicken), die zum *Krötschen* benutzt wird. Heute nur noch selten: **Krötsch** für eine alte Frau (in Köln).

Ein exklusiv bergisches Wort, das außerhalb noch im Pfälzischen als *grutschen* erscheint. *Krötschen* gibt Rätsel auf: Die Ableitung aus rheinisch *Krötsch* »Frosch« oder *Kratte* »Kröte« ist nicht möglich, da das Bergische Land beide nicht kennt, auch die geografische Verteilung ist seltsam – ein ganz besonderes Wort demnach.

Anmerkung: Der *Krötschenturm* in Zons hat nichts mit *Krötsch* »alte, herumkriechende Frau« zu tun (als Quarantäneort für kranke Menschen), sondern war ursprünglich ein Creutzturm.

PfWb 3/419; RhWb 4/1572; Wrede 2010 521

Krott kleines Kind *die freche Krott;* allgemein wird *Krott* als Variante von Kröte interpretiert. Das Tier heißt allerdings im Rheinland durchgehend *Kratt, Kradde* (siehe *Krat*) oder, wie am Niederrhein, *Pädde, Pätt.* Dass die Variante *Krott* nur in der übertragenen Bedeutung erscheinen soll, ist ungewöhnlich. Sie müsste dann ein Import aus dem Süden sein, im Pfälzischen heißt die Kröte in allen Bedeutungsvarianten durchgängig *Krott.* Auch eine solche Entlehnung wäre jedoch sehr seltsam.

So ist es nachvollziehbar, dass das Rheinische Wörterbuch die *Krott* als »kleines Kind« nicht zur Kröte stellt. Es bleiben dann zwei Möglichkeiten. Die *Krott* könnte verwandt sein mit *Krotz,* das im Süden des Rheinlands für die Apfelkitsche steht *(Grutz),* aber im Norden auch ein kleines, eigensinniges Kind sein kann. Parallele Formen gibt es in den südlichen Niederlanden in *krots* und *krotz* »kleines Kind«. Allerdings kommen in dieser Region *Krott* und *Krotz* nebeneinander vor, was kaum auf ein verwandtschaftliches Verhältnis schließen lässt. Bleibt das mittelniederländische crote »Zwerg«, das im 17. Jahrhundert im Niederländischen als krotje »Kleinkind« erscheint. Aber auch hier ist nicht sicher, ob es sich nicht nur um Nebenformen von *Krotz* handelt. Die *Krott* ist daher ein schönes Beispiel dafür, wie kompliziert die auf den ersten Blick so einfach erscheinende Wortgeschichte eines Mundartworts sein kann.

de Vries 366; Küpper 464; PfWb 4/628; RhWb 4/1573 u. 1575; Verdam 314; Werner 206; Wrede 2010 521

krücken, kröcken hart arbeiten, schuften *Der hat sein ganzes Leben auf dem Bau als Hilfsarbeiter gekrückt. Wat bisse am krücken da hinten in deim Garten?* **rumkrücken** sich sinnlos anstrengen *Wat bis du denn hier am rumkrücken? – Dat bringt doch nix.* **Krückerei** harte Arbeit *Von der ganzen Krückerei is der auch auf kein grünen Zweich gekommen.* Im Ruhrgebiet kann *krücken* auch »lügen« bedeuten: *Krück mich nich an, wo komms du getz her? Der Kleene krückt neuerdings in einer Tour.* **Krücke** Lüge *Wattänn, Schule is ausgefallen wegen Lehrerkonferenz? Dat is doch ne Krücke!*

Das Verb *krücken* kennt man nur im Norden des Rheinlands und im Ruhrgebiet. Es ist eine Ableitung von *Krücke* als einer »durch harte Arbeit gekrümmten Person«.

RhWb 4/1581

Kruffes kleines Haus, kleines Zimmer; ein typisch rheinisches Mundartwort, noch heute in der Umgangssprache manchmal zu hören. Als Name für eine Kneipwirtschaft mehrfach erwähnt. Das Wort ist eine Ableitung zu *kruffen* »kriechen«, also ein Haus, in das man hineinkriechen muss. Während das Verb *kruchen* »kriechen« bis etwa zum Rand der Nordeifel vorherrscht, kennen die Mundarten des zentralen Rheinlands nur das Verb *kruffen, kroffen* und die niederrheinischen Mundarten entsprechend die Variante *kruppen, kroppen* für »kriechen«. Auch hier bewahren die Mundarten wieder einmal die alten Lautformen (wie das Niederländische in kruipen »kriechen« oder das Englische in to creep), während das Hochdeutsche in kriechen einen deutlichen Lautwandel durchgemacht hat.

Honnen 2003 118; RhWb 4/1417; Wrede 2010 523

Kruse Bäumchen in der Wendung *noch lange nicht am krusen Bäumchen (vorbei) sein* »etwas noch nicht geschafft haben«. Die Wendung kennt man im Bergischen Land, im Ruhrgebiet und im Münsterland. »Krause« Bäume *(kruse Bömken),* meist Linden oder Ulmen mit dicht verwachsenen Kronen, waren früher deutlich sichtbare Landschaftsmarkierungen an Kreuzungen, Grenzsteinen oder bei Wegkreuzen. Letztere nannte man

Krüz- oder *Krüssboum* (»Kreuzbaum«). Beide Bezeichnungen sind miteinander verschmolzen.

Dittmaier 1963 166; Honnen 2008a 56

krüselich lockig, gekräuselt *Wat has du den für krüselige Haare, hasse Minipli drin?* **Krüselskopp** Lockenkopf. *Krüselig* ist die rheinische Variante von kräuselig.

Honnen 2003 119; RhWb 4/1423

Kruuscht, Gruusch, Kruusch Kram, überflüssiges Zeug, Durcheinander von Gegenständen *Wat wilsde denn mit dem ganzen Kruuscht? Der ganze Keller is voll mit Kruusch.* **kruscheln** herumkramen, langsam herumräumen *Wat bisde da im Keller am kruscheln? Suchsde wat?* Es gibt auch die **Kruschschublade** für all das Kleinzeug, das man irgendwann einmal wieder brauchen kann.

Das zugrunde liegende Adjektiv *kruusch* ist eine regionale Variante zu kraus, kräuselig, das in den rheinischen Mundarten unterschiedlichste Bedeutungen haben kann, darunter auch »bunt durcheinanderliegend« und »dicht gefüllt«.

RhWb 4/1423 u. 1613

Kuckeleboom, Kuckelbu, Kuckelebaum, Kuggelebaum, Kokeleboom Purzelbaum *Der Klein is inzwischen so groß, der kann schon der Kukellebu machen.* In Duisburg gibt es die Wendung **Anno Kokeleboom** als Variante zu »anno dazumal« *Dat Hütchen von Tante Grete is auch von Anno Kokeleboom.*

Nicht zu kugeln, sondern zu gaukeln (siehe standarddeutsch Gaukler oder vorgaukeln), das ursprünglich »spielende Bewegungen machen« meinte. Die rheinischen Formen *kockeln, kokeln, kuckeln* und *kaukeln* (*kaukelen* ist seit dem 16. Jahrhundert nachgewiesen) bewahren die alte Bedeutung »purzeln, sich tollpatschig benehmen, Purzelbaum schlagen«; mittelniederdeutsch gokelen, althochdeutsch gougulon. In Thüringen heißt der Purzelbaum entsprechend *Koppsgeikel, Kopfgäukel,* wörtlich »Kopfgaukel«. Der Purzelbaum gehört im Übrigen zum Standardrepertoire des Hanswursts.

Bergmann 187; Grimm 4/1553 u. 1566; Müller/Weitz 119; RhWb 4/326 u. 1640; Wrede 2010 527

Kucki, Kuki in der Wendung *auf Kuki kaufen* »etwas auf Raten kaufen« *Früher konnste sogar im Konsum auf Kucki kaufen. Besser später als auf Kucki kaufen.*

Da das Wort vor allem im Ruhrgebiet zu hören ist, könnte es auf Kux, Kucks zurückgehen, ein Begriff aus dem Bergbau, der »Anteil an einer Zeche« bedeutet. Kuxe oder Kuckes konnten auch Privatpersonen kaufen. *Auf Kuki, Kucki kaufen* bedeutet also, etwas nicht ganz, sondern in Teilen (Raten) kaufen. Kuxe kennt man seit dem 16. Jahrhundert, das Wort ist wohl in Böhmen entstanden.

Fellsches/Küster 147; Grimm 11/2911; MmWb

Kuddelmuddel Durcheinander, Wirrwarr *Da hab ich aber en ganz schönen Kuddelmuddel angerichtet. Wie kommen wir aus dem blöden Kuddelmuddel denn nu wieder raus? Wat is dat denn hier von Kuddelmuddel in der Kiste?*

Das Wort gilt allgemein als berlinischer Export um 1900 (zu niederdeutsch *kuddeln* »oberflächlich waschen« und *Modder* »Schlamm«). Das überrascht, da *Kuddelmuddel* zu der Zeit im Rheinland bereits allgemein verbreitet war. Hier kennt man auch das Bestimmungswort *Kuddel* (seltener *Kaudel*) als »Wirrwarr, Durcheinander«, älter als »unsauberen, geheimen Handel« und heute noch als »Liebesverhältnis«, das Verb **kuddeln** ist bereits um 1800 als »schachern, pfuschen« belegt: *In der Nachkriegszeit haben alle mit den Bauern gekuddelt, um wat Speck oder en paar Eier zu ergattern.* Entsprechend meint *Kuddelmuddel* im Rheinland auch »Geheimnistuerei, Klüngel«. Das Grundwort *Muddel* ist hier sowohl »Schlamm« als auch »Unordnung, wertloser Abfall« (zu *Mudd* »Schlamm«). Das deutet auf einen rheinischen Ursprung von *Kuddelmuddel* (der damit doppeltgemoppelt ist). *Kuddel* dürfte gemeinsame Wurzeln mit Kutteln »Eingeweide, Verschlingung« haben.

Bergmann 197; Duden 2008 493; Hönig 103; Honnen 2003 119; Kluge 2011 546; Küpper 467; Paul 493; Pfeifer 2/940; PfWb 4/664; RhWb 4/308, 1654 u. 5/1341; Rovenhagen 73; Schmachthagen 292; Werner 208; Wrede 2010 527; http://www.duden.de/rechtschreibung/Kuddelmuddel

Küffken Haarbüschel, Haarknoten *Wat hasde denn da vürn Küffken aufe Stirn?* **Kuffe, Kuf** ist ein altes zentralrheinisches Mundartwort für »Büschel, Haarschopf« und alle möglichen Kopfbedeckungen vor allem von Frauen. Als ironisierendes *Küffken* lebt es in der Umgangssprache fort.

Das Wort ist verwandt mit französisch coiffe »Haube, Kappe« (siehe coiffeur »Frisör«) und geht wie dieses auf spätlateinisch cofea »Helm« zurück, das sich wiederum auf germanische Wurzeln (*kufja) zurückführen lässt. Die lustige rheinische Bezeichnung hat also eine ganz lange Geschichte.

Debrabandere 2011 203; Dubois/Mitterand/Dauzat 177; MmWb; RhWb 4/1657

kühmen stöhnen, klagen, ohne Grund jammern *Wat bisde wieder am kühmen, kaum datte ma spülen muss? Der hält sich am kühmen.* Unbeliebt ist der **Kühmbrezel** »Person, die ständig klagt und jeden Tag ein anderes Wehwehchen hat«: *Der Kühmbrezel da geht mir echt aufn Keks.* Das Wort ist in der aktuellen Umgangssprache des Rheinlands sehr beliebt, in den Mundarten ist es auch als *keimen* und *köhmen,* im Pfälzischen als *kümmen* zu hören; das Niederländische kennt kuimen. Die gesprochene Sprache bewahrt hier wieder einmal ein altes Wort, dessen Spuren im Hochdeutschen noch in dem Adverb kaum (»Das kann man kaum schaffen«) erhalten sind. Wir kennen es im Altsächsischen als kumian »beklagen«, im Althochdeutschen als kumen, kumon. Das abgeleitete Adverb lautete kumo »mit Mühe«, aus dem sich das moderne Wort kaum entwickelt hat.

Im Anzeigenteil des »Kölner Stadt-Anzeigers« gab es früher einmal die »Seufzerecke« *Kühmeck.*

Debrabandere 2011 486; PfWb 2/1194; RhWb 4/336; Werner 212; Wrede 2010 528

kujonieren jemanden quälen, belästigen, ärgern; ein sehr typisches Mundartwort für das Rheinland, das aber nur noch selten in der Umgangssprache zu hören ist. Es ist 1628 erstmals in Köln als *coioniren* belegt und wahrscheinlich um diese Zeit (Dreißigjähriger Krieg) aus dem Französischen entlehnt worden (couillonner »jemanden hereinlegen«).

Leithaeuser 1891 22; RhWb 4/1700; Werner 209; Wrede 2010 529

Kul, Kull Kuhle, Kaule, Grube, meist in Zusammensetzungen wie **Kieskuhl, Jauchekull, Sandkuhl** *Bei uns am Niederrhein is eine Kieskuhl an der anderen. Die Blagen spielen inne Sandkuhl.* Am linksrheinischen Niederrhein geht man nicht nur *im Pütt,* sondern auch in der *Kull wullachen* (Bergwerk): *Der is in de Kull am arbeiten. Ich hab auf de Kull Elektriker jelehrd.* Allerdings kann man hier in einer *Kull* auch angeln, dann ist sie ein kleiner Teich (bekannt ist zum Beispiel das Ausflugslokal *Schultes Kull* bei Niep).

Im Mittelniederdeutschen steht kule sowohl für etwas »Rundes« (zum Beispiel »Kugel«, »Keule«, »Hoden«), für die »Kaulquappe« und für eine »Vertiefung, Grube«. Diese drei Bedeutungen lassen sich noch heute im Rheinischen nachweisen: *Küles* »dicker Kopf« (siehe dort), *Küleskopp* »Kaulquappe«, *Kull* »Grube«. Allen gemeinsam ist die Vorstellung von etwas »Gewölbtem«, was auf eine gemeinsame Wurzel schließen lässt, die jedoch nicht bekannt ist, altnordisch kula »Beule«, mittelniederländisch kuil »Kuhle« (1131 in leemkuil), vielleicht zu einer germanischen Wurzel *kulo »rund«.

Dittmaier 1957 88; Grimm 11/348; Kluge 2011 547; RhWb 4/329; Schiller/Lübben 2/591 f.; Trübner 4/112; Wrede 2010 529; http://www.etymologiebank.nl/trefwoord/kuil1

Küles, Kühles ist ein faustgroßes Roggenbrötchen mit Rosinen und Korinthen in Düsseldorf.

Die Brötchen haben nichts mit französisch cul »Hintern« (wegen der »saloppen Rundung des Gesäßes«) zu tun, sondern mit dem Wort *Kaule,* das sich auch in der standarddeutschen Kaulquappe wiederfindet. Die rheinische Lautvariante *Kül, Küül* bedeutet irgendetwas Dickes, entsprechend

Küleskopp »Kaulquappe« und kölnisch **Küles** »dicker Kopf«. Das Wort ist schon in mittelhochdeutscher Zeit als cul, kul »Kugelförmiges« belegt (siehe *Kul, Kull*).

Grimm 11/348; Kluge 2011 483; RhWb 4/326; Spohr 118; Wrede 2010 529

Kümmeltürke heute eher ein abfälliges Schimpfwort für einen einfältigen Provinzler oder türkischen Gastarbeiter, war ursprünglich (nach einer Dokumentation des 18. Jahrhunderts) eine Bezeichnung der Studentensprache für einen halleschen Studenten, »der aus der Nachbarschaft von Halle gebürtig ist. Diese bekommen alle Viktualien, selbst die geringsten Kleinigkeiten z. B. Pfeffer und Kümmel von ihren Eltern geschickt, daher wahrscheinlich der Name.« *Kümmel* war in studentischen Kreisen ein Synonym für Lebensmittel. Der *Kümmeltürke* ist schon um 1800 in die allgemeine Umgangssprache gewandert. Die Umgebung von Halle war früher bekannt für den Kümmelanbau.

Augustin 69; Kluge 2011 548; Ragotzky 53

Kump und **Komp** Schüssel *Ne orntliche Kump Erbsensuppe, dat is bei der Kälte wat Feines. Kump* ist in den rheinischen Dialekten und auch noch in der regionalen Umgangssprache weit verbreitet. Der Süden des deutschen Sprachraums kennt das Wort als Kumpf, das kann sowohl ein Napf als auch das Gefäß für den Wetzstein (Köcher) sein. In vielen deutschen Orten steht auf öffentlichen Plätzen ein *Kump,* der als Brunnen zur Wasserversorgung diente. Außerdem bezeichnen Archäologen einen bestimmten Gefäßtyp der jungsteinzeitlichen Bandkeramikzeit als Kumpf.

Die weite Verbreitung und die elementare Bedeutung der bezeichneten Gegenstände lässt auf eine lange Wortgeschichte schließen. Vergleichsformen wie griechisch kymbos »Gefäß, Becher« oder altindisch kumbha »Topf« machen vorgermanische Wurzeln wahrscheinlich. Belegt ist *Kump* im Mittelhochdeutschen als kumpf, im Mittelniederdeutschen als kump »rundes Gefäß«, im Altenglischen als cumb »Getreidemaß« und in Köln im 14. Jahrhundert als kump. Während das Wort also in Süddeutschland als

Kumpf durchaus seinen Weg in Nischen der Hochsprache gefunden hat, ist sein niederdeutsches Pendant *Kump* auf die Sphäre der gesprochenen Sprache beschränkt geblieben.

Anmerkung: Am Niederrhein kennt man auch die **Kumme** als »tiefe Schüssel, Napf«. Das Wort ist ebenfalls weit verbreitet, im Englischen als coomb »Talmulde«, im Niederländischen als kom »Schale, Tal«; hier liegt wahrscheinlich lateinisch cumba »Talkessel, Trog« zugrunde.

Kluge 2011 549; Mengel 4; Post 1982 256; RhWb 4/1716 u. 1720; Trübner 4/300; van Veen/van der Sijs 471; Werner 193; Wrede 2010 533; http://www.etymologiebank.nl/trefwoord/kom

kungeln heimliche Geschäfte machen, etwas aushecken *Die sind schon wieder am kungeln!* Das Wort steht im Rheinland in Konkurrenz zum *Klüngeln* (siehe dort), hat aber eine andere Geschichte. Die wird deutlicher, wenn man die ebenfalls weitverbreitete Lautvariante *kunkele, kunkeln* hinzunimmt, die früher in Köln gebräuchlich war und noch heute in den Niederlanden als konkelen »intrigieren« gebräuchlich ist. Überall dort, wo man *kungelt* oder *kunkelt,* kennt man auch die Bezeichnung *Kunkel* für den Spinnrocken (im Osten und Norden des deutschen Sprachraums findet man nur den standardsprachlichen Rocken). Und auch wenn diese Ableitung heute eher als nicht gendergerecht erscheint, ist *Kunkeln* ursprünglich das gemeinsame Gespräch der Frauen beim Spinnen in der Spinnstube oder, wie es das Grimmsche Wörterbuch mit weniger Hemmungen beschreibt: »besonders von heimlichem verkaufen oder vertauschen, wie es weiber hinter dem rücken der männer thun ...« Von dort ist es in der Tat nicht mehr weit zum heutigen *Kungeln.*

Das Wort *Kunkel* selbst ist, wie viele Bezeichnungen von bäuerlichen oder handwerklichen Techniken, ein lateinisches Lehnwort. Es geht zurück auf das mittellateinische conucula, eine Verkleinerungsform von lateinisch colus »Spinnrocken«. Im Althochdeutschen wurde daraus konocla und koncula. Wir finden das Wort auch im Italienischen (conocchia), im Französischen (quenouille), im Niederländischen (konkel) und im Altirischen (cuicel). Da heute kaum noch mit der Hand gesponnen wird, ist der namensgebende *Kunkel* heute kaum noch bekannt, dagegen hat sich das abgeleitete Verb *kungeln* im Rheinland in der Umgangssprache gehalten. Es hat dort das ältere *konkele* weitgehend ersetzt.

Grimm 11/2662; Kluge 2011 549; Küpper 471; RhWb 4/1730; Trübner 4/303; van Veen/van der Sijs 473; Werner 210; Wrede 2010 536; http://www.duden.de/rechtschreibung/kungeln

Kunt Hintern, Gesäß *Die passt mit ihrer breiten Kunt nich in den Sitz.* Das typisch zentral- und niederrheinische Mundartwort ist in der Umgangssprache heute nicht mehr oft zu hören. Im Dialekt ist es, wie das Rheinische Wörterbuch nett beschreibt, »das mildere Wort für den Begriff« (im Gegensatz zu *Arsch*). Mittelniederdeutsch kunte, mittelenglisch cunte, altnordisch kunta oder mittelniederländisch cont bezeichnen allesamt das weibliche Geschlecht (wie heute immer noch im Englischen und in manchen niederländischen Dialekten). Weshalb im heutigen Niederländischen und in den rheinischen Mundarten »die gleiche Verschiebung auf einen unverfänglicheren Körperteil wie *Fott*« (Werner) stattgefunden hat, muss Spekulation bleiben.

Grimm 11/2740; RhWb 4/1736; van Veen/van der Sijs 473; Werner 194

Kusch Schwein *Wat bisse so beschmiert? Du siehst wieder aus wie en Kusch.*

Kusch ist in den rheinischen Mundarten eigentlich ein Kosewort für ein kleines Schwein. *Du Kusch!* sagt man gerne zu Kleinkindern, die sich einsauen. Das kleine Schwein ist das **Küschken**, das man in Moers noch als Schimpfwort kennt, ebenso die Ableitung **Küschkeserei**: *Wat is dat denn für ne Küschkeserei?* Hierzu auch **Köschkes** (nur im Plural), so heißen am rechten Niederrhein alte, schmutzige oder ausgetretene Schuhe: *Wat hast du denn da für Köschkes an?*

Kusch und *Kus* ist im gesamten Rheinland der Lockruf für ein Schwein und die daraus abgeleitete Bezeichnung für das Tier selbst. Ob eine Verbindung zu französisch cochon »Schwein« besteht, ist sehr unsicher.

Debrabandere 2011 204; RhWb 4/1776 u. 1777

kuschen sich fügen, ducken; allgemein umgangssprachlich. Das Verb wie auch der befehlende Ausruf »Kusch« ist der Jägersprache entlehnt. Französisch couche »leg dich« (aus coucher »hinlegen«) war ursprünglich ein Zuruf an Jagdhunde. Das ebenfalls umgangssprachliche **kuscheln** »sich anschmiegen« ist eine Weiterbildung aus *kuschen* und meint ursprünglich das Anschmiegen eines Tieres.

Kluge 2011 551; RhWb 4/1780; Trübner 4/316; Werner 211; http://www.duden.de/rechtschreibung/kusch

Kusselkopp, Kuselkopp Purzelbaum; eine von vielen rheinischen Bezeichnungen für die kindliche Turnübung. Die Herkunft des auch umgangssprachlichen Wortes ist unklar. Das Rheinische Wörterbuch stellt den *Kusselkopp* zum mundartlichen *Kusel,* dessen Bedeutungen jedoch nur um Schmutz, Verschmutzungen und »unsaubere, schlampige und liederliche« Frauen kreisen. Hier fällt der Bezug zum kindlichen Spiel schwer. Wahrscheinlicher ist die Ableitung aus dem rheinischen Verb *kuseln, kusele,* das »purzeln, wegrollen« bedeutet. Es ist im Mittelniederdeutschen vielfach als »kreisend im Wirbel drehen« belegt. Als rheinisches Mundartwort ist es allerdings viel seltener zu hören als der *Kuselkopp* selbst.

RhWb 4/1782; Schiller/Lübben 2/605; Werner 211

L

Laban lange, schlanke Gestalt, schlaksige Figur, oft doppeltgemoppelt als **langer Laban** *Der Jung is son langen Laban geworden, dem passt keine Hose. Im Kinno saß son langer Laban vor mir, da hab ich nix gesehn.*

Die Etymologie ist unsicher; vielleicht eine Anspielung auf den biblischen Laban des Alten Testaments (Schwager von Isaak), der allerdings nicht als groß beschrieben wird. Im angrenzenden Limburgischen ist *labang* eine »aushäusige Frau«, die ebenfalls nach dem alttestamentarischen Laban benannt sein soll.

Debrabandere 2011 226; PfWb 4/719; RhWb 5/1; WfWb 3/1138; http://www.duden.de/rechtschreibung/Laban; http://universal_lexikon.deacademic.com/232131/Ein_langer_Laban

labberig, lebbrich geschmacklos, fade *Also dat Essen im Krankenhaus war so wat von labberich, ich konnt et nich mehr sehn. Wir krichten da immer sonne labberige Brühe, konnze nich essen.* Auch »lose, instabil« *Auf den labberigen Stuhl würd ich mich nich setzen. Wat hängt dat da so labberich rum?* **Labberwasser** fades Getränk.

Das niederdeutsche Verb *labbern* ist eine Variante von lappen (siehe *läppern*) und bedeutet neben »trinken, schlabbern« auch »schlaff herumhängen«, das sich vor allem in der Seemannssprache (auch im Niederländischen) und in der Umgangssprache; es findet *(Dem labbern die Klamotten nur so am Körper)*. Die Bedeutung »schlaff« hat sich in der Ableitung *labberig* zu »fade« ausgeweitet.

Grimm 12/4; http://www.etymologiebank.nl/trefwoord/labberen

labern blöd daherreden, inhaltsloses Geschwätz machen *Laber nich! Hör auf zu labern! Der labert hier alle voll mit seinem Mist.* **anlabern** anquatschen, anmachen *Ich kann dat nich ab, wenn man mich so vonne Seite anlabert. Laber mich nich an.* **zulabern** *Die hat mich jetz ne Dreiviertelstunde zugelabert, ich hab son Blumenkohl am Ohr.* **Laberei** *Bei dessen Laberei wirse ganz rammdösig, da weiße nachher nich mehr, wat richtig is.* **Gelaber** lästiges Gerede *Du gehs mir mit deinem Gelaber echt auf den Sack. Dem sein Gelaber kann ich nich mehr hören.* **Laberkopp, Labersack** Zeitgenosse, der perfekt im *Labern* ist *Wat bis du vürne Labekopp, eh?* **Labertasche, Labertäsch** ungezügelt redender Mensch, der viel Unsinn von sich gibt *Ach Jott, is das ne Labertäsch.*

Das Wort ist in vielen Mundarten zu finden und hat dort meist zwei Bedeutungen: »leckend trinken, schlabbern« und »daherreden«. Es handelt sich um eine große Wortfamilie, die in *Labbe* »hängende Unterlippe« wurzelt; mittelniederdeutsch lapen »lecken, schlürfen«, altenglisch lapian (englisch to lap »schlürfen«, französisch laper »schlürfen«). Die Bedeutung »daherreden« hat sich in frühneuhochdeutscher Zeit herausgebildet.

Debrabandere 2011 228; Grimm 12/4 u. 7; Kluge 2011 553; RhWb 5/3; Schiller/Lübben 2/629; Werner 213

Labes, Labbes, Lappes meist **langer Lappes** hoch gewachsener Junge oder Mann, oft etwas ungelenk oder antriebslos *Warum gehße nich in en Basketball-Verein, wo de doch sonn langen Lappes bis? Der lange Lappes stößt sich überall den Kopp.* Im zentralen Rheinland ist der **Labes** eher ein oberflächlicher, nicht ernst zu nehmender, manchmal auch verlotterter Typ, auf dem Vorderhunsrück ist ein *Lappes* ein »Schelm«. Hier gibt es auch das Tätigkeitswort **lappessen**: *De hat gelappest* bedeutet »bis spät in die Nacht gefeiert«; im Limburgischen ist der *labbes, labus, lapes* ein »Lümmel,

Schwächling«, das Niederländische kennt den lobbes als »gutmütigen Hund oder Menschen«.

Im Mittelhochdeutschen ist ein lapp ein »einfältiger Mensch«. Die Bezeichnung geht wohl zurück auf mittelniederdeutsch lobbe, lubbe, das auch »herabhängende Unterlippe« meint, die einer Person den Ausdruck von Dümmlichkeit verleiht. Noch heute bedeutet *Labbmaul* in rheinischen Mundarten »Mund mit Hängelippe«. Die Bedeutung »hochgewachsen« ist aus der damit verbundenen Ungelenkigkeit entstanden, vielleicht in Anlehnung an den *Laban* (siehe dort).

Debrabandere 2011 226; Lexer 1/1833; RhWb 5/2; Schiller/Lübben 2/710; Werner 215; Wrede 2010 542 u. 543; http://www.etymologiebank.nl/trefwoord/lobbes

Lackaffe eingebildeter Mensch, Wichtigtuer *Der Lackaffe hat sich noch nie im Leben die Hände schmutzich gemacht und meint, er müsse den Leuten erklären, wie man den Garten umgräbt.* Das Schimpfwort erklärt sich aus der mundartlichen und umgangssprachlichen Bedeutung von Lack als »festtägliche Kleidung«.

Küpper 478; RhWb 5/22

laff geschmacklos, ungesalzen, langweilig, fade, kraftlos *Die Suppe is wat laff. Dat is aber en laffes Spiel! Mit son laffen Typen kann man keinen Blumenpott gewinnen.*

Das Wort kommt aus dem niederdeutschen Raum, auch wenn es im Mittelniederdeutschen nicht belegt ist, dafür jedoch im Mittelniederländischen um 1400 als laf »schlapp, lau«, das wahrscheinlich auf eine spätgermanische Wurzel *lafa- zurückgeht, standardniederländisch laf »feige, fade«.

Grimm 12/55; RhWb 5/37; Stern 118; Verdam 319; Werner 216; WfWb 3/1146; Wrede 2010 544; http://www.etymologiebank.nl/trefwoord/laf1

Lakes ist eine typisch südrheinische Bezeichnung für einen groben, ungeschlachten, unbeholfenen Menschen, die Mundart kennt darüber hinaus *lakessen* »schwerfällig gehen«. Da sich das Verbreitungsgebiet von *Lakes* und mundartlich *Lake* »Lumpen« auffällig deckt, ist hier die Verwandtschaft wahrscheinlich (*Lakes* auch als »Lumpenkerl«). *Lakes* wiederum dürfte verwandt mit hochdeutsch Laken sein (nicht mit *Lackel*).

RhWb 5/54 u. 56

Lameng, Lamäng in der Wendung *aus der Lamäng* (seltener *ausem Lameng*) »etwas gut können, leicht bewerkstelligen« *Dat mach ich doch aus der Lamäng. Ganz aus der Lamäng* kann auch bedeuten: »etwas aus dem Bauch, Gefühl heraus machen«. *Aus der Lamäng* kann manchmal auch für *Pi mal Daumen* stehen, also »nicht so ganz genau«: *Ach weißde, Jung, dat habbich aus der Lamäng jemaat. Dat kammer och nit us der Lamäng machen!* (ohne Plan, ohne Konzept). Eine Variante ist **Fiselameng** in derselben Wendung *aus dem Fiselameng machen* »etwas locker und leicht machen, etwas aus dem Ärmel schütteln«: *Dat machst du nich mal eben ausem Fiselameng. Dat mach ich doch ausm Fiselameng.*

Das Wort wird als rheinische Verballhornung von französisch la main »die Hand« gesehen (einschließlich der rheinischen Velarisierung von -n zu -ng). Allerdings ist *Lamäng* in den rheinischen Mundarten nur äußerst selten in Gummersbach und Bonn belegt, dazu die seltsamen Bedeutungen in *wart en Lamäng* »Augenblick« (in Mülheim / Ruhr), *aus der kalten Lamäng* »etwas erben« und *Lamännchen* »Ohrfeige« (in Düsseldorf). Die alten Ortsmundartwörterbücher erwähnen das Wort nicht. Dagegen ist es in der allgemeinen Umgangssprache weit verbreitet. Ein rheinischer Ursprung kann demnach ausgeschlossen werden. Interessant ist, dass bei der »Eindeutschung« von französisch la main der Artikel mit übernommen wurde, wir kennen dies im Rheinland auch bei *Lambraasch* (siehe *Amarasch*) oder **Lafette** »Mund« (zu französisch la faîte »First, Giebel«).

Anmerkung: Ob die Variante *Fiselameng* tatsächlich auf französisch fis ex la main »mit der Hand gemacht« zurückgeht, ist nicht zu klären.

Duden 1999 5/2341; Duden 2008 540; Fellsches 1999 101; Honnen 2008a 137; Küpper 480; MmWb; PfWb 4/744; RhWb 5/62

Lampett meist **Waschlampett** als rheinische Bezeichnung für die veraltete Waschgarnitur auf dem Waschtisch, die heute nur noch in Antiquitätenläden zu finden ist: ein niederländisches Lehnwort, spätmittelniederländisch 1524 belegt sowohl als Waschschüssel als auch als Lampe. Möglicherweise ist das ein Hinweis auf die Herkunft aus französisch lampe, hier das Diminutiv auf -ette.

Debrabandere 2011 228; RhWb 5/78; van Veen/van der Sijs 496; Wrede 2010 546; http://www.etymologiebank.nl/trefwoord/lampet

lappen ist ein vielseitig verwendbares Wort. In der Wendung *sich einen lappen* »sich etwas zu Schulden kommen lassen, etwas aushecken« *Wat hasse dir denn wieder gelappt? Der hat sich vielleicht einen gelappt, da kommt noch wat hinterher. Da mussde aber ordentlich für lappen* »bezahlen«. *Lappen* kann auch »treten, schlagen« bedeuten, zum Beispiel den Ball beim Fußball *Dä Pitte hät däm Franz ene in dä Kaste* (Tor) *jelapp.* Deshalb kann **drauflappen** auch »die Bremse, das Gaspedal voll durchtreten« meinen: *Als die Omma auf de Straße latscht, musst ich voll in die Eisen lappen. Lapp mal drauf, wir sind spät dran.*

Die ursprüngliche Bedeutung des Verbs ist »flicken, schustern« (also »mit Lappen (Flicken) versehen«). Daraus leiten sich die einzelnen Bedeutungen ab: Das Nageln des Schusters führt zu »schlagen«, die Redewendung *den Sack lappen müssen* (für den Schaden aufkommen) führt zu »bezahlen, blechen müssen«, was wiederum eine Verfehlung voraussetzt, die zu »sich etwas zu Schulden kommen lassen« führt.

Der Lappen selbst ist ein altes niederdeutsches Wort (mittelniederdeutsch lappe, althochdeutsch lappa »Stück«, spätgermanisch *lappa), das auch als Schimpfwort Verwendung findet: *Lapp* »Lackaffe«, *Drecklapp, Jammerlapp, Schmachtlapp, Schwadlapp, Schmierlapp* und so weiter; mittelniederländisch lampert »Kerl in Lumpen«.

Grimm 12/195 u. 199; RhWb 5/126 u. 490; Verdam 323; Werner 219; Wrede 2010 549; http://www.etymologiebank.nl/trefwoord/lappen

läppern allmählich zusammenkommen, anhäufen *Die Schulden läppern sich. Jeden Tach ne Schachtel Kippen, dat leppert sich. Wie gehdet? Et läppert sich* (ironische Antwort im Sinne von »es geht«). **zusammenleppern** *Bei jedem Tanken drei Mark sparen, da leppert sich ganz schön wat zusammen übert Jahr.*

Zu *läppern* wird eine sehr schöne Volksetymologie erzählt: »Es soll im 18. Jahrhundert zu Leipzig einen Herrn Leppert, Verwalter der Salzeinkünfte des sächsischen Staates gegeben haben. Zuvor allerdings hatte jener ein unstetes, abenteuerliches Leben geführt – als Kurier eines Grafen, Hofnarr August des Starken und ›Lustiger Rath‹ beim Grafen Brühl. Später wanderte er als Direktor einer Schauspielertruppe von Schloß zu Schloß. Sein Honorar erhielt er nie sofort in bar, sondern (wie wir heute sagen) in Raten. Leppert nannte das ›läppern‹, machte trotzdem ein Vermögen dabei, denn mit den Jahren ›läppert es sich zusammen‹.«

Die Wirklichkeit ist wie immer weniger originell. Die vor allem im süd- und mitteldeutschen Raum verbreitete Bedeutung als »lecken, schlürfen, in kleinen Schlucken trinken« entlarvt *läppern* als Intensivbildung (also verstärkende Form) von lappen »lecken, Wasser aufschlabbern«, das in vielen Mundarten heimisch ist und früher auch in der Hochsprache zu hören war. Es gehört zu einer großen Wortfamilie, die alles »Herunterhängende, Schlabbernde« betrifft; hierzu zählt der mit hängender Zunge trinkende Hund, der nur kleine Schlückchen zu sich nimmt, die sich *läppern* (mittelniederdeutsch labben, althochdeutsch laffan »schlürfen, lecken«, englisch to lap »schlürfen«).

Debrabandere 2011 226; Grimm 12/195 u. 199; RhWb 5/490; Werner 219; Wrede 2010 549; http://www.duden.de/rechtschreibung/laeppern; http://etymologie.tantalosz.de/e.php; http://www.lehrerbarth.de/Deutsch/sprichwoerter/sprichwoerter.htm

Lappöhrchen steht im Kölner Raum für einen – nicht unbedingt versteuerten – Nebenverdienst: *Ja, ja, offiziell vom Amt leben und nebenbei ein Lappöhrchen machen!* Auch »Schnäppchen«. Eigentlich ein Flickstück, zum Beispiel ein Lederstück, um einen Schuh zu reparieren (siehe *lappen*), später übertragen auf jede kleine Beschäftigung; die Bedeutung »Schwarzarbeit« ist eine neuere Entwicklung, die die Mundarten nicht kennen.

MmWb; Wrede 2010 549

läpsch ist ein äußerst vielseitiges rheinisches Wort: *Dat ist aber läpsch, dat Gerät. So läpsch wie dat heute alles gemacht ist, kein Wunder, wenn dat nach zwei Stunden kaputt geht* (billig gebaut). *Sei mal nich so läpsch, mach jetz deine Hausaufgaben* (albern, nicht ernsthaft). Beim Skat: *Nää! Für son läpschen Stich komms du mitm Bauer raus* (billiger Stich)! Auch ironisch: *Wat, nich mal en läpschen Marathonlauf kannse durchhalten* (einfach, simpel)? Beim Handball: *Der hat den Ball dann dermaßen läpsch auvet Tor geworfen, dat der Torwart den wie nix jekrischt hat* (ohne Nachdruck oder Elan). *Also im Vergleich mit unserm im Rheinland is dat holländische Brot läpsch* (labberig oder geschmackslos oder beides). *Boh, dat gibt einem so läpsch de Hand, dat mer meint, mer greift innen feuschten Waschlappen* (kraftlos). *Ich glaub nich, datte den Jürgen middem läpschen Kinnobesuch inne Kiste kriss* (unzureichend, nicht deutlich genug). *Der Jung is doch vill zo läpsch, den kriß-de nit zum Knuutschen* (schüchtern oder unambitioniert). *Dat hat die Kattoffeln so läpsch jekoch, di sin-em schon beim Ankucken ausenanderjefallen* (übermäßig weich). *Mit deiner läpschen Art kommsde hier nich weit* (respektlos).

Läpsch (im Limburgischen *leps*) ist eine sprechsprachliche Variante von läppisch. Sie ist abgeleitet aus spätmittelhochdeutsch lappe, lape »Narr, einfältiger Mensch« (anders Kluge: zu Lappen im Sinne von »etwas Schlaffes, Kraftloses«).

Debrabandere 2011 232; Grimm 12/200; Kluge 2011 559; Lexer 1/1833; RhWb 5/129

Larry, Lerri in der Wendung *den Lerri machen* »jemanden nicht ernst nehmen«, »jemanden übervorteilen, fertig machen« *Die haben mit mir den Lerri gemacht. Ich lass mit mir doch nich den Lerri machen.* Man kann auch *den Lerri raushängen lassen* »eine dicke Lippe haben«. Außerdem kann man einen *großen* oder *dicken Lerri* machen (ebenfalls »prahlen«). *Den Lerri* *machen* kann auch der Hinweis auf sexuelle Aktivitäten nicht näher zu bestimmender Art sein.

Die Etymologie ist umstritten. Häufig genannt wird Larry Fine, ein Mitglied der berühmten amerikanischen Komikertruppe The Three Stooges. Die einleuchtendste Erklärung ist wohl noch der Hinweis auf das englische Slangwort Larry, das so viel wie »Trottel« bedeutet.

MmWb

DAS LATEINISCHE UND RÖMISCHE IM RHEINISCHEN

Schöner als der Großmeister der deutschen Namenkunde, Adolf Bach, der zeit seines Lebens begeisterter Rheinländer (Westerwälder) und auch Erforscher der rheinischen Mundarten war, kann man die Bedeutung des Lateinischen für die rheinische Sprachgeschichte kaum beschreiben: »Seitdem die Germanen mit der hohen Kultur der Römer in Berührung kamen, nehmen sie unablässig lateinische Worte in ihre Sprache auf. Es sind dies meist Kulturwörter, das heißt Worte, die gleichzeitig mit den Sachen von den Römern übernommen wurden. Neue Pflanzen, römischer Schmuck und römische Kleidung wurden ihnen vermittelt, und die Bezeichnungen für diese Dinge wanderten mit ihnen zu den Germanen. Auch Künste und Fertigkeiten lernten die germanischen Barbaren von den Römern, und wir brauchen uns nicht zu wundern, wenn viele deutsche Worte, die sich auf die Baukunst, den Wein- und Gartenbau, den Handel, die Zubereitung der Speisen, die Kunst zu schreiben, Krankheiten zu heilen etc. beziehen, in letzter Linie lateinisches Sprachgut sind. Sind doch die Römer in allen diesen Künsten Lehrmeister der Germanen gewesen … Für die älteste Zeit (ungefähr bis zum Ende des dritten Jahrhunderts) sind die Gebiete am Mittel- und Niederrhein als die Hauptplätze der Entlehnung anzusehen« (Bach 253).

Das Rheinland war in der Antike das Einfallstor für die unzähligen lateinischen Lehnwörter, die wir heute so selbstverständlich im Deutschen benutzen. Wörter wie Mauer (lateinisch murus), Fenster (fenestra), Kalk (calcis), Kammer (camera), Ziegel (tegula), Mühle (molina), Markt (mercatus), Keller (cellarium), Kohl (caulis), Wein (vinum), Tisch (discus) oder Küche (coquina) künden noch heute von dem kulturellen Gefälle zwischen Römern und Germanen, die weder gemauerte Häuser noch gepflegte Orgien mit festlich gedecktem Tisch und süßem Wein kannten. Diese wichtige Rolle des Rheinlands als Kontaktzone zwischen Römern und Germanen erkennt man noch heute an der Sprache der Region, seien es Ortsnamen, Flurnamen, die Winzerterminologie an der Mosel oder der mundartliche oder alltagssprachliche Wortschatz. Das Rheinland ist bekannt für seine vielen antiken Überreste; dass man die auch heute noch in der regionalen Sprache finden kann, wird dabei meist völlig vergessen.

Allenfalls Ortsnamen sind vielleicht noch im öffentlichen Bewusstsein als antike Spuren gespeichert. Das gilt sicherlich für die berühmten römischen Gründungen Colonia Claudia Ara Agrippinensium (Köln), Bonna (Bonn), Confluentes (Koblenz), Novaesium (Neuss) oder Augusta Treverorum (Trier), aber schon Antunnacum (Andernach), Tolbiacum (Zülpich), Juliacum (Jülich), Sentiacum (Sinzig) oder Brisiaco (Bad Breisig) dürften nur noch Lokalhistorikern bekannt sein, obwohl diese acum-Namen etwas ganz Besonderes sind. Im Rheinland kennt man, je nach Interpretation, etwa dreihundert Ortsnamen dieses Typs, mehr als in allen anderen römischen Provinzen zusammen. Die acum-Endung gilt als keltisch-gallisches Namenselement, das in der Vergangenheit zu vielen Spekulationen über das Siedelgebiet der Kelten Anlass gegeben hat. Heute weiß man, dass es sich hier um römische Siedlungsnamen handelt, deren Typus die Römer aus dem nördlichen Gallien eingeführt haben. Sogar die nachfolgenden Franken haben diese Benennungs-»Mode« noch längere Zeit fortgeführt (Honnen 2012b 40). Dennoch sind diese Ortsnamen, zusammen mit den magus-Typen wie Dormagen (Durnomagus, zu keltisch magus »Feld«), Remagen (Rigomagus) und Neumagen, Nijmegen (Noviomagus) ein einzigartiges römerzeitliches Spracherbe, das ein interessantes Licht auf die galloromanische Sprachgeschichte wirft.

Das gilt in noch größerem Maße für die Namenlandschaft im Moseltal. Denn hier, im Dreieck Trier–Andernach–Boppard, haben offensichtlich bis ins Mittelalter Menschen gelebt, die sich in ihrer Sprache deutlich von den eingewanderten Franken unterschieden. Sprachwissenschaftler sind dieser ehemaligen Sprachinsel auf die Spur gekommen durch ungewöhnliche Flur- oder Ortsnamen, die sich nicht in das zu erwartende ortsnamenkundliche Schema im Rheinland einordnen ließen (Post 2004). Da sind zum Beispiel Namen, die nicht an der sogenannten Zweiten Lautverschiebung im frühen Mittelalter teilgenommen haben (Tabern, Thomm, Tarforst, Tellig, Tholey), oder die keinen Primär- oder Sekundärumlaut aufweisen wie Zalzich, Konz, Lorich, Bruttig oder Kollig. Mehr noch, auch die Betonungsverhältnisse von solchen Orts- und Flurnamen wie Bekond, Kastellaun, Kattenes, Riol, Vianden, Olewig, Tawern, Schartell, Predell oder Casell, die alle auf der zweiten Silbe betont werden, unterscheiden sich deutlich von den Betonungsverhältnissen im Germanischen, das ausschließlich die Betonung auf der ersten (Stamm-)Silbe kennt. All das lässt nur den Schluss zu, dass die im Mittelalter im Moseltal lebenden Menschen nicht Deutsch, sondern eine romanische Sprachvariante gesprochen haben. Man spricht deshalb auch von der »Moselromania«. Es ist eine faszinierende Vorstellung, dass an der Mosel bis zum hohen Mittelalter eine gallisch-römische Bevölkerung noch lange nach der fränkischen Landnahme inmitten einer germanisch sprechenden Umgebung unbehelligt lebte und – so ist zu vermuten – dem Weinbau nachgehen konnte. Dafür spricht auch die moselländische Winzerterminologie. Sie bewahrt bis heute Fachbegriffe, die schon die ersten römisch-gallischen Weinbauern kurz nach der Zeitwende nachweislich benutzt haben: *Bäschoff* »Rückentragegefäß« (aus gallisch bascauda »eine Art Gefäß«), *glenne, glinnen* »Trauben nachlesen« (zu gallisch *glennare »Ähren nachlesen«), *Gimme* »Knospe« (aus lateinisch gemma »Edelstein, Knospe«), *Gran* »Traubenbeere« (aus lateinisch granum »Korn«), *pauern* »Most filtern« (aus lateinisch purare »reinigen«), *Kabe* »Hauptrebe, Weinstockwurzel« (zu lateinisch caput »Haupt«), *Pichter* »Weinbergparzelle« (zu lateinisch pictura »umzäuntes Land«), *Olk* »Wingert« (zu gallisch *olca »pflügbares Land«) und andere (Post 2004). Alle diese Termini sind also nichtdeutschen Ursprungs, sie wurden gemeinsam mit der bis dato unbekannten Weinanbautechnik selbst entlehnt und gehören seit zweitausend Jahren nahezu unverändert zum Wortschatz der Moselwinzer.

Aber auch im Wortschatz der rheinischen Dialekte und Umgangssprachen führen viele romanische Lehnwörter aus der Römerzeit noch heute ein quicklebendiges Leben, die es nie in die deutsche Standardsprache geschafft haben und die außerhalb der rheinischen Grenzen nahezu unbekannt sind. Manchmal ist es geradezu verblüffend, wie die rheinischen Mundarten die alte »römische« Lautung in Lehnwörtern bewahrt haben. So spricht man im Bergischen und an der Sieg noch heute vom *Akedute* oder *Akeldrucht,* wenn man einen Berg oder eine Abwasserleitung meint. Hier ist lateinisch aquaeductus noch deutlich zu erkennen, auch wenn das Wort im übrigen Rheinland zu *Aducht* kontrahiert worden ist. In rheinisch *Pülf, Pölf* »Kopfkissen, Federbett« erscheint lateinisch pulvinus »Bettdecke«, in rheinisch *Aul, Aule* »Topf« lateinisch olla »Topf«, in *Prumm, Prumme* lateinisch prunum, pruma »Pflaume«, in *Kennel, Kannel, Kandel* »Dachrinne« lateinisch canalis »Röhre, Rinne«, in *Kappes* »Kohl« lateinisch caput »Haupt«, in südrheinisch *Reiste, Rieste* »Flachsgebund« galloromanisch restis »Strick«, in rheinisch *Mösch* »Spatz« lateinisch/gallisch *muscio »Spatz«, in westrheinisch *Müdde* »Hohlmaß« lateinisch modius »Maß, Scheffel«, in westrheinisch *Benne* »großer Korb« lateinisch/gallisch benna »geflochtener Wagenkorb«, in rheinisch *Merle* »Amsel« lateinisch merula »Amsel« oder in rheinisch *Peipel* »Schmetterling« lateinisch papilo »Schmetterling«. Selbst in so seltsamen und seltenen Wörtern wie *Quattertipsche* (in der Nordeifel für »Eidechse«), *Zolk* (an der Mosel für »Ackerteil«) und *Timsche* (nordrheinisch für »Mehlsieb«) stecken uralte lateinische Wurzeln: quattor-pedia »vierfüßiges Tier«, sulcus »Furche« und tamisium »Sieb«.

Wie dieses Wörterbuch belegt, haben auch in der aktuellen Umgangssprache Zeugen der Begegnung von Römern, oder besser römischen Galliern, und Germanen vor zweitausend Jahren überlebt. Am Niederrhein und im westlichen Rheinland kennt man weder Speicher noch Dachboden, hier – und tatsächlich nur hier – geht man auf den *Söller* oder *Sölder* und damit eigentlich auf den der Sonne ausgesetzten Teil des Hauses. Das ist die

Bedeutung von lateinisch solarium (zu lateinisch sol »Sonne«), auf das der rheinische *Söller* zurückgeht. Als »Dachboden« war das Wort einmal sehr weit verbreitet, heute ist das nördliche Rheinland sein letztes Refugium (wenn man vom niederländischen zolder und englischen sollar einmal absieht). Die *Kaue* »Hütte, Bett«, die man in Bergbauregionen als *Waschkaue* kennt, geht zurück auf lateinisch cavea »Käfig« (weshalb man auch im Rheinland von der *Möschekau* »Vogelkäfig« spricht), das typisch rheinische *plästern* »heftig regnen« basiert auf lateinisch emplastrum »Pflaster«, und selbst so »lustige« Wörter wie rheinisch *Puute* »Kinder«, *fimmelich, Fimmel* »wählerisch, zimperliches Mädchen« oder das *Pillhuhn* und die *Pilleente* haben alte lateinische Wurzeln: putus »Kind«, gallisch-römisch femella und pullia, pullium.

Die rheinische Sprache als Sprachmuseum. Wobei diese Charakterisierung eigentlich nicht genau zutrifft. Ein Museum bewahrt Dinge, die aus dem Alltag verschwunden sind, die ihre Funktion verloren haben. Die Menschen im Rheinland jedoch benutzen diese uralten Überbleibsel einer längst vergangenen Epoche noch tagtäglich. Es ist im Grunde schon fast anrührend, wenn die rheinischen Mundartsprecherinnen und -sprecher noch heute die kleine freche *Mösch* genauso nennen wie ihre antiken Vorfahren. Oder wie es ein an der Erforschung der moselromanischen Sprachinsel beteiligter Sprachwissenschaftler einmal sehr schön beschrieben hat: »Man kann [im Rheinland] besonders eindrücklich den langen Atem der Sprachgeschichte spüren. Ein Wort, das hier nur in wenigen Orten von Winzern gebraucht wird, kann ein sprachliches Relikt einer Bevölkerung sein, die vor annähernd zweitausend Jahren gelebt hat. Wenn man es mit anderen Hinterlassenschaften vergleicht, die in baulichen Resten, Steindenkmälern, Wegen, Gräberfeldern usw. vorliegen, so sind die hier besprochenen Wörter … die einzigen lebendigen Zeugnisse einer früheren Kultur, jahrtausendelang von Mund zu Mund gegangen« (Post 2004 35).

latschen schlurfen, schleifend gehen *Latsch nich so, kannze die Füße nich anheben? Die latscht wie son Trampeltier! Wir sind bis nach Pusemuckel gelatscht, um dat blöde Buch zu kriegen. Ich latsch doch hier nich zwei Stunden inne Gegend rum, nur um die Zeit tot zu schlagen.* **ausgelatscht** ausgetreten, zu weit geworden *Mit wat vor ausgelatschten Tretern komms du denn da an?* **Latschen, Quadratlatschen** Pantoffeln, ausgetretene Schuhe, große Füße *Der is kaum zu Hause, da hat der schon die Latschen an. Du wolls doch wohl nich mitte Latschen nach draußen gehen? Der hat sone Quadratlatschen, der passt in keine Schuhe.* Moderner und schon wieder out sind die **Jesuslatschen**. Man kann auch *aus den Latschen kippen,* weil es einem nicht gut geht oder vor Überraschung. Auch oft in den Wendungen *eine gelatscht kriegen* oder *bekommen* »geschlagen, geohrfeigt werden« *Wenne getz nich deine Hausaufgaben machs, krisse eine gelatscht. Die hat dem vielleicht eine gelatscht, als der die in den Hintern gekniffen hat.*

Gelatscht wird in allen Mundarten, deshalb nicht zu mittelniederdeutsch late »spät«, sondern zu latsch »träge« und Latsch »nachlässiger, gutmütiger Mensch« (im Rheinischen nicht gebräuchlich), ein Wort, das erst im 17. Jahrhundert auftritt und vielleicht auf mittelhochdeutsch loter »locker« zurückgeht. Zu dieser Wortfamilie gehört auch der **Lulatsch.**

Grimm 12/277 u. 278; Kluge 2011 561; RhWb 5/156 u. 598; Werner 215; http://www.duden.de/rechtschreibung/latschen

Latüchte, Latüchtel Lampe, aber auch allgemein für »Licht, Lichtschein« *Geh ma ause Latüchte. Wat is dat denn vonne mickrige Latüchtel?* In den rheinischen Mundarten auch als *Latöchte;* eine scherzhafte Kombination von Laterne und Leuchte oder niederdeutsch *Lüchte.*

Bergmann 204; Duden 1999 5/2563; RhWb 5/156

latzen bezahlen *Da wirsde aber ordentlich latzen für. Wat muss ich latzen? Hasse schon gelatzt?*

Wohl zu Latz, Brustlatz (eigentlich »Geld aus dem Brustlatz entnehmen«); der Latz ist umgangssprachlich noch in *einen vor den Latz knallen* (überrumpeln) oder *Lätzken, Lätzchen* (Schlabbertuch) zu finden.

RhWb 5/165; Werner 220; http://www.duden.de/rechtschreibung/latzen

lau unbezahlt, umsonst, meist als *für lau* oder *auf lau. Der will alles auf lau haben. Ma kucken, ob ich dat nich für lau krich. Dat mach ich dir für lau. Dat Bier is für lau* (Freibier). **Laumann, Lauschepper, Lauschöpper** jemand, der gerne andere bezahlen lässt *Mit dem Laumann setz ich mich nich an einen Tisch. Mit son Lauschepper inne WG kannze einpacken.*

Im Rheinland erzählt man sich eine nette Herkunftslegende zum *Lauschepper:* »Wahrscheinlicher Ursprung: Der noch nicht ganz abgekühlte Rahm wurde vom Knecht nach dem Melken schon mal abgeschöpft (und verzehrt), bevor der Bauer bei der kalten Milch den Rahm für die Buttererzeugung abnahm. Ein ›Warmschöpfer‹ also.«

So schön diese Legende auch ist, sie kann nicht das auch isoliert auftretende Adverb *lau* »umsonst« erklären, das nichts mit lau »warm« zu tun hat. Deshalb hat der *Lauschöpper* auch nichts mit *schöppen, scheppen* »schöpfen« zu tun, sondern mit dem Schoppen als Getränkemaß oder dem Getränk selbst. Das Bestimmungswort *lau* geht zurück auf jiddisch lo, lau »nichts«, das im Westjiddischen in der Wendung für lau die Folie für das umgangssprachliche »umsonst« abgegeben hat. Das Wort ist wohl über die jiddische Händlersprache in die Alltagssprache gelangt.

Althaus 2006b 116; MmWb; RhWb 5/166; Stern 119; Wahrig 4/413; Werner 220; Wolf 1956 3131; http://www.duden.de/rechtschreibung/lau

lecker sehr, ansehnlich, süß *Dat is aber en lecker Mädchen. Hier is et aber ganz schön lecker warm. Ihr habtet hier aber lecker warm. Da hat der sich auf dem Aschenplatz aber lecker langgelegt. Da kann man sich lecker vertun bei.* Ein **Leckerbier** ist ebenfalls sehr lecker, weil es umsonst ist.

Lecker als »sehr« ist typisch rheinisch, zu lecker »schmackhaft«, abgeleitet von lecken; auch im Niederländischen üblich.
RhWb 5/277; Werner 221

Lellbeck siehe *Beck*

Lemmet Tollpatsch oder ein langer, dürrer Mensch *Kannste nich aufpassen, du Lemmet?*

Der *Lemmet* ist in den linksrheinischen Mundarten zwischen Nordeifel und Kleve bekannt. Seine Wortgeschichte ist ungewöhnlich, denn eigentlich ist das mundartliche *Lemmet* ein besonders dünner Docht für eine Rüböllampe (im Gegensatz zum gewöhnlichen, dicken Docht für eine Petroleumlampe). Daraus entstand die übertragene Bedeutung für einen sehr schlanken Menschen. Das alte Wort geht auf lateinisch linamentum »Leinenfaden« zurück und ist ein altes romanisches Lehnwort.
RhWb 5/387; Wrede 2010 562

lendern siehe *schlindern*

leper, läper, leprich zu leicht gebaut, nicht solide, zu locker *Du has abber enne leeprige Bude hier. Der Tisch is ganz leper, der kracht gleich zusammen.*

Leeprige und *lepere* Sachen findet man ausschließlich am Niederrhein, hier ist das Wort im Regiolekt aber häufig zu hören. Die Herkunft dieses isolierten Wortes ist nicht ganz klar, wohl zu niederländisch leep, das »schlau«, aber auch »schief, minderwertig« bedeuten kann und im 16. Jahrhundert erstmals auftaucht (möglicherweise aber auch im Ablaut zu *labberig, lebbrich,* siehe dort).
Honnen 2003 122; RhWb 5/490; http://www.etymologiebank.nl/trefwoord/leep1

leudern, läudern, lödern, löddern bummeln, flanieren, herumlungern, bei den Nachbarn plaudern gehen *Warst du schon wieder leudern?* **löddelich** ungepflegt *Wat sieht der wieder löddelich aus. Geleudert* wird sowohl im Bergischen Land als auch im zentralen Rheinland (mundartlich auch *löddere*).

Rheinische Variante von lottern (Lotterleben) »schlaff sein«: mittelniederdeutsch lodder »Taugenichts«, mittelhochdeutsch loter »locker, leichtsinnig, schlaff« und lotter »Landstreicher«.

Grimm 12/1214; RhWb 5/178; Schiller/Lübben 2/712; Wrede 2010 552

linken jemanden übervorteilen, betrügen, täuschen *Die ham mich mit der Karre echt gelinkt.* **link** falsch, hinterhältig, verschlagen *Dat is en ganz linker Vogel. Die linke Titte hat mich doch glatt verpfiffen. Der Typ is ne richtig linke Bazille.*

Die negative Konnotation hat *link* (althochdeutsch lenca »linke Hand«) als Gegensatz zu recht (rechtmäßig, richtig) im Rotwelschen erhalten: Die Bedeutung »gefährlich, falsch« lässt sich in den Händlersprachen schon im 18. Jahrhundert nachweisen, die Verben *linken* und niederländisch verlinken »verraten« sind spätere Ableitungen.

Kluge 2011 579; Wolf 1956 3247; http://www.duden.de/rechtschreibung/link; http://www.etymologiebank.nl/trefwoord/link3; http://www.etymologiebank.nl/trefwoord/verlinken

litschen, letschen schlittern, eine Eisbahn schlagen *Wenn es so kalt bleibt, tun wer morgen widder litschen gehn. Den ham se bei der Wahl zum Vorsitzenden litschen lassen* (auch: *gelitscht* »durchfallen«). **Litschbahn** Schlitterbahn, Eisbahn *Mein Bruder hat ne Litschbahn aufem Hof aufgeschlagen.* **auslitschen** ausrutschen *Bei dem Eis und Schnee is man schnell ma ausjelitscht. Gelitscht* wird im Rheinland zwischen Nordeifel und Krefeld, sonst wird *geschlittert* oder *geschlindert.*

Das Wort ist entstanden aus glitschen, *jlitschen* (das anlautende mundartliche j- wurde der leichteren Aussprache wegen aufgegeben). Glitschen ist seit dem 15. Jahrhundert belegt, es ist entstanden aus *glitsen, einer Intensivform zu gleiten.

Debrabandere 2011 236; RhWb 5/499; Wrede 2010 503

Lööv, Löuv Hofeinfahrt, Hausdurchfahrt *Dat Auto hat in der Lööv geparkt.* Im Rheinischen auch »Dachboden, Speicher«. Das hauptsächlich im Bergischen vorkommende Mundartwort hat sich bis heute in der Umgangssprache gehalten.

Hinter dem Wort versteckt sich die Laube, mittelhochdeutsch loube, mittelniederdeutsch love, mittelniederländisch loive, die, ursprünglich ein »Schutzdach«, später ein leichter, laubbedeckter Vorraum wurde. Die Bedeutung »Speicher« erhielt das Wort erst später im Rheinland.

Kluge 2011 562; Lausberg/Möller 55; RhWb 5/174; Wrede 2010 552 u. 554

Lorenz Sonne, Glück *En kühles Bier, und der Lorenz lacht. Der Lorenz knallt heute wieder, nich zum Aushalten. Der Lorenz knallt ganz schön.* (Im Rheinland kann der *Lorenz* nur *knallen,* im Münsterland *perzen,* jedoch nie scheinen.)

Wenn *der Lorenz knallt* ist für Niederrheiner, Bergische und Ruhrgebietler völlig klar, was gemeint ist: Die Sonne brennt, es ist unerträglich heiß. Andere Rheinländerinnen und Rheinländer können dagegen mit dem *Lorenz* eher weniger anfangen, auch wenn sich die Wendung inzwischen auszubreiten scheint.

Wieso *knallt der Lorenz* überhaupt (und nicht der Peter, Erwin oder Hermann)? Alles deutet darauf hin, dass die Wendung ursprünglich nur in den westfälischen Mundarten beheimatet war. Im Münsterländischen kennt man den Lorenz jedenfalls als stechende Sonne *(Wat brennt den Loorenz di weer up'n Balge),* in den rheinischen Mundarten dagegen nur als Mond oder gar Mann im Mond. Dies ist in Bochum und Duisburg auch heute noch in der Umgangssprache so. Wenn hier der *Lorenz* prall am Himmel steht, dann ist Vollmond, weshalb man dort *beim prallen Lorenz* auch vom Säufermond spricht. Im Hunsrück und in der Eifel nennt man den Mond übrigens Philipp und den darin befindlichen Mann Mondphilipp, was auf eine gewisse Beliebigkeit bei der Benennung von Himmelkörpern mit Personennamen schließen lassen könnte.

Allerdings scheint doch einiges auf eine Verbindung mit dem Heiligen Laurentius – Lorenz ist die weitverbreitete Kurzform – hinzudeuten. Der Tag des Heiligen, der 10. August, fällt genau in die Mitte des Sommers und ist deshalb mit einer Reihe von Wetterregeln verbunden, die ihn naturgemäß mit großer Trockenheit und sengender Sonne in Verbindung bringen. Vom *Lorenz,* der große Hitze bringt, ist es nicht weit zum *Lorenz,* der vom Himmel knallt. Zumal man ihn auch als Ursache der Sternschnuppen kennt, die im August ja vermehrt auftreten. Bei Sternschnuppenfall hieß es früher: *Lorenz is am kriische* (weinen).

RhWb 5/212; WfWb 3/1201

Löres junger Mann, pubertierender Jugendlicher, Bengel *Die Löresse da an der Bude trinken schon Bier. Dat die dat dörfen!,* auch »Penis« *Der Besuffski hat den Löres ausse Hose hängen.*

Ein zentralrheinisches Wort, das seine Wurzeln im Mittelniederländischen hat; dort ist der lore oder leure ein kleiner Schelm, im Limburgischen heute als *lorejas, leurjas* »Lümmel«. Die übertragene Bedeutung »Penis« ergibt sich wohl aus dem mehrdeutigen »Lümmel« *(Lümmeltüte).* Aber auch limburgisch *leures* »Bengel, Schlingel« als Abkürzung des Vornamens Lorenz.

Debrabandere 2011 233 u. 239; RhWb 5/540; Verdam 338; Wrede 2010 574

Lorke, Lorche, Lurke (trübe) Brühe, mieses Getränk, abgestandenes Bier *Bah, wat is dat denn vonne Lorke da im Glas. Die alte Lorche wolls de doch wohl nich mehr trinken.* Auch als Synonym für »Malzkaffee, Ersatzkaffee, Blümchenkaffee«. Die *Lorke, Lorche* verachtet man überall im deutschen Sprachraum.

Die Bedeutungsvariante »Malzkaffee«, der bekanntlich auch aus gemälzter Gerste hergestellt werden kann, hat zur Annahme verleitet, die Bezeichnung gehe auf französisch l'orge »die Gerste« (mit Übernahme des Artikels) zurück. Damit wäre die sächsische Aussprachevariante *Lorge* die ursprüngliche, die berlinische *Lorke* eine lautliche Entstellung. Diese Deutung ist wohl aus sachlichen wie aus sprachhistorischen Gründen nicht zu halten. Der Malzkaffee aus Gerste wurde Mitte des 19. Jahrhunderts in Köthen »erfunden«; ein Motiv für eine französische Benennung der ungeliebten Brühe ist nicht gegeben. Wahrscheinlicher ist die Annahme, dass *Lorge* lediglich die »sächsische« Lautvariante der weitverbreiteten *Lorke, Lurke, Lurche* (in Köln *Lörche*) ist, die schon immer als Bezeichnung für minderwertige Getränke gedient hat. Ursprünglich war die *Lurke, Lorke* in Weingebieten ein billiger Tresterwein oder ein mit Wasser verlängerter dünner Wein. Das Wort ist in dieser Bedeutung seit dem 16. Jahrhundert bekannt und später auf andere fade Getränke übergegangen. Die weitere Wortgeschichte ist nicht sicher, aber eine Verwandtschaft mit mittelhochdeutsch lure und althochdeutsch lura »Tresterwein« ist wahrscheinlich. Damit wäre die fiese *Lorke, Lurke* eigentlich ein lateinisches Lehnwort aus lora, lorea »Tresterwein«.

Hierher gehört wohl auch das niederrheinische Verb **lörken** »unkontrolliert sabbern«: *Du hast dein ganzes Kopfkissen vollgelörkt. Pass auf, dat Ullich is widder am lörken.*

Bergmann 212; Grimm 12/1151 u. 1313; Paul 540; Wrede 2010 574; http://www.duden.de/rechtschreibung/Lorke; http://zwei.dwds.de/wb/Lorke

löten meist als *einen verlöten* »Alkohol trinken« *Gestern war ich mit dem Nachbarn einen löten ine Kneipe. Die ham sich da vielleicht einen verlötet auf dem Fest, frach nich nach Sonnenschein. »Darum laßt uns noch einen verlöten, vielleicht sind wir morgen schon flöten«* (Fußballerlied). Man kann sich auch **zulöten**, zum Beispiel mit einer **Löte** (eine Flasche Bier). *Verlöten* kann auch eine männliche abwertende Bezeichnung für das Beischlafen sein: *Der werd ich auch noch eine verlöten.*

Die Herkunft offenbart der *Lötkolben,* wie in den Mundarten und in der Umgangssprache die Säufernase genannt wird. Alkoholkonsum wird traditionell mit Hitze und Glühen verbunden (*vorglühen* in der modernen Umgangssprache), *löten* bedeutet demnach »den Kopf zum Glühen bringen«.

Küpper 505; PfWb 2/1218; RhWb 5/560

Lotte in der Wendung *volle Lotte* »heftig, stark« *Der is volle Lotte gegen die Tür gerannt* (mit aller Kraft, mit Volldampf).

Nicht in den Mundarten verankert; eine Variante in einer ganzen Reihe von ähnlichen Wendungen wie *volle Suppe, volles Rohr* oder *volle Kanne,* die vermuten lassen, dass die Wahl des Wortes völlig willkürlich ist. Die Ableitungen aus dem Französischen (lutte »Kampf«) oder Italienischen (lotta »Kampf«) überzeugen ebensowenig wie aus der Bergmannssprache (Lotte »Rohr zur Bewetterung von Stollen«).

Cramm/Huske 45; MmWb

Lui, Luis Zuhälter oder auch »Typ Zuhälter« *Dat is en Auto, dat fahren doch nur Luis. In den Klamotten siehsde aus wie en Lui.* **Luikarre** Zuhälterauto.

Der französische Name Louis (Ludwig) hat im Deutschen eine Bedeutungsveränderung durchgemacht, im Französischen ist der Zuhälter ein Alphonse. Analog zu Lude (Kurzform von Ludwig) im 19. Jahrhundert in rotwelschen Kreisen entstanden.

Bach 290; Wolf 1956 3287

lünkern, lünkeln heimlich, verstohlen schauen *Bisse am lünkern? Hasse heimlich gelünkert? Dat gildet nich, du hass gelünkert* (beim Versteckspiel).

In den Mundarten als *lonken* und *lunken* vom Eifelrand bis nach Westfalen *(lünken)* verbreitet. Spuren des Wortes findet man nur im niederländischen Sprachraum: mittelniederländisch lonker »jemand, der lünkert«, vor allem in Familiennamen schon um 1300; im Frühniederländischen um 1500 ist lonken als »verlockende Blicke zuwerfen« dann vielfach belegt. Da mittelniederdeutsche Beispiele völlig fehlen, könnte hier niederländischer Einfluss vorliegen.

RhWb 5/620; Werner 227; Wrede 2010 582; http://www.etymologiebank.nl/trefwoord/lonken

luren in der Wendung *da luur dropp* »auf etwas achten« *Montag krieg ich die zehn Euro aber spätestens wieder! Da luur dropp!* Diese Wendung aus dem Platt hat ihren Weg in die Umgangssprache gefunden. Manchmal wird *luren* dort auch für »lauern« gebraucht *Watt lurt die denn hier röm? Pass op – der lurt immer hier rüber* »herübergucken, hinsehen«.

In den Mundarten ist *luren* weit verbreitet als »gespannt warten, beobachten, belauern, aushorchen, auf etwas achten«. *Luren* ist nichts anderes als die alte Form von standardsprachlich lauern, das im Mittelhochdeutschen als lur(e) »Hinterhalt«, im Mittelniederdeutschen als luren »betrügen« und im späten Mittelalter als luren »lauern« belegt ist. Im Niederländischen loeren »spähen«.

Hierher wohl auch **lurig** »lustlos, ohne Schwung, antriebslos« *Den Kalle brauchse gaanich ers fragen, so lurich wie der ause Augen kuckt, kommt der garantiert nich aum Platz.* Auch: *Die Suppe is wat lurig* (hinterhältig heiß).

Anmerkung: Der **Lorbas** »Tunichtgut, Schlingel«, der in der Regel als litauisches Lehnwort gehandelt wird, könnte hier seinen Ursprung haben. In rheinischen und niederdeutschen Mundarten ist der *Lorbast, Lurbast* ein »vorwitziger Tunichtgut« und eine »hinterlistige Person«, der in diesem Zusammenhang eindeutig zu lauern, *luren* zu stellen ist.

Meyer 73; RhWb 5/179, 182 u. 185; Wrede 2010 574; http://www.duden.de/rechtschreibung/Lorbass; http://www.etymologiebank.nl/trefwoord/loeren

Lusche Versager, Weichei *Ey du Lusche, du kannz auch gar nix! Kuck dir die Lusche an, keine Traute für nichts! Wat is dat für ne Lusche! Ich hab schon wieder nur Luschen aufe Hand* (niederrangige Spielkarte). *Ich hab ne Lusche gezogen* (Niete). Auch **Luschi** *Mit som Luschi würd ich nich gehen.* **luschich** ärmlich, minderwertig *Wat is dat denn vonne luschige Kneipe? Ganz schön luschich hier, oder?*

Die *Lusche* wird in der Regel auf die ostmitteldeutsche und bairische *Lusch* beziehungsweise *Leusch* »Hündin« zurückgeführt, die über die abgeleitete Bedeutung »liederliche Frau« schließlich für die umgangssprachlichen

Bedeutungen verantwortlich sein soll. Überzeugend ist diese Herleitung nicht, da sowohl in der allgemeinen Umgangssprache als auch in den Mundarten, die eine *Lusche* kennen, die Konnotation »liederlich, moralisch zweifelhaft« völlig fehlt, zumal im Pfälzischen, Hessischen und im Rheinland auch die Variante *Lutsch, lutschig* mit identischem Bedeutungsspektrum zu finden ist. Hier ist eine *Lutsch, Lusche,* wenn denn überhaupt eine Frau gemeint ist, zwar »dick, unordentlich«, aber nie moralisch zweifelhaft. Außerdem ist das mundartliche Bedeutungsspektrum weit gefächert und reicht von »etwas Schlaffes« über »alter Hut, ausgetretener Pantoffel, wertloses Zeug, alter Anzug« bis zu »Taugenichts, Schlingel, Klempner, Versager«, dazu kommen unzählige Ableitungen. Nichts deutet darauf hin, dass diese große mundartliche Wortfamilie auf die bairische »Hündin« zurückgeht. Die umgangssprachliche Verwendung entspricht exakt dem Bedeutungsspektrum in den westdeutschen Mundarten, sodass hier der Ursprung der *Lusche* als »Weichei« oder »Niete« zu finden ist.

Augst 156; Bergmann 212; Duden 1999 6/2474; Grimm 12/1314; Kluge 2011 588; Küpper 510; PfWb 4/1037 u. 1077; RhWb 5/231, 639 u. 650; Spohr 131; SüdhessWb 4/451; Weischer 173; http://www.duden.de/rechtschreibung/Lusche; https://www.dwds.de/wb/Lusche

lustern (gesprochen *luustern*) hören, lauschen *Wir könn hier nich reden, die Eltern sin immer am lustern, komm wir gehn.*

Lustern, lusteren ist in allen westdeutschen Mundarten weit verbreitet, die damit ein altes Wort bewahren, das in der Standardsprache durch horchen und lauschen verdrängt ist (anders im Niederländischen, dort gilt luisteren): mittelniederdeutsch lusteren, mittelniederländisch luusteren, althochdeutsch hlustren, wohl zu einer germanischen Wurzel *hlustan; vielleicht sogar verwandt mit sanskritisch srosati »hören, gehorchen«.

Grimm 12/361; PfWb 4/834; RhWb 5/233; Wrede 2010 584; http://www.etymologiebank.nl/trefwoord/luisteren1

Luuschhöhnche ist im zentralen Rheinland entweder ein Schlitzohr oder ein Leisetreter und Heimlichtuer. Dies ist allerdings nur die sekundäre Bedeutung des Wortes.

Würde man nach der genauen Übersetzung des Mundartworts fragen, wäre wohl »Lauschhühnchen« die gängige Antwort. Allerdings würden die Mundartsprecherinnen und -sprecher sicherlich schnell selbst stutzig werden: »Lauschhühnchen«, was soll das überhaupt für ein Wort sein? Und erst recht: Was für ein Tier soll da Pate gestanden haben?

Die Skepsis ist berechtigt. Tatsächlich ist das *Luuschhöhnche* gar kein »Lauschhühnchen«, sondern ein Schilfhuhn. Das heißt nämlich in den rheinischen Mundarten *Lüüschhohn* oder *Lüüschhöhnche. Lüüsch* ist hier die Bezeichnung für unterschiedliche Riedgräser oder Schilfpflanzen. Das Wort ist in niederdeutschen und rheinischen Mundarten verbreitet und schon im Mittelniederdeutschen als luysch und luyes belegt. Dass es mit dem Lieschgras verwandt ist, ist eher unwahrscheinlich, denn das ist ein Wiesengras.

Aus dem unschuldigen *Lüüschhöhnche* konnte im Rheinland ein Leisetreter werden, weil man hier in der Mundart das Verb *luusche* für lauschen kennt. Diese Lautähnlichkeit ist also für die besondere Bedeutung verantwortlich, das arme Schilfhuhn kann nichts dafür.

RhWb 5/232 u. 641; Schiller/Lübben 2/750; Wrede 2010 583

M

Macke Fehler, Beschädigung *Dat neue Auto hat schon ne Macke am Kotflügel. Wegen sonner kleinen Macke machse son Aufstand? Du hast wohl ne Macke! Sonne Macke möcht ich auch ma haben* (spinnen, verrückt sein). **vermackelt** versaut, kaputt *Dat Buch is aber ganz schön vermackelt.*

Die *Macke* geht zurück auf jiddisch makko »Schlag, Hieb« zu hebräisch makkah »Schlag, Plage« und ist über das Rotwelsche in die Umgangssprache gelangt.

Anmerkung: hierzu wohl auch **Mackes** »Kraft, Stärke« *(Der hat orntlich Mackes inne Mauen)* zur Pluralform makkos »kräftige Schläge« oder zu jiddisch mackesen »sich prügeln«.

Althaus 2006b 122; Kluge 2011 590; PfWb 4/1094; RhWb 5/692 u. 694; Stern 123; Wolf 1956 3353; http://www.duden.de/rechtschreibung/Macke_Marotte_Macke

Macker männliche Person, kann abwertend oder bewundernd gebraucht werden *Der ihr Macker fährt aber ne dicke Kiste* (fester Freund). *Die hat sich getz en Macker an Land gezogen, da fällt dir echt nix mehr zu ein.* Die moderne Kurzform lautet **Mäck** *Wo hasse deinen Mäck gelassen?*

Das Wort wird häufig zu jiddisch mackor, makkar »Freund, Bekannter« gestellt und soll, wie viele jiddische Wörter, über das Rotwelsche, wo der *Macker* eine wichtige Rolle spielt, in die deutsche Umgangssprache gelangt sein. Diese Herleitung findet ihre Begründung wohl in der verblüffenden Lautähnlichkeit, ist aber unnötigerweise zu weit hergeholt, weil sich der *Macker* leicht aus der deutschen Sprachgeschichte erklären lässt. Schon die Lautung verweist auf den niederdeutschen Sprachraum; und tatsächlich findet man im Mittelniederdeutschen den maker »Macher, Verfertiger«, der in den niederdeutschen Mundarten zum *Macker* »Geselle, Mitarbeiter« wird, und vor allem im Mittelniederländischen den makker bereits um 1599 als »Kamerad, Kompagnon«, der auch heute noch im Standardniederländischen als makker »Kumpel« gebräuchlich ist. Vergleichbare Formen kennt schon das Altenglische in gemaca und das Althochdeutsche in gimahho »Gefährte«. Es handelt sich hier offensichtlich um eine frühe semantische Aufspaltung des Verbs maken »machen« in »etwas machen« und »etwas mit jemandem machen«. In der aktuellen Umgangssprache ist der *Macker* in der Regel der »Gefährte« einer Frau.

Anmerkung: Eine interessante Variante kennt man am Niederrhein und im Bergischen Land als **Mackador** oder **Hauptmackador** *Der war ja der Hauptmackador da in dem Verein!,* die vielleicht eine Verbindung aus Matador und *Macker* ist.

Honnen 2003 126; Kluge 2011 590; Mengel 41; RhWb 5/692; Schiller/Lübben 3/19; Stern 125; van Veen/van der Sijs 533; Verdam 345; Wolf 1956 3351

Mäckes ein eher abwertender Ausdruck für »Gammler« oder Hausierer *Pass auf, da is en Mäckes an der Tür, der schellt gleich! Mäckes* ist ein typisches Siegerländer Wort, das auch an der unteren Sieg noch bekannt ist, heute kann es auch ein liebevoller Ausdruck für kleine, verdreckte Kinder sein. Außerdem bezeichnet *Mäckes* eine typische Siegerländer Teekanne (weil sie früher von *Mäckesern* gehandelt wurde).

Auszug aus dem Rheinischen Wörterbuch: »Mäckes: einer aus einem von der Bevölkerung als fremdartig empfundenen Volksstamm, der von Bettelei und Lumpenhandel lebt; meist wohnen sie in kleinen, armseligen Ortschaften vereint in elenden Hütten ... hier liegen die Männer, denen Arbeit als eine Schande gilt, den ganzen Tag auf der faulen Haut ... Weiber sieht man tagsüber nur wenige, denn diese gehen auf den Bettelgang ... unter wüsten Drohungen verlangt der Mann, der ihr unumschränkter Herr ist, ihm alles Mögliche mitzubringen, bes. Tabak und Schnaps ... Jetzt sind sie völlig in der übrigen Bevölkerung aufgegangen und das Wort dient nur noch als Schimpfwort.«

Die Herleitung des Wortes ist schwierig. Wolf vermutet den Ursprung in rotwelsch Meckes »Ziege«, weil die »herumziehenden Krämer mit irdenem Geschirr ... gewöhnlich Ziegen stehlen und mit sich führen«; möglich auch die Verwandtschaft mit rotwelsch und jiddisch Mäckes »Prügel«, das abgeleitete Verb *mäckessen* bedeutet im Siegerland »Streit anfangen«, *vermäkessen* »prügeln«. Noch einmal Wolf: »Diese Töpferwaren-Hausierer unterhielten besonders mit den hessischen und rheinischen Räuberbanden der napoleonischen Ära enge Beziehungen ...«

Heinzerling/Reuter 276; Hessen Nassauisches Volkswörterbuch 2/210; MmWb; RhWb 5/694; Woeste 172; Wolf 1956 3501

maff müde, abgespannt *Bei dem schwülen Wetter bin ich immer ganz maff.* Seltener *Da bisse maff, wa* (überrascht)! Das Wort ist ausschließlich am Niederrhein, im Bergischen Land und im Ruhrgebiet gebräuchlich. Es ist aus den kleverländischen Mundarten übernommen, die wiederum vom Niederländischen beeinflusst sind: spätmittelniederländisch maf »schlapp, träge«, frühere Belege gibt es nicht, das Standardniederländische kennt die Ableitung maffen »schlafen, pennen«.

Honnen 2003 126; Horster 338; RhWb 5/720;
http://www.etymologiebank.nl/trefwoord/maf

maggeln etwas (heimlich) aushandeln, aushecken, unterhandeln, auch »makeln« *Ich möcht wissen, wat die da wieder am maggeln sind. Der is immer irgend wat am maggeln. Auf dem Flohmarkt muss man maggeln, sonst macht dat kein Spass.* Auch **vermaggeln** *Die hat Haus und Hof vermaggelt, ohne dat der wat mitgekricht hat* (etwas hinter dem Rücken anderer verkaufen). **Maggelei** *Wat is dat widder vonne Maggelei bei denen.*

Maggeln ist die mundartliche, rheinische Variante von makeln: mittelniederdeutsch mekeler, makeler »Zwischenhändler, Verkäufer« (wohl aus maken »machen«).

Anmerkung: Auch das umgangssprachliche **mäkeln** »nörgeln« *(Der hat an allem wat zu mäkeln)* wird meist zu makeln »feilschen« im Sinne von »etwas heruntermachen« gestellt.

Kluge 2011 595; RhWb 5/778; Schiller/Lübben 3/60; Werner 232 f.; Wrede 2010 590; http://www.etymologiebank.nl/trefwoord/makelaar

Makai ist im zentralen Rheinland zwischen Nordeifel und Düsseldorf die mundartliche Bezeichnung für den Quark: *Nä, der Makai is zu wässerich.* Im übertragenen Sinn kann *Makai* auch »schlammigen Dreck« meinen. Das Wort ist schon früh aus der Wallonie entlehnt, dort ist makey eine Art Käse aus Sauermilch. Die Bezeichnung **Lord Makai** »Stutzer, eingebildeter Mensch« *(Dat is vielleicht ne Lord Makai, der Typ)* ist die Aachener Variante der Nonsensbildung *Graf Koks* (siehe dort).

Debrabandere 2011 243; Post 1982 168; RhWb 5/778; Wrede 2010 593

malad in den rheinischen Mundarten auch als **malätzich** »krank, schwächlich« *Der is schon lang malad, dat wird nix mehr mit dem.* Das Lehnwort (aus französisch malade »krank«) ist im Rheinland weit verbreitet.

RhWb 5/785; Wrede 2010 593

Maläste, Moleste, Malesten, Molester, Malessen Beschwerden, Unannehmlichkeiten, Probleme *Die hat immer Malessen mitte Beine, bald kann die gar nich mehr gehen. Die Karre hat aber auch schon Molesten, damit würd ich nich in Urlaub fahren. Haste Moleste mittem Stuhlgang, oder wat kuckste so* (Frage an einen griesgrämigen Menschen)? *Der arme Käl hat auch fies Moleste mit der Frau; die geht ihm fremd.* Sehr schön ist auch: *Sach ma, hasse Maläste mitte Gesuntheit?*

Die *Molesten, Malesten* sind in vielen Mundarten verbreitet; sie gehen zurück auf lateinisch molestus »beschwerlich« und molestia »Beschwerlichkeit«. Möglicherweise über das französische molester »quälen« entlehnt, da in Köln das Verb *molesteren* vor dem Substantiv nachgewiesen ist (heute noch als **vermolestieren** »zerstören, verhunzen, überdrehen« zu hören: *Wer hat die Schraube vermolestiert? Die is völlig im Eimer.*). Im aktuellen Niederländischen molesteren »jemanden belästigen«.

Bergmann 228; Debrabandere 2011 244; PfWb 4/1389; RhWb 5/1241; Werner 233; Wrede 2010 622; http://www.etymologiebank.nl/trefwoord/molesteren

malle bescheuert, verrückt, verwirrt *Bisse malle oder wat? Ich bin schon ganz malle von der Schaukelei hier.* Wenn etwas kaputt ist, kann es auch *malle* sein: *Die Platte is malle, die kannze vergessen.* Das Wort ist umgangssprachlich, lediglich der niederrheinische Norden kennt das Verb **mallen** als »verrückt sein, sich austoben«.

Damit ist auch der entscheidende Hinweis zur Wortgeschichte gegeben. Zwar ist die Assoziation Mallorca mit seinem berüchtigten Ballermann naheliegend, jedoch irreführend. Wie das Verb *mallen* schon vermuten lässt, hat das Wort mittelniederdeutsche beziehungsweise mittelniederländische Wurzeln: Beide Sprachepochen haben mal als »töricht, verrückt, seltsam«, in der niederländischen Standardsprache ist mal als »närrisch, albern« erhalten. Und Bewunderer der niederländischen Kunst kennen das berühmte Gemälde »Malle Babbe« von Frans Hals. Die weitere Wortgeschichte von mal ist unbekannt. Eine Verwandtschaft mit lateinisch mollis »schwach« ist möglich, aber nicht schlüssig nachweisbar.

RhWb 5/791; Schiller/Lübben 3/10; van Veen/van der Sijs 533; Verdam 345; http://www.duden.de/rechtschreibung/mall; http://www.duden.de/rechtschreibung/malle

Mälm, Melm trockener, mehliger Staub, in der Umgangssprache auch »Matsch« *Musde wieder durch den dicksten Mälm stalpen?* Dazu auch der **Mälmpüper**, so etwas wie ein *Hippeländer,* Mensch aus der Spargelanbaugegend um Walbeck *Die hat en Melmpüper geheiratet.*

Im rheinischen und niederdeutschen *Mälm* hat sich ein altes Wort nahezu lautgetreu über Jahrhunderte erhalten: Schon im Althochdeutschen (und

Altsächsischen) ist melm die Bezeichnung für Staub. Zugrunde liegt das gotische malma »Sand«, das zu einer großen Wortfamilie geführt hat. Dazu gehören das noch heute gebräuchliche malmen, im Hochdeutschen nur noch als zermalmen (in kleine Stücke mahlen), der Mulm »Stauberde« und das daraus abgeleitete **mulmig** »bedenklich, übel, gefährlich«: *Mir wird ganz mulmig.* Ursprünglich war das Adjektiv auf staubige, ungesunde oder dicke Luft und Rauch bezogen und hat erst um 1900 seine heutige, das menschliche Unwohlsein meinende Bedeutung erlangt.

Derks 337; Honnen 2003 127; RhWb 5/1069; Trübner 4/693; van Veen/van der Sijs 573; http://www.duden.de/rechtschreibung/malmen

malochen »schwer arbeiten«, dazu die **Maloche, Malocherei** und der **Malocher** gelten heute als Kennwörter des Ruhrreviers. Dafür werden entweder polnische Bergleute verantwortlich gemacht: »Die Bedeutung für harten Körpereinsatz wurde unter anderem durch oberschlesische Bergarbeiter, die den Begriff von polnischen Juden übernommen hatten, in den Kohleabbaugebieten des Ruhrgebiets verbreitet« (Wikipedia), oder jüdische Arbeiter: »Der Begriff Maloche in der Standardsprache wurde in den 20er Jahren dieses Jahrhunderts durch die jüdischen Arbeiter im Ruhrgebiet belebt, die nach 1914 aus den durch Deutschland besetzten polnischen Gebieten angeworben oder von dort deportiert wurden« (Stern). Genau wie die Legende vom Ruhrdeutschen als Mischsprache aus Polnisch und Dialekt ist auch diese Wortgeschichte zwar oft zu lesen, aber dennoch falsch.

Malochen ist erstmals 1750, also lange vor der Zuwanderung ins Ruhrgebiet, belegt und heute in großen Teilen Niedersachsens und in fast ganz Nordrhein-Westfalen gebräuchlich. In den Mundarten ist das Wort auch in Baden-Württemberg, Rheinland-Pfalz und Lothringen verbreitet. Es geht zurück auf jiddisch melocho, meleches »Arbeit, Werk«, das wiederum hebräische Wurzeln hat. Wie so viele jiddische Wörter wurde auch *malochen* über das Rotwelsche in die Dialekte und die Umgangssprache vermittelt.

Althaus 2003 48; Althaus 2006b 124; Menge/Lakemper 576 ff.; Stern 126; http://de.wikipedia.org/wiki/malochen (abgerufen am 30.3.2015)

Mämme, Memme, Mimm weibliche Brust *Mensch, kuck ma, wat die vor Mämmen hat.* **Mämmespeck** Speckring um den Bauch *Der hat echt Mämmespeck angesetzt.* **Memmentempel** Wohnheim für Krankenschwestern und -schülerinnen. Nur noch selten zu hören ist **Memmendrück** als Bezeichnung für eine stattliche, gestandene Frau.

Die derbe Bezeichnung bedeutet in den rheinischen Mundarten vor allem »Kuheuter« (das Wort Euter kennen die rheinischen Dialekte nicht). Die abgeleitete *Mämme* »Muttersöhnchen, Weichei« ist seit dem 16. Jahrhundert bezeugt und in der heutigen Umgangssprache als *Memme* weit verbreitet. Das Wort selbst ist verwandt mit Mama »Mutter« und lateinisch mamma »Mutterbrust«.

Bergmann 223; Duden 2008 555; Grimm 12/2004; RhWb 5/799;
http://www.duden.de/rechtschreibung/Memme

Mang, Mann Korb *Ich hol noch en Mang Ärpeln ausem Keller.* Das alte rheinische Mundartwort hört man noch häufig in der Umgangssprache, das uncharmante **Pratschmang** für eine dicke Frau jedoch nur noch selten.

Mang ist die rheinische, das heißt velarisierte Variante der Mande »Korb ohne Henkel« (analog zu Kind und *Kengk*), niederländisch mand. Ein niederdeutsches Wort: mittelniederländisch beziehungsweise mittelniederdeutsch mand, altenglisch mand »Korb«.

Kluge 2011 597; RhWb 5/806; Wrede 2010 596;
http://www.etymologiebank.nl/trefwoord/mand

mangeln handeln, tauschen; nur im westlichen Rheinland *Wat die da wieder am mangeln sind?* Das Wort hat seine ursprüngliche negative Bedeutung seit zweitausend Jahren bewahrt: lateinisch mango »betrügerischer Händler, Sklavenhändler«, althochdeutsch mango »Händler«.

Post 1982 302; RhWb 5/815

mangs, mans mürbe, breiig, weich, zerfließend *Der Camembert is aber ziemlich mangs.* In den rheinischen Mundarten kann alles Mögliche *mangs, mans* sein, nicht nur Essbares; die Umgangssprache kennt allerdings nur diesen Bezug, zum Beispiel in der Wendung *Em Bauch wird doch alles mangs,* wenn jemand sein Essen penibel getrennt zu sich nimmt.

Eine heute nur noch im ländlichen Raum bekannte Bedeutung von *mangs, mans* ist »unfruchtbar«, meist bei Vieh. Und genau diese Bedeutungsvariante führt sehr tief in die Wortgeschichte, denn das Wort scheint tatsächlich das Relikt einer »vorgermanischen und vorromanischen Substratsprache« zu sein. Im Wallonischen ist es bekannt als mose, mos »steril bei Tieren«, außerdem verwandt mit heute nur noch im ländlichen Raum bekannten Mundartwörtern wie *Minnes* »junger Stier«, *Manze, Mauz* »Zitze, Euter«, *Minze* »weibliches Kalb«. Zugrunde liegt das althochdeutsche manzon »Euter«, das wiederum auf einen alten, wohl sogar schon indogermanischen Wortstamm *mend zurückgeht, der die Bedeutung »säugen« gehabt hat. Es ist eine ehrfurchtgebietende Vorstellung, dass sich hier in Teilen des Rheinlands über Jahrtausende ein Wort gehalten hat, das sonst nirgendwo mehr zu hören ist.

MmWb; Post 1982 165; RhWb 5/837; Wrede 2010 596

Männeken eigentlich Männchen, im Rheinland oft als drohende Anrede *Hömma, Männeken, wenne nich gleich ruhich bis!* Auch abwertend gebraucht *Der Schiedsrichter is aber en giftich Männeken.* Auch als *Männekes machen* »jemanden für dumm verkaufen« *Die machen doch nur Männekes mit dir.*

Das Wort ist aus zwei Gründen interessant. Obwohl es die niederdeutsche Diminutivendung trägt und sein hochdeutsches Pendant Männchen kanonisiert ist, ist das *Männeken* weit über den niederfränkischen Sprachraum hinaus im Rheinland gebräuchlich. *Männeken* ist ein erstaunlicher Sonderfall. Vielleicht ist das der Grund für die im Rheinland oft zu hörende Volksetymologie, die das *Männeken* aus dem französischen mannequin ableitet. Die Geschichte geht natürlich genau andersherum: Mannequin ist eine französische Entlehnung aus dem mittelniederländischen mannekin, der Verkleinerungsform von niederländisch man »Mann«. Im 17. Jahrhundert hat Mannequin die Bedeutung »Gliederpuppe als Modell für Künstler«, daraus wurde im 19. Jahrhundert schließlich die Bedeutung »Schneiderpuppe, männlicher Modevorführer«, aus der sich Ende des 19. Jahrhunderts die »weibliche Modevorführerin« entwickelte.

Honnen 2003 128; Pfeifer 2/1059

manschen, mantschen, rummanschen mischen, matschen *Der Hund war mal wieder in seiner Schüssel am rummanschen, wie dat jetz aussieht. Mansch nich so im Essen, dat tut man nich!,* außerdem **vermanschen, vermantschen** und **zermanschen, zermantschen**.

Nicht zu französisch manger »essen«, sondern ein eigenständiges Verb, das seit dem 16. Jahrhundert im deutschen Sprachraum belegt und wohl lautmalerischen Ursprungs ist.

Anmerkung: Das rheinische **mantscheln** »schmatzend, unappetitlich essen« dürfte dagegen wohl durch französisch manger inspiriert sein.

Kluge 2011 600; RhWb 5/844

Manschetten Ärmelaufschlag, in der Wendung *Manschetten haben* oder *kriegen* »Angst haben«, oft auch *Da hatt der Manschetten für.*

Aus französisch manchette »Handkrause«, der Verkleinerungsform von manche »Ärmel«; die besondere Bedeutung wird so erklärt: »Sie kam in studentischen Kreisen des 18. Jahrhunderts auf, als die überfallende Manschette den Gebrauch des Degens hinderte. Wer Manschetten trug, war nicht wehrhaft, ein modischer Zärtling.«

Bach 288; Kluge 2011 600; Küpper 520; RhWb 5/845; Trübner 4/551; Wolf 1956 3399

Marie Geld *Willze mitspielen, musse Marie mitbringen! Wenne krank bis, nützt dir deine ganze Marie nix.* Manchmal auch **dicke Marie** (viel Geld) oder **linke Marie** (Falschgeld), in Wuppertal *emms Marie* »echtes Geld« (zu jiddisch emmes »wahr, echt«).

Das Wort ist negativ konnotiert und wird nur in bestimmten Zusammenhängen gebraucht. Deshalb ist die lustige Herleitung von Wrede eher unwahrscheinlich: »verkürzt aus Maria Empfängnis: Lohnempfang, Gehaltszahlung«; im Gegenteil ist die scherzhafte Metapher »Maria Empfängnis« für den Lohntag erst aus der Nebenbedeutung des Namens Marie entstanden. Die Wendungen *emmes Marie* und *linke Marie* deuten jedenfalls auf einen sondersprachlichen Ursprung, in vielen Rotwelschdialekten ist das Wort zu finden. Aus den Gauner- und Händlersprachen ist das Wort in die Umgangssprache (im Niederdeutschen in der Redensart *Gute Nacht Marie, das Geld liegt auf der Fensterbank*) und die Dialekte gelangt.

Wahrscheinlich ist *Marie* eine Anspielung auf den Mariatheresientaler (mit der Abbildung der Kaiserin), die Ableitung aus dem Romaneswort maro »Brot« ist spekulativ.

Althaus 2006a 66; Fellsches/Schnieber 118; Mengel 43; RhWb 5/867; Wrede 2010 599; http://www.duden.de/rechtschreibung/Marie_Geld

Marmel in der Wendung *einen an der Marmel haben.* Interessant ist, dass diese Wendung auch in den Regionen fest ist, in denen die kleine Kugel *Murmel, Mürmel, Mörvel* oder sogar ganz anders (etwa *Knicker, Klicker*) genannt wird. Die vielen mundartlichen Bezeichnungen für das Spielgerät – nicht nur – im Rheinland sind legendär. Das Rheinische Wörterbuch verzeichnet mehr als tausend unterschiedliche Namen. Dennoch hat man überall nur *einen an der Marmel,* wenn man als verrückt oder schräg gilt.

Das Wort *Marmel* kennt man bereits in althochdeutscher Zeit in den Formen marmul oder murmul als Bezeichnung für den Marmor. Nachdem sich in späterer Zeit das Lehnwort Marmor eingebürgert hatte, wurden die Marmeln und Murmeln frei als Namen für die kleinen Spielkugeln, die ursprünglich aus dem edlen Gestein gedreht waren.

Kluge 2011 603; RhWb 5/893; Trübner 4/561; http://www.duden.de/rechtschreibung/Marmel_Spielkugel_Glaskugel_Murmel

Massel, Masel Glück *Mann, da hab ich aber Masel gehabt. Der hat immer son Massel, dat glaubse nich!* Zu jiddisch masol »Stern, Glücksstern, Glück«, über das rotwelsche Masel, Masol »Glück« in die Umgangssprache gelangt.
Althaus 2006b 128; RhWb 5/933

Mattes in der Wendung *Nacht Mattes,* mit der eine Untergangsstimmung erzeugt werden soll *Wenn der mal richtig loslegt, na dann Nacht Mattes* (auch *Nach Mattes*). *Wenn die morgen nich endlich dat Geld überweisen, dann Nacht Mattes, kann ich dir sagen* (alles zu spät, am Ende). *Nacht Mattes, da stonn de Schluppe* (Pantoffel).

Mattes ist die rheinische Kurzform des Namens Matthias, die bedrohliche Wendung gründet im alten Volksglauben: »Die in der Matthiasnacht zwischen 12 u. 1 Uhr Geborenen sind hellseherisch; besonders wissen sie, wer im kommenden Jahre sterben wird, wenn sie die Mitternachtsstunde des 25. Februar auf dem Friedhofe verbracht haben; sie müssen an bestimmten Nächten des Jahres auf dem Friedhofe die *Geister pözen* (tragen).«

Anmerkung: *Mattes* kann im Rheinland auch »Kraft, Stärke« bedeuten *Hasse kein Mattes inne Mauen? Die hat aber ordentlich Mattes in de Arme.* Der heilige Matthias ist der Schutzpatron der Fleischer und Metzger, sein Attribut ist das Beil; daher die Assoziation des kräftigen Zuhauens.
RhWb 5/947; Wrede 2010 606

Mattesöößje ist ein für Nichtmundartkundige sicherlich einigermaßen rätselhaftes Wort. Es ist typisch rheinisch, zwischen Emmerich und dem Eifelrand nennt man so in unterschiedlichsten Lautungen *(Meisütke, Meisöösje, Malsöösje)* das kleine Gänseblümchen. Die Variante *Mattesöößje* spricht man im zentralen Rheinland zwischen Neuss und Bonn, man müsste sie als »Matsüßchen« übersetzen. Ein anderer Name für das Gänseblümchen ist bekanntlich Maßliebchen, und der erinnert schon eher an unser rheinisches *Mattesöößje.* Der Duden deutet Maßliebchen als »Esslust« (weil die Pflanze als appetitanregend gilt), die dann mit englisch meat und unserer Mettwurst verwandt wäre. Wem das zu Recht etwas seltsam vorkommt, der sollte sich an das rheinische *Mattesööfsje* halten, für das es im Niederländischen die Entsprechung madelief gibt. Und hier, das heißt im Niederländischen und Mittelniederdeutschen, liegt wohl auch der Ursprung des Wortes. Made oder auch Matte kennt man dort als Bezeichnung für eine Wiese oder Weide, den bevorzugten Lebensraum des kleinen Blümchens. *Mattesööfsje* wäre dann sinngemäß ein Wiesensüßchen – was es ja unbestreitbar auch ist; zudem ein sehr eindrückliches Beispiel, wie schwer die Wortgeschichte von volkstümlichen Bezeichnungen zu ermitteln ist.

Wrede 2010 606; http://www.etymologiebank.nl/trefwoord/madeliefje

Mattka Frau, oft abwertend gebraucht, auch »dicke Frau«; *Mattkas* gibt es im Ruhrgebiet, auch die eigene Ehefrau kann damit gemeint sein: *Meine Mattka macht wieder Theater. Hasse dem seine Mattka gesehen? Ohne seine Mattka geht der nich ausem Haus.* Aber auch möglich: *Bei dem saß aber ne echt geile Mattka im Auto.* Aus dem Polnischen und Russischen: matka »Mutter«.

MmWb; Sprick 93

Mätzchen in der Wendung *(keine) Mätzchen machen* »(keine) Umstände machen«. Die gesprochene Sprache im Rheinland illustriert sehr schön die Wortgeschichte. Während in der Umgangssprache nur die übertragene Bedeutung zu finden ist, kennt die Mundart **Matze** sowohl als Abkürzung von Matthias wie auch als Bezeichnung für einen Wirrkopf und etwas Kleines (kleiner Vogel, ein Finger oder kleines Kind), zum Beispiel in **Hemdenmatz**, oder in Zusammensetzungen wie **Matzbuxe** und **Matzfutte** »Feigling«. Das Diminutiv *Mätzchen* steht ebenfalls für ein kleines Kind. Aus der Bedeutungsvariante *Matze* »Wirrkopf« hat sich die umgangssprachliche Bedeutung »überflüssige Umstände« entwickelt.

Duden 2008 550; RhWb 5/952; Trübner 4/577

mau mager, unzureichend *Dat sieht aber mau aus mit dem Wetter in den nächsten Tagen. In meinem Portmonaie sieht es mau aus.* Auch »schwach, kränklich, unwohl, flau« *Mir is wat mau inne Beine, stütz mich ma.*

Ein relativ neues Wort unbekannter Herkunft, möglicherweise eine Kontraktion aus matt und flau; es gilt als Berliner Export (zweite Hälfte des 19. Jahrhunderts), war jedoch um 1900 schon allgemein im Rheinland verbreitet.

Duden 2008 550; Kluge 2011 608; Paul 562; PfWb 4/1222; RhWb 5/954; Wolf 1956 3465; Wrede 2010 607

Maue Arm, Oberarm, meist im Plural; auch verniedlichend **Mäukes** *Der hat aber en paar Maue* (kräftige, muskulöse Oberarme)! *Der hat doch nix inne Mauen* (schwach sein). *Kumma, wat der für dünne Mäukes hat.*

Ein Wort aus dem niederdeutschen Raum: mittelniederdeutsch und mittelniederländisch mouwe »Ärmel«, althochdeutsch mouwa; das mittelhochdeutsche mouwe hat im Hochdeutschen keine Spuren hinterlassen.

RhWb 5/958; Steinröx 157; Werner 238; Wrede 2010 606; http://www.etymologiebank.nl/trefwoord/mouw1

mauern ist einer der vielen Fachausdrücke beim Kartenspielen. *Mauern* meint dort »ängstlich auf Sicherheit spielen«. Das Wort hat wohl nichts oder nur wenig mit dem deutschen Verb mauern (also der handwerklichen Tätigkeit) zu tun. Es geht vielmehr auf das (aus dem Hebräischen) stammende jiddische Wort bemore, mora »Angst, Furcht« zurück. Daraus ist in der Umgangssprache der Skatausdruck *mauern* geworden, wobei die Sprecherinnen und Sprecher, die das Wort nicht kannten, früher vielleicht wirklich an das Bild einer Mauer gedacht haben mögen. Ein **Mauerbruder** beim Skat ist also eigentlich ein zögerlicher Mensch, der Angst vor der eigenen Courage hat, wie man so sagt.

Duden 2008 550; Paul 562; Stern 150; Wolf 1956 3473

Mäufelchen ein (für Kinder) in kleine Würfel geschnittenes Butterbrot. Auch »kleine Würfel« (zum Beispiel *Schinken-Mäufelchen*). *Maufel* ist ein südrheinisches und bergisches Mundartwort, eigentlich eine Kontraktion aus maulvoll, mundvoll (so viel wie in den Mund hineingeht).

RhWb 5/967

Mauken auch **Mauchen** Füße, meist als **Käsemauken, Stinkmauken, Miesmauken** oder **Schweißmauken** im Zusammenhang mit schlechtem Geruch, aber auch **Eismauken** (kalte Füße) *Ey, nimm ma deine Käsemauken vom Tisch.*

Die Mundarten kennen die *Mauke, Mauche* nur als Hufkrankheit bei Rindern oder sonstigen krankhaften Veränderungen an Gliedern oder Pflanzen. Es handelt sich um ein altes, weitverbreitetes Wort, das über mittelniederdeutsch muke, mittelhochdeutsch muche »Fußkrankheit bei Pferden« wahrscheinlich auf lateinisch mucus, mucor »Schleim, Rotz« zurückgeht. Der Bedeutungsübergang von *Mauke* als »eklige, nässende Fußkrankheit« zu »stinkenden Füßen« ist nachvollziehbar, muss aber sehr spät stattgefunden haben, da die übertragene Bedeutung in den alten Mundarten nirgendwo aufscheint. Deshalb ist die Vermittlung über die Soldatensprache oder Viehhändlersprachen wahrscheinlich.

Küpper 526; Neri/Ziegler 179; PfWb 4/1226; Piirainen/Elling 604; RhWb 5/956; Siewert 1993 75; Trübner 4/578; Werner 238; http://www.etymologiebank.nl/trefwoord/mok1

mauscheln unredlich handeln; jiddisch eigentlich »auf jüdische Art sprechen, ein mit Hebraismen durchsetztes Deutsch sprechen«, daraus rotwelsch »auf jüdische Art handeln, betrügen«. Westjiddisch Mausche, ostjiddisch Moische »Moses« wurde zum Spottnamen für Juden.

Althaus 2006b 131

mausetot endgültig tot, ohne Rettung; ein Wort mit schönen Entstehungslegenden, angeblich aus französisch mort aussitôt »auf der Stelle tot«(?), zu hebräisch mauth(?) »tot« oder jiddisch mejss »Leiche«. Tatsächlich liegt niederdeutsch *mursdoot, morsdoot* »ganz tot« (*murs* »ganz«) zugrunde, woraus der »Volksmund« *mausetot* gemacht hat.

Duden 2008 551; Honnen 2008a 141; Mayer 279; Trübner 4/582; Werner 252; http://www.duden.de/rechtschreibung/mausetot

meimeln leicht regnen, fieseln, auch pinkeln *Et is am meimeln, warte noch wat hier. Der meimelt an jede Ecke!*

Das Wort ist hochfrequent im Bergischen Land, Ruhrgebiet und Münsterland, aber auch in anderen Regionen sporadisch zu hören. *Meimeln* ist eine Übernahme aus dem Rotwelschen, so ist es in der Münsteraner Geheimsprache Masematte, im Stotzheimer Jenisch und in der Kofferaner Musikantensprache nachgewiesen. Es geht zurück auf jiddisch majim »Wasser« und das abgeleitete maimenen »taufen«. Auch im familiären Jüdischdeutschen der Vorkriegszeit war das Wort gebräuchlich. Im Rotwelschen kann Maijem oder Schokelemaijem (zu jiddisch schocher majim »schwarzes Wasser«) auch für »Kaffee« stehen. In manchen Orten, in denen früher Rotwelschdialekte gesprochen wurden, kennt man Maijem auch in der örtlichen Alltagssprache.

Althaus 2006b 123; Honnen 1998a 105 u. 133; Honnen 2003 130; Piirainen/Elling 539; Siewert 1993 76; Stern 125; Weinberg 77; Wolf 1956 3368

Mekenkes, Menkenkes Umstände, Ausreden, Hokuspokus; nur in der Wendung *Mach keine Menkenkes!* Die Wendung ist überregional weit verbreitet.

Duden und Kluge erklären *Menkenke* als Wortspiel aus mengen, vermengen und Gemenge. Dafür spricht, dass *Menkenke* in manchen Mundarten auch für »Schlamm, unappetitliche Speise« (in Thüringen, Sachsen), »Durcheinander« (Pfalz) oder »heimliches Liebesverhältnis« (Frankfurt) steht. Allerdings überwiegt die Bedeutung »Betrug, Unsinn, Ausflüchte«

bei Weitem. Auch das Kompositum *Judenmenkenkes* (»Geschäftspraktiken der Juden« im Pfälzischen) ist auffällig. Hinzu kommt die Wendung *Mach dich nicht mechanne!* »sich verrückt machen« im Hessischen, die nur als Ableitung aus dem Jiddischen erklärt werden kann (jiddisch mechanne sein »um eine Sache herumreden«). Und da *Menkenke* auch im Rotwelschen gebucht ist, scheint die Herkunft aus dem Jiddischen durchaus plausibel.

Kluge 2011 615; Mengel 44; PfWb 3/1376; RhWb 5/1050; Stern 139; Werner 240; Wolf 1956 3531; http://www.duden.de/rechtschreibung/Menkenke

Melakotong, Melakatung, **Melakatümmelchen**, **Marketone** ist eine am Niederrhein, im Bergischen Land und in Köln heute kaum noch zu hörende Bezeichnung für einen frühen Pfirsich oder eine Aprikose. Das seltene Wort geht auf spanisches melocoton oder maracaton »Herzpfirsich« zurück. Der genaue Weg des Wortes an den Rhein ist unklar, »offensichtlich sind das Wort und die Sache in den letzten Jahrhunderten aus dem Romanischen (über die span. Niederlande?) entlehnt«.

Post 1982 216; RhWb 5/1063; Wrede 2010 610

Metz Messer **Schälmetz** Küchenmesser *Auf dem Schälmetz kannsde nach Köln reiten.* Im rheinischen *Metz* hat sich die alte Lautform des Messers erhalten: althochdeutsch mezzisahs (und ähnlich) und mittelhochdeutsch mezzer.

Kluge 2011 617; RhWb 5/1100; Wrede 2010 615

mickerig, mickrig schwach, klein; eigentlich kann alles *mickrig* sein: *Dat Büffett war aber wat mickrig bei denen. Wat is dat denn von mickrigen Hund. Die Pflanze is aber wat mickerig.* **Mickern** können dagegen in der Regel nur Pflanzen, in seltenen Fällen auch Lebewesen *Die Rosen mickern nur so vor sich hin. Seitdem der krank war, mickert der nur herum.* Ein **Micker** ist dagegen etwas, was im Wachstum zurückgeblieben ist: *Dein Gummibaum is aber en echter Micker. Dat is en Micker von Mann.* Viel produktiver ist *Micker* als Bestimmungswort in Zusammensetzungen: *Bei sonem Micker-*

gehalt geh ich nich arbeiten. Sone Mickerflöze lohnen doch den Abbau nich mehr. Ich krich immer nur so Mickermänneken ab, ich will auch ma son Schwarzeneggertyp.

Im Rheinland gilt das Wort nicht als mundartlich, im Pfälzischen ist es nur sporadisch belegt, im Sächsischen gilt es als neu, im Hessischen ist es mehrfach bezeugt, in Frankfurt nicht, dafür im Ostniederdeutschen als *mückerig* »schwächlich« und *mückern* »kränklich sein«. Da auch der auf Rügen geborene Ernst Moritz Arndt das Wort verwendet, dürfte es aus den Mundarten dieses Sprachraums im 19. Jahrhundert in die allgemeine Umgangssprache gelangt sein.

Bergmann 224; Herrmann-Winter 202; Kluge 2011 620; Küpper 534; Paul 572; PfWb 4/1319; Piirainen/Elling 591; RhWb 5/1125; SüdhessWb 4/653

Miege ist entweder ein ungenießbares Getränk wie abgestandenes Bier, dünner Kaffee oder schaler Sprudel, oder – und das ist die eigentliche Bedeutung – die Bezeichnung für Urin: *Hau mir ab mit dem Glas, die Miege kannze donnich trinken.* Noch schlimmer ist die **Pferdemiege** *Sonne Pferdemiege trink ich nich.* Und am schlimmsten ist die **Grachtenmiege** holländisches Bier.

Die Miege ist niederdeutschen Ursprungs: Im Mittelniederdeutschen ist sie als mige »Harn«, im Mittelniederländischen als mige »Urin, Wasser« belegt. Auch im Altisländischen ist es als Verb in miga und im Altenglischen als migan »harnen« bekannt. Man nimmt deshalb an, dass das Wort sehr alt ist und sowohl eine germanische (*migo) als auch urgermanische (*migi/a) Wurzel hat. Dem liegt wiederum ein indogermanisches *hmeig-e/o zugrunde, das man in vielen Sprachen nachweisen kann: lateinisch meiere und mingere »harnen, pissen«, armenisch mizem »harnen« oder altiranisch mehati »pissen«. Eine spektakuläre Wortgeschichte also, die man dem bezeichneten Gegenstand gar nicht zutraut.

Neri/Ziegler 56; RhWb 5/1131; Schiller/Lübben 3/90; Verdam 359

Miese Verlustpunkte beim Skat oder Doppelkopf *Bei dreihundert Miesen zahlst de ne Runde. Dafür krichste dreißig Miese, dat hat sich gelohnt.* Es geht aber auch: *Ich hab nur Miese auwem Konto* (rote Zahlen). Das dazugehörige Adjektiv ist *mies* »schlecht, hässlich, unangenehm«: *Der is aber mies drauf. Heute ham wer mieses Wetter. Musse alles mies machen?* Dazu **miesepetrig, Miesepriem, Miesepampel, Miesepeter.** Geht nicht auf französisch misérable zurück, sondern auf das jiddische Adjektiv mies »hässlich, schlecht«, das über das Rotwelsche in die Umgangssprache gelangt ist.

Kluge 2011 621; RhWb 5/1128; Stern 143

Mite, Miete meist als **Heumite** oder **Kartoffelmiete, Rübenmiete** Stapel, Haufen, Heuschober, Einlagerungsgrube für Früchte; das Wort ist im 18. Jahrhundert aus den niederrheinischen und niederdeutschen Mundarten in die Hochsprache gelangt. Im Mittelniederdeutschen als mite belegt; ein lateinisches Lehnwort aus meta »kegelförmiger Heuhaufen«.

Duden 2008 561; Post 1982 156; RhWb 5/1196

Mitt, Mittchen, Marmit, Parmitt ausschließlich in den linksrheinischen Mundarten von der Saar bis zum südlichen Niederrhein für den »Henkelmann«, auch noch in der Umgangssprache zu hören *Hasde die Mitt dabei?*

Mitt und seine Varianten sind eine Grenzentlehnung aus dem angrenzenden französischen Sprachraum. Dort ist marmite eigentlich der »Kochtopf«, die besondere Bedeutung »Henkelmann« hat sich seit dem 14. Jahrhundert entwickelt.

Post 1982 256; RhWb 5/897

Mocke trübe Brühe, Schlamm, Jauche *Dat Wasser hier im Hafen is ja ne abenteuerliche Mocke. Der fährt mit seinem Jeep immer in sone Kiesgrube un dann voll durch die Mocke.*

Nur die zentralrheinischen Mundarten und das Ruhrgebiet kennen *Mocke, Mog* als »trübe, aufgewühlte Flüssigkeit«. Dieses isolierte Vorkommen überrascht, denn damit ist die augenscheinliche Verwandtschaft mit englisch muck »Dung, Dreck«, das viele Parallelformen in nordischen Sprachen hat, eher unwahrscheinlich. Deshalb ist in der *Mocke* wohl eher eine Lautvariante von *Muck* zu sehen (siehe *Muckefuck*).

Dittmaier 1957 88; Fellsches/Schnieber 121; Onions 594; RhWb 5/968, 1219 u. 1323

Modder, Mott Schlamm, Dreck *Lass den Jung bloß nich in dem Modder spielen, wat meinze, wie der hinterher aussieht?* **Modderwasser** *In dem Baggerloch kannsde nich mehr schwimmen, dat reinste Modderwasser.* **modderich** verschlammt, dreckig *Seit dem Regen ist dat nur modderich im Garten.* **moddern** *Kommze mittem Eimer, gehn wir moddern!*

Ein ursprünglich niederdeutsches Wort, mittelniederdeutsch modder, mittelniederländisch moedre, zu einer spätgermanischen Wurzel *mudra »Schlick«. Standarddeutsch Moder, niederländisch modder, englisch mud.

Grimm 12/2442; Kluge 2011 629; Küpper 541; RhWb 5/1339; Werner 249; http://www.duden.de/rechtschreibung/Moder; http://www.etymologiebank.nl/trefwoord/modder

Möhne alte Frau; wenn es an *Weiberfastnacht* heißt, die *Möhnen* hätten die Macht übernommen, dann weiß jede Rheinländerin, was damit gemeint ist: Als alte Weiber verkleidete Frauen gebärden sich besonders wild im Karnevalstrubel. Weniger bekannt ist dagegen, dass die Bezeichnung für die Karnevalsfrauen eigentlich noch gar nicht so alt ist. Sporadisch in den 1930er-Jahren, vermehrt aber erst nach dem Zweiten Weltkrieg werden die wilden Weiber auch *Möhnen* genannt. Davor waren sie im Rheinland einfach nur *ahle Wiiver.* Und bis dahin war *Möhne* die normale mundartliche Anrede für jede alte, verheiratete Frau über sechzig oder aber die leicht abfällige Bezeichnung für eine alte Jungfer. Diese Bedeutung hat sich bis heute noch in der Wendung *Die hat ganz schön Möhnespeck angesetzt* gehalten, mit der die Fettpolster älterer Frauen benannt werden. Gar nicht mehr bekannt ist, dass *Möhnen* keineswegs nur weiblichen Geschlechts waren. Auch willensschwache, weibische oder gutmütige Männer wurden im Rheinischen durchaus als *Möhnen* bezeichnet.

Die Verwendung des Wortes in seiner ursprünglichen Bedeutung ist in der ersten Hälfte des letzten Jahrhunderts kontinuierlich zurückgegangen. Damit wurde es frei für seinen Auftritt im rheinischen Karneval. Heute ist die *Möhne* nur noch im Zusammenhang mit den närrischen Tagen zu hören, beim *Möhneball, Möhnenabend* oder in der Gestalt der *Obermöhn*. Die **Muhme** – *Mühne* und *Möhne* sind die rheinischen Varianten – war eigentlich die Schwester des Vaters oder der Mutter, ein anderes Wort für Tante also, genau das Wort, das – wie der Onkel den *Öhm, Ühm* (Oheim) – die Muhme im Sprachgebrauch verdrängt hat. Insofern kann man sich freuen, dass das alte Wort im rheinischen Karneval eine Überlebensnische gefunden hat.

Ein schönes Kompositum ist **Möhnebier**. Damit bezeichnet man im Rheinland das Malzbier, das ja früher als Frauenbier und als ganz besonders gesund für Schwangere galt. **Möhnepiss** »dünner Kaffee« ist dagegen ungenießbar: *Wat häste denn da fönne Möhnepiss gekocht, da kann man ja den Boden in der Tasse sehen.* **Krawallmöhn** streitlustige Frau. Ein alter **Möhnejrößer** ist ein Mann, der gegenüber Frauen eine übertriebene Höflichkeit an den Tag legt.

Pape 45; RhWb 5/1366; Werner 47; Wrede 2010 621

moi angenehm *Is so schön moi im Bett, ich bleib noch wat liegen.* Auch als Verstärkung gebraucht *Heut isset moi warm.*

Erstaunlich, dass das alte niederrheinische und westfälische Mundartwort noch heute in der Umgangssprache des Niederrheins und Ruhrgebiets zu hören ist. Zu niederländisch mooi »schön«, das erstmals im südniederländischen Sprachgebiet 1290 als moy, mooy erscheint (früher bereits in Beinamen), die weitere Wortgeschichte ist unbekannt; im deutschen Sprachraum erst seit dem 16. Jahrhundert.

Anmerkung: Der Name von Schloss Moyland (heute unter anderem Beuys-Museum) erklärt sich als mooi land »schönes Land«.

RhWb 5/1239; http://www.etymologiebank.nl/trefwoord/mooi

Moll in den Mundarten des linksrheinischen Rheinlands gibt es eine für »Ausländer« schwer verständliche Reihe ähnlich lautender Wörter: **Gullemulle**, **Kallemon**, **Kallemull**, **Kamull**, **Kodemoll**, **Krademull**, **Apfelmoll**, **Backelemoll**. Gemeint ist damit ein »Apfel im Schlafrock«, also ein Apfel im Teig, auch Apfelkrapfen genannt. Interessant sind diese heute nicht mehr so oft zu hörenden Wörter, weil sich hier offensichtlich völlig isoliert ein Lehnwort zu lateinisch malum »Apfel« erhalten hat, das sonst, außer in wenigen abgelegenen Vogesentälern, völlig verschwunden ist. Die Lautentwicklung muss man sich parallel zu lateinisch palus – rheinisch *Pool* (Pfahl) – vorstellen. Zu klären wäre jedoch, warum sich *Moll* nur als Grundwort in diesen Komposita und nicht als Bezeichnung für den Apfel an sich gehalten hat.

Post 1982 216; RhWb 4/82

Molli in der Wendung *den Molli machen* »jemanden vorführen, veräppeln, hintergehen« *Merkse dat nich, die machen doch den Molli mit dir. Ich lass mit mir nich den Molli machen. Wenne meinz, du könns mit mir den Molli machen.*

Sicher ist hier nur, dass die Wendung im Rheinland entstanden ist und hier ihre größte Verbreitung hat. Die Konstruktion *den Molli mit jemandem machen* ist ungewöhnlich, alle vorgeschlagenen Deutungen können sie nicht erklären: der Graf von Molzberg, der mit seinen Untertanen in Möllingen (Westerwald) angeblich *den Molli gemacht* hat, der rheinische *Mull* »Maulwurf«, der Gartenbesitzer zur Verzweiflung treibt, zu *mollig,* was dann »den Dicken markieren« bedeuten würde, zu französisch mollir »ermatten«, zu spanisch molino »Mühle« und so weiter.

FrankfWb 10/2049; Küpper 542; PfWb 4/1393; RhWb 5/1383; Röhrich 3/1041; Wahrig 4/715; http://etymologie.tantalosz.de/d.php

mollig gemütlich, angenehm *Wat hapt ihr dat schön mollich warm inne Bude. Dann mach ich et mir schön mollich mit ne Tasse Tee un en bischen Rum.* Auch Bezeichnung für eine rundliche Figur *Du bist aber ganz schön mollich geworden!*

Wieso das Wort allgemein der Studentensprache zugeschrieben wird, ist unverständlich: Im rheinischen Sprachraum ist es für die Mundarten überall belegt, im niederländischen Sprachraum ist es bereits im 17. Jahrhundert nachgewiesen. *Mollig* ist abgeleitet aus mittelniederdeutsch mol »weich«, mittelhochdeutsch molwic »weich«, verwandt mit lateinisch mollis »zart«.

Bach 277; Kluge 2011 631; Nail 1988 356; RhWb 5/1381; Werner 245; http://www.duden.de/rechtschreibung/mollig; http://www.etymologiebank.nl/trefwoord/mollig

Mömmes, Mümmes ist etwas Unappetitliches: ein Nasenpopel *Dir hängt da en Mömmes an der Nase. Bisse wieder Mömmese am fangen? Enne fiese Mömmes* ist ein unangenehmer Mensch. Der **Mömmesfresser** erklärt sich von selbst, es sei denn, er ist ein Geizhals. Ein **Elefantenmömmes** ist eine Frikadelle, limburgisch *moem.*

Das Wort wird zu Mumme »vermummte Person« gestellt, niederländisch mom, mittelniederländisch mom »Maske«, ein Lehnwort aus altfranzösisch mommer »sich verkleiden«; Wrede erklärt die semantische Beziehung so: »getrockneter Nasenschleim, in dieser Bedeutung als Eingewickeltes, Eingerolltes zu verstehen.«

Debrabandere 2011 25; RhWb 5/1395; Wrede 2010 623; http://www.etymologiebank.nl/trefwoord/mom1

möngkesmaß, mündchensmaß mundgerecht, exakt passend *Ich schneid dir das Brot in kleine Reiterchen, dann haste das mündchensmaß passend. Die Rechnung hab ich dir mündchensmaß aufgedröselt.* Die mehr dialektalen Varianten, die aber auch noch in der Umgangssprache zu hören sind, lauten **mönkesmaß, möngschesmoos** oder **müngschesmoos, mönkesparat, münkesmauz.**

Interessant ist, dass das Wort in seiner zentralrheinischen Lautung (velarisierte nd-Endung Mund versus *Monk*) auch am Niederrhein und im Ruhrgebiet verwendet wird, zumal der Mund in den Dialekten eigentlich ausnahmslos als *Muul, Mul* erscheint.

MmWb; RhWb 5/1405

Moore, More in der Wendung *More haben* Angst haben *Wat is, hasse etwa Morre vor dem? Nä, ich geh nich gern zum Zahnarzt, ich hab Moore für de Spritzen, un dat Bohren kann ich auch nich ab. Moore* hat man am Niederrhein und im Ruhrgebiet.

Aus dem Rotwelschen, dort ist Maure, More ein weitverbreitetes Wort für »Angst, Besorgnis«, wohl zu jiddisch bemore sein »sich fürchten« (siehe *mauern*).

MmWb; RhWb 5/1292; Wolf 1956 3473

Moos ist eines der vielen umgangssprachlichen Synonyme für »Geld«. Es ist aus dem Rotwelschen (in allen deutschen Geheimsprachen reich bezeugt) in die Umgangssprache übernommen worden und geht auf jiddische Wurzeln zurück: westjiddisch moes und ostjiddisch moß, muß »Geld«, mit hebräischem Ursprung in maoth »kleine Münze«. Der Gebrauch im Rotwelschen ist seit dem frühen 18. Jahrhundert bezeugt.

Die in den Mundarten und in der alten Studentensprache zu hörende Wendung *Sie haben Mosen und die Propheten* für »viel Geld besitzen, reich sein« ist eine lustige, volksetymologische Übertragung von *Moos* »Geld« auf das Wort Abrahams in Lukas 16,29: »Sie haben Mose und die Propheten, auf die sollen sie hören.«

Anmerkung: Das umgangssprachliche **Mäuse** für »Geld« geht auf dieselbe Wurzel zurück. Die in den Rotwelschdialekten zu hörenden *Moos*-Varianten *Mees, Mus, Mös* oder *Mous* entsprechen den dialektalen Pluralformen von Maus in vielen deutschen Mundarten. Damit ist die volksetymologische Umdeutung gleichsam vorprogrammiert.

Augustin 79; Kluge 1895 108; Kluge 2011 633; PfWb 4/1432; RhWb 5/1307; Stern 149; Wolf 1956 3677

möppern, moppern murren, nörgeln *Wat bisse wieder am möppern?* Das Verb hat eine lange Wortgeschichte und ist Teil einer überraschend großen, Sprachgrenzen überschreitenden Wortfamilie, die auf die germanische Wurzel mup zurückgeht. Die bezeichnet wohl etwas, das man als »Gesichter schneiden, grimassieren« beschreiben kann. Daraus entwickelten sich im niederdeutschen beziehungsweise westfälischen Raum das Verb *möppen, möppeln* »murren, nörgeln«, das niederländische mopperen und das englische to mop mit der Bedeutung »Grimassen schneiden« wie eben auch das umgangssprachliche *möppern, moppern,* womit ursprünglich »ein brummiges Gesicht aufsetzen« gemeint war. Als Ableitungen kennt das Englische den mope als »trübsinnigen Menschen«, das Niederländische den mopper als »Brummbär, Meckerer« und schließlich das Rheinische den **Mopp** oder **Möpp** als Schimpfwort für einen unangenehmen Menschen, dessen bekannteste Inkarnation wohl der **fiese Möpp** ist. Im Rheinland kann man auch *den Möpp dran kriegen* »verrückt werden über etwas« oder aber *den Möpp haben* »Stress, schlechte Laune haben«. Im Westfälischen kennt man dagegen den **Möppel**, der wiederum im Rheinischen ein räudiger Köter oder ein dicklicher, rundlicher Mensch ist. Darauf geht auch das Adjektiv **möppelig** zurück *(Die is aber möppelich geworden).*

Es mag sein, dass die Bedeutungskomponente »dick« auch durch den **Mops** mitgeprägt worden ist. Auf diesen unförmigen Hund ist die Bezeichnung für den mürrischen Menschen übertragen worden. Der Mops war der Modehund des 17. Jahrhunderts, Zeit genug also, um Spuren in der Umgangssprache zu hinterlassen. Dazu gehört das Verb **mopsen** »sich langweilen, schmollen« *(Der is sich schon den ganzen Tach am mopsen in seinem Zimmer),* das man wegen des gelangweilten Blicks des Mopses also als »mit einem grimmigen oder mürrischen Gesicht herumsitzen« übersetzen müsste; auch die Bedeutungsvariante »Kleinigkeiten stehlen« gehört hierher. Die **Möpse** als »Geld« haben ihren Ursprung wohl in den Prägungen von »grimmigen« Köpfen auf den Münzen und nicht im rotwelschen Adjektiv meps »klein«. Die Bedeutungsvariante »weibliche Brüste« scheint eine neuere Erscheinung zu sein.

Wegen der rundlichen oder kugeligen Form gehören wahrscheinlich hier auch die rheinischen **Moppen** hin, jenes kleine und oft ungenießbar harte Gebäck, das hier auf jeder Kirmes verkauft wird. Dieses talerförmige Gebäck wiederum ist der Anlass für die umgangssprachliche Bedeutungserweiterung in *Hasse überhaupt Moppen dabei?* »Geld«.

Doch damit nicht genug. Die allen diesen Wörtern gemeinsame Wurzel ist auch die Mutter einer weiteren Wortfamilie: siehe dazu das Stichwort *Muffel.*

Debrabandere 2011 266; de Vries 454; Grimm 12/2525; Honnen 2003 133; Kluge 2011 634; Küpper 544; Paul 584; Piirainen/Elling 602; RhWb 5/1280 f.; Trübner 4/671; van Veen/van der Sijs 576; Werner 247; Wolf 1956 3680; Wrede 2010 625

Morbele, Mordele, Mombere, More heißen in den Mundarten des südlichen Rheinlands die Brombeeren. Das Wort ist in der Umgangssprache nicht heimisch geworden. Es hat einen lateinischen Ursprung: morum »Maulbeere, Brombeere«. Daraus wurde im Mittelhochdeutschen moraz oder morat, was vielfach auch die Maulbeere bezeichnete. In der Standardsprache hat die jüngere Brombeere, die erst im Althochdeutschen (bramberi; aus brama »Dornstrauch« und Beere) entstanden ist, die ältere *More* verdrängt.

Lausberg/Möller 9; Post 1982 218; RhWb 5/1292

Mörfken, Mörfgen, Mürfken altes Fahrzeug, seltener allgemein für einen alten Gegenstand *Wat fährs du denn von altes Mörfken?*, auch »unansehnliches Lebewesen« *Dat is aber en Murfken von Hund.*

Das Wort wird vom Rheinischen Wörterbuch zu mürbe *(mörf, mürf)* gestellt (also eigentlich »Mürbchen«), das in den Mundarten auch »verkümmert, brüchig, morsch« bedeutet.

Fellsches 1999 113; RhWb 5/1421

Mösch ist eines der vielen ganz besonderen Reliktwörter im Rheinland. Denn nur hier, von der Mosel bis zum Niederrhein, nennt man den heute meist als Spatz bezeichneten kleinen Vogel die (!) **Mösch** oder **Müsche** – ein weiteres exklusiv rheinisches Wort also, und ein altes dazu. *Mösch* geht zurück auf *muscia, wie im römischen Gallien sowohl der Spatz als auch die Fliege genannt wurde. Deshalb ist die *Mösch* sogar entfernt verwandt mit dem spanischen mosquito (kleine Fliege) und der französischen mouche (ebenfalls Fliege) und der niederländischen mus (Spatz). Weshalb unsere germanischen Vorfahren im Rheinland das galloromanische Lehnwort übernommen haben, ist eine interessante, aber kaum zu beantwortende Frage. Vielleicht besaßen sie kein eigenes Wort für den gefiederten Kulturfolger? Der westfälische **Lüning** »Spatz«, den man früher auch am Niederrhein, im Ruhrgebiet und im Bergischen kannte, ist zwar ebenfalls sehr alt, das zugrunde liegende altsächsische hliunig bedeutet jedoch einfach »laut« und lässt darauf schließen, dass er ursprünglich nur ein laut zwitschernder Vogel war. Somit hätte sich mit der *Mösch* das »genauere« Wort durchgesetzt.

Anmerkung: Schön ist die Verballhornung **Möschtigall, Möschtijall** für jemanden, der nicht singen kann: *O Jott, die singt wie ene Möschtigall.*

Fellsches 1999 113; Goossens 11 ff.; Grimm 12/2595; Post 1982 94; RhWb 5/1436; Wrede 2010 627

mosern, rummosern meckern, nörgeln *Den kanns de in der Pfeife rauchen, der is nur am rummosern. Moser nich! Wat moserste hier rum?* **abmosern** ablästern *Geh doch aufe Versammlung von die Linke, da kannse abmosern, bis dä Artz kommt!*

Aus dem Rotwelschen übernommen; ursprünglich ein jiddisches Wort, westjiddisch masern »denunzieren«, ostjiddisch masern »anzeigen«, hebräisch masor »Angeber, Schwätzer«.

Althaus 2006b 147; Kluge 2011 636; Stern 130; http://www.duden.de/rechtschreibung/mosern

Mostert, Mostrich ist im Rheinland die übliche Bezeichnung für den Senf: *Pater Noster sitzt em Kloster, hat de janze Bux voll Mostert* (so ein Spruch aus Mönchengladbach).

Das Wort ist eine Entlehnung aus dem mittelniederländischen mostaert, das wiederum aus französisch moutarde entstanden ist. Zugrunde liegt lateinisch mustum »Most«, weil ursprünglich die zerriebenen Senfkörner in Most angesetzt wurden.

Kluge 2011 636; Leithaeuser 1891 25; RhWb 5/1309; Werner 249; Wrede 2010 627; http://www.duden.de/rechtschreibung/Mostert

Mottek »Hammer« ist heute nicht nur im Ruhrgebiet in Gebrauch, sondern auch in Teilen des zentralen Rheinlands. Hier kann er auch allgemein für ein Werkzeug stehen: *Gib ma den Mottek rüber. Da brauchse en Mottek für. Der kam da mit irgendsomm Mottek an un hat damit den Pinn inne Erde gekloppt.* Aus dem polnischen młotek »Hammer«.

Sprick 97

Motten in der Wendung *die Motten kriegen* als Ausruf der (bösen) Überraschung oder des Entsetzens *Ich glaub, ich krich die Motten! Da krisse die Motten!* Diese rheinische Lautvariante hat zu einer amüsanten Volksetymologie geführt, die die Wendung als Verballhornung von lateinisch »Christi mortem« (Christi Tod) interpretiert. Da diese Herleitung jedoch ausschließlich auf der rheinischen Verbform der 2. Person von kriegen *(kriss)* beruht, die Wendung jedoch im gesamten deutschsprachigen Gebiet und auch in der 1. Person verbreitet ist, entbehrt sie jeder Wahrscheinlichkeit. Die Wendung geht vielmehr auf das Rotwelsche zurück. In der Gaunersprache bedeutet *die Motten bekommen* oder *haben* »Lungentuberkulose bekommen, haben«. Diese Krankheit war bei den nichtsesshaften Rotwelschsprechern sehr verbreitet und gefürchtet. Sicher hat dazu auch das Bild eines von Motten zerfressenen Gewebes beigetragen.

Fellsches 1999 113; Röhrich 2/1053; Wolf 1956 3699

motzen meckern, sich beschweren *Der is immer nur am motzen!,* oft präfigiert als **rummotzen** oder **anmotzen** *Ich lass mich donnich hier so anmotzen von dir!* Dazu das Adjektiv **motzig**, dessen Bedeutung im Rheinischen Wörterbuch so beschrieben wird: »schmollend ... trotzig ... mit verquollenen (hässlichen) Gesichtszügen dasitzend, den Beleidiger nicht ansehend, mit ›dickem Munde‹ einhergehend.« Diese Bedeutung des sonst weiter verbreiteten Wortes ist typisch für die Mundarten des Rheinlands.

Die Wortgeschichte ist nicht ganz sicher, aber anzunehmen ist die Herkunft von althochdeutsch *(ir)muckezzen,* das auch der Ursprung von *mucksen, mucken* ist (siehe *mucksen*); jedenfalls nicht zu jiddisch mutz »Spreu«.

Grimm 12/2603; Kluge 2011 637; Meyer 78; RhWb 5/1497; Werner 250

Muckefuck »dünner Kaffee« ist im Rheinland ein kleiner Weltuntergang. Das belegen die vielen Bezeichnungen, die es hier für diese verhasste Brühe gibt: *Blümchenkaffee, Schwerterkaffee* (weil man angeblich auf den Boden der Kaffeetasse das Schwerteremblem der Meissener Manufaktur sehen kann), *Bodenseekaffee, Zores, Spräuz, Schlüntes, Plörre, Geschläpps, Bankrottsbrühe, Flöres* oder *Schlotterbrühe.* Das bekannteste Wort, das auch seinen Weg in die Umgangssprache gefunden hat, ist aber sicherlich *Muckefuck,* das auch für den genauso unbeliebten Ersatzkaffee aus Zichorienblüten stehen kann. Den haben angeblich die Berliner erfunden und – da sie bekanntlich unter Preußens Glorie lieber Französisch als Deutsch gesprochen haben – auch gleich mocca faux, also falscher Mocca, genannt. Daraus hat der gemeine Berliner dann kurzerhand den *Muckefuck* gemacht.

Da staunt man im Rheinland und wundert sich – und das zu Recht. Denn unser *Muckefuck* ist weder in Berlin entstanden, noch hat das Wort etwas mit dem Französischen zu tun. Im Gegenteil, *Muckefuck* ist ein urrheinisches Mundartwort, zusammengesetzt aus *Muck, Mocke,* das »Schlamm« oder »trübe Brühe« bedeutet, und *fuck,* das für »faul« steht (hier sei auf *fuckackig* verwiesen, ein beliebtes rheinisches Wort, das die Fäulnis in einem Apfel oder einer Birne bezeichnet). Im Bergischen sind die *Mucken* verfaulende Baumstümpfe, deren Mulm, gerne als Dünger verwendet, an mehrfach aufgeschütteten Kaffeesatz erinnert.

Dittmaier 1957 88; Gutknecht 2002 157; Honnen 2008a 149; Kluge 2011 637; Werner 250; Wrede 2010 629; Zitzen 1/120

muckelig heimelig, angenehm warm, gemütlich *Dat is echt muckelich bei euch inne Bude. Wenn et draußen uselich is, dann is et hier schön muckelich. Wat hasse fürn muckeliges Wämsken an?* Die westfälische Variante ist *mackelig.*

In den Mundarten ist die – neben »behaglich« – vorherrschende Bedeutung »drall, wohlgenährt, rundlich« als Ableitung von **Muckel, Mockel** »rundliche, dicke Person« (womit meistens eine Frau gemeint ist); im Limburgischen *moggel,* niederländisch mokkel »molliges Kind, dicke Frau«. Zurückzuführen auf frühniederländisch mocke »Dirne« und mittelhochdeutsch mocke »dicker Klumpen, plumper Mensch«, mittelniederländisch mocke »Sau, Dirne«. *Muckelig* hat also mundartlich, wie *mollig* (siehe dort), die beiden Bedeutungen »dick« und »gemütlich«.

Debrabandere 2011 260; Lexer 1/2193; PfWb 4/1378; RhWb 5/1333; Wrede 2010 635; http://www.etymologiebank.nl/trefwoord/mokkel1; https://www.ndr.de/kultur/norddeutsche_sprache/plattdeutsch/woerterbuch101_abc-M.html

Mucken (meist im Plural) Launen, Widerspenstigkeit *Die Technik hat ihre Mucken. Der Motor macht Mucken.* Früher auch auf Menschen bezogen *Die Putzfrau hat Mucken, aber sons arbeitet se flott.* Das Wort hat wohl nichts mit der Wortfamilie um *aufmucken, mucksig, sich mucksen* zu tun, sondern geht, als Analogiebildung zu *Grillen im Kopf haben,* auf die Mücke zurück. Es ist die umlautlose Pluralform, die in vielen oberdeutschen Mundarten üblich, aber in der Standardsprache unbekannt ist.

Kluge 2011 638; RhWb 5/1338; Trübner 4/686; Werner 250

Muckis (nur im Plural) Muskeln, meist Oberarmmuskeln *Hasse dem seine Muckis gesehen? Sone Muckis un nix ine Birne.* **Muckibude** Fitnesscenter.

In den rheinischen Mundarten ist das Wort in vielen Wendungen belegt: *De hät (kene) Muck en de Knochen, kene Muck en de Maue* (Ärmeln) »Stärke, Mut, Tatkraft«, *kenen Antast on kein Mock, der hat Muckdifuck* oder *Mucktifuckti* »Stärke« (so auch im Pfälzischen).

Diese weite mundartliche Verbreitung macht die Herleitung des Dudens (»wohl scherzhafte Bezeichnung für Muskel nach dem Kosewort Muckel«) eher unwahrscheinlich, wahrscheinlich ist dagegen der Ursprung der umgangssprachlichen *Muckis* im rheinischen Dialekt. Das Wort selbst könnte auf mundartliches *mucken* »rühren, bewegen« zurückgehen.

PfWb 4/1437; RhWb 5/1322; http://www.duden.de/rechtschreibung/Muckis

mucksen sich rühren, aufbegehren, schmollen, übel gelaunt sein *Ab inne Ecke, un wehe, du muckst dich! Der is am mucksen, lass den ma in Ruhe.* Dazu gehören die Derivate **mucksig** »trotzig, eingeschnappt« *(Der is seit drei Tagen mucksig)* und **Mucks, Muckser** »Zeichen der Bewegung« *(Ich will keinen Mucks mehr hören).* Das Wort ist weit verbreitet, wobei die Bedeutung »grollen, schmollen« auf den rheinischen Mundartraum begrenzt ist. In das heutige Standarddeutsche hat es nur das Kompositum mucksmäuschenstill geschafft.

Mucksen ist schon aus dem Althochdeutschen als irmuckazzen »leise mit halbgeöffnetem Mund reden« bekannt. Allerdings ist das Wort noch älter, denn es ist verwandt mit **mucken**, das aus dem 8. Jahrhundert als firmucken »stumpfsinnig sein« belegt ist. *Mucken* hatte im 14. Jahrhundert vorranging im niederdeutschen Raum die Bedeutung »brummen, murmeln«, woraus schließlich die noch heute übliche Bedeutung »murren, trotzig sein« entstand. Die weiteste Verbreitung dürfte wohl das Verb **aufmucken** gefunden haben, das im rheinischen und niederdeutschen Raum schon immer in Konkurrenz zu aufbegehren stand, aber nie ins Hochdeutsche übernommen worden ist: *Willze etwa aufmucken? Pass bloß auf!*

Den **Mucker** als »hinterhältigen, heimtückischen Typ« trifft man dagegen heute nur noch selten, im 18. und 19. Jahrhundert war er der Inbegriff des strenggläubigen, aber scheinheiligen Pietisten.

Grimm 12/2609 u. 2615; Kluge 2011 637; Pfeifer 2/1132; RhWb 5/1335; Trübner 4/686; Werner 250

Muffe in den Wendungen *Muffe haben* und *ihm* oder *ihr geht die Muffe eins zu tausend* als Umschreibungen für große Angst. Dazu kommen die Komposita **Muffenkopp** »Angsthase« und **Muffensausen** »große Angst«.

Das Wort ist in der allgemeinen Umgangssprache weit verbreitet. Es geht tatsächlich zurück auf die Muffe, die wir in der Standardsprache als »Röhrenverbindung« kennen. Die *Muffe* hat in der Umgangssprache eine Reihe von übertragenen Bedeutungen, darunter auch After und Darmausgang. Das *Wort Muffensausen* und die Wendungen *ihm flattert* oder *geht die Muffe* spielen auf die bekannte Darmtätigkeit bei großer Angst an, die man auch in Wendungen wie *Der scheißt sich noch in die Hose vor Angst* kennt.

Die Muffe als technischer Fachausdruck für eine Rohrverbindung ist noch gar nicht so alt, er datiert in das 19. Jahrhundert. Die ursprüngliche Muffe ist der heute kaum noch zu sehende Muff, in den von beiden Seiten die Hände zum Wärmen gesteckt werden können. Der wurde im 17. Jahrhundert aus niederländisch muffel entlehnt, das wiederum auf französisches moufle »Pelzhandschuh« zurückgeht. Zugrunde liegt das gleichbedeutende mittellateinische muffula, das durch das mittelhochdeutsche mouwe (das die rheinischen Mundartsprecherinnen und -sprecher noch im Wort *Maue* für den Arm kennen) beeinflusst sein könnte. Das wäre dann eine echte wortgeschichtliche Rundwanderung.

Anmerkung: Das Rheinische Wörterbuch stellt hierzu auch das beiderseits der niederländisch-deutschen Grenze beliebte Schimpfwort *Moffe, Möffen* oder *Moffenkopp* für die Bewohner der jeweils anderen Seite. Dasselbe gilt für den *Hans Muff* oder *Hansmuff* als rheinische Variante des Knecht Ruprechts, des furchterregenden Begleiters des Nikolaus. Hier werden jedoch für die Muffe als Rohrverbindung und die Wortfamilie um *Muff, Muffel* getrennte Wortgeschichten angenommen (deshalb siehe *Muffel*).

Debrabandere 2011 260; Duden 2008 575; Grimm 12/2623; Küpper 551; RhWb 5/1350; Röhrich 2/1055; Schmachthagen 341; Wahrig 4/737; Weijnen 130

Muffel und seltener **Muff** »mürrischer Mensch« *Wat is dat denn von Muffel, wat hat der denn vonne Laune?* Es kann aber auch jemand gemeint sein, der sich wie der *Krawattenmuffel* – modischen – Änderungen oder Modernisierungen widersetzt. Im Ruhrgebiet nennt man diesen Typ auch **Kamuffel**. Das dazugehörige Adjektiv ist **muffelig**, ein bekanntes Kompositum ist **Muffkopp** und das entsprechende Verb ist **muffeln** »mürrisch sein, schmollen«.

Diese Wortfamilie hat dieselbe Wurzel wie die unter dem Stichwort *möppern* beschriebene. Parallel zu *moppen* »brummen, verdrießlich knurren« haben sich im 15. Jahrhundert, vor allem auch im Oberdeutschen, die Verben *muffen, müffen* und *müpfen* »die Nase rümpfen« entwickelt, die zu den Ableitungen *Muff, Mupf* »Verziehen des Mundes« geführt haben. Ähnliche Formen gibt es auch in französischen und niederländischen Dialekten. Hier haben wohl auch die in der Grenzregion beliebten Schimpfwörter **dütsche Moff** und **holländse Moff** ihren Ursprung, mit denen sich Deutsche und Holländer gegenseitig als unfreundliche *Muffköppe* charakterisieren (allerdings ist auch die Ableitung aus *müffeln* »riechen« denkbar). Das tun sie nachweislich schon seit dem 17. Jahrhundert.

Debrabandere 2011 257 u. 260; de Vries 450; Honnen 2003 133; Kluge 2011 638; Küpper 551; RhWb 5/1350 ff.; Trübner 4/688; van Veen/van der Sijs 576; Weijnen 130; Werner 251; http://www.duden.de/rechtschreibung/muffeln_muerrisch_sein_essen

muffeln, müffeln oder **miefeln** schlecht, faulig, abgestanden riechen, einen fauligen Geruch verbreiten *Bei denen müffelt et aber inne Bude! Wat miefelt dat hier?* Dazu die entsprechenden Ableitungen **müffig, muffig** und **miefig** und der **Muff**, der unter den Talaren sprichwörtlich geworden ist. Meist haben *Muff* und *muffeln* in Schimmel oder dumpfiger Atmosphäre ihre Ursache. Die ie-Varianten sind noch nicht sehr alt und wahrscheinlich erst im ausgehenden 19. Jahrhundert entstanden.

Wie alt *muffeln* und *Muff* dagegen sind, ist nicht leicht zu bestimmen. In dieser Bedeutung sind sie erst seit dem 17. Jahrhundert belegt. Das hat Sprachwissenschaftler dazu bewogen, sie an die Wortgeschichte von *Muffel* »mürrischer Mensch« (siehe dort) anzuschließen. Hier ist dann das verzogene Gesicht beim Einatmen von schlechtem Geruch das Motiv. Allerdings ist das Wort weit verbreitet, sodass eine ältere, eigenständige Wurzel anzunehmen ist. Das Italienische kennt muffa als »Schimmel« und im Französischen ist mofette, mouffette »das Stinktier«, ein Wort, das eindeutig auf *Muff* »Schimmel« zurückgeführt wird. Im Niederländischen ist muf als »Schimmel« bereits im 15. Jahrhundert nachgewiesen. So hat man die Wortfamilie auch auf den sehr alten Stamm *meu / *mu zurückgeführt, auf dem viele Wörter mit der Bedeutung »feucht, modrig, Schimmel, Schlamm« basieren, zum Beispiel auch das rheinische **Modder** (siehe dort). Dann wäre *muffeln* ein wirklich altes Wort, auch wenn wir die Stationen zwischen dem Indogermanischen und den frühniederländischen Formen nicht kennen.

de Vries 457; Dubois/Mitterand/Dauzat 482; Grimm 12/2623; Kluge 2011 638; Pfeifer 2/1132; RhWb 5/1355; Trübner 4/688; Werner 251

müffeln seltener **muffeln** vor sich hin essen, langsam kauen, genießen *Wat müffelse so an dem Brot, is dat zu hart? Kuck ma, wie der gemütlich seine Suppe müffelt!* Am Niederrhein macht man **Müffelchen** »mundgerechte Stücke Brot«: *Wenn wir gemütlich vor dem Fernsehn sitzen, mach ich immer Müffelchen für alle.*

Müffeln ist das letzte der vielen *Muff*-Wörter in diesem Wörterbuch. Es verwundert nicht, wenn es angesichts seiner Bedeutung vielfach zur Wortfamilie um den *Muffel* gestellt wird, weil sowohl mit dem genüsslichen und mehr noch mit dem mürrischen Kauen auch das Gesicht verzogen wird. Gegen diese Ableitung spricht jedoch, dass diese besondere Bedeutung, im Gegensatz zur großen *Muff*-Wortfamilie, nur in einem sehr begrenzten Raum bekannt ist: im Pfälzischen, im Rheinischen und in den niederländischen Dialekten im Grenzraum. Deshalb dürfte hier von einem eigenständigen Wort auszugehen sein, das zwar gleich lautet, aber eine eigene Wortgeschichte hat. Ein erstes Indiz kann das niederrheinische *möffele* sein, das sowohl schmausen als auch nuscheln bedeuten kann – und nuscheln tut man, wenn man den Mund voll hat. Und genau dieses »Mundvoll« ist im genannten Dialektraum ein eigenständiges Wort und nur dort in der Lautung *Möffeltje, Müffelche, Müffel, Muffel* und *Möffel* weit verbreitet. Es bedeutet »kleiner Bissen, Häppchen«. Belegte Vorformen aus dem 16. Jahrhundert sind *Mümfel* und *Montfel. Müffeln* ist die Ableitung aus diesen dialektalen Mundvoll-Varianten – und wer beim Essen *müffelt,* kann eigentlich nur aus der Pfalz oder dem Rheinland stammen.

Debrabandere 2011 260; Horster 351; Pfeifer 2/1133; PfWb 4/1447; RhWb 5/1352; Weijnen 130; Wrede 2010 630

mullen reden, sprechen *Nich mullen, machen!* **Mulleflupp** einer, der viel redet, Schwätzer *Dat is ne richtije Mulleflupp.*

Das Maul ist im Rheinischen das *Muul,* das abgeleitete Verb entsprechend *muulen, mullen,* also eigentlich »maulen«.

RhWb 5/989

mümmeln auch **mömmeln**, dialektnäher und deshalb seltener noch **mimmeln** und **mumpeln** mit der schönen Bedeutungserklärung aus dem Rheinischen Wörterbuch: »kauen unter einer gewissermaßen Runddrehung der Kiefer, wie wenn jemand etwas Heißes im Munde hat, das er fortwährend im Munde drehen muss«, auch »langsam, lustlos oder zahnlos kauen wie ein Kaninchen«; die Hermann-Löns-Geschichten um den Hasen Mümmelmann haben das Wort in der Umgangssprache populär gemacht: *Wat müm-*

melse da im Essen, hasse kein Hunger? Der mümmelt schon ne Stunde an der Knifte. Seltener ist die Bedeutung »undeutlich reden, vor sich hin brummen«: *Wat bisse am mümmeln, wenne wat zu sagen has, dann sarret auch?*

Das Wort hat Entsprechungen im Niederländischen (mummelen, mompelen), Schwedischen (mumla) und im Englischen (to mumble), was auf eine längere Wortgeschichte deutet. Es ist sowohl im Mittelniederländischen als auch im Mittelniederdeutschen belegt und scheint in diesem Sprachraum entstanden zu sein, da es hier in allen Mundarten sowohl als *mumpeln, mompeln* wie auch als *mümmeln, mommeln* bekannt ist. Es dürfte einen lautnachahmenden Ursprung haben.

Debrabandere 2011 266; Duden 2008 577; Hoad 304; Pfeifer 2/1136; PfWb 4/1462; RhWb 5/1152 u. 1395; Trübner 4/694; Werner 245; Wrede 2010 633; http://www.etymonline.com/index.php?term=mumble&allowed_in_frame=0

mümmeln meist als **einmümmeln** »warm anziehen, (in eine Decke) einhüllen« *Ma gut, datte dat Kleen so dick eingemümmelt has, et is fies kalt draußen!* In den rheinischen Mundarten ist es auch als **vermümpeln** gebräuchlich.

Trotz der Lautgleichheit hat das Verb wortgeschichtlich wohl nichts mit *mümmeln* »kauen« zu tun (anders Pfeifer und Trübner), zumal das Niederländische und Englische die Bedeutung »sich einhüllen« nicht kennen. Sie geht auf die gleiche Wurzel zurück, aus der auch das standardsprachliche vermummen (Vermummungsverbot, Mummenschanz) und der *Mumpitz* entstanden sind. Zugrunde liegt das heute veraltete, früher jedoch weit verbreitete Wort *Mumme* »Larve, Maske« (allerdings auch »Brummen einer Kuh«), das seit dem Spätmittelalter bekannt ist und seine Entsprechungen im spanischen momo »Grimasse«, im altfranzösischen momon und im niederländischen mom »Maske« hat. Im Rheinland ist es 1477 im Klevischen als mumme und 1495 in Köln als mommenaensicht und in mommen gaen belegt. Die ursprüngliche Bedeutung war also »verhüllen«, wie noch im Standarddeutschen, aus der in den Mundarten dann auch »einhüllen, sich einwickeln« wurde. Dort ist der *Mummes* oder *Mömmes* auch heute noch ein eingehüllter, also im übertragenen Sinn verschlossener und verdächtiger Mensch oder sogar ein Schreckgespenst, das Kindern Angst machen soll. Hier hat im Übrigen auch der rheinische **Mömmes, Mümmes** als Bezeichnung für den getrockneten Nasenschleim seine Wurzel, den man sich in der unappetitlichen Vorstellung als »zwischen den Fingern Eingerolltes, Eingewickeltes« denken muss.

Auch der **Mumpitz** »Unsinn, Schwindel« gehört wie erwähnt in diesen Wortartikel. Seine Vorläufer geistern als *Mummelputz, Mombotz, Mummanz* oder *Butzenmummel* durch die Sprachgeschichte. Wie die rheinischen *Mömmese* sind das Schreckgestalten und Schreckgespenster, die entweder bei Umzügen eine Rolle spielen, Kinder disziplinieren sollen oder als Vogelscheuchen eingesetzt werden. Entstanden aus einer Vermischung von *Mumme* und *Butze* (»Kobold, Knirps«, man denke an den *Butze(n)mann*) oder *Popanz,* entwickelte sich die Bedeutung von »Schreckgespenst« über »erschreckendes Gerede« hin zum heute bekannten »leeres Geschwätz, Unsinn, wertloser Kram«. Der Mumpitz wurde im 19. Jahrhundert in Berlin Mode, wo er als Börsenausdruck für »Schwindel« in die allgemeine Umgangssprache gelangte.

Duden 2008 577; Grimm 12/662f.; Honnen 2003 134; Kluge 1895 108; Kluge 2011 640; Mengel 44; Pfeifer 2/1136; RhWb 5/1394; Trübner 4/694f.; Wrede 2010 623; http://www.duden.de/rechtschreibung/Mumpitz

Murks, Murkserei Flickwerk, Pfusch *Der macht nur Murks. Jetz is aber Schluss mit der Murkserei. Wer hat denn den Murks hier fabriziert?* **vermurksen** verpfuschen, beschädigen *Der Schraubenzieher is völlig vermurkst. Die ganze Sache habt ihr aber gründlich vermurkst.* **rummurksen** *Was bist du hier am rummurksen?* **sich (einen) abmurksen** sich (vergeblich) Mühe geben *Mensch, ich murks mir hier einen ab un krieg es nich hin! Da hat der sich vielleicht einen abgemurkst. Der hat den Motor abgemurkst* (abwürgen). *Der is bestimmt abgemurkst worden* (töten, ermorden).

Das Verb *murksen, vermurksen* hat wohl nichts mit rheinisch *murkeln* »sich einhüllen« zu tun (so Wrede und das Rheinische Wörterbuch), sondern ist ein Intensivum (verstärkende Bildung) zu mittelniederdeutsch morken »zerdrücken« und mittelhochdeutsch murc »morsch, faul«. Die Variante *abmurksen* ist erst im 18. Jahrhundert in studentischen Kreisen entstanden.

Debrabandere 2011 262; Grimm 12/2716; Kluge 2011 8 u. 641; Lexer 1/2250; Mengel 44; Paul 589; RhWb 5/1424; Schiller/Lübben 3/120; Werner 252; Wrede 2010 635; http://www.duden.de/rechtschreibung/abmurksen

musen, rummusen kramen, oberflächlich suchen *Wat bisse denn da am rum am musen?*

Das Rheinische Wörterbuch ist sich nicht sicher: Es stellt *musen* einmal zu *Mus,* das im Rheinland die Bedeutung »Gemüse« hat (am Niederrhein sogar nur »Grünkohl«) – das Wort bedeutet demnach »Gemüse suchen, holen« –, und andererseits zu *mausen* »stibitzen«, das im zentralen Rheinland *musen* lautet und so als »etwas heimlich suchen und dadurch Unordnung anrichten« erklärt werden kann. Die letzte Variante scheint einleuchtend: frühneuhochdeutsch musen »Mäuse fangen«.

Kluge 2011 610; RhWb 5/1005 u. 1434

Müter »Kater« ist ein rätselhaftes Wort. Es ist nämlich ausschließlich rechtsrheinisch verbreitet (sowohl in den Mundarten als auch in der Umgangssprache) zwischen der Sieg und Südwestfalen (die Ausreißer in Aachen und Jülich als »verschlossener Mensch« oder »jemand, der hoch hinaus will« sind sicher anders zu erklären). Und es hat in Wuppertal und Wipperfürth die erstaunliche Nebenbedeutung als Essensgefäß (*Kostmüter* »Henkelmann«) und Steinkrug. So wenig diese Bedeutungen zusammenpassen, so unklar ist die Wortgeschichte dieses seltenen und seltsamen Katers, der wohl eine regionale Eigenbildung ist.

Müller/Weitz 11; Picard 184; RhWb 5/1466; Woeste 181

Mutz ist eine Stummelpfeife, ohne die früher kein echter Rheinländer auskam. Diese Bedeutung ist eine rheinische Sonderform, denn eigentlich bezeichnet das Wort in vielen (auch rheinischen) Mundarten eine hörnerlose Kuh oder irgendetwas Gestutztes wie einen Hund mit gestutzten Ohren oder ein Pferd mit gestutztem Schwanz (wie niederländisch mots). Im Ruhrgebiet kennen einige noch den *Mutzkopp* (Mensch mit geschorenen Haaren). Das Wort lässt sich deshalb auf das italienische mozzo »abgeschnitten, verstümmelt« zurückführen, das auf eine romanische Wurzel *muttiu zurückgeht. Es ist über die süddeutschen Dialekte in das Rheinland gelangt. Die Bedeutung »Stummelpfeife« ist wohl erst im 16. Jahrhundert mit der Pfeifenform selbst aufgekommen.

Post 1982 165; RhWb 5/1487; Werner 253

Mutzepuckel, Muuzepuckel auch **Mutzkopp** Nörgler, Miesepeter, Griesgram oder ein Mensch mit einem besonders krummen Rücken *Mann, wat bis du heute ne Mutzepuckel. Wat, den Muuzepuckel hast du eingeladen, der macht doch die ganze Stimmung kaputt.* Eine rein weibliche Variante ist die **Muuzeprumm, Mutzeprumm** (siehe *Prumm*). Entsprechend bedeutet **mutzich, mutzisch, muuzich, muuzisch** schlecht gelaunt: *Nu bis nit so mutzich! Der is ma wieder mutzisch, lass den ma. Wat bisde wieder so muuzisch?* Verbreitet im westlichen und zentralen Rheinland.

In den alten Mundarten war der *Mutzepuckel* tatsächlich die Bezeichnung für einen gekrümmten Rücken (wie ihn Vögel in der Mauser machen, zu rheinisch **Muuz** »Mauser«, althochdeutsch muzza, zu lateinisch mutare »tauschen«), in der rheinischen Umgangssprache ist nur noch die Bedeutung »Griesgram« zu hören. Die wiederum geht zurück auf das mundartliche *mutzen* »murren, verstimmt sein«, das mit *mucksen* (siehe dort) verwandt ist. Es hat hier also ein Wandel der Bedeutung stattgefunden.

Kluge 2011 637 u. 638; PfWb 4/1503; RhWb 5/1498 u. 1500; Wrede 2010 638

Muzen, Mutzenmandeln kleines Fettgebäck; typisches Gebäck in der Zeit von Silvester bis zum Ende der Karnevalszeit. In vielen Bäckereien gibt es die *Muzen* (mit einem langen u gesprochen) heute aber schon das ganze Jahr.

Auch wenn die *Mutzemandeln* eine rheinische Spezialität sind, gibt es *Mutzen, Motze, Mötzchen, Mutsche* oder *Mitsche* in vielen Regionen als Bezeichnung für Gebäck oder kleine Brote. Bereits im Mittelalter kennt man mittelhochdeutsch mutsche, mutze, meuze oder mötze in Form von dreieckigem Gebäck oder als kleines Brot; wohl zu mittelhochdeutsch mutzen »abschneiden« – auch heute noch werden rheinische *Mutzen* aus ausgeschnittenen Teigstreifen gerollt.

Grimm 12/2802 u. 2838; Lexer 1/2259; PfWb 4/1500; RhWb 5/1016; Spohr 145; Wrede 2010 638

N

Nacks, Nax (meist **Nackse**) Kleinstädter, aufgeblasener, arroganter Typ, eine Person, die mehr scheinen will, als sie ist *Nun sieh dir ma den Naxen an …!*

Verbreitet im Großraum Geilenkirchen, oft als Bezeichnung für die Einwohner der Stadt gebraucht. Im Karneval wird hier sogar der **Naxenorden** verliehen: *Ich wollt nie ne Nackse werden, jetz hab ich der Orden* (aus einer Dankesrede zur Ordensverleihung).

In den Mundarten hat nackt auch die Bedeutung »mittellos, arm«, im westlichen Rheinland kennt man *neckse Kroom* »ärmliche Verhältnisse« oder *näckse Fasnacht* »ohne Feiern« oder auch *Näckse* als »Arme«.

MmWb; RhWb 6/31

Nassauer Schmarotzer *Gibb dem nix, dat is en Nassauer.* **nassauern** betteln, schmarotzen. In den Dialekten kennt man den *Nassauer* auch als »heftigen Regenschauer«.

Mit dem Landesnamen Nassau hat das Wort nur vermittelt zu tun. Das Adjektiv nass hatte im Frühneuhochdeutschen die Nebenbedeutung »liederlich arm« (ein Beleg von 1512 nennt »nasse Knaben, die weder müntz noch gulden haben«). Die Bedeutung hat sich in der Gaunersprache gehalten (nassenen »schenken, geben«) und findet sich auch im Jiddischen (naussnen, nossnen »geben«). Zuerst hat die Studentensprache, dann die Umgangssprache daraus in Anlehnung an den Ortsnamen den *Nassauer* gemacht. In der aktuellen Alltagssprache kennt man noch die alte Bedeutung von **nass** im Sinne von »bestechlich, schmarotzerhaft« *(Der is schwer nass, ne richtige Lauschepper); jemanden nass machen* »jemanden hereinlegen, besiegen« *(Die ham euch gestern aber ganz schön nass gemacht aufem Platz); nasser Bruder* oder *Junge* »Geizhals, jemand, der auf Kosten anderer lebt«.

Anmerkung: Eine bekannte Entstehungslegende geht so: »Weil das Herzogtum Nassau, das nur von 1806–66 im Taunus und Westerwald existierte, keine eigene Universität hatte, schloß Herzog Wilhelm Georg August Heinrich Belgus zu Nassau-Weilburg (1792–1839) am 28. Oktober 1817 einen Vertrag mit dem Königreich Hannover, durch den die Königlich Hannoversche Georg-August-Universität zur Nassauischen Landesuniversität wurde. Um den nassauischen Studenten einen Anreiz zum Studium im fernen Göttingen zu bieten, gab es Vergünstigungen der Regierung, wie freien Mittagstisch in einer Göttinger Gaststätte. Daran versuchten allerdings auch Studenten zu partizipieren, die nicht aus dem Hessischen kamen. Diese Nutznießer wurden bald spöttisch ›Nassauer‹ genannt – so bürgerte sich bald diese Redensart für ungebetene Gäste ein.«

Althaus 2006b 150; Duden 2008 585; Günther 50; Hessen Nassauisches Volkswörterbuch 2/439; Mengel 46; Meyer 80; Paul 603; RhWb 6/108; Stern 151; Trübner 4/761; Wolf 1956 3811; http://etymologie.tantalosz.de/n.php

Nepp Betrug, unredliches Geschäft *Dat is doch alles Nepp hier im Laden* (zu teuer). **neppen** betrügen *Dich hamse aber ganz schon geneppt.* **Nepplokal**.

Das Wort ist, wie so viele mit diesem Bedeutungshintergrund, über das Rotwelsche neppen »unechte Ware verkaufen« in die Umgangssprache gelangt. Die Herkunft ist umstritten, möglich ist die Ableitung aus frühneuhochdeutsch nappen, noppen »rupfen« (das ebenfalls »jemanden ausnehmen« bedeuten kann), hebräisch naaph »Unzucht treiben« oder mittellateinisch napparius »Diener, der für die Tischwäsche zuständig ist«(?). Das Wort ist auch ins Niederländische entlehnt.

Duden 2008 588; Kluge 2011 652; Mengel 43; Paul 609; Pfeifer 2/1162; RhWb 6/148; Schwenck 462; Wolf 1956 3850; http://www.etymologiebank.nl/etymologie/trefwoord/nep

nickelig oder besser *nickelich* ist ein Wort, das man nur im nördlichen Rheinland, im Ruhrgebiet und im anschließenden Münsterland kennt. Dabei ist es ein sehr »nützliches« Wort, denn es benennt ein Verhalten, das man nur sehr unzureichend mit »unleidlich, eingeschnappt, störrisch, unkooperativ, verärgert« oder »introvertiert« beschreiben kann. Mit einem *nickeligen* Zeitgenossen hat man auf jeden Fall keinen Spaß, da bleibt eigentlich nur der Seufzer *Wat bisse wieder so nickelich heute, dat is ja nich zum Aushalten.* Auch beim Fußball kann man *nickelich* sein. Das sind in der Regel Spieler, die in Deutschland Berti Vogts und Horst-Dieter Höttges idealtypisch verkörpert haben: *Dat warn so ganz Nickelige, so Wuselige, die immer von hinten inne Beine gegangen sind, da hattese keine Ruhe vor.* Im Bergischen Land kann *nickelig* die Sonderbedeutung »geizig« haben, im Ruhrdeutschen auch »kleinlich«: *Sei doch nich so nickelich, dat tritt sich doch platt.*

Nickelich leitet sich natürlich vom weitverbreiteten *Nickel* ab, der wiederum die Kurzform von Nikolaus ist. Der Heilige und sein Name waren im Mittelalter äußerst populär, wovon heute nicht zuletzt noch viele Familiennamen zeugen: Nickola, Klaus, Klaas, Klasing, Klesel, Klages oder Klagges, Laus, Nietzsche oder Kulik. Häufige Namen werden oft verallgemeinernd gebraucht, man denke an Peter oder *Pitter, Jan (un allemann)* oder Otto *(du blöder Otto).* So wurde *Nickel* zum Synonym für »Hinz und Kunz« oder »jedermann«. Dazu traten dann Sonderbedeutungen wie »kleiner Mensch« im Bairischen oder »Hanswurst« im Schwäbischen. Im Rheinischen wurde der *Nickel* zu einem eigensinnigen, oft auch hinterhältigen Menschen oder Giftzwerg – und damit zum Namensgeber einer ganzen Reihe von Typen: der **Fies-** oder **Saunickel**, ein Widerling, der **Doof-, Dumm-** oder **Blödnickel**, einfach dämliche Menschen, der **Saufnickel** oder **Schlucknickel**, Saufbolde, und der **Pferde-, Hunde-** oder **Katzenickel**, Tiernarren, die kleinlich gegenüber allen sind, die ihre Leidenschaft nicht teilen. Interessant ist in diesem Zusammenhang auch die Wortgeschichte des gleichnamigen Metalls. Sie geht tatsächlich auf das Schimpfwort *Nickel* zurück und soll hier kurz nach Trübners Wörterbuch erzählt werden: »Auf dem Scheltwort beruht auch der Name des Metalls. Im Erzgebirge bezeichneten die Bergleute im Ärger ein für sie unbrauchbares kupferrötliches, aber kein Kupfer enthaltendes Erz als *Kupfernickel.* Das Erzgebirgische Wort ging als *kopparnickel* ins Schwedische über, und als es 1751 dem schwedischen Mineralogen von Cronstedt glückte, aus dem Erze das reine Nickelmetall auszuscheiden, gab er diesem den Namen *nickel Metall.* Diese Bezeichnung setzte sich allgemein durch« (auch in den anderen europäischen Sprachen). Die gleiche Geschichte wird im Übrigen zu Kobalt erzählt, das ursprünglich abwertend als Kobold bezeichnet worden war.

Trübner 4/796; http://www.duden.de/rechtschreibung/Nickel_Kind

Nischel, Nüschel, Nüsel (mit weichem sch gesprochen) Nase *Der muss seinen Nüschel aber auch überall reinhalten. Ich hau dir gleich einen auf deinen Nischel.* Auch »Kopf« *Der hat dem eins übern Nüschel gebrannt.*

Das Wort ist in vielen deutschen Mundarten von Schlesien bis in die Schweiz als Bezeichnung für den »Schopf, Kopf« verbreitet. Von dort ist es in die allgemeine Umgangssprache gelangt. Überregionale Bekanntheit hat das Wahrzeichen der Stadt Chemnitz erlangt: ein überdimensionaler Kopf von Karl Marx, der allgemein nur »der Nischel« genannt wird. Die eigentliche Wortgeschichte ist noch nicht geklärt.

Grimm 13/856; PfWb 5/157; RhWb 6/221; Werner 263;
http://www.duden.de/rechtschreibung/Nischel

nöhlen, nölen meckern, nörgeln, klagen *Ihr seid auch nur am Nöhlen. Nöhl hier nich rum. Die am lautesten nöhlen, bringen am wenigsten zustande.* **Genöhle** *Der geht einem mit seinem ständigen Genöhle ganz schön auf den Sack. Ich hab keine Lust, mir dat ewige Genöhle noch länger anzuhören.*

Das Wort stammt aus dem Niederdeutschen, dort ist es ursprünglich als »langsam sein, zaudern« verbreitet, daraus hat sich die Bedeutung »langsam sprechen, langweilig reden« entwickelt, die zur heutigen umgangssprachlichen Verwendung geführt hat; niederländisch neulen »zanken« mit derselben Wurzel.

Debrabandere 2011 271; Grimm 13/878; RhWb 6/231;
http://www.etymologiebank.nl/trefwoord/neulen

Nonnenfürzchen, Nonnefürzchen, Nonnefützje, Nonnefützjer, Nonnenfürzken, Nonnenfürzkes Mutzemandeln, Muzen (siehe dort; Gebäck zur Karnevalszeit), in Schmalz gebackener Krapfen; neuerdings auch gebräuchlich für Erdnussflips. Diese lustige Bezeichnung ist nicht nur im Rheinland, sondern auch im Süddeutschen, in den Niederlanden als nonnenfortje oder nonnenvott (»Nonnenhintern«) und in Frankreich als pets de nonne »Nonnenfürzchen« gebräuchlich.

Die Bezeichnung ist schon im Mittelniederdeutschen belegt als nunnekenfurt, im Niederländischen um 1665 als nonnenfortje, hinzu kommen in süddeutschen Mundarten Bezeichnungen wie *Nonnenblast, Nonnenblätzlein* oder *Nonnenbrot.* Alle Versuche, eine wenig anrüchige Erklärung für das Wort zu finden, überzeugen nicht, somit sind der Fantasie hier keine Grenzen gesetzt (ein Gebäck mit einem Loch in der Mitte; ein mit Marmelade gefüllter Krapfen und so weiter). Sicher ist zumindest, dass das Gebäck von Nonnen gebacken und verkauft wurde.

Debrabandere 2011 273; FrankfWb 11/2177; Honnen 2008a 152; RhWb 6/235; Schiller/Lübben 3/208; Wilhelm 329; Wrede 2010 657; http://www.etymologiebank.nl/trefwoord/nonnenfortje

nöppes, noppes, nömpes, nümpes nichts, umsonst *Dat kriegste für nöppes. Und, hasse wat gefunden? Nöppes! Dat is doch alles nöppes. Ers hab ich die in der Werkstatt für nöppes den Fehler suchen lassen, dann bin ich in sone Do-it-yourself-Werkstatt gefahren. Die Lieder kannze im Internet für nümpes runterladen. Telefonieren für nömpes.* Auch im übertragenen Sinn *Der Tag war völlig für nöppes. Und wat war? – Nöppes!*

Das Wort hat mit Sicherheit einen geheimsprachlichen Ursprung. Im niederländischen Bargoens (dem niederländischen Rotwelsch) ist es 1840 als noppes und bereits im 17. Jahrhundert als nobis bezeugt, auch im deutschen Sprachraum gehen die rotwelschen nobis-Belege bis in das 17. Jahrhundert zurück, später ist *noppes* in vielen Rotwelschdialekten als »nichts, umsonst« belegt. Die weitere Wortgeschichte kennt man nicht, deshalb war Platz für vielfältige Spekulationen: zu lateinisch non »nichts«, althochdeutsch niowith »nichts«, zum englischen Ruf no pence als Antwort von Seeleuten auf werbende Prostituierte und zu frühneuhochdeutsch nobis, nobiskrug »Teufel, Hölle«. Letztere ist aufgrund der vielen frühen nobis-Belege die wahrscheinlichste Deutung; nobis, noppes wäre dann eigentlich mit »zum Teufel« zu übersetzen.

Besse 2013 117; Endt 97; Grimm 13/862; Honnen 1998a 171 u. 211; Paul 617; Siewert 2010 102; Wolf 1956 3892; http://www.etymologiebank.nl/trefwoord/noppes

Nöttelefönes ist eines der beliebtesten rheinischen Mundartwörter, das so seltsam und lustig klingt, dass Nichtrheinländer und junge Rheinländerinnen nur noch Bahnhof verstehen.

Ein *Nöttelefönes* ist ein notorischer Nörgler, der an allem und jedem etwas auszusetzen hat, überall ein Haar in der Suppe findet und deshalb immer für schlechte Stimmung sorgt. Die Rheinländer scheinen diesen Typ besonders zu fürchten, denn es gibt in den rheinischen Mundarten unzählige Wörter, die alle Schattierungen dieser Nörgelei bezeichnen. Das Verb **nötteln** oder **nöttele** ist eines davon, es ist im zentralen Rheinland bis hinauf an den Niederrhein gebräuchlich. Es bedeutet »immerfort nörgeln« und ist ein altes Wort, das auf althochdeutsches hnutten und mittelhochdeutsches nutten zurückgeht, die man mit »sich hin und her bewegen, unstet sein« übersetzen könnte. Und der *Fönes?* Sein Ursprung ist nicht ganz so eindeutig. Man kennt ihn noch in einigen anderen Kombinationen, sodass die wahrscheinlichste Erklärung wohl die Abkürzung von Stephan, Stephanus ist (analog zu anderen Bildungen mit Vornamen wie *Miesepeter* oder *Giftnickel*).

RhWb 6/304; Werner 263; Wrede 2010 658

Nülle, Nille Nase oder Kopf, meist abwertend gebraucht (etwa für eine unförmige Nase) *Der hat voll einen auf die Nülle gekriegt. Mit der Nille kriegt der nie ne Frau ab.* Das Wort steht auch für »Penis«: *Der hat die Pest anne Nülle, bleib wech von dem. Hasse dem seine Nülle gesehen?* Der **Nüllekopp** ist in diesem Zusammenhang dann die Eichel des Penis. *Die Nille* kann auch ein Fußball sein.

Das Wort ist zu unterscheiden vom gleichlautenden *Nülle, Nelle, Nille* »Hure«, das über das Rotwelsche oder die Studentensprachen auch in die Umgangssprache gelangt ist und oft mit *Nille* »Penis« gleichgesetzt wird. Die *Nülle* als Hure geht zurück auf das Verb nullen, nollen, das – wie *ficken* – eigentlich »heftig hin und her bewegen« bedeutet und deshalb zum Synonym für koitieren geworden ist. *Nelle* ist bereits im Mittelniederdeutschen belegt als »Kebsweib«.

Die *Nülle* als Kopf oder Nase ist dagegen in den rheinischen Mundarten reichlich nachgewiesen. Das Wort beruht auf althochdeutsch nolle, (h)noll »Kopf, Haarwirbel«, die Bedeutung »Penis« ist eine spätere Entwicklung. Auch dieses rein umgangssprachliche Wort hat also eine lange Geschichte.

Grimm 13/980; Kluge 2011 656; Küpper 573; RhWb 6/274; Schiller/Lübben 3/171; Wolf 1956 3882 u. 3898

Nüsel, Nüssel (in beiden Fällen mit stimmhaftem s) Kleinigkeit, Essensreste, etwas Wertloses *Komm, isch schödde dir noch wat nach, du has ja nur noch en Nüssel em Jlas. Die Katze hat schon widder en paa Nüssel übrich gelassen.* **Apfelnüsel** Apfelgehäuse; **nüselich** kleinlich *Wir wollen ma nich so nüselich sein, ich gib dir noch ne Vier für die Arbeit. Nüsel* kennt man im zentralen Rheinland und im Ruhrgebiet. Das Wort ist eine Variante von *Osel* (siehe *Osel* unter dem Stichwort *usselich*).

RhWb 6/285; Wrede 2010 662

öcheln, örscheln steht im südlichen Rheinland für »mühen, sich krumm legen, abquälen«, auch »ärgern«: *Der is nur am öcheln und kommt zu nix.*

Die zweite Bedeutung führt zur Herkunft des Wortes: Es ist abgeleitet aus *or, ör* »zornig«, zu mittelniederdeutsch er, eire »zornig«, mittelniederländisch erre »wütend« (wohl verwandt mit hochdeutsch irre).

RhWb 6/405 u. 417; Wrede 2010 664

Ocken, Öcken Geld, Piepen *Ich hab mir ne Kamera für schlappe hundert Ocken gekauft. Tu mal die Ocken rüber.*

Das Wort scheint sehr neu zu sein; eventuell zu *Okolyten* (siehe dort), die auch die Bedeutung »Eier« haben können (was wiederum für »Geld« steht); oder zu niederdeutsch *Oken* »Dachboden« aus der Wendung *en beten wat achtern Oken hebben* »einen Notgroschen haben«.

Schmachthagen 358; http://logbuch.caasn.de/2010/04/12/westfaelische-idiome-ix-tacken-und-ocken/

Okolyt (nur im Plural als **Okolyten**) Platzhalterwort für irgendetwas Großes, oft als Synonym für weibliche Brüste *Der is auf Okolyten fixiert!* Auch *Du gehst mir auf die Okolyten. Ich muss nache Bank, en paar Okolyten reinholen* (Geld). Die Herkunft des Wortes ist völlig dunkel.

Fellsches/Schnieber 129; MmWb

Older, Oldern Speicher (zum Beispiel Trockenplatz für Wäsche) *Hole mal die Wäsche vom Oldern!* Ein typisch bergisches Mundartwort, das man noch in der Umgangssprache hören kann. Das Wort ist entweder eine Variante des *Söller, Sölder* (siehe dort), vielleicht entstanden durch »falsche« Abtrennung von *Hus-solder/Hus-Older,* oder es geht zurück auf *olerern »Boden aus Ton oder Kleierde« zu einem lateinischen *ollarium »gestampfter Lehmboden« (das jedoch nicht nachweisbar ist).

Frings 127; RhWb 6/395 u. 9/1366

Omme, Ömme ist ein mittlerweile weitverbreitetes Synonym für den Kopf, meist in der Wendung *etwas voll auf die Omme kriegen* (oft beim Fußball zu hören); auch *Die hat sonne Ommen* (Brüste). Das Wort ist wohl eine neuere Entwicklung, die nicht auf den regionalen Mundarten basiert. Die Ableitung aus der rheinischen *Ummer* (dicke Murmel) ist unwahrscheinlich, weil die in den ehemaligen Dialekten des Ruhrgebiets nicht bekannt ist.

Fellsches/Schnieber 130

ömmelig ist weit verbreitet als »unansehnlich, geringwertig, klein, unbedeutend«: *Da is nur noch son ömmeliger Rest von dem Kuchen. Wat has du denn vonne ömmelige Karre? In Deutschland Urlaub machen is mir zu ömmelich. sich ömmelich lachen* »sich schief lachen« (siehe *schibbelich*) *Ich hab mich ömmelich gelacht, als ich den in seinem tollen Anzuch gesehen hab.* **Ömmelken** unbedeutender Rest *Da is echt kein Ömmelken mehr von übrich geblieben.*

Nicht zu *Eumel* »begriffsstutziger Mensch« und dem daraus abgeleiteten *eumelig* »langweilig«, sondern zu westfälisch *ömmelig, ommelik* »armselig, schwach, verkommen«, vielleicht aus westfälisch *örmelig, örmelik* »armselig« entstanden. Das Verb *beömmeln* (siehe dort) ist nicht von *ömmelig* abgeleitet.

Honnen 2008a 68; Küpper 216; Piirainen/Elling 638 u. 641; Spohr 152;
http://etymologie.tantalosz.de/

Ömmes und **ömmes** sind typische Wörter der rheinischen Umgangssprache, die in unterschiedlichsten Bedeutungen daherkommen und deshalb einen unbedarften Nichtrheinländer nur verwirren können: *Ich hab son Ömmes von Kürbis im Garten. Der hat mit son dicken Ömmes nach mir geschmissen. Wie heißt der neue Ömmes von deine Schwester? Ömmes un Öppes kommen morgen zu Besuch. Der hat son Ömmes inne Hose! Komm, nu mach ma kein Scheiß, Ömmes!* Und schließlich noch *Da musse ömmes holen, der sich damit auskennt.*

Ömmes ist demnach entweder irgendetwas Dickes oder Großes, Synonym für »Kumpel, Kerl, Freund« oder irgendjemanden, dessen (seltener deren) Name einem gerade nicht einfällt, eine alternative Bezeichnung für die Oma und für das Pronomen »jemand«.

Auch wenn das Wort vielen als ominös erscheint – so werden unterschiedlichste Herleitungen aus dem Französischen (zu homme) oder gar Rotwelschen (zu Emmes »Wahrheit«) erzählt –, ist seine Herkunft durchaus nicht spektakulär. *Ömmes* ist ein altes rheinisches Mundartwort, es bezeichnet im Dialekt, zusammen mit den Varianten *Ommer, Ummer* und *Ümmes,* eine Murmel beim Knicker- oder Klickerspiel, und zwar genau das im kindlichen Wettkampf begehrte dicke Exemplar. Das Spiel ist in Kölner Quellen schon im 16. Jahrhundert als »omnia« belegt.

Das Pronomen geht dagegen auf ein mundartliches Fürwort zurück, das in allen Dialekten des Rheinlands zwischen Westerwald und Ruhrgebiet zu finden war oder ist. *Iemes, ümes* und *imes, ömes* bedeuten hier nichts anderes als »jemand« (mittelhochdeutsch ieman), in der Umgangssprache kann man das Wort auch als Substantiv benutzen, dann bedeutet es eben »irgendjemand, dessen Namen man nicht kennt«.

Anmerkung: *Ömmes* ist in keinem Fall die mundartliche Kurzform von Helmut, wie es in einem Düsseldorfer Vornamenbuch und in der örtlichen Presse behauptet wird.

Honnen 2008a 154; RhWb 3/1067 u. 9/46; Siewert 1993 82; Spohr 152; Werner 266; Wrede 2010 673 u. 975

Orlog, Orloch Durcheinander, Chaos, Unordnung *Herrje, wat habt ihr denn fürn Orloch im Zimmer veranstaltet?*

Das eigentlich aus dem Niederländischen stammende Wort (dort hat oorlog die Bedeutung »gewalttätiger Streit«, zu althochdeutsch urliugi »Streit«) ist in der Umgangssprache des zentralen Rheinlands nur noch selten zu hören.

MmWb; http://www.etymologiebank.nl/trefwoord/oorlog

Oschi, Oschek großes Ding, Teil, Gegenstand *Boh, wat is dat von Oschi! Dat is aber en ganz schöner Oschek, dein Köter da.* Sexuelle Konnotationen sind bei einem solchen Wort nicht weiter verwunderlich, sondern geradezu zu erwarten: *Der hat son Oschi inne Hose* (Penis). *Kumma, wat die für Oschis hat* (Brüste). Auch als abfällige Anrede *Hau bloß ab, du Oschek.* Am Niederrhein nennt man auch die Mischung Asbach-Cola in kleinen Cognac-Gläsern *Oschi: Mach mal zwei Oschis. Trinkste noch nen Oschi mit?*

Die oft zu hörende Ableitung aus dem Jüdischdeutschen (angeblich ein Begriff aus der jüdischen Rechtslehre) ist durch nichts begründet und beruht nur auf Lautähnlichkeit. Das Wort ist nicht dialektbasiert und scheint eine neuere Entwicklung zu sein. Seine Herkunft ist rätselhaft. Der *Oschek* ist eine typische Ruhrgebietsvariante, die mit der Endung polnische Herkunft vorspielen soll.

Fellsches/Küster 163; Schmachthagen 363; Sprick 103;
http://www.duden.de/rechtschreibung/Oschi

ösig ungehalten, ärgerlich, sauer *Nu werd doch nich gleich ösich. Der Papa wird ösich, wenn ihr nich gleich mit dem Quatsch aufhört. Ösig* ist man am Niederrhein und im zentralen Rheinland. Die mundartliche Variante *östig* (in Köln) ist ein Wegweiser zur Wortgeschichte, die überraschenderweise zu *Ust, Öst, Ös* führt. So bezeichnen Mundartsprecherinnen und -sprecher der Region eine »Aststelle in einem Brett«. Hierbei handelt es sich um alte Ablautvarianten von Ast (mittelniederdeutsch ost, mittelniederländisch oest). Die t-lose Variante gilt als lautliche Angleichung an Aas, *Oos,* das abgeleitete Adjektiv *östig, üstig* meint eigentlich »voller Aststellen«, ein Fehler, über den man wirklich ungehalten sein kann.

RhWb 9/85; Wrede 2010 676

Oskar in der Wendung *frech wie Oskar* »besonders frech« *Erst überholt der rechts, dann zeigt er frech wie Oskar sogar noch den Stinkefinger.*

Immer wenn Namen eine Rolle spielen *(bei Hempels, nassauern, Kasalla, Karl Napp, Schmitz Backes),* wird nach konkreten Vorbildern gesucht: Als Namenspaten werden in diesem Fall der Berliner Theaterkritiker Oskar Blumenthal (1852–1917) und der Leipziger Jahrmarktshändler Oscar Seifert (1861–1932) genannt. Die Entstehung der Wendung wird deshalb auch im Berlinischen oder Ostdeutschen verortet. Irgendwelche Anhaltspunkte für diese Herkunftslegenden gibt es nicht, zeitlich wird es für sie außerdem arg knapp. Wenn die Entstehungszeit tatsächlich um 1870 anzusetzen ist (Küpper), dann können diese Erklärungen nicht stimmen. Außerdem ist die Wendung schon im Rheinischen Wörterbuch verzeichnet, das den rheinischen Wortschatz vor 1900 dokumentiert; um diese Zeit war die Wendung hier also schon weit verbreitet – und das gleich in mehreren Varianten: *stolz wie Oskar, dumm wie Oskar, singen wie Oskar, frech wie Oskar.* Das macht die Berliner oder Leipziger Legenden wenig glaubhaft.

Eine andere, weitverbreitete Erklärungsvariante aus dem Jiddischen wird damit aber nicht wahrscheinlicher: zu jiddisch ossok »frech«, Ossoker »freche Person«. Abgesehen davon, dass die Wendung dann eine Tautologie wäre (frech wie ein Frecher), wird diese Deutung auch von der Jiddistik nicht gestützt.

So bleibt nur die Deutung, dass hier ein Personenname wie so oft für bestimmte Eigenschaften steht (wie bei *drüjer Pitter, stieve Drickes, flotter Heinrich, Grüne Minna, Ferkes Willem*), darauf deuten auch die vielen Varianten wie *stolzer, trockener* oder *dummer Oskar.*

Küpper 588; RhWb 6/427; Röhrich 2/472; Wolf 1956 3988; http://gfds.de/frech-wie-oskar/

Ösken kleines Kind; siehe *Schinnoos* unter dem Stichwort *Aas.*

Osnik Uhr, Armbanduhr; hört man noch im Ruhrgebiet *Wat sacht die Osnik?* oder noch »typischer« *Kneis ma aum Osnik!* (wobei *Osnik* hier eindeutig männlichen Geschlechts ist). Typischer deshalb, weil *Osnik* genauso eine Entlehnung aus dem Rotwelschen ist wie *kneisen, kneissen* »wahrnehmen, erkennen«, das auch in den bergischen Mundarten zu hören ist (siehe *kneisen*). Im Ruhrdeutschen hat sich also eine ganze rotwelsche Wendung erhalten. Die Herkunft von *Osnik* ist nicht gesichert, vielleicht zu jiddisch os »Zeichen, Buchstabe«.
Fellsches/Gronemann 140; RhWb 4/921; Wolf 1956 2773 u. 3989

Ötsch (Plural **Ötschen**) wird im Ruhrgebiet und nur hier ein Spatz oder Sperling genannt, manchmal ist auch allgemein ein Vogel gemeint: *Die Ötschen ham den ganzen Lampenschirm versaut* (hier: Wellensittiche). **Ötschenklippe** Spatzenfalle.

Das Wort scheint eine autochthone Bildung des westlichen Ruhrgebiets zu sein, es ist in keiner der angrenzenden Nachbarmundarten bekannt.
MmWB; RhWb 6/439; Sprick 104

ötteln ist ein Verb der Langsamkeit: »sich mittels Kfz ganz langsam fortbewegen« *Ich bin hier ne halbe Stunde ums Karree geöttelt, bis ich nen Parkplatz gefunden hab.* Erwachsene zum Beispiel *ötteln* gerne, wenn sie zu früh geweckt wurden und erst langsam auf Touren kommen.

Ötteln ist eine Besonderheit im südlichen Bergischen Land und eine moderne Ableitung des alten Mundartadjektivs **ötlich** »leise, langsam«, das wiederum eine Lautvariante von ordentlich ist.
MmWb; RhWb 6/407

Ovasch in der Wendung *Ovasch machen* »Umstände machen, etwas künstlich verkomplizieren, etwas unangemessen hochspielen« *Meine Güte, jetz mach doch nich son Ovasch, die war doch nur ne halbe Stunde zu spät! Die hat doch nur Namenstag gehabt, da macht die da son Riesenovasch draus mit 100 Gästen.*

Ein interessantes Wort, das aus den südrheinischen und pfälzischen Mundarten stammt, hier oft als *Uwerasch.* Es leitet sich wohl aus dem französischen ouvrage »Werk« ab.

PfWb 6/966; RhWb 9/87

P

Pack als Bezeichnung für Gesindel oder Pöbel geht auf einen Fachausdruck des flämischen Wollhandels für eine bestimmte Menge Tuch zurück, der sich in der niederdeutschen, niederländischen und englischen Handelssprache seit dem Mittelalter eingebürgert hat. In der Soldatensprache wurde später auch das im Heerestross mitgeführte Gepäck als Pack bezeichnet. Der Begriff ging im Laufe der Zeit auch auf den menschlichen Begleittross über, der in der Regel einen schlechten Ruf hatte.

Grimm 13/1398, Kluge 2011 677, Trübner 5/42, Werner 282; http://www.duden.de/rechtschreibung/Pack_Poebel_Gesindel

paletti in der Wendung *alles paletti* »in Ordnung, ohne Probleme« *Is bei euch alles paletti? Und, wie kommt ihr vorran? – Alles paletti, wir werden rechtzeitig fertich!* Auch als **tutti paletti** gebräuchlich.

Die Herkunft ist ungeklärt. Nicht aus dem Hebräischen (zu pallet(?) »sich in Sicherheit bringen«) oder dem Italienischen (dort ist das Wort unbekannt). Wohl eine neuere Scherzbildung mit dem Aufkommen der Stapelpalette in den 1950er-Jahren.

Honnen 2008a 156; Kluge 2011 679; http://etymologie.tantalosz.de/

Palm, Poulem, Pelem in den rheinischen Mundarten sowohl »Buchsbaum« als auch »junger Buchenbaum«; althochdeutsch palma, aus dem lateinischen palma »Palme«. Das Wort ist über die kirchlichen Bräuche (Palmweihe zu Palmsonntag) in die Dialekte gelangt. Die Redewendung *auf die Palme gehen* hat übrigens nichts mit jiddisch baal ollim(?) »gewalttätiger Mensch« zu tun, wie bisweilen zu lesen.

Mengel 47; Post 1982 232; RhWb 6/470

Pamps als »Brei, ungenießbares Durcheinander« *(Wat hasse denn da von Pamps zusammengekocht?)* ist in den rheinischen Mundarten unbekannt. Es gehört zur allgemeinen Umgangssprache und ist als lautmalendes Wort in nord- und ostdeutschen Mundarten entstanden. Es ist verwandt mit niederdeutsch **Pampe**, woraus **pampig**, neuerdings auch **pempig** »frech, aufsässig« abgeleitet ist. Das Adjektiv (eigentlich »breiig, weich«) taucht in dieser Bedeutung erst im frühen 20. Jahrhundert auf. Wie es zu dieser Bedeutungserweiterung gekommen ist, bleibt unsicher, hier ein netter Deutungsversuch: »Das zugehörige Verb ist niederdeutsch pampen ›in sich hineinstopfen beim Essen‹. Die Übertragung auf freches Betragen geht von der Vorstellung ›den Mund zu voll nehmen‹ aus.«

Duden 2008 612; Trübner 5/45; Werner 284; http://www.duden.de/rechtschreibung/pampig

Pand Schimmel; das Wort ist in allen rheinländischen Weinbaugebieten an der Mosel, am Rhein und an der Ahr in den Mundarten verbreitet. Genau genommen ist *Pand* der »Schimmelbelag auf Wein und anderen Flüssigkeiten« und wohl aus der Fachsprache der Winzer in den Dialekt gelangt. Wie bei vielen Wörtern aus der Winzerterminologie handelt es sich hierbei um ein romanisches Lehnwort. Das lateinische pannus »Stück Tuch« hat in rheinischen Mundarten eine vielfältige Bedeutungsauffächerung erfahren. Hier ist aus der Vorstellung des ausgebreiteten Tuches die Bedeutung »Haut aus weißem Schimmelbelag« geworden. Eine auffällige Parallele findet sich in *Kam* (siehe dort).

Post 1982 210; RhWb 6/481

Pann ist die mundartliche Bezeichnung für die Pfanne (sowohl Dachpfanne als auch Bratpfanne), die noch überraschend häufig in der Umgangssprache in unterschiedlichsten Zusammenhängen zu hören ist: *Dat Blaach hat die falschen Pannen auf em Dach* (rothaarig sein). *Die von nebenan hat jetz auch falsche Pannen auf em Kopp, die sind potthässlich* (Perücke). Wenn man in Bonn »leicht bescheuert« ist, *hät me eene an de Pann* oder, wenn es schlimmer ist, *hät me en Pann kapott.* **Pannhütte** Ziegelei *Wat bis du denn, Graf Koks vonne Pannhütte oder wat* (beliebte Bezeichnung im Ruhrgebiet für »dummer Mensch, Blödmann«)? *Du biss voll der Pannemann, ey. Aber dann kommt wieder irgend so ein Pannemann, un dann kannze dat wieder vergessen.* Eine Steigerung ist die Wendung *Pannemann und Söhne;* sie wird als Antwort auf eine unsinnige Bemerkung oder unverschämte Frage verwendet: *Kannze mir ma nen Hunderter leihen? – Pannemann und Söhne, du hast sie wohl nich mehr alle.* Allerdings hört man *Pannemann* auch schon mal als Kosewort: *Wir lieben unseren kleinen Pannemann natürlich über alles.* In den rheinischen Mundarten ist der *Pannemann* ein »Topfflicker, Kesselflicker«. *Schieves in de Pann* oder **Pannschieven** (Scheiben in der Pfanne) »Bratkartoffeln aus dünn geschnittenen rohen Kartoffeln« *Ich könnt jeden Tach Schieves in de Pann essen, wenn die nich so fättich wärn. Pannschieven, Brathering un Rote Beete, dat passt.* **pännekesfett** wohllebend *Bei dem herrscht auch pännekefett. Also, wenn der et nich pännekesfett hat.* Dieses »fette Pfännchen« kennt man am Niederrhein, im Ruhrgebiet und im westlichen Rheinland.

Damit wahrt die rheinische Umgangssprache die alte Aussprache: altsächsisch panna, altfranzösisch panne, aus lateinisch panna (ursprünglich patina) »Schüssel«, griechisch patánē »Schüssel«.

Kluge 2011 696; RhWb 6/672; Wrede 2010 700

Pannas oder **Panhas** ist eigentlich ein Gericht aus der Mottenkiste der rheinischen Plumpsküche und passt nicht mehr so recht zu modernen Ernährungsgewohnheiten. Aber die Auslagen von Metzgern und die Speisekarten von Traditionsgasthäusern der Region beweisen das Gegenteil.

Selbst in Supermärkten findet man den *Pannas* fertig abgepackt in der Kühltheke.

Pannas ist das mit Buchweizenmehl eingedickte Blut des geschlachteten Schweines, das mit Wurstbrühe und Speckstücken angereichert wird. Die graue Masse wurde früher an Schlachttagen in großen Mengen gebraten und mit den Nachbarn gemeinsam verputzt. Sie hatte im Rheinland viele verschiedene Bezeichnungen, die allerdings nicht unbedingt Appetit auf das Gericht machen (*Balkenbrei, Tüüt, Klappertüüt, Kröppels, Dätsch, Klümpes, Puttes* oder *Knabbedapp*) und die kaum noch einer kennt.

Das ist beim *Pannas* überraschenderweise anders. *Pannas* kann in der rheinischen Umgangssprache nämlich auch »Kram, Zeug« bedeuten: *Jetz hasse den ganzen Pannas auf dem Boden liegen, pass doch auf!* Daneben gibt es den *Pannaskopp* »Blödmann«, den *Pannasathleten* »Schlappschwanz« und die verblüffenden Wendungen *Pannas am Schwenkmast* und *Pannas am Christbaum,* die man am Niederrhein und im Ruhrgebiet häufig hört, wenn jemandem Sanktionen angedroht werden: *Jetz is aber Pannas am Schwenkmast, wenn hier nich bald Ruhe is!*

Auch wenn er kaum noch gegessen wurde, hat der *Pannas* in der Umgangssprache also überlebt. Das Wort bedeutet im Übrigen nicht »Pfannenhase«, wie überall zu lesen ist, sondern es geht auf das westfälische *Pannharst* zurück, was so viel wie »Röstpfanne, gebratenes Fleischstück« bedeutet (man findet das Grundwort auch in Pottharst): althochdeutsch harst »Röstpfanne«, mittelniederländisch harst »gebratenes Fleischstück«, das Bestimmungswort ist natürlich die *Pann* »Pfanne«.

Anmerkung: Auch den *Pannas* wollte man aus dem Französischen (von französisch panache »Helmbusch, Rauchfahne«) ableiten, weil man in »Westfalen das Wort Pannhas nur dort kennt, wo zur napoleonischen Zeit Franzosen weilten«.

MmWb; RhWb 6/485; Wrede 2010 700; Zitzen 5/72;
http://www.duden.de/rechtschreibung/Panhas

panne, pannich erschöpft, müde, auch leicht bescheuert *Bisse panne oder wat, hier so zu rasen! Der liegt völlig panne inne Ecke. Danach war ich restlos panne. Der is doch panne im Kop.*

Das Wort ist eine moderne Ableitung aus **Panne** »Störung, Schaden, Fehler«. In der Umgangssprache kann *Panne* auch die Bezeichnung für einen Versager sein *(Sie ist eine Panne),* das Adjektiv wiederum ist daraus abgeleitet. Die Panne selbst ist entlehnt aus französisch panne »Panne«, ein Begriff aus der Seemannssprache (»nicht mehr Tuch (lateinisch pannus) reffen können«, daraus »nicht mehr weiterwissen, stecken bleiben«), der über die Pariser Bühnensprache in die Umgangssprache gelangt ist.

Küpper 590; Paul 636; Trübner 5/45; http://www.duden.de/rechtschreibung/Panne_Stoerung_Schaden_Fehler

Pannestätzche ist eine alte, aber auch heute im Rheinland und in der Pfalz noch zu hörende Bezeichnung für ein kleines, ungetauftes Kind. Wörtlich »Pfannstielchen« (Griff an einer Pfanne), ist es ein Relikt früheren Volksglaubens: Es »handelt ... sich hier ursprünglich um einen Decknamen ›zum Schutz vor Dämonen‹. Man durfte den wahren Namen des Kindes nicht nennen, damit die bösen Geister es nicht rufen können«. *Pannestätzche* erinnert also an eine Zeit, die noch vom Glauben an die Hölle und den Teufel geprägt war und in der ein ungetauftes Kind quasi »schutzlos« war.

PfWb 1/794; RhWb 6/672; Wrede 2010 701

Panz, Pänz Kind, meist nur in der Mehrzahl **Pänz** (in Duisburg und Düsseldorf lautet die Pluralform auch **Pänze**) *Die verflixten Pänz haben schon wieder die Erdbeeren geklaut. Wo sind denn die Pänz?* Ganz freche Kinder sind **Saupänz** *Die Saupänz machen einen Krach, nich zum Aushalten!* **Wutpanz** Kind, das laut und wütend weint oder schreit (findet man im westlichen Ruhrgebiet) *Hör dir ma bloß den Wutpanz an, wattä wieder am schreien is.*

Während im Hochdeutschen der Pansen nur als »Magen der Kuh« gebräuchlich ist, hat das mundartliche *Panz* die unterschiedlichsten Bedeutungen: »dicker Bauch«, »Vielfraß«, »bauchiger Krug«, »Dickwanst«, »Geizhals«

und eben auch »ungezogenes Kind«. Wieso der Pansen, *Panz* im Rheinischen, für ein meist freches Kind steht, kann nur vermutet werden: »lieblos steht pars pro toto Panze für ›kleines Kind, Schreihals‹«; »hier wird das Kind also unter dem ökonomischen Gesichtspunkt des mitessenden Familienmitglieds gesehen!«; »kleines Kind, dem der Bauch noch hängt«. Da die Verbindung Bauch–Kind auch bei *Blag* (siehe dort) gegeben ist, kann trotz der nicht ganz einleuchtenden Begründungen die Herkunft als gesichert gelten. *Panz,* Pansen ist ein französisches Lehnwort (altfranzösisch pance), das auf lateinisch pantex »Wanst« zurückgeht.

Anmerkung: Lustig ist die Ableitung aus englisch pence »Pennies«.

Debrabandere 2011 284; Grimm 13/1427; Küpper 591; Neft 52; Paul 637; RhWb 6/488; Spohr 158; Trübner 5/46; Werner 285; Wrede 2010 702

Papp dicke Suppe, Brei, Kleister, auch in Milch eingeweichter Zwieback; oft in der Wendung *den Papp aufhaben: Jetz hab ich aber den Papp auf* (unzufrieden sein, keine Lust mehr haben). Siehe auch **Knubbelpapp. pappsatt** *Jetz bin ich aber pappsatt* (abgefüllt, überfressen, völlig satt; auch *nicht mehr papp sagen können*). Ein **Pappkopp** hat nur Brei im Kopf oder ist aus Kleister gemacht: *Ey, dat is vielleicht n Pappkopp!* **Pappnase** *Du Pappnase!* Harmlosere Beleidigung, etwa wie Blödmann, *Doofkopp.* **pappen, bappen** kleben; **Bäpper** Aufkleber. Die rheinischen Mundarten kennen noch weitaus mehr Zusammensetzungen: ein wichtiges Wort demnach – und deshalb auch verblüffend alt.

Es erscheint schon im Lateinischen als pappa »Brei« (wohl ursprünglich ein kindliches Lallwort) und pappare »essen«. Das Mittelniederdeutsche kennt pap(pe) »Essensbrei« wie auch das Mittelniederländische das gleichlautende pappe. Da die Bedeutungsvariante »Kleister« exklusiv für das Rheinland ist, scheint das Wort tatsächlich von den westlichen Sprachnachbarn übernommen zu sein; die süddeutsche *Papp* dagegen ist aus dem italienischen pappa »Brei« entlehnt, »so daß sich altes Gut aus Westen und ein ›Wurf über die Alpen‹ im mittleren Deutschland getroffen haben«.

de Vries 505; Frings 182; Post 1985 8; RhWb 6/498; Trübner 5/51

parat (gesprochen *paraat,* mit der Betonung auf der zweiten Silbe) fertig, bereit *Ich muss mich noch eben parat machen, dann komm ich* (aufhübschen). *Ich hoffe, et is alles parat! Jetz kannsde kucken, wie de parat komms* (zurechtkommen). Man kann auch *jemanden parat machen,* indem man ihm richtig die Meinung sagt.

Das Wort ist das lateinische paratus »bereit«, das im 17. Jahrhundert im deutschen und niederländischen Sprachraum aufgekommen ist, heute aber nur noch umgangssprachlich verwendet wird.

Grimm 13/1459; Kluge 2011 683; PfWb 5/173; RhWb 6/514; Werner 286; Wrede 2010 703; http://www.etymologiebank.nl/trefwoord/paraat

parsche(n), paasche seltener **persche** pressen, quetschen (in den Mundarten des zentralen Rheinlands) *Wer sich de Nas well paasche losse, dä muss se zweschen de Döre steche* (wer sich die Nase quetschen will, der muss sie zwischen die Tür stecken), oft im Zusammenhang mit dem Obstpressen *Krut parsche.*

Das Verb geht zurück auf lateinisches pressare »pressen«. Im mittelniederdeutschen perse, parse wie auch im mittelniederländischen perse »Weinpresse« ist die Metathese (Umstellung der Laute r und l) bereits durchgeführt. Das Wort ist in dieser Form exklusiv rheinisch, das aktuelle Niederländische hat persen für »pressen«.

Post 1982 205; RhWb 6/521; Schiller/Lübben 3/321; Verdam 463; Wrede 2010 693

partu, patuu unbedingt, unter allen Umständen *Der will patuu dat letzte Wort haben. Dat will der patuu nich einsehen.* Zu französisch partout »allenthalben, überall«.

Bach 274; RhWb 6/527; Werner 288; Wrede 2010 704

Paselack, Paselake (meist nur in der Mehrzahl) früher abwertend für Ausländer, zum Beispiel Hilfs- und Saisonarbeiter, in der Regel aus dem Osten. Heute auch als Bezeichnung für vermeintliche soziale Außenseiter gebraucht, sehr abwertend *Da wohnen doch nur Paselacken, da kannze nich hinziehen.*

Wenn die Passelacken nich wärn, wär hier doch tote Hose. Spiel nich mitti ausse Kolonie, dat sind alles Paselacken! **Paselackenflachrennen** ironisch für Sommer- oder Winterschlussverkauf. Heute ist *Paselake* ein Schimpfwort, für dessen Verwendung man wegen Beleidigung oder sogar Volksverhetzung verurteilt werden kann.

Der Ursprung des Wortes ist nicht eindeutig. Der *Paslack* ist in preußischen und schlesischen Mundarten bekannt als Bezeichnung für einen »bereitwilligen Diener, Dienstbeflissenen, Knecht«, das entsprechende Verb *paslacken* bedeutet »Fronarbeit, Hilfsdienste leisten« (aus polnisch posłać »schicken, senden« und posłaniec »Bote«). Das Mundartwort wird zwar abwertend gebraucht, hat aber in den ostdeutschen Dialekten keine ausländerfeindliche Konnotation. Die scheint es erst bekommen zu haben, als es mit dem Zuzug der Bergarbeiter aus Schlesien und Masuren in den 1920er-Jahren im Ruhrgebiet heimisch wurde – so die offizielle Lesart. Allerdings war *Paslack* da schon lange (mindestens seit 1850) in Westfalen, im Ruhrgebiet und im Bergischen Land bekannt als Bezeichnung für einen »Herumtreiber« oder ein »klatschsüchtiges Weib«, noch frequenter war das Verb *paslacken* für »laufen, durch Schmutz waten, mühsam gehen«. Anzunehmen ist, dass der bergisch-westfälische *Paslack* die Wurzel des Schimpfwortes ist, das jedoch erst im Zuge der »polnischen Invasion« im Ruhrgebiet die ausländerfeindliche Bedeutung bekommen hat.

Duden 1999 6/2865; Förstemann 421; Frischbier 2/124; Honnen 2008a 159; Honnen 2015 68; Köppen 44; RhWb 6/539; Werner 288; Woeste 196; http://www.jessner.homepage.t-online.de/dzgwort.htm

pass in der Wendung *zupass kommen (Dat kommt mir grad zupass)* »passend, genau richtig« *Ich werd damit schon zu pass kommen* (fertig werden). Im Rheinischen auch als Adjektiv *Hei, muss nich mehr suchen, ich hab schon en zupass Stück zum Flicken gefunden!*

Diese Wendung ist im Niederdeutschen entstanden. Hier, wie auch im Rheinischen, ist *Pass* der »Schritt, Gang, freie Zutritt« (und damit dasselbe Wort wie standarddeutsch Pass »Ausweis«), woraus über die Bedeutung

»Schrittmaß, Längenmaß« schließlich das Adjektiv beziehungsweise Adverb *pass* als »passend« abgeleitet wurde. Die niederdeutsche Wendung hat sich in alle deutschen Mundarten ausgebreitet. Zugrunde liegt lateinisch passus »Schritt«, das über französisch pas »Schritt« ins Niederrheinische und Niederländische gelangte.

Grimm 13/1494; RhWb 6/539; Schiller/Lübben 3/306

Patate heißt am Niederrhein und im westlichen Rheinland die Kartoffel. Es ist eine Übernahme des südniederländischen patat, das wiederum auf das westfranzösische patate »Kartoffel« zurückgeht. Das Wort ist über das Spanische aus dem südamerikanischen Raum nach Europa gelangt.

Post 1982 156; RhWb 6/556

Patte ist ein Synonym für Geld *(Da hab ich keine Patte für),* seltener für die Geldbörse. Die ist dagegen im Rotwelschen vielfach belegt in Wendungen wie *eine Patte, Padde ziehen, drücken* oder *klopfen* »ein Portemonnaie stehlen«. *Patte* wird als Analogiebildung zu Kröte verstanden. Das Tier, das in der Mehrzahl *Kröten* in der Umgangssprache ebenfalls »Geld« bedeuten kann (siehe *Kröte*), heißt in den niederdeutschen und rheinischen Mundarten *Padde* oder *Pädde.* Allerdings kennen die Dialektsprecherinnen und -sprecher die übertragene Bedeutung nicht (bis auf die Wendung *sech en Padde make* »eine Sparsumme für Kirmes, Fastnacht u. a. Feste anlegen« als isolierter Beleg in Eupen). Deshalb ist die Herkunft von *Padde, Patte* als »Geld« eher in der Gaunersprache zu vermuten. Damit wäre das Wort eindeutig jünger als sein »Vorbild«.

Küpper 589; Mengel 43; RhWb 6/461; Riegler 212; Wolf 1956 4011

Pättken, Patt, Pättchen kleiner Weg, Fußweg *Da war son kleines Pättken, da sind wir dann lang. Da läuft son Patt zwischen de Häuser.* **Leinpatt** Leinpfad, Treidelpfad. *Patt* ist die niederdeutsche Variante des Pfades und so in allen rheinischen Mundarten zu hören.

Rhwb 6/643

Pavei, Povei heißt in den linksrheinischen Mundarten vom Hunsrück bis zum Niederrhein das Straßenpflaster, im aktuellen Niederländischen ist plavei der Pflasterstein. Die Musiker der bekannten kölschen Kapelle »Die Paveier« sind also die »Steinsetzer« oder »Pflasterer«.

Dem Wort liegt zwar das lateinische Verb pavire »pflastern« zugrunde, *Pavei* ist aber erst im Mittelalter aus dem Französischen entlehnt worden. Dort ist pavé »das Straßenpflaster« und »der Pflasterstein«. Das Wort hat seine mundartliche Domäne nie verlassen und gilt heute in vielen Regionen als veraltet. Das schwere Stampfgerät der Pflasterer nannte man früher in Köln **Paveieditz** oder **Paveiepopp**, weil es einer Wickelpuppe ähnelte.

Post 1982 78; RhWb 6/588; Wrede 2010 708

Peias, Peijas auch **Peiaskopp** eine nicht abwertende Bezeichnung für einen trotteligen Menschen *Ey du Peiaskopp, pass doch auf!* oder Dummkopf *Ich bin doch nich dein Peias. Willze mich zum Peias machen* (für dumm verkaufen)?

Peijas ist die rheinische Variante des Bajazzo »Spaßmacher«, der auf oberitalienisch pajazzo »Narr« zurückgeht. Das Wort ist im 18. Jahrhundert entlehnt worden.

Kluge 2011 83; RhWb 1/401; Wrede 2010 710

pellen schälen, ausziehen *Mein Gott, wie lang braucht die denn, um sich ausse Klamotten zu pellen.* Auch die Haut kann sich *pellen: Dat hat nen dollen Sonnenbrand, dat is sich schon tarelang am pellen. Da kannste dir einen drauf pellen* (bedeutungslos, egal sein)! *Ich hasse et, die Kartoffeln beim Essen zu pellen.* Entsprechend sind Pellkartoffeln **Pellmänner** oder **Pellköpp**. Wurst hat eine **Pelle**, die man abziehen kann (oder auch nicht): *Ich krich die Pelle von der Wurst nich ab. Rück mir nich so auf die Pelle!* sagt man, wenn man sich gegen körperliche Aufdringlichkeit wehren will. *Die hat aber ne ganz schön faltige Pelle, wahrscheinlich liegt die immer unter de Sonnenbank* (Haut). *Boh, wat hat de für dicke Pellen an seiner Kiste* (breite Autoreifen). Aus Kleidung kann man sich **herauspellen,** ebenso wie man Dinge aus Verpackungen *herauspellen* kann: *Kannste mir mal das Brot rauspellen, dann muss ich nicht extra aus den Handschuhen.*

Pelle ist ein niederdeutsches Wort, mittelniederdeutsch pelle »dünne zarte Haut«, mittelniederländisch pelle »Vlies« (standardniederländisch pel »Haut«). Es ist eine frühe Entlehnung des 13. Jahrhunderts aus dem Altfranzösischen (pel »Haut«), ursprünglich lateinisch pellis »Haut«. In das Frühneuhochdeutsche ist pelen im 15. Jahrhundert gelangt.

Kluge 2011 691; Leithaeuser 1891 27; RhWb 6/607; Schiller/Lübben 3/315; Wrede 2010 711; http://www.etymologiebank.nl/trefwoord/pel1

pengen, penge, pängen Fußball spielen *Jehse mit penge auf dem Bolzplatz?* **Pänger** Fußballschuhe. *Penge* ist sehr kleinräumig in Grevenbroich und Mönchengladbach verbreitet. Auch: *Da hat dat aber eine jepängt jekrischt* (eine Ohrfeige bekommen). Wohl eine Erweiterung des Schallworts Päng! im Sinne von »Schuss« und »schießen, knallen«.

RhWb 6/483

pennen schlafen *Ich geh pennen. Der is nur am pennen. Hasse wieder gepennt im Unterícht? Die pennt mit jedem* (Beischlaf haben). *Bisde noch verpennt?* **Penner** antriebslose Person (eigentlich nur männlich!) *Kuck dir den Penner an, der kricht nix aufe Reihe. Mit sone Penner kanns du kein Spiel gewinnen. Inne Stadt sind immer mehr Penner* (Landstreicher, Bettler). **Heckenpenner, Heckenpennes** »Schlaffi«, **Penntüte** meint den Schlafsack ebenso wie **Pennbeutel**, dies kann jedoch auch einen *verpennten* Menschen bezeichnen. **Pennerwasser** billiger Schnaps *Watt, willste son Pennerwasser wirklich trinken?* **Pennplünnen** Schlafanzug *Hömma, et schellt – un ich steh hier noch inne Pennplünnen* (siehe auch *Plünnen*).

Pennen ist aus dem Rotwelschen in die Umgangssprache gelangt und ist möglicherweise ein eigenständiges Verb zu westjiddisch pannai »müßig«. Wahrscheinlich ist es aber eine Ableitung aus rotwelsch Penne »Herberge, Schlafstelle«, das wesentlich älter und erstmals 1687 als Bonne belegt ist. Es geht zurück auf jiddisch binjan »Gebäude« (oder jiddisch pene, pinno »Winkel, Ecke«). Solche Pennen spielten im Leben der ambulanten Wandergewerbetreibenden und Wandergesellen, die im Rotwelschen Penner genannt wurden, eine sehr wichtige Rolle, wie die große geheimsprachliche Wortfamilie um das Wort belegt.

Anmerkung: Die schülersprachliche *Penne* hat eine andere Geschichte. Sie geht zurück auf Pennal, ein altes Wort für Federbüchse (zu lateinisch penna »Feder«), daraus wurde im 17. Jahrhundert der Pennal als »Jungstudent«, daraus in Schülerkreisen der *Pennäler* »Gymnasiast«, der zuerst auf das Pennal, später kurz in die *Penne* ging. (Nicht zu jiddisch panai(?) »müßig«, hebräisch binia(?) »Gebäude« oder romanes stilepen »Gefängnis«, wie manchmal zu lesen.)

Althaus 2006b 159; Besse 2013 121; Duden 2008 625; Honnen 1998a 25; Kluge 2011 692; Mengel 46 u. 48; Paul 644; RhWb 6/614; Stern 158; Trübner 5/72; Wolf 1956 4119; http://www.duden.de/rechtschreibung/Penne_Nachtquartier_Prostituierte

Penunse oder **Penunze** ist weit verbreitet für »Geld«. Aus polnisch pieniądz »Geld«, eventuell über das sorbische pjenjezy vermittelt. Pieniądz hat mit dem Pfennig gemeinsame Wurzeln (über altslawisch penegu).

Kluge 2011 693; Paul 644 u. 646; Trübner 5/90; Wolf 1956 4120; http://www.duden.de/rechtschreibung/Penunze

Perzer Zigarette *Den siehsde nur mit Perzer im Maul. Der Staat verdient nich schlecht anne Perzer.* Entsprechend kann man auch **perzen** »rauchen«: *Ab un zu ma en Pfeifchen perzen, dat gehört dazu.* In manchen Szenen gilt das Wort als Synonym für »kiffen« und ist ausschließlich bezogen auf das Rauchen von Hanfprodukten. Im Münsterland kann der *Lorenz perzen* (siehe *Lorenz*). Im Ruhrgebiet bedeutet *perzen* auch »schnell fahren, sich schnell bewegen« *(Ma so richtig mit Karacho durch dat Dorf perzen, da kannsde die Leute schocken),* am linken Niederrhein auch *pirsen* »schnell laufen« (wie auch im Thüringischen *perzen* »schnell laufen, gehen«).

Ein rätselhaftes Wort, das wohl mehrere Wurzeln hat. Die stechende münsterländische Sonne dürfte auf mittelhochdeutsch perze »stechender Glanz« (zu französisch percer »hervorbrechen, durchkommen, sich zeigen (der Aufgang der Sonne)«) zurückgehen. Möglicherweise hat sich daraus die Bedeutung »brennen« entwickelt, die schließlich zu »rauchen« geführt hat (die leuchtende Glut, besonders bei den verschiedenen Rauchtechniken von Cannabis). *Perzen* in der Bedeutung »laufen« muss jedoch eine andere, bislang unbekannte Herkunft haben. Vielleicht zu mundartlich *pörzen, pörteln* »unablässig herein- und herauslaufen« (zu Pforte, *Porz* »Tür«).

Boschmann 2006 52; Heinzerling/Reuter 322; Lexer 2/219; MmWb; RhWb 6/742; Siewert 1993 85; http://www.erzgebirgisch.de/p.liste

pesen rasen, rennen, seltener **päsen** *Der is hier volle Kanne umme Ecke gepest. Die is schon ganz schön am pesen mit ihrem neuen Rättchen.* **rumpesen** *Die pest den ganzen Morgen inne Siedlung rum und is nur am quatschen.*

Gepest wird im niederdeutschen Sprachraum vor allem in der Umgangssprache, das Wort scheint nicht dialektbasiert zu sein. Möglicherweise eine Entlehnung aus dem englischen to pace »im Passschritt reiten, schreiten« (zu lateinisch passus »Schritt«), wahrscheinlicher aber ist die Verwandtschaft mit rheinisch *Pese* »Sehne«, das sich auch im angrenzenden Niederländischen und im Mittelniederdeutschen sowie im Mittelniederländischen findet. *Pesen* ist dann zu verstehen als das abgeleitete Verb im Sinne von »schnellen«.

Herrmann-Winter 227; Kluge 2011 695; Küpper 601; Meyer 85; Schiller/Lübben 3/322; Schmachthagen 374; Spohr 162; RhWb 6/623; van Veen/van der Sijs 653; Wahrig 5/101

Pett, Pätt Kraft, auch »Atemluft« *Haste noch genuch Pett? Der hat aber ordentlich Pett in de Maue.*

Das Wort kennt man nur am Niederrhein. Eigentlich bedeutet *Pitt, Pett* im Niederdeutschen und Niederländischen das Mark (zum Beispiel eines Holunders), in den niederrheinischen Mundarten wird es auch in der obigen übertragenen Bedeutung als Kraft gebraucht. Das Wort ist bereits mittelniederdeutsch und mittelniederländisch als pit belegt und sicherlich verwandt mit englisch pith »Pflanzenmark«.

MmWb; RhWb 6899; Schiller/Lübben 3/333; van Veen/van der Sijs 670

Pflaumenpfingsten steht für »bis in alle Ewigkeit«, »Sankt-Nimmerleins-Tag« *Da kannse warten bis Pflaumenpfingsten, da tut sich nix.* In der Umgangssprache weit verbreitet (schon in einem Gedicht von Tucholsky). Da die Pflaumenernte nie mit Pfingsten zusammenfällt, kann man ewig auf diesen Termin warten …

MmWb; http://www.zeno.org/Wander-1867/A/Pflaumenpfingsten; http://zynaesthesie.wordpress.com/2010/05/23/pflaumenpfingsten/

picheln Alkohol trinken, zechen *Die ham sich gestern ganz schön einen gepichelt.*

Picheln hat nichts mit *pichen* »ein Fass mit Pech dichten« zu tun, wie manchmal zu lesen (»Das Wort scheint von Jena herzustammen, wo man aus ausgepichten Birkenmeiern zu trinken pflegt«), sondern ist die ostniederdeutsche Variante (auch ostfriesisch) von pegeln, das sowohl »etwas mit Pegelstrichen versehen« als auch »kräftig trinken« bedeuten kann.

In der alten Studentensprache steht *pichen* allerdings auch für »stark zechen«, damit ist jedoch meist das Biertrinken gemeint, studentensprachlich *Bich* »Bier«.

Augustin 88; Bergmann 252; Grimm 13/1638; Kluge 1895 114; MmWb; RhWb 6/805; ten Doornkaat Koolman 2/716; http://www.duden.de/rechtschreibung/picheln

Pick, Peck billiger Wein, Hauswein, saurer Tresterwein (an der Mosel), Schnaps (im westlichen Rheinland) mit den entsprechenden Komposita **Pickbruder, Pickhäusler** oder **Pickmöpp** »(Schnaps-)Säufer«.

Der saure Wein geht zurück auf das romanische Verb pikkare »hauen, stechen«, das im romanischen Sprachraum sehr viele Bedeutungsnuancen entwickelt hat (siehe *Pik*), darunter auch »sauer schmecken«. Im Nordfranzösischen entstanden daraus schließlich die Bezeichnungen peque und pik »saurer Wein«, die von den Weintrinkern an der Mosel und den Schnapsdrosseln übernommen wurden.

Post 1982 205; RhWb 6/896

piddeln fummelig, mühselig arbeiten, mit den Fingerspitzen an etwas werkeln *Piddeln se bitte den Preis ab, et soll en Jeschenk sein.* **piddelich** fummelig, Geschick erfordernd *Dat is mir jetz zu piddelich, dat mach ich nit.* **Piddel, Piddelskram, Piddelskrom** wertloser Kram *Wat willste dann mit dem janze Piddel?* Eine Arbeit oder Tätigkeit sowie ihr Ergebnis kann auch als **Piddelei** bezeichnet werden: *Boh, war dat ne Piddelei, bis mer die appen Intarsien widder drin hatten.* Auch: *Käär, die enzündeten Mückenstiche, siehsde, wat bei deiner Piddelei rausgekommen is.* Vor allem südlich der Ahr, aber auch im Bergischen Land kennt man die Varianten **bütteln** und **pütteln**, wobei unklar ist, ob sie dieselbe Wortgeschichte haben. Denn *piddeln* könnte eine Ableitung von rheinisch *Piddel* »Zapfen, beweglicher Holzstift« sein, ein Wort, das bereits im 16. Jahrhundert in Köln belegt ist. Ein weiterer Kölner Beleg von 1840 nennt *piddeln* als »einkeilen«, was diese These stützt. Dann meint *piddeln* ursprünglich das »Fummeln eines Stifts in eine Öse«. Die Varianten um *pütteln* (auch *püttern*) haben ihren Ursprung vielleicht in *Pott* »Topf«, weil das Wort in der Bedeutung »in den Pötten herumstochern« im 19. Jahrhundert im Westerwald belegt ist und auch *pütteln* die Bedeutung »herumstochern« haben kann.

Küpper 609; Lerchner 209; PfWb 1/1403; RhWb 6/821 u. 899; Tonnar/Evers 140; Werner 292; Wrede 2010 714

piel (meist in der Wendung *piel stehen*) steil, kerzengerade *Bei dem Kaffee stehsde aber piel. Wenn der Chef kommt, steht der piel. Nach dem Schreck hab ich piel im Bett gesessen.*

Piel ist die rheinische Variante des hochdeutschen Pfeils. Diese Bedeutung ist allerdings in der Umgangssprache verloren gegangen; hier hört man nur noch die obigen Wendungen mit der Bedeutung **pillegerade, pielgerade** »steil, aufrecht«.

MmWb; RhWb 6/698

Pier Wurm, Made (meist im Plural **Pieren**) *Dat liecht schon schon so lange da, da kommen schon die Pieren raus. Pieren* und **pieren** gibt es auch im übertragenen Sinne: *Ich krich noch die Pieren mit dat olle Schrömmelsteil von Waschmaschine* (wahnsinnig werden). *Meinze, dä hätt mich gegrüßt? Dat piert mich vielleicht* (sich ärgern). Nur noch Ältere kennen den **Pierekieker** Trichinenbeschauer (bei einer Hausschlachtung) *Wenn der Pierekieker da war, können wir mit dem Wursten anfangen.*

Die *Pieren* kennt man am Niederrhein bis hinunter nach Düsseldorf, im Ruhrgebiet und im angrenzenden Westfälischen; im Niederländischen ist pier standardsprachlich. Wrede verzeichnet *Pirring, Pernik* als veraltet (*Pirringsland* »Erdreich« dagegen nicht). Im Niederländischen ist pier erstmals 1410 nachgewiesen, mittelniederdeutsch pier (auch perink) »Fischer-Sandwurm«, entsprechend piren »mit Würmern angeln«, im Limburgischen als *piering, pirrek.* Das Wort ist im Mittelalter über das Mittelniederländische aus dem Nordfranzösischen (der Picardie) ursprünglich als Personenname Pier (Pierre, Peter) eingewandert (im Mittelniederländischen beziehungsweise Mittelniederdeutschen ist die Verbreitung von Pier als Personenname und Tierbezeichnung exakt gleich). Dieser Bezeichnungstyp ist nicht ungewöhnlich, im Rheinischen zwischen Schleiden und Krefeld heißt der Wurm ebenfalls *Pitter* »Peter«: *Do es der Pitter dren* (im Obst ist eine Made).

Anmerkung: Der Berlinische und Brandenburgische *Pieraas* ist wohl kaum durch niederländische Kolonisten im 12. Jahrhundert nach Berlin gebracht worden, sondern eine spätere Übernahme aus dem Niederdeutschen.

Debrabandere 2011 291; de Vries 518; Grimm 13/1844; RhWb 6/624 u. 826; Schiller/Lübben 3/332; Teuchert 361; Wrede 2010 718; http://www.etymologiebank.nl/trefwoord/pier1

piesacken quälen, jemandem zusetzen *Der is unser Ullich nur am piesacken. Musse mich immer so piesacken. Der Meister war en Mistkerl, der hatte nur Spass am Piesacken. Ich werd schon wochenlang von meinem Zahn gepiesackt.*

Ein Wort mit vielen Entstehungslegenden. Die weitverbreitetste geht so: Das Wort »geht auf den pfalz-neuburgischen kaiserlichen Regimentsfeldscherer Diederich Pies (1590–1666) aus Dommershausen, den Begründer der modernen Chiropraktik und Stammvater der Hunsrücker Knochenflicker, der sich im Dreißigjährigen Krieg Kenntnisse als Wundarzt, in der Knochenheilkunde und Salbenherstellung aneignete, zurück. Seine Heilkunst ist sprichwörtlich in den deutschen Sprachschatz eingegangen – schließlich hat er manchen Schmerz zugefügt, wenn er seine Patienten einst ohne jegliche Betäubungsmittel behandeln mußte. Nicht studierte Knochenheilkundige werden im Mosel-, Eifel- und Hunsrückgebiet noch bis heute ›Pies‹ genannt.« Diese Geschichte wird auch aus anderen Orten (zum Beispiel Troisdorf) erzählt. In Preußen führt man das Wort auf schwedisch piska »peitschen« zurück, »vielleicht ein Vermächtnis aus dem 30jährigen Kriege, wo der Schwede in seinen Quartieren oft von der Peitsche Gebrauch machte«. Auch das Litauische (zu peszti »pflücken, rupfen«) und das Jiddische (zu jiddisch piseiach »lahm, krumm«) wurden verantwortlich gemacht (wobei die letzte Ableitung auf das rotwelsche Wörterbuch von Wolf zurückgeht). Da das Wort jedoch in allen niederdeutschen Mundarten hochfrequent und hier auch zuerst belegt ist, kommt nur die Ableitung aus niederdeutsch *Pesek, Peserek* (bereits mittelniederdeutsch peserik) in Frage. So wird der aus dem Geschlechtsglied des Stiers gewonnene Ochsenziemer bezeichnet, eine früher gefürchtete Schlagwaffe. Die Bezeichnung geht wiederum auf niederdeutsch *Pese* »Sehne« zurück, mittelniederdeutsch pese »Sehne«, mittelniederländisch 1240 als pese (standardniederländisch pees) belegt (siehe auch *Pisel*).

Bergmann 246; Debrabandere 2011 292; Frischbier 2/149; Grimm 13/1868; Honnen 2008a 165; Kluge 2011 705; Küpper 610; Mengel 40; Pfeifer 2/1276; RhWb 6/830 u. 878; Trübner 5/132; Werner 294; Wolf 1956 4210; Wrede 2010 716; http://www.duden.de/rechtschreibung/piesacken; http://etymologie.tantalosz.de/p.php; https://de.wikipedia.org/wiki/Diederich_Pies

pieseln (nicht derb für) pinkeln, auch kindersprachlich *Muss du mal pieseln? Ich geh mal pieseln. Pieseln* beschreibt auch gleichmäßigen, nicht allzu starken Regen. Die Mundarten kennen überraschenderweise die Bedeutung »pinkeln« nicht. Das macht die eigentlich naheliegende Ableitung aus niederdeutsch *Piesel* »Penis« unwahrscheinlich. So bleibt nur die Entstehung aus nieseln und *pissen*. Analog zu umgangssprachlich *verpissen* auch **verpieseln** *Ich hab mich nach dem Spiel in Dortmund schnell verpieselt, dat Elend wollt ich mir nich mehr antun.*

Küpper 611; RhWb 6/881; http://www.duden.de/rechtschreibung/pieseln

Pik, Pick in der Wendung *den Pik auf jemanden haben* »jemanden im Visier haben, jemanden ärgern, auflaufen lassen« *Der blöde Lehrer hat nen Pick auf mich. Wenn der Meister einmal en Pick auf dich hat, kannste einpacken.*

Die Wendung *den Pik auf jemanden haben* ist im 17. Jahrhundert über das Niederländische (standardniederländisch de pik op iemand hebben) ins Niederdeutsche entlehnt worden: zu französisch pique »Spieß, Spitze«, das auch die Nebenbedeutung »Groll« haben kann.

Anmerkung: Auf dasselbe Wort geht auch die Spielfarbe Pik zurück, die jedoch erstmals 1741 in Berlin erscheint.

Kluge 2011 704 u. 705; Paul 653; RhWb 6/808; Trübner 5/124; Werner 292; http://www.etymologiebank.nl/trefwoord/piek1

Pille, Pulle, Pülle ist im Rheinland und den angrenzenden Niederlanden ein Lockruf für ein Huhn und anderes Geflügel oder die Bezeichnung für das Tier selbst. Interessant ist, dass das eigentlich schon veraltete Mundartwort in den 1980er- und 1990er-Jahren des letzten Jahrhunderts in einer Comicfigur als **Pillhuhn** eine fröhliche Auferstehung feierte (zu kleverländisch *Pullenhühnchen* »Huhn ohne Schwanz«). In der Umgangssprache findet man das Wort noch in den **Pillefüßen** »Plattfüße« (nach dem Bild der Entenfüße) und in der kindersprachlichen **Pilleente** *(Kuck ma die Pilleente da auf dem Wasser!)*. Noch interessanter ist jedoch, dass das Wort keineswegs der Kindersprache entstammt, sondern eine lange Geschichte hat. Die ist allerdings nicht ganz eindeutig, denn die beiden auffälligen Varianten *Pille* beziehungsweise *Pülle* und *Pulle* können unterschiedlich erklärt werden, wenn auch der lateinische Ursprung unbestritten ist. Wir kennen sowohl das klassisch lateinische Wort pullus »junges Huhn«, das in jedem Fall die Wurzel des mundartlichen *Pulle* ist, als auch die vulgärlateinische Nebenform pullia, pullium, die für das mundartliche *Pille* verantwortlich sein könnte (ein i in einer Wortendung hat sprachgeschichtlich oft zu einem Umlaut im Wortstamm geführt). Denkbar, aber weniger wahrscheinlich, ist auch die Herkunft von *Pille* aus lateinisch pilus »Haar« (so das Rheinische Wörterbuch). Allerdings sprechen die überlieferten niederländischen Formen (in Limburg heute *pul* und *pel* »junges Huhn, junges Mädchen«) dagegen, die alle einen dunklen Vokal aufweisen. Die Annahme eines französischen Lehnworts aus französisch poule ist für manche kleinräumigen Gebiete denkbar, aber grundsätzlich sind *Pille* und *Pulle* »aus romanischer Zeit erhalten« und damit viel älter, als es den Anschein hat.

Bach 261; Debrabandere 2011 308; Post 1982 184; RhWb 6/836, 1180 u. 1182; Wrede 2010 741

Pillepalle seltener **Pillepup** Unsinn, überflüssiges, belangloses Zeug, Kinkerlitzchen *Dat is doch alles Pillepalle, wat ihr da macht, so kann man keine Geschäfte machen. Mit sone Pillepalle geb ich mich nich ab. Wegen dem Pillepalle rechse dich auf? Jetz geh ma nich wegen jeden Pillepupp gleich widder anne Decke!* Kommt bisweilen auch in attributiver Verwendung vor: *Da kannze aba nich jeden Pillepalle Schauspieler für neem, da brauchste schon ein, der dat kann!*

Pillepalle ist in der Umgangssprache weit verbreitet, dennoch gilt es überraschenderweise als »Neulexem«; es ist in Küppers umgangssprachlichem Wörterbuch auch noch nicht verzeichnet. Der Duden erklärt es als rheinische Bildung aus *Pill* »kleines Stückchen« (zu lateinisch pilula »Kügelchen«). Auch das überrascht, denn *Pillepalle* ist im Ostfriesischen schon Mitte des 19. Jahrhunderts reichlich belegt als »albernes Geschwätz«. Dort kennt oder kannte man die Verben *pillern, pallen* und entsprechend auch *pillpallen* als »dummes, albernes Zeug reden, klatschen«, *pillpallen* kann auch »dummes Zeug machen« bedeuten. *Pillepalle* ist folglich eine verdoppelnde und damit verstärkende Bildung aus *pillern* und *pallen,* also eigentlich »besonders belangloses Zeug erzählen«, und hat seine Heimat eindeutig im Norden des deutschen Sprachraums. *Pillepup* ist allerdings tatsächlich eine – analoge – Neubildung aus dem *Ruhrpott.*

ten Doornkaat Koolman 2/697 u. 718; http://www.duden.de/rechtschreibung/Pillepalle

Pimmel, Piemel Penis *Hasde den Pimmel von dem Gaul gesehen? Wahnsinn! Maach de Botz zu, sons verkühlsde dir der Pimmel!* Kann auch für alle Arten von mehr oder weniger phallisch anmutenden Gegenständen verwendet werden: *Schneid der Pimmel da noch af, dann es der Jade wider schön* (Ast oder Baumstumpf entfernen). *Da is dann son Pimmel dran, da dröckste ens drop* (Schalter, Hebel).

Wahrscheinlich zu *Bimmel* (pfälzisch *Bimpel*) in der Bedeutung »Herabhängendes«, vielleicht auch zu niederdeutsch *Pümpel* »Mörserstößel«.

Duden 2008 636; Kluge 2011 706; Paul 654; RhWb 6/840

Pimmock Fremder oder Zugereister, oft – aber nicht grundsätzlich – abwertend für Vertriebene aus dem Osten, später auch für Ossis gebraucht *Sone geile Karre fährt wenichstens nich jeder Pimmock. Dat is en Pimmock aus dem Osten. Seit die Pimmocks hier sind, hör se kaum noch Kölsch aufe Straße.* In Köln ist *Pimmock* die ältere Variante des *Immi:* jeder nicht in Köln Geborene, der durch seine Sprache und sein Verhalten als unkölsch auffällt. *Pimmock* kann auch einfach für einen fiesen Typen oder für jeden anderen, der einem nicht passt, stehen; in Pulheim kommen die *Pimmocks* aus der **Pimmelakei**. Im Ruhrgebiet wird *Pimmock* (Plural *Pimmöck*) grundsätzlich als Beschimpfung einer Einzelperson oder einer kleinen Gruppe benutzt.

Das Wort ist in den Mundarten des Rheinlands reich belegt: *Pimau, Pimei* (westliches Rheinland, Aachen), *Pimokro, Pimmokrau* (Geilenkirchen), *Pimack* (Düren), *Pimock, Pimops* (zentrales Rheinland), *Pimocker, Pimrock, Pimhock* (Niederrhein, Ruhrgebiet), *pimocken* »einen prügeln« (Jülich). Von hier ist es in die Umgangssprache übernommen worden. Schon im 19. Jahrhundert wurden im Rheinland so die ostelbischen Erntearbeiter genannt. Bei preußischen Soldaten wurden unbeliebte Vorgesetzte als *Pim-*

mocks bezeichnet. Die Herkunft des Wortes ist dennoch dunkel. Vorgeschlagen werden Ableitungen aus dem böhmischen Ortsnamen Pomuk, aus dem Personennamen Nepomuk (vergleiche Pomuckl) oder dem österreichischen Behmackeln (abfällig für »Böhmen«) und aus dem Landschaftsnamen Piemont (piemontesische Stuckateure haben im 18. und 19. Jahrhundert im Rheinland gearbeitet). Auffällig ist der isolierte Gebrauch im zentralen und nördlichen Rheinland.

Hermanns 439; Küpper 612; Mengel 41; RhWb 6/840 u. 842; Spohr 167; Werner 294; Wrede 2010 716; https://ksh.wikipedia.org/wiki/Klaaf:Pimock; http://www.koelsch-woerterbuch.de/pimmok-auf-deutsch-1616.html

pimpern, pümpern, pimpeln beischlafen, koitieren *Die sind den ganzen Urlaub nur am pimpern. Die pimpeln wie die Kanickel.*

Wohl zu niederdeutsch *pümpern* »im Mörser zerstoßen«, *Pümpel* »Mörser«, süddeutsch *pimpern* »stoßen, klopfen«; anders Bergmann: zu mitteldeutsch *Pumpe* »weibliches Geschlechtsteil«.

Bergmann 260; Duden 2008 636; Kluge 2011 706; Sedlaczek/Winder 167; http://www.duden.de/rechtschreibung/pimpern_koitieren_Geschlechtsverkehr

Pimpernellen, Pimpernölles meist in der Wendung *die Pimpernellen kriegen* »die Geduld verlieren, sich aufregen, wenn eine Sache nicht so läuft, wie man es erwartet hat« *Wenn ich den Draht nich bald da reinfriemeln tu, krich ich de Pimpernellen. Bei der Frickelei kriegsde die Pimpernölles.*

Im Rheinland ist *Pimpernelle, Bibernelle* die Bezeichnung für das »gemeine Zittergras«, eine heute seltene Pflanze. Der Name ist tatsächlich in Anlehnung an das Verb *bibbern* »zittern« aus der eigentlichen Pimpinelle »kleiner Wiesenknopf« entstanden. Die Pimpernelle steht für das Zittern bei Angst oder Ungeduld.

Fuß 1880 IV; Honnen 2008a 168; Kluge 2011 703; Meisen 1955b 211; RhWb 1/674 u. 6/844; Werner 294; Wrede 2010 716; http://www.etymologiebank.nl/trefwoord/pimpernel

pingelich peinlich genau, übertrieben wählerisch. Das Wort ist eines der wenigen originär rheinischen Mundartwörter, die in der allgemeinen Umgangssprache heimisch geworden sind. Sicherlich hat hier der Altbundeskanzler Adenauer Pionierarbeit geleistet, dessen ihm zugeschriebene Aussage, *»man solle beim Gebrauch des Rechts nicht gar so pingelich sein«*, sprichwörtlich geworden ist. *Pingelich* hört man in den unterschiedlichsten Zusammenhängen: *Hier bei unserm TÜV sind die furchtbar pingelich. Die is vielleicht pingelich beim Essen! Ich muss pingelich auf mein Gewicht achten.* Man kann auch ein **Pingel, Pingeliger** oder **Pingelfritze** sein: *Ich bin bestimmt kein Pingel, aber dat kann ich nich ab! Dat is vielleicht en Pingel, bei dem sitzt kein Härchen krumm.*

Pingelich bedeutet eigentlich »peinlich« im Sinne von »schmerzempfindlich sein«. Denn *Ping* ist die zentralrheinische Aussprache des standarddeutschen Wortes Pein (das Wort ist velarisiert, wie man in der Sprachwissenschaft sagt, wenn auslautendes -n zu -ng verändert wird: *brung* (braun), *Ring* (Rhein), *Wing* (Wein)) und steht allgemein für »Schmerz«. *Pingelich* ist das daraus abgeleitete Adjektiv, das mit der Zeit die allgemeinere Bedeutung »empfindlich« bekommen hat. Allerdings überwiegt am Niederrhein und in Westfalen die Bedeutung »knauserig, kleinlich, engherzig«, ein *Pingel* ist hier ein »Knauser« oder »etwas Kleines«; dem entspricht niederrheinisch beziehungsweise niederländisch pingelen »feilschen«, dessen Herkunft jedoch unbekannt ist (wohl zu niederdeutsch *Pingel* »kleiner Gegenstand«). Südliches und nördliches *pingelich* dürften deshalb unterschiedliche Wurzeln haben.

Anmerkung: Ganz anders ist die Ableitung bei Röhrich, nämlich aus der Fachsprache der rheinischen Färber, die früher zum Blaufärben einen *Pingelpott* benutzten, aus dem die Farbe *gepingelt* wurde.

de Vries 295; Kluge 2011 706; RhWb 6/847; Röhrich 4/1185; Schleef 195; Woeste 199; Werner 295; http://www.duden.de/rechtschreibung/pingelig; http://www.etymologiebank.nl/trefwoord/pingelen

Pinn und **Penn** ist ein in der Umgangssprache unverzichtbares Wort für alle – meist kleineren – Gegenstände, die man als Nagel, Zapfen, Stäbchen, Pflock, Ahle, Stöckchen oder Pfahl benutzen kann: *Hasse da ma en Pinn für, ich krich dat nich fest.* Das Wort wird vielfach auch im übertragenen Sinn für die Absätze von Stöckelschuhen, dünne Beine und schlanke Menschen oder in der Verkleinerungsform **Pinneken, Pinnchen** für Streichhölzer benutzt. Die abgeleiteten Verben sind **pinnen** oder **anpinnen** und **festpinnen** »heften, nageln«. In den Mundarten ist das Bedeutungsspektrum noch weitaus größer, am Niederrhein und im Ruhrgebiet ist ein *Pinneken* beispielsweise ein kleiner Schnaps.

Auch im Niederländischen und Englischen ist das Wort als pen, pin »Pflock, Nagel« gebräuchlich. Das kleine Wörtchen hat zu vielen Spekulationen Anlass gegeben. So wird es auf ein rekonstruiertes germanisches *pennon »Nagel« und sogar auf einen indogermanischen Stamm *bdn-no und *benno zurückgeführt, womit es mit »dem gallischen Namen des Gardasees Bennacus (lat. Benacus) ›der Gehörnte‹ wegen der weit vorspringenden Halbinsel Sirmione« verwandt wäre. Auch die Herkunft aus dem Keltischen ist erwogen worden. Doch scheint die Annahme eines lateinischen Lehnworts die wahrscheinlichste Lösung. Lateinisch penna bedeutet »Flügel, Feder, Mauerspitze«, im römischen Gallien hat sich daraus die Bedeutung »Anhöhe« entwickelt. Wir finden das Wort auch lautverschoben im Mittelhochdeutschen als pfinne, vinne »Pickel« (siehe *finnig*), doch hat es sich in den sich daraus entwickelnden Schriftsprachen nicht gehalten. So hat der *Pinn* nur in den Mundarten und der Umgangssprache überlebt (und in der Seemannssprache als Pinne »Steuerstock«).

Anmerkung: Am Niederrhein und im Ruhrgebiet bedeutet *pinnen* auch »jemanden besiegen« *(Die ham wer gestern sowat von gepinnt beim Kegeln!).* Dies geht auf die alte Nebenbedeutung von *pinnen* als »nageln« und dann »schlagen, (ver-)prügeln« zurück, daraus hat sich »besiegen« entwickelt.

Grimm 13/1861; Kluge 2011 707; Neri/Ziegler 62; Post 1982 138; RhWb 6/852 u. 869; Schiller/Lübben 3/327; Werner 290; Wrede 2010 711

pinnen meist als **abpinnen** schreiben, anschreiben, abschreiben *Wat hasde denn da an die Tafel gepinnt. Ich hab in der Schule immer abgepinnt.* Schülersprachlich, wohl zu *Pinn* »Stift« in der Bedeutung »Schreibstift«.

Küpper 613; RhWb 6/860

Pinnörkel, Pinnorek, Pinnökel, Pinorkel, Pinokel, Pinuckel, Pinorik ein irgendwie länglicher Gegenstand, der unterschiedlichste Funktionen haben kann, meist ein kleiner Pinn *Gib ma den Pinnorek da rüber. Wat hasde denn da von Pinnorek reingedreht? Da steckt son komischer Pinörkel drin. Da ist son Pinörkel dran, den darfste nich verlieren.* In Bonn ist ein *Pinorik* auch die Fernbedienung für das Fernsehgerät, in Goch kennt man den *Pinnorek* als Synonym für den Nippel am Reißverschluss.

Das Wort ist in dieser Bedeutung verbreitet im Ruhrgebiet und westlichen Rheinland, in Münster gilt es als rotwelsch, in Westfalen (um 1900 als *pinnagel*) bis nach Bielefeld und auch im Niederdeutschen, zum Beispiel in Hamburg als *Pinökel* »Zapfen, Stift, Penis«.

Naheliegend ist die Ableitung aus mittelniederdeutsch pynakel und mittelniederländisch pinakel, pinacule »Turmspitze«, über französisch pinacle aus lateinisch pinnaculum »Mauerzinne« (eine Verkleinerungsform von pinna »Mauerspitze«) entlehnt; noch heute im Niederländischen als pinakel »gotische Fiale«. Wie das Fachwort zu seiner umgangssprachlichen Bedeutung kam, ist ungeklärt; deshalb deutet Woeste das westfälische *pinnagel* schlicht als »Nagel zum Pinnen«.

Borner 28; Honnen 2008a 170; Kremer; Post 1982 218; RhWb 6/845; Schiller/Lübben 3/327; Schmachthagen 382; Siewert 1993 87; Verdam 465; Woeste 199; http://www.etymologiebank.nl/trefwoord/pinakel

Pinte Gastwirtschaft, Kneipe *Och der Jupp, kennich, der kommt schon öfters ma bei mir inne Pinte. Wat, in sonner Pinte wilsde dein Geburtstach feiern?*

Die Mundarten kennen die *Pinte* nur als Bezeichnung für ein altes Hohlmaß für Flüssigkeiten oder das Gefäß selbst (entlehnt aus französisch pinte »Messgefäß«); die Bedeutung »Kneipe« ist demnach nicht im Rheinland entstanden. Wahrscheinlich ist die *Pinte* ein Import aus dem Süden Deutschlands (und bezieht sich auf die Kanne als Wirtshausschild).

Kluge 2011 707; Küpper 614; PfWb 1/927; Post 1982 242; RhWb 6/864

Pippers Kartoffeln (nur im Plural) *Solln wer Pippers beim Spargel machen? Immer nur Pippers beim Essen, nie Nudeln oder wat anderes?* **Pipperschlag** Kartoffelsalat *Machen wa Pipperschlag zum Grillen?*

Pippers gibt es nur im Raum Geldern–Kleve und in den angrenzenden Niederlanden. Dort sind pipers kleine, junge Kartoffeln. Das Wort ist sehr jung, wahrscheinlich erst im 19. Jahrhundert entstanden.

RhWb 6/874; http://www.etymologiebank.nl/trefwoord/pieper

Pips, Pipsch (leichte) Erkältung, Husten, Schnupfen *Der holt sich noch den Pips, wenn der sich nich wat anzieht. Hasde dir en Pips geholt? Ich hab den Pips.* Ein besonders schwerer Schnupfen ist in der Gegend um Moers der *Pips mim Tiddelittken.*

Eigentlich ist der *Pips* eine »katharralische Entzündung der Nase bei Hühnern«, die ihre sprachlichen Wurzeln in lateinisch pituita »Verschleimung« hat, das unter Einfluss von pipare »pfeifen« (weil das erkrankte Tier pfeifende Töne abgibt) zu spätlateinisch pipita wurde; daraus althochdeutsch pfiffiz, pipfitz, frühneuhochdeutsch pfipfs. Bereits im Mittelalter wurde der *Pips* auf den Menschen übertragen. Noch heute spanisch pepita, französisch pépie.

Bach 257; Bergmann 254; Honnen 2008a 172; RhWb 6/875; Trübner 5/131; Wrede 2010 713

Pisel steht im Rheinischen der Form nach einer großen Wortfamilie vor: Der *Pisel* ist in der Regel, je nach Attribut, ein irgendwie unangenehmer Mensch (eingebildeter, *jecker* oder doofer *Pisel*), **Pisele** sind Prügel, wenn man die bekommt, wird man *verpiselt* oder *gepiselt.* Jemand kann auch **piselich** sein, dann ist er zimperlich, zum Beispiel beim Essen, oder etwas ist *piselich,* dann ist es minderwertig oder mickrig *(Dat war aber en piseliges Buffet gestern bei denen).* Dann kann man aber auch noch **pisele, piseln,**

indem man an etwas herumwerkelt oder leichte Arbeit verrichtet, die nennt man dann **Piselsarbeit** *(Dat is doch Piselsarbeit, dat kann jeder)* oder **Piselskram.**

Schon dieses sehr heterogene Bedeutungsspektrum macht es jedoch eher unwahrscheinlich, dass alle diese typisch rheinischen Wörter auf eine gemeinsame Wurzel zurückgehen. Die ursprüngliche Bedeutung des *Pisels* in den rheinischen Mundarten war jedenfalls »männliches Glied beim Stier und Eber« oder auch der daraus gewonnene Ochsenziemer, eine früher verbreitete Schlagwaffe (im Mittelniederdeutschen als pese belegt, im Niederländischen als pezel und im Englischen als pizzle bekannt). Diese Bedeutung ist aber heute nahezu verloren gegangen. Zu erkennen ist sie allerdings noch in den abgeleiteten Verben *piseln* und *verpiseln* (siehe auch *piesacken*).

Diese Wortgeschichte ist ein weiteres Argument gegen die Annahme einer einzigen Wortfamilie; die Gruppe um die Bedeutung »leichte Arbeiten verrichten« muss demnach eine andere Herkunft haben. Dieses *piseln* ist wohl eine Lautvariante eines anderen Verbs, das in den rheinischen Mundarten als *püseln, puseln* (mit dem niederländischen peuzelen »zögern, tändeln« und dem niederdeutschen *pöseln* verwandt) weit verbreitet und in der allgemeinen Umgangssprache als *pusseln* zu finden ist. Das rheinische *püseln* (siehe *puseln*) hat die Doppelbedeutung »zögerlich essen«, was das Adjektiv *piselich* erklärt, und »wenig oder unnütz arbeiten«. Somit haben wir es hier tatsächlich mit zwei Wortfamilien zu tun, die sich nur äußerlich gleichen.

Küpper 614; Picard 203; Werner 296; Wrede 2010 718

Piselinten, Piselunten, Piselotten Sachen, Kleidungsstücke, Krimskrams *Wem gehören die Piselinten hier? Die mussten ers ma ihre Piselinten zusammensuchen. Pack deine Piselotten zusammen.* Auch: *Wenn beide Ehepartner Steuerklasse vier nehmen, merkset anne Piselunten. En paa Piselunten inne Kaffeekasse, un gut is* (Geld). Oft zu hören ist auch die Wendung: *Ich krisch se anne Piselotten* (verrückt werden).

Die Bedeutung »Krimskrams« lässt sich aus *Pisel, piselig* »Minderwertiges« (siehe *Pisel*) in Kombination mit den (in den Mundarten weit verbreiteten) rheinischen *Linten* »gewebte Bänder, Flattertand« erklären. In Teilen des Rheinlands stehen *Linten* auch für »Geld«. Die *Piselotten* sind eine spätere Entwicklung, vielleicht motiviert aus *Babelotten.*

Küpper 614; Meyer 87; RhWb 5/448; Sprick 109

pissen urinieren *Ich muss ma pissen, halt ma an. Mensch, geh doch pissen, Mann* (Aufforderung an jemanden, sich zu verziehen). *Ich lass mir von keinem anne Karre pissen* (wissen, was die eigene Arbeit wert ist, sich den Erfolg nicht streitig machen lassen). **verpissen** verschwinden, abhauen *Der hat sich einfach verpisst, ohne wat zu sagen. Verpiss dich bloß. Wenn de dich nich bald verpisst, werd ich ungemütlich.*

Das unnachahmliche Rheinische Wörterbuch schreibt zu *pissen:* »Wasser machen, doch im täglichen Gebrauch nur von und zu Kindern, zaghafter von Frauen, während ein Mann das Wort von sich meidet, da es ihm als kindisch-weibisch vorkommt; im allg. verwenden Erwachsene verhüllende Ausdrücke; wo ihnen dies nicht angebracht erscheint, gebrauchen sie *seichen, sicken, seiken, migen.*« Mittelniederdeutsch pisse »Urin«, mittelniederländisch pissen »urinieren«, mittelhochdeutsch pissen; wahrscheinlich aus altfranzösisch pissier »urinieren« in den deutschen, niederländischen und englischen Sprachraum gelangt.

Grimm 13/1869; Kluge 2011 708; RhWb 6/884; Trübner 5/133;
http://www.etymologiebank.nl/trefwoord/pissen

pitschen, petsche einen trinken *Komm, wir gehen einen pitschen. Jestern ham mer uns ene jepetsch.* Die ursprüngliche Bedeutung des Wortes ist »kneifen, zwicken«: *Pitsch mich nich. Ich hab mich gepitscht. Ich glaub, ich träum! Ich muss mich mal pitschen, ob ich wach bin ...!* **abpitschen** etwas abkneifen *Dat Ende vom Kabel mussde noch abpitschen. Pitschen* heißt auch so viel wie »stechen«: *Wir kriegten beim Doktor eine gepitscht* (beim Impfen). Auch Hühneraugen können *pitschen: Et pitscht so* oder *Mich* *pitscht et* (weh tun, stechend schmerzen). Der **Ohrenpitscher** ist der Ohrenkneifer im Bergischen Land. Im Rechtsrheinischen kennt man **pitzen** als »nerven«: *Das pitzt mich aber jetzt an, dass die Handwerker immer noch nicht fertig sind. Der is jetzt echt angepitzt nach der Sache.*

Das typisch rheinische Wort ist verwandt mit hochdeutsch fetzen, das auf mittelhochdeutsch phetzen »zwicken, kneifen, stechen« zurückgeht; mittelniederdeutsch pitzigen, pitzen, mittelniederländisch pitsen »kneifen«, limburgisch *pitsen, pitsjen.* Zugrunde liegt eine alte Wurzel, auf die auch französisch pincer und italienisch pizzicare »kneifen« zurückgehen. Die Bedeutung von *pitschen* als »trinken« ist wahrscheinlich jünger und durch polnische Bergarbeiter beeinflusst; zu polnisch pić »(Alkohol) trinken« (obwohl die Bedeutung um 1900 schon im ganzen Rheinland bekannt war).

Debrabandere 2011 293; Grimm 13/1580 u. 1694; Küpper 611; Menge 1985 154; RhWb 6/892 u. 900; Schiller/Lübben 3/334; Sprick 83; Wrede 2010 713; http://www.etymologiebank.nl/trefwoord/pitsen

Pitter als rheinische Variante des Personennamens Peter kommt in vielen Zusammenhängen und Bedeutungen vor: **Pittermännchen** »kleines Schälmesser«, »kleines Bierfass« und scherzhaft für »Penis«; **Pitterkasten** »Gefängnis«; **Pittermachflöck** »Durchfall«; **Pittermesser** »kleines Küchenmesser«; **Pitterken** »Messerchen«, »kleine Raupen«, »kleines Kissen« und »Nach-, Diebesschlüssel«. Letzterer ist schon im Mittelniederdeutschen als peterken belegt (wohl nach Petrus' Himmelsschlüssel so genannt). In den Mundarten ist das Bedeutungsspektrum noch sehr viel größer.

Weshalb der unschuldige Vorname Peter im Rheinischen eine so bedeutende Rolle spielt, ist unklar, deutlich ist jedenfalls, dass der mundartliche *Pitter* in Zusammensetzungen oft etwas Kleines bezeichnet, so erklärt sich auch das *Pittermännchen* als kleines Zehnliterfass. Die Ableitung aus Peter und Paul (29. Juni) als Vatertag mit den feuchtfröhlichen Umzügen ist deshalb ebenso falsch (zumal der Vatertag zu Christi Himmelfahrt gefeiert wird und erst in den 1950er-Jahren aufgekommen ist, das *Pittermännchen* jedoch schon um 1900 verbreitet ist) wie andere Entstehungslegenden aus französisch petit »klein« oder von Petrus von Mailand, dem Patron der Kölner Brauer.

Honnen 2008a 173 u. 174; RhWb 6/635; Schiller/Lübben 3/324; Wrede 2010 719

Plack, Placke, Placken Ausschlag, Herpesbläschen, Schuppenflechte *Wat haste denn da fürn Plack am Mund? Der hat Plack an de Schnüss. Da krieg ich voll Plack von* (sich vor etwas ekeln)! Man kann auch *der Plack kriegen* »sich ärgern, die Krise kriegen«. Ein **Plackfissel** ist jemand, der Ausschlag oder Herpes am Mund hat, kann aber auch einfach ein etwas ungepflegter Mensch sein. In den Mundarten ist *Plack, Plagge* in erster Linie ein Fleck, eine Fläche, ein Flick- oder Spüllappen oder allgemein etwas Unangenehmes (neben vielen Nebenbedeutungen wie »Ausschlag«).

Das Wort ist niederdeutschen Ursprungs. Dort ist es ebenfalls als *Plack, Placke, Placken* mit den gleichen Bedeutungen gebräuchlich und schon im Mittelniederdeutschen mit den ältesten Belegen als placke, plecke »Fleck, Lappen« nachgewiesen. Die weitere germanische Wortgeschichte ist unbekannt. Es handelt sich wohl ursprünglich um ein lautmalendes Wort (platschen, klatschen).

Anmerkung 1: Das französische **plaque** ist ein niederdeutsches Lehnwort und geht auf das mittelniederdeutsche placke zurück, die standarddeutsche Bezeichnung für den Zahnbelag ist also eine Rückentlehnung. Beim **Plakat** ist es ähnlich. Das wurde im 16. Jahrhundert aus dem Mittelniederländischen plackaert entlehnt, das selbst wiederum auf altfranzösisches placard »Anschlagzettel« zurückgeht. Das diesem zugrunde liegende Verb plaquer wiederum ist eine Entlehnung aus mittelniederländisch beziehungsweise mittelniederdeutsch placken »flicken, kleben« (dies natürlich zu placke, plecke).

Anmerkung 2: Anders als das Rheinische Wörterbuch meint, gehört das Verb *placken, sich abplacken* (siehe dort) nicht zu *Plack* »Fleck, Ausschlag«, sondern zu Plage (*placken* ist eine Intensivbildung zu plagen).

Debrabandere 2011 295; Grimm 13/1872; RhWb 6/903; Schiller/Lübben 3/334; van Veen/van der Sijs 671

pladdern, pläddern heftig regnen *Dat pladdert aber ganz schön draußen. Hörma, wie dat pladdert!* Auch »etwas verschütten« *Oh nein, jetzt hab ich mit der Milch gepladdert!* **pläddernass** durchnässt *Zieh ma die Klamotten aus, du bis ja pläddernass.*

Das Wort ist in unterschiedlichen Lautungen weit verbreitet im deutschen Sprachraum. *Pladdern,* eine Ableitung von niederdeutsch *Pladder* »zähflüssige Masse, Kuhfladen« (in südlichen Regionen verschoben zu *Pflatter* und *Pflader*), bedeutet also eigentlich »einen dünnflüssigen Kuhfladen fallen lassen«. Zugrunde liegt eine westgermanische lautmalende Wurzel *pladd »Dünnflüssiges absondern« (dazu auch englisch splatter »Fleck, Platsch«, bekannt geworden durch die berüchtigten »Splatterfilme«).

Grimm 13/1876; Neri/Ziegler 216; RhWb 6/917

Pläne Gegend, außerhalb der Stadt *Der wohnt irgendwo inne Pläne. Dann is mir en Reifen geplatzt und ich bin mit dem Wagen ab inne Pläne* (von der Straße abkommen). *Der Elfmeter ging irgendwo inne Pläne* (Fehlschuss). In den Mundarten auch »ein großes Stück Land, irgendeine Stelle«. Im Hochdeutschen war das Wort noch im 19. Jahrhundert gebräuchlich, im Niederländischen ist es als plein »offenes Gelände« Standard.

Das Wort ist aus dem Altfranzösischen (plane) entlehnt, im Mittelniederländischen wurde daraus pleine, von dort ist es in die rheinischen Mundarten gelangt. Zugrunde liegt lateinisch planus »platt, eben«.

Grimm 13/8187; RhWb 6/925; van Veen/van der Sijs 674; Verdam 468

plärren weinen, heulen *Nu hör auf zu plärren hier, dat is ja nich zum Aushalten.* **Geplärre** *Dat ganze Geplärre hilft dir gaa nix.* Nicht zu französisch *pleurer* »weinen«, sondern zu mittelniederdeutsch und mittelniederländisch plarren, blarren, bleren »blöken«, mittelhochdeutsch blerren, bleren »blöken, schreien«.

Kluge 2011 709; RhWb 6/931; https://de.wikipedia.org/wiki/Hugenotten_in_Berlin

plästern heftig, platschend regnen *Dat hat vielleicht geplästert eben.* Aber auch in der Bedeutung »schlagen, hauen, prügeln« *Dem hab ich aber eine geplästert* oder *verplästert. Manche plästern den ganzen Sonntach Nägel inne Fußböden.*

In den Mundarten ist die Grundbedeutung von *plästern* eine andere, hier bedeutet es »etwas mit Mörtel verputzen«. Da diese Tätigkeit meist mit einem klatschenden Geräusch verbunden ist, haben sich die übertragenen Bedeutungen in der Umgangssprache herausgebildet (klatschender Regen). Der **Pliesterer** ist im Rheinland eine mittlerweile veraltete Berufsbezeichnung für einen Verputzer, vorrangig der Gefache eines Fachwerks. Im Niederländischen pleister »Putz« und pleisteren »verputzen«.

Das Wort ist eines der vielen exklusiv rheinischen Lehnwörter aus der Römerzeit. Es geht auf das lateinische emplastrum »Pflaster, aufgeschmierte Salbe« zurück, das die Römer an Mosel und Rhein schon als plastrum »Mörtel« kannten. Auch das lateinische emplastrum ist ein Lehnwort, es beruht auf griechisch emplássein »aufschmieren«. Das umgangssprachliche *plästern* ist also mit dem hochdeutschen Pflaster verwandt.

Post 1982 59; RhWb 6/935; Werner 300; Wrede 2010 723;
http://www.duden.de/rechtschreibung/plaestern

Pläte, Plaat, Plääat Glatze *Der hat schon ne Plät gekricht. Der hat ne spiegelglatte Plät. Plät is jetzt modern. Mit zwanzich schon die Plääat.* Mit einer Glatze hat man einen **Plätekopp**, womit durchaus auch der ganze Typ gemeint sein kann: *Die hat neuerdings son Plätekopp als Freund.* Im *Ruhrpott* ist mit der *Plät* oft auch der ganze Kopf gemeint: *Der hat orntlich einen vor die Plät gekricht* (verhauen werden). *Besser ne Plät als gar keine Hoore.* In Uerdingen ist auch **Plääte-Mähn** für einen Mann mit Glatze zu hören.

Hier hat sich die mittelalterliche Bedeutung von althochdeutsch platta gehalten, das sowohl »Steinplatte« als auch »Tonsur, kahlgeschorene Fläche« meint; aus mittellateinisch platta »Ebene«.

Trübner 5/149; Wrede 2010 720

Platte in der Wendung *die Platte putzen* ist ein alter rotwelscher Ausdruck für »abhauen, verschwinden« und hat nichts mit der standarddeutschen Platte zu tun, genauso wenig wie die etwas seltenere Wendung *Platte machen,* die man heute schon mal in der Bedeutung »einen Kneipenbummel machen, einen trinken gehen« hört.

Diese *Platte* geht zurück auf hebräisch peleta »Entrinnen, Flucht«, das auch die Wurzel der heute schon fast standardsprachlichen **Pleite** ist, weshalb *Pleite machen* eigentlich »sich vor den Gläubigern aus dem Staub machen« bedeutet. Dass *putzen* in der Wendung auf »talmudisch puz ›sich zerstreuen‹« beruht, wie oft zu lesen ist, dürfte eher zweifelhaft sein, da eine solche Kombination im Jiddischen nicht belegt ist. Vielmehr handelt es sich bei *Platte putzen* um eine für das Rotwelsche typische Wortspielerei. Die »doppelte« Ableitung aus dem Hebräischen ist wohl eher einer Zeit verpflichtet, als Rassismus auch vor der Sprache nicht Halt machte, wie die folgende Einschätzung belegt: »Es wäre an der Zeit, daß die stets entbehrliche Redensart aus unserer Sprache verschwände.«

Platte machen wiederum ist der rotwelschen Verwendung des Wortes platt geschuldet, das in der Gaunersprache alles Mögliche bedeuten kann. Man kennt die Wendung noch heute in der Berbersprache als »im Freien nächtigen«, eine *platte Penne* oder ein *Plattbaies* sind im gaunersprachlichen Jargon Kneipen oder Gasthäuser, wo man als Platter »Gauner« einigermaßen sicher ist. *Platte machen* heißt also eigentlich »mit Freunden (befreundeten Gaunern) um die Häuser ziehen« (siehe auch *Plattmoos*).

Kluge 2011 1895 114; Trübner 5/150; Werner 297; Wolf 1956 4248;
http://www.duden.de/rechtschreibung/Platte_Scheibe_Unterlage_CD;
http://etymologie.tantalosz.de/d.php

Plattmoos oder **Plattgeld** ist Schwarzgeld, unversteuertes, erschlichenes Geld *(Wenn ich dem Chef sein Dach abdichte, dann gibbet noch en bisken Plattmoos dabei),* oder in der Kneipe: *Ich bleib noch ne Runde, ich hab noch wat Plattmmos, wo meine Olle nix von weiß.* Es überrascht, dass das alte gaunersprachliche Wort noch heute im Ruhrgebiet häufig zu hören ist.

Das Wort *platt* hat im Rotwelschen zahlreiche vom Standarddeutschen abweichende Bedeutungen, die aber fast alle mit der Zugehörigkeit zur sozialen Gruppe der gesellschaftlichen Außenseiter zu tun haben, unter anderem meint platt deshalb im Jargon »vertraut, sicher, gaunerisch, dem Gaunertum zugehörig« (siehe auch *Platte*). *Plattmoos* ist also eigentlich das unrechtmäßig ergaunerte Geld (siehe *Moos*).

MmWb; Wolf 1956 4232

Plätzchen »kleines, trockenes Gebäck« ist die Verkleinerungsform von **Platz, Blatz** »süßes Weißbrot (mit Rosinen)«. Obwohl es den heute nur noch im Rheinland gibt, ist der keine rheinische Erfindung, sondern platczbecke »Fladenbäcker« sind schon im 14. Jahrhundert gleichzeitig in Thüringen, im Elsass und in Köln nachgewiesen. Die Ableitung aus lateinisch placenta »Kuchen« ist eher unwahrscheinlich, das oft als Wurzel genannte polnische placek »flacher Kuchen« ist ein deutsches Lehnwort; deshalb wohl zu Platz »ebene Fläche« (analog zu Fladen, der ebenfalls einmal eine Fläche war), aus französisch place »Platz«.

Eichhoff 4/19; Grimm 13/1915; Honnen 2008a 177; Paul 656; RhWb 6/960; Röhrich 4/1188; Trübner 5/153; Zitzen 4/116

Plauze ist ein dicker Bauch, meist Bierbauch *Du hass aber ne ganz schöne Plauze gekricht. Hasse dem seine Plauze gesehen, alles vom Bier! Mit der Plautze musste ja zweimal bejraben werden.* Im Ruhrgebiet kann man auch **abplauzen** »auf dem Sofa rumhängen und fettige Chips essen«.

Die *Plauze* ist eines der seltenen slawischen Lehnwörter in der – rheinischen – Umgangssprache. Sorbisch płuco ist der Lungenflügel (polnisch płuca »Lunge«), die Entlehnung muss, wie die Diphthongierung von u zu au erkennen lässt, im 16. Jahrhundert erfolgt sein. Die Bedeutung »Bierbauch« ist neueren Datums, in vielen Regionen versteht man unter *Plauze* die tierischen Eingeweide.

Bergmann 256; Grimm 13/9131; Kluge 2011 711; Pfeifer 2/1289; RhWb 6/972

plempern, verplämpern etwas vergeuden, verschütten, verschwenderisch sein *Du hass dat ganze Geld schon widder für nix un widder nix verplempert. Der verplempert seine ganze Kohle für dat blöde Auto. Plemper nich mit dem Wasser rum! Plempern* bedeutet auch, dass etwas ohne Nachdruck geschieht *Die Feuerwehr hat oben nix gelöscht gekriegt, die hatten nich genug Druck auffe Schläuche, die haben nur rumgeplempert.* Die **Plempe** oder **Plämpe** kann »Matsch, Schlamm« oder auch ein »fades Getränk« sein: *Die Blagen spielen am liebsten ine Plämpe. Bah, wat is dat vonne Plempe, dat kann ich nich trinken* (trübe Brühe oder zu warmes Getränk). Die *Plempe* ist im Soldatenjargon auch ein Gewehr.

Die Wortfamilie geht zurück auf ein ehemals weitverbreitetes Verb: niederdeutsch *plempern* »verschütten«, oberdeutsch *plampen* »baumeln«, schwäbisch *plämpele* »nachlässig dreschen«. Daraus erklären sich die einzelnen Bedeutungen: Die *Plämpe* ist durch Schütteln fade geworden, der Säbel baumelt an der Seite, *verplämpern* meint ursprünglich »etwas verschütten«. Vielleicht über das Rotwelsche (dort ist Plempe, Plempert, Plumpert »Bier«) in die Umgangssprache gelangt.

Besse 2013 123; Grimm 13/1932; Kluge 2011 711 u. 955; Paul 656 u. 974; RhWb 6/925; Trübner 5/157; Wolf 1956 4250

Plörre minderwertiges Getränk, auch jede »eklige Flüssigkeit« *Sone Plörre kann man doch nich trinken! Wat is dat denn vonne warme Plörre* (schales Bier). Schlechter, dünner Kaffee *Die Plörre kannse doch keinem Esel ins Öhr kippen.* Als **Zuckerplörre** bezeichnen Eltern oft abfällig eine beliebte braune Brause, um sie ihren Sprösslingen, die meist ganz erpicht darauf sind, madig zu machen.

Im Rheinischen Wörterbuch nur einmal für Aachen belegt als »dünner Kaffee«, deshalb kein rheinisches Mundartwort, sondern umgangssprachliche Entlehnung aus dem Niederdeutschen. Dort ist *Plör* weit verbreitet als »Gesöff, Suppe« mit den Ableitungen *plörren* »verschütten« und *plörig* »dünn, kraftlos, wässrig«. Die Ableitung aus dem – veralteten – französischen pleur »Träne« ist eine nette Legende.

RhWb 6/982; Wahrig 5/156; http://www.duden.de/rechtschreibung/Ploerre; http://etymologie.tantalosz.de/p.php

Plörren Kleidung, Sachen, auch »gesamter Besitz« *Wo habe ich denn meine Plörren hingetan? Schmeißte deine Plörren immer in der Gegend rum? Ich packe meine Plörren ein, denn nächste Woche ziehe ich um.*

Die *Plörren* sind eine nordrheinische Spezialität, man kennt sie nur am Niederrhein, im Bergischen Land und im Ruhrgebiet – und in Westfalen als *Plurren.*

Honnen 2003 153; RhWb 6/983; Woeste 203

Plümmo Oberbett, **Plümmelmütze** Mütze mit einem **Plümmel, Plömmel** (Troddel).

Beide Wörter gehen zurück auf lateinisch pluma »Feder«, im Mittelniederländischen ist plume »Vogelfeder« schon 1265 belegt; das *Plümmo* ist ein Lehnwort des 19. Jahrhunderts aus französisch plumeau »Federbett« (heute allerdings nur noch »Federwisch«).

Eumann; RhWb 6/987 u. 990; Werner 301; Wrede 2010 725; http://www.etymologiebank.nl/trefwoord/pluim

Plünnen Zeug, Klamotten, Siebensachen, Krimskrams *Wat sind dat denn vor alte Plünnen?* Im Süden des Rheinlands sagt man **Plünnes**: *Pack dein Plünnes zusammen.* Das Wort ist niederdeutschen Ursprungs. Im Mittelniederdeutschen als plunde, plunne für »schlechtes Zeug, Gerümpel« belegt, ist die Variante plunne, *Plünnen* zum niederdeutschen beziehungsweise rheinischen Dialektwort geworden, der Plunder dagegen in die deutsche Standardsprache eingegangen.

Debrabandere 2005 293; MmWb; Schiller/Lübben 3/355; Wahrig 5/157

Pluse, Plüse sind im nördlichen Rheinland nur in der Mundart als »Feder, Fluse, Troddel« gebräuchlich. Das entsprechende Verb lautet *plüsen, plusen* »rupfen, pflücken«. Das Wort ist über das niederländische pluis »Flöckchen, Faser« aus dem Französischen entlehnt: altfranzösisch peluchier »pflücken, rupfen«, für das eine galloromanische Wurzel *piluccare »enthaaren, pflücken« angenommen wird. Damit ist die niederrheinische *Pluse, Plüse* direkt verwandt mit dem standarddeutschen Wort pflücken, das ebenfalls auf *piluccare zurückgeführt wird (vergleiche italienisch piluccare »zupfen, rupfen«).

Duden 2008 630; Kluge 2011 699; Post 1982 188; RhWb 6/998; van Veen/van der Sijs 676

Plute(n) alte, abgetragene Kleider, Plunder, Lumpen; nur im Plural, der **Plut** »Lumpen, Stofffetzen« ist selbst in den Dialekten kaum noch gebräuchlich. Dagegen sind die Komposita **Plutemann** (Lumpensammler) oder **Plutekes** (Ramschkiste) noch häufig zu hören. Auch in der Umgangssprache ist das Wort gebräuchlich: *Schmeiß die alten Pluten ma wech.* In Bonn-Beuel gibt es den **Plutemaat** »Trödelmarkt«, der der eigentliche Ursprung der Großkirmes »Pützchens Markt« ist. In Köln ist das Martinslied von Goswin Peter Gath sehr populär, in dem es heißt: *»Em Schnei do soß ne Elendsmann, dä kaum paar Pluuten hatt.«*

Die Herleitung der regional auf das zentrale Rheinland und Bergische Land eng begrenzten *Pluten* ist nicht eindeutig. Die deutlichste Spur führt in das angrenzende Niederländische. So kennt das Limburgische ebenfalls *ploete* als Bezeichnung für alte Kleidung. Im Standardniederländischen wiederum steht ploot, ploten sowohl für das Schafsfell als auch für die Flocke oder die geschorene Wolle. Die plootwolle ist schon im Mittelniederländischen belegt. Das wiederum korrespondiert mit dem Aachener *Pluut,* das neben Lumpen ebenfalls die Wolle selbst bezeichnet. Das niederländische ploot, ploten ist abgeleitet von ploten »pflücken, zupfen, Flocken bilden«. Dem liegt wahrscheinlich das mittellateinische pilare »enthaaren« zugrunde, das wir erweitert als italienisch piluccare »pflücken« kennen. Damit wären die *Pluten* mit dem standarddeutschen pflücken über einige Ecken verwandt (siehe *Pluse*).

Alsters 217; Debrabandere 2005 292; de Vries 529 u. 531; Lerchner 215; Müller/Weitz 184; RhWb 6/1000; van Veen/van der Sijs 676; Verdam 469; Werner 301; Wrede 2010 726

Pock, Pogge, Pugg ist am Niederrhein auch heute noch manchmal für »Schwein« zu hören; so in der Beleidigung *Du alte Pogge,* die weniger abwertend ist als *Du altes Schwein. Kumma, die ham noch echte Poggen aufe Wiese.* Auch die Verkleinerungsform **Pöcksken** lebt in dem alten Kinderspiel *Pöcksken op de Leiter* fort. Nur in den Mundarten des Niederrheins und Teilen Westfalens (mit den hier angrenzenden niederländischen Regionen) ist *Pock, Pogge* die übliche Bezeichnung für das Schwein.

Pock, Pogge ist sehr interessant, wie immer eigentlich, wenn ein Wort nur in einem eng begrenzten Gebiet gebräuchlich ist. In diesem Fall gilt das offensichtlich nur für die Bedeutung von Pogge als »Schwein«, denn als »Frosch« ist *Pock, Pogg* dagegen sehr weit im niederdeutschen Sprachraum verbreitet – allerdings eben nicht am Niederrhein, hier kennt man *Pogge* nur als Borstenvieh. Im Mittelniederdeutschen erscheint pogge ausschließlich als Frosch, im Ostmittelniederländischen dagegen sowohl als Amphibie wie auch als Ferkel (pogge, pugge, pog), der einzige Hinweis also, dass es sich hier tatsächlich um ein und dasselbe Wort handeln kann. Was könnte die semantische Klammer für beide Bedeutungen sein? Gemeinsam ist beiden Tieren der Körperumfang, beim Frosch besonders im »aufgeblasenen« Zustand. Dieses »Angeschwollensein« verweist auf die indogermanische Wurzel *beu, bu »schwellen«, auf die zum Beispiel lateinisch bucca »aufgeblasene Backe«, altenglisch pocca »Beutel«, mittelniederländisch poke »Sack« oder mittelhochdeutsch phochsnider »Beutelschneider« zurückgehen. Hier dürfte auch der Ursprung von *Pogge* »Frosch, Schwein« zu suchen sein. Dass beide Bedeutungen nur getrennt vorkommen, liegt am Bestreben der Sprecherinnen und Sprecher, uneindeutige Bezeichnungen zu vermeiden.

Deunk/Entjes 179; Grimm 13/1972; Lausberg/Möller 72; RhWb 6/1173; Schiller/Lübben 3/357; Verdam 470; Weijnen 152; Werner 302

pofen schlafen *Wat pofste so lang? Der is schon wieder am pofen.* **Pofe** Bett *Ab in die Pofe! Dan ham wer uns in die Pofe gehauen.* Als **Poftüte** wird der Schlafsack bezeichnet: *Kannste mir deine Poftüte fürs Campen am Wochenende leihen?*

Aus dem Rotwelschen, belegt bei Avé-Lallemant 1862 als pofen, buffen, boffen »schlafen, übernachten«; wohl abgeleitet aus buffen »dumpf knallen, knattern«, womit eigentlich »schnauben, schnarchen« gemeint ist. Wohl über die Soldatensprache in die Umgangssprache gelangt.

Avé-Lallemant 4/599; Bergmann 256; Grimm 2/493; Küpper 622; Wolf 1956 4381

Pohl, Pöhl (mit offenem o zu sprechen) Pfosten, Pfahl *Jezt bin ich schon zum dritten Mal gegen diesen Scheiß Pohl gefahren. Dat kannze an dem Wäschepohl im Garten festmachen* (Pfosten für die Wäscheleine). **pöhlen** Fußball spielen *Wir gehn immer in die Rheinwiesen zum Pöhlen. Kommse mit pöhlen? Heute is pöhlen inner Halle angesagt. Ers Pütt, dann Pöhlen* (Oft ist mit *Pöhlen* ein eher unkultiviertes, technikfreies Gekicke gemeint). *Pöhlen* heißt im Bergischen Land »etwas an einen Pfahl anbinden« oder »einen Weidepfahl in die Erde schlagen«. *Pöhlen* kann im südlichen Rheinland und im Bergischen Land auch »sich anstrengen, harte Arbeit verrichten« bedeuten. *Heute han me widde rangepöhlt. Boh, bei der Rennerei hab ich ganz schön gepöhlt.* Auch in der Bedeutung von »koitieren« *Die pöhlen wie die Hunde!* **Pöhler** (nur Plural) Fußballschuhe *Ey, ich hab neue Pöhler bekommen.* **Pöhlerei** *Die Pöhlerei inner Halle is mir mittlerweile zu gefährlich.* Erklingt hingegen zu Karneval im Mönchengladbacher Veilchendienstagszug der Ausruf *Halt Pohl!,* so ist dies als eine Aufforderung zum Durchhalten zu verstehen.

Pohl, Pöhl ist die rheinische beziehungsweise niederdeutsche Variante des Pfahls (zu lateinisch palus »Pfahl«, althochdeutsch pfal, mittelniederdeutsch pal). In den Mundarten hat das Wort vielfältige Bedeutungen; die Ableitung von *pöhlen* aus *Pohl* ist jedoch nicht ganz sicher (*Pöhle* als Torpfosten, *Pöhlen* als Wurfspiel für Kinder), deshalb ist vielleicht an westfälisch *pöölen* »stiefeln, mühsam laufen« zu denken.

Piirainen/Elling 655; RhWb 6/655; http://www.philhist.uni-augsburg.de/lehrstuehle/germanistik/sprachwissenschaft/ada/runde_4/f01a-b/

Pölf, Pülv, Püllen, Püll ist in vielen nicht nur rheinischen Mundarten die gängige Bezeichnung für das mit Federn gefüllte Kopfkissen und – auf den ersten Blick überraschend – einen Querklotz an einem Pflug. Es ist eines der wenigen Wörter, das in allen drei Genera gebräuchlich ist.

Das Wort geht zurück auf lateinisch pulvinus »Polster, Kissen« und ist schon in römischer Zeit entlehnt worden. Es war ursprünglich wohl in der Bedeutung »Lager, Unterlage« gebräuchlich, wie die Benennung des Auflagers am Pflug zeigt. Jedoch ist *Pfühl* schon in althochdeutscher Zeit zur Bezeichnung eines Kissens gebraucht worden, wie das schöne althochdeutsche Wort houbitphuliwi »Kopfkissen« bezeugt. Ursprünglich sogar auch in der Hochsprache weit verbreitet, ist das Wort heute nur noch in wenigen Mundarten oder regionalen Umgangssprachen wie dem Sächsischen zu hören.

Bach 256; Debrabandere 2011 308; Grimm 13/1805; Post 1982 144; Post 1985 8; RhWb 6/1185; Werner 303

Polizeifinger hört man nicht nur im Rheinland manchmal als Bezeichnung für die »Möhre«. Das Wort hat nichts mit dem erhobenen Zeigefinger eines Wachtmeisters zu tun, sondern gründet im Rotwelschen. Dort ist *Mohrrübe* ein Synonym für Polizist, eine Verballhornung von jiddisch meriwa »Zank« (Zänker steht rotwelsch ebenfalls für »Polizist«). Rotwelsch Finger meint hier auch nicht den Körperteil, sondern »Stück«, weshalb mit *Polizeifinger* meistens auch ein Möhrengericht gemeint ist – ein schönes Wortspiel also.

RhWb 6/1018; Spohr 177; Wolf 1956 3655 u. 4289

Pöller, Poller Pfahl, Pfosten *Jetz bin ich schon wieder gegen son blöden Pöller gefahren. Die haben die ganze Stadt verpöllert* (mit *Pöllern* zugestellt).

In der niederdeutschen Schiffersprache ist ein *Poller* ein Pfahl zur Befestigung von Festmacherleinen und stammt – wie viele Begriffe der Seemannssprache – aus dem Niederländischen: niederländisch polder »Sitzstange für Geflügel, Pfahl« (seit dem 16. Jahrhundert), aus altfranzösisch poldre, poltre »junges Tier«, »Balken« (zu mittellateinisch pulletrus »Fohlen« aus lateinisch pullus »Jungtier«).

Debrabandere 2011 299; RhWb 6/1020; http://www.duden.de/rechtschreibung/Poller; http://www.etymologiebank.nl/trefwoord/polder2

Polter, Pölter, Nachtpolter Schlafanzug, Nachthemd *Nu, getz den Polter an und dann ab inne Poofe. Nä, wat steckt ihr die Blagen immer früh int Bett; gestern um halbsechs waren die ja schon im Nachtpolter.*

In Westfalen, im Ruhrgebiet und am Niederrhein weit verbreitet. Mittelniederdeutsch polter »Lappen« und paltrock »wollener Rock«, so auch mittelhochdeutsch palte »grober Wollrock«; zu mittellateinisch paldo »Wollenrock«; Bedeutungswandel von Nachtrock zu Schlafanzug.

Borner 16; Lexer 2/200; Piirainen/Elling 683; RhWb 6/1022; Schiller/Lübben 3/295; Schleef 200; Schmoeckel/Blesken 219

pomadig in den Mundarten nur als »langsam, bedächtig, träge« gebraucht, in der Umgangssprache nur als »blasiert«.

Die mundartliche Bedeutung, die zuerst in ostdeutschen Dialekten erscheint, deutet auf die Herkunft aus slawisch po malu »langsam, gemächlich«, die moderne Verwendung ist durch Pomade »Haarsalbe« beeinflusst.

Bergmann 257; Kluge 2011 715; Paul 659; PfWb 1/1096; RhWb 6/1023

pommesäng ist, wenn etwas in der Nordeifel nicht klappt (zum Beispiel, wenn man eine Dose öffnen will und der Öffner abbricht – er ist dann *pommesäng*). *Pommesäng* geht zurück auf das Wort **Bombasin**, mit dem man im Rheinland ein Mischgewebe aus Wolle und Seide bezeichnet (Barchent). Das Wort ist aus dem Französischen entlehnt und hat die persische Wurzel pänbä. Über griechisch pambákion, lateinisch bombacium wurde es über italienisch bombagia schließlich zu französisch bombasin. Entsprechend den rheinischen Lautgesetzen wird es hier als *Bommesäng, Pommesäng, Pommesing* ausgesprochen. Der Stoff gilt eher als minderwertig, oft wurde daraus Arbeitskleidung gemacht. Das abgeleitete Adjektiv *bommesängs, pommesängs* bedeutet entsprechend »fadenscheinig«. Daraus entwickelte sich mit der Zeit das erweiterte Bedeutungsspektrum »unsicher, jeden Augenblick zu fallen drohend, leichtsinnig«.

RhWb 1/865

Pömpel ist ein Universalwort für mittelgroße, längliche Gegenstände *Biste gegen den Pömpel da gebrettert* (Leitpfosten)? *Hol mal den Pömpel, die Dusche ist schon wieder verstopft* (Gummisauger für verstopfte Abflüsse). *Gibste mir bitte mal den Pömpel, der da aufer Kommode liegt* (irgendein Ding)?

Der pumpel als »Stößel, Stampfer« ist schon im Mittelniederdeutschen belegt, eine moderne Verwendung als »Saugglocke« ist unter Einfluss von »Pumpe« entstanden.

Grimm 13/2226; Schiller/Lübben 3/386; http://gfds.de/?s=p%C3%B6mpel

Pöngel, Püngel, Pongel ist ein »wichtiges« Wort im Rheinland, das viele unterschiedliche Bedeutungen haben kann, vor allem aber »Bündel, Habseligkeiten«: *Pack dein Püngel un hau endlich ab. Ich mach daraus en Pöngel un trach die dreckige Wäsche innen Keller. Jeder hat sein Pöngel zu tragen. Wat is dat denn für en Pongel* (schlechtes Kleidungsstück)? *Der ganze Püngel jeht mich nix an* (Angelegenheit, Kram). *Dat is ene fiese Pöngel* (unsympathischer Mensch). *Hier hasse en Pöngel Briefe* (Stapel). *Gib mir den Kraam em Pöngel, bitte, un nich en Häppchen* (zusammen, gemeinsam). *Wie dat tot war, ham-mer Pöngele von Schuhe bei ihm gefunden* (große Mengen). *Der hatte nen Pöngel Briefmarken jehortet* (große Anzahl). *Aus dem Bus kam en Pöngel Menschen raus* (Gruppe). **pöngeln, püngeln** etwas mit sich herumtragen *Püngel doch die Kleine ma, dann weint se nich mehr so viel. Dat krieg ich nich jepöngelt* (etwas schaffen). Im Ruhrgebiet (vor der Pampers-Ära) wurde das Baby *gepüngelt* (in Windeln legen). *Komm, lass dich ma pöngeln* (jemanden herzen, herzlich drücken)! **verpüngeln, verpöngeln** *Ich habbet dich schon verpöngelt* (gebündelt, zusammengelegt).

entpöngeln *Kannse mir dat entpöngeln* (trennen, vereinzeln)? Ein schönes Beispiel also, welch produktives Leben Mundartwörter in der rheinischen Umgangssprache führen können.

Allerdings handelt es sich hier nicht um die rheinische, velarisierte Aussprache von standarddeutsch Bündel (oder wie Adelung es noch genannt hat: die typische Verwechslung von d und g nach n), wie zu vermuten wäre, sondern um das Diminutiv des alten niederdeutschen Wortes *Pung* »Bündel«, das mittelniederdeutsch als punge, mittelniederländich als pon, pung, altenglisch als pung, lateinisch als punga und schließlich sogar griechisch als pouggè »Sack« belegt ist. Ein altes Wort mal wieder, das im Rheinischen weiterlebt.

Honnen 2003 156; RhWb 6/1200; Spohr 178; van Veen/van der Sijs 684; Werner 303; Wrede 2010 742; http://www.zeno.org/Adelung-1793/A/Bündel,+das

Pönneke Schlafanzug, Nachthemd, auch **Punn** Schlafanzug für Kinder *Du has ja immer noch dat Pönneken an. Nu zieh dir ma wat an! Geh du schon mal et Pönneke anziehen.*

In den Mundarten nördlich der Eifel auch als **Punnijel, Punichel, Punnikel** verbreitet. Ein Lehnwort aus niederländisch japon »Kleid«, verkürzt aus Japonsche Rock »japanischer Rock« (seit 1612 in den Niederlanden belegt). In den rheinischen Mundarten ist die erste Silbe abgefallen.

RhWb 6/1207; http://www.etymologiebank.nl/trefwoord/japon

Pont, Ponte Fähre, Autofähre *Die Pont is mer grad vor der Nas wegefohr.* Das typische Mundartwort (*en Fijur för de Pont afzudrücke* »besonders dick, kräftig sein«) hört man noch sporadisch in der Umgangssprache.

Anders als der hochdeutsche Ponton, der erst im 16. Jahrhundert aus der französischen Militärsprache entlehnt wurde, ist die rheinische *Ponte* ein römerzeitliches Relikt (lateinisch ponto »Fähr-, Brückenschiff«), das auf galloromanische/keltische Wurzeln zurückgeht.

Post 1985 8; RhWb 6/1226; Schiller/Lübben 3/387; van Veen/van der Sijs 684

popelig einfach, armselig *Dat war vielleicht ne popelige Ausstellung, dafür sind wir so weit gefahren. Die ham sich aber ne popelige Hütte gemietet. So-wat Popeliges hab ich noch nie gesehen.*

Das Wort geht weder auf den *Popel* (verhärteter Nasenschleim) noch auf den Pöbel zurück, obwohl es mit Letzterem doch verwandt ist. Es ist vielmehr eine Ableitung aus dem mittelniederdeutschen beziehungsweise mittelniederländischen popel, das – anders als der Pöbel – die nicht abwertende Bezeichnung für das »einfache Volk« war und seinerseits direkt aus dem lateinischen populus »Volk« entlehnt ist. Der Pöbel dagegen geht zurück auf altfranzösisches pueble, pueple (das ebenfalls aus lateinisch populus). *Popelig* ist also im niederdeutschen Sprachraum entstanden.

Kluge 2011 712 u. 715; Schiller/Lübben 3/361; Verdam 471; Werner 305

poppen koitieren *Hasse schomma gepoppt? Kuck ma, wie die Tölen da am poppen sind.* Heute wieder öfter zu hören (wohl wegen eines populären Films), in den rheinischen Mundarten seit langer Zeit in Gebrauch.

Das Rheinische Wörterbuch stellt das Wort zu *Poppe* (Puppe) und leitet es – geschamig oder hintergründig – aus dem Verb *puppen* »das Dach puppen, Strohdocken unter die Dachziegel stecken« ab. Eine andere fantasievolle Erklärung macht das Ruhrdeutsche als Ursprungssprache aus, da dort *poppen* die Bedeutung »stopfen« habe. Die ist jedoch nirgendwo belegt. Außerdem ist das Wort viel älter, schon 1620 wurde im Frühneuniederländischen nachweisbar *gepoppt.* So bleibt als Erklärung nur die Ableitung aus dem Verb *poppe* »mit Puppen spielen« (so zum Beispiel Wrede) oder die Herkunft aus dem niederdeutschen beziehungsweise rheinischen Verb *poppern, poppeln* »schnell auf und ab bewegen«. Möglich ist auch eine Kombination aus beiden.

Debrabandere 2011 298; Grimm 13/202; Küpper 623; RhWb 6/1219; http://www.duden.de/rechtschreibung/poppen_kopulieren_Geschlechtsverkehr; https://de.wiktionary.org/wiki/poppen

porkeln, pörkeln auch **prokeln, prockeln** »bohren, stochern, fummeln« ist in der rheinischen und westfälischen Umgangssprache häufig zu hören: *Ich kann dat nich sehen, wie der sich immer ine Ohren am porkeln is. Porkel da nich dran herum, dann entzündet sich dat nur.* Das Gerät, mit dem man in einem Ofen oder Kohleherd stochert, heißt **Porkeleisen, Prockeleisen** oder (mehr mundartlich) **Porkelieser.** Da es aber immer weniger Kohleherde gibt, wird das Gerät wohl bald unbekannt sein.

Das Wort hat zu fantasievollen Deutungsversuchen Anlass gegeben: So wird es unter anderem auf griechisch porös zurückgeführt (weil im Ofen durch Stochern Löcher geschaffen werden) oder griechisch prōktós »Mastdarm« (als verhüllendes Wort für eine anrüchige Tätigkeit). Die Realität ist weniger aufregend: *Pörkeln, prokeln* hat eine reich bezeugte Vergangenheit als prekelen im Mittelniederdeutschen und Mittelniederländischen. Die Grundbedeutung ist immer »stechen, stochern«, die Ableitung prekel meint jedes »stechende Ding«. Als preukelen »stochern« gehört es zur niederländischen Standardsprache. Verwandt sind das niederdeutsche *pricken* »etwas ausbohren, ausstechen« (hierher gehört die **Pricke** als in den Boden gebohrtes Seezeichen), das altenglische prician und schwedisches pricka »stechen«.

Bäcker 23; MmWb; RhWb 6/1028; Schiller/Lübben 3/373; van Veen/van der Sijs 695 u. 696; Verdam 475; Weijnen 154; Werner 305

Porz, Port, Pooz Tür, Tor *Mach ens die Porz op. Bei denen steht immer de Porz op. Mach ma die Port los.* In den rheinischen Mundarten ist *Port, Porz* ausschließlich ein großes Scheunentor. Das Verb **pörten, pörzen** »ständig die Türen aufmachen, aufgeregt hin und her laufen« ist auch in der Umgangssprache häufig zu hören: *Ich pööze den ganzen Tach durchs Haus und du liegst bräsich auf em Sofa rum.* **Póörzerei** Aufwand *Dat is ne Póörzerei, bis man den ganzen Kram zum Grillen mal im Garten hat.* Das zentralrheinische Wort ist eine Ableitung aus *Porz* »Tür, Tor« und meint ursprünglich das ständige Auf- und Zumachen einer Tür.

Porz ist im 8. Jahrhundert aus dem lateinischen porta »Tor« ins Fränkische übernommen worden (althochdeutsch porta), im Mittelhochdeutschen erscheint es als phorte, phorze, im mittelalterlichen Altkölnischen nur verschoben als porce, porze.

Frings 403; RhWb 6/783; Wrede 2010 729

Posch, Pöschken Feuer, dazu auch **pösern, pöschern** Feuer machen, beim Brennen stark qualmen *Bah, wie dat hier wieder pösert. Wat seid ihr hier denn am pösern, dat stinkt ja meilenweit. Die Blagen sind widder am pösern dahinten, die fackeln noch die Hütte ab.* Ein sehr kleinräumiges Wort am südlichen Niederrhein, zu mundartlich *purschen* »stochern, schüren«, auch *Purscheisen.*

RhWb 6/1039 u. 1225

Poschen, Posche, Posse, im Osten des Rheinlands auch **Possen** Ostern. Ursprünglich enthielt das Wort anstelle des o ein a, wie es in niederländisch pasen noch zu hören ist. *Posche,* pasen geht auf lateinisch und griechisch páscha »Ostern« zurück, das wiederum auf aramäisch pasha. *Blocke Poschen* ist der weiße Sonntag nach Ostern, zu mittelniederdeutsch beluken, beluyken »schließen« (der Sonntag, der die Osterzeit abschließt).

RhWb 6/534; Schiller/Lübben 1/227; Winschuh 127

Poscher, Puscher Geld *Da hab ich kein Poscher für.* Das Wort ist vor allem im Ruhrgebiet sogar in Redewendungen etabliert: *Kein Poscher aufe Tasche, aber Rundschnitt. Kein Poscher in de Täsch, aber angeben wie Graf Koks vonne Gasanstalt.* Außerhalb des Ruhrgebiets kennt man *Poscher* vor allem in der Pfalz und in Baden – und in verschiedenen Rotwelschdialekten, wie zum Beispiel den Viehhändlersprachen und der Münsteraner Masematte.

Von dort ist *Poscher* auch in die Umgangssprache im *Pott* gelangt. In den Geheimsprachen war das Wort für »Pfennig« und »Münze« weit verbreitet. Es geht zurück auf westjiddisch poschet »Pfennig, kleine Münze«, das wiederum hebräische Wurzeln hat.

Fellsches/Küster 204; Meyer 88; MmWb; Stern 164; Strunge/Kassenbrock 117; Trübner 5/183; Wolf 1956 4324; http://www.ruhrgebietssprache.de/lexikon/poscher.html

Posemuckel oder **Pusemuckel** Wenn *einer dahinten bei Posemuckel wohnt,* dann lebt er weit entfernt im Nirgendwo. Diese Redewendung ist in der allgemeinen Umgangssprache weit verbreitet. Anders als das gleichfalls berühmte, aber erfundene *Hintertupfingen* hat *Posemuckel* ein reales Vorbild. Es sind die bei Bomst (Babimost) in Polen gelegenen Orte Klein Posemuckel und Groß Posemuckel (Podmokle).

Eine andere, aber unwahrscheinlichere Herleitung verweist auf das Rotwelsche und Jiddische. Dort dient das jiddisch-hebräische mokem »Platz, Ort« als Namenselement zur Bezeichnung von unterschiedlichsten Orten und Städten: *Zelemochum* (Bad Kreuznach), *Altmokum* (Alt-Strelitz), *Mokumzaddik* (Köln). Auf diese Weise könnte *Posemuckel* auch aus der rotwelschen Bezeichnung *Posemokum* für die Stadt Posen entstanden sein.

Duden 1999 7/2974; Röhrich 2/1192; Stern 148; Wolf 1956 3646

Pössel Stellvertreterwort für irgendein Ding *Gib mir doch bitte diesen Pössel aus der Werkzeugkiste.* Den *Pössel* braucht man im Bergischen Land.

Das Wort, in der Mundart auch *Posspin,* bezeichnet eigentlich ein kleines Werkzeug (ein *Pinn*) bei der Arbeit des Pfropfens (Veredeln eines Obstbaumes); zu mundartlich **possen** »pfropfen, pflanzen«, das zu lateinisch imputare »veredeln, impfen«. Auch das niederrheinische **potten, pötten, einpötten** »pflanzen« geht auf diese Wurzel zurück (nicht zu Pott »Topf«).

RhWb 10/36

Pott ist ein altes Mundartwort, das im Rheinland von der Nordeifel bis in den niederdeutschen Raum für den »Topf« steht. Es ist auch in der Umgangssprache hochfrequent und in unterschiedlichsten Verwendungszusammenhängen zu hören: *Die Kiste läuft doch nur auf drei Pötte(n)* (Zylinder). *Komm endlich ine Pötte* (beginnen, starten). *Der kommt mit seinem Hausbau nich zu Potte* (fertig werden, etwas nicht können). *Willze jetz ma endlich zu Potte kommen* (sich beeilen). *Da bisse echt vonne Pötte* (erstaunt). *Ich schrapp immer gerne den Pott aus* (Topf). *Dat is doch Pott wie Deckel* (ganz egal, gleichgültig). *Wer kricht den Pott* (Skat beim gleichnamigen

Kartenspiel)? *Mein Pott is laut, ich glaub, der hat en Loch* (Auspufftopf). Dazu kommen unzählige Zusammensetzungen wie **Ruhrpott, Blumenpott, Pottschnitt** »Rundhaarschnitt«, **Pottlappen, potthässlich, pottschwarz** und Ableitungen wie **pötten** »viel trinken« oder **pötteln** »zur Toilette gehen«. Der *Pott* ist nicht nur im niederdeutschen Sprachraum weit verbreitet, sondern auch im aktuellen Niederländischen, Englischen und Französischen als pot standardsprachlich geworden.

Auch der Süden des Rheinlands kennt den *Pott,* hier allerdings ausschließlich in der Bedeutung »Halblitergefäß zum Trinken von Wein«. Diese auffällig streng gegliederte geografische Verteilung lässt sich weit zurück in die Sprachgeschichte verfolgen. Während der *Pott* als »Topf« im niederdeutschen beziehungsweise nordrheinischen und englischen Sprachraum um 1200 erscheint, ist er als potus »Trinkgefäß« schon um 600 am merowingischen Königshof bezeugt (wohl an lateinisch potus »Trunk« angelehnt). Noch früher findet sich der *Pott* im römischen Trier als Eigenname pottus, der in Einritzungen nachweislich als Spitzname für Tonfabrikanten benutzt wurde. Weiter zurück verlieren sich wegen fehlender Schriftquellen seine Spuren. Allgemein nimmt man aber eine vorlateinische Wurzel zum Stamm *pott an, die wohl auch nicht keltisch ist. An der Mosel hat die Mundart also den *Pott* in seiner ursprünglichen Bedeutung seit nahezu zweitausend Jahren bewahrt, während sich in allen anderen nördlicheren Sprachräumen die erweiterte Bedeutung erst lange danach entwickelt hat. Über die Gründe für diese seltsame Entwicklung kann man nur spekulieren. Vielleicht ist ja auch die ebenso lange Weinbautradition »schuld«, dass an der Mosel der *Pott* immer ein Trinkgefäß für den Wein geblieben ist, während er im Norden zu einem ordinären Topf wurde.

Anmerkungen: Ein Reflex der alten Bedeutung findet sich im umgangssprachlichen *pötten* »heftig trinken«, das wohl eher vom moselfränkischen *Pott* abgeleitet worden ist. Eine lustige Erklärung der Wendung *zu Potte kommen* findet sich im Internet: »Zu Potte kommen geht auf etwas zurück, das heute kaum noch jemand kennt: den Nachttopf. Hatte man auf diesem Pott seine Verrichtung erledigt, hatte man etwas fertiggemacht, man war also ›zu Potte‹ gekommen.« Der **Pottwal** heißt so, weil sein großer Kopf mit einem runden Topf verglichen wurde (erstmals 1634 als potvis im Niederländischen), und das **Potpourri** ist im Französischen eigentlich ein Eintopfgericht, das in einem pot zusammengekocht wurde.

Duden 2008 649; Kluge 2011 718; Küpper 624; Lerchner 208; Onions 700; Pfeifer 2/1306; Post 1982 248; RhWb 6/1050; Röhrich 4/1194; van Veen/van der Sijs 688; Wrede 2010 731; http://etymologie.tantalosz.de/xyz.php

ZUM WORTSCHATZ IM *POTT:* DAS RUHRDEUTSCHE

Ob die Sprache im *Pott* nun ein »neuer Dialekt« oder gar der »jüngste deutsche Dialekt«, ein Regiolekt, eine Regionalsprache, ein »eigenwilliger Regionalstil« oder nur »Beinahe-Hochdeutsch« ist, darüber ist sich die Sprachwissenschaft auch heute noch nicht so ganz einig (Menge 2013 12). Das liegt zum einen an den Kriterien, die man jeweils zugrunde legt, zum anderen auch an der Sprache und ihren Sprecherinnen und Sprechern selbst. Denn die Alltagssprache im Ruhrgebiet ist kein einheitliches System, da man in Duisburg anders spricht als in Dortmund, Jüngere anders sprechen als Ältere, in unterschiedlichen Situationen auch unterschiedlich gesprochen wird, niemand also reines Ruhrdeutsch spricht. Darüber hinaus sind die meisten Merkmale, die man für diese Sprachvariante ermittelt hat, keineswegs exklusiv, sondern in unterschiedlichen Ausprägungen auch in anderen Regionen zu hören. Allenfalls die Konsequenz, mit der *Pötter* sich vor der Aussprache des r in Wörtern wie *Kiache* (Kirche), *Biane* (Birne), *Keaze* (Kerze) oder *Duast* (Durst) drücken, ist im deutschen Sprachraum einzigartig.

Dabei galt das Ruhrdeutsche lange Zeit als »sprachlicher Schmelztiegel«, als »eine Mischform aus polnischen Dialekten, altdeutschen Mundarten und der Fachsprache des Bergbaus« (Honnen 2015 17), die von Außenstehenden als unverständlich und »Polnisch rückwärts« diffamiert wurde. Diese Einschätzung ist von der Sprachwissenschaft schon seit Langem widerlegt. Das Polnische hat einen heute kaum messbaren Einfluss auf die Sprache im *Pott* gehabt. Schon 1928 konnten gerade einmal zehn slawische Wörter in der Umgangssprache des Ruhrgebiets nachgewiesen werden: *Stari, Mattka, Possek, Mottek, Strack, Strachotti, Gischi, Kossa, Zarna, Pinunsen,* davon haben bis heute, wenn überhaupt, nur *Mattka* »Mutter, alte Frau«, *Mottek* »schwerer Hammer« und *Pinunsen* »Geld« überlebt (Menge 1979 106). Und auch die Prosodik des Polnischen hat mit den Aussprachegewohnheiten der Menschen im *Pott* nichts zu tun. Die Familien der polnischen Bergleute, die gegen Ende des 19. Jahrhunderts in die Bergbauregion an der Ruhr eingewandert sind, haben ihre Muttersprache, auch um Diskriminierungen zu entgehen, sehr schnell aufgegeben und ihre Kinder *auf Deutsch* erzogen. Das heutige Ruhrdeutsche ist eine Ausgleichssprache, die auf der Basis der alten westfälischen und niederfränkischen Dialekte der Region entstand, als die Mundart auch unter dem Druck der vielen, nicht nur polnischen Migranten kaum noch als Verkehrssprache taugte. Ein sprachlicher Schmelztiegel ist sie sicherlich nicht, allenfalls kann man noch Reste der alten schlesischen oder ostpreußischen Mundarten entdecken, die viele Bergleute ursprünglich sprachen, so etwa in *plachandern* »etwas herumerzählen, einen Plausch halten«.

Allerdings hat die polnische Sprache schließlich doch noch eine – wenn auch späte – Spur hinterlassen. Im aktuellen Ruhrdeutschen fällt nämlich eine Gruppe von Substantiven ins Auge, die für *Nichtruhries* auf den ersten Blick völlig unverständlich sind. Ihr gemeinsames Merkmal ist die Endung auf -ek: *Asek, Bierek, Bischek, Bobelek, Dullek, Eschek, Frannek, Fusek, Grommek, Gronnek, Hatschek, Ipschek, Jadek, Jantek, Jonnek, Klappkarrek, Klümmek, Kontek, Korrek, Lellek, Obschonnek, Ollek, Ommek, Opek, Oschek, Pastek, Pempek, Pillek, Pinnorek/Pinollek, Platzek, Plottek, Podschonnek, Pömpek, Proschek, Püstek/Puustek, Radek/Raddek, Spillek, Schirrek, Schittek, Tonnek, Zinnek* (Honnen 2002a 39).

In dieser Liste fehlt der bereits erwähnte *Mottek.* Dies hat seinen Grund darin, dass der *Mottek* zwar der Urahn all dieser seltsamen Wörter ist, aber als echtes Lehnwort nicht in diese Reihe gehört. Denn neben *Mattka, Pinunsen* und *schisskojenno* ist es eines der seltenen echten Überbleibsel der polnischen Sprache im Ruhrgebiet. Der *Mottek,* ein großer, schwerer Hammer, ist heute eines der Kennwörter des Ruhrdeutschen. Wenn man die Frage *»Weiße, watten Mottek is?«* nicht beantworten kann, ist man im Revier als Zugezogener entlarvt. Das Wort ist deshalb zur Folie für die Bildung aller anderen Wörter auf -ek geworden. Die Sprecherinnen und Sprecher im Ruhrgebiet haben nach dem Vorbild *Mottek* gleichsam andere Wörter polonisiert, indem sie an einen bekannten Wortstamm die vermeintlich polnische Endung -ek angehängt haben. Das geht eigentlich ganz einfach: Der *Asek* ist ein *Asi,* also ein proletenhafter Typ, *Bierek* ein Bierglas, *Bobelek* ein Nasenpopel, *Kontek* ein Kontrolleur, *Obschonnek* einer, der Einwände macht (obschon ...), der *Opek* ein Opa, *Pastek* ein Pastor, das *Pillek* ein Pils oder irgendein Bier, der *Platzek* ist ein Platzwart (und erinnert gleichzeitig an den weitverbreiteten Familiennamen Polazcek), *Püstek* der Ring zum Durchblasen beim Seifenblasenmachen, *Radek* ein Radiergummi, der *Schirrek* ein Schiedsrichter, der *Spillek* ein Spielplatz und *Tonnek* ein Tornister.

Bei manchen Wörtern ist die Herleitung jedoch schwieriger, weil das jeweilige Grundwort sich nicht von vorneherein erschließt. Beim *Fusek* mag man noch auf Fußball kommen, *Fusek zocken* ist die *Ruhrpott*-Variante für »Fußball spielen«, auch den *Klappkarrek* mag man sich noch als zusammenklappbaren Einkaufskorb denken, genauso wie den *Schittek* als Schrotthändler, der sicher auf *Schitt* »Mist« zurückgeht; aber schon beim *Jonnek* als Bezeichnung für einen kräftigen Mann muss man wissen, dass der *Johnny* oder *Jonny* (sprich Dschonni) im Alltag die Bezeichnung für etwas Großes, Kräftiges ist: *Der Typ is aber en ganz schöner Johnny!* Ähnlich ist es beim *Oschek,* der auf den *Oschi* zurückgeht, ebenfalls ein Wort für ein größeres Ding: *Der hat son Oschi inne Hand gehabt. Ollek* ist eine liebevolle Bezeichnung für den männlichen Partner, der im Alltag auch schon mal *Oller* genannt wird. Auf *Ömmes,* ein Wort mit einer ähnlichen Bedeutung wie *Oschi* »etwas Großes, Schweres«, geht der *Ommek* »Kawenzmann« zurück.

Von *Korrek* auf ein Schwein kann allerdings nur der kommen, der das alte Essener Mundartwort *Kurre, Korre* für die Sau kennt; beim *Plottek*

»Messer« muss man wissen, dass *Plotte* oder *Plaute* ein altes Mundartwort für ein kleines Messer ist. *Ipschek* ist deshalb ein kleines Kind, weil *ipschich* im Ruhrdeutschen »klein, unscheinbar« bedeutet; dem *Pinnorek* liegt das westfälische Wort *Pinnockel* zugrunde, das eine »Spitze« oder »Zinne« bezeichnet. Im *Pott* steht *dull* für »nicht ganz gescheit« (zu toll), ein *Duller, Dullratz* oder eben ein *Dullek* ist folgerichtig ein Dummkopf. Auch *Lellek* ist ein Schimpfwort, diesmal für einen Halbwüchsigen, und wohl eine Umbildung des alten Wortes *Lellbeck,* das in den rheinischen Mundarten für einen Grünschnabel oder Einfaltspinsel gebraucht wurde. *Proschek,* das »Schwein, Sau« bedeutet, geht auf das westfälische Adjektiv *prossich* »schlammig, dreckig« zurück. Auch *Klümmek* »Bonbon« hat alte mundartliche Wurzeln, zugrunde liegt *Klümpchen, Klümpken* »Bonbon«. Der *Pömpek* schließlich ist dagegen neueren Ursprungs, er dürfte auf den *Pümpel* oder *Pömpel* zurückgehen, ein Wort für irgendein Ding, das einem in einer bestimmten Situation gerade hilft, zum Beispiel das Gerät, mit dem man verstopfte Abflüsse bearbeitet.

Es bleiben *Bischek* »Flegel«, *Grommek* »dürre Person«, *Eschek* »unangenehme Person, auch Türke«, *Podschonnek* »Unordnung« *(Boh, is dat en Podschonnek hier bei dir ine Bude!), Pempek* »Bauchnabel«, *Jadek* »dicker, gemütlicher Mann« und *Jantek* »Anzug«, deren Herkunft nicht eindeutig ist. *Podschonnek* wird gelegentlich auf das polnische porządek »Ordnung« zurückgeführt, was aber ebenso spekulativ ist wie die Ableitung von *Eschek* aus dem türkischen esek »Esel«. Einzig das Wort *Zinnek* für ein männliches Kind macht dem *Mottek* die Alleinstellung als polnisches Lehnwort streitig. Ob die Ableitung aus angeblich polnischem(?) Sinnek »Säugling« oder schlesischem Symek »Junge« allerdings Bestand hat, darf bezweifelt werden.

Sogar Ortsnamen können nach diesem Schema verfremdet werden, wie die Bezeichnung *Riemek* für Bochum-Riemke belegt. Diese Wörter zeigen umgangssprachliche Wortschöpfungen gleichsam im Prozess. Das Wortbildungselement -ek ist noch immer produktiv, wobei sowohl alte Mundartwörter, die kaum noch jemand kennt, als auch Neubildungen wie *Oschi* oder *Johnny* und Standardsprachliches wie Schiedsrichter oder Fußball verwendet werden. Überhaupt scheint das Ruhrdeutsche immer noch ausgesprochen innovativ zu sein. Berühmt sind die reviertypischen Abkürzungen *Trollo* »Blödmann«, *Schirri* »Schiedsrichter«, *Lalla* »Musik«, *Schiposa* »Schnitzel-Pommes-Salat«, *Öks* »Ökofreak« (die entsprechend *öklig* sind) oder *Lulle* »Zigarette«, die auch auf Namen angewandt werden: *Walla* »Walter«, *Ralle* »Ralf«, *Krille* »Christine« oder *Mäcks* »McDonalds«. Das Ruhrdeutsche ist tatsächlich immer noch so etwas wie eine Wortschmiede (um ein schönes ruhrdeutsches Wort zu persiflieren: *Frittenschmiede* »Pommesbude«), die die Umgangssprache mit Neubildungen befeuert (und dabei die Sprachgeschichte des Reviers zum Teil ironisch aufgreift), denken wir etwa an *Kropnoki* »Graupenwurst«, *Perzer* »Zigarette«, *kujacken* »jemanden schikanieren«, *Pricke* »Flasche Bier«, *Jojowurst* »Rübenkraut«, *Krawanke* »stämmige Frau«, *Laffka* »Prügel, Bestrafung« *(gleich gibbet Laffka), Hachels* »schlechte Zähne«, *Zigulle* »Nase«, *Oschi* »etwas Großes« oder *Zichte* »Zigarette«. Hinzu kommen Spaßbildungen, wie man sie nur im Ruhrgebiet erfinden kann: *Hackenmercedes* »Einkaufswagen«, *Knappschaftszähne* »Gebiss«, *bellafonte* »besonders schön« oder *Kugel abdrehen* »Haare schneiden«.

In einen ganz anderen Wortschatzbereich führt uns eine andere Wortgruppe. Hier sind nicht allein die Wörter an sich das Besondere, sondern die schlichte Tatsache, dass es sie noch gibt und dass sie wirklich noch im Alltag zu hören sind. Zwar ist unsere allgemeine Umgangssprache durchsetzt mit Elementen aus den alten Rotwelschdialekten und dem Jüdischdeutschen wie *Moos, Kies, Kohldampf, betucht, Kluft, kess, Knast, schachern, Reibach* oder *schnorren,* die in jedem Wörterbuch zu finden sind, im Ruhrgebiet hat sich jedoch eine Reihe von Wörtern erhalten, die sonst – wenn überhaupt – nur noch alte Mundartsprecher kennen. Früher gehörten zu den regionalen Sprachformen im Rheinland wie in Westfalen sowohl Geheimsprachen als auch jiddische Händlersprachen (siehe die Exkurse »Das Rotwelsche im Rheinischen« und »Das Jiddische im Rheinischen«). Nahezu alle Sprecher dieser Sondersprachen waren in ambulanten Gewerben als Hausierer oder Wanderhandwerker unterwegs. In Westfalen waren es zum Beispiel die Tuchwarenhändler, in Münster Arbeiter und Vagabunden, die Rotwelschdialekte wie Masematte oder Speismakeimer sprachen. Da Mundartsprecher in früheren Zeiten engen Kontakt zu Wander- und Viehhändlern hatten, blieb es nicht aus, dass Teile des geheimsprachlichen Wortschatzes Eingang in die örtlichen Dialekte fanden. Da die westfälischen und zum Teil auch die kleverländischen Mundarten die Basis des Ruhrdeutschen sind, haben sich hier neben Dialektwörtern auch alte Wörter aus dem Rotwelschen und den jüdischdeutschen Händlersprachen erhalten. Es ist erstaunlich, dass sie tatsächlich heute noch verstanden und gebraucht werden.

Im *Pott* kann man zum Beispiel *dibbern, dat wat ine Luft liecht* »etwas erahnen, spüren«, in einer *Kabache* wohnen (Bruchbude), auf die *Osnik* schauen (Uhr), etwas *achielen* oder *acheln* »essen«, jemanden *colone* machen (verrückt), *en töfften Scheez* anziehen (Sonntagsstaat anlegen) oder etwas mit *Plattmoos* bezahlen (Schwarzgeld). Hier weiß man noch, dass *Katzof* ein Metzger, *Keilof* ein Hund, dass ein *Gannev* eine zwielichtige Type und *Schickermoos* Taschengeld ist. Selbst das eher seltene Verb *teilacken* für »weglaufen«, aber auch »bummeln«, ist noch zu hören. Eine seltsame Meldung gibt es für Gelsenkirchen. Dort sagt man zu Schuhen auch *Pallemachomen,* ein Wort, das in vielen Rotwelschdialekten zu finden ist, hier aber immer »Soldaten« bedeutet. Wie es zu dieser Bedeutungsverschiebung gekommen ist, bleibt rätselhaft. Weniger erstaunlich ist dagegen die Verwendung der alten jüdischdeutschen Zahlwörter *Schuck* und *Beischuck* für das Mark- oder Zweimarkstück. Neben dem *Heiermann* »Fünfmarkstück« haben sich diese Bezeichnungen auf vielen Märkten noch lange gehalten und sind von dort wohl in die Umgangssprache des *Potts* gewandert.

Auch *schaskeln* »trinken«, *laulonen* »schnorren, gratis trinken«, *Zachel* »Messer«, *schallern, abschallern* »singen« und *Kaline* für »Frau« sind durchaus noch im Alltag zu hören. Viele dieser Wörter haben einen jüdischdeutschen oder hebräischen Hintergrund. Man sieht: Das Ruhrdeutsche ist eine wahre Fundgrube für alle Sprachinteressierten. Es bietet alte Mundartwörter, die selbst betagte Mundartsprecher schon vergessen haben, es bewahrt rotwelsche Ausdrücke, obwohl die ursprünglichen Geheimsprachen schon lange untergegangen sind, es lässt die Erinnerung an die Siedlungsgeschichte des *Ruhrpotts* in eigenständigen Bildungen aufleben und beweist in immer neuen Wortschöpfungen die Fantasie der hier lebenden Menschen.

prakesieren an etwas herumwursteln, tüfteln *Die sind da nur am prakesieren. Wenn ich lang genuch prakesiere, krieg ich dat schon wieder hin. Wat bisse am prakesieren* (intensiv nachdenken)? Ein schöner Kommentar aus dem Rheinischen Mitmachwörterbuch: »Von Nicht-Rheinländern wird dieser Zustand (des tatenlosen Herumliegens) nicht verstanden. Ein Nicht-Rheinländer sagt: ›Der liegt faul aufm Sofa und starrt in die Luft‹. In Wirklichkeit ist es ein Zustand äußerster Aktivität, an dessen Ende kluge Entscheidungen oder bahnbrechende Erfindungen gemacht werden können.«

Das Wort ist eine rheinische Verballhornung von praktizieren und über das französische pratiquer (italienisch beziehungsweise mittelateinisch praticare) in die rheinische Mundart gelangt (ab 1500 in Köln nachgewiesen).

Leithaeuser 1891 28; MmWb; RhWb 6/1065; Verdam 474; Werner 307; Wrede 2010 733

Prängel kann im Rheinland alles sein, was länglich, dick oder derb ist. Meist ist es ein Knüppel, Ast, Totschläger oder eine Stange, es kann aber auch ein *Prängel* Fleischwurst, eine dicke Brotscheibe oder ein Penis gemeint sein. Ein unbeholfener Mensch ist ein *Bauernprängel.*

Schon im Mittelniederdeutschen ist die *prange* ein Pfahl oder eine Stange, an dem oder der etwas angebunden wird. Das Wort ist im Standarddeutschen noch heute als Pranger oder im Verb anprangern gebräuchlich. Die Bedeutung »Knüppel« hat als *Prängel* nur in den Mundarten überlebt.

Kluge 2011 720; RhWb 6/1070; Schiller/Lübben 3/370; Werner 308

prick nett, herausgeputzt *Wat bisse prick heute?* Ein nordrheinisches beziehungsweise westfälisches Mundartwort, das im Ruhrgebiet noch heute zu hören ist.

Aus dem Niederdeutschen (*eine pricke Dirne* »ein schmuckes Mädchen«), wohl zu mittelniederdeutsch pricke »Strich, Stich, Spitze« (daraus auch hochdeutsch prickeln), wobei die Bedeutungsentwicklung nicht ganz nachvollziehbar ist.

Fellsches/Schnieber 205; Piirainen/Elling 691; RhWb 6/1102; Schiller/Lübben 3/376; http://www.etymologiebank.nl/trefwoord/prik1

Pritsche auch **Pritsch** und **Britsch** ist entweder ein einfaches Bett (vor allem in der Soldatensprache) oder ein im Karneval unentbehrliches Narrengerät, die *Narrenpritsche:* ein aus feinen Brettchen bestehendes Schlaggerät mit einem charakteristischen Klang (auch in Kasperletheatern häufig eingesetzt). Bereits im Althochdeutschen als britissa »Bretterzaun« und mittelhochdeutsch als britze, brütsche »Schlaggerät« belegt. (Britsch und Brett haben gemeinsame Wurzeln.) In Köln ist die *Narrenpritsche* als britze erstmals im 16. Jahrhundert bei »festlichen Schießspielen« nachgewiesen, im Karneval bereits 1823, als mit der *Pritsche* der Hanswurst in einem feierlichen Akt zum Ritter geschlagen wird.

Anmerkung: Die Volleyballer kennen das Pritschen als Technik ihres Spiels. Dabei entspricht die Haltung mit den abgespreizten Fingern der ausgeklappten Narrenpritsche.

Kluge 2011 723; RhWb 1/988; Wrede 2010 736

pröddeln, prötteln bedeutet sowohl »schmoren, braten, brodeln« als auch »brummeln, vor sich hin nörgeln«. Das Wort ist in den Mundarten nördlich der Eifel bis nach Westfalen verbreitet. Beide Bedeutungen ergeben sich aus den historischen Formen des Verbs. Das zugrunde liegende mittelniederländische preutelen (1434 belegt) und frühniederländisches pruttelen bedeuten »(blubbernde) Töne machen«, was sowohl ein brodelndes Gericht als auch ein vor sich hin brummelnder Griesgram tun. Das Wort ist demnach im niederländisch-niederdeutschen Sprachgebiet entstanden. Unsicher ist, ob *prötteln* eine Verstärkungsform von *proten, praten* »sprechen« ist. Das weiter verbreitete **brötscheln** ist wohl unter dem Einfluss von standarddeutsch brutzeln entstanden. Anders als brutzeln hat *brötscheln* im Rheinland ebenfalls die Bedeutungen »brutzelnd braten« und »brummend nörgeln«. Hierzu **verbrötscht, verprötscht** verbrannt, verdorben, zu Tode gebraten *Dat Schnitzel war so wat von verprötscht, dat konnsde unmöchlich runterkriegen.* Man kann sich auch *den Ranzen verbrötschen, wenn man sich zu lange den* Lorenz (siehe dort) *draufscheinen lässt.*

RhWb 1/1022 u. 6/1153; http://www.etymologiebank.nl/trefwoord/pruttelen

Pröff meist als **dröger Pröff**, am Niederrhein **Proffkuchen** und im Ruhrgebiet **Propfkuchen** trockener Kuchen, den man kaum herunterbekommt *Omma hat aber wieder nen drögen Pröff gebacken!* **Pröffken** ist im Ruhrgebiet eine Speise aus alten Brotresten, die mit Milch und Zucker essbar gemacht werden. Dazu auch **pröffen, proffen, prufen** hineinstopfen *Wie hast du denn schon wieder die Jacke in die Tasche gepröfft? Mit fünf Leuten ist deine Nuckelpinne aber ganz schön vollgepröfft.*

Pröff, proffen sind die (nieder-)rheinischen Entsprechungen von standarddeutsch Pfropfen, pfropfen. Die jeweiligen Bedeutungen erklären sich aus der Vorstellung des Hineinstopfens.

RhWb 6/796; Sprick 113

profitlich nützlich, gewinnbringend, haushälterisch; das Adjektiv kennt man nur im Rheinland. Das ist ein Hinweis nicht nur auf die rheinische, sondern auch die deutsche Wortgeschichte. Denn viele Wörter aus Handel und Geschäftsleben sind um 1500 aus dem flämisch-brabantischen Raum, damals Welthochburg des Handels, erst in die rheinische Region, vor allem nach Köln, eingewandert und dann von hier in die allgemeine deutsche Geschäftssprache gelangt. Das gilt auch für den profijt, wie der Gewinn des Kaufmanns entsprechend dem französischen profit (das auf lateinisches profectus »Zunahme« zurückgeht) in Flandern genannt wurde. Dieser profijt, später auch *Profeit,* ist im deutschen Sprachraum erstmals 1462 in Köln urkundlich nachgewiesen, nach 1500 setzte sich die »rheinische« Variante Profit langsam durch. Das Adjektiv *profitlich* ist hier erstmals um 1500 belegt.

Andere Wörter aus diesem Themenbereich, die im 16. Jahrhundert aus dem Flämisch-Brabantischen über das Rheinische in das Standarddeutsche gelangt sind, sind Preis (flämisch prijs), Bilanz (flämisch balans) oder Bankrott (flämisch bankerot).

Kluge 2011 724; RhWb 6/1122; Wrede 1920 123; Wrede 2010 737

Pröll seltener **Prüll** oder **Pröllen** ist im zentralen Rheinland und am Niederrhein »alter Kram, Plunder« *(Schmeiß den Pröll doch einfach wech, wat willsde noch damit!)* und damit eines der vielen schwer deutbaren rheinischen Wörter für allen möglichen Plunder. Das verwandte prul ist standardniederländisch für »wertloses Zeug« und Ausgang einer großen Wortfamilie mit prullenbak »Papierkorb«, prullenschriever »Schmierer« oder prullendichter »schlechter Schreiberling«. Das Niederländische kennt auch die frühesten Belege aus den Jahren 1583 und 1618 (als Bezeichnung für ein nichtsnutziges Kind). Etwa zur gleichen Zeit ist prüll im Mittelniederdeutschen als »zu nichts taugendes Zeug« belegt. Ob allerdings das mittelniederdeutsche prul »Anschwellung, Penis« wirklich dasselbe Wort ist, bleibt fraglich. Jedenfalls sind die *Pröllen* eindeutig niederländisch-niederdeutschen Ursprungs, der sich jedoch nur bis in die frühe Neuzeit zurückverfolgen lässt.

RhWb 6/1140; Schiller/Lübben 3/382; Werner 309; Wrede 2010 737; http://www.etymologiebank.nl/trefwoord/prul

prollen angeben; eigentlich ist das »urrheinische« Wort für »prahlen, angeben« natürlich *strunzen* oder *strungksen* mit den Derivaten *Strungkser* oder *Strungksbüggel: Der is am strungksen wat dat Zeuch hält, du glaubs et nich!* wäre ein typisch rheinischer Kommentar über jemanden, dessen Prahlerei nervtötend ist. Aber das Wort muss wohl bald auf die Rote Liste der bedrohten Wörter gesetzt werden. Es ist nahezu vollständig ersetzt durch das Verb *prollen,* das wiederum ältere Rheinländerinnen und Rheinländer nur sehr schwer einordnen können. Sätze wie *Der prollt doch nur rum mit seinen Eroberungen* oder *Jungs müssen immer prollen, die können gar nich anders* werden da schon einmal schnell missverstanden. Das tun übrigens auch der Duden und das Wikipedia-Wörterbuch Wiktionary, die beide als Bedeutungsangabe von *prollen* »sich wie ein Prolet benehmen« anführen. Das trifft die Sprachwirklichkeit im Rheinland aber nur sehr bedingt. Man kann natürlich angeberisches Verhalten als proletenhaft interpretieren, aber im jugendlichen Sprachgebrauch in Köln oder Bonn bedeutet das Verb *prollen* eigentlich immer nur »angeben, prahlen«. Wahrscheinlich vermuten die Wörterbuchmacher, dass unser rheinisches *prollen* eine Ableitung aus Prolet ist und schließen damit automatisch auf die Wortbedeutung. Das scheint aber ein Trugschluss zu sein. Denn das Verb ist bereits im Rheinischen Wörterbuch mit der Bedeutung »laut sprechen, schreien« verzeichnet und damit der Abstammung vom *prolligen Proleten* völlig unverdächtig. Es ist wohl eher eine Ironie der Sprachgeschichte, dass sich in diesem Fall Jugendliche von einem Mundartwort verabschieden, um es durch ein anderes, dessen Herkunft sie nicht ahnen, zu ersetzen.

RhWb 6/1125

proten und **praten** sind in den Mundarten nördlich von Aachen bis ins Niederdeutsche gebräuchlich in der Bedeutung »reden, sich unterhalten, ein Schwätzchen machen«. Im Niederländischen ist praten »reden« standardsprachlich, genauso wie im Englischen to prate »plappern« und im Schwedischen prata »sprechen«. Trotz der weiten Verbreitung kann man die Geschichte des Wortes nur bis in die frühe Neuzeit zurückverfolgen. So kennt das Mittelniederdeutsche pratelen, praten und proten als »schwatzen, reden, plappern« und das Mittelniederländische praten ebenfalls als »reden« (der älteste Beleg datiert aus dem Jahr 1440). Vielleicht ist die Wortfamilie verwandt mit polnisch bredzić und russisch bredit »plappern«, was auf eine lange, vorgermanische Wortgeschichte schließen ließe. Die bleibt allerdings ohne weitere Belege nur eine Vermutung.

RhWb 6/1073; van Veen/van der Sijs 691; Werner 307; http://www.etymologiebank.nl/trefwoord/praten

Prött oder **Prütt** ist im zentralen Rheinland und am Niederrhein der Kaffeesatz. Das Wort ist auch in der Umgangssprache oft zu hören: *Da is nur noch Prött inne Kanne, ich mach ma neuen.* Auch: *Der erzählt totalen Prütt* (Unsinn).

Das Wort kennt man auch im aktuellen Niederländischen als prut, im Westfälischen als *Prott* und *Prütt* und im Friesischen als Prot »dicker Brei«. Hier findet sich auch der älteste Beleg aus dem Jahr 1614. *Prött* ist demnach im niederländisch-niederdeutschen Raum entstanden.

de Vries 551; Lerchner 209; RhWb 6/1152; Werner 311

prötteln und **prütteln, rumpröddeln** herumkramen, sich mit Unnützem, Unwichtigem beschäftigen *Wat pröddelst du dann wieder rum, anstatt deine Hausaufgaben zu machen. Gestern Abend wollte ich noch bügeln, hab aber nur noch rumgepröddelt.* **Pröddel, Pröttel** ist demnach »Kram, wertloses Zeug« *Da liegt so viel Pröttel in der Garderobe, kann das mal jemand wegräumen?* **Pröttelmarkt** Flohmarkt *Morgen is wieder inne Stadt Pröttelmarkt. Prötteln* bedeutet im Bergischen Land deshalb auch »etwas auf dem Flohmarkt verkaufen«.

Das Wort ist kleinräumig um Köln (hier schon veraltet) und im Bergischen verbreitet (hier allerdings auch noch in der Umgangssprache gebräuchlich). Seine Geschichte ist dunkel, ein Zusammenhang mit dem *Prött, Prütt* besteht wohl nicht, auch wenn der im Westfälischen sowohl »Plunder« als auch »Kaffeesatz« bedeutet (wenn hier überhaupt ein und dasselbe Wort vorliegt). Dagegen spricht die eigentliche Bedeutung als »dicker Brei«. Es ist deshalb von einer autochthonen Entwicklung in der Region auszugehen: ein echt bergisches Wort also.

Piirainen/Elling 694; RhWb 6/1153; Wrede 2010 738

Prötter oder **Pröttel** ist im zentralen Rheinland ein Lehn- oder Ohrensessel, in dem vorrangig alte Leute sitzen *(Der Oppa kann ohne seinen Prötter nich).* Das Rheinische Wörterbuch beschreibt dies sehr anschaulich: »grosser, schwerer Lehnsessel aus Holz, ohne Polsterung, am Ofen stehend, auf dem der Grossvater sitzt (der unzufrieden mit neueren Wirtschaftsmethoden, nicht mehr die Macht besitzt, seinen Willen durchzusetzen und sich auf den *Prötter* zurückzieht und *prott* (schmollt)).« Diese gelungene Beschreibung der Generationenkonflikte in Bauernfamilien um 1900 anhand eines Sessels ist gleichzeitig auch der Schlüssel für die Wortgeschichte des *Prötters* – wie auch der älteste Beleg (erste Hälfte 16. Jahrhundert) selbst: pratstoyll. Der ist als »Mecker- oder Schmollstuhl« zu übersetzen. Zugrunde liegt das im Rheinland zwar veraltete, aber im Westfälischen und Niederländischen noch sehr lebendige Verb **praten, pratten** »schmollen, störrisch sein«, das seine Wurzeln im mittelniederländischen part hat, das in der Wendung iemand parten spelen »jemandem einen Streich spielen« noch heute gebräuchlich ist. In den niederrheinischen Mundarten ist die Variante **prötteln** »nörgeln« heute noch sporadisch zu hören. Das Wort ist zu unterscheiden von *prötteln* »leise kochen« und *proten* »sprechen« (siehe die Stichwörter *pröddeln* und *proten*).

de Vries 545; Lerchner 209; RhWb 6/1077 u. 1132 f.; Woeste 205; Wrede 2010 734 u. 738; http://www.etymologiebank.nl/trefwoord/part2

Prumm Pflaume; das in allen rheinischen Mundarten als *Praume, Prumme, Promm* oder *Proume* verbreitete Wort wird von den Dialektsprecherinnen und -sprechern als besonders typisch angesehen wird. Die Wortfamilie ist entsprechend groß: **Prummetart** Pflaumenkuchen, **Prummeschmeer** Pflaumenmus, **Prümmkes** Rosinen, **Plüschprumm** Pfirsich (ein rheinisches Schibbolethwort), **Musterprumm** auffällig gekleidete Frau, **Mutzeprumm** missmutige Frau. Dazu kommen viele Wendungen wie *suure Prumm* »humorlose Frau« oder *Prömmche schnigge* »das Gesicht verziehen«.

Die *Prumm* oder *Prumme* ist eines der vielen Beispiele dafür, wie die Mundarten gegenüber der Hochsprache wirklich alte Formen bewahren. Denn sowohl die standardsprachliche Pflaume als auch die rheinische *Prumme* gehen auf eine gemeinsame Wurzel zurück, das griechische proûmnon »Pflaume«. Im Lateinischen wurde daraus prunum, prunus »Pflaumenbaum«.

Schon im frühen Althochdeutschen trat dann ein für den deutschen Sprachraum nicht ganz unbekannter Konsonantenwechsel von r zu l ein, der zusammen mit der hochdeutschen Lautverschiebung aus der lateinischen Vorlage zuerst eine pfluma und schließlich die mittelhochdeutsche pflume machte, die zum Vorbild unserer heutigen Pflaume wurde. Die Sprecherinnen und Sprecher im mittelniederdeutschen Raum haben diese Entwicklung jedoch nicht mitgemacht. Sie haben an den ursprünglichen prume-Formen festgehalten und mit der *Plüschprumm* »Pfirsich« (eigentlich »samtene Pflaume«) schließlich für eine der originellsten Wortschöpfungen gesorgt. Die niederländischen Nachbarn haben die pruim sogar in ihre Standardsprache übernommen.

Die vielen, meist abfälligen Frauenbezeichnungen mit dem Grundwort *Prumm* gehen auf die Nebenbedeutung »weibliches Geschlechtsorgan, Vulva« zurück, die ja auch die hochdeutsche Pflaume hat. Daraus ist die Bedeutung »Frau« verallgemeinert worden.

Übrigens geht auch die rheinische **Quetsche** »Zwetschge«, wie die etwas später reifende, länglichere (und sich viel besser für die traditionelle *Prummetart* eignende) Pflaume genannt wird, auf eine romanische Entlehnung zurück. Im Nordfranzösischen und -italienischen heißt diese Sorte davascena (aus lateinisch damascena »Frucht aus Damaskus«), was in den angrenzenden deutschsprachigen Gebieten zur *Quetsche* verballhornt wurde. Und auch die dritte im Rheinland heimische Pflaumensorte, die **Kriekel, Krichel, Krenkel** genannte Schlehen- oder Griechenpflaume, geht auf einen lateinischen Ursprung, die (pruna) graeca, zurück. Somit sind alle drei rheinischen Bezeichnungen für die Pflaume romanischen Ursprungs.

Und noch etwas: Auch der Priem, das Stückchen Kautabak, das im Rheinischen **Prümm** oder **Prümmche** genannt wird, geht auf die lateinische pruna zurück. Da im Niederländischen die Pflaume pruin heißt, nannten holländische Matrosen »das zum Aussaugen in die Backe geschobene Stückchen besonders bearbeiteten u. geformten Tabaks, das einer gedörrten Pflaume ähnelt« scherzhaft pruim oder pruimpje. Diesen Namen haben deutsche

Seeleute im 18. Jahrhundert übernommen und so in die deutsche Umgangssprache eingeführt.

Kluge 2011 699 u. 1019; MmWb; Post 1982 215; RhWb 6/1080; Werner 311; Wrede 2010 739

puchten, pochten angeben *Der is nur am pochten. Pucht nich so viel!* Die rheinischen Mundarten und auch noch der Regiolekt bewahren hier eine alte Bedeutung des Wortes pochen, puchen »schlagen, klopfen«, mittelniederdeutsch puchen, puggen »schlagen«, aber auch »drohen«; pucher »hochfahrender Mensch«.

Grimm 13/1956; RhWb 6/1003; Schiller/Lübben 3/383

Pudel bezeichnet den Fehlwurf beim Kegeln (wenn die Kugel in der Rinne landet). Das Wort geht zurück auf das niederdeutsche Verb *pudeln, puddeln* »mit den Händen im Wasser herumfahren, plätschern, schwimmen«, im Niederländischen als poedelen. Daraus abgeleitet ist der Hundename Pudel, der als Pudelhund im 17. Jahrhundert auftritt. Diese Hunderasse war zur Wasserjagd abgerichtet (deshalb **pudelnass**). Der *Pudel* als Fehlwurf ist erstmals 1755 belegt und geht auf die Vorstellung des Sprungs in eine wassergefüllte Rinne (im Rheinland *Kalle* »Regenrinne«) zurück.

de Vries 533; Grimm 13/2204; Kluge 2011 730; Wrede 2010 741

Puhmann ist der Weckmann oder Stutenkerl im Bergischen Land. Der *Puhmann* ist bekannter als Schreckgespenst für Kinder, aus der Interjektion *puh* (als Ausruf des Ekels oder der Erschöpfung) und Mann.

RhWb 6/1156

pujacken hart arbeiten *Wir sind hier am pujacken.* Eine Lautvariante ist **wujacken** (vielleicht aus *wullachen* und *pujacken*). Auch (seltener) als Ableitung **Pujackerei**.

Das Wort ist auf einen schmalen Streifen nördlich von Köln und südlich von Moers quer durch das zentrale Rheinland beschränkt. Es hat nichts mit den *Pojauken* (Flüchtlinge aus dem Osten) zu tun, sondern ist zusammengesetzt aus der rheinischen Vorsilbe pu- (das ist eigentlich die Interjektion *puh* als Ausdruck des Ekels oder der Erschöpfung, siehe auch *Puhmann*) und dem Verb *jacken,* das im Rheinland als »schnell rennen«, »hart arbeiten« weit verbreitet ist (*jacken* ist eine Intensivform zu jagen).

PfWb 3/1321; RhWb 3/1113 u. 6/1156

Pulle in den rheinischen Mundarten nahezu ausschließlich »Milchflasche mit Schnuller«, dagegen in der Umgangssprache weit verbreitet als »Flasche« *Gib ma noch ne Pulle Bier! Dat Kind kricht noch die Pulle* (auch **Pulla** »Saugfläschchen«). Viele Komposita und Ableitungen: **Bierpulle**, **Schnapspulle**, **Literpulle**, **pullern** urinieren *Ich geh ma eben pullern umme Ecke. Volle Pulle* mit voller Energie *Der is volle Pulle durch die Stadt gerast. Die hatte die Musik die ganze Nacht volle Pulle aufgedreht.*

Die *Pulle* als Flasche ist im gesamten niederdeutschen Sprachraum verbreitet, ebenso niederländisch pul. Diese Variante hat sich erst im 18. Jahrhundert im niederdeutschen Sprachraum eingebürgert, im Mittelniederdeutschen findet man dagegen nur die Formen apolle und apulle »große Kanne (beim Gottesdienst)«. Das Mittelniederländische kennt zwar schon die pulle, es herrschen jedoch auch hier die Varianten ampulle und apulle »Krug, Flasche« vor. Damit wird die Wortgeschichte als Entlehnung aus dem lateinischen ampulla »kleine Flasche, kolbenförmiges Gefäß mit zwei Henkeln« offensichtlich. Ampulla wiederum ist eine Verkleinerungsform von lateinisch amphora und damit griechischen Ursprungs.

Wie das Wort in den niederdeutschen Sprachraum gelangt ist, weiß man nicht genau, vielleicht über das Altfranzösische und Mittelniederländische oder vermittelt über die mittellateinische Sprache der Heilkunst, schließlich ist die **Ampulle** heute ein medizinisches Fachwort, oder über die Kirchensprache, die noch heute die **Ampel** als Hängelampe, etwa für das Ewige Licht, kennt. Die war auch das Vorbild der modernen Verkehrsregelungsanlagen, die damit mit der *Pulle* verwandt sind, obwohl sie besser nicht zusammen in Erscheinung treten sollten.

Grimm 1/279; Kluge 2011 40; Pfeifer 1/44 u. 2/1338; Post 1982 259; RhWb 6/1179; Schiller/Lübben 1/120; Trübner 5/226; Verdam 39; http://www.duden.de/rechtschreibung/Pulle

pumpen leihen, verleihen *Kannse mir ma ne Säge pumpen? Ich würd dem nix pumpen.* **anpumpen** jemanden um etwas (meistens Geld) angehen *Hat der dich auch schon angepumpt?;* etwas auf **Pump** kaufen (mit Kredit).

Die umgangssprachliche Bedeutung »erscheint erstmals 1687 in Verbrecherkreisen« in Dresden (pumpen im Sinne von »etwas herausziehen, abschöpfen«). Aus dem Rotwelschen wandert das Wort im 18. Jahrhundert in die Studentensprache.

Nail 1988 363; Paul 670; RhWb 6/1195; Trübner 5/227; Wolf 1956 4394; http://www.duden.de/rechtschreibung/pumpen#Bedeutung2a

Pumpernickel ist ein Wort, das Herkunftslegenden geradezu provoziert. Die schönste Wortgeschichte beweist, dass auch in Westfalen den Franzosen sprachlich vieles in die Schuhe geschoben wird. In diesem Fall war der »Schuldige« ein napoleonischer Offizier, der den ersten Bissen des Schwarzbrots in hohem Bogen mit den Worten ausspuckte: »Ah, bon pour Nicole« (oder »pain pour Nicole«), womit er offensichtlich ausdrücken wollte, dass dieses Brot nur für Pferde (Nicole war der Name seines Pferdes) geeignet sei. Daraus haben die Münsterländer dann den *Pumpernickel* verballhornt. Eine andere Legende erzählt von einem bonum paniculum (gutes kleines Brot), das während einer Hungersnot in Osnabrück ausgegeben wurde (daraus *Bonpanikel und schließlich *Pumpernickel*). In diesem Zusammenhang wird in Osnabrück vom Bäcker Nikolaus Pumper erzählt, der am noch heute zu besichtigenden Pernickelturm kleine Brote gebacken haben soll.

Die Wirklichkeit ist leider prosaischer. *Pumpern* ist ein niederdeutsches beziehungsweise rheinisches Wort für »Blähungen ablassen«, *Nickel* ein beliebtes Scheltwort verkürzt aus Nikolaus (siehe *nickelig*); wörtlich müsste man Pumpernickel als »Furznikolaus« oder »Stinkfritz« übersetzen, was viel über die Qualität des Brotes in früheren Zeiten aussagt (daher kennt man im Rheinland auch das Wort *pupernickeldröge*).

Honnen 2008a 180; RhWb 6/1196; Trübner 5/228

püntern, puntern basteln, nutzlos herumwerkeln *Der kann nix als püntern.* **Pünterer** Pfuscher *Mit sonen Pünterer inne Kolonne hasde nix als Ärger.*

Gepüntert wird nur im Bergischen Land; dazu im älteren Niederländischen puntern »nicht fertig werden mit einer Arbeit«. Ein seltenes Wort also, vielleicht zu mittelniederdeutsch punt »Spitze, Ziel« (rheinisch *Punte*) in der Wendung te punte bringhen »etwas machen, zu Ende bringen«.

Honnen 2012a 188; RhWb 4/1209; Schiller/Lübben 3/388; http://www.etymologiebank.nl/trefwoord/punten1

puseln, pöseln (mit kurzem u) (ungeschickt) basteln, herumwerkeln, sich mit Kleinigkeiten aufhalten, unnütz herumarbeiten *Um dat Chaos, wat du angerichtet hast, auseinander zu puseln, brauch ich ne Ewigkeit. Wir pusseln so vor uns hin und warten auf besseres Wetter. Die is bestimmt nachts noch am pusseln.* **Pusel** Frau, die viel arbeitet *Dat is en richtiger Pusel.* **Puselchen** niedliches Mädchen, Kosewort *Och, dat süße Puselchen!,* auch »kleine, unscheinbare Frau, graue Maus« *Hasde die nich jesehen? So en Puselchen is dat!* **Pusselskram, Puselskram, Puselsarbeit, Pusselsarbeit** Arbeit, die Feingefühl und Geschick erfordert *Bei der Puselsarbeit krich ich die Pimpanölles.*

In den rheinischen Mundarten (und im niederrheinischen Regiolekt) hat *puseln, pöseln* daneben noch die – wohl ursprüngliche – Bedeutung »langsam, ohne Appetit essen« *(Komm, tu ma wat metpösele),* was eine direkte Verwandtschaft mit dem weitverbreiteten *bosseln, posseln* ausschließt, aber auf niederländisch peuzelen »knabbern, mit Genuss essen« verweist, das um 1600 wiederum noch die »rheinische« Bedeutung »basteln, etwas betasten« hatte. *Peuzelen* ist verwandt mit niederdeutsch *pöseln* »hart arbeiten, quälen«. Die weitere Geschichte ist unsicher, vielleicht haben *puseln* und peuzelen (das auch »kegeln, Kugeln stoßen« bedeuten kann) eine gemeinsame Wurzel in althochdeutsch bozen »schlagen, stoßen«.

Grimm 2/265; RhWb 6/1229; http://www.etymologiebank.nl/trefwoord/peuzelen

Pusspass ist ein Kompott aus bis zu vier verschiedenen Sorten Obst. *Pusspass* kennt man am südlichen Niederrhein. In Mönchengladbach gibt es noch heute eine *Pusspasskirmes.* Ein lautmalendes Wort, das erstmals 1676 als poespas »etwas Durcheinandergekochtes« im Niederländischen erscheint.

RhWb 6/1230; http://www.etymologiebank.nl/trefwoord/poespas

Puttes ist im zentralen Rheinland entweder ein Kartoffelauflauf oder, so im Westen, eine Blutwurst. In Köln kann der *Puttes* auch ein »dicker Bauch« sein: *Man, wat hat der ene dicke Puttes.* Im Dialekt ist *Puttes* ein beliebtes Synonym für alles Dicke. Mundartliche Varianten sind **Budden** und der südlichere **Buddendarm** »Dickdarm«.

Anders als Wrede schreibt, ist *Puttes* keine kölsch-ripuarische Spezialität, sondern als *Buttendarm* sogar in der Pfalz weit verbreitet, der dort allerdings die Hülle des Schwartenmagens bildet. Die rheinische Variante **Gebüdde** »Eingeweide des Schlachttieres« verweist sogar auf mittelhochdeutsches gebutt, gebütte und mittelniederdeutsches gebutte »Eingeweide«. Diese weite Verbreitung lässt auf ältere Wurzeln schließen, die durchaus romanischen Ursprungs sein können: lateinisch botulus »Darm, Eingeweide« (siehe französisch boudin »Blutwurst«). Das bezieht sich allerdings nur auf die äußere Hülle, nicht auf den Inhalt von Schwartenmagen, Blutwurst und Kartoffelauflauf.

Lexer 1/766; PfWb 1/1400; Post 1982 175; RhWb 1/1100 u. 6/1243; Schiller/Lübben 2/25; Steinröx 158; Wrede 2010 744

Pütz, Pütt, Pötz heißt im südlichen und zentralen Rheinland im Dialekt der Brunnen, im nördlichen Rheinland kennt man die unverschobenen Varianten *Pött* und *Pütt.* Letztere ist hier aber nur noch im Zusammenhang mit dem Bergbau zu finden: *Der is aufem Pütt* (arbeitet im Bergwerk). *Im Pütt haddet en Unfall gegeben. Unsere ganze Familie is seit jeher zum Pütt gegangen* (als Bergmann arbeiten). Jemand, der im *Pütt* arbeitet, ist ein **Püttmann** *Dat is doch keine Arbeit für nen alten Püttmann wie mich.*

Das Wort ist – wie der Kohlebergbau selbst – auf dem Rückzug. Dabei war der *Pütt* einmal weit verbreitet. Auch außerhalb des eigentlichen Kohlenreviers zwischen Dortmund und Kamp-Lintfort wusste man genau, wie hart die *Maloche im* oder *aufem Pütt* war. Selbst dort, wo es sprachgeografisch eigentlich gar nicht *Pütt* heißen dürfte, im Wurmrevier zwischen Alsdorf und Eschweiler, fuhren die *Kumpel* früher in den *Pütt*. Strenggenommen müsste es in der Region Aachen *Pütz* heißen, denn so lautet die rheinische Bezeichnung für den Brunnen oder den Brunnenschacht. Beide Varianten gehen in letzter Konsequenz auf lateinisch puteus »gegrabenes Loch, Brunnen« zurück, daraus altsächsisch putti, niederdeutsch *put,* so auch im aktuellen Niederländischen. Der *Pütz, Pütt* hat in der Umgangssprache nur im Zusammenhang mit dem Bergbau überlebt, seine ursprüngliche Bedeutung ist völlig verschwunden. Allerdings findet man das Wort heute noch in Flur- und Ortsnamen, zum Beispiel beim Bonner Ortsteil Pützchen, berühmt durch die große Herbstkirmes, und in daraus abgeleiteten Familiennamen, deren bekanntester Träger im Rheinland wohl Jean Pütz sein dürfte.

Dittmaier 1957 236; Frings 13; Post 1982 79; RhWb 6/1247; Werner 306; Wrede 2010 732

Puut, Poot bedeutet in den rheinischen Mundarten »Pfote, Vorderfuß des Tieres«, und, je nachdem wo man sich befindet, »Fuß des Menschen« (im nördlicheren Rheinland) oder »Hand«. Am Niederrhein hört man auch die nette Verkleinerungsform **Pütterkes**: *Hasse kalte Pütterkes?*

Puut, Poot ist die Ursprungsform zu Pfote, die zuerst im Rheinland und Lothringen erscheint und sich dann im gesamten niederdeutschen Raum ausbreitet. Die Pfote selbst ist eine späte Verhochdeutschung, die Martin Luther populär gemacht hat. *Puut, Poot* ist verwandt mit altfranzösischem poue und galizischem pouta »Pfote«. Eine wichtige sprachgeschichtliche Quelle in diesem Zusammenhang beschreibt sehr schön Trübners Wörterbuch: »Im Kern des mit den germanischen und romanischen Formen umschriebenen Gesamtgebiets bei Arel (Arlon) in Südbelgien, steht seit Römertagen die Inschrift ›Divis Manibus Corobillio Pautoni‹, in der Nähe

Namen wie Pauto, Pauta, Pautina auf gleich alten Steinen. Pauto ›Herr Pfote‹ ist benannt wie nachmals die Deutschen Augenbrauen, Bart, Bein, Brust, Hirnschal, Knie, Kopf, Maul u. v. a. Er entstammt einer unbedingt bodenständigen Sippe, deren sämtliche Namen in Form und Beugung unkeltisch sind. Damit gelangen wir auf vorkeltisch *pauta ›Pfote‹ als Quelle des galloromanischen wie des germanischen Worts.« Auch Namen also können eine Quelle der Wortforschung sein, und in diesem Fall belegen sie, dass die rheinische *Puut, Poot* uralte und geheimnisvolle Wurzeln hat und gleichzeitig der Ursprung der hochdeutschen Pfote ist.

Duden 2008 631; Grimm 13/1791; Kluge 2011 700; RhWb 6/791; Trübner 5/109; van Veen/van der Sijs 684; Werner 315; Wrede 2010 744

Puut kleines Kind, meist im Plural als **Puuten, Puute**, oft abwertend gebraucht *Ich hab et satt mit die Puten. Die Pute sind vielleicht ma wieder laut!* Die *Puuten* kennt man im zentralen Rheinland zwischen der Nordeifel und dem südlichen Niederrhein. Auch der moselfränkische **Pauert** »alter Rebstock« und der **Patert** »kleinlicher Mensch« gehören hierher. Alle Varianten gehen zurück auf das lateinische putus »Kind«, das auch dem italienischen putto »Knäblein« zugrunde liegt. Damit ist *Puut* eines der vielen romanisch-lateinischen Reliktwörter, die sich nur im Rheinland finden.

Die manchmal zu lesende Behauptung, damit seien die rheinischen *Puuten* mit der spanischen puta »Hure« verwandt, ist nur bedingt richtig. Zwar ist die auch schon im Mittelniederdeutschen als pute belegt, jedoch hat sich diese Bedeutungsvariante aus der altfranzösischen Sonderbedeutung von puta »kleines Mädchen« entwickelt, während die unschuldigen rheinischen *Puuten* direkt auf die lateinische Urform zurückgehen.

Frings 196; Lerchner 216; Post 1982 195; RhWb 6/1234; Schiller/Lübben 3/392; van Veen/van der Sijs 708; Werner 316; Wrede 2010 745

quabbelich wabbelig hat die gleiche Geschichte wie *quebbelig,* deshalb siehe dort.

Quaddel »Hautverdickung, Hautrötung« ist in der allgemeinen Umgangssprache weit verbreitet: *War ich inne Brennessel gefallen un hatte überall soo Quaddeln anne Arme. Wenn ich Mückenstiche hab, krieg ich immer sonne Quaddeln, furchtbar.* Im Dialekt auch im übertragenen Sinn als Bezeichnung für Menschen, außerdem viele Ableitungen.

Das Wort ist ein Import aus dem niederdeutschen Raum. Dort hat das althochdeutsche chuadilla, chedilla (vielleicht auf gotisch quipus zurückgehend) als *quaddel* überlebt und ist im 17. Jahrhundert in die überregionale Umgangssprache übernommen worden (auch standardniederländisch kwadde, quadelel).

Kluge 2011 735; RhWb 6/1271; http://www.duden.de/rechtschreibung/Quaddel

quängeln oder **quengeln** im Rheinischen oft in dem schönen Satz *Der hält sich am quängeln* zu hören, bezeichnet das lang anhaltende, weinerliche Insistieren eines Kindes. Das Wort ist verwandt mit zwängen »Zwang antun«, das im Althochdeutschen als dwengen und im Mittelhochdeutschen als zwengen belegt ist. In mitteldeutschen und rheinischen Mundarten hat sich im 14. Jahrhundert aus dem dw- beziehungsweise tw-Anlaut die Aussprache als qu entwickelt, die sich auch in der rheinischen *Quetsche* (aus Zwetschke) findet.

Duden 2008 670 u. 951; Trübner 5/20; Werner 318

Quanten (nur im Plural) Füße, seltener »Hände« *Tu bloß die Quanten vom Sitz!,* auch als **Sülzquanten** »Schweißfüße«. In den rheinischen Mundarten sind *Quante* dagegen in erster Linie »dicke, plumpe Handschuhe« und erst in zweiter Linie »plumpe Füße« oder »Hände«. Das wiederum verweist auf **Want**, ein anderes rheinisches Mundartwort für den Handschuh, das man auch im heutigen Niederländischen findet. *Want* war früher im deutschen Sprachraum weit verbreitet als Bezeichnung für einen dicken Fausthandschuh, es ist von hier unter anderem in das Italienische (guanto) und Spanische (guante) entlehnt worden. Auch in nordischen Sprachen ist es vielfach belegt. *Want* scheint deshalb ein sehr altes Wort zu sein, dessen Ursprung man sowohl im Keltischen als auch im Germanischen (germanisch *wanta) gesucht hat. Die Urform kennt man jedoch nicht. Wahrscheinlich ist *Want* eine Ablautvariante von winden, die Vorform des Handschuhs wäre damit eine umwickelte Hand gewesen. Nicht mittellateinisch vantus ist, wie manchmal behauptet, der Ursprung, sondern ein germanisches Lehnwort.

Die Frage ist allerdings, wie aus den *Wanten* »Handschuhe« die dialektalen *Quanten* »Füße« entstanden sind. Um den Anlautwandel zu erklären, nimmt das Rheinische Wörterbuch eine Rückentlehnung aus dem italienischen guanto an, was das späte Erscheinen der *Quanten* im 19. Jahrhundert erklären würde. Doch erscheint die Annahme so spekulativ, dass auch die Verwandtschaft von *Wante* und *Quanten* grundsätzlich angezweifelt wird. Allerdings ist die Herleitung als scherzhafte Anspielung auf lateinisch quantum »eine kleine Menge« auch nicht schlüssig.

Besse 2013 126; Duden 1999 7/3068; Grimm 27/1924; Küpper 642; Paul 672; PfWb 5/303; RhWb 6/1288 u. 9/952; van Veen/van der Sijs 963; Venema 268; Verdam 765; Werner 317; Wolf 1956 4425; http://www.etymologiebank.nl/trefwoord/want1

quarzen rauchen (auch kiffen) *Hasse wat zu quarzen? Bisse schon widder am quarzen?*

Nach Küpper zu polnisch kurzyć »rauchen« oder zu sorbisch kurić »rauchen«. Eine überzeugende Etymologie ist bislang noch nicht gelungen, das Wort scheint jedenfalls erst im 20. Jahrhundert aufgetaucht zu sein.

Duden 1999 7/3071; Küpper 642; Wolf 1956 4427

quatern quasseln, klatschen *Ihr tut heute wohl gar nix, seid nur am quatern!* **Quaterdüppen** Quatschkopf. *Gequatert* wird sowohl dialektal als auch umgangssprachlich im Bergischen Land und im Ruhrgebiet.

Das Wort findet sich auch im Niederländischen in kwettenaar »Schwätzer« und im Niederdeutschen als *quattern.* Mit einigem Mut kann man das Wort als einen Reflex des alten gotischen quethan, quithan »reden« begreifen, das im Althochdeutschen als quedan »sagen, erzählen« und im Altfriesischen als quetha und im Altsächsischen als quethan belegt ist. Das Wort ist schon in mittelhochdeutscher Zeit verschwunden.

Grimm 11/380 u. 13/2332; RhWb 6/1306

quebbelig, quibbelig sehr süß, eklig süß *Bah, son quebbeliges Zeuch kann ich nich essen. Die Schokolade is mir zu quibbelich.* Man kann auch *quebbelig süß* »eklig süß« sagen. *Quebbeliges* verabscheut man am südlichen Niederrhein und im westlichen Ruhrgebiet.

Quebbelig gehört zu niederdeutsch und niederländisch *quabe,* kwab, mit dem etwas Weiches, Schleimiges bezeichnet wird; es ist als quappa bereits im Althochdeutschen und Mittelhochdeutschen belegt, die standarddeutsche Kaulquappe geht darauf zurück. Die Ableitung *quabbelig, quebbelig* bedeutet ursprünglich entsprechend »beweglich-zäh, schlotterig, schleimig« (mittelniederdeutsch quebbich »weichlich, sumpfig«; in dieser Bedeutung auch in den Mundarten gebräuchlich *Der is so quabbelig wie ne Kuhpanz*), daraus entwickelte sich die Vorstellung von etwas eklig Süßem.

Kluge 2011 736; Knüfermann 53; RhWb 6/1258; Schiller/Lübben 3/409; Trübner 5/241; van Veen/van der Sijs 487

Quespel, Quispel Handfeger *Mir ist ein Glas zerbrochen. Ich hole ma den Quespel, um die Scherben aufzufegen.* In Mönchengladbach kennt man auch die **Weihwasserquispel** *Heute ist der Pastor mittem Weihwasserkwispel tatsächlich durch de Reihen gegangen.*

Das dem niederländischen kwispel »Quast« entsprechende Wort ist nur in einem schmalen Streifen zwischen Monschau/Schleiden und Düren im Westen des Rheinlands bekannt. Das Wort ist sehr alt (mittelniederdeutsch quispel »Quast, Wedel«, weshalb man in Mönchengladbach tatsächlich die alte mittelalterliche Bedeutung als »Sprengwedel der Bischöfe« bewahrt hat) und geht auf lateinisch vespis, vespices »dichter Strauch« zurück (vergleiche sogar altindisch guspita »Wirrwarr«). Ein ehrwürdiges Wort für einen profanen Alltagsgegenstand.

RhWb 6/1352; Schiller/Lübben 3/406; van Veen/van der Sijs 490; http://www.etymologiebank.nl/trefwoord/kwispel

Quisel auch **Quissel** oder seltener **Quirsel** ist eine im Rheinland immer noch verbreitete mundartliche Bezeichnung für einen unbeliebten Frauentyp, die auch in der Umgangssprache zu hören ist: *Die Quissel geht jedem im Haus aufe Nerven.*

Das Wort stammt aus einer Zeit, in der eine Frau nur dann gesellschaftliche Anerkennung fand, wenn sie verheiratet war. Andernfalls wurde sie eben eine *Quisel,* eine alte Jungfer, die über ihr mannloses Schicksal in einer von Männern dominierten Welt im Alter verbittert und zu einer zänkischen und immerfort nörgelnden Person geworden war, die an allem und vor allem an jedem etwas auszusetzen hat. Oft wurde sie auch, mehr aus Enttäuschung als aus Gläubigkeit, eine frömmelnde Betschwester. Das abgeleitete Adjektiv **quiselich** bedeutet deshalb auch folgerichtig »kleinlich, überempfindlich, hypochondrisch«: *Der Mann is ja sowat von queselich, beim leichtesten Schnupfen rennt der mit Schal un Wollmütze rum.*

Die *Quisel* war ursprünglich nicht nur auf Frauen bezogen. In den Mundarten des Rheinlands konnte so auch ein quirliger, beweglicher Mann oder ein lebhaftes Kind genannt werden. Und im Niederländischen gibt es sowohl die kwezel »Betschwester« als auch den kwezelaar »Frömmler, Mucker«, während im Bergischen Land die ultimative Beleidigung für einen Mann die Anrede *Du ahler Quisel* »weibischer Mann« ist. Der Hinweis auf das Niederländische bedeutet nicht unbedingt, dass es sich bei der *Quisel* um ein Lehnwort handelt, aber kwezel und *Quisel* und auch das entsprechende westfälische *Quiesel* »Nonne, Betschwester« haben mit Sicherheit eine gemeinsame Wurzel. Im Mittelniederländischen ist das Verb queselen belegt, das »Kleinigkeiten, Nichtigkeiten tun« bedeutet (und 1625 erstmals eine Kwezel als »eine katholische Frau, die Keuschheit gelobt hat, aber keinem Orden angehört«). Daraus haben sich später die Ableitungen »nichtsnutziger Mensch, Schwätzer« entwickelt, die im Rheinland dann zu weiblichen Merkmalen geworden sind und das Bild der bigotten Nörglerin geformt haben. Ein schönes Beispiel dafür, dass Sprachgeschichte auch Sozialgeschichte ist.

Anmerkung: Mit althochdeutsch wisula »Wiesel« hat die *Quisel* nichts zu tun.

de Vries 377; RhWb 6/1350; Spohr 186; van Veen/van der Sijs 490; Werner 319; Woeste 153; Wrede 2010 752

Quisione (nur Plural) Probleme, Schwierigkeiten *Dat Kind hat schwer Quisione mit der Lernerei.*

Das aus französisch question »Streitfrage« abzuleitende Wort war einmal weit verbreitet, ist aber heute nur noch selten in der Umgangssprache des südlichen Rheinlands zu hören. Nordrheinisch **Quest, Questerei** »Streitigkeit« und **questen** »nörgeln« sind dagegen direkt zu lateinisch questus »Klage« zu stellen.

PfWb 5/322; RhWb 6/1331

R

Rabatz (mit der Betonung auf der zweiten Silbe) Lärm, Aufstand, Getümmel *Nu mach ma nich son Rabatz hier! Wat is dat denn von Rabatz da draußen? Wo der is, da is immer Rabbatz. Mein Gott, wat war dat heute wieder von Rabatz inne Klasse.*

Das Wort wird meist als jüngere Entlehnung des Berlinischen aus polnisch rąbać »schlagen, hauen« im späten 19. Jahrhundert gesehen. Allerdings ist rabat schon im Mittelniederländischen als »Aufruhr, Streit« belegt, im Limburgischen als *raboelzje, ramboelzje.* Das legt eine Ableitung aus altfranzösisch rabast »Aufruhr« nahe, zumal Rabatz auch schon im Auslandspfälzischen verbreitet ist, also schon vor 1800 in Gebrauch war.

Debrabandere 2011 309; Duden 2008 672; Kluge 2011 740; Mengel 44; PfWb 5/333; Verdam 482; Weischer 187; http://www.duden.de/rechtschreibung/Rabatz; http://www.etymologiebank.nl/trefwoord/rabas; http://etymologie.tantalosz.de/r.php

Rabauke, Rabaue rüpelhafter Jugendlicher *Die Rabauken spielen schon wieder Fußball auf dem Friedhof.*

Die rheinischen Mundarten kennen nur die alte Grundform *Rabau* »ungehobelter Mensch«, die den Ursprung des Wortes sehr schön erkennen lässt: *Rabau* ist ein niederländisches Lehnwort aus rabauw, rabaut »Schurke«, mittelniederländisch rabauds »Schauermann, Landstreicher«; das wiederum entlehnt aus altfranzösisch ribaut »Landstreicher, Lüstling«, dem seinerseits althochdeutsch riban »reiben, brünstig sein« zugrunde liegt – eine mehrfache Entlehnungsrunde also, die schließlich wieder im Rheinland endet, wo rebalt und rabaw bereits im 15. Jahrhundert nachgewiesen sind. Der moderne *Rabauke* ist die niederdeutsche Verkleinerungsform. Das Wort ist also über den Niederrhein in die deutsche Umgangssprache gelangt.

Kluge 2011 740; Pfeifer 3/1357; RhWb 7/3; Werner 320; Wrede 2010 755; http://www.duden.de/rechtschreibung/Rabauke; http://www.etymologiebank.nl/trefwoord/rabauw

rabotten, robotten *Der is inne Kiesgrube am rabotten. Dat ganze Leben robotten und abends vor de Glotze sitzen, dat soll alles sein?* **Rabottnik** Arbeiter; **rabotti rabotti** schnell, vorwärts *Jetz aber rabotti. Mach ma endlich rabotti. Robottet und rabottet* wird hauptsächlich im Ruhrgebiet verwendet.

Die naheliegende Assoziation zum Roboter ist nicht so falsch, allerdings ist *robotten* keine direkte Ableitung. Den Robot als Maschinenmenschen kennt man erst seit 1920 als literarische Figur, das Wort selbst ist viel älter. Im 14. Jahrhundert findet man im östlichen Mittelhochdeutschen das Wort Robot für »Fron, Arbeitsdienst«, daraus wurde später das Verb *robotten* abgeleitet, das mit ostdeutschen Arbeitskräften in die Industrieregionen gelangt ist. Der Roboter und *robotten* haben ihre gemeinsame Wurzel im alttschechischen robota »schwere, mühevolle Arbeit«.

Honnen 2008a 189; Kluge 2011 768; Küpper 669; Pfeifer 3/1433; Werner 187; http://www.duden.de/rechtschreibung/roboten

Racker Schlingel *Die kleinen Racker sind ganz schön frech.* **abrackern** arbeiten, sich vergeblich abmühen *Hab mich den ganzen Tag abgerackert, hat aber nix gebracht. Der hat sich sein ganzes Leben abgerackert.*

Ein niederdeutsches Wort, mittelniederdeutsch racker, racher »Totengräber, Schinder«, racken »den Unrat fortschaffen«; **rackern** bedeutet also ursprünglich »den Unrat forträumen«.

Grimm 14/35; Kluge 2011 742; RhWb 7/15; Schiller/Lübben 3/411; Werner 321; Wrede 2010 757; http://www.duden.de/rechtschreibung/rackern; http://www.etymologiebank.nl/trefwoord/rakker

raderdoll (am Niederrhein auch **rattendoll**) völlig verrückt, aufgedreht *Die Frauen gestern ine Kneipe waren raderdoll. Dat Gebelle von dem Hund macht mich raderdoll.* Die Steigerung lautet **radekastendoll** oder **raderkastendoll**. Die hat im Rheinischen Mitmachwörterbuch zu folgender Etymologie Anlass gegeben: »Ich gehe davon aus, daß das Wort auf die frühneuzeitlichen Irrenanstalten zurückgeht, in denen die im wahrsten Sinne des Wortes ›armen Irren‹ zwecks ›Therapie‹ die Tretmühle drehen durften, vielmehr mußten. Raderdoll ist dabei lediglich eine Kurzform des Begriffs raderkaster(=Räderkasten)doll.«

So amüsant diese Herleitung ist, hat sie doch einen realen Kern. Zugrunde liegt die veraltete rheinische Wendung *doll wie e Karrerad* »verrückt«, aus der sich *raderdoll* entwickelt hat. *Raderkastendoll* erinnert dann tatsächlich an die Radkästen auf Raddampfern, wenn auch nicht in Irrenanstalten.

Honnen 2012a 193; MmWb; RhWb 7/23

raffen verstehen, erkennen *Der rafft auch gar nichts. Dat hat aber lange gedauert, bisse dat gerafft hass.* Auch als Ausspruch: *Ich raff dat nich!*

Das Wort gilt als moderne, schülersprachliche Entwicklung. Dem müssen rheinische Mundartsprecherinnen und -sprecher widersprechen, denn im rheinischen Platt hatte *raffen* schon immer – neben vielen anderen – die Bedeutung »durch Worte klar machen, jemandem die Meinung sagen«. Hier dürfte deshalb auch die Wurzel des umgangssprachlichen *raffen* liegen.

Küpper 648; RhWb 7/28

Rähmchen, Rähmschen in den Wendungen *im Rähmchen trinken* oder *ein Rähmchen trinken.* Erstere bedeutet »auf der Straße vor der Gastwirtschaft stehen und Bier trinken« (das durch die (Fenster-)Rahmen hinausgereicht wird). Zum Beispiel bei der bekannten Brauerei Gleumes in Krefeld oder beim Uerigen in Düsseldorf, wo *im Rähmchen trinken* sogar im Winter beliebt ist. In der zweiten Wendung ist das *Rähmchen* ein Synonym für einen »Kasten Bier« (die eingerahmten Bierflaschen).

MmWb

Ram Spross, Ranke, ganz selten noch in der Umgangssprache als *ne lange Ram* zu finden als Bezeichnung für einen lang aufgeschossenen Menschen, sonst nur in den Mundarten der Eifel bis zum südlichen Niederrhein in vielen Bedeutungen (Bohnenstange, Sitzstange für Hühner, Rebpfahl). Das Wort ist interessant, weil hier – wieder einmal – ein altes lateinisches Lehnwort die besondere Wortgeschichte des Rheinlands belegt: *Ram* stammt »aus der römischen Garten- und Obstbaukultur« und geht zurück auf lateinisch ramus »Zweig«. Das Wort ist nur hier im zentralrheinischen Raum beheimatet (altfränkisch ram »Zweig«).

Post 1985 9; RhWb 7/42

rammdösig durcheinander, benommen *Da wirse ganz rammdösig bei dem Krach. Ich bin ganz rammdösig im Kopp. Der Kerl macht mich ganz ramdösich.* Das Simplex **dösig** »dumm, verträllert« ist seltener: *Der is zu dösig, um dat zu kapieren.*

Wohl nicht zu niederdeutsch *Ramme* »Widder, Schaf« (im Sinne von »Schaf, das zu lange in der prallen Sonne gestanden hat«), sondern zu mundartlich *ramm* »stark, kräftig«, altnordisch ramer »stark, bitter« (zu *dösig* siehe *Dussel*).

Grimm 2/809; Kluge 2011 743; Küpper 658; Onions 279; RhWb 1/1424 u. 7/52; Wrede 2010 758; http://www.duden.de/rechtschreibung/rammdoesig

Rämmel, Remmel (auch als **Karemmel**) Balken, Riegel, irgendein dicker Gegenstand, Knüppel (als Prügel) *Mach ma de Remmel da vor die Türe, die Hühner gehen flüchten. Wat schneidste denn so dicke Rämmel ab* (dicke Brotscheibe)? *So dicke Karämmel Wurst kann ich nich essen.* Das Wort ist im ganzen Rheinland gebräuchlich, allerdings hat es an der Mosel eine völlig andere Bedeutung, nämlich »Straßenböschung, Abhang«: *Der ist mit dem Auto voll in den Remmel gefahren.*

Die Bedeutung »dicker Gegenstand« verweist auf den mächtigen Rammklotz, mit dem Pfähle oder Steine eingebracht werden. Die Ramme wiederum geht zurück auf die mittelalterliche Bezeichnung des Schafsbocks oder

Widders als ram (heute noch in Rammbock). Das daraus abgeleitete Verb rammeln »bespringen« ist das Benennungsmotiv für den *Rämmel* »Rammler«, wie das Kaninchen im zentralen Rheinland auch genannt wird.

Das erklärt jedoch nicht den »Abhang« an der Mosel und die Bedeutung »zusammengeharktes Heu«, die sich in vielen rheinischen Mundarten findet. Die geht auf den mittelniederdeutschen remel zurück, der eigentlich ein »Bündel Flachs« ist, aber auch zur Bezeichnung von Feldern, Weiden oder Streifen von Land dient. Dieser *Remel* ist verwandt mit dem standarddeutschen Riemen.

MmWb; RhWb 7/58; Schiller/Lübben 3/459; Wrede 2010 758

ramschen beim Kartenspiel, **Schieberramsch** spielen sind Begriffe, die direkt auf die französische Mundartvariante ramser »zusammenraffen« (zu französisch ramasser) zurückgehen und zur Zeit des Dreißigjährigen Krieges von französischen Soldaten übernommen wurden.

Anmerkung 1: Aus dem Französischen des 17. Jahrhundert stammen viele kartenspieltechnische Ausdrücke, die später in die allgemeine Umgangssprache gelangt sind: **Bredullje** aus französisch bredouille »Bedrängnis« bezieht sich ursprünglich auf eine prekäre Situation beim Kartenspiel und hat erst später seine einschränkende Bedeutung verloren; **kaputt** aus französisch faire capot »im Kartenspiel verloren haben«; **Hasard** (daraus **Hasardeur**) aus französisch jeu de hazard »Karten- oder Würfelspiel«; **Trumpf** aus französisch triomphe.

Anmerkung 2: Der umgangssprachliche **Ramsch** »Ausschuss, Plunder« hat undeutliche Wurzeln; im Rotwelschen ist er seit dem 19. Jahrhundert als »Gaunererlös, Durcheinander« belegt, das Verb verramschen als »verstecken« seit 1900. Der älteste gaunersprachliche Beleg *ennen Ramsch kinjenen* »einen Kauf in Bausch und Bogen schließen« verweist auf spätmittelniederdeutsches im rampe kopen mit der gleichen Bedeutung (ramp »Menge, bunt zusammengewürfelte Sachen«).

Bach 269; Kluge 2011 744; Mengel 44; Trübner 5/287; Wolf 1956 4475; http://www.duden.de/rechtschreibung/Ramsch_Spielrunde_Skat

Rand als abfällige Bezeichnung für den Mund *(Halt dein blöden Rand!)* ist in den Mundarten reich bezeugt, sodass diese Sonderbedeutung wohl nicht aus der Studentensprache stammt.

Grimm 14/83; Küpper 649; PfWb 5/362; RhWb 7/66; Trübner 5/288

Ranz Dreck, *Knies,* Schmutz *Der hat Ranz unterm Fingernagel. Bei der is der Ranz ab.* **ranzig** *Die ranzige Alte!* **abgeranzt** *Sieht die aber abgeranzt aus.*

Ranz ist wohl eine neuere Ableitung aus ranzig, die Mundarten kennen das Substantiv genauso wenig wie das Partizip *abgeranzt.*

Das Adjektiv ranzig »schlecht schmeckend, verdorben« ist eine Entlehnung aus dem niederländischen ranz, ranzig, das selbst wiederum im 16. Jahrhundert aus dem französischen rance »ranzig« entstanden ist (zu lateinisch rancidus »stinkend«).

Anmerkung: Das Verb **anranzen** »jemanden ausschimpfen, anmachen« *(Nachdem der mir in die Karre gefahren war, wurd ich von dem Kopp doch glatt noch angeranzt!)* hat nichts mit ranzig zu tun, sondern mit dem heute kaum noch zu hörenden Verb ranzen »brünstig sein, sich balgen«, das seit spätmittelhochdeutscher Zeit auch »schelten, schimpfen« bedeutet.

Grimm 14/112; Kluge 2011 745; RhWb 7/79 u. 81; http://www.duden.de/rechtschreibung/ranzig; http://www.etymologiebank.nl/trefwoord/ranzig

ratschen tratschen, klatschen *Die sind nur am ratschen!* Zugrunde liegt ein ober- und mitteldeutsches Schallwort, das eigentlich »rasseln, klappern« meint. Im Rheinischen ist jedoch nur die übertragene Bedeutung üblich.

Grimm 14/190; RhWb 7/139

Ratzefummel Radiergummi (meist nur von Jugendlichen gebraucht, heute immer seltener zu hören) *Gib mir ma dein Ratzefummel!* Auch **Raditzer.** Zu rheinisch *ratzen* »reißen, Schramme machen«, weil früher im Radiergummi Sandbeimischungen waren.

Honnen 2008a 186

ratzekahl *Se han alles ratzekahl leer gegessen,* auch **ratzeputz**, dazu **ratzfatz** *Dat war ratfatz erledigt. Kaum war die Polizei da, ging dat ratzfatz.*

Die kleine Wortfamilie widerlegt im Prinzip die oft zu lesende These, *ratzekahl* sei nur eine volksetymologische Umdeutung von französisch radical, denn die Formen *ratzeputz* und *ratzfatz* sind so nicht zu erklären. Auf jeden Fall spielt hier die *Ratze,* wie die Ratte in vielen Mundarten heißt, eine entscheidende Rolle: entweder eine Anspielung auf den nackten Schwanz der Tiere oder auf ihre Fressgeschwindigkeit (siehe auch die seltenere Variante *rattenkahl*). *Ratzfatz* scheint eine neuere Bildung zu sein, vielleicht ein lautmalendes Wortspiel mit *fatzen* »reißen, zerfetzen«.

Bach 281; Grimm 14/206 u. 210; Honnen 2008a 186; Kluge 2011 748; Meisen 1955b 215; RhWb 7/26 u. 144; Trübner 5/311; Wahrig 5/293; Wolf 1956 4503; http://www.duden.de/rechtschreibung/ratzekahl

ratzen schlafen *Wenn der ratzt, wackeln die Wände, so schnarcht der. Ich geh ne Runde ratzen.* **einratzen, wegratzen** einschlafen *Wie ich dat Kind im Bett hatte, bin ich glatt mit weggeratzt.* **verratzt** verschlafen, vertrottelt *Der Kerl is sowat von verratzt, da kannze nix mit anfangen.*

Das Wort geht auf die weit verbreitete mundartliche Bezeichnung **Ratz, Ratze** für die Ratte, aber auch für den Iltis, den Siebenschläfer (**Schlafratz**) oder die Haselmaus zurück, die bekannt für ihr Langschläfertum sind.

Honnen 2008a 186; Meyer 92; RhWb 7/146; Wahrig 5/293

ribbeln (etwas zwischen den Händen) reiben, dabei entstehen **Ribbel, Riwwel** zum Beispiel als Streusel auf dem Kuchen oder Mehlwürmer als Suppeneinlage; dagegen sind **Ribbelken, Ribbelchen** Würmchen aus Schmutz. In der Eifel ist ein *Ribbel* ein schnelles Moped oder Mofa, weil man damit Gummi wie mit dem Radiergummi auf den Asphalt reiben kann.

Ribbeln ist eine Iterativbildung (das l als Kennzeichen sich wiederholender Handlungen) zu *riben* als rheinische Variante von reiben.

Grimm 14/1032; MmWb; RhWb 7/382; Werner 328; http://www.duden.de/rechtschreibung/ribbeln

riebe bezeichnet etwas, das sich schnell verbraucht, zum Beispiel ist frisches Brot *riebe,* weil mehr davon gegessen wird; auch kalte, harte Butter gilt als *riebe,* weil sie nicht sparsam aufs Brot gestrichen werden kann. Seife ist *riebe,* wenn sie nicht lange hält; deshalb soll frische Seife zuerst lange lagern, dann *ist sie nicht mehr so riebe.* Das nur schwer übersetzbare Adjektiv kennt man im Ruhrgebiet; in den alten niederrheinischen und bergischen Mundarten erscheint es als *riwe, rive* »verschwenderisch«.

Riebe ist mittelniederdeutsch als rive »verschwenderisch, freigiebig, reichlich« belegt; ein altes Wort, das altnordisch in dieser Bedeutung als rifr und angelsächsisch als rif »gewaltig« zu finden ist. Das Ruhrdeutsche konserviert hier also ein wirklich seltenes Wort.

Köppen 49; RhWb 7/264; Schiller/Lübben 3/491; Schleef 212

riffeln, ribbeln, meist als **aufriffeln, aufribbeln** Fäden ziehen, etwas Gestricktes auflösen. *Riffeln* ist eine Ableitung zu **Riffel** »Flachskamm, Reffbank«, die schon im Mittelniederdeutschen als repe, repel belegt ist.

Grimm 14/956; RhWb 7/424; Schiller/Lübben 3/464; van Veen/van der Sijs 739

Rititi, Rititti in der Wendung *einen Rititi haben* »verrückt sein, einen Vogel haben« *Du has wohl ne Rititi? Hasse enne Rititi unter deinem Pony?* Man kann auch *auf Rititi* oder *Ritatti sein,* dann ist man unterwegs: *Heute kannsde zu mir kommen, meine Alten sind den ganzen Tach auf Rititi.* In Saarburg war *Rititti* früher ein Schnaps, in Andernach nannte man so einen Tanz. Das Wort ist nur im Rheinland zwischen Saarburg und Mönchengladbach bekannt; seine Herkunft ist dunkel.

MmWb; RhWb 7/462; http://www.eischwieleplatt.de/woerter/ewb/ewb_r.pdf

rödeln hart arbeiten, tun, machen *Wat bisse da wieder die ganze Zeit am rödeln? Wir ham da ganz schön gerödelt, bis wir fertich waren. Wir sind ganz schön ins Rödeln gekommen, weil wir schon spät dran waren* (ins Schleudern geraten, den Überblick verlieren). So etwas kann auch eine ganz schöne **Rödelei** sein. **anrödeln** mit Draht festmachen *Rödel dat Schild ma fest,* *dat et nich im ersten Wind abfällt.* Außerdem kann man noch **aufrödeln** »Ausrüstung anziehen, sich aufdonnern«: *Die sind voll aufgerödelt über son einfachen Klettersteig gegangen. Bei jedem kleinen Ausritt mit dem Mopped muss man sich voll aufrödeln. Mein Gott, du glaubs nich, wie die gestern aufgerödelt auf die Party gekommen is.* Entsprechend heißt die Ausrüstung auch **Gerödel** *Jedesmal dat ganze Gerödel anziehen, dat geht mir auf den Zeiger.* Der Ort, wo alles durcheinanderliegt, ist die **Gerödelsschublade**. Wenn etwas **rödelich** ist, dann ist es (gerammelt) voll und betriebsam, was nicht jedermanns Sache ist: *Mir war dat da zu rödelich gestern inne Kneipe. Auf dem Markt is mir dat immer zu rödelich, da krich ich Platzangst.*

Rödeln ist auch in der Soldatensprache weit verbreitet. Es leitet sich ab aus mitteldeutsch *reiteln, rödeln* »mit einem Reitel zusammenschnüren« (*Reitel* »Knebelholz«) und bedeutet eigentlich »etwas zusammenpacken«, daher auch der *Rödeldraht* (Fachsprache der Bauleute), mit dem auf Baustellen die Moniereisen zusammengebunden werden. Auch im Mittelniederdeutschen als vreilen, wreilen »vermittelst eines beils fest zusammendrehen«, dazu wredel, wreidel »Knebel«.

Adelung 3/1071 u. 1141; Grimm 14/619 u. 1108; Küpper 286; Schiller/Lübben 5/778; http://www.duden.de/rechtschreibung/roedeln

Rodongkuchen staubtrockener Rührkuchen, dessen Name nur schwer zu deuten ist: wohl eher nicht zu französisch raton »Ratte« (wegen des (Ratten-)Lochs in der Mitte) oder mittellateinisch rotunda »Runde«, sondern wahrscheinlich zu französisch raton »Käsekuchen« (obwohl der keineswegs wie ein Gugelhupf aussieht).

Honnen 2008a 190; PfWb 5/390; RhWb 7/27; Werner 332

rollschen, röllschen seltener **rollzen** »sich im Bett hin und her werfen, im Bett wühlen, herumtoben« *Meinee, wat röllschse dat getz widder allet durcheinanner.* **herumrollschen** *Ich zieh aus unsern Bett aus, der Männe is inne Nacht dermaßen am rumrollschen, dat is nich mehr feierlich.*

Ein sehr typisches und nur im nördlichen Rheinland zu hörendes Wort (im angrenzenden Limburgischen *rulsen*). Es handelt sich um eine Intensivform (Verstärkungsform) von hochdeutsch rollen.

Debrabandere 2011 323; Küpper 672; RhWb 7/494; Werner 332

Rosenmontag Fastnachtsmontag, nicht zu rheinisch *rosen* »rasen« (»rasender Montag«), da im Rheinland lautlich deutlich unterschieden wird zwischen *Rusemondaach* (*Ruse* »Rose«) und *rosen* »rasen«. Deshalb ist die Ableitung von Rose anzunehmen. Das Wort ist relativ neu (nach 1840) und in Anlehnung an den Rosensonntag (Sonntag Laetare) entstanden, der nach 1830 zumindest in Köln nicht mehr gefeiert wurde; danach kam der *Rosenmontag* auf.

Döring 90; Grimm 14/1212; Kluge 2011 773; PfWb 5/590; RhWb 7/513; Wahrig 5/417; Wrede 2010 794

rösig unruhig, hektisch, nervös *Wat bisse wieder rösich, bleib doch mal fünf Minuten sitzen!* Wird im zentralen Rheinland gesagt. In Köln steht *rösich, rösisch* auch für sexuelle Aufgereiztheit.

Die Herleitung ist nicht eindeutig: Das zum mundartlichen Verb *rosen* »herumtollen« (das immer wieder für den *Rosenmontag* verantwortlich gemacht wird) gehörende Adjektiv *rösig* bedeutet »wütend, geil, hastig, nervös«, das von Ross (das als Pferd in den rheinischen Mundarten gar nicht vorkommt) abgeleitete Adjektiv *rössig* (im zentralen Rheinland ebenfalls mit Langvokal gesprochen) steht nur für »brünstig«. Wahrscheinlich ist die Bedeutungskomponente »geil« unter Einfluss von Letzterem entstanden.

RhWb 7/109 u. 518

DAS ROTWELSCHE IM RHEINISCHEN

Es gibt viele Namen für diese Sprache: Gaunersprache, Krämerlatein, Maurersprache, Hausierersprache, Geheimsprache, Kundensprache oder das im Titel genannte Rotwelsch. So nennen Sprachwissenschaftler die seit dem Mittelalter bekannte Geheimsprache der gesellschaftlichen Außenseiter wie Hausierer, Wanderhändler, Wanderhandwerker oder auch Gauner oder Prostituierten. Alle diese Gruppen haben oder hatten eines gemeinsam: Sie leben und arbeiten auf der Straße.

Man kann sich heute nur schwer vorstellen, wie viele Menschen früher ständig auf der Straße unterwegs gewesen sind. Sie waren im Bewusstsein der Bevölkerung derart präsent, dass zeitgenössische Schätzungen aus der zweiten Hälfte des 18. Jahrhunderts vermuteten, »beynahe ein Drittheil Menschen rechne zu den Bettlern, Vaganten und sonstigem heimatlosen Gesindel« (Seidenspinner 182). Auch wenn diese Zahl dramatisch übertrieben scheint, wird diese Einschätzung jedoch erklärbar, wenn man den ambulanten Handel berücksichtigt, der eine eminent wichtige Rolle im Wirtschaftsleben bis in das 20. Jahrhundert hinein gespielt hat. Der Hausierer war über Jahrhunderte unverzichtbar für die Versorgung der ländlichen Bevölkerung. Aber auch die Städte waren beim Handel mit agrarischen Produkten auf die mobilen Verkäufer angewiesen. »Nur bei Wanderhändlern konnte der Bauer die kleinen, aber notwendigen Dinge des täglichen Bedarfs kaufen, Schwämme, Wagenschmiere, Mückenpulver; nur bei solchen Leuten konnte er sich eindecken, um den eintönigen Speiseplan aufzulockern mit Stockfisch und Hering, mit Öl und vor allem mit Gewürzen. Umgekehrt gelangen dann jene Produkte des Landes über Warenhändler in die Stadt, für die es keine eigenen Märkte gibt; Eier, Gemüse und Geflügel sowie Erzeugnisse des Landgewerbes, Töpferwaren und Holzschuhe. Die Hausierer sind, das zeigt schon ein erster flüchtiger Blick in ihren Warenkatalog, für den wirtschaftlichen Austausch unverzichtbar« (Schubert 399). So waren in Baden-Württemberg, wo – selten genug – genaue Zahlen für den Wanderhandel vorliegen, im Jahr 1882 mit 22 000 Personen fast ebenso viele Menschen im Hausierhandel beschäftigt wie in der metallverarbeitenden Industrie (Bumiller 7). In Baden war es ähnlich, dort überflügelte erst nach 1900 die Industrie das Klein- und Wandergewerbe als bedeutendsten Wirtschaftsfaktor.

Im Rheinland dürfte es nicht viel anders gewesen sein. Für viele rheinische Gemeinden war das Wandergewerbe noch bis ins 20. Jahrhundert der wichtigste Erwerbszweig noch vor der Landwirtschaft. Dazu gehörten Dienstleister wie Scherenschleifer, Kesselflicker, Backofenbauer oder Schultafellackierer, sogenannte Hausindustrielle, die eigene Erzeugnisse vertrieben (Korbmacher, Holzschnitzer, Uhrmacher, Mausefallenmacher), Händler, die mit gekauften Waren reisten (Lebensmittel, Kurzwaren, Traktate, Bilder, Vieh), und Unterhaltungskünstler wie Puppenspieler, Artisten oder Musikanten. Oft war der ambulante Handel Ausdruck wirtschaftlicher Not und das letzte Präventivmittel gegen Armut und Hunger – was wiederum Grund für das geringe Sozialprestige ihrer Protagonisten gewesen ist.

Aber auch wenn sie sie im Grunde verachteten und sich überlegen fühlten, die Menschen im Rheinland hatten nahezu täglich mit Wandergewerbetreibenden zu tun – und kamen so in Kontakt mit ihrer Sprache. Denn alle, die ihr Brot auf der Straße verdienten, sprachen Rotwelsch. Darunter brave Familienväter, die ihre im Winter hergestellten Waren an den Türen verkauften, wie etwa die Mausefallenhändler aus Neroth in der Eifel, oder auch die Musikanten aus Kofferen (siehe Honnen 1998a) – sie alle lernten die Gaunersprache in Herbergen oder *Pennen* kennen und sprechen. Noch heute kann man deshalb in diesen Orten von Nachfahren ehemaliger »Fahrender« – gleich einem »Sprachmuseum« – Wörter hören wie *Huket* »Stuhl«, *Holich* »Gewerbereise«, *Kaferines* »Bauer«, *knusen* »verstehen«, *köndijen* »kaufen«, *Kuuter* »Metzger«, *Leitser* »Musiker«, *Mokem* »Dorf«, *Mos* »Ehefrau«, *Premer* »Priester«, *Scheez* »Freund«, *Schmärch* »Zigarette«, *Härejekober* »Wirt«, *achile* »essen«, *Deeflingsche* »Geldbörse«, *fechten* »betteln«, *fonke* »kochen«, *Jängele* »Hausierer«, *Jefönkelte* »Schnaps«, *Dill, Dell* »Frau«, *malbuschen* »sich aufdonnern«, *Schnawitt* »Ziege« oder *Sporkes* »Schwein«, die alle zum klassischen rotwelschen Wortschatz gehören. Vieles davon findet man auch in den rheinischen Ortsmundarten wieder, insbesondere natürlich in Gemeinden, in denen ehemals Händlergemeinschaften ansässig waren. Das Rheinische Wörterbuch verzeichnet eine Fülle von Rotwelsch-Etyma (es sind annähernd tausend Einträge (Honnen 2002 91)), die offensichtlich auch von Mundartsprecherinnen und -sprechern ganz selbstverständlich benutzt wurden: *Bulles* »Gefängnis«, *botten* »essen«, *pitschieren* »Pflastersteine behauen«, *Rankert* »Esel«, *prutteln* »Bier brauen«, *runen* »spähen«, *Schorri* »altes Messer«, *schwächen* »saufen«, *Stachel* »Igel«, *Hauz* »Mann«, *storgen* »herumstromern«, *Baches* »kräftiger Kerl«, *Killet* »Hose«, *Schokert* »Kaffee«, *talfen* »betteln« oder *Trappert* »Pferd«. Rotwelsch war noch bis vor dem Zweiten Weltkrieg auf dem Land allgegenwärtig.

Zwar wird Rotwelsch als deutsche Sondersprache bezeichnet, aber eine Sprache im eigentlichen Sinn ist es nicht. Mit dem Begriff Gaunersprache ist ein besonderer Wortschatz gemeint, der von seinen Sprechern seit dem Mittelalter ausgebildet, ständig erweitert und auf Basis der jeweiligen Muttersprache, meist der Heimatdialekt, benutzt wurde. Auch wenn das Wörterbuch des Rotwelschen von Wolf mehr als sechstausend Einträge verzeichnet, verfügt ein Rotwelschsprecher in der Regel über einen Bestand von nicht mehr als vier- bis fünfhundert geheimsprachlichen Wörtern, die aber allemal ausreichen, um seine Rede für Außenstehende zu verrätseln, wie das kurze Beispiel aus der Musikantensprache von Kofferen (im zentralen Rheinland bei Linnich gelegen) verdeutlicht: *Och, mer hode bei esone Jranije en si Zänsebaies jeleiz. Do hoter e doff Schniesje, wat er jezank hot; on hot vör dä Ovent alles beställt on bescholemp* (Ach, wir hatten bei so einem Reichen in seiner Villa aufgespielt. Er hatte ein schönes Mädchen, was er geheiratet hatte; und hat für einen Abend alles bestellt und gut bezahlt).

Gleichzeitig illustriert der kleine Ausschnitt die beiden wichtigsten Funktionen der Geheimsprache: Sie diente sowohl als Informationsschutz und damit zur Gefahrenabwehr als auch als Erkennungsmerkmal. Man konnte sich in den Herbergen unterhalten, ohne dass Außenstehende und Polizisten etwas mitbekamen, und man konnte sich über die Sprache versichern, ob das Gegenüber auch ein »Eingeweihter« war, dem man vertrauen konnte. Gerade für gesellschaftliche Außenseiter, die nahezu ständig in einer für sie fremden und oft feindlichen Umgebung unterwegs waren, war dies lebensnotwendig. Oder anders ausgedrückt: »Das Rotwelsch schafft soziale Nähe« (Jütte 48). Noch heute berichten die wenigen Rotwelschsprecher, die im Rheinland noch zu befragen sind, dass sie wie elektrisiert darauf reagieren, wenn sie zufällig irgendwo ein rotwelsches Wort aufschnappen.

Der über die Jahrhunderte gewachsene Wortschatz des Rotwelschen hat viele verschiedene Wurzeln. Die Basis ist die deutsche Sprache, vorrangig die deutschen Dialekte, deren Wortinventar außerhalb des jeweiligen Geltungsbereichs in der Regel unverständlich ist. Dazu gehören heute auch zum Teil in der Umgangssprache verbreitete Wörter wie *schwoofen* (aus dem Berlinischen), *verschütt gehen* (aus dem Niederdeutschen), *kneisen* (aus dem Bairischen) oder *Baas* (aus dem Niederdeutschen). Ein weiteres klassisches Element des Rotwelschen ist der Bedeutungswechsel. Dabei werden Wörter der Gemeinsprache in einer für Außenstehende völlig ungewöhnlichen Weise verwendet. Auch davon sind einige in die moderne Umgangssprache gelangt: *Blech* »Geld«, *Dampf* »Hunger« (meist als *Kohldampf*), *Freier* »Betrugsopfer, Bordellkunde«, *glattgehen* »gut ausgehen«, *Asche* »Geld«, *klinkenputzen* »hausieren«, *pumpen* »borgen«, *Schnalle* »Mädchen«, *schwarzfahren, grün* »gefährlich« oder *Blüte* »Falschgeld«. Beliebt war auch die Verfremdung durch ungewöhnliche Ableitungen wie *Trappert* »Pferd«, *Trittling* »Schuh«, *Riecher* »Nase« oder *Flössling* »Fisch«.

Eine wichtige Spendersprache schließlich ist das Jiddische. In der Frühzeit des Rotwelschen geschah die Beeinflussung sicher weniger durch den Kontakt mit jüdischen Händlern als vielmehr durch den ansonsten tabuisierten Verkehr der nichtsesshaften Schichten der Bevölkerung mit den Bewohnern der städtischen Ghettos und ihrem Zusammenleben mit dem sozial ebenfalls deklassierten jüdischen Vagantentum (Jütte 166). Erst sehr viel später haben sich die sesshaft gewordenen Rotwelschsprecher auch das handelsspezifische Vokabular der sogenannten »Handelsjuden« und jüdischen Viehhändler angeeignet. Zu den bekanntesten jiddischen Entlehnungen im Rotwelschen, die ihrerseits wiederum in der heutigen Umgangssprache heimisch geworden sind, gehören *malochen, Ische* »Frau«, *Kaffer* »Bauer«, *kess, Kluft, für lau, Pleite, Knast* oder *Schmiere stehen.*

Heute ist es in vielen Fällen jedoch nicht mehr möglich, den genauen Weg der Jiddismen in die allgemeine Umgangssprache nachzuzeichnen. Ob ein jiddisches Wort direkt entlehnt oder über den Umweg des Rotwelschen in das Rheinische oder andere Regiolekte gelangt ist, kann man heute kaum noch erkennen. Zumal hier auch noch ein dritter Vermittlungsweg zu bedenken ist. Seit dem 18. Jahrhundert hatte auch die Studentensprache einen nicht zu überschätzenden Einfluss auf die Umgangssprache. Diese Sondersprache war in nicht geringem Maß durch rotwelsche und jiddische Lehnwörter geprägt, die ihre Sprecher in Kneipen und Spelunken aufgeschnappt und ganz bewusst in Abgrenzung zum gelehrten Sprechen verwendet haben. Mit großer Wahrscheinlichkeit sind zum Beispiel *verscherbeln, berappen, Blech, Kluft, Moos, pumpen* oder die Wendung *es ist Essig* nicht direkt aus dem Rotwelschen oder Jiddischen entlehnt, sondern über studentische Kreise in unsere heutige Alltagssprache gelangt. Als Faustregel kann hier sicherlich gelten: Die heute weniger bekannten Jiddismen oder Rotwelsch-Etyma in den Mundarten dürften wohl eher auf direkte Kontakte im ländlichen Raum zurückzuführen sein, die jiddischen und geheimsprachlichen Lehnwörter in der allgemeinen Alltagssprache gehen dagegen eher auf die Studentensprachen oder die städtischen Umgangssprachen im 19. Jahrhundert zurück.

Anmerkung: Die Bezeichnung Rotwelsch ist seit dem 13. Jahrhundert bezeugt in der Bedeutung »betrügerische Rede«. Während das Grundwort welsch (mittelhochdeutsch walsch »fremd, romanisch«) in seiner übertragenen Bedeutung für »fremd« keine Probleme bereitet, ist die Herleitung des Bestimmungswortes rot umstritten. In der Regel wird rot entweder als Farbadjektiv mit der Bedeutung »falsch« (im Sinne von rothaarig) oder als sondersprachliches Synonym für »Bettler« (mit ungeklärter Herkunft) interpretiert. Überzeugender ist jedoch die Herleitung aus dem Mittelniederländischen rot »faul«, das mit der Wortfamilie um rotten, verrotten verwandt ist. Rot walsch wäre dann ursprünglich ein Schimpfwort für »dreckiges Französisch« gewesen, das später auf die Sprache der Bettler und Vaganten übertragen wurde (Lühr 31).

Rübenschwein ein derbes Schimpfwort, auch als abwertende Bezeichnung für einen Polizisten gebraucht. Es wird verstanden als »das mit Rüben gemästete Schwein«. Die Bedeutung »Polizist« legt aber auch eine Analogie zu *Mohrrübe* nahe, die auch ein Synonym für »Gendarm« ist (zu jiddisch meriva, siehe *Polizeifinger*).

Küpper 675; Mengel 41; Wahrig 5/427

rüseln meist **herumrüseln** herummachen, planlos agieren, basteln; **Rüsel, Gerüsel** Durcheinander, Gewühle *Wat ist dat von Gerüsel hier?* Wenn etwas **rüselich, rüselig** ist, dann ist es laut, umtriebig, unruhig oder hektisch: *Mir is dat zu rüselich hier.* In der niederrheinischen Mundart ist *Rüsie* »Streit«.

Rüseln hat seine Wurzeln im mittelniederdeutschen und mittelniederländischen rusen »lärmen«, im heutigen Niederländischen ist ruzie (wie am Niederrhein) der »Streit«.

Dicks 563; Grimm 14/1538; RhWb 635; Schönberner 292; van Veen/van der Sijs 762

Rütterken, Speckrütterchen seltener **Rütter** als (ausgelassene) Speckwürfel kennt man nur am südlichen Niederrhein und an der Ruhr: *Bei dem Salat müssen noch Speckrütterkes bei.*

Die Wortgeschichte klärt sich, wenn man die *Rütterkes* wörtlich nimmt: Eigentlich sind *Rütter* im Rheinland »Reiter«, ein *Rütterken* ist demnach ein kleiner Reiter aus Speck auf dem Salat oder einer anderen Speise. Und damit gehen die kleinen *Rütterkes* auf das alte Wort Reuter zurück, das im Mittelalter aus dem Französischen (rutarii) ins Deutsche entlehnt wurde und ursprünglich »Wegelagerer« bedeutete. Später wurde aus dem Reuter ein Reiter, bis er von diesem schließlich in der Standardsprache wieder verdrängt wurde. In den rheinischen Mundarten lebt das Wort bis heute als *Rüüter, Rütter* und eben als *Rütterken* weiter.

RhWb 7/373; Werner 337

Ruut, Raute ist in allen rheinischen Mundarten die Fensterscheibe oder die Bezeichnung für etwas Viereckiges. Die Wortgeschichte ist kompliziert: mittelhochdeutsch, mittelniederdeutsch und mittelniederländisch ist rute als »regelmäßiges Viereck, Fensterscheibe« belegt, davor fehlen jegliche Nachweise. Einzig lateinisch ruta »Raute (die Pflanze Gartenraute oder Weinraute)« käme in Frage, jedoch ist nirgendwo im lateinischen oder romanischen Sprachgebiet die rheinische Bedeutung bekannt. Über die Verbindung von lateinisch ruta und rheinisch *Ruut* kann man nur spekulieren: »Denkt man die Spitzen der vier Kronblätter der Rautenblüte durch Gerade verbunden, so erhält man die Figur eines Rhombus.« Im Niederländischen ist ruit »Fensterscheibe« standardsprachlich.

Kluge 2011 749; Post 1982 67; RhWb 7/195; Schiller/Lübben 3/536; Wrede 2010 796

S

sabbern spucken und kleckern aus dem Mund; **Sabber** Bezeichnung für Nasensekret. Hierzu auch **sabbeln, besabbeln, rumsabbeln** schwätzen, dumm daherreden *Sabbel nich un komm her! Wat bisse da wieder am sabbeln? Ich glaub, dat müssen wir ma in Ruhe besabbeln* (besprechen). **Sabbel** geschwätziges Mundwerk *Nu halt endlich dein Sabbel.* **Gesabbel** dummes Gerede *Ich kann dem sein Gesabbel nich mehr hören!* Wenn jemand unaufhörlich *sabbelt,* dann ist er ein **Sabbelkopp,** eine **Sabbelschnüss, Sabbelfutt** oder **Sabbelkunt. Sabbelwasser** *trinken* viel sprechen *Wat is denn mit dem los, hat der heut Sabbelwasser getrunken?*

Die gesamte Wortfamilie geht zurück auf mittelniederdeutsches sabben »Speichel aus dem Munde fließen lassen«, mittelniederländisch sabben »schmieren, kleckern«, wohl zur selben Wurzel wie hochdeutsch Saft gehörend.

Kluge 2011 780; RhWb 7/660; Schiller/Lübben 4/1; Werner 42; http://www.etymologiebank.nl/trefwoord/sabbelen

Sabot als »Holzschuh« kennen nur noch ältere Rheinländerinnen und Rheinländer, in der aktuellen Umgangssprache ist er ein Lederpantoffel. Ein Lehnwort aus französisch sabot »Holzschuh« (eine Kombination aus çavate »Holzschuh« und botte »Stiefel«). Aus dem abgeleiteten Verb saboter »mit Holzschuhen treten« leitet sich das moderne Wort Sabotage ab.

Eine dazu oft erzählte Legende geht so: »Landarbeiter warfen zur Zeit der industriellen Revolution ihre Holzpantinen in Mäh- und Dreschmaschinen, um gegen die unaufhaltsame Mechanisierung zu protestieren. Der ›sabot‹ wurde so zum Symbol der für ihre Sache kämpfenden Arbeiter.«

Duden 1999 7/3260; Honnen 2008a 191; RhWb 7/663; Zitzen 4/282; http://www.tantalosz.de/etymologie/s.php

Sau als steigerndes Kompositionsglied in *Saupech, saugeil, sauteuer, saugut* und so weiter ist eine studentische Erfindung im 19. Jahrhundert. Zwar gab und gibt es Komposita mit dem Bestimmungswort Sau in vielen Dialekten, jedoch waren die immer mit etwas Negativem oder Unangenehmem verbunden (wie zum Beispiel der bairische *Saupreiss*). Als Mittel zur Steigerung machte die Sau erst in der Studentensprache Karriere.

Nail 1988 356; http://gfds.de/sau-vorsilbe/

Sau in der Wendung *unter aller Sau* »von schlechter Qualität, minderwertig« *Wat du hier abliefers, is unter alle Sau. Dein Benehmen is unter aller Sau.*

Die Redewendung wird in der Regel – wie so viele nur schwer deutbare umgangssprachliche Ausdrücke – als Verballhornung erklärt. Danach hat *Sau* in dieser Redensart nichts mit dem Tier zu tun, sondern stammt aus dem jiddischen seo »Maßstab«. Wenn etwas *unter aller Sau* ist, ist es demnach eigentlich untermäßig. Allerdings hat diese oft zu lesende Erklärung so ihre Tücken. Zwar ist seah tatsächlich eine hebräische Maßeinheit (kein Maßstab), sie findet sich jedoch fast nur im Bibelhebräischen und hat nicht Eingang in das gesprochene Jiddisch gefunden. Eine entsprechende jiddische Wendung, die zur Verballhornung geführt haben könnte, gibt es nicht.

Deshalb ist es sinnvoller, die Redewendung auf das bäuerliche Brauchleben zurückzuführen. Eine Möglichkeit beschreibt Trübners Wörterbuch: »Sau haben für ›Glück haben‹ rührt daher, daß bei Schützenfesten und Wettrennen der alten Zeit der Schlechteste ein Schwein als ironischen Trostpreis erhielt ... Was nicht einmal diesen Preis verdient, ist unter der (aller)

Sau.« Bei vielen derartigen Volksbelustigungen war die Sau jedoch nicht der Trost-, sondern der Hauptpreis. Aber auch so herum funktioniert diese Ableitung.

Grimm 14/1843; Röhrich 4/1285; Trübner 6/13; http://www.duden.de/rechtschreibung/Sau_Schwein_Schmutzfink

Saures in der Wendung *Saures geben* »Ärger machen, Prügel androhen«. Die weitverbreitete Wendung dürfte auf jiddisch Zores »Ärger, Schwierigkeiten, Gezänk« zurückgehen (siehe *Zores*); die jüdische Aussprache als Zoures, Ssoures dürfte der Grund für diese Verballhornung sein.

Althaus 2006a 154; Küpper 697; Stern 173

Schabau steht im Saarland und im Rheinland bis hinauf zum Niederrhein und in den angrenzenden Niederlanden für – meist billigen – Schnaps oder Fusel: *Wat trinks du denn da fürn Schabau? Von dem Schabau gestern hab ich en dicken Kopp.* In Köln heißen Saufbolde entsprechend **Schabauskrat** oder **Schaubausühl** (Schnapskröte, -eule). Die Ableitung von *Schabau* aus aqua sabaudica (aus der Apothekersprache »savoyisch Wasser«) und vinum sabaudum »Savoyer Wein« ist oft zu lesen, aber problematisch. Zumindest moderne Apotheker wissen mit Wasser aus Savoyen nichts anzufangen, und weshalb man im Rheinland den antiken und mittelalterlichen Namen für die französische Provinz ausgerechnet als Bezeichnung für Wein bewahrt haben soll, ist sehr rätselhaft, zumal Savoyen nicht gerade als Weingegend bekannt ist. Zu guter Letzt war *Schabau* in anderen Gegenden offensichtlich auch einmal die Bezeichnung für schales Bier (auch Schabernack). Außerdem ist *Schabau* im Rotwelschen seit 1724 als Scabinus »Fusel« berüchtigt. Die Bezeichnung würde dann auf schaben verweisen (althochdeutsch scaban »schaben, kratzen«), der billige Schnaps schabt und kratzt im Hals.

Günther 122; RhWb 7/820; Wolf 1956 4765; Wrede 2010 808; http://www.etymologiebank.nl/trefwoord/schabouw

schäbbig wird im Rheinland immer kurz gesprochen und kann viele Verwendungsweisen haben: *Dat war aber schäbbich von dem. Dat is aber ne echt schäbbige Karre. Boh, wat seid ihr schäbbich! Dat Niveau auf der Hauptschule is mittlerweile echt schäbbich. Ich bin schäbbich müde. Dat is aber schäbbiges Wetter.*

Das entsprechende Substantiv ist nur noch in den Mundarten bekannt: **Schabb** »Räude, Krätze«. Das wiederum ist ein sehr altes germanisches Wort, das altnordisch als skabb »Räude« belegt und in vielen Sprachen zu finden ist. Das Rheinland bewahrt hier die alte Lautung, der Langvokal in standarddeutsch schäbig ist eine neuere Entwicklung seit dem 15. Jahrhundert.

RhWb 7/821; Trübner 6/18; http://www.duden.de/rechtschreibung/schaebig

Schabellchen, Schabellsche, Schabelle kleiner Hocker, Fußbank, Bänkchen, auf den man die Füße legen kann. Das Mundartwort kann man vereinzelt auch noch in der südrheinischen Umgangssprache hören: *Der sitzt oft aum Schabellsche.* Es war ursprünglich einmal in allen rheinischen Mundarten bekannt. Dort kann es, wie noch heute in den pfälzischen Mundarten, auch eine alte zänkische Frau bezeichnen.

Das Wort hat lateinische Wurzeln. Die Römer nannten eine kleine Leiter oder Fußbank scabellum. Diese Bedeutung hat sich demnach bis heute nicht verändert. Älteste rheinische schriftsprachliche Belege sind schepplanken (Moers 1534), schabell (Köln 1586) und schambell (Niederrhein 1624). Im Französischen kennt man das Bänkchen als escabella und escabeau, im Niederländischen als schabel.

In den rheinischen und pfälzischen Mundarten (wie auch im Niederländischen) hat sich das lateinische Lehnwort also in seiner ursprünglichen Lautform erhalten, dagegen hat sich der verwandte standardsprachliche Schemel aus der spätlateinischen Variante scamillus »Bänkchen« entwickelt, aus dem im Althochdeutschen scamel und im Mittelhochdeutschen schamel, schemel wurde.

PfWb 5/823; RhWb 7/824; Wrede 2010 809

Schablönder ungepflegter Mensch, zerlumpter Kerl *Du renns ja rum wie ne Schablönder.*

Es ist interessant, dass sich dieses Wort noch in der Umgangssprache am Niederrhein gehalten hat. *Schabbelünder* oder *Schablönder* ist in den rheinischen Mundarten weit verbreitet gewesen und bedeutet eigentlich »alter Hut«. Es ist eine eher scherzhafte Bildung analog zu **Schabbesdeckel** »Zylinderhut, Judenhut«: »Die jüdischen Männer gingen am Sabbat (**Schabbes**) mit einem schwarzen Zylinder in die Synagoge. Auch die ›besseren‹ Nichtjuden trugen ihn sonntags und an hohen Feiertagen.« Es verwundert nicht, dass sowohl der *Schabbesdeckel* als auch der *Schablünder* (das Grundwort vielleicht zu *Lünder* »Dachrinne«) in diesem Zusammenhang einen abwertenden Charakter bekommen: »alter, schäbiger Hut«. Und da viele Wanderhändler und Hausierer früher Juden waren, wurde die Kopfbedeckung zur Bezeichnung des Trägers selbst: »Landstreicher, zerlumpter Kerl« (siehe Exkurs »Das Jiddische im Rheinischen«).

MmWb; PfWb 5/821; RhWb 7/823; Stern 173

Schachel Kettenglied *Die Kette is ze lang, mach ma en Schachel raus.*

Schachel ist neben niederrheinisch *Schakel* eine rheinische Variante von niederdeutsch *Schake* (Ring, Kettenglied), mittelniederdeutsch schackwerk »Kettengelenke« (niederländisch schakel, englisch shackle), altenglisch sceacul, wohl zu einer germanischen Wurzel *skakula »Kette«; entsprechend hochdeutsch Schäkel »Verbindungsglied«.

Onions 814; RhWb 7/831; Schiller/Lübben 4/36;
http://www.etymologiebank.nl/trefwoord/schakel

Schachtel in *alte Schachtel* »ältere, unattraktive Frau« *Die alte Schachtel will doch keiner mehr haben.*

Weshalb nennt man eine Frau eine *alte Schachtel?* Das Schimpfwort kennt man seit 1564, es gründet in der Bedeutung »Dose, Büchse«, die auch in der modernen Umgangssprache für das weibliche Geschlechtsorgan steht (Trübners Wörterbuch erklärt: »Im Frühneuhochdeutschen war Schachtel das Hüllwort für das ›Geburtsglied der Frau‹, dann wurde Schachtel das Wort für das Ganze!«); spätmittelhochdeutsch schahtel, schattel, scatel, zu italienisch scatola (mittellateinisch scatula) »Schatulle, Behälter«.

Grimm 14/1964; Kluge 2011 791; Trübner 6/20; http://www.duden.de/rechtschreibung/Schachtel

Schaff siehe *Schapp*

schäkern »scherzhaft necken, flirten« ist ein jiddisches Lehnwort, über dessen Wurzeln jedoch Unklarheit herrscht; eher unwahrscheinlich ist die Ableitung aus jiddisch chek »Busen«, das kaum belegt ist (und auch keine Verbalableitung kennt); semantisch sinnvoller erscheint die Herleitung aus jiddisch scheiker »Lügner«, scheikern »lügen« (zu hebräisch scheqer »Treubruch, Lüge«) im Sinne von »Komplimente machen«; dafür spricht auch der umgangssprachliche Gebrauch von *Scheiker* im Berlinischen als »Schelm« und in Frankfurt in *Schkorem* als »Schwindel«.

Althaus 2006b 180; Duden 2008 725; FrankfWb 15/2922; Kluge 2011 793; PfWb 5/856; RhWb 7/872; Stern 177; Weinberg 97; Wolf 1956 4786 u. 4787

Schale in der Wendung *sich in Schale schmeißen* »sich elegant, aufwendig kleiden« *Du hast dich aber in Schale geschmissen, wo gehsde hin?*

Die lustige Umdeutung ist aus dem Rotwelschen in die Umgangssprache gelangt; dort ist sie schon zu Beginn des 19. Jahrhunderts belegt (sich aus der Kleidung schälen).

Küpper 700; Mengel 42; Wolf 1956 4790

Schales, Schalert ist eine der vielen Bezeichnungen für den im Rheinland so beliebten *Kesselkuchen, Knüles, Düppekuchen, Knall, Kugel* oder *Uhles* (siehe dort). Das südrheinische Wort *Schales* kann allerdings Hinweise auf die Geschichte dieses fettigen Kartoffelgerichts geben. Denn im Jiddischen ist Schalet »ein Sabbatgericht, Auflauf«, das als Fastenspeise gegessen wurde und wird. Es leitet sich ab von altfranzösisch chault »heiß«

und wurde von jüdischen Einwanderern um das Jahr 1000 mit ins Rheinland gebracht.

Damit ist das Wort die älteste Quelle, die wir für das rheinische Nationalgericht haben, und es ist anzunehmen, dass die Rheinländerinnen und Rheinländer mit dem Wort auch die Speise selbst übernommen und sie durch Hinzufügen von Fett und Wurst den rheinländischen Essgewohnheiten angepasst haben. Ein weiterer Beleg für den jüdischen Ursprung des *Döppekuchen* ist die Bezeichnung *Kugel, Kurel,* die ebenfalls aus dem Jiddischen entlehnt ist (zu jiddisch kurel »rund« und damit auf die Form anspielend).

PfWb 5/860; Post 1992 194; RhWb 7/881 u. 882

Schaluppi listiger, gewiefter Mensch *Dat is mir vielleicht en Schaluppi.* Oder eine Person, die einfach nur langsam oder unzuverlässig ist. Das Wort ist sehr typisch für das Ruhrgebiet. Es ist ein Relikt der westfälischen Mundarten: zu *schaluu, schalüns* »misstrauisch, böse, hinterlistig«, das wiederum wohl aus französisch jaloux »neidisch« (vielleicht angelehnt an Schaluppe).

Piirainen/Elling 755; Woeste 224

schängen, schengen auch **rumschengen** schimpfen, beschimpfen *Die Frau war mit ihre Mann so laut am rumschengen, et konnt einem schon weh tun. Die schänge sich wie die Wannläpper.* Das Mundartwort benutzen nur noch Rheinländerinnen und Rheinländer, die einen dialektalen Hintergrund haben; in den rheinischen Mundarten ist es der einzige Begriff für »schelten«.

Schängen ist die rheinische Variante von schänden (-nd- wird im Rheinland zu *-ng-* velarisiert: finden zu *finge,* binden zu *benge*) im Sinne von »jemanden mit Schande überziehen«; die Lautung entspricht mittelhochdeutsch schenden, althochdeutsch scentan.

RhWb 7/906; Wrede 2010 812

Schänzchen kommt in der Umgangssprache heute nur noch in den Wendungen *sich zum Schänzchen arbeiten* (sich abrackern), *zum Schänzchen lachen* (sich totlachen), *zum Schänzchen suchen* (ergebnislos suchen) oder *zum Schänzchen laufen* (sich einen Wolf laufen) vor. Daneben kann man *sich noch ein Schänzchen* (einen Bauch) *anfressen.*

In den Mundarten ist die **Schanze** eigentlich ein Reisigbündel, das zum Anzünden des Ofens gebraucht wurde. Reisig war auch unter anderem das Material, aus dem militärische Befestigungen, die Schanzen, errichtet wurden. Die wiederum gehen möglicherweise auf italienisch scanso (Abwehr) zurück. »Die Integration in die Volkssprache dürfte durch Hilfsarbeiten der Bauern beim Festungsbau in Kriegszeiten stattgefunden haben« (Post). Wie beschwerlich diese Arbeit war, zeigt noch heute die Wendung *sich zum Schänzchen arbeiten.*

MmWb; PfWb 5/872; Post 1982 237; RhWb 7/914; Werner 344; Wrede 2010 812

Schapp Schrank, Regal oder Schubfach *Der hat vielleicht immer ein Durcheinander in dem Schapp, wo die Socken drin sind. Mach den Schapp zu* (sagt man zu jemandem, der mit weit offenem Mund gähnt). *Pass auf, sons kommse im Schapp* (als Drohung bei Kindern). Es gibt sogar schon die Zusammensetzung **CD-Schapp** für einen Plattenschrank. Bei Schiffern und Seglern ist das oder der *Schapp* natürlich weit verbreitet und steht für ein verschließbares Fach. *Schapp* kennt man am Niederrhein und im Ruhrgebiet, sonst sind in den Mundarten überall die Varianten **Schaff** oder **Schaaf** gebräuchlich, die jedoch kaum in die Umgangssprache Eingang gefunden haben: *He setz im Schaaf un kred et ärme Dier.*

Ursprünglich ist *Schaff* ein Gefäß und so auch noch in allen Mundarten südlich des Rheinlands gebräuchlich, zum Beispiel in der Pfalz als »kleiner, henkelloser Zuber«. Das Wort geht auf eine westgermanische Wurzel *skap zurück und erscheint im Altfriesischen und Mittelniederländischen als skep, skap »Bottich, Schiff, Boot« (*Schapp* ist damit tatsächlich mit dem Schiff verwandt), im Althochdeutschen als skaph und im Mittelhochdeutschen als schaf »Gefäß«. Nur im Niederdeutschen, im Niederländischen und im Westen des deutschen Sprachraums hat sich die ursprüngliche Bedeutung zu »Schrank, Brettergestell, Schublade« verschoben.

Kluge 2011 792; RhWb 7/855; Trübner 6/22; Wrede 2010 808

Scharteke alte Frau, aufgedonnerte ältere Frau *Dat hättese ma sehen sollen, wie die alte Scharteke da reingerauscht kam. Du wills dir wohl nich sone alte Schateke anlachen.*

Eigentlich ist eine Scharteke ein altes Buch oder ein altes Pergamentblatt, das zum Einschlagen verwendet wird (aus dem mittelniederdeutschen scarteke »alte Urkunde«; zu lateinisch charta »Papier«). In dieser Bedeutung wird das Wort in den Mundarten jedoch nicht gebraucht. Die seltsame Bedeutungsübertragung geht offensichtlich auf die Studenten- und Schülersprache zurück.

Trübner 6/34; Werner 344; http://www.duden.de/rechtschreibung/Scharteke

Schäse, Schese altes Auto, alte Karre *Der hat vielleicht ne alte Schäse! Mit der alten Schese willsde nach Italien fahren?* Im ganzen Rheinland gebräuchlich, seltener auch Bezeichnung für ein altes Tier und eine alte oder unbeliebte Frau.

Ein französisches Lehnwort, aus chaise »Kutsche«. Hierzu gehört auch **schäsen, scheesen** »schnell fahren, rasen«: *Franz kam mit seinem Mopped mit so einem Tempo um die Ecke geschäst, dass alle zur Seite springen mussten.*

RhWb 7/941; Weischer 191; Werner 341

Schauter und **Schautermann** sind im Rheinland Angeber oder ungehobelte Typen: *Dat is dich enne Schauter. Der Schautermann kricht gleich kein Bier mehr, wenn der weiter son Bohei hier macht.*

Totgesagte leben oft länger. Wurde der *Schaute* oder *Schautemann* in der Mitte des letzten Jahrhunderts in Köln nur noch ganz selten gesichtet und für ausgestorben erklärt, scheint er heute trotzdem noch ein quicklebendiges Leben zu führen. *Schaute* ist kein exklusiv rheinisches Wort, es ist auch kein genuines Mundartwort. Es ist im frühen 18. Jahrhundert aus dem Rotwelschen in die Dialekte gewandert und dort heimisch geworden. Seine Wurzeln liegen im Hebräischen und Jiddischen, dort ist »schote« ebenfalls ein Narr oder tumber Tor. Wir kennen das Wort auch aus der allgemeinen Umgangssprache. Wenn da einer **Schoten** erzählt, handelt es sich um erfundene und närrische Geschichten, die man nicht glauben darf: *Der hat mir vielleicht ne Schote erzählt, kaum zu glauben. Dem seine Schoten sind einfach zu gut. Dem is vielleicht ne Schote passiert* (unglaubliche Begebenheit).

Fellsches/Schnieber 154; MmWb; PfWb 5/1423; RhWb 7/981; Stern 180; Wrede 2010 815; http://www.duden.de/rechtschreibung/Schote_Trottel_Dummkopf

Schavur Wirsing, in dem schönen rheinischen Spruch *Dat is doch Kappes un Schavur!* (ein und dasselbe). *Schavur, Schafue* heißt der Wirsing von der Mosel bis zum nördlichen Niederrhein und ist die rheinische Kurzform von Savoyerkohl, also Kohl aus Savoyen. Dort stammt er wohl auch ursprünglich her, wobei das namensgebende Savoyen im 18. Jahrhundert (als der Kohl Deutschland eroberte) in Oberitalien lag, weshalb er in Frankreich auch manchmal chou de Milan (Mailänder Kohl) genannt wird. Häufiger hört man dort allerdings chou de Savoie, genauso wie er in den Niederlanden schon seit 1600 savooiekool genannt wird; analog englisch savoy, dänisch savoikaal oder schwedisch savojkål. Die alte rheinische Bezeichnung ist also in vielen Sprachen standardsprachlich, nur eben im deutschen Sprachraum nicht.

RhWb 7/817; Trübner 8/199; Werner 345; Wrede 2010 816

schecken, schäcken verstehen, durchblicken, nachsehen *Hey, schecksde dat nich! Der scheckt nix. Geh un scheck ma, ob der Typ noch da draußen sitzt* (kontrollieren, nachsehen).

Das Wort wird allgemein zu englisch to check »überprüfen« gestellt, das nach 1945 in die deutsche Umgangssprache gelangt sein soll. Im Rheinland ist *schecken, schäcken* jedoch viel älter (im Sinne von »etwas zustande bringen, erkennen« schon vor 1900 belegt); das Wort geht hier auf eine alte Bedeutungsvariante von schicken, sich schicken »etwas zustande bringen« zurück, im Saarland und im Ruhrgebiet wird *schäcken* im Sinne von »sehen, nachsehen« sogar zum Rotwelschen der Jenischen gerechnet. Die Ableitung aus dem Englischen ist nicht zwingend.

Besse 2013 130; Duden 1999 2/708; Grimm 14/2644; Küpper 150; Meyer 97; RhWb 7/1088; http://www.duden.de/rechtschreibung/checken

scheel oder **schääl** hat in den rheinischen Mundarten weitaus mehr Bedeutungen als in der Standardsprache (hier nur: jemanden scheel ansehen). Neben »schielend« ist *scheel* auch »betrunken« *(Der is voll scheel),* in *schief un scheel* »nicht gerade« *(Der Rock sitzt aber schief und scheel),* »verschlissen«, »trübe« (beim Wetter), »dumm« (deshalb eignet es sich für Beschimpfungen wie *scheeler August, scheeler Apostel, scheeler Pimmock* und so weiter), »einseitig« (*scheele Koppin* als Bezeichnung von Migräne) und schließlich »falsch«. Diese Bedeutung erscheint in der berühmten Bezeichnung **Scheel Sick** oder **Scheel Sit**, mit der am Rhein (bis hinunter zur Vorderpfalz *uf de scheele Seit*) und an der Mosel die Bewohner der jeweils anderen, weniger attraktiven Flussseite beleidigt werden. Die *Scheel Sick* hat nichts mit geblendeten Treidelpferden zu tun, wie oft zu lesen ist. *Scheel* selbst ist die niederdeutsche Lautung eines alten Wortes, das im Althochdeutschen als scelah erscheint.

Honnen 2008a 192; RhWb 7/986; Wilhelm 390; Wrede 2010 810; http://www.duden.de/rechtschreibung/scheel

Schellekes auch **Schellemännekes, Schellemännchen** heißt der bekannte Streich, bei dem Kinder an Türen schellen und dann weglaufen: *Hapter widder Schellekes gemacht? Dat warn nur die Blagen, die ham wieder Schellemännekes gemacht.* In westdeutschen Mundarten kennt man keine Klingel, sondern spricht wie im Niederländischen (schel) von einer **Schelle**: *Dem seine Schelle tudet nich* sagt man, wenn die Fahrradklingel kaputt ist. Die Tätigkeit nennt man **schellen** *Geh mal bei Frau Müller schellen! Hadet geschellt?* Auch als **Schellenbaum** bei Spielmannszügen.

Mittelhochdeutsch schelle, althochdeutsch scella »Glöckchen« sind Ableitungen aus dem untergegangenen althochdeutschen Verb scellan »schallen, tönen« (deshalb auch die im 16. Jahrhundert erscheinende Maulschelle »Ohrfeige«), das zu einer germanischen Wurzel *skello gehört.

Interessant ist, dass im Rheinland, ebenfalls wie im Niederländischen (bel) und wie im Englischen (bell), auch die **Belle** als Bezeichnung für eine Kugelschelle und etwas »glockenförmig Herunterhängendes« gebräuchlich ist. Das niederdeutsche Wort (mittelniederdeutsch und altenglisch belle) ist vor allem noch in den mundartlichen **Schnotterbellen** »Rotzfahne« und **Tütebell** »Gerät zum *Schrappen*«, »Fischernetz« zu finden.

Anmerkung: *Tütebelle* ist auch der Name eines alten Gasthofs in Altena (Westfalen), der in einer schönen Wortlegende auf den Ausruf »tout est belle« zurückgeführt wird, der einem napoleonischen Soldaten entschlüpft sein soll. Tatsächlich ist Tütebell ein Flurname, der sich auf die Trapezform des Fischernetzes bezieht.

Duden 2008 731; Honnen 2008a 13; RhWb 1/609 u. 7/1029; Trübner 6/47; Wrede 2010 820; http://www.etymologiebank.nl/trefwoord/bel1; http://www.etymologiebank.nl/trefwoord/schel1

schenant schüchtern, prüde *Sie ist ein bisschen schenant. Nu sei doch nich so schenant und zieh schon die Buxe aus, dat tun doch alle hier am Strand.*

Zu französisch gênant »störend, unangenehm, peinlich«; der Ersatz des französischen K- oder J-Anlauts durch rheinisches sch ist üblich: *Schäng* (Jean), *Schandarm.*

Meisen 1955a 8; RhWb 7/1041; Werner 346

schepp in der Wendung *sich schepp lachen* auch abseits seines mundartlichen Geltungsgebiets zu hören *Da lachse dich schepp. Über den Film könnt ich mich schepp lachen. Zum schepp lachen is dat.* Neuerdings kann man sich auch *schepp* singen: *Der singt sich schepp und animiert das Publikum.*

Diese Variante von »schief« kennen die Mundarten südlich der Ahr bis weit in den oberdeutschen Sprachraum etwa seit dem 16. Jahrhundert; das Wort hat wohl eine eigene Entwicklung genommen: mittelhochdeutsch schipfes »quer«, man vermutet eine gemeinsame indogermanische Wurzel mit lateinisch scaevus »links«.

Bach 277; Kluge 2011 800 u. 803; PfWb 5/930; RhWb 7/1045

scheppen schöpfen *Schepp mir doch ma en Teller Suppe. Musse mir immer so viel aufschäppen, dat krich ich doch nie auf. Du muss dat Fett vonne Soße abscheppen. Dem han ich eine usjeschepp* (es jemandem zeigen). In der Eifel gibt es auch diese Bedeutung: *Meine Güte, watt hatte der sich auf der Kirmes einen gescheppt* (einen Rausch antrinken)! **Schäpp, Schepp, Schäppe** Schöpfe, Stieltopf, Stielkasserolle *Für die Milch heißmachen brauch ich en kleinen Schäpp. Gib mir ma noch en Schepp Wasser* (siehe auch *Lauschepper, Lauschöpper* unter dem Stichwort *lau*). **Schäppchen, Schäppken, Scheppken** kleiner Stieltopf *Ohne Schäppchen inne Küche bin ich aufgeschmissen. Der sitzt wie en Äppken aufem Schäppken,* sagt man zu jemandem, der sichtlich ungemütlich sitzt.

Das Rheinische bewahrt hier die alte mittelniederdeutsche Lautung von hochdeutsch schöpfen: mittelhochdeutsch schepfen, althochdeutsch scepfen, mittelniederdeutsch scheppen, altniederländisch skeppen (um 1100); zu einer germanischen Wurzel *skapjan »schöpfen«; niederländisch scheppen.

RhWb 7/1046; Werner 346; Wrede 2010 822;
http://www.etymologiebank.nl/trefwoord/scheppen1

scheppern blechern klingen, klirren *Dat hat ordentlich gescheppert, als die zusammengerasselt sind. Dat hat gescheppert im Karton* (hat ganz schön für Aufsehen gesorgt, hat ganz schön Krach gemacht), dazu **Geschepper** »lästiger Krach«.

Das in der Umgangssprache oft zu hörende Wort ist im Rheinland nicht dialektbasiert. Hier kennt man in den Mundarten *scheppern* nur als Ableitung von *schepp* (siehe dort) im Sinne von »schief gehen«. Das umgangssprachliche *scheppern* dagegen entstammt den mittel- und oberdeutschen Mundarten. Es ist wohl ein lautmalendes Verb.

Grimm 14/2559; Küpper 707; PfWb 5/931; RhWb 7/1045

schibbelich ist in der Umgangssprache nur in der Wendung *sich schibbelich lachen* »sich krumm und schief lachen« zu hören: *Bei dem seine Geschichten, da lachse dich schibbelich. Hör auf, ich lach mich schibbelich.*

Das Wort gehört zu dem Mundartverb **schibbeln** »durch Rollen bewegen«. *Geschibbelt* wird vorrangig von Kindern, indem sie Murmeln oder Münzen mit dem Finger schieben. In der Eifel kennt man auch den **Schibbelball** als schwach geschossenen Ball beim Fußball: *Den Schibbelball hät sujar meine Omma gehalten. Sich schibbelig lachen* wird analog zu *sich kugeln vor Lachen* gebraucht.

Ob *schibbeln* tatsächlich eine Variante von schieben ist, wie oft zu lesen ist, scheint zumindest zweifelhaft. Im Mittelniederdeutschen ist schivelen (und auch schiven) jedenfalls nur als »sich drehen, umwenden, schwanken« belegt und nicht als »schieben«. Das Wort ist direkt aus den alten Formen für »Scheibe« abgeleitet: altsächsisch skiba, althochdeutsch skiba, mittelniederländisch schive. Das standarddeutsche schieben hat dagegen eine andere Wortgeschichte.

Honnen 2003 173; Küpper 709; RhWb 7/1080; Schiller/Lübben 4/05; Werner 346

Schicht ist in der Umgangssprache neben der eigentlichen Bedeutung (Arbeitsfrist) vor allem verbreitet als »Ende, Schluss einer Tätigkeit«: *Jetz ist aber endgültig Schicht, ihr geht jetz nach Hause. Wat is? – Nix is, Schicht is* (endgültig Schluss)! Nur im Ruhrgebiet hört man auch die Wendung *Jetz is Schicht im Schacht.* Auch als Synonym für »Arbeit« *Der Manni is aufe Schicht. Lass den Vatter pofen, der kommt vonne Schicht.*

Schicht, das wohl zu althochdeutsch scehan »sich schicken, fügen« gehört, ist bereits im Mittelalter als »Ordnung, Abteilung« belegt. Richtig Karriere hat das Wort jedoch erst in der Bergmannssprache gemacht. Schon im

13. Jahrhundert ist es im Erzgebirge, 1300 in Mittelböhmen in der Kuttenberger Bergordnung (als »Arbeitsfrist«) nachgewiesen. Vom Mitteldeutschen ist es als skikt bis ins Norwegische und später als Schicht ins Hochdeutsche gelangt. Wie die heutige Bedeutung entstanden ist, weiß man nicht genau. Möglicherweise war die Zeit, die zum Abbau einer Gesteinsschicht notwendig ist, der Anlass, vielleicht spiegelt sich in der modernen Schicht auch die ursprüngliche Bedeutung »Ordnung, Regelung (der Arbeitszeit)«.

Kluge 2011 802; Küpper 707; Trübner 6/62

schicker betrunken, auch als *beschickert: Puh, jetz bin ich aber doch ganz schön beschickert;* das wiederum von *schickern* »Alkohol trinken« *Lass uns einen schickern gehen.* Dazu braucht man **Schickermoos** »Geld, dass man zum Vertrinken übrig hat«. Letzteres, zu *Moos* »Geld« (siehe *Moos*), weist den Weg zur Wortgeschichte, die mit Rotwelsch und Jiddisch verbunden ist. Das eigentlich westjiddische Wort schicker geht auf die hebräische Wurzel šikkor »betrunken« zurück und wurde schon früh in die allgemeine Umgangssprache entlehnt. Dabei hat sicher auch das Rotwelsche eine Rolle gespielt, wo *schicker* schon im 18. Jahrhundert nachgewiesen ist.

RhWb 7/1093; Stern 185; Wolf 1956 4888; http://www.duden.de/rechtschreibung/schicker

schickkojenno, schisskojenno als Ausruf des Entsetzens, der Betroffenheit *Schickojenno, war dat vielleicht knapp! Der war die ganze Zeit schisskojenno am fluchen.* Den Ruf kennt man im nördlichen Rheinland und im nördlichen Ruhrgebiet.

Das Wort ist schon bei Gerhart Hauptmann belegt, der seine schlesischen Weber »das ist mir Schißkojenne« (das ist mir egal) sagen lässt. Hier kommen mehrere polnische Wurzeln zusammen, die von den deutschen Sprecherinnen und Sprechern verfremdet wurden: polnisch czysta kapusta »nur Kohl« (also: nicht wertvoll, in Sachsen als *schißtekapuste* »Ausruf der Enttäuschung« gebräuchlich), dazu polnisch wszystko mi jedno »ist mir egal«, daraus wurde *Schisskojenno* mit der obigen Bedeutung. Eines der wenigen polnischen Lehnwörter im Ruhrgebiet und Rheinland.

Bielfeldt 338; RhWb 7/1093

Schickse aufgeputzte Frau, leichtes Mädchen, allgemein verächtlich für eine unbeliebte Frau oder ein unbeliebtes Mädchen *Die Schickse is aufgedonnert wie en Pfingstochse. Die läuft rum wie ne Schickse! Schickse hin, Schickse her, schick se zu mir her!* Die *Schickse* wird heute nicht mehr unbedingt abwertend gebraucht: *Da is sone PR-Schickse gekommen un hat gemeint, wir müssten jetzt alle stramm stehen. Wir sind da so zu zehn Schicksen in den Club gegangen. Hasse dem seine Schickse gesehen, mannomann!* Seltener in der männlichen Variante **Schicks** »Stutzer« *Kuck ma den Schicks da anne Bar mitter Riesenkrawatte.*

In den rheinischen Mundarten ist die *Schickse* in erster Linie ein »Judenmädchen« (in Bitburg interessanterweise eine »Französin«), während sie in ihrer jiddischen Heimatsprache genau andersherum ein »Christenmädchen« bezeichnet. Das ist auch die ursprüngliche Bedeutung ihrer hebräischen Wurzel shikse »heidnisches Mädchen«. Entsprechend war der westjiddische Schecks ein abfälliges Wort für einen «Christenburschen«. Die zugrunde liegende Bedeutung der hebräischen Wurzel schekez ist »Abscheu, Greuel«. Das Wort ist sowohl aus dem Jiddischen direkt in die Umgangssprache entlehnt worden als auch über das Rotwelsche, wo es hochfrequent war.

RhWb 7/1993; Stern 186; Wolf 1956 4837

schiffen pinkeln, regnen *Ich muss ma eben schiffen. Gestern hat et ma wieder geschifft wie de Sau ...!* Eine nette Umschreibung kennt das Pfälzische Wörterbuch: »gesellschaftsfähige, mitunter vornehme Bez. für ›harnen‹, meist von Männern (im Wirtshaus, bei Reisen usw.)«. Ganz anders sieht es im Rheinland aus, hier wird das Wort als sehr derb und als Lehnwort empfunden, die Verwendungsskala sieht hier in absteigender Reihe so aus: *»Wasser losse, pisse, secke, schiffe«*

Den Lehnwortcharakter von *schiffen* (aus der allgemeinen Umgangssprache) bestätigt unter anderem auch Kluge: »Die alte Bedeutung ›zu Schiff fahren‹ ist verdrängt worden durch eine störende neue: Von Schiff ›Gefäß‹ stammt die studentische Bezeichnung für den Nachttopf, daher *schiffen* ›harnen‹ (so seit dem 18. Jahrhundert). Daher auch umgangssprachlich *es schifft* ›es regnet‹.« Dieser Etymologie (aus Schiff »Nachttopf«, belegt seit 1795) folgen, wenn auch weniger wertend, andere Wörterbücher.

Augustin 97; Besse 2013 137; Grimm 15/68; Kluge 2011 804; Kluge 2011 1895 121; PfWb 5/979; RhWb 7/118; Trübner 6/75; Wahrig 6/551; http://www.duden.de/rechtschreibung/schiffen

Schiss Angst *Ich hab Schiss vor der Prüfung morgen. Der hat doch schon wieder Schiss inne Bux.* **schissich** ängstlich *Ich trau mich nich, ich bin zu schissich. Nu sei doch nich so schissich, en Köpper kann doch wohl jeder!* **Schisser** ängstlicher Mensch, auch kleiner Junge *Ich war jahrelang nicht beim Zahnarzt, ich bin doch son Schisser! Wat will der Schisser hier, der gehört doch längs im Bett.* **Schissbux** Angsthase *Die Schissbux, der is für alles zu bang.*

Schiss ist die rheinische Variante von Scheiße (wie *Schiet* die niederdeutsche). Die Konnotation zu Angst leitet sich ab aus der Wendung *Schiss in der Bux* »sich vor Angst in die Hose machen«.

RhWb 7/1155

Schisslaweng, Schisselameng, Ziselamäng, Cislameng Drumherum, Aufwand, Getue, kleine Widrigkeit *Dä janze Schisslaweng hängt mir zum Hals raus!* Auch »Schnörkel, Schwung« (insbesondere bei einer Handschrift) *Ach, das ist die Unterschrift vom Chef. Die erkennste an dem Schisslaweng am Schluss.*

Das rätselhafte Wort ist im gesamten Sprachraum nördlich des Mains verbreitet (und erscheint meistens in der Wendung *etwas mit Schisslamäng tun* »mit Schwung, Geschicklichkeit«). Über die Herkunft kann nur spekuliert werden. Alle Erklärungsversuche vermuten aufgrund des Lautbilds einen französischen Ursprung, wobei drei Wendungen miteinander konkurrieren: ainsi cela vint »so ging das damals zu«; c'est le vent »das ist der Wind« und juste la main »die rechte Hand für etwas haben«. Dagegen spricht, dass die Wendungen im Französischen kaum üblich sind und aus fremden Sprachen selten ganze Wendungen entlehnt werden. Dafür spricht die Lautung, vor allem der alternierende Z-Sch-Anlaut, der typisch bei mundartlichen Entlehnungen von französischen Wörtern mit S-Anlaut ist (siehe *zuppen*). Das deutet auf ainsi cela vint als Ursprung, wenn es sich nicht doch um eine »willkürliche wortbildung ohne bestimmte bedeutung« handelt. Das Wort ist erstmals 1878 in Berlin nachgewiesen.

Duden 1999 10/4642; Duden 2003 1053; FrankfWb 14/2697; Grimm 31/1647; Honnen 2008a 194; Küpper 151; PfWb 5/989; RhWb 7/1157 u. 9/1380; Schmachthagen 564

Schlacks langer, dünner – meist männlicher – Mensch *Der lange Schlacks passt fast nich durche Tür. Mein Gott, wat is dat en Schlacks geworden.* Dazu passt das Adjektiv **schlacksich** lang und dünn *Dat is aber en schlacksigen Kerl. Wie läufse denn hier so schlacksich durche Gegend* (nachlässig gekleidet)?

Der *Schlacks,* im südlichen Rheinland und in der Pfalz auch **Schlackel**, hat nichts mit Schlacke oder mit schlackern zu tun, sondern geht auf mittelniederdeutsche und altsächsische Wurzeln zurück. Mittelniederdeutsch slak »schlapp, schlaff, schwach« und mittelniederländisch slacken »schlapp machen« verweisen auf altsächsisches slak, slacian »schlapp (machen)«, das wiederum auf vorgermanische Wurzeln zurückgeht und vielleicht sogar mit altgriechisch lagarós »eingesunken, schlaff« verwandt ist. Der *Schlacks* ist also der einzige Überlebende einer alten, heute verschwundenen Wortfamilie.

Honnen 2003 175; PfWb 5/995; RhWb 7/1172; Schiller/Lübben 4/226; http://www.etymologiebank.nl/trefwoord/slaken

schlampampen erklärt das unvergleichliche Grimmsche Wörterbuch so: »leckeres essen, schmausen, prassen, ein gelage halten, in saus und braus leben, schlemmen«. Das Wort ist seit dem 16. Jahrhundert in der Literatur gut belegt, stellvertretend sei hier Heinrich Heine zitiert: »wir wollten mit einander dort in Rheinwein und Austern schlampampen.« Allerdings scheint *schlampampen* nicht immer so ganz wertfrei gebraucht worden zu sein, wie ein weiteres Dichterzitat zeigt, diesmal vom Mai-Anbeter Emanuel

Geibel: »verdirbt bei dirnen sich das blut, schlampampt, verthut sein hab und gut.« Und schließlich wird unser Dichterfürst Goethe nicht unbedingt ans Essen gedacht haben, wenn er sich zu einem »Schlampampen-Stündchen« bei seiner Christiane einfand.

Auch in den rheinischen Mundarten ist das Wort ausschließlich negativ konnotiert. Hier bedeutet es »verprassen, schmarotzen, etwas verschleudern« und so weiter. Eine zweite mundartliche Bedeutungsvariante, die auch im Grimmschen Wörterbuch belegt ist, hat es nicht in unsere aktuelle Umgangssprache geschafft. Danach ist jemand, der *schlampampelt,* äußerst nachlässig oder sogar schmutzig gekleidet und schlurft als abstoßendes Beispiel in der Gegend herum.

Interessant ist, dass das Wort zwar schon im Mittelniederdeutschen belegt ist, allerdings auch mit sich widersprechen Bedeutungen: Die mittelalterliche slampamp ist demnach ein »ekelhaftes Gemenge von Speisen (ikk kann den slampamp nich eten)«, das entsprechende Verb slampampen bedeutet jedoch »schwer und üppig schlemmen«.

Die gängigen Erklärungsversuche im Internet zur Herkunft des Wortes landen meist bei der *Schlampe* und dem Adjektiv *schlampig,* wohl wegen der sexuellen Konnotationen und der Nebenbedeutung »schlampig angezogen sein«. Zwar weiß auch Kluge keine Erklärung, wie die *Schlampe* eigentlich entstanden ist (»vermutlich nasalierte Form zu den unter schlaff und Lappen behandelten Sippen«), doch eine Verbindung scheint bei der negativen Bedeutung auf jeden Fall zu bestehen.

Aber der rheinische Schlemmer muss sich sein *Schlampampeln* deshalb nicht vermiesen lassen. Denn es ist sehr wahrscheinlich, dass die beiden unterschiedlichen Bedeutungsvarianten des Wortes tatsächlich auf zwei verschiedene Wurzeln zurückgehen. Auch Kluge deutet das mit dem Hinweis auf die *Schlempe* (flüssiger Rückstand der Maische) indirekt an. Und in der Tat ist das Wort im Niederländischen und im Niederdeutschen als *slampampen* weit verbreitet und wird dort auf *slempen* und *slempe* zurückgeführt, die etwas mit Brei, modrigem Wasser und anderen undefinierbaren Flüssigkeiten zu tun haben. Eine andere Deutung ist die Kombination aus Schlamm und *Pamp*, Letzteres ein noch heute verbreitetes Mundartwort im Rheinischen und Niederdeutschen für einen dicken Brei. Aus diesem Sprachraum wird deshalb auch unser *schlampampeln* als fröhliches Schlemmen und Zechen ursprünglich kommen; es hat damit zwar eine etwas unappetitliche Wurzel (die in Duisburg heute noch in **Schlampampe** »mieses Essen« erkennbar ist), ein schlechtes Gewissen muss man sich beim *Schlampampen* allerdings nicht machen. Außerdem könnte man als Kronzeugin auch die berühmte »Ehrliche Frau Schlampampe« anführen, die Titelheldin der Lustspiele Christian Reuters aus den Jahren 1695/96.

Anmerkung: Auch das Wort **schlampen**, heute in der Umgangssprache ausschließlich negativ besetzt (»unordentlich, nachlässig sein«), war im Spätmittelalter als »behaglich essen und trinken, schlemmen« gebräuchlich. Deshalb ist anzunehmen, dass unser heutiges schlampen, und damit auch die **Schlampe**, eine andere Wortgeschichte hat. Die scheint in oberdeutschen Mundarten beheimatet zu sein, die die Schlampe als »herunterhängender Lappen, Lumpen« kennen.

Kluge 2011 808; RhWb 7/1231; Trübner 6/98; van Veen/van der Sijs 806; Werner 349; http://www.etymologiebank.nl/trefwoord/slampamper

schlauchen ermüden, anstrengen *So ne Fahrradtour schlaucht ganz schön, wenn man dat nich gewöhnt is. Ich bin echt geschlaucht von der ganzen Arbeit.*

Schlauchen als »anstrengen« scheint noch nicht alt zu sein, die Mundarten kennen *schlauchen* als »prügeln, verprügeln«, vielleicht aber auch aus der Soldatensprache im Ersten Weltkrieg (im Sinne von »schleifen, weich wie einen schlappen Schlauch machen«).

Duden 2008 741; Grimm 15/508; Küpper 717; PfWb 5/1046; RhWb 7/1258; http://www.duden.de/rechtschreibung/schlauchen

Schlawittchen, Schlafittchen meist in der Wendung *jemandem am* oder *beim Schlawittchen kriegen, packen* »jemanden zu fassen bekommen«.

Die Wendung beziehungsweise das Wort ist in nahezu allen Mundarten verbreitet, bis nach Österreich, in der Schweiz und sogar in Litauen (dort ist es auch das »Beffchen der Prediger«). Dennoch liegt der Ursprung des Wortes eindeutig im niederdeutschen Sprachgebiet (der Erstbeleg datiert 1743 aus Hamburg). Als Grundform gilt Schlag-Fittich (Schlachfittich, zu Fittich »Flügel«, heute nur noch literatursprachlich »unter die Fittiche nehmen«), die man mit »Schlagflügel, Schwungfeder« übersetzen muss und die zu *Schlafittich* assimiliert wurde. Die heutige Form *Schlawittchen, Schlafittchen* geht auf eine ursprüngliche Pluralform im Dativ zurück: bei den Schlagfittichen kriegen. Als man später das Wort nicht mehr kannte, hat man es als Verkleinerungsform aufgefasst (daher *beim Schlawittchen*).

Grimm 15/298; RhWb 7/1276; Trübner 6/91;
http://www.duden.de/rechtschreibung/Schlafittchen

Schlenke meint im südlichen Rheinland die Türklinke: *Und dann hatte ich plötzlich die Schlenke inner Hand!*

Schlinke, Schlenke ist die südrheinische Variante der Schlinge und bezeichnete ursprünglich den »Ziehriemen oder Daumendrücker, mit dem am alten Türverschluss der innen befindliche Riegel von aussen emporgehoben wurde«.

PfWb 5/1092; RhWb 7/1350

Schlick oder **Schlicks** heißt im nahezu gesamten Rheinland der Schluckauf (wenn nicht *Hicks, Hickepick* gilt, siehe *Hicks*). Der *Schlick* geht auf die niederdeutsche, abgelautete Variante von schlucken zurück: niederländisch slikken ebenso wie mittelniederländisch und mittelniederdeutsch slicken »durch die Kehle gehen, schlucken«.

Grimm 15/798; RhWb 7/1328; Werner 349; Wrede 2010 833;
http://www.etymologiebank.nl/trefwoord/slikken

Schlickefänger gibt es überall (und es sind im Übrigen immer Männer), das Wort ist jedoch urrheinisch. Man kennt es nur im Norden des zentralen Rheinlands, am Niederrhein, im Ruhrgebiet und im südlichen Münsterland. Dort hört man Sätze wie *Der Schlickefänger hat doch glatt versucht, mich zu betuppen!* oder *Pass auf, datte mir nich widder auf son Schlickefänger reinfälls!* Außerdem war es eines der Lieblingswörter des unvergessenen Jürgen von Manger alias Adolf Tegtmeier: *Sie Schlickefänger Sie!* Außerhalb dieses Gebiets kennt man zwar auch dieses gerissene, manchmal auch durchtriebene Schlitzohr, nennt es aber nicht so.

Aber warum heißt es überhaupt so? Gemeinhin denken die betroffenen Rheinländer bei dem Wort an eine wasserbautechnische Erscheinung, die jeder Rheinanlieger kennt: die Kribben. Das sind in den Fluss hineinragende Steinwälle, die der Flussregulierung dienen und die Verschlickung der Fahrrinne verhindern sollen. Allerdings heißen sie in der Fachsprache der Wasserbauer – und das auch nur ganz selten – Schlickfang. Das e im *Schlickefänger* ist damit nicht erklärt (einen Plural von Schlick gibt es nicht).

Das lässt darauf schließen, dass der *Schlickefänger* gar nichts mit dem *Modder* zu tun hat. Er ist vielmehr ein Schlangen- oder Wurmfänger. Schleichen, in der niederdeutschen Variante *Schlicken,* nannte man früher Tiere, die irgendwie auf dem Boden herumkrochen, etwa Würmer, Schnecken oder Schlangenartige (wir kennen heute noch das Wort Blindschleiche). Wahrscheinlich hatte das Wort sogar schon von Beginn an nur eine übertragene Bedeutung, das heißt, einen echten »Schleichenfänger« hat es nie gegeben.

Anmerkung: Lustigerweise geht auch das Wort Schlick »Schlamm« auf das Verb schleichen zurück; deutlich wird das an der oberdeutschen Variante *Schlich* »Schlamm«, die wir auch in der Bedeutung »Schleichweg« und in der Wendung »jemandem auf die Schliche kommen« kennen.

Honnen 2008a 197; Lerchner 225; RhWb 7/1200; Trübner 6/122; Werner 350

schlieh, schleh stumpf, belegt, rauh; in der Umgangssprache nur noch in dieser Bedeutung zu hören *Von Rharbarber krich ich immer schlehe Zähne.* Im Ruhrgebiet auch als »reserviert, wortkarg, abweisend« *Er war den ganzen Abend mir gegenüber sehr schleh.* In den rheinischen Mundarten hat *schleh* mehr Bedeutungen, unter anderem »trocken«, »feucht«, »träge, müde«.

Die Verwandtschaft mit der Schlehe scheint auf der Hand zu liegen (siehe Lexer), hinterlassen doch ihre Früchte ein unangenehm pelziges, eben *schliehes* Gefühl auf der Zunge. Doch wie so oft ist Lautähnlichkeit kein Indiz für sprachliche Verwandtschaft. Schlehe geht auf eine alte germanische Wurzel mit der Bedeutung »bläulich« zurück, aus der im Althochdeutschen (sleha) eine Bezeichnung für die Pflaume wurde. Man erkennt die Wurzel noch im serbischen Sliwowitz »Pflaumenschnaps«, im Niederländischen heißt die Schlehe eigentlich doppeltgemoppelt sleepruim.

Das rheinische Adjektiv *schlieh, schleh* dagegen geht auf altsächsisches sleu »stumpf« zurück, daraus wurde althochdeutsch sleo »ausgezehrt« und mittelniederdeutsch sle »stumpf«. Das Wort war einmal weit verbreitet, ist im Niederländischen als slee »stumpf, herb« und im Englischen als slow »langsam« standardsprachlich, im Deutschen allerdings in der Hochsprache ausgestorben und nur in den Mundarten erhalten.

Lexer 2/964 u. 965; Onions 836; Pfeifer 3/1539; RhWb 7/1281; Schiller/Lübben 4/231; van Veen/van der Sijs 807; Werner 349; Wrede 2010 836

schlindern eine Eisbahn schlagen, schlittern *Gestern war et so glatt, da konnste mitten aufe Straße schlindern. Am besten konnte man früher auf dem zugefrorenen Baggerloch schlindern.* **Schlinderbahn** Eisbahn *Wir hatten früher immer ne tolle Schlinderbahn auf dem Schulhof.* Gebräuchlich am Niederrhein, im Bergischen Land und im Ruhrgebiet.

Das Wort gehört zu schlendern »langsam gehen«, *schlindern* ist die niederdeutsche Variante, die allerdings schon in spätmittelalterlicher Zeit die Bedeutung »gleiten, kriechen« angenommen hat; zu mittelniederdeutsch slenteren »gleiten«.

Anmerkung: Zu schlendern, *schlindern* gehört auch **lendern, lendere** (oder eigentlich umgekehrt; schlendern gehört zu *lendern*), so nennt man in und um Köln das langsame Schreiten oder auch Zaudern. Das wiederum führt tief in die germanische Wortgeschichte. Es geht zurück auf ein urgermanisches *(s)landrija »kriechend, schwach«, das in vielen Dialekten als *lender, lehnerig* oder *slanderig* »schwach, dürr, träge« weiterlebt. So erklärt sich auch das rheinische **lentern** »faulenzen« und der seltene niederrheinische **Lanterfant** »Faulenzer« (zu *Fant* »Taugenichts«) und das nordniederrheinische **lenterfläntern** »herumschlendern«. Und deshalb ist der Eintrag **gelantert** »abgemagert« im Kapitel Laterne im Rheinischen Wörterbuch leider eine falsche Zuordnung.

Grimm 15/723; Neri/Ziegler 114; RhWb 5/155, 389, 391 u. 7/1346; http://www.etymologiebank.nl/trefwoord/slenteren

Schliss, Schless (Heiß-)Hunger *Ich hab Schless auf Spargel.* Das Wort gehört zu schleißen, verschleißen, mundartlich *schließe, schlissen* »abschaben, zerreißen, unbrauchbar werden«. Entsprechend ist *Schliss* eigentlich »Verschleiß«: *In der Hose is der Schliss drin.* Die Bedeutung »Hunger« findet man nur im Rheinland und Ruhrgebiet. Die übertragene Bedeutung »ist wohl als Folgewirkung des Begriffes Verschleiß an Kraft zu verstehen«.

RhWb 7/1357; Wrede 2010 836

Schlittenfahren in der Wendung *mit jemandem Schlittenfahren* »jemanden grob oder rücksichtslos behandeln«. Die Redewendung hat wohl nichts mit dem Doppelsitzerrodeln zu tun, sondern dürfte über das Rotwelsche in die Umgangssprache gelangt sein. In der Gaunersprache ist der Schlittenfahrer mehrfach belegt als Codewort für einen Betrüger, das Schlittenfahren selbst wiederum steht für »jemanden verraten, etwas ausplaudern«. Das erklärt die negative Bedeutung der Wendung.

Küpper 720; Röhrich 4/1367; Wolf 1956 4970

schlittern ist neben *schlindern* das häufigste Wort für »eine Eisbahn schlagen, auf dem Eis (aus)rutschen« im Rheinischen (und Pfälzischen). Das Wort ist eine Verstärkungsform des alten Verbs schlitten »gleiten« (dazu auch der Schlitten), die in norddeutschen Mundarten (niederdeutsch *sliddern*) und im Englischen als to slidder und Norwegischen als slidra gebräuchlich ist.

Grimm 15/758; RhWb 7/1361; Trübner 6/127

Schlöpp, Schlopp, Schlepp, Schlippe Schoß, Schürzenbändel; in der rheinischen Umgangssprache oft in der Wendung *anne Schlippe* oder *Schlöpp hängen Komma bei Omma aufe Schlöpp. Der Kleene hängt mir dauernd anne Schlippe, irngswann stolper ich noch über den. Der hängt noch bei Mutter anne Schlöpp.*

Das Wort hat nichts mit Schleife, Schlaufe oder schlüpfen zu tun, sondern ist eine eigenständige Entwicklung, die »Rockschoß, Kleidungszipfel, Schleppe, Schürze« bedeutet. Im aktuellen Niederländischen ist slip das »herabhängende Teil eines Kleidungsstücks«. Schon im Mittelniederländischen ist sleppe mit gleicher Bedeutung und im Mittelniederdeutschen slippe als »Band« belegt. Zugrunde liegt ein Verb slippen »etwas abschneiden, ein Teil machen«, das wiederum auf eine spätgermanische Wurzel *slippon zurückgeht, die wohl »spleißen, abtrennen« bedeutet hat. Wörtlich heißt *anne Schlöpp hängen* also »am Rockzipfel hängen«.

Grimm 15/748; RhWb 7/1352; Trübner 6/118; Werner 352; Wrede 2010 835; http://www.etymologiebank.nl/trefwoord/slip1

schlörpen schlürfend trinken *Mensch, schlörp doch nich so laut beim Essen, dat kann man ja nich anhören!* Aber auch in der Bedeutung »beim Gehen die Füße kaum aufheben«, also »schlurfen«, gebräuchlich. *Schlörpen* ist die unverschobene Variante von schlürfen, schlurfen, im Mittelniederdeutschen als slurpen belegt, niederländisch slurpen »schlürfen«.

Kluge 2011 813; Lerchner 229; RhWb 7/1412

schlörren, schluuren, schlurren vernachlässigen *Der lässt die Schule schluren, pass ma auf, der bleibt bestimmt sitzen. Wenne weiter alles so schluren lässt, kanns de gleich einpacken. Schlör nich so mit deine Füße, da gehen die Schuhe von kaputt* (schlurfen). **verschlüren, verschlören** verlegen *Wo hasse bloß widder deine Brille hin verschlürt?* Ein **Schlurri** ist jemand, der sich gehen lässt: *Wie dat bei dem Schlurri zu Hause aussieht, du glaubs et nich.* Auch **Schlöres** »Schlendrian«. Hierher gehören auch die **Schlorren** »Hausschuhe«. In den Mundarten findet sich eigentlich nur die Bedeutung »schlurfen«, die rheinische Umgangssprache hat neue Inhalte entwickelt.

Zugrunde liegt niederdeutsch *sluren,* westfälisch *verschlöörn,* im Niederländischen sleuren »fortschleppen, ziehen«; aus mittelniederdeutsch slüren, slueren »schleppen«, auch im Mittelhochdeutschen als slur »Faulenzer« belegt. Das Wort, das wurzelverwandt ist mit *schludern,* ist jedoch in den Mundarten verblieben und nicht in die Hochsprache gelangt.

Lexer 2/992; MmWb; PfWb 5/1129; Piirainen/Elling 1000; RhWb 7/1410; van Veen/van der Sijs 808; http://www.etymologiebank.nl/trefwoord/sleuren

Schluch Süßigkeit, etwas zum Naschen *Mama, krieg ich Schluch?,* mit der Wortfamilie **Schluchnase** Naschkatze *(Du alte Schluchnase, geh bloß vom Herd wech!);* **schluchig** verwöhnt. Wenn einer eine *schluchige Schnöss* hat, ist er sehr mäkelig beim Essen. **schluchen** naschen, Süßes essen *Der is nur am schluchen.*

Zwar kennt das Grimmsche Wörterbuch den Schluchte oder Schlaucher als »gefräßigen Menschen« und das Adjektiv schluchtig, schlüchtig als »gefräßig«, sie sind aber heute so gut wie nicht mehr zu hören; außer in den – rheinischen – Mundarten, die damit wieder einmal eine Form bewahren, die in der Hochsprache verschwunden ist. *Schluchen* ist eine alte Parallelform zu schlucken, die noch im Mittelhochdeutschen belegt ist, aber schon im 15. Jahrhundert durch schlauchen und im modernen Deutschen schließlich durch schlucken verdrängt wurde. Im späten Althochdeutschen ist sluch als »Schlund, Kehle« und slucko als »Schlemmer« belegt. In den Mundarten ist mit der Wortfamilie um *Schluch* also sowohl die alte Form als auch die alte Bedeutung des Althochdeutschen erhalten.

Grimm 15/796; Lexer 2/989; RhWb 7/1260 u. 1382; Trübner 6/134; Werner 353

schludern nachlässig, unorganisiert arbeiten *Die ham aber ganz schön geschludert beim Anstreichen.* **rumschludern** *Er hat lange keine Arbeit, er schludert nur rum* (einfach so dahinleben). **hinschludern** *Der hat sein Referat vielleicht hingeschludert, nich zu fassen* (schnell und fehlerhaft arbeiten). **schludrig** vernachlässigt *Der hat immer so schludrige Klamotten an.*

Ein Verb mit vielen mundartlichen Varianten (*schluddern,* **schlaudern**, *schlurrern,* **schlürren**) und Bedeutungen: schleudern, verschütten, unsauber arbeiten, nachlässig gehen, etwas verschleudern. Da die Bedeutungsvarianten »schleudern« und »nachlässig Arbeiten« immer gleichzeitig auftreten, ist das Wort wohl nicht zu schlottern, sondern zu schleudern zu stellen, das spätmittelhochdeutsch als sludern »schlendern, schlenkern«, mittelniederdeutsch als sluder »Schleuder« belegt ist.

Duden 2008 745; Kluge 2011 810; Pfeifer 3/1539; RhWb 7/1386; Schiller/Lübben 4/251; Wrede 2010 840; http://www.duden.de/rechtschreibung/schludern

Schluffen, Schluppen am Niederrhein und im Ruhrgebiet auch **Schlüffkes, Schlüppkes** sind Pantoffeln, Hausschuhe: *Du wolls doch wohl nich mitte Schluffen losgehen. Die is in Schlüffkes anne Bude, da kennt die nix! Boh, kumma, wat der vor dicke Schluppen drauf hat* (breite Reifen beim Auto oder Motorrad). Auch im übertragenen Sinn *Dem Irmgard sein Mann is en ganz treuen Schluffen* (treue Seele). Ein **Schluff** ist ein müder, lahmarschiger Mensch *Mit dem Schluff is doch nix los. Der läuft wie son Schluff durch de Gegend.* Wenn von **schluffen** die Rede ist, dann geht jemand nachlässig, sodass die Absätze der Schuhe oder Pantoffeln über den Boden schleifen: *Schluff nich so!* **Schluffenkino** Fernsehen *Wat kommt heut im Schluffenkino?*

Die Bedeutung »Pantoffel« ist auf den niederdeutschen und rheinischen Sprachraum beschränkt, ansonsten ist die Wortfamilie in fast allen deutschen Mundarten von der Nordsee bis in die Schweiz mit einem sehr homogenen Bedeutungsspektrum (»nachlässig, träge«) verbreitet. Deshalb gehört sie wohl nicht zu schlüpfen (Wrede; pfälzisch jedoch auch *Schluff* »Schlupfwinkel«), sondern ist ein eigenständiges Wort, dessen Geschichte allerdings nicht ganz eindeutig ist. Ausgangspunkt ist ein Verb sluffen mit der Bedeutung »schleppend gehen, nachlässig sein«, dessen älteste Belege im späten Mittelniederländischen um 1600 zu finden sind: slofen »schleppend gehen, mit den Sohlen über den Boden schleifen, nachlässig sein«; slof als Adjektiv mit der Bedeutung »nachlässig, träge« findet sich etwas früher um 1500. Um die gleiche Zeit taucht auch der slof, sloffe als »Pantoffel« auf. Dass der jedoch tatsächlich zu slof »träge« gehört, ist nur eine Annahme, die sich nicht beweisen lässt. Genauso wenig wie die Abstammung der großen *Schluffen*-Familie aus dem niederländischen Raum, auch wenn dort die ältesten Belege zu finden sind.

Anmerkung: Der **Schluffi** scheint dagegen eher eine süddeutsche Entwicklung zu sein, die vor über zweihundert Jahren erstmals in der Schweiz aufgetaucht ist. Ihn kannten aber auch schon Goethe und Gotthelf.

Grimm 15/809 u. 812; RhWb 7/1389; van Veen/van der Sijs 809; Werner 353; Wrede 2010 840; http://www.duden.de/rechtschreibung/schluffen; http://www.etymologiebank.nl/trefwoord/sloffen

Schlunz seltener **Schlonz, Schlons** oder **Schlönz** ist eine nicht sehr auf Ordnung bedachte Person, ein unordentlicher, ungepflegter Mensch: *Der läuft rum wie Schlunz. Heute mach ich ma son richtigen Schlunz-Tach. Schlunz* kann auch für Abfall, Unrat, überflüssiges Zeug stehen: *Ob dat Zeug wat taugt oder einfach nur Schlunz is, kann ich nich beurteilen. Wir bekamen da son fiesen pappigen Schlunz aufgetischt.* Ein *Schlunz* kann auch ein Putzlappen sein. In Wattenscheid gibt es auch die **Schlunz-Minna**, in Krefeld den **Schlönzkopp**. **schlunzich, schlönzich, schlonzig** ungepflegt, nachlässig gekleidet *Wat läufs du denn schon widder so schlunzich über de Straße. So schlunzich willze aufe Party gehn?* Alte Klamotten kann man **aufschlonzen**, also bei schmutzigen Arbeiten aufbrauchen. **ver-**

schlunzen verlegen, verlieren *Hasde die neuen Handschuhe schon widder verschlunzt?* In den rheinischen und niederdeutschen Mundarten ist *Schlunz* in erster Linie ein alter Lappen oder schlechte Kleidung.

Die Ableitung aus schlendern (Kluge, Duden) überzeugt nicht. Anzunehmen ist ein eigenständiges Wort, das im Mittelniederdeutschen als slons, sluns und slune »gemeines Weib« belegt ist, im frühen Niederländischen (1623) ebenfalls als slons »nachlässige Frau«. Die Ableitung verslonzen »erschlaffen, verwelken« ist sogar schon im Mittelniederländischen belegt. Im aktuellen Niederländischen ist slons eine »schlampige Frau«.

Debrabandere 2005 360; Kluge 2011 813; Neri/Ziegler 114; RhWb 7/1400; Schiller/Lübben 4/252; Werner 351; http://www.duden.de/rechtschreibung/schlunzen; http://www.etymologiebank.nl/trefwoord/slons

schlusen auftauen *Dat Eis is am schluuse. Dat Eis schlust gerade,* sagt man im südlichen Rheinland und im Siegerland.

Zu mittelhochdeutsch sloze, sloz, althochdeutsch sloza »schlaffer Niederschlag«; eigentlich ist *Schloße* das »Hagelkorn«, die Bedeutung »Tauwetter« ist exklusiv für das südliche Rheinland.

Grimm 15/774; PfWb 5/1105; RhWb 7/1374; Wahrig 5/586

Schmacht Hunger, Gier *Ich hab Schmacht auf ne Zichte. Zehn Tage auf sone kleine Insel un kein Bier, da weiße, wat Schmacht is. Ich hab immer Schmacht auf wat Süßes.* **Schmachtlappen** Hungerhaken, Schlappschwanz *Wat is dat denn von Schmachtlappen, der zieht doch keinen Hering vom Teller. Der Schmachtlappen hat keinen Arsch inne Hose.* **Lungenschmacht** ist Gier nach einer Zigarette: *Wat hab ich en Lungenschmacht!*

Zu mittelniederdeutsch smachten »Hunger leiden«, mittelniederländisch smachten »vergehen« (um 1300) und »Hunger leiden« (1477), aus althochdeutsch gismaton »dahinschwinden«. Ob *Schmachtlappen* wirklich eine ironische Verballhornung des christlichen Hungertuchs ist, bleibt fraglich, vielleicht eine Anspielung auf das Ziertaschentuch, Poussiertuch (im Pfälzischen ist ein *Schmachtlappen* auch ein »Schmeichler, Kriecher«).

Kluge 2011 813; Pfeifer 3/1542; PfWb 5/1136; RhWb 7/1419; Wrede 2010 841; http://www.etymologiebank.nl/trefwoord/smachten

Schmackes Kraft, Schwung, Wucht *Da war echt Schmackes hinter dem Schlach. Nu hau ma drauf, aber mit Schmackes! Der is da aber mit Schmackes inne Kurve gegangen.* Auch als Adverb: **schmack** und **schmacks** *Der wa so wütend auf ihn, da hadder ihm schmacks eine jekleept* (Ohrfeige geben).

Die Wortfamilie geht auf das niederdeutsche beziehungsweise niederländische Verb *schmacken* zurück, das »prügeln« oder »etwas heftig auf den Boden schlagen« bedeutet; im aktuellen Niederländischen smakken »schmeißen« und »hörbar laut essen«. Bereits im Mittelniederdeutschen und im Mittelniederländischen als smacken »schlagen, heftig werfen« belegt. Das lautmalende Verb selbst ist nur noch in den Mundarten gebräuchlich, die rheinische Umgangssprache kennt nur *Schmackes* und *schmacks.*

Grimm 15/901; Rhwb 7/1421; Schiller/Lübben 4/255; http://www.duden.de/rechtschreibung/Schmackes; http://www.etymologiebank.nl/trefwoord/smakken

schmackofatzen lecker essen *Heute Abend gibt et wat zu schmackofatzen.* Auch als **Schmackofatz** leckeres Essen *Heute gibt et Schmackofatz.* Das Wort ist im gesamten deutschen Sprachraum zu hören.

Schmackowatz geht auf slawisches smakować »schmecken« zurück, das sowohl das Russische als auch das Polnische kennt. Eventuell aus der Landsersprache nach dem Zweiten Weltkrieg eingebürgert.

MmWb; http://www.duden.de/rechtschreibung/Schmackofatz

Schmier, Schmeer, Schmär ist die südrheinländische Variante des Butterbrots: *Isch mach mir mol en Schmär.* Manchmal ist mit *Schmär* auch nur die Marmelade oder der Kompott als Brotaufstrich gemeint. Das Rheinische Wörterbuch definiert *Schmier* als »alles, was aufs Brot gestrichen wird, Butter, weicher Käse, Fett, Obstkraut, auch frisches Obstmus, Rübenkraut«. Dazu **Schmierlabbes** Buttercremetorte und der **Schmeerlapp, Schmeerpohl** als Bezeichnung für einen schleimigen Typen *Bah, der Alte is en richtigen Schmierlapp.* Ein dicker Bauch ist ein **Schmeerbauch**.

Zu mittelniederdeutsch, mittelhochdeutsch smeer, mittelniederländisch smere, altniederfränkisch smeero »Fett, Talg«; aus *Schmeer* als »Bauchfett des Schweins« erklärt sich der *Schmeerbauch,* aus schmierig als »schmutzig« der *Schmeerlapp.*

Anmerkung: **Schmiere** *stehen* »Wache halten« geht zurück auf jiddisch schmiro »Wache, Wächter«, das über das Rotwelsche in die Umgangssprache gelangt ist. In Süddeutschland ist ein *Schmierlappe* auch ein Polizist.

Althaus 2006b 187; Kluge 2011 816; Mengel 46; RhWb 7/1481; Stern 192; Trübner 6/153 u. 159; Wolf 1956 5019 u. 5020; Wrede 2010 843

SCHMITZ BACKES

Den *Schmitz Backes* kennen Rheinländerinnen und Rheinländer in der Wendung *an Schmitz Backes vorbei sein* oder »rheinischer« *noch nich langs* oder *lans Schmitz Backes sein* »etwas überstanden haben, vorbei sein«: *Du bis noch lange nich an Schmitz Backes vorbei. Auch nach der Operation bisde noch längst nich an Schmitz Backes vorbei. Die Kölner sin noch lange nich an Schmitz Backes vorbei, die können immer noch absteigen. Komm du mich an Schmitz Backes vorbei, dich krieg ich noch.*

Wie man sieht, an *Schmitz Backes* kommt man im Rheinland im wahrsten Sinne des Wortes einfach nicht vorbei. Nicht nur bei Mundartsprechern, auch in der Presse kann man Sätze finden wie »Der 1. FC Köln ist noch längst nicht an Schmitz Backes vorbei« oder »Griechenland ist noch nicht an Schmitz Backes vorbei«. *Noch nicht lans Schmitz Backes sein* bedeutet im Rheinischen »noch nicht über den Berg sein, das Schlimmste noch vor sich haben« (Honnen 2008a 38).

Ein *Backes* ist im Rheinland entweder ein Backhaus, wie es früher in vielen Dörfern als Gemeinschaftsbackhaus üblich war, oder der Backofen einer Bäckerei; *Schmitz Backes* ist also der Backofen eines gewissen Schmitz. So weit, so klar. Was hat es aber mit diesem unheildrohenden Backofen auf sich? Wo stand dieser ominöse Backofen? Wer war dieser Schmitz? Wie so oft reklamieren die Kölner die Urheberschaft für sich. Eine häufig kolportierte, variantenreiche Geschichte, die wohl erstmals 1834 in der von dem bekannten Mineralogen Nöggerath herausgegebenen Zeitschrift »Rheinische Provinzialblätter« (Nöggerath 279) erzählt wurde, geht ungefähr so: »Im Mittelalter lag gleich neben der Severinstorburg in Köln die Backstube der Familie Schmitz. ›Schmitz Backes‹ spielte nach der historischen Überlieferung im Kölner Strafvollzug eine wichtige Rolle: Die Gefangenen wurden aus dem Gefängnis, das mitten in Köln lag, entlassen und mussten über die Severinstraße zum Stadttor. Alle Kölner, die mit den Gefangenen noch ein Hühnchen zu rupfen hatten, schlugen auf die Gefangenen ein, bis diese das Severinstor erreichten und dort endgültig ihre Freiheit erlangten. Man erzählt sich, dass einige das Severinstor nicht erreichten, also ›Nit längs Schmitz Backes jekumme sind‹.«

Dieser Erzählung liegt jedoch eine etwas naive Vorstellung einer mittelalterlichen und frühneuzeitlichen Körperstrafe zugrunde, die das bekannte Stäupen mit dem Spießrutenlaufen vermengt. Letzteres war eine rein militärische Strafe, die in der zivilen Strafjustiz völlig unbekannt ist. Das Stäupen, oder der Staupenschlag, war dagegen eine Körperstrafe, die in Köln seit dem 16. Jahrhundert praktiziert wurde. Sie kam allerdings eher selten zur Anwendung und war eine Prügelstrafe, die einem am Pranger angebundenen Delinquenten verabreicht wurde; nur in einzelnen Fällen wurde er »regelrecht ›aus der Stadt geprügelt‹«. Der Staupenschlag ist also keine »mittelalterliche Strafe« und kann auch nicht mit dem Severinstor in Verbindung gebracht werden (Schwerhoff 1991 140 u. 146). Allenfalls die Ehrenstrafe des »Schandmalstragen« in Form einer hölzernen Heucke (oder Huik, Hacht) hatte einen Bezug zum südlichen Stadttor, wie der folgende Fall zeigt: »Der Posentmacher Hans Cuerdt, der 1581 in St. Johann Baptist ein Kreuz von der Wand genommen hatte, wurde in der hölzernen Heucke vom Turm durch den Dom zum Altermarkt und weiter zum Orte seines Frevels geführt, wonach er durch die Severinspforte zur Stadt hinaus gejagt wurde« (Schwerhoff 1996 190).

Die Staupenschlagtheorie steht also auf äußerst schwachen Füßen, weshalb schon Wrede von einer »für das reichsstädtische Köln literarisch nicht nachweisbaren Überlieferung« gesprochen hat (Wrede 2010 71). Das gilt erst recht im Zusammenhang mit der Bäckerei Schmitz, die es wohl tatsächlich in der Severinstraße Nr. 5 gleich hinter der Torburg einmal gegeben hat (heutige Bäckerei Brochmann), die aber – bei sehr unsicherer Quellenlage – nicht vor 1797 nachgewiesen werden kann. Die bedauernswerten, zum Stäupen verurteilten Delinquenten können also unmöglich an der besagten Bäckerei vorbeigekommen sein, zumal die Namensform »Schmitz« frühestens im 16. Jahrhundert erscheint. Einen mittelalterlichen *Schmitz Backes* hat es also nicht gegeben. So bleibt eigentlich nur zu konstatieren, dass die Kölner Entstehungslegende lediglich eine mögliche Variante von vielen ist. Denn im Rheinland werden gleich eine ganze Reihe von weiteren Herkunftsgeschichten erzählt, die nicht weniger wahrscheinlich sind. Schon das Rheinische Wörterbuch nennt die Orte Elberfeld (das Backhaus Schmitz am Beginn einer schlechten Wegstrecke), Dülken (der dortige Schmitz Backes lag auf halber Strecke zum Nachbarort Boisheim, im 16. Jahrhundert kurzzeitig die Grenze zur spanischen Besatzungszone) und Rheydt (mit einem Schmitz Backes in der Nähe eines Galgens).

Interessanterweise kennt das Rheinische Wörterbuch daneben auch weitere Bedeutungsvarianten der Wendung, die auf unterschiedliche Entstehungsmotive schließen lassen. So sagt man in Mayen *De es langs Schmitz Backes de Bach erunner,* wenn jemand bankrott ist, in Aachen ist man dagegen alt, wenn *man an Schmitz Backes angekommen ist,* und in Geldern ist man *neven Schmitz Backes,* wenn man über fünfzig Jahre alt ist. In Erkelenz gibt man mit den Worten *Ich le* (leite) *dich ens langs Schmitz Backes* einem Bittsteller eine abschlägige Antwort (RhWb 1/173).

Kölnische Lokalpatrioten dürfte besonders erzürnen, dass ausgerechnet auch die Düsseldorfer für sich reklamieren, Ursprungsort der Redewendung zu sein: Demnach hat »sich in Höhe einer Bäckerei Schmitz, die sich in Kaiserswerth in Rheinnähe befand, im Rhein ein nicht gerade ungefährlicher Strudel befunden. Die geglückte Passage dieses Strudels wurde von den Bootsführern dann mit den Worten gut an Schmitz Backes vorbeigekommen bedacht«. Damit nicht genug. Ein neuerer Eintrag im Rheinischen Mitmachwörterbuch weist eindringlich darauf hin, dass es »Fakt ist, dass an der heutigen Kreuzung Ronsdorfer Straße/Höherweg (Automeile in Düsseldorf) ein altes schmiedeeisernes Schild mit der Inschrift Schmitze Backes gestanden« habe. Und ein »gebürtiger Düsseldorfer weiß, dass es bis vor einigen Jahren auf der Arnheimer Straße in Düsseldorf eine Bäckerei gab, die auf ihrer weißen Giebelwand ›Schmitz Backes‹ stehen hatte. Auch für meinen Bruder und mich galt: ›Na warte, noch bist du nicht an Schmitz Backes vorbei.‹ Bei der Entstehung der Redensart verlief wohl dort die Stadtgrenze zu Wittlaer, heute auch ein Stadtteil Düsseldorfs«. Mit drei Herkunftslegenden läuft die Landeshauptstadt ihrer Rivalin Köln locker den Rang ab.

Und auch in Mettmann, also fast in Düsseldorf, glaubt man, die Redewendung sei eine dortige Spezialität, die außerhalb der Stadtgrenzen nahezu unbekannt sei. Hier geht die durchaus selbstironische Erklärung so: Die Bäckerei Schmitz liegt mitten in der Stadt. Wenn man an ihr vorbeikommt, liegt das Schlimmste noch vor einem, nämlich der architektonisch sehr umstrittene *Blottschenbrunnen.* Auf der anderen Rheinseite in Neuss war es wiederum eine Gaststätte mit dem Namen *Schmitz Backes.* Dort musste der Leichenzug auf dem Weg zum Friedhof unweigerlich vorbei, nach der Beerdigung fand dort der Leichenschmaus statt. Deshalb heißt es dort leicht abgewandelt: *Keiner kommt an Schmitz Backes vorbei.*

Eine etwas anders gelagerte Herleitung erzählt man sich in Edelrath bei Leverkusen und in Oberdollendorf südlich von Bonn: In Edelrath schliefen früher die Knechte des Bauern Schmitz in seinem Backhaus. Die waren als besonders gewalttätig verschrien, sodass man erst aufatmen konnte, wenn man wohlbehalten daran vorbeigekommen war. In Oberdollendorf glaubt man dagegen nicht an ein bestimmtes Backhaus. Das *Schmitz Backes* steht für alle Backstuben, in denen sich früher die Dorfburschen nach getaner Arbeit versammelten und mit Spielen die Zeit vertrieben. Dabei achteten sie aber sorgfältig darauf, dass sich keine auswärtigen Freier in das Dorf schlichen, um ihnen die potenziellen Bräute wegzuschnappen. Dann hieß es: *Loss dä komme, dä es noch net am Schmetz Backes vorbei!* In der Stadt Bonn war das *Backes* dagegen gar kein Backhaus, sondern die Brotfabrik Schmitz. Deren Firmengelände hatte rundherum eine lange Mauer, und es dauerte eine ganze Weile, *um an der langs zu gehen.* Eine ganz andere Bedeutung schließlich hat das *Schmetz Backes* übrigens im südlichen Rheinland. In Kaisersesch ist es ein Synonym für die berühmt berüchtigte *Familie Hempel,* unter deren Sofa es nicht sehr anheimelnd aussieht. Hier sagt man: *Hej jaat ett zo, be änn Schmitz-Backes,* und vermutet deshalb, dass es in der Backstube des Bäckers Schmitz hoch hergegangen sein muss (Honnen 2008a 41).

Dennoch scheint Köln, trotz der harten Düsseldorfer Konkurrenz, im Rennen der Herkunftslegenden immer noch die Nase vorn zu haben. Dies liegt zum einen an der Bedeutung der Stadt, die immer schon eine kulturelle und auch sprachliche Metropole gewesen ist, zum anderen an der genauen Adresse der Bäckerei Schmitz in der Severinstraße. Gegen eine so punktgenaue Verortung haben andere Orte mit ihren Geschichten kaum eine Chance, obwohl genau dies auch der Knackpunkt der Kölner Legende ist.

Schmodder schmieriger, klebriger Schmutz, undefinierbare breiige Mischung aus Dreck *Eine Woche hat der bei mir gekocht, un ich hab jetz der Schmodder überall zwischen de Küchenmöbel hängen. Die Blagen sind mit so Klumpen Schmodder anne Stiefel hier reinjetalp.* Entweder aus *Schmier* und *Modder* gebildet oder zur niederdeutschen Wortfamilie um *schmuddeln* »besudeln«.

RhWb 7/1510 u. 1520

Schmölzchen, Schmölzgen, Schmölzjen Gruppe, Verein, Sippschaft *So, dat ganze Schmölzchen geht jetz durch die Tür da und dann is Schluss. Wenn die mit ihrem Schmölzjen hier auftauchen, dann is Land unter.* Das zentralrheinische Wort ist aus geschmolzen, dem Partizip von schmelzen, entstanden.

RhWb 7/1503; Wrede 2010 845

Schmonzes, Schmonses Unfug, unnützes Zeug *Ich kann diesen Schmonzes nich mehr hören. Der ganze Schmonses im Fernsehen kann mir gestohlen bleiben. Bleib mir weg mit diesem Politikerschmonzes. Schmonzes* kann auch im Sinne von »Beiwerk, Kram« verwendet werden: *Ich hab jetz mal den ganzen Schmonzes aus dem Erbe hier sortiert, ich glaub, dat kann alles au-wen Flohmarkt. Schmonses* ist auch der schleimige Dreck im Waschbecken- oder Duschabfluss: *Bah, ich muss immer diesen Schmonses ausem Abfluss holen.*

Aus dem Jiddischen; im deutschen Familienjiddischen bedeutete Schmonzes »Unsinn, unwichtige Geschichte«, die weitere Herkunft ist unklar.

Althaus 2006b 187; Kluge 2011 817; Weinberg 99

Schmuh Betrug, wird aber oft auch in der Nähe der lässlichen Sünde gesehen *Is doch sowieso alles Schmuh mitte Glücksspiele.* Jiddisch schmu machen »Gewinn an jemandem machen durch verschmitztes Plaudern und Anpreisen«.

Althaus 2006b 188; RhWb 7/1507; Weinberg 99; Werner 356

schmulen Kleinigkeiten heimlich beiseite bringen, unbemerkt in die eigene Tasche abzweigen, klauen, auch **reinschmulen** *Wenn mich die Oma einkaufen geschickt hat, hab ich mir öfter vom Einkaufgeld nen Fennich geschmult, die hat ja nie so genau nachgezählt. Sach mal, wo hast du die Zigarette her? – Beim Papa geschmult. Der kann im Betrieb ohne Ende Notizblocks un Bleistifte schmulen.* **beschmulen** betrügen, täuschen, übers Ohr hauen *Geh nich bei die Hütchenspieler, die beschmulen einen nur.* In Köln sagt man eher **schmulmachen**. Manchen Kellnern sagt man *en Extraportmanee för schmuljemaate Jrosche* nach.

Schmul ist eine herabsetzende Verballhornung des jüdischen Personennamens Samuel, die im 19. Jahrhundert wohl auch unter Einfluss von *Schmuh* (siehe dort) aufgekommen ist.

Althaus 2006b 189; RhWb 7/1512; Stern 192; Wolf 1956 5036; Wrede 2010 845/846

Schmuus unechtes, wertloses Zeug, Kram; süßes, inhaltsleeres Gerede *Erzähl mir nich son Schmuus, dat wirkt bei mir nich. Den ganzen Schmuus hier kannsde behalten. Der hat mir vielleicht en Schmuus erzählt.*

Jiddisch Schmuos, Schmues »Unsinn, leere Rede, Geklatsche«; hierzu auch **schmusen**, eigentlich jiddisch »reden, erzählen, schmeicheln«, daraus ist »sich anbiedern« und schließlich »liebkosen« geworden.

Althaus 2006b 189; Kluge 2011 817; Weinberg 99

schnack, schnacks gerade *Dat Bild hängt nich schnack. Die Straße führt schnacks nach Bergheim.* Man kann auch jemandem etwas *schnack* – unverblümt oder geradeheraus – *ins Gesicht sagen.* In der »Ville« gibt es noch die Wegbezeichnung *Schnacker Jagdweg,* in der Nordeifel sagt man auch **Schnacke** zu jemandem, der aufrichtig ist und Rückgrat hat.

Schnack ist ein altes Mundartwort, das in allen rheinischen, westfälischen und auch pfälzischen Dialekten verbreitet ist, meist in Verbindungen wie *schnack us* »geradeaus« oder *schnack op* »aufrecht«. In der Umgangssprache ist es nur noch sporadisch zu hören. Die Wortgeschichte ist unvollständig. Zwar ist das Wort bereits in einer Kölner Urkunde aus dem 13. Jahrhundert als snacke belegt, die Herkunft ist aber dunkel.

PfWb 5/1214; RhWb 7/1527; Wrede 2010 847

Schnalle als Bezeichnung für eine Frau oder ein Mädchen *Mann, hast du die Schnalle da hinten gesehen? Die blöde Schnalle hat mir doch glatt en Korb gegeben.* Diese heute nicht mehr unbedingt nur abfällige Bezeichnung hat zwei Ursachen. *Schnalle* ist der jägersprachliche Ausdruck für das weibliche Geschlechtsteil von Hundeartigen (Wolf, Fuchs). Im Rotwelschen wurde das Wort deshalb zu einer abfälligen Bezeichnung für Prostituierte und »leichte Mädchen« mit einer großen Wortfamilie: *sich eine anschnallen* »zu einer Hure gehen«, *Schnallenrennen, Schnallenritt* »Hurenstrich«, *Schnallentreiber* »Zuhälter«. Über das Rotwelsche fand das Wort schließlich Eingang in die Mundarten (so im Westfälischen *schnallen* »koitieren«) und die Umgangssprache, wo es eine allgemeinere Bedeutung erhielt.

Grimm 15/1161; Kluge 2011 818; Röhrich 4/1379; Woeste 245; Wolf 1956 5046; http://www.duden.de/rechtschreibung/Schnalle

schnallen etwas begreifen, verstehen *Ich schnall dat einfach nich. Der schnallt nie wat.* **abschnallen** meint das Gegenteil »etwas nicht fassen oder glauben können«: *Boah, ich schnall ab! Da schnallze ab, wa!*

Das Wort Schnalle hat(te) viele Bedeutungen, unter anderem hat sich aus schnallen als »mit dem Finger schnippen« die Bedeutungsvariante von Schnall als »Schnippchen« (jemandem ein Schnippchen schlagen, jemanden foppen) und daraus die Variante »lustige Lüge, Streich« ergeben, die heute aber kaum noch gebraucht wird. Nur die daraus abgeleitete Wendung *etwas schnallen* ist noch sehr frequent; sie bedeutet also ursprünglich »erkennen, ob man veräppelt wird«.

Grimm 15/1163; http://www.duden.de/rechtschreibung/schnallen

schnasseln Alkohol trinken, beim Alkohol tüchtig zulangen *Komm, wir schnasseln uns ma en Likörken. Beim Frühschoppen wurde mal wieder mächtich geschnasselt.* In Essen auch als »Süßes essen« bekannt.

Das Wort ist in den rheinischen Mundarten nur sehr spärlich belegt, in der Umgangssprache des Ruhrgebiets und des niederdeutschen Raumes aber häufig zu hören. Die gängige Ableitung verweist auf jiddisch schaskelen »trinken«, das in vielen Rotwelschdialekten Spuren hinterlassen hat. Allerdings ist der Anlaut schn- nicht zu erklären, alle Varianten zu schaskelen sind n-lose Formen. Deshalb ist ein dialektaler Hintergrund anzunehmen, da *schnasseln* auch in einer Reihe von Mundarten gemeldet ist. Die Wortgeschichte bleibt jedoch rätselhaft.

Fellsches 1999 153; Küpper 731; RhWb 7/1557; Stern 179; SüdhessWb 5/585; Wolf 1956 5055; http://berlinerische.deacademic.com/1838/schnasseln; http://www.ruhrgebietssprache.de/lexikon/schnasseln.html

Schnatz nur in der Negation *kein Schnatz: Die kümmert sich keinen Schnatz um ihre Kinder. Kein Schnatz kricht der mehr von mir! In Dänemark verstehse keinen Schnatz* (wenig, nichts)!

Die Wendung ist eine mundartliche Variante von umgangssprachlich *keine Schnitte machen* »nichts erreichen können«, denn *Schnatz* ist im Rheinischen und Pfälzischen ein »Schnitt« oder »Riss«. Zugrunde liegt mittelhochdeutsch snatte und spätalthochdeutsch snatta »Spur eines Risses«. Das Niederdeutsche kennt *snad* auch als »Grenze«.

PfWb 5/1261; RhWb 7/1537 u. 1557

schnibbeln, schnippeln schneiden, auch **abschnippeln** oder **herumschnibbeln.** Das Wort ist im gesamten Rheinland im Alltag noch häufig zu hören, auch im übertragenen Sinn: *Wat schnibbelse da an dem Holz rum? Wenn de da noch wat wechschnibbels, dann passt et. Der hat die Kurve geschnibbelt* (mit dem Auto eine Kurve schneiden). *Der hat versucht, die Zehn zu schnibbeln* (die Zehn »schneiden« beim Skat). Bei Ballspielen kann man ebenfalls *schnibbeln: Pass auf, der schnibbelt die Bälle. Der Ball war geschnibbelt.* Ein beliebtes Kinderspiel war **Schnibbeln** oder *Rimmeln:* Jedes Kind hatte Pfennige oder Sammelbilder. Reihum wurde gegen eine Hausmauer geworfen – wer am nächsten »dran« war, gewann den »Pott«. Dann gibt es noch die **Schnibbelsbohnen, Schnippelbohnen** (milchsauer vergorene grüne Bohnen) und den **Schnippel** oder **Schnibbel**, der nicht nur für einen Schnipsel, sondern auch für einen – angeblich zu kleinen – Penis stehen kann: *Ich hab dat auf son kleinen Schnibbel geschrieben, un jetz kann ich ihn nich mehr finden* (kleiner Zettel). *Du has ja nur en kleinen Schnibbel ine Hose!* Ein **Schnibbelskuchen** oder **Schnibbelkook** ist ein Pfannekuchen aus *geschnippelten* Kartoffeln.

Schnippeln ist ein lautmalendes, niederdeutsches Verb, das in der Bedeutung »schneiden« noch nicht sehr alt ist: 1546 niederländisch snippen, danach im deutschen Sprachraum meist als Iterativ *schnippeln;* mittelhochdeutsch snippen, snipfen noch als »greifen, knipsen« und »quatschen«. Eine große Wortfamilie mit niederländisch snipperen, englisch to snip, dazu auch schnippen (mit den Fingern schnippen), schnippisch, wohl auch verwandt mit schnappen.

Grimm 15/1336; Lexer 2/1037; Pfeifer 3/1557; RhWb 7/1623; Werner 358; Wrede 2010 853; http://www.etymologiebank.nl/trefwoord/snipper

schnörzen heißt das Sammeln von Süßigkeiten an Sankt Martin im südlichen Rheinland: *Nach dem Zuch gehn die Pänz schnörzen.*

Das Wort ist eine Variante von **schnorren** »betteln«, das im Rotwelschen, angelehnt an die Schnurrpfeife der Bettelmusikanten, im 18. Jahrhundert aufgekommen ist.

RhWb 7/1650; Trübner 6/190

Schnösel eingebildeter, arroganter Kerl *Der Schnösel läuft rum wie Graf Koks vonne Pannhütte. Komm mir ja nich mit som Schnösel nach Haus!*

Einzig sicher beim *Schnösel* ist seine niederdeutsche Abstammung und seine Verwandtschaft mit Wörtern der Wurzel schn- (Schnute, *Schnodder*), vielleicht ein Rotzjunge, der sich für etwas Besseres hält.

Grimm 15/1380; Kluge 2011 822; Küpper 736; RhWb 7/1683

schnösen, schneusen, schnützen Süßigkeiten essen *Die is den ganzen Tach am schnösen, kein Wunder, dat die so aussieht. Omma, hasde wat zu schneusen?* **Schnöserei** Nascherei; **Schnösereien** Süßigkeiten *Die Omma bringt sons immerSchnösereien mit.*

Geschnöst oder *geschneust* wird im Süden des Rheinlands und in den dort angrenzenden Mundarten bis hinunter in die Schweiz. Es handelt sich hier um ein altes Mundartwort mit der Grundbedeutung »stöbern, herumsuchen, schnüffeln«, also eigentlich »nach Süßigkeiten suchen«.

Grimm 15/1209; PfWb 5/1266; RhWb 7/1571; Schweiz Idiotikon 11/1332

Schnotter, Schnodder Nasenschleim, im Rheinland als **Schnodderbell, Schnotterbellen** »Rotzfahne« ein beliebtes Mundartwort.

Zu mittelhochdeutsch snuder, mittelniederdeutsch snoderen »Schnupfen haben«, die eine germanische Wurzel *snuttan haben; niederländisch snot »Nasenschleim«. Im Standarddeutschen ist das Wort in schnodderig »nachlässig« erhalten. Das Grundwort ist *Belle,* wie im nördlichen Rheinland etwas »kugelförmig Herunterhängendes« (siehe *Schellekes*) genannt wird. Dahinter verbirgt sich natürlich mittelniederdeutsch und mittelniederländisch belle »Glocke«, die wir noch im aktuellen Englischen und Niederländischen als bell finden.

Kluge 2011 821; Lerchner 209; RhWb 3/609 u. 7/1650; http://www.etymologiebank.nl/trefwoord/bel1; http://www.etymologiebank.nl/trefwoord/snot

schnuckern ist eines der unzähligen Wörter für »naschen«, *Schnuck* bedeutet entsprechend »Leckereien«. *Geschnuckt* wird im östlichen Rheinland, im Ruhrgebiet und im niederdeutschen Raum. Dort kommt das Wort auch her. Im Mittelniederdeutschen ist snucken als »schluchzen« belegt (wie Kinder es tun, wenn sie aufhören zu weinen). Diese Bedeutung hat *schnucken* noch heute, die Variante »naschen« hat sich daraus entwickelt.

Grimm 15/82; RhWb 7/1659; Schiller/Lübben 4/280

Schnüff, Schniff Verlangen, Lust *Ich hab Schnüff auf gar nix. Manchmal hab ich so richtich Schnüff auf Pommes.* Dazu auch *ein Schnüffchen nehmen* »bewusst riechen« *Wenn Weihnachtsplätzchen gebacken wurden, ging Vater inne Küche, um schomma en Schnüffchen zu nehmen. Schnüff* hat man am Niederrhein und im Ruhrgebiet.

Das rheinische Mundartwort *schnuffen* bedeutet »Nasenschleim hochziehen, Tabak schnupfen« (vergleiche **Schnüffkes** machen »Nasenschleim hochziehen«) und ist verwandt mit schnüffeln. Das abgeleitete *Schnüff* kann entweder »Schnupftabak« oder auch »kleines, wertloses Geschenk«, »rein gar nichts« oder eben »Lust, Verlangen« bedeuten. Nur die letzte Bedeutungsvariante hat sich in der Umgangssprache gehalten. Historische Formen sind mittelniederdeutsch snuven »die Nase reinigen« und mittelniederländisch snuffelen. Relikte sind englisch snuff »Schnupftabak« und niederländisch snuf »Rauch«.

Anmerkung: Bemerkenswert ist die Koinzidenz von südniederrheinisch *no de neiste Schnüff* »nach der neuesten Mode« mit standardniederländisch snufje »neueste Mode«.

RhWb 7/1667; http://www.etymologiebank.nl/trefwoord/snuf

schnuppe in der Wendung *schnuppe sein* ist aus der Studentensprache übernommen; zu niederdeutsch *Schnuppe* »verbrannter Überrest vom Docht einer Kerze«.

Nail 1988 362

schnuppen, schnüppen (mundartlich auch *schnöppe*) Süßes essen, naschen *Hasse nix zu schnuppen für mich? Jetz brauch ich dringend wat zu schnuppen für den Kreislauf.* Das Adjektiv **verschnuppt, verschnüppt** charakterisiert jemanden als den Süßigkeiten hörig: *Die is richtig verschnuppt, jeden Mittach haut die sich Kuchen rein. Verschnüppt* kann aber auch »wählerisch, verwöhnt« bedeuten. **Schnupp** dagegen ist ein eher abstrakter Begriff, der etwas irgendwie Leckeres umschreibt: *Dat is der reinste Schnupp. Zum Kaffee brauch ich irgendein Schnupp.* Es muss aber nicht unbedingt etwas Süßes sein: *Für mich is Katoffelsalat mehr Schnupp als Schockelade.* Das **Schnuppzeug** hingegen ist auf jeden Fall etwas Süßes. *Der hat immer irgendein Schnuppzeug zu Hause.* Kindersprachlich erscheint es als **Schnuppa**.

Das Wort ist in den rheinischen und niederdeutschen Mundarten weit verbreitet; im Niederdeutschen als *snopen, snuppen,* im Niederländischen als snoepen »Leckereien essen« seit dem 16. Jahrhundert belegt. Das Wort wird gemeinhin zu schnauben, schnaufen, schnuppern gestellt, wahrscheinlich ist es aber eine Lautvariante von schnappen im Sinne von »begierig nach einer Leckerei greifen« (siehe das gleichaltrige niederländische versnapering »Leckerei« mit gleicher Wurzel).

Küpper 737; RhWb 7/1672; Woeste 247; Wrede 2010 856;
http://www.etymologiebank.nl/trefwoord/snoepen

schnurz und seine eigentlich tautologischen Steigerungsformen **schnurzegal** und **schnurzpiepegal** »völlig gleichgültig«.

Die Herkunft ist unsicher, das Wort ist 1831 erstmals als studentensprachlich belegt. Einen Herleitungsversuch macht Pfeifer: »Vielleicht lautmalend zur Charakterisierung von etwas Unbedeutendem in Anlehnung an *Schnarz* maskulinum ›Unrat, Makel, Dochtabfall, Rotz‹, niederdeutsch *Snart* ›Furz‹, mittelhochdeutsch *snarz* ›schnarrendes Geräusch‹.«

Grimm 15/1425; Kluge 1895 223; Kluge 2011 823; Küpper 738; http://www.dwds.de/wb/schnurz

Schnüss Mund, Schnauze *Halt die Schnüss! Mitter Schnüss is er groß. Wat ziehs du denn vonne Schnüss? Gleich krisse einen aufe Schnüss* (einen Schlag bekommen). *Na, habt er einen aufe Schnüss gekricht* (eine Niederlage einstecken)? **Schnodderschnüss** *Der kann seine Schnodderschnüss nich halten* (loses Mundwerk). **Schnabbelschnüss** *Nu halt doch endlich mal deine Schnabbelschnüss.*

Schnüss ist die rheinische, verschobene Variante der *Schnute* (und damit lautgesetzlich »korrekter« als standardsprachlich Schnauze, das deshalb wohl nicht mit Schnute verwandt, sondern zu schneuzen zu stellen ist); aus dem Niederdeutschen, mittelniederdeutsch snut, niederländisch snuit, englisch snout.

Kluge 2011 819; RhWb 7/1683; Wrede 2010 857;
http://www.etymologiebank.nl/trefwoord/snuit1

schnützen Süßigkeiten konsumieren, naschen *Bisde schon wieder am schnützen?* **Schnützzeuch, Schnützkroom** Süßigkeiten *Die lebt nur von Schnützzeuch.* Das *Schnützzeuch* wird im **Schnützschrank** aufbewahrt.

Geschnützt wird im westlichen Rheinland. Analog zu *schnuckern* bedeutet auch *schnützen* eigentlich schneuzen (das sich daraus entwickelt hat). *Schnützen* bewahrt die alte, mittelniederdeutsche Aussprache snüten (die mittelhochdeutsch zu sniuzen wurde, niederländisch snuiten). Es ist eines der unzähligen Wörter mit sn- im Wortanlaut, die irgendwie mit schnaufen, schnuppern und so weiter zu tun haben. Wahrscheinlich gehen sie alle auf eine vorgermanische Wurzel zurück.

RhWb 7/1614; http://www.etymologiebank.nl/trefwoord/snuiten

schnüven, schnöven neugierig sein, rumschnüffeln, rumkramen *Versteck bloß die Jeschenke, datt Kleen is schon widder am schnüven. Pass auf, waste sachs, die Krause is schon widder am schnüven. Wat bisse hier am schnöven?* Auch planloses Herumstöbern *Ich hab nur mal so nach ner Hose geschnövt – muss demnächst mal richtig suchen gehen. Hasste dat Buch schon gelesen? – Nicht wirklich, habs nur mal durchgeschnövt.*

In *schnüven* hat sich die alte, niederdeutsche Variante von schnauben erhalten: mittelniederdeutsch und mittelniederländisch snuven »schnauben, blasen« (mittelhochdeutsch snuben); aus der Bedeutung »schnauben, Luft durch die Nase einziehen« hat sich die Bedeutung »schnüffeln« (die Nase unbefugt in Dinge stecken) entwickelt; niederländisch snuiven.

Pfeifer 3/1559; RhWb 7/1558; http://www.etymologiebank.nl/trefwoord/snuffen; http://www.etymologiebank.nl/trefwoord/snuiven

Schochen, Schocken abfälliges Wort für Füße und Beine (nur Plural) *Solange du deine Schochen hier unter meinen Tisch stells, solange bis du abends beim Essen zu Hause, is dat klar! Zieh dich wat anne Schocken, du hols dich sons wat auf die kalten Fliesen.*

Schochen kennen die Mundartsprecherinnen und -sprecher im Rheinland zwischen der Ahr und dem Niederrhein, in der Umgangssprache hört man es noch häufig im Ruhrgebiet, hier auch die Variante **Schorken** (auch als »ausgelatschte Schuhe«). Im älteren Westfälischen ist *Schoken* ebenfalls der Fuß oder der Beinknochen, aus Dortmund ist 1877 *Schuaken* für »Fuß, Bein, Knochen« gemeldet, im Siegerländischen ist *Schoche* der »Hornschuh des Rindviehs« und davon abgeleitet der verächtliche Ausdruck für einen plumpen Fuß oder Schuh. Das Rheinische Wörterbuch meldet für *Schochen* als Hauptbedeutung »Bein, Fuß von Tieren, Hornschuh«. Im Pfälzischen findet sich *Schuck, Schuch,* eigentlich »Schuhe«, auch als Hornschuh.

Die Wortgeschichte ist unsicher, wahrscheinlich haben hier die Mundarten die alte spätmittelhochdeutsche Lautung schuoch, schuch für den »Schuh« bewahrt (die allerdings auch schon die Bedeutung »Fuß« haben konnte), mit der sich im Rheinland später nur noch die Bedeutung »Fuß,

Bein« verband, als sich der Schuh auch im Dialekt durchsetzte. Relikte von schuoch als »Schuh« finden sich noch in den Mundarten von Trier und Altenkirchen *(Schoch, Schouch)*. Woeste schlägt dagegen ein eigenständiges Wort vor, das auf altsächsisch skokan »gehen« beruhen soll, was sich aber so nicht nachweisen lässt. Die Etymologie bleibt unbefriedigend.

Fellsches/Schnieber 162; Heinzerling/Reuter 426; Honnen 2012a 214; Köppen 53; PfWb 5/1471; RhWb 7/1734 u. 1695; Woeste 230

schockeln, schuckeln schütteln, schaukeln *Schockel die Flasche nich so, gleich spritz et. Mein Gott, wat is die Kiste am Schockeln, dat is ja nich zum Aushalten, mir wird gleich schlecht.* Ein Baby im Kinderwagen wird auch *geschockelt.* **Schockelei** Schaukelei *Wat is dat ne Schockelei hier in den alten Waggons. Bei der Schockelei wird mir gleich schlecht.*

In *schockeln* ist die alte, mittelhochdeutsche Lautung der Schaukel erhalten; mittelhochdeutsch schock, schocke »Schaukel«, althochdeutsch skokka »das Schaukeln«, mittelniederländisch schokkelen »schütteln«.

Kluge 2011 797; Lexer 2/765; RhWb 7/1697; Werner 361

Scholli in *mein lieber Scholli* als Ausruf des Erstaunens oder der Bewunderung *Mein lieber Scholli, dat hasse aber gut hingekricht. Wat fürn toller Schlitten, mein lieber Scholli. Mein lieber Scholli, dat war aber knapp.*

Wohl zu französisch joli »hübsch, niedlich«, ein im Rheinland und der Pfalz beliebter Name für Tiere und auch als Bezeichnung für bestimmte Menschen. Röhrich erzählt eine schöne personalisierende Herkunftslegende: »Es handelt sich um Ferdinand Joly (1765–1823), den man zu seinen Zeiten den ›ausgejagten Studenten von Salzburg‹ nannte. Er stammte … aus einer frz. Hugenottenfamilie … Durch Jahrzehnte führte er ein unstetes Vagantenleben: Singend, dichtend und schauspielend hinterläßt er kaum sichtbare Spuren …« Ein bairisches Volkstheaterstück heißt *Mei liaba Schole!*

Bach 269; Braun 25; Duden 1999 8/3425; Honnen 2008a 204; PfWb 5/1403; RhWb 7/1709; Röhrich 4/1394

Schose (kein Plural) Sache, Angelegenheit, irgendein Tun *Dat is immer die gleiche Schose mit dem. Wenn wir nich aufpasssen, geht die ganze Schose den Bach runter.* Auch als Drohung geeignet: *Wenne die Schose mit dem Lehrer nich bis morgen Abend klar has, dann kannste gleich deine Zahnbürste in Rente schicken.*

Das Wort ist eine Entlehnung aus französisch chose »Sache, Ding« und allgemein verbreitet. Es geht zurück auf lateinisch causa »Sache«.

Dubois/Mitterand/Dauzat 163; Küpper 740; http://www.duden.de/rechtschreibung/Chose

Schoss ist die rheinische Schublade, oft auch als **Schösschen** und **Schösskenn** *Hasse die Socken widder int Schoss reingetan, wo se hingehörn? ein Schoss offen* oder *heraus haben* bescheuert, blöd sein *Der hat doch wohl en Schoss offen, oder?,* auch **Aschenschoss** Aschenkasten unter dem Schüttelrost im Ofen; **Ladenschösskenn** und **Ladenschösschen** Geschäft, Geschäftskasse *Bei denen ist das Ladenschösschen immer voll. Dat beste im Leben is immer noch en volles Ladenschössken!* Ein *Schössken* kann auch ein altes Auto sein, wohl weil im Dialekt ein *Schoss* auch Teil der Schubkarre ist. *Schoss* ist eine Ableitung von schießen und bezeichnet im Dialekt allgemein das, was eingeschossen wird: Backschieße, Aschenkasten oder eben eine Lade. Aus dem mittelniederdeutschen Pendant schot sind das Schiffsschott und unser Verb abschotten hervorgegangen.

Anmerkung: Die rheinische Schubladenlandschaft ist klar gegliedert. Ganz im kleverländischen Norden heißt sie schlicht *Lade,* am anschließenden Niederrhein *Treck* (hier wird also nicht geschoben, sondern gezogen, siehe *trecken* unter dem Stichwort *Trecker*), im zentralen Rheinland gilt *Schoss* und im Moselfränkischen südlich der Ahr schließlich *Schublade,* die eigentlich *Schupplade* heißen müsste (und vielfach auch genauso ausgesprochen wird), weil hier ein altes Verb *schuppen* (mittelhochdeutsch schupfen, althochdeutsch scopha »schieben«) zugrunde liegt.

Lausberg/Möller 52; RhWb 7/1783

Schottelplack, Schoddelplack und **Schöttelplack** »Schüsseltuch« heißt im nördlichen Rheinland das Spültuch. Es ist eine Kombination aus *Schottel,* der unverschobenen und damit älteren Variante der Schüssel, und *Plack,* mundartlich für »Lumpen, Lappen«. *Schottel* geht zurück auf scutella »Trinkschale«, eine frühe Entlehnung aus dem Lateinischen, die in der Geschichte aller nordischen Sprachen nachweisbar ist (heute als schotel im Standardniederländischen). *Plack* ist sowohl im Mittelniederdeutschen als auch im Mittelniederländischen als plagge »Fetzen, Lappen« belegt; im Hochdeutschen (Placken) und im Standardniederländischen (plag) ist das Wort heute nur noch in der Bedeutung »Grassode« gebräuchlich.

Schottelplack ist deshalb ein interessantes Wort, weil es in Umfragen und Erhebungen immer wieder als das »typischste« Mundartwort der Region genannt worden ist (genau wie in den Mundartregionen der angrenzenden Niederlande das *schottelslet*). Es ist so etwas wie das Schibbolethwort des nördlichen Rheinlands.

Honnen 1995 52; Kluge 2011 830; Lerchner 218; MmWb; RhWb 7/1945; Schiller/Lübben 3/335; Werner 297 u. 362

schrappen kann man Möhren, indem man mit einem senkrecht gehaltenen Messerrücken mit einigem Druck so über ihre Oberfläche fährt, dass Teile der Schale entfernt werden. Kann auch mit Roter Beete oder Frühkartoffeln gemacht werden, allerdings kommt das *Schrappen* von Gemüse mit der Erfindung des Sparschälers wohl langsam aus der Mode: *Ich muss noch Möhren schrabben. Die sind aber nich sauber geschrappt.* **vorbeischrabben, vorbeischrappen** *Der is haarscharf anne Pleite vorbeigeschrappt.* **Ausschrappen** kann man einen Topf, indem man die letzten Reste herauskratzt. Auch in der Schreinerei kommt das *Schrappen* vor. Hier wendet man es zur Glättung von Massivholzoberflächen an, und zwar mit einem **Schrapper** oder **Schräpper** oder einem **Schrappmesser.** Außerdem kann man auch *Geld schrappen* (anhäufen, ersparen): *Der hat so viel Geld geschrappt, datter sich ne dicke Villa kaufen konnte.* Auch das spielerische Erpressen von Wegezoll bei Hochzeiten nennt man *schrappen.* Jemand, der ausgiebig

Geld *schrappt*, ist **schrappich, schrappig, schrabbisch** »geizig, äußerst sparsam, geldgierig«: *Nu sei doch nich so schrappich un gib dem Kleinen doch den Groschen. Die is aber ganz schön schrappich, die Alte* (kratzbürstig). **Schrapphals, Schrappsack** Geizhals *Der Alte is son richtigen Schrapphals, hat drei Häuser, aber lebt nur von Sonderangebote.* **Schrappanzer** Abbaugerät im Bergbau.

Schon die Lautung deutet auf niederdeutschen Ursprung: mittelniederdeutsch schrapen, scrapen »mit Geräusch schaben«, ebenso mittelniederländisch schrappen, scrapen »mit einem scharfen Gegenstand etwas abkratzen« (so auch im modernen Niederländischen); altnordisch scrapa »kratzen«, wohl zu einer germanischen Wurzel *skrap »kratzen«. Aus dem verwandten mittelhochdeutschen schrapfen entwickelte sich standarddeutsch schröpfen.

Kluge 2011 826; RhWb 7/1178; Schiller/Lübben 4/133; http://www.etymologiebank.nl/trefwoord/schrappen

Schrappnell, Schrapnelle ist in der Umgangssprache eine Frau, die viel und laut redet, eine schnippische Frau, eine Frau mit Haaren auf den Zähnen, eine alte Frau (eigentlich Neutrum, aber heute auch als Femininum zu hören): *Da kommt die alte Schrappnelle schon wieder. Meine Güte, is dat en Schrapnell.* Auch als **Schrappnelda** bekannt (Synthese aus *Schrappnell* und Thusnelda) »wenig attraktive, ungepflegte Frau«.

Die übliche Ableitung macht das Artilleriegeschoss des Engländers Shrapnel für das Schimpfwort verantwortlich. Die Betonung der Endsilbe geht angeblich auf die französische Aussprachevariante zurück. Die Endbetonung ließe sich jedoch auch anders erklären: Dann wäre *Schrappnell* ein Kompositum aus *Schrapp* (siehe *schrappen, schrappig* sein) und *Nell* als Kurzform für Cornelia. Solche Zusammensetzungen sind – nicht nur im Rheinland – weit verbreitet: *Schrapphexe, Schrappmöhn, Schrapphein* (zu Heinrich) oder *Schrappmanes* (zu Hermann). Alle diese Schimpfwörter tragen die Betonung auf der letzten Silbe.

RhWb 7/1780; Röhrich 4/1400; Werner 365

schrateln schwatzen, quatschen, klatschen *Guck dir die zwei an, sind mal wieder stundenlang am schrateln.* **Geschratel** Gespräch mehrerer (meist sauertöpfischer) Damen, die auf der Straße lautstark über jemanden oder etwas lästern. *Geschratelt* wird im Bergischen Land und in der Nordeifel bis zum Rhein, im Ruhrgebiet **Schrätel** für »Mund«; in den Mundarten weiter verbreitet.

Zugrunde liegt ein klangnachahmendes Verb (wie schnattern), das mittelniederdeutsch und mittelniederländisch als schateren »gackeln, krachen, lachen« gut belegt ist, sich aber im gesamten deutschen Sprachraum ausgebreitet hat (schweizerisch *tschatten*). Die Bedeutungsentwicklung hin zu »tratschen« geht über »klingen wie ein gesprungenes Instrument, gespaltener Topf«, da schateren ursprünglich wohl »in einzelne Teile zerfallen« meint.

de Vries 610; Grimm 14/2271; RhWb 7/945 u. 1683; Schiller/Lübben 4/54; http://www.etymologiebank.nl/trefwoord/schateren

schraweln auf dem Sitz oder im Bett hin und her rutschen (meist bei Kindern) *Hör auf zu schraweln und bleib ruhig sitzen!* Ein(e) **Schrawelsfott** ist folgerichtig jemand, der nicht ruhig sitzen bleiben kann. Das Wort kennt man nur im Westen des zentralen Rheinlands.

In den Mundarten eigentlich »sich mühsam bewegen, krabbeln«; aus mittelniederländisch schravelen »mit den Händen krabbeln«, wahrscheinlich verwandt mit *schrappen.*

Debrabandere 2011 342; RhWb 7/1754

schreddern etwas kaputt machen, zerkleinern *Der hat sein Mopped geschreddert. Ich muss innen Garten schredern.* Das Verb ist wie der **Schredder** ein Anglizismus (zu shredder »Zerkleinerer«, to shred »zerfetzen«), obwohl es in den rheinischen und niederdeutschen Mundarten als *schraden* »zerkleinern, grob mahlen« immer schon gebräuchlich war (in Köln 1480 nachgewiesen); zu mittelniederdeutsch scraden, mittelhochdeutsch und standarddeutsch schroten. *Schreddern* und schraden haben eine gemeinsame westgermanische Wurzel – die Entlehnung war also eigentlich »unnötig«.

Duden 2015 1563; Grimm 15/1617; Onions 823; RhWb 7/1757; Wrede 1920 113

schreuen auch **verschreuen** versengen, brennen, anbrennen *Unser Mama hat mittet Bügeleisen meine Buxe verschreut. Wat bisse denn da am schreuen?* **anschreuen** anbrennen *Hasse hier inne Küche wat angeschreut? Wat riecht dat hier so angeschreut?* In einem eng umrissenen Gebiet am Niederrhein und im westlichen Ruhrgebiet in der Mundart und Umgangssprache.

Das Wort gehört zu niederländisch schroeien »sengen, brennen«, der älteste Beleg schroeyen ist aus dem Jahr 1618, der einzige frühere Beleg schroyen ist sehr zweifelhaft. Deshalb ist die weitere Wortgeschichte unsicher, wahrscheinlich handelt es sich hier um ein klangnachahmendes Verb, bei dem glühen (niederländisch gloeien) und brühen (niederländisch broeien) mit der Vorsilbe schr- eine Rolle gespielt haben.

RhWb 7/1822; van Veen/van der Sijs 786;
http://www.etymologiebank.nl/trefwoord/schroeien1

schrinnen, schrinden, schrienen (im Bergischen Land) und seltener **schränden, schrängen** heißt im Rheinland das Schmerzen oder Brennen einer Schürfwunde: *Meine Wunde schränk noch immer. Mein kaputtes Knie schrinnt. Pass auf, dat da kein Dreck reinkommt, sons schrinnt dat noch mehr.* Bei Kälte kann man auch **Schrinnen** »Hautrisse« bekommen: *Von der Kälte hab ich Schrinnen an den Fingern, dat tut fies weh.*

Die letzte Bedeutung führt zur Wortgeschichte. Bereits im Althochdeutschen ist scrintan »bersten, aufspringen, Risse bekommen« belegt, daraus wurde sowohl im Mittelniederdeutschen als auch im Mittelhochdeutschen schrinden »bersten, reißen«. Das Wort ist jedoch danach aus der Schriftsprache verschwunden, einzig standarddeutsch Schrunde »Riss, Scharte« hat sich erhalten. Das Verb *schrinden, schrinnen* ist nur in den – rheinischen – Dialekten lebendig geblieben.

Kluge 2011 828; Lexer 2/800; RhWb 7/1809; Trübner 6/226; Wrede 2010 872

Schröddel, Schröttel Abfall *Nu pack ma den ganzen Schröddel hier rein und schmeiß den Sack weg. Wat willse mit dem ganzen Schröddel eigentlich?* Es gibt auch eine **Schröddelsuppe**, ein Eintopf, in den alles kommt, was man gerade so im Haus hat: *Nich schon wieder Schröddelsuppe, hatten wir doch ers vorgestern!*

Schröddel gehört zu Schrot, schroten, das eigentlich »abgeschnittenes Stück«, »zerkleinern« bedeutet. Die Aussprache mit kurzem Vokal ist typisch niederrheinisch beziehungsweise bergisch, deshalb auch Schrott »metallischer Abfall« (das erst zu Beginn des 20. Jahrhunderts in die Standardsprache übernommen wurde).

Kluge 2011 828; MmWb; RhWb 7/1820

schroden transportieren von schweren Gütern, wuchten *Dat wor en schwer Orbet, dat Fass aus dem Keller ze schrode.* Im südlichen Rheinland zu hören.

Das ehemals weitverbreitete Wort ist heute aus dem Hochdeutschen verschwunden; mittelhochdeutsch schroten mit vielen Bedeutungen, darunter auch »Fässer stemmen«, mittelniederdeutsch schroden, scraden.

Grimm 15/1782; Lexer 2/804; RhWb 7/1756

schroh meint hässlich, unansehnlich (meist mit langem offenem o gesprochen): *Die sah aber schroh aus gestern. Es is schroh Wetter heut. Siehsde dat schrohe Gestell da drüben* (dürr, mager)? Das typisch rheinische Mundartwort mit der Hauptbedeutung »mager«, das es mit leicht abweichenden Bedeutungsvarianten auch im Pfälzischen und Hessischen gibt, ist im westlichen Rheinland auch in der Umgangssprache gebräuchlich.

Auch *schroh* ist eines der vielen alten Wörter, das weit verbreitet ist, es aber nie in die Standardsprache geschafft, sondern nur in der gesprochenen Sprache überlebt hat. Man kann es auf eine germanische Wurzel *skreha »mager« zurückführen, deren Spuren sich im Mittelniederdeutschen (schra »dürres Leder«, schrade »mager, kümmerlich«), Mittelniederländischen (schrae »mager«) und Mittelhochdeutschen (schrach, schroch »mager, dürr«)

finden. In vielen Mundarten (zum Beispiel westfälisch, ostfriesisch und hessisch *schro*) ist das Wort hochfrequent. Im heutigen Niederländischen ist schraal »mager«, im isländischen scrælna »verdorren«, was die altisländische Bezeichnung scrælingi für den Eskimo erklärt, der ursprünglich als hagerer und ausgemergelter Mensch galt.

PfWb 5/1448; RhWb 7/1762; Schiller/Lübben 4/131; Vilmar 369; Wrede 2010 870; http://www.etymologiebank.nl/trefwoord/schraal

Schröm oder **Schrumm** in der Wendung *Schröm* oder *Schrumm haben (für)* Angst haben *Ich geh nich allein in den dunklen Keller, da hab ich Schröm für. Der hat doch Schrumm, der Feigling.*

Das Wort wird allgemein zu Schramme, rheinisch *Schrom, Schröm* »Strich, Linie« gestellt. So auch ein Eintrag im Rheinischen Mitmachwörterbuch: »Die Hauptbedeutung rührt vielleicht daher, dass manche armen Kinder nicht nur Hiebe bekommen haben, sondern daß die körperliche Züchtigung anschließend anhand von Striemen / Strichen am Körper (Schröm) zu sehen war.«

Diese Ableitung verkennt, dass mittelniederdeutsch schromen »sich fürchten« ein eigenständiges Wort ist, das seine Entsprechung im mittelniederländischen sc(h)romen »fürchten« hat und dort seit dem 13. Jahrhundert belegt ist. Das aktuelle Niederländische kennt schromen »sich fürchten« und schromelijk »furchtsam«. *Schröm haben* entstammt also dem niederdeutsch-niederländischen Sprachraum und hat nichts mit rheinisch *Schröm* »Schramme« zu tun.

Dieser (!) *Schröm* ist jedoch tatsächlich verantwortlich für die Bedeutungsvariante »Hiebe, Prügel«, die das Wort auch haben kann. Die Begründung entspricht tatsächlich dem oben zitierten Eintrag. Das erklärt auch die Bezeichnung **Sibbeschröm** für ein beliebtes rheinisches Kartenspiel (auch *Tuppen* genannt), bei dem sieben »Striche« eine Rolle spielen.

MmWb; RhWb 7/1767; Schiller/Lübben 4/141; Verdam 528; Werner 365; http://www.etymologiebank.nl/trefwoord/schromen

Schrömmel, Schrummel, Schrömel Zeug, Kram, Unterlagen, Sachen *Pass auf, du brings den ganzen Schrummel mit zu mir, un dann kucken wer das gemeinsam durch un machen was draus. Bis die ihrn Schrömmel zusammengepackt hat, is Weihnachten.* **Schrömmelkiste** Aufbewahrungskiste für allerlei Kleinkram *Ich brauch ma ne Büroklammer! Kuck ma inner Schrömmelskiste, vielleicht findse da eine!* Es gibt auch die **Schrömmelsbud** unaufgeräumte Wohnung: *Wat is dat denn vonne Schrömmelsbud hier, gleich gehdet los, jetz aber dalli, aufräumen.* In der *Schrömmelsbud* ist der **Schrömmel** »Kleinkram, Durcheinander« verteilt. Irgendetwas, was nicht mehr funktioniert, ist ein **Schrömmelsteil**: *Dat Schrömmelsteil von Waschmaschine macht mich noch wahnsinnich.* Den *Schrömmel* findet man gehäuft am Niederrhein und im westlichen Ruhrgebiet.

Das Wort hat in der rheinischen Umgangssprache eine überraschend steile Karriere gemacht, in den Mundarten ist es dagegen nur sporadisch belegt. *Schrömmel, Schrummel* ist eine rheinische Variante von *Schrumpel* »Eingeschrumpftes, Verkümmertes«, daraus hat sich die Bedeutung »minderwertig, überflüssig« entwickelt. Deshalb auch **verschrömelt** »runzlig, faltig, eingeschrumpft« *Die Bio-Äppel sint ja so wat von verschrömmelt, die will ich nich* und **Schrömel** »unansehnlicher Mann«.

RhWb 7/1823

schröppen jemanden übervorteilen, Geld abknöpfen *Heute wirse überall nur noch geschröppt. Da hasse dich aber ordentlich schröppen lassen* (ausnehmen). *Den haben wir gestern beim Doppelkopp geschröppt, der hat jede Runde bezahlt* (beim Spiel besiegen). Schön ist auch der **Schröppsüffer**, ein *Lauschepper* (siehe *lau*), der sich Kneipenrunden erschleicht.

Schröppen ist die rheinische Variante des standarddeutschen schröpfen, das dieselbe Bedeutung hat. Die hat sich im 17. Jahrhundert aus der alten Verwendung »dem Körper Blut entziehen« entwickelt (über die Vorstellung des Blutsaugers).

RhWb 7/1814

Schrubber, Schrübber Scheuerbürste mit langem Stiel *Los, hol gefällichst Aufnehmer und Schrubber und mach die Sauerei wech. Bisse vor en Schrubber gebraust* (bescheuert sein)? Im südlichen Rheinland kann ein *Schrubber* auch eine besonders zickige Frau bezeichnen, im Ruhrgebiet auch eine unordentliche Frisur: *Wat has du den von Schrubber aufen Kopp?* Man kann auch *aussehen wie vor den Schrubber gebraust* (unordentlich, zerzaust). Mit einem *Schrubber* kann man selbstverständlich den Boden **schrubben** oder **schruppen**: *Die schruppt so lang, bis die Kacheln durch sind.* Man kann eine Gitarre *schruppen* (schlecht spielen): *Der schruppt vielleicht auf der Gitarre rum!* Putzen tut man mit dem **Schrubbtuch, Schrupptuch, Schrupplump**. *Schruppen* kann auch »schlagen« bedeuten: *Die kriegen morgen einen geschruppt, pass ma auf* (besiegen im Sport oder Spiel)! *Die werden wir orntlich schrubben* (verprügeln). **Schruppe, Schrubbe, Schröppe** Prügel *Nache Schule kriegen wir euch, da krichter Schrubbe!* Im südlichen Rheinland ist die Variante *schröppen* zu hören: *Der Hund schröppt sich am Sofa* (sich reiben, kratzen). **schruppich** sehr geizig, spröde *Der Typ is wat ärch schruppich.*

Die Wortfamilie ist niederdeutschen Ursprungs (wie viele Wörter mit -bb-: Ebbe, knabbern, krabbeln und so weiter). Das Mittelniederdeutsche kennt scrobben »reiben, kratzen« und der älteste mittelniederländische Beleg von 1477 schrubben als »Schuhe bürsten«. *Schrubben* dürfte eine frühe Nebenform von schrappen sein, das etwas früher nachgewiesen ist. Deshalb ist *schruppich* als »geizig« wohl auch analog zu *schrappich* entstanden. Im Englischen kennt man to scrub »hart reiben« (schon mittelenglisch scrobbe), im modernen Niederländischen schrobben »scheuern«, im Dänischen scrubbe und Schwedischen skrubba »hart reiben«, ein in nordischen Sprachen weitverbreitetes Wort. Der *Schrubber* selbst dürfte »im Schiffswesen seinen Ursprung haben, da er in der älteren Zeit als ›Schiff-Besen‹ bezeichnet wird, mit dem man die untersten Schiffsteile unter der Wasserlinie reinigte«.

MmWb; Onions 802; PfWb 5/1460; RhWb 7/1829; Schiller/Lübben 4/139; Trübner 6/225; Werner 366; http://www.etymologiebank.nl/trefwoord/schrobben

Schrunz (in der Mundart auch als **Schrinz**) steht für etwas Zurückgebliebenes, einen kleinen Menschen: *Dat war son kleiner Schrunz, aber wenn der am Ball war: brandgefährlich! Der bleibt son Schrunz.*

Diese Bedeutung ist im Rheinland und am Niederrhein oft zu hören und in den Mundarten verankert. In der Umgangssprache wird *Schrunz* aber allgemeiner als Synonym für unbrauchbares, dummes Zeug verwendet: *Im Fernsehn wird doch meist nur Schrunz gezeigt. Jetz muss ich den ganzen Schrunz von der Festplatte kopieren.*

Als Grundbedeutung in den Mundarten herrscht vor »etwas Eingeschrumpftes, Verrunzeltes«, im Pfälzischen wie im Westfälischen ist die *Schrunzel* eine »Runzel«. Deshalb ist *Schrunz, Schrunzel* oft auch eine »verkümmerte Frucht«, woraus sich die Bedeutung »überflüssiges Zeug« entwickelt hat. *Schrunz* geht demnach auf Runzel unter Einfluss von schrumpfen zurück (nicht zu *Schrunde, schrinden*).

Grimm 15/1809; PfWb 5/1459; RhWb 7/1810 u. 1828; Woeste 232

schruzen durch Geschäfte streunen, ohne etwas zu kaufen *Ich geh nur schruzen, nix kaufen.* **Schruze** Frau, die *schruzen* geht.

Das interessante Wort geht wohl auf jiddische Händlersprachen zurück; Weinberg kennt schruze als Schimpfwort: »Üble Kundin; besonders Frau, die sich alle Ware zeigen läßt, jedoch nichts kauft« und erklärt es deshalb aus westjiddisch scherez »Ungeziefer«, ostjiddisch schrotsim »Kriechtier«, was die Unbeliebtheit der *Schruze* drastisch illustriert.

Fellsches 1999 157; Honnen 2014 127; PfWb 5/1461; RhWb 7/1835; Stern 184; Weffer 148; Weinberg 101; Wolf 1956 5147

schubbern seltener **schubbeln** sich an etwas reiben, kratzen, sich warm reiben *Die Sau schubbert sich am Baum. Nu schubber mich ma, ich frier so.*

Das Wort ist im gesamten nieder- und mitteldeutschen Raum sowohl in den Mundarten als auch in der Umgangssprache verbreitet. Bereits mittelniederländisch ist schubben, schobben als »kratzen« belegt, der berühmte schobbejak taucht erstmals im 17. Jahrhundert auf (siehe *Schubbiak*). *Schubbern* gehört wohl zum Mundartverb *schuwen,* mittelniederdeutsch schuven, niederländisch schuiwen »schieben, vertreiben«, das auf ein germanisches *skuban zurückgehen könnte, eine Parallelform zu althochdeutsch scioban, die zum modernen schieben geführt hat.

de Vries 522 u. 529; Grimm 15/1813; RhWb 7/1336;
http://www.etymologiebank.nl/trefwoord/schuiven

Schubbiak, Schubbejak ist im Ruhrgebiet, im angrenzenden Westfälischen und auch im restlichen Niederdeutschen ein »kleiner Gauner, gerissener Kerl« oder schlicht ein »Schuft«. **Schubschack** ist eine moderne Variante und meint allgemein »Pöbel«. Auch im Niederländischen kennt man diesen Typen als schobbejak. Dort ist er bereits im 17. Jahrhundert für »Lump, Schuft« belegt. Der *Schubbejak* kann auch ein Pfahl sein, »den man in baumarmen Gegenden auf der Weide einschlägt, damit sich das Vieh daran reiben kann«.

In den rheinischen Mundarten ist ein *Schubbjack* in erster Linie einer, »der durch *Schubben* anzeigt, dass er mit Ungeziefer behaftet ist«; das sind wenig überraschend oft »verlumpte Bettler« oder »arme Kerle«, die aus der Not dann zu Dieben und Gaunern werden. Diese Hauptbedeutung legt die Spur zur Geschichte des Wortes. *Jack* (eigentlich »Jacke, Rock«) steht im Niederdeutschen auch für »Haut, Fell«. Ein *Schubbejack* ist also eigentlich ein armer, heruntergekommener Mensch, der sich ständig *schubben* »kratzen« (siehe *schubbern*) muss (deshalb ist *-jack* wohl nicht zu Jakob zu stellen). Die im *Ruhrpott* beliebten Ableitungen aus dem angeblich russischen schubnjak »Schafspelz« sind unzutreffend.

Fellsches/Küster 242; Kluge 2011 828; Piirainen/Elling 436 u. 805; RhWb 7/1838;
Schmachthagen 454; Trübner 6/227; van Veen/van der Sijs 780

Schuffel Gartengerät (meist zum Unkrautanheben), kleine Schaufel *Ich brauch ne neue Schuffel für innen Garten.* **Schüffelchen** *Bisse so lieb und gehse mir ma dat Schüffelche holen, ich will die Radieskes wat frei machen.* **schuffeln** mit der *Schuffel* arbeiten *Ich geh noch wat im Garten schuffeln, bis et dunkel wird.*

Mit der *Schuffel* wird schon seit sehr langer Zeit geschaufelt, oder – wie es Trübners Wörterbuch ausdrückt – sie »ist von gemeingermanischem Alter«. Und sie ist die Mutter der modernen Schaufel, deren Zwielaut sich erst in frühneuhochdeutscher Zeit aus den alten Formen entwickelt hat: althochdeutsch scuvala, scufla, mittelhochdeutsch schuvel, mittelniederdeutsch beziehungsweise mittelniederländisch schuffel, schovvel. Auf Letztere geht unsere aktuelle *Schuffel* mit kurzem Vokal zurück, die anders als die hochdeutsche Schaufel nur das kleine, Unkraut vernichtende Gartengerät meint.

Alle Formen verweisen auf eine germanische Wurzel *skuppo »schieben«, ursprünglich war also ein Gerät gemeint, auf das man etwas schob, um es irgendwohin zu befördern.

RhWb 7/1850; Trübner 6/39; Werner 367; http://www.etymologiebank.nl/trefwoord/schoffel

schummeln auch **beschummeln** falschspielen, betuppen, vor allem beim (Karten-)Spielen gebräuchlich. *Mama, die Elli schummelt immer! Der hat mich beschummelt.* **Schummelei** *Der is nur durch Schummelei an den Posten gekommen. Schummeln* kann aber auch bedeuten, dass man sich neugierig bei jemandem umsieht, zum Beispiel in Regale und Schubladen hineinsieht: *Na, hasse wieder geschummelt?*

Die Bedeutung des Wortes hat zu den in diesen Fällen üblichen Verdächtigungen geführt. So wird die Herkunft aus dem Rotwelschen (zum Romaneswort chindaw »scheißen, betrügen«) oder dem Jiddischen diskutiert: Ableitung aus Schumler »Jude, Händler«, oberdeutsch Schumser »Handelsjude« (Worms, Speyer und Mainz sind die berühmten Schum-Städte der im Mittelalter zugewanderten Juden). Letztere sind jedoch eher Konstrukte, die sich im Jiddischen nicht nachweisen lassen. Vielmehr führt die niederrheinische Nebenbedeutung »herumkramen« zur Wortgeschichte. In den rheinischen und niederdeutschen Mundarten (und im Niederländischen als schommelen) hat *schummeln* die Hauptbedeutung »etwas hin- und herbewegen«, aber auch »etwas durchstöbern, etwas zusammenraffen (um ›es unehrlich zu erwerben‹)«. Daraus hat sich die Bedeutungsvariante »betrügen« entwickelt. Das Wort lässt sich bis ins 16. Jahrhundert zurückverfolgen.

Althaus 1963 119; Duden 2008 760; Grimm 15/1996; Kluge 2011 113; Mengel 45; Paul 771; Pfeifer 3/1578; PfWb 1/723; RhWb 7/1892; Wolf 1956 5192

Schüppe, Scheppe, Schepp, Schöpp Schaufel, Schöpfe, auch »Schöpflöffel«; die Wendung *anne Schüppe wollen* heißt im Ruhrgebiet so viel wie »nach längerer Abwesenheit wieder zur Arbeit gehen«: *Wie, du wills morgen wieder anne Schüppe? Wat heißt hier »wills«, ich muss, der Gelbe is abgelaufen.* Ist man *dem Tod von der Schüppe gesprungen,* so bedeutet dies, dass man kurz vor dem Sterben stand *(Der ist dem Tod gerade noch von der Schüppe gesprungen).* Man kann auch jemanden *auf die Schüppe nehmen,* dann nimmt man ihn auf den Arm: *Haste das wirklich geglaubt? Da hab ich dich ja ganz schön auf die Schüppe genommen! ne Schüppe zulegen* sich beeilen. Kinder spielen im Rheinland im Sandkasten mit **Schüppchen, Schöppchen, Schippchen** oder **Schöppke** kleine Handschaufeln: *Tu mir ma noch en Schöppchen mehr rein in die Tüte.* Man kann auch *Schüppchen machen,* dann schmollt man oder ist kurz vorm Heulen – meist bei kleinen Kindern. Eine **Dreckschüppe** ist ein Kehrblech oder ein schmutziger Fingernagel: *Mit sonne Dreckschüppen gehsde mir nich inne Schule. noch ne Schüppe drauflegen* oder *-schmeißen* das Arbeitstempo erhöhen *Getz schmeiß ma noch ne Schüppe Kohlen drauf, wird Zeit, dat wer feddich werden.* **Schüppen, Schöppen** Spielkartenfarbe (Pik) *Schöppen is Trumpf!* **Schüppenzehn, Schüppendame** und so weiter; **schöppen, schüppen** schaufeln; **aufschöppen** Essen auf einen Teller tun *Da hasde mir viel zu viel aufgeschöppt. Dem hab ich eine usjeschöppt* (es jemandem zeigen). **zuschüppen** *Du bist mich den ganzen Tag mit Arbeit am zuschüppen.* **Schöp-**

per kleiner Topf mit Stiel (vornehm: Kasserolle). Mit dem **Schöpplöffel** *haut man einen Schlach Pürree auf den Teller.*

In der *Schüppe,* andernorts auch entrundet als **Schippe**, hat sich auch im Hochdeutschen ausnahmsweise eine niederdeutsche beziehungsweise westdeutsche Form erhalten: mittelniederdeutsch schüppe, schüppen »Schaufel«, »schaufeln«, mittelniederländisch scuppe; verwandt mit mittelhochdeutsch schupfen »heftig stoßen« (das wiederum verwandt mit schieben), alle zu einer germanischen Wurzel *skuppo »schieben, stoßen«.

Die Spielfarbe *Schüppen* wird in der Regel als Anspielung auf die Schaufelform des Pik-Zeichens interpretiert, möglich ist auch eine Lehnübersetzung aus englisch spade, spades, das sowohl »Spaten« als auch die Spielfarbe »Pik« meint.

Grimm 15/206 u. 2016; RhWb 7/1900; Trübner 6/85; Werner 362; http://www.etymologiebank.nl/trefwoord/schoep; http://www.etymologiebank.nl/trefwoord/schop3

schuppen hat sich lustigerweise in der Umgangssprache als »fachsprachliches« Wort in der Fußballsprache erhalten und bedeutet »nachtreten, foulen«: *Die fangen ja an zu schuppen!* Aber auch allgemein »stoßen, schubsen« *Der hat den die Treppe runtergeschubbt.*

Schuppen ist in den Mundarten als »schieben, stoßen« weit verbreitet. Im Mittelalter stehen die mittelhochdeutsche Form schupfen und die mittelniederdeutsche Variante schuppen nebeneinander. Letztere war in der Schriftsprache bis zum 18. Jahrhundert gebräuchlich, wurde dann aber durch die Intensivform schubsen abgelöst; die Variante *schupfen* verblieb in den süddeutschen Dialekten. Die rheinischen Mundarten haben also die alte mittelniederdeutsche Form bewahrt. *Schuppen* wird auf die germanische Wurzel *skuppo zurückgeführt, die auch der Ursprung von standarddeutsch schieben ist.

Grimm 15/2006; PfWb 5/1463; RhWb 7/1908; Schiller/Lübben 4/152; http://www.etymologiebank.nl/trefwoord/schoppen2

Schussel ist in der Umgangssprache als unordentlicher, unkonzentrierter Mensch (meist von Männern) weit verbreitet: *Der Schussel kann sich auch gar nix merken!*, auch **Schusselkopp. verschusseln** etwas verlegen, verlieren *Hasse deinen Pass schon wieder verschusselt? Et gibt auch nix, wat du nich verschusseln kanns.* **schusselich** fahrig, unordentlich *So wat Schusseliges wie dich gibt et nich no ma.*

Schussel ist ein später Import des 19. Jahrhunderts aus ostmitteldeutschen Mundarten und gehört zu Schuss im Sinne von Schnellschuss »unüberlegte Handlung«; dort bedeutet *schusseln* auch »hin und her rennen, unüberlegt handeln«.

Grimm 15/1599; Kluge 2011 830; Pfeifer 2/1581; RhWb 7/1934

Schwachmat ist ein unfähiger Zeitgenosse (überwiegend männlich), dessen Verhalten von seiner Umwelt als fehlerhaft, unzureichend oder belästigend angesehen wird, auch »Schwächling«: *Och nee, kuck dir der Schwachmat im Tor an, der lässt auch alles rein, so ein Fliegenfänger! Wissder wat, ich mach mich vom Acker, mit euch Schwachmaaten will ich nix mehr zu tun ham!* Die ältere Variante **Schwachmatikus** ist heute nur noch selten zu hören; die Ruhrgebietsvariante ist **Schwachmane** »Schwächling« (wohl unter Einfluss von Schamane).

Der *Schwachmat, Schwachmaat* ist verkürzt aus *Schwachmatikus,* einer alten studentensprachlichen Bildung, die scherzhaft an andere latinisierende Bildungen wie Pfiffikus oder Linkitus »Linkshänder« anschließt. Das Wort dürfte im frühen 18. Jahrhundert entstanden sein.

Grimm 15/2166; Kluge 1895 36; http://www.duden.de/rechtschreibung/Schwachmat

Schwaderlapp, Schwaadlapp, Schwaadlappen, Schwadlapp sowie **Schwaadschnüss** sind beliebte rheinische Schimpfwörter: für jemanden, der sich selbst gerne reden hört, einen Dummschwätzer *Wat bis du denn von Schwadlapp? Der Schwadlappen redet in einer Tour.* Das entsprechende Verb ist **schwaden, schwarten** schwatzen, unsinniges Zeug reden: *Wat seider da widder am schwade? Schwaat doch nich! Schwaderlapp* kommt im Rheinland sogar als Familienname vor, die Träger müssen aber bei einer Vorstellung immer mit leicht amüsierten Kommentaren rechnen.

Oft wird *schwaden, schwarten* zur Schwarte gestellt. Das abgeleitete Verb *schwarten* bedeutet (in den rheinischen Mundarten) alles Mögliche: Rinde ablösen, eine Wiese mähen, jemanden verprügeln, viel essen und eben auch schwadronieren, das Blaue vom Himmel herunterreden. Der Ursprung dieser Bedeutung waren wohl die Wendungen *de Muul schwade* oder *de Schnüss schwaade,* erst vor hundert Jahren soll sich dann das Verb verselbstständigt haben.

Aber eigentlich spricht für diese Herleitung außer der Wortähnlichkeit nicht viel. Wahrscheinlicher ist, dass im rheinischen *schwaade* das alte mittelhochdeutsche swateren (mittelniederländisch zwadderen »brabbeln«) weiterlebt, das ursprünglich »klappern, rauschen«, aber auch schon »schwätzen« bedeutet (das übrigens ebenfalls aus swateren hervorgegangen ist); selbst der swaderer ist schon in mittelhochdeutscher Zeit als »Schwätzer« belegt. *Schwadern,* das ursprünglich wohl ein lautmalendes Verb ist, ist als »schwatzen« in vielen deutschen Regionen schon früh verbreitet, die Zusammensetzung Schwaderwerk »Geschwätz« seit 1600 belegt. Heute allerdings sind *Schwaderlapp* wie auch *schwaden* so etwas wie exklusive rheinische Wörter geworden.

Anmerkung: Das umgangssprachliche **schwadronieren** »prahlen, ausufernd erzählen« geht auf die Schwadron (italienisch squadrone zu squadra, die wir noch in der »squadra azzurra« als Kosename für die italienische Nationalmannschaft kennen) zurück und bedeutet eigentlich »eine Reitertruppe aufstellen«. Die respektlose Studentensprache machte daraus »planlos, wild drauflos fechten«, woraus später »einen wilden Wortstreit ausführen, ungeschickt disputieren« wurde.

de Vries 874; Grimm 15/2171f; Lausberg/Möller 41; Lexer 2/1332 u. 1345; RhWb 7/2011; Trübner 6/250 u. 366; Venema 232; Werner 368; Wrede 2010 878; http://www.rheinische-landeskunde.lvr.de/de/sprache/namen/schwaderlapp.html

schwallen, rumschwallen reden, palavern, im Bergischen auch **schwalken** *Also meistens sitzen die nur rum, rauchen un sind am rumschwallen.* In der Umgangssprache und in vielen Dialekten verbreitet.

Das Wort ist rätselhaft. Der Duden bezeichnet es als jugendsprachlich, Küpper stellt es zu Schwell (»vom Bild einer sich heftig ergießenden Flüssigkeit«), das Rheinische Wörterbuch leitet es ab aus *Schwalk, Schwalch* »Geschwulst, Qualm, Rauch«, im Pfälzischen Wörterbuch ist es ein eigenständiges Wort und in Südhessen gilt es als Variante von *schwaddeln.* Auch niederdeutsch und niederländisch swalken »sich herumtreiben« führt nicht weiter.

Küpper 749; PfWb 5/1542; RhWb 7/1995 u. 2015; SüdhessWb 5/865; http://www.duden.de/rechtschreibung/schwallen

schwanen ist zwar kein rheinisches Wort, hat aber viel mit dem Rheinland zu tun. *Mir schwant Übles* oder *Mir schwant, dat da noch wat nachkommt* kann man so oder ähnlich in allen deutschen Sprachlandschaften hören. Von daher ist an dem Wort nichts Besonderes.

Was es dennoch interessant macht, ist seine Wortgeschichte. Oft ist zu lesen, *schwanen* habe etwas mit dem Gralsritter Lohengrin und seiner Gemahlin Elsa von Brabant zu tun. Als diese damals von ihrer Schwanenburg (die natürlich noch nicht so hieß) in Kleve den Schwan ein zweites Mal erblickte, *schwante* ihr, dass sich nun ein Unheil ankündigte und es mit ihrer schönen Zeit an der Seite des stattlichen Ritters vorbei war. Damit wäre *schwanen* also ein urrheinisches Wort.

Es ist zwar schade, aber diese Legende ist viel zu schön, um wahr zu sein. Dennoch, und das mag Rheinländerinnen und Rheinländer trösten, ist die Wortgeschichte auch so interessant genug. Das Wort ist im 16. Jahrhundert zuerst im mittelniederdeutschen Raum aufgekommen, zu einer Zeit also, als das Lateinische noch überall die Sprache der Wissenschaft und Kirche war. Und so nimmt man heute an, dass *schwanen* eine scherzhafte Übersetzung (also so etwas wie ein Studentenulk) der lateinischen Wendung olet mihi (es ahnt mir, eigentlich: ich kann es riechen) ist, die einfach mit lateinisch olor »Schwan« verknüpft wurde. So konnte aus »es ahnt mir« eben *es schwant mir* werden. Auch wenn nicht als Lohengrins Gefährte, so spielt der Schwan doch eine wichtige Rolle in dieser Geschichte.

Röhrich 4/1429; Trübner 6/256

schwarz in Verbindungen wie schwarzfahren, -schlachten oder -hören, schwarze Kasse, Schwarzarbeit oder Schwarzmarkt geht zurück auf den rotwelschen Gebrauch des Farbadjektivs schwarz. In der Geheimsprache steht schwärzen, schwarzfahren für »schmuggeln«, schwarz für »vorbestraft, ohne Papiere, ohne Geld sein«. So erklären sich die umgangssprachlichen Wendungen.

Kluge 2011 832; Röhrich 4/1434; Wolf 1956 5240–5346

Schwede in der Wendung *alter Schwede* Ausruf der Bewunderung, Überraschung oder Bekräftigung *Boah ey, dat war knapp, alter Schwede! Alter Schwede, is das en geiles Teil!*

Die Herleitung der Wendung aus der Geschichte des Dreißigjährigen Krieges, als nach dessen Ende schwedische Veteranen in preußischen Dienst gestellt wurden, geht auf eine launige Erzählung des Historikers Heinrich von Treitschke zurück und ist völlig unbelegt (so sollen auch die Einwohner von Kues an der Mosel als *Kuesener Schwede* von schwedischen Soldaten abstammen). Die Wendung könnte genauso gut eine Anspielung auf den bekannten Kräuterschnaps »Alter Schwede« sein.

Küpper 753; RhWb 7/2033; Röhrich 4/1438

schwiemelig in der Wendung *schwiemelich sein* »ein ungutes Gefühl haben« *Mir ist so schwiemelich bei der Sache. Schwiemelich* kann auch »schwindelig« bedeuten. **verschwiemelt** nach einer durchzechten Nacht krank aussehend, unausgeschlafen *Wat siehsde so verschwiemelt aus, hasde gesoffen? Dermaßen verschwiemelt hab ich dich ja noch nie gesehen.* Entsprechend ist ein *schwiemeliger Typ* ein »schmieriger, undurchsichtiger Mensch«.

Zugrunde liegt mittelhochdeutsch und mittelniederdeutsch swimel »Schwindel, Taumel«. Diese Bedeutung hat sich im umgangssprachlichen *schwiemelich* bis heute gehalten; die negative Konnotation taucht schon früh in schwimeler auf, wie nach dem Grimmschen Wörterbuch ein »liederlicher herumtreiber, ausschweifender, trunkenbold« genannt wurde. Die semantische Verbindung zu *verschwiemelt* ist also die taumelnde, unsichere Bewegung eines Betrunkenen. Zur Verbreitung hat sicher auch die Studentensprache beigetragen, dort hat *verschwiemelt* auch die Bedeutung »Zeit und Geld verthun« (was ja ebenfalls mit übermäßigem Alkoholkonsum zusammenhängen kann).

Grimm 15/2617; Kluge 2011 1895 133; Schiller/Lübben 4/497ff.

Schwulitäten (meist im Plural) Schwierigkeiten, unangenehme Situationen *Du brings mich da in Schwulitäten. Der is in Schwulitäten.*

Die *Schwulitäten* (das Wort, nicht die Umstände) sind eine scherzhafte studentische Erfindung des 18. Jahrhunderts und werden seit dem 19. Jahrhundert gänzlich unbefangen in der allgemeinen Umgangssprache gebraucht. Sie gehen zurück auf das niederdeutsche Adjektiv *schwul,* das als schwül erst im 18. Jahrhundert in die Standardsprache übernommen worden ist. *Schwul* hatte, wie auch das hochsprachliche schwül, die Nebenbedeutungen »drückend, bange, ängstlich«, die die studentische Ableitung erklären.

Bergmann 300; Grimm 15/2750; Nail 1988 364; Trübner 6/292

Seegers oder **Zeeger** (beide Formen findet man nur im Singular) ist ein wichtiges Kennwort des Ruhrgebiets. Es wird gebraucht als kumpelhafte Anrede für männliche Bekannte oder Freunde: *Ey Seegers, wie gehdet? Rech dich nich auf, Seeger!* Daneben kann ein *Seeger* auch ein lebenslustiger oder auch leichtfertiger Typ sein: *Dat is en richtigen Seegers. Auf son Seegers würd ich mich nich verlassen!* Manchmal ist er auch ein Frauenheld oder gar Sexprotz: *Dat is en echten Seeger, der hat en Schlach bei de Frauen.* Dagegen ist der **Lattenseeger** ein schlechter Liebhaber. Heute kann man den *Seeger* streckenweise auch am Niederrhein finden. In Wuppertal (und Umgebung) bedeutet *Seeger* auch »Freund« (eines Mädchens; meist etwas abfällig oder belustigt gemeint): *Dat Claudia hat en Seeger.*

Die Herkunft des Wortes ist noch nicht endgültig geklärt. Die von Küpper vorgeschlagene Ableitung aus Seecher, Seicher, also Urinierender, überzeugt nicht, schon gar nicht die Erläuterung: »Gemeint ist wahrscheinlich die Fähigkeit des Harnens bei Unfähigkeit des Koitierens.« Die auch logisch schlecht nachvollziehbare Schlussfolgerung widerspricht der Verwendung als Bezeichnung für einen eher potenten Mann oder gar Frauenhelden im Ruhrdeutschen. Möglich ist deshalb auch eine Ableitung aus den Mundarten. *Seeger* ist im Bergischen ein Adjektiv und hat dort und in Essen die Bedeutung »abgestanden« und »verkommen«, auch in der Bergmannssprache kennt man es mit der Bedeutung »gerade«. Als Familienname ist Seeger oder Seegers am Niederrhein und in den angrenzenden Niederlanden verbreitet, entstanden aus dem alten Vornamen Sigerus – eine Verbindung zum umgangssprachlichen *Seeger* ist allerdings zweifelhaft. Deshalb ist rotwelscher Ursprung nicht auszuschließen: In der Münsteraner Geheimsprache Masematte bezeichnet *Seeger* ganz allgemein einen Mann, ein *Seeger mit Zerche* ist ein Experte (*Zerche* ist die »Ahnung von etwas«) und *Seegers un Kalinen* sind einfach »die Leute«; im überregionalen Rotwelschen (so etwa in Berlin) ist *Seeger* ein geringschätziger Ausdruck für einen Menschen. Im westfälischen Familienjiddisch ist Sege die Bezeichnung für einen gewöhnlichen, nichtjüdischen Menschen – und auch in Wuppertal glaubt man an einen Ursprung in der »Unterwelt«.

Cornelissen 2010 74; Honnen 2008a 210; Küpper 761; Mengel 41; Meyer 106; RhWb 8/48; Siewert 1993 105; Weinberg 102; Wolf 1956 5294

Seem Zuckerrübenkraut, Sirup *Tu mir mal den Seem rüber, um für auf die Reibekuchen zu streichen.*

Seem, Seim ist ein uraltes Wort: althochdeutsch seim »Nektar«, mittelhochdeutsch seim, mittelniederdeutsch seem, niederländisch zeem »Honig«; vielleicht verwandt mit griechisch haîma »Blut«.

Grimm 16226; RhWb 8/56; http://www.etymologiebank.nl/trefwoord/zeem1

Seiber Speichel *Dem läuft der Seiber aus dem Mund.* **seibern, sewern** ungewollt Speichel fließen lassen *Dat Ullich is ständich am seibern, dat kricht bestimmt Zähne.* Auch »Unsinn reden« *Hör doch auf zu severn, dat glaubt dir doch keiner.* **Geseiber** überflüssiges Gerede *Dessen Geseiber geht mir auf den Zeiger.* Mittelhochdeutsch seifer »Geifer, Speichel«, mittelniederdeutsch sever, althochdeutsch seivar; niederländisch zever »Sabber«.
Lexer 2/855; PfWb 6/23; RhWb 8/30

seiken siehe *sicken*

Senge, Sänge Prügel, Schläge *Wenn de so nach Hause kommst, gibt dat mächtig Sänge. Ich hab gestern Senge gekricht. Da krisse Senge für.*

Senge gehört zum Verb sengen »etwas an der Oberfläche anbrennen«, daraus leitet sich die Bedeutungsvariante »schlagen, dass es brennt« ab.
Grimm 16/584/5; PfWb 6/70; RhWb 8/80; http://www.duden.de/rechtschreibung/Senge

sicken, secke, seiken in den Mundarten nördlich der Ahr eigentlich »urinieren, pinkeln«, in der Umgangssprache heute meist als »regnen« *Draußen is dat schon wieder am sicken* und »unzufrieden, wütend, beleidigt sein« *Der is immer noch am sicken, weil se ihn nich eingeladen haben. Wat bis du denn schon wieder am sicken?*, selten auch »prügeln« *Du bekommst gleich eine geseckt.* **besicken** sich amüsieren, über etwas lachen; wird meist von Jugendlichen gebraucht, wobei die ursprüngliche Bedeutung wieder durchscheint *Da ham wer uns voll besickt!* **sickich** beleidigt, ärgerlich, wütend, unzufrieden, böse *Besser gehsde da jetz nich rein, die Tina is grade sickich. Solang der Pappa eso sickich drauf is, lass mer ma lieber nich übern Urlaub reden.* **angesickt** verärgert *Och, jetz binn ich aber angesickt, dat ich dat dann noch vergessen hab.* Die rheinischen Mundarten kennen noch im Sinne der ursprünglichen Bedeutung den **Bettsicker, Bettsecker** »Bettnässer«, am rechten Niederrhein die **Seikscheer**, ein vulgärer Ausdruck für eine alte Frau, den **Huhsicker** »jemand, der sich für etwas Besseres hält« und **Sick** »Unsinn, Mist« *Dat is hure Sick* (in Aachen und Umgebung gebräuchlich).

Sicken, secken ist die niederdeutsche Variante von seichen, die das Grimmsche Wörterbuch anschaulich so erklärt: »ein hochdeutsch geprägter, fein verhüllender ausdruck für das natürliche geschäft, der, lange zeit unbefangen gebraucht, nach und nach unflätig und gemieden wird, wiewol die heutigen ober- und mitteldeutschen mundarten, in denen das wort ziemlich allgemein lebendig geblieben ist, noch immer reichliche spuren der alten verwendung zeigen«. Im Mittelalter stehen seichen (mittelhochdeutsch) und seken, zeken (mittelniederdeutsch) nebeneinander, aus althochdeutsch sihan »leise tröpfelnd fließen«, ein altes Wort mit vorgermanischen Wurzeln.

Interessanterweise haben die südlichen Mundarten aus *seichen* kein dem nördlichen *sickig* entsprechendes Adjektiv gebildet (etwa *seichig), im Gegenteil ist *sickig* bis weit in das eigentliche seichen-Gebiet eingedrungen und dort heute jugendsprachlich. Man könnte *sickich* als »angepisst« herleiten, es hat, anders als im Internet zu lesen ist, nichts mit dem englischen sick »krank, unwohl« zu tun.

Anmerkung: Aus seichen, *sicken* erklären sich die typisch rheinischen Mundartwörter *Sechomes* und *Seckomes* »Ameise« (wörtlich also Seichameise), die so wegen ihres beißenden Safts bezeichnet wird, den sie absondern kann.

Grimm 16/168 u. 197; Kluge 2011 839; Lerchner 226; RhWb 8/32; Trübner 6/309; Werner 372; Wrede 2010 885; http://www.etymologiebank.nl/trefwoord/zeiken; http://www.mundmische.de/bedeutung/30603-sickig

sier als »schnell« ist nur noch in den rheinischen Mundarten verbreitet. Es ist ein interessantes Wort, weil es sich hier sprachgeschichtlich um das hochdeutsche sehr »in hohem Maße« handelt, das es in den rheinischen Mundarten als Element der Verstärkung jedoch nie gab (dafür gilt *arg*, meist als *ärch*). *Sier*, sehr ist hier ausschließlich in der übertragenen Bedeutung als »schnell«, manchmal auch als »rein« gebräuchlich, eine Verwendung, die wiederum im Hochdeutschen völlig unbekannt ist. Das Mittelniederländische zeer kennt im 13. Jahrhundert noch beide Bedeutung (»sehr« und

»schnell«). Das Rheinische konserviert also auch hier eine alte Variante, die im überregionalen deutschen Sprachraum ausgestorben ist.

Lausberg/Möller 48; http://www.etymologiebank.nl/trefwoord/zeer3

Siff Dreck, häufig feuchter, ekliger Schmutz *Wat hasse denn da vorn Siff ane Hose? Wat is dat von Siff hier ine Bude* (dann ist es eine **Siffbude**)? *Dat is vielleicht en Siff hier* (im übertragenen Sinn etwas Unangenehmes). Entsprechend kann etwas auch **versifft** sein: *In soner versifften Situation war ich noch nie. Der is völlig versifft* (völlig heruntergekommen). *Dat Hotelzimmer war völlig versifft.* **siffich** *Dat is voll siffich hier.* **Siffkopp** Schmutzfink, verkommener Typ *Mit sonem Siffkopp will ich nix zu tun haben.*

Siff und *versifft* werden allgemein zu *Syph* als »vulgäre« Abkürzung von Syphilis gestellt. Dabei habe »eine Bedeutungsentwicklung von ›von Syphilis befallen‹ zu ›schmutzig‹« stattgefunden. Diese gängige Etymologie hat jedoch ihre Tücken. So hat die nur literarisch belegte Abkürzung *Syph* immer nur die Bedeutung »Geschlechtskrankheit«, die Wortfamilie um *Siff* dagegen ausschließlich mit Dreck und Schmutz zu tun. Selbst »das unanständige Lexikon« verzeichnet *Siff* nur als »Dreck«. Hinzu kommt, dass hier immer ein eher feuchter, ekliger Schmutz gemeint ist, der irgendwo anhaftet. Deshalb ist es schlüssiger, die Wortfamilie zum weitverbreiteten Mundartverb *seifen, siefen* zu stellen, das im Rheinland als **siffen** oder **sippeln** zu hören ist. Es bedeutet »langsam tröpfeln, sickern, durchnässen« und ist aus dem Mittelniederdeutschen beziehungsweise Mittelniederländischen als siepen und im Mittelhochdeutschen als siefen bekannt. In der Umgangssprache ist das Wort noch in der Bedeutung »regnen« gebräuchlich: *Boah, wat is dat schon widder am siffen draußen! Siff* ist dementsprechend »feuchter, klebriger Schmutz«.

Anmerkung: Vielleicht ist hier auch der Ursprung des umgangssprachlichen **suppen** »nässen« zu finden *(Die Wunde hat durch den Verband gesuppt),* als eine moderne – verhochdeutschte – Variante von *sippen, sippeln.*

Grimm 16/885; Honnen 2012a 223; Kluge 2011 957; Küpper 769; Sedlaczek/Winder 217 u. 237; http://www.duden.de/rechtschreibung/versifft

simmelieren intensives, in sich versunkenes Nachdenken, sinnieren, in Gedanken sein *Wat bisde wider am simmelieren? Der is wieder am simmelieren, wie er dat gebacken kricht.*

Das Wort ist in vielen Mundarten gebräuchlich und von dort in die Umgangssprache gelangt. Es ist eine vom standarddeutschen Lehnwort simulieren »sich verstellen« abweichende Nebenbedeutung. Simulieren ist im 15. Jahrhundert aus dem französischen simuler »verstellen« in den deutschen Sprachraum entlehnt worden (zu lateinisch similis »ähnlich«).

Anmerkung: Volksetymologisch wird *simmelieren* vom Namen Johannes Mario Simmel abgeleitet, der sich als Schriftsteller intensiv mit seinen Themen auseinandersetzte.

MmWb; RhWb 8/151; Wrede 2010 893; http://www.etymologiebank.nl/trefwoord/simuleren

sinnig verständig *Die Katze kuckt mich so sinnig an.* Diese heute nicht mehr gebräuchliche Bedeutung von sinnig hat sich nur in den Mundarten gehalten.

RhWb 8/162; Schiller/Lübben 4/213; Trübner 6/373

Sirz ist ein altes Wort für Limonade, das man vor allem am nördlichen Niederrhein kennt: *Heut ma kein Alkohol, nur Sirz.*

Das Wort geht zurück auf das mundartliche *sirzen* »spritzen«, das ein seltenes, nur für den nördlichen Niederrhein belegtes Wort ist.

RhWb 8/167

Söller oder **Sölder** heißt der Dachboden oder Speicher in Teilen des westlichen Rheinlands und am Niederrhein: *Hol ma die Koffer vom Söller! Wir wollen nächstes Jahr den Söller ausbauen.* Eine **Söllerjeet** ist eine »bleiche, ätherische Frau« (eigentlich eine auf dem Dachboden gehaltene Ziege, die nie das Tageslicht sieht): *Dat is die reinste Söllerjeet!*

Der *Söller* ist arg in Bedrängnis. Heute kennt ihn fast niemand mehr, obwohl er einmal weit verbreitet gewesen ist. Das belegen französische Dialekte wie das Provenzalische, der niederländische zolder und das englische Fachwort sollar wie auch Martin Luther, der in seiner Bibelübersetzung ganz selbstverständlich *Söller* schreibt. In vielen deutschen Dialekten war das alte Wort einmal die allgemeine Bezeichnung für den Dachboden: in der Schweiz, in Tirol, Ostfriesland, Schlesien, Hessen und so weiter; heute kann es fast als ausgestorben gelten, wäre da nicht der Niederrhein (und die Fachsprache der Architekten, dort ist der Söller ein Altan oder Balkon).

Söller erscheint im 4. Jahrhundert als lateinisches Lehnwort im germanischen Sprachraum gemeinsam mit seinem großen Konkurrenten, dem Speicher, und anderen für das Bauwesen wichtigen Begriffen wie Keller, Mauer, Mörtel, Pfosten und Ziegel. Das lässt darauf schließen, dass die germanischen Häuser noch sehr primitiv konstruiert und nur einstöckig waren, Obergeschosse und ihre Benennungen wurden erst seit dem Beginn der Merowingerzeit üblich. *Söller* geht auf das lateinische solarium »der Sonne ausgesetzter Teil des Hauses, flaches Dach, Terrasse« zurück (man denke an die modernen Bräunungsstudios), das im Althochdeutschen als solari, solär und im Mittelhochdeutschen als solre oder sölre erscheint. Die eigentliche Bedeutung hat sich noch lange in den süddeutschen Dialekten gehalten, wo der *Söller* einen Austritt oder Balkon bezeichnete.

Aber schon weit vor Luther beginnt die Verdrängung des *Söllers* durch den **Speicher**, ebenfalls ein lateinisches Lehnwort, aus spicarium »Kornhaus« (zu lateinisch spica »Spitze, Ähre«). Da der Dachraum meist als Lagerraum und in bäuerlichen Anwesen als Kornspeicher genutzt wurde und wird, bot sich diese Alternative geradezu an. Damit ist der Niederrhein mit seinem *Söller* das letzte Reliktgebiet des alten romanischen Lehnworts. Aber auch der Speicher ist »bedroht« durch den Dachboden oder schlicht den Boden, wie das Dachgeschoss heute fast im gesamten deutschen Sprachraum genannt wird.

Anmerkung: Überhaupt ist das Rheinland ein Refugium für alte, heute sonst kaum noch zu hörende Bezeichnungen für das Dachgeschoss. Neben Speicher und *Söller* findet man hier noch den **Läuf** oder **Lööf** (um Köln), schon althochdeutsch als louba »Schutzdach« belegt (wohl eine Variante von Laube), den **Older** oder **Oller** (im Bergischen Land), vielleicht zu lateinisch olla »Tontopf« in der erweiterten Bedeutung »gestampfter Tonboden«, und schließlich das oder die **Bünn** oder **Gebünn** (am südlichen Niederrhein), das die eigentliche Bedeutung von »Bühne« als »Bretterdiele, bretterne Erhöhung« und auch »Zimmerdecke« spiegelt, so schon mittelhochdeutsch büne und mittelniederdeutsch beun.

Grimm 16/1500; Lausberg/Möller 55; RhWb 8/194; Trübner 6/390

Soot Gosse, Rinnstein *Bisde in de Soot gefallen?* Die bei Wrede dokumentierte, reiche Überlieferung (altkölnisch schon im 12. Jahrhundert su, sue, suh, dann soy, soe und so weiter) macht die Verwandtschaft mit Sodbrennen und mittelhochdeutsch sot »Wallen, Sieden« eher unwahrscheinlich. Anzunehmen ist ein eigenes Wort, vergleiche mittelniederländisch soe »Gosse, Straßenrinne«, vielleicht zu althochdeutsch suoha »Furche«.

RhWb 8/81; Verdam 554; Wrede 2010 899

sotzen langsam aufwachen, den Schlaf abschütteln, schlaftrunken sein *Ich bin gerade wach geworden, muss noch ein wenig sotzen.* Ein Wort, das man nur im zentralen Rheinland kennt; Wrede verzeichnet *sotzich* »schlaftrunken« 1877 in Köln. Die weitere Herkunft ist unklar; vielleicht zu limburgisch *sozje* »Bettdecke«.

Debrabandere 2011 330; RhWb 8/235; Wrede 2010 899

spachteln (viel) essen *Hoffentlich gibbet ordentlich wat zu spachteln. Hasse wat zu spachteln?* Wohl nicht rotwelsch oder jiddisch (zu achilen »essen« siehe *acheln*), sondern umgangssprachliche Ableitung aus Spachtel.

Besse 2013 169; Mayer 279; PfWb 6/186; RhWb 8/236; Wolf 1956 5402

spack sitzen im Rheinland Hemden und vor allem Hosen. Dann passen sie nicht richtig und sind eigentlich zu eng und spannen an manchen Körperteilen. *Spack* kann sogar eine sprachliche Waffe sein. Wenn zum Beispiel eine Frau stolz ihre neuen Jeans vorführt und zu hören bekommt

Sitzen die nich wat spack?, dann kann eine Freundschaft schnell beendet sein. Neutraler ist dagegen die Verwendung in Sätzen wie *Dat sitzt aber spack drin, ich krich den Pinn da nich mehr raus* oder *Die Schraube sitzt ordentlich spack.* Hier bedeutet *spack* einfach »fest sitzend«.

Eine andere Bedeutung von *spack* ist heute nicht mehr sehr verbreitet: *Dat Essen bei denen war aber wat spack* oder *Der Lohn is aber ärch spack in dem Job.* Hier meint *spack* »knapp, wenig« oder auch »ärmlich«. Diese Verwendung kennen eher alte Dialektsprecherinnen und -sprecher. Und dann gibt es noch das *spacke Hemd,* das ist jemand, der sehr schlank ist und nie Fett ansetzt, also das genaue Gegenteil einer *spacken Hose.* Diese Variante führt allerdings ohne Umwege zur Geschichte des Wortes *spack,* das ursprünglich »dürr, trocken« bedeutet, was auch heute noch in vielen nichtrheinischen Mundarten wie zum Beispiel im Hessischen oder Hamburgischen so ist. Die Verteilung der Belege deutet darauf hin, dass *spack* seine Wurzeln im niederdeutschen Sprachgebiet hat. Es ist zwar auch im Mittelhochdeutschen in der verschobenen Form als spach »dürr, trocken« sowie als spache »dürres Holz, Reisig« und sogar schon im Althochdeutschen als spahha »Reisig« bezeugt, aber in den hochdeutschen Mundarten südlich des Mains kommt es nicht vor. Die Bedeutung »eng, knapp« hat sich erst im 16. Jahrhundert herausgebildet, und zwar ausschließlich in den rheinischen Mundarten. Somit ist *spack* ein wirklich altes und in dieser Variante sehr typisches rheinisches Wort.

Anmerkung: Hierher gehören wohl auch die Schimpfwörter **Spacko** und **Spacken** »dummer Mensch« aus *spack* als »arm im Geiste«.

Duden 1999 8/3618; FrankfWb 15/2934; Grimm 16/1828; Hessen Nassauisches Volkswörterbuch 3/631; Lerchner 242; Lexer 2/1062; Müller/Weitz 228; RhWb 8/237; Schiller/Lübben 4/299; Werner 375; http://www.duden.de/rechtschreibung/spack

Spagitzen, Spajitzen, Spajitzchen, Spirjitzje oder **Sparimende** macht man seltener in der Umgangssprache, dafür in vielen Dialekten. Das Wort kann vieles beschreiben: einen Scherz, Unfug, etwas Abgeschmacktes, Ausflüchte oder, besonders in Köln, ein stutzerhaftes Verhalten. Wrede beschreibt es anschaulich so: »Wer vor 100 Jahren des Sonntags modisch gekleidet hoch zu Roß sich An den vier Winden zeigte und Obermarspforten hinunterritt, machte *Sprijitzjer.*«

Allerdings sind die kölschen *Sprijitzjer* wohl keine Spritztouren, wie Wrede vermutete, sondern, wie auch die anderen mundartlichen Varianten, eine Verballhornung von *Spargiment,* ein Lehnwort, das auf italienisch spargimento zurückgeht und im 17. Jahrhundert in den deutschen Sprachraum gelangt ist. Es bedeutet ursprünglich »etwas Ausgestreutes« im Sinne von »falsche Meldungen verbreiten« und wurde so auch in Schriften verwendet. In den Mundarten wurde aus der Wendung dann »Unfug, Umständlichkeiten machen«.

Bach 276; FrankfWb 15/2934; Grimm 16/1939; Mengel 45; PfWb 6/206; RhWb 8/26; Wrede 2010 914

spandusen auch **herumspandusen** etwas ausspähen, als Kind an einem Ort sein, an dem man nichts verloren hat *Wat spandust du hier schon wieder rum, hier hasse nix verloren, Männeken!*

Das Wort ist nur noch selten am Niederrhein zu hören. Es scheint eine Variante von *spannen* »beobachten« zu sein.

Spekulats oder **Spekulatius** ist ein niederländisches Lehnwort, das über das Rheinische in den deutschen Sprachraum gelangt ist. Volksetymologisch oft aus »episcopus speculator« (einem angeblichen Beinamen des Heiligen Nikolaus) und aus species »Gewürze« erklärt.

Niederländisch erstmals 1749 als speculatie »Gewürzgebäck«, später speculaas belegt; über die Entstehung des Namens kann nur spekuliert (!) werden: zu frühniederländisch zijn speculatie in hebben »sich wohl fühlen« (dann wäre speculaas eine scherzhafte Bezeichnung von Feinschmeckern) oder speculatie als »Fantasiegebäck« (im Sinne von »spekulieren« über die vielen unterschiedlichen Erscheinungsformen).

Honnen 2008a 212; Kluge 2011 864; Werner 375; Wrede 2010 903; http://www.etymologiebank.nl/trefwoord/speculaas

spiddelich dünn, dürr, unterernährt *Dat Kind is so spiddelich, gib dem doch ma wat Vernümftiges zu essen.* **Spiddel** dünner, schlaksiger oder lang aufgeschossener Mensch *Dat es ne richtige Spiddel. An dem Spiddel is doch nix dran, wat willsde denn mit dem?*

Zu einem zentralrheinischen Verb *spiddelen* »mit einer dünnen Nadel hantieren«, das wiederum zu *Spiddel, Spedel* »kleines Stück«, zu mittelhochdeutsch spidel, spedel »Splitter«, »kleines Stück Tuch«.

Lexer 2/1086; RhWb 8/294 u. 326

Spidillje, Spedulje, Spedulsche sehr dünne oder auch hochnäsige Frau *Guck dir ma die Spidillie an!*

Im Westen des Rheinlands verbreitet. Die Definition des Rheinischen Wörterbuchs lautet: »... auch eingebildetes junges Mädchen, Frau, die körperlich, geistig u. in der Kleidung nicht normal ist oder sich nicht an die Sitten u. Gebräuche der Allgemeinheit hält, mit oder ohne Absicht.« In Mönchengladbach ist *Spedulsche* eine Frau, die einem Mann im Alltagsleben »hilft«, mit den Worten eines älteren Mannes: *»Isch bleev nitt lang alleen, isch kick zo, dat isch en Spedulsche krie.«* Außerdem ist *Spedille, Spedillje* die mundartliche Bezeichnung für eine Spielkarte beim Skat, entweder die Kreuzdame oder Kreuzsieben; in anderen Regionen kann auch das Pik-Ass oder ein hoher Trumpf gemeint sein. Dies wiederum führt zum Ursprung des Wortes: französisch spadille »Pik-Ass«, entlehnt aus spanisch espadilla »kleiner Degen, Spielkarte«. Darin ist die Bedeutung stechen »einen Trumpf ausspielen« ebenfalls angelegt.

Grimm 16/1831; RhWb 8/238

spillerich dünn, dürr, unterernährt, im Wachstum zurückgeblieben *Der kann essen, wat er will, er is un bleibt spillerich. Son spillerigen Weihnachtsbaum hät ich nich gekauft.*

Zu *Spille* »Spindel«, althochdeutsch spilla, spinnila; mittelniederdeutsch spille, mittelniederländisch spilla (niederländisch spil), das heute im Hochdeutschen durch Spindel verdrängte Wort lebt in den rheinischen Mundarten fort; die Bedeutung entsprechend spindeldürr.

Grimm 16/2482; Lexer 2/1096; RhWb 8/345; http://www.etymologiebank.nl/trefwoord/spil

Spinatwachtel sehr dünnes Geschöpf jeglichen Geschlechts und jeglicher Art *Kuck ma die Spinatwachtel da.* Auch allgemein als Schimpfwort für Frauen *Die blöde Spinatwachtel sieht alles!*

In vielen Dialekten nachgewiesen, deshalb nicht zu süddeutsch *spinnete Wachtel* »verrückte Wachtel«, sondern tatsächlich zu Spinat, der in vielen abfällig gemeinten Zusammensetzungen in Mundartwörtern erscheint.

Grimm 16/2491; Küpper 763; PfWb 6/283; RhWb 8/349

Spind ist heute umgangssprachlich ein kleiner, oft metallener Schrank in Umkleideräumen von Sportstätten, Betriebsanlagen oder Soldatenkasernen. In den rheinischen und niederdeutschen Mundarten ist eine (!) *Spind(e)* dagegen ursprünglich ein kleiner, meist fensterloser Vorratsraum oder eine kleine Speisekammer. Im aktuellen Niederländischen ist die spinde ein Kleiderschrank. In den nordrheinischen Mundarten kann eine *Spinde* dagegen auch ein kleiner Weidenkorb sein.

Spind geht zurück auf mittellateinisches (di)spenda »Vorratsraum«. Wahrscheinlich ist die rheinische *Spinde* jedoch schon eine römerzeitliche Entlehnung, da im romanischen Raum ausschließlich Formen zu finden sind, die auf (di)spensa zurückgehen. Damit ist der umgangssprachliche *Spind* über die römisch-rheinische Kontaktzone in den deutschen Sprachraum vermittelt worden.

Grimm 16/2491; Kluge 2011 868; Post 1982 61; RhWb 8/349

spinksen seltener **spinzen** (in der Vulkaneifel) spähen, lauern, spionieren *Der spinkst schon, ob er wat abstauben kann bei der Geschichte. Wat bisse da am spinzen? Aber nit vorher spinzen* (beim kindlichen Versteckspielen). Wenn in der Schule *abgespinkst* wurde, war damit natürlich »abschreiben« gemeint.

Spinksen ist ein echt rheinisches Wort, das nur zwischen der Vulkaneifel und dem südlichen Niederrhein benutzt wird. Auch wenn es deshalb in dieser Region entstanden sein muss, scheint es keine rein rheinische Erfindung zu sein. Auch im angrenzenden Limburgischen kennt man *spienzen* oder *spinzen,* und dort wird, wegen der Nähe zur Wallonie, ein französischer Ursprung des Wortes vermutet und *spinksen* zu altfranzösisch espincier (im modernen Französisch pincer) »kneifen, festklemmen« im Sinne von »die Augen zukneifen, um besser sehen zu können« gestellt. Damit wäre *spinksen* aus dem Französischen über das Limburgische ins Rheinland gelangt. Dennoch ist es ein exklusiv rheinisches Wort.

Debrabandere 2011 361 u. 382; RhWb 8/351; Werner 376; Wrede 2010 910

Spinneflick, Spinnefigges, Spinnenfeckes, Spinnewipp, Spinnewippken dürrer, schmächtiger Mensch mit dünnen Beinen, (meist männlich) *Der Spinneflick hat nix zuzusetzen, der wird immer gleich krank. Son Spinneflick hat auf em Bau nix zu suchen, der kann ja noch nich ma ne Kiste Bier stemmen. Der Spinnefigges is viel zu schlapp, um dir bei der Arbeit zu helfen. Gib dem Spinnewipp ma wat zum Spachteln, datter wat inne Mauen kricht.*

Das Wort spielt auf die dünnen Beine des Weberknechts an; das Grundwort *-flick* ist ungeklärt, *-figges* oder *-feckes* ist der Fex »Narr«, *-wipp* ist die rheinische Bezeichnung für ein nervöses Lebewesen.

Grimm 16/3521; RhWb 8/361; Werner 375; Wrede 2010 904

Spirenzchen, Sperenzchen, Sperenzkes meist in der Wendung *(keine) Spirenzchen machen* Umstände, unangebrachte Einwände, dumme Einfälle *Nu mach ma keine Spirenzchen und geh da endlich hin. Wat sind dat denn schon wieder für Spirenzchen?*

Ein Wort wie *Sperenzchen* fordert geradezu Spekulationen heraus. Entsprechend viele Etymologien lassen sich finden. Im Rheinland vermutet man natürlich, wie bei den bedeutungsgleichen *Fisematenten,* einen französischen Ursprung: »Sperenzchen kommt nicht von ›irgendwoher‹. Es kommt, wie viele solcher Worte, aus dem Französischen der Napoleonischen Besatzungszeit. Spirer (frz.) bedeutet: herumdrehen, Spirenzchen daher: kokett umdrehen, oder auch manchmal planlos um sich herum blicken. Es wurde, wie viele Worte dieser Art eingerheinischt.« Auch andere französische Quellen werden vorgeschlagen: »französisch *espérance,* die Hoffnung oder Erwartung, dass die Sperenzien die gewünschte Wirkung haben«. Eine andere Herleitung geht so: »Wohl aus veraltetem *Sperr, Gesperr* ›das Sichsperren, Sichsträuben‹, bes. mit höflichen Redensarten, dann auch mit Ausflüchten, zu *sich sperren* ›sich sträuben‹ mit latinisierender Endung.« Auch die alte Stadt Speyer mit ihrem mittelalterlichen Namen Spira wird verantwortlich gemacht; danach wären *Spirentien* einfach nur »Speyrereien«, Dinge also, die nur die Menschen in Speyer treiben. Das ist eine Anspielung auf das Reichskammergericht, das seinen Sitz zwischen 1527 und 1689 in der Stadt hatte und offenbar einen ganz besonderen Kurialstil pflegte. Das Rheinische Wörterbuch sieht in den *Sperenzchen* eine Variante der *Spagitzen* (siehe dort), weil es im Rheinland auch solche Mischformen gibt wie *Spergementen* und *Spergitzen.*

Als Abschluss der Aufzählung nun die Etymologie, auf die sich die Sprachwissenschaft – wenn auch mit Vorbehalten – geeinigt hat: Zugrunde liegt mittellateinisches sperantia »Hoffnung«, das in den umgangssprachlichen Sperenzchen als »die Hoffnung, mit Ausflüchten oder Hinhalten etwas zu erreichen« interpretiert wird. Die Italiener kennen eine bedeutungsgleiche Wendung als tener in speranza »jemanden mit guten Worten abspeisen«. Die Lautform *Sprenzchen* könnte außerdem durch sperren

»sich sträuben, widersetzen« beeinflusst sein. Das Wort ist seit dem 17. Jahrhundert belegt und in vielen, meist nord- und mitteldeutschen Mundarten verbreitet.

Duden 2003 1270; Grimm 16/2157; Hattenhauer 2 ff.; MmWb; Pfeifer 3/1669; RhWb 8/318; Röhrich 4/1499; https://de.wikipedia.org/wiki/Sperenzien; http://www.wissen.de/wortherkunft/sperenzchen

spirrig dünn, hager, blutarm, im Wachstum zurückgeblieben *Der is aber wat spirrig, der Weihnachtsbaum, dene da angeschleppt has. Son spirriges Männeken, wat will der denn auf dem Platz reißen?* Auch **spirrelich** ist gebräuchlich: *Kumma, wat dat Monnika mit seine spirrelije Ärmchen locker zwischen der Stäbe durch kommt, dat kanns du mit deine Muckis nich, wa.* Entsprechend ist in der Kölner Gegend auch der **Spirrel** bekannt, dem einige ähnliche Bezeichnungen nahe stehen: *Der Vatter es eso ne Sparjel, die Mutter en Schnettloch, kein Wunder, dat denen ieren Sohn eso ene Spirrel jeworden is, odder wat meinze?* Entsprechend **Spirriger, Spirrigen** *Kuck dir ma den Spirrigen an, kein Arsch ine Hose!*

Spirrig ist die rheinische Variante von spierig »spitz, dünn, fein«; zu Spiere, Spier »Halm, Sprießendes, Spitze«.

Grimm 16/3425; RhWb 8/344; Woeste 250

spitz in der Wendung *etwas spitz kriegen* »herausfinden, entdecken« *Wie hat der dat denn nu wieder spitz gekricht? Die kriegt alles spitz. Wenn dat die andern spitz kriegen, dann gibt et Ärger. spitz werden* abnehmen *Du bis aber spitz geworden* (dünn, elend aussehen)! Weit verbreitet ist auch die Bedeutung »geil, sexuell erregt«, oft in der Wendung *Der is spitz wie Nachbars Lumpi! Du bis wohl spitz auf die Perle, wa?*

Die umgangssprachlichen Wendungen erklären sich aus frühen Bedeutungsdifferenzierungen des Adjektivs, das schon im Mittelalter auch als »scharf« gebraucht wurde; daraus erklärt sich die »spitze Zunge« und die moderne sexuelle Komponente. *Etwas spitz kriegen* hat seinen Vorläufer in der alten Wendung *ein Ding spitz kriegen* für »etwas hinkriegen«

(eigentlich »einen Pfahl so anspitzen, dass er in ein Loch passt«). Weil spitz in den Mundarten auch für alles Dünne, Schmale oder Schlanke stehen kann, ist man *spitz im Gesicht,* wenn man länger krank war und abgenommen hat.

RhWb 8/371; Röhrich 5/1507; Trübner 6/470

Spökes Unsinn, Posse *Nu sei doch nich gleich sauer, wir ham doch nur Spökes gemacht.* Das Wort ist in dieser Bedeutung umgangssprachlich im Rheinland weit verbreitet. Es geht nicht zurück auf den berühmten Spöke, den gefleckten Seedrachen in der Nordsee, der die Spökenkieker heraufbeschwört, sondern auf die mundartliche Aussprache des standarddeutschen Wortes Spuk, die im Rheinland wie im gesamten Niederdeutschen durchgängig *Spok* oder *Spök* lautet. Dort bedeutet *Spök, Spöke* auch Gespenst, was das Endungs-s (als typische rheinische Pluralform) erklärt (also eigentlich »Gespenster machen«).

Duden 1999 8/3658; Grimm 17/210; RhWb 8/458; Wrede 2010 911

Spörkel etwas Dünnes, Zurückgebliebenes *Dat is aber en Spörkel von Appelbaum.* **spörkelig** *Der Köter is spörkelig. Dat is en Spörkeligen.*

Nicht zu »zirkussprachlich« Sperk »Zwerg«, sondern zur niederdeutschen Bezeichnung des Ackerspargels (Spergula arvensis, Ackerspark), der als Futterpflanze auch am Niederrhein als *Spörek, Spürech* und im niederdeutschen Raum als *Spörgel, Spürgel* bekannt ist (analog dazu umgangssprachlich *Spargeltarzan*).

Grimm 16/2163 u. 2678; Honnen 2003 191; Küpper 780 u. 784; RhWb 8/470

Sprit Benzin, mit einer hartnäckigen Herleitungslegende: »Echtes Benzin war [nach dem Zweiten Weltkrieg] rationiert, die Deutschen rümpften die Nasen über Benzin-Ersatz aus ›Kartoffel-Spiritus‹; der damals geprägte Begriff ›Sprit‹ ist bis heute gebräuchlich.« Allerdings ist das Wort schon viel älter: Es ist abgekürzt aus französisch esprit »Geist« (dies aus lateinisch spiritus ›Geist‹) und zuerst im deutschen Norden um 1806 und in dieser Zeit schon in den Bedeutungen »Spiritus, Kartoffelspiritus« und »Schnaps« belegt. Auch die noch heute in der Umgangssprache zu hörenden Ableitungen *Spritkopp* »Säufer« oder *sprittig* »betrunken« stammen aus der Zeit.

Trübner 6/492; http://www.hojas.co.at/Gruppen/wissen/begrifflichkeiten.htm

Sprutenkohl, Sprutemus Rosenkohl, auch **Spruuten, Sprute, Schprüütschen** *Is et schon Zeit für Spruten?* Das Wort ist aus den regionalen Mundarten übernommen und bedeutet eigentlich »Sprossen«. Diese Bedeutung kennt man noch im Ruhrgebiet in **spruten** und **Spruten**, zum Beispiel wenn alte Kartoffeln im Frühjahr keimen, seufzt die Hausfrau: *Die müssen bald weg, die sin schon am spruten!* Und *Mach die Spruten ab, wenn de Pellkartoffeln kochst, denn die Spruten sind giftig.*

Zu mittelniederdeutsch utspruten, althochdeutsch spriuzzan »sprießen«, niederländisch spruiten, englisch to sprout. Der Rosenkohl gilt eigentlich als eine Züchtung des 16. Jahrhunderts (um diese Zeit in Belgien als »Choux de Bruxelles«, im deutschsprachigen Raum später als »Brüsseler Kohl« bekannt). Die rheinische Sprachgeschichte lässt anderes vermuten, denn bereits 1349 ist in Neuss *Sprutenkohl* als Name eines Mannes bezeugt.

Dittmaier 1966 48; RhWb 8/454; http://www.etymologiebank.nl/trefwoord/spruiten; http://de.wikipedia.org/wiki/Rosenkohl

Spucht dünner, schwächlicher – auch kranker – Mensch (meist ein Mann), auch »Lehrling« *Gipp den Kleinen ma orngslich wat zu spachteln, sons bleibt dat sonn Spucht, dene aum Bolzplatz für nix gebrauchen kannz.* **spuchtich** zu eng sitzend, nicht ganz passend *Dat neue Pullöwerken sitzt abber reichlich spuchtich, odder vertu ich mich da?*

Im Rheinischen Wörterbuch nur für Remscheid belegt, aber im Ruhrgebiet und in Westfalen umgangssprachlich. Das Adjektiv *spuchtig* als »mager, dürr« ist im gesamten niederdeutschen Sprachraum gebräuchlich, im Standardniederländischen als spichtig »lang und dünn«. Das macht die Etymologie von *Spucht* als »ältere Nebenform von Spuk« (das auch Gespenst bedeuten kann) unwahrscheinlich. *Spichtig* ist im Niederländischen seit dem 16. Jahrhundert belegt, im Friesischen als spjuchtig, ältere Formen kennt man nicht. Vermutet wird die Verwandtschaft mit Specht (Vogel).

Honnen 2012a 226; MmWb; RhWb 8/456; Sprick 137; van Veen/van der Sijs 827; Woeste 252; http://www.etymologiebank.nl/trefwoord/spichtig; http://www.ruhrgebietssprache.de/lexikon/spucht.html; http://universal_lexikon.deacademic.com/354424/Spucht

staats stattlich, groß, ansehnlich, herausgeputzt *Der Willi is aber en richtijen staatsen Kerl geworden. Kind, du hast dich aber staats gemacht!* Mehr mundartlich ist die Verbindung **stiefstaats** »übertrieben herausgeputzt« *Der hät sich stiefstaats jemaat. Stiefstaats* ist im südlichen Rheinland auch jemand, der schwer betrunken ist. *Er koom stiefstaats nach Haus.*

Staats ist ein im Standarddeutschen nicht mögliches Adjektiv zu Staat »Pracht«, eine heute selten gewordene Bedeutung, die wir aber noch in der Wendung »keinen Staat mit etwas machen« oder im Sonntagsstaat kennen.

RhWb 8/478; Trübner 6/508; Wrede 2010 916 u. 928

stalpen stelzen, stolzieren, ungeschickt gehen *Der stalpt wieder durch den dicksten Dreck. Der stalpt mit seine langen Beine wie en Storch durch den Salat.* **Stalp, Stalpfutt, Stalpfoot** langbeiniger, ungeschickter Kerl *Mit som Stalp kannsde nich zum Tanzen gehn. Kind, du bist ne Stalpfoot* (sagen Eltern zu ihrem Kind, das morgens auf dem elterlichen Bett herumturnt).

Das Wort ist schon genauso im Mittelhochdeutschen und Mittelniederländischen als »stampfen« belegt, es ist »den mundarten um den Rhein eigenthümlich« und nicht verwandt mit dem standardsprachlichen stolpern.

Grimm 17/634; Lexer 2/1131; PfWb 6/417; RhWb 8/507; Verdam 572

Stange eine Menge *Der hat ne Stange Moos flüssich* (viel Bargeld). *Du hass doch ne Stange Handtücher gekauft gestern, brausde die eigentlich alle? Der kann ne ordentliche Stange vertragen* (Alkohol)!

Wohl nicht wie bei Röhrich aus »stangenförmigen Geldrollen« abzuleiten, sondern ein Reflex der Stange als alte, heute ungebräuchliche Maßeinheit (zum Beispiel als Längen-, Holz- oder Flächenmaß, siehe Messstange).

Grimm 17/789; Röhrich 5/1527

Stehrühmchen, Stehrümken Deko-Artikel ohne praktischen Nutzen, Staubfänger, Nippes *Jetz bring dir aus dem Urlaub bloß nich noch mehr Stehrümmchen mit.*

Stehrümmchen verstauben im Bergischen Land und im zentralen Rheinland, die *Stehrümken* im Ruhrgebiet. *Stehrühmchen* sind eigentlich kleine Bilderrahmen, die auf Schreibtischen oder in Schrankwänden stehen; *Rühmchen* oder *Röhmchen* sind typisch rheinische Lautungen von Rähmchen.

Grimm 17/76; RhWb 7/46

Sterz, Stetz, Stätz, Stett Schwanz *Dat Pferd hat aber ne lange Sterz. Wenn Lisas Haare etwas länger sind, kann man der Sterzkes machen* (Zöpfe). *Sterz* sagt man im Rheinland nördlich der Eifel. Hier kennt man auch den **Wippstert** als »Bachstelze« und »unruhiges Kind«. Zu mittelhochdeutsch sterz, althochdeutsch sterz »Schwanz«.

Grimm 18/2530; Kluge 2011 883; RhWb 8/642; Wrede 2010 919

Stich ist ein Wort mit vielen umgangssprachlichen Bedeutungen: *An die Soße gehört ein Stich Butter* (kleines Stück). *Die Butter hat aber en Stich* (ranzig sein). *Du hass wohl en Stich* (verrückt sein). Auch: *einen Stich in der Birne haben. Die Farbe hat en Stich int Blaue* (leicht getönt). Auch für »Sonnenstich« *Geh in den Schatten, sonst krisse n Stich! keinen Stich kriegen* keine Chance haben *(Der Rechtsaußen bekam gegen den Verteidiger keinen Stich)* nach einem Ausdruck beim Skat *Wat liecht im Stich? Dat is mein Stich.* **Bienenstich** im gesamten Rheinland verbreitetes Gebäck.

Alle übertragenen Bedeutungen gehen auf das Verb stechen und seine Ableitung Stich zurück. Beim Kartenspiel ist noch der alte mittelalterliche Turniergedanke erkennbar (»Stechen« war die Bezeichnung für die das Ritterturnier nachahmenden bürgerlichen Kampfspiele, noch heute im »Fischerstechen« in Ulm; daher auch das »Stechen« als Ausscheidungskampf (Stichkampf)), die stechende Sonne kannte man ebenfalls schon im Mittelalter, ein Stich Butter ist ein »kleines abgestochenes Stück«; daraus auch die

Bedeutung »eine Kleinigkeit, ein Anflug von« (zum Beispiel bei *ein Stich ins Blaue*). Einzig der *Stich* als Abweichung vom Normalen ist nicht eindeutig: bei Menschen vielleicht zu Sonnenstich, bei Lebensmitteln eventuell zu verstehen als »angestochenes und deshalb faulendes Obst«, das auf andere Lebensmittel übertragen wurde. Der *Bienenstich* ist wohl in Anlehnung an den Eierstich entstanden.

Grimm 18/2673; Kluge 2011 884; RhWb 8/657; Röhrich 5/1551

Sticken (nur Plural) (dünne) Beine *Boh, da is der mir doch voll von hinten inne Sticken gegangen.* **Stickenschoner** Schienbeinschützer beim Fußball *Zieh die Stickenschoner an, heute gehdet gegen ne Knüppelmannschaft. Sticken* können auch Streichhölzer sein: *Hasse ma en paa Sticken, wir wolln en Püffken machen.*

Das heute noch in der Umgangssprache des Ruhrgebiets zu hörende Wort ist die niederdeutsche Variante des Steckens, mittelhochdeutsch stecken, mittelniederdeutsch sticken »etwas Langgestrecktes, Dünnes«.

Meyer 108; RhWb 8/663; Schiller/Lübben 4/399

sticksen meint im westlichen Ruhrgebiet »einen steilen *Köpper*« machen. Hier hat sich das alte Mundartwort *sticks* »steil« erhalten, zu althochdeutsch steckal, mittelhochdeutsch stechel »steil«.

Fellsches 1999 165; RhWb 8/663

stickum, steckum heimlich, leise, ruhig *Wat is dat Blach schon wieder so stickum, dat hat bestimmt wat ausgefressen. Wieso sitzt du so stickum inne Ecke, gehdet dir nich gut? Dat is son ganz Stickumen, dem kann man nich trauen.* Am linken Niederrhein hört man auch, wie im Niederländischen, **stiekum**.

Stickum, stiekum ist in vielen west- und norddeutschen Mundarten gebräuchlich, in den angrenzenden Niederlanden sind stiekem »heimlich« und stiekerd »Duckmäuser, Schleicher« sogar standardsprachlich. Der Eintrag im Pfälzischen Wörterbuch »stikem Adj.: ›still, schweigend‹, gebräuchlich bes.

unter Viehhändlern, Metzgern, Juden« führt zur Wortgeschichte. Das Wort ist aus dem Rotwelschen entlehnt, wo Schtike das »Stillschweigen« meint, also das »Nichtverraten einer Angelegenheit«. Es geht zurück auf jiddisch schtieke, schtiko »still, schweigen«, das wiederum jüdisch-aramäische Wurzeln hat. Im Rheinischen erkennt man durchaus noch die gaunersprachliche Herkunft von *stickum, stiekem* in der Verwendung als »heimlich, hinten herum«.

Anmerkung: Die bekannteste Brauerei Düsseldorfs hat ihren selbstgebrannten Bierschnaps »Stickum« genannt (nach der etwas abseits gelegenen Bar im Brauhaus).

Althaus 2006b 197; FrankfWb 15/3049; Küpper 800; PfWb 5/689; RhWb 8/678; Stern 209; Werner 382; Wolf 1956 5167; http://www.atlas-alltagssprache.de/stiekum/; http://www.etymologiebank.nl/trefwoord/stiekem

Stiesel, Stissel langweiliger Mensch, Dummkopf, aber auch Sturkopf, der an alten Zeiten, alten Gewohnheiten und Formen hängt *Meine Zeit, ist dat en Stissel. Wat hasde dir denn da von Stiesel angelacht?* **stieselich, stieselich** ungelenk, geistig unbeweglich *Stell dich nich so stieselich an.*

Das Rheinische Wörterbuch vermutet einen studentensprachlichen Hintergrund, aber nach dem Grimmschen Wörterbuch scheint der *Stiesel* (es handelt sich tatsächlich immer um einen Mann) älter zu sein und vor allem in Norddeutschland und Sachsen vorzukommen. Die Herleitung aus stoßen (mittelhochdeutsch stiezen) und damit *Stiesel* als Stößer (stoßender Schafbock) ist ebenso unsicher wie die Ableitung als Stößel.

Grimm 18/2688; Küpper 800; RhWb 8/688; http://www.duden.de/rechtschreibung/Stiesel

Stiftekopp Meckifrisur, Bürstenschnitt, kurz geschorene Haare *Wat hat dir denn der Frisör von Stiftekopp geschnitten? Frauen mit Stiftekopp, dat sind doch immer Emanzen.* Umgangssprachlich weit verbreitet, aus Stift »kleiner, spitzer Gegenstand« entwickelt (die Haare stehen wie Stifte empor).

Küpper 800; PfWb 6/588; RhWb 8/689

stiften in der Wendung *stiften gehen* oder *stefte gonn* »weglaufen, flüchten« *Als der Hausmeister raus kam, sin se schnell stiften gegangen. Der Anton hat immer noch schwer daran zu knacken, dat ihm seine Olle stiften gegangen is.*

Die Herkunft der Wendung ist unbekannt. Als Ableitungen werden vorgeschlagen: zu hebräisch schataf »überströmen«, zu **Stift** »Junge, Auszubildender«, aus der Imkersprache (die Bienen verlassen den Stock nach dem Bestiften der Eier) und zu stieben, das im Mittelhochdeutschen auch »laufen, fliehen« bedeutet (die wohl schlüssigste Erklärung). Die Wendung ist über die Soldatensprache des Ersten Weltkriegs in die Umgangssprache vermittelt, sie ist jedoch älter.

Anmerkung: Der *Stift* »Lehrling« ist älter (1822 erstmals belegt), sein Ursprung dürfte im Rotwelschen liegen (1687 hier erstmals als Stifftgen »kleiner Knabe« erwähnt) und eine Bedeutungserweiterung von Stift »kleiner, spitzer Gegenstand« sein. Er hat mit dem Verb *stiften gehen* wohl nichts zu tun.

Grimm 18/2876; Kluge 2011 885; Lexer 2/1188; Mengel 46; Paul 851; RhWb 8/688; Trübner 7/168; http://gfds.de/?s=stiften+gehen

Stinkadores seltener **Stinkadorius** kann eine schlecht riechende oder unsympathische Person sein: *Hömma du Stinkadores, kannze die Fluppe beim Essen nich ma ausmachen?,* außerdem ein besonders penetrant riechender Darmwind, ein Pfeifentabak, der die Atemwege bis zum Würgen reizt, oder die Person, die ihn geraucht hat. Er kann aber auch durchaus liebevoll ein kleines Kind mit vollen Windeln bezeichnen. Im zentralen Rheinland ist ein *Stinkadores* auch schlicht ein Stinkkäse (Limburger oder Harzer).

Das Wort zeigt typische Elemente einer studentensprachlichen Wortschöpfung, indem eine »gelehrte« Endung (hier die spanisch anmutende Endung -ores) benutzt oder mit einem Fremdwort (hier etwa französisch odeur oder lateinisch odor »Geruch«) kombiniert wird. Und in der Tat ist das Wort für die Baseler Studentensprache gemeldet, es ist aber gleichzeitig auch schon in vielen Dialekten dokumentiert. Das Wort wurde erfolgreich in das Schwedische exportiert.

Baseler Studentensprache 47; Küpper 801; PfWb 6/594; RhWb 8/704; Wrede 2010 929; http://www.duden.de/rechtschreibung/Stinkadores_Zigarre

stippen kurz eintauchen *Uns Oma tut die Brotkrusten in en Kaffe stippen, sons kann se so schlecht kaun. Dat hat en Zeh int Wasser gestippt, un et war gar nich kalt.* Zum Unterschied von *stippen* und *zoppen* (siehe *zuppen*) *Pass im Schwimmbad auf dein klein Brüderchen auf. Son bisschen Stippen könnt ja noch gehn, aba Zoppen is gefärlich, da is der viel zu klein zu* (*stippen* tut man also ein klein wenig, *zoppen* meistens ganz).

Aus mittelniederdeutsch stippen »eintunken, stechen«, altsächsisch steppon »auszeichnen«, mittelhochdeutsch steppen (daraus standardsprachlich steppen »mit groben Stichen nähen«).

Kluge 2011 886; RhWb 8/706; Schiller/Lübben 4/405; Werner 382; http://www.etymologiebank.nl/trefwoord/stippen

stochen heizen, schnell fahren *Der is vielleicht gestocht mit seinem Mopped, der wär beinah abgehoben. Dann sind wir nach Hamburg gestocht, um dat Spiel zu sehen. Musse immer so stochen?* Die eigentliche Bedeutung »den Ofen anheizen« hört man in Ermangelung von Feuerstellen in den meisten Wohnungen nicht mehr so oft: *Der hat den Ofen so gestocht, dat die Platte ganz glühend war.* Von älteren Leuten hört man gelegentlich so etwas wie: *Stoch mal die Heizung was an, is kalt hier* – trotz Zentralheizung mit Thermostatregler. Den Ofen *stochte* man früher mit einem **Stocheisen**. Am Mittelrhein ist der **Stocher** ein Heizer auf einem Dampfschiff oder einer Lok gewesen, sodass man noch heute sagt: *Du bist so dreckich wie ein Stocher!*

Stochen ist die alte Vorform von stochern, das erst im 16. Jahrhundert aufgekommen ist. Entstanden aus niederdeutsch *stoken* »stoßen, drängen«, mittelniederdeutsch beziehungsweise mittelniederländisch stoken »wiederholt stechen«, altsächsisch stukkian »erregen, angreifen«. Die Bedeutung

»schnell fahren« ist erst im späten 19. Jahrhundert als Äquivalent zu heizen entstanden.

Küpper 803; Pfeifer 3/1725; RhWb 8/718; http://www.etymologiebank.nl/trefwoord/stoken

Stööz, Stööt, Stäut Angeberei, auch fantastische Erzählung *Der mit seinem Stööz, der gibt vielleicht an.*

Das Wort ist exklusiv für das zentrale Rheinland und vor allem Bergische Land. Es hat in anderen Dialekten keine Parallelen, dafür aber im angrenzenden Limburgischen: *stuiten, stuten* »aufschneiden, angeben«, das zurückgeführt wird auf frühniederländisch stuiten »stoßen«. Von dort ins Rheinische gewandert.

Debrabandere 2011 393; RhWb 8/546

Stoppelfeld geht, wie so viele Wörter aus der Landwirtschaft, auf das Lateinische zurück. Aus klassischlateinisch stipula wurde spätlateinisch stupola »Halm«. Da in den deutschen Mundarten die beiden Varianten *Stoppel* und *Stupfel* »Stumpf des Getreidehalms« existieren, muss das Wort vor der Zweiten Lautverschiebung in das Deutsche gelangt sein (auch im Mittelalter stehen die mittelhochdeutschen und mittelniederdeutschen Formen *stoppel* und *stupfel* schon nebeneinander). Das lateinische Wort ist in viele europäische Sprachen gewandert, so ist im Englischen *Stubblefield* ein weitverbreiteter Familienname. *Stoppelig* und *stoppeln* sind spätere Ableitungen; *stoppeln, stupfeln* bedeutet in den Mundarten noch heute das von armen Leuten betriebene Ährenlesen nach der Ernte, darauf geht auch das Verb *zusammenstoppeln* zurück. Der **Stoppelhopser** (»kleiner Junge« *Der Stoppelhopser kricht ja auf dem Fahrrad seine Beine gar nich auf den Boden*) ist ursprünglich ein studentischer Sprachwitz und verulkt Studenten der Landwirtschaft.

Bergmann 315; Nail 1988 362; Post 1982 201; Trübner 6/612;
http://www.duden.de/rechtschreibung/Stoppelhopser

Stövchen kleiner beheizbarer Untersetzer zum Warmhalten von Tee- oder Kaffeekannen. Das Wort ist verwandt mit der hochdeutschen Stube, die im Niederdeutschen *stove* lautet und ursprünglich ein beheizbarer Raum oder eine Badestube war. Das niederdeutsche *Stövchen* in der heutigen Bedeutung ist relativ neu.

Kluge 2011 889; Trübner 6/619

strack völlig betrunken *Der is total strack. So strack hab ich den noch nie gesehen.* Auch: *Der is wider* **strackevoll**.

Die rheinischen Mundarten haben zwar das Wort *strack, stracks* als »gerade, starr, steif, kurz heraus, sofort« (wir kennen althochdeutsch und mittelhochdeutsch strac noch in der Alltagssprache als schnurstracks), nicht jedoch in der Bedeutung »betrunken«; anders die pfälzischen, lothringischen oder elsässischen Mundarten, hier ist *strack* als »völlig betrunken« weit verbreitet. Diese Bedeutung ergibt sich aus *strack* »steif«, das ebenfalls ein Synonym für betrunken ist und auf die völlige Bewegungslosigkeit im Rausch anspielt. So erklärt sich auch **stramm** als »betrunken« *(Der war völlig stramm gestern),* das in den niederdeutschen Mundarten ebenfalls die Bedeutung »steif« hat.

Grimm 19/591; Küpper 805; LothrWb 1/503; PfWb 6/657; Wrede 2010 936; http://www.duden.de/rechtschreibung/stracks

Strang seltener **Stramm** Angst, Respekt *Da hab ich Strang vor. Die ham aber ganz schön Strang für die neue Lehrerin!*

Strang ist eines dieser rätselhaften exklusiv rheinischen Mundartwörter, an denen sich der Etymologe vergeblich die Zähne ausbeißt. Das Rheinische Wörterbuch stellt es kommentarlos zu Strang »Bündel, Seil, Zugstrang usw.«, das Grimmsche Wörterbuch führt es als eigenständiges Stichwort und leitet aus der saarländischen Variante *Schdrank* die Vermutung ab, das Wort könnte – unbestimmten – französischen Ursprungs sein. Die Siegerländer Variante *jemandem im Schdrank haben* könnte allerdings tatsächlich auf den gemeinen Strang verweisen, der auch »Zugstrang, Zugstange beim

Zugvieh« bedeutet. Dann wäre *Strang haben* also die wohlbegründete Angst, unter jemandes Joch zu geraten. Aber diese Deutung ist nicht mehr als eine Vermutung. Ein spannendes Wort also.

Grimm 19/854; Heinzerling/Reuter 386; RhWb 8/785; Werner 384; Wrede 2010 936

stratzen (schnell) gehen, laufen *Stratz ma nache Bude un hol en pa Pullen Bier.* Daneben auch »in einem dünnen, aber druckvollen Strahl spritzen« (urinieren) *Ich stratz gegen de Wand* und »Durchfall haben«. Das umgangssprachliche Wort scheint sein Zentrum im Ruhrgebiet zu haben, ist in den Mundarten des Rheinlands und der Pfalz jedoch weit verbreitet, dort allerdings in der Hauptbedeutung »im Strahl spritzen«. Dies lässt vermuten, dass *stratzen* eine Ablautvariante des noch weiter verbreiteten Verbs *stritzen* ist, das das gleiche Bedeutungsspektrum hat und wahrscheinlich aus Strahl und spritzen entstanden ist. Hierher gehört dann auch **stritzevoll**, das im zentralen Rheinland »sturzbetrunken« bedeutet.

Bergmann 317; Grimm 19/1629; Küpper 807; PfWb 6/675; RhWb 8/794; Sprick 106; http://www.ruhrgebietssprache.de/lexikon/stratzen.html

Stricko, Strickspon, meist in der Mehrzahl als *Strickos* oder *Strickspön* Streichhölzer. Zugrunde liegt die nördlich der Benrather Linie zu hörende Lautvariante *strieken* zum Verb »streichen«.

Stropp, Ströpp ist eine Schlaufe oder Schlinge: *Jetz is mir doch der Stropp anne Jacke gerissen.* Im Rheinland kann damit aber auch ein kleines, übermütiges Kind gemeint sein: *Der kleine Stropp is schon ganz schön frech* (oft auch als **Ströppken,** siehe allerdings auch *ströppen*).

Die Wortgeschichte dieses sowohl in den Mundarten, in der Umgangssprache und in den angrenzenden Nationalsprachen weitverbreiteten Wortes ist etwas undurchsichtig. Es ist im deutschen Sprachraum in dieser Bedeutung als strop erstmals um 1300 im Mittelniederdeutschen nachgewiesen. Die weite Verbreitung (italienisch stroppo, französisch étrope, englisch strop, norwegisch strop) macht die Entlehnung aus dem Lateinischen wahrscheinlich. Das lateinische stroppus »gedrehter Riemen« wiederum ist eine Ableitung aus dem griechischen stróphos »Band, Seil«. Damit hätte das rheinische *Ströppken* eine wahrlich beeindruckende Wortgeschichte, zu der leider die anderen, erst später belegten deutschen Formen *Strippe* (im Osten des niederdeutschen Sprachraums *(an der Strippe hängen, Quaselstrippe)*) und vor allem die südlichen *Strupf, Strupfe, Strüpfe* nicht so recht passen wollen. Letztere tauchen erst spät im 17. Jahrhundert auf und können deshalb keine verschobenen *Stropp*-Formen sein, und der Vokal im ostdeutschen *Strippe* lässt sich kaum aus dem westniederdeutschen *Stropp* ableiten. Die Frage ist demnach, ob es zwei Entwicklungslinien gegeben hat (die südlichen *Strupf* und nördlichen *Strop* also nur lautähnlich sind) oder ob ein anderer, gemeinsamer Ursprung angenommen werden muss (etwa die Wortfamilie um »streifen«, siehe *ströppen*). Wahrscheinlich haben die südlichen Formen eine andere Wortgeschichte als unser nördliches *Ströppken.*

Grimm 20/137; Kluge 2011 892 f.; Post 1982 135; RhWb 8/863; Schiller/Lübben 4/441; Trübner 6/649; van Veen/van der Sijs 851; Werner 386; Wrede 2010 941

ströppen hindurchschlagen, durchkriechen, rutschen, abstreifen *Wir sind den ganzen Tag durch die Büsche geströppt.* **abströppen** Blätter, Beeren und Ähnliches vom Stängel streifen *Die Beeren musste erst mal abströppen, bevor du sie in den Mixer tust. Wenne nich artich bis, dann gibbet Popoklatsch mit Anlauf, aber mit runtergeströppte Hose!* Deshalb nennt man Stielmus im Ruhrgebiet auch **Ströppmus**. Hierher vielleicht auch **Ströppken** »kleines Kind« (siehe *Stropp*).

Ströppen ist die unverschobene Variante von »streifen«: mittelniederdeutsch stropen und strepen, althochdeutsch stroufen, wohl zur germanischen Wurzel *straupjan (anders das Rheinische Wörterbuch zu *Stropp*).

RhWb 8/821 u. 863; Wrede 2010 941; http://www.etymologiebank.nl/trefwoord/stropen

Strotte, Strott oder **Strosse** Gurgel, Hals; im Rheinland ist das alte Mundartwort in der Umgangssprache noch häufig zu hören: *Gestern is mir ne Fischgräte inne Strotte hängen geblieben.* Es gilt heute allerdings eher als vulgär.

Das ist angesichts der Wortgeschichte eigentlich ungerecht. Denn *Strotte* war einmal im gesamten niederdeutschen Sprachraum bis zur Elbe die normale Bezeichnung für die Kehle. Von dort ist sie in den mitteldeutschen Sprachraum gewandert und lautgewandelt zur *Strosse* geworden. Das Wort ist schon im Altsächsischen (als strota) und im Altfriesischen (als strotbolla) belegt und im Niederländischen als strot hochsprachlich geworden. Es ist ein exklusiv niederdeutsches Wort, das keine Entsprechungen in den nordischen Sprachen oder im Englischen hat. Interessanterweise geht das italienische Verb strozzare »erwürgen« auf die mittelhochdeutsche Variante strozze zurück. Heute ist das alte Wort nur noch im Westen des deutschen Sprachraums bekannt.

Grimm 20/76; Kluge 2011 218; Lerchner 241; Schiller/Lübben 4/441; Werner 387; Wrede 2010 942

strullen, strullern urinieren (nur im Zusammenhang mit Männern gebraucht) *Schuldigung, ich geh ma kurz strullen. Kuck ma, der strullt da einfach aufe Straße.*

Das Wort ist im gesamten niederdeutschen und niederländischen Sprachraum verbreitet (dort als *struilen, streulen, strollen,* sowohl »strömen« als auch »urinieren«). Es geht deshalb nicht auf strudeln, Strudel zurück, sondern auf das mittelniederdeutsche strulle »Wasserröhre«, hier auch schon strullebecken »Pisspott« und strullen »rauschen, urinieren«.

Grimm 20/109; Kluge 2011 893; Küpper 811; RhWb 8/877; Schiller/Lübben 4/442; http://www.etymologiebank.nl/trefwoord/struilen

strunzen im zentralen Rheinland meist **stronksen, strunksen** angeben, prahlen *Der strunzt wieder, wat dat Zeuch hält.* Ein **Strunzer, Stronkser** ist entsprechend ein Angeber, ein **Strunztuch** das Einstecktuch im Jackett: *Mit sein Strunztuch stolziert der rum wie Graf Koks vonne Gasanstalt.* Wer besonders dumm ist, der ist **strunzdoof**.

Eine lustige Etymologie führt das Wort auf das niederdeutsche Wort *Strunz* für das Mineral Strontianit zurück, das früher vor allem im Münsterland abgebaut wurde. Allerdings gibt es dazu außer der Lautähnlichkeit keine inhaltliche Verbindung. Vielmehr kennt man das Verb bereits im Mittelhoch- und vor allem Mittelniederdeutschen. Dort hatte es zwei Bedeutungen: »müßig herumschlendern« und »prahlen, dicktun«. Oft wurden auch Bettler, Landfahrer und Gaukler als *Strunzer* bezeichnet, wie zum Beispiel das Grimmsche Wörterbuch zitiert: »wann die narren auf der hohen schul ein jahr lang zubringen, so kommen sie wieder heim und struntzen auf der gassen daher, wann sie edelleute wären.« Hier ist das Bedeutungselement »angeben« bereits deutlich sichtbar, das spätestens im 19. Jahrhundert die ursprüngliche Bedeutung »herumstreifen« völlig verdrängt hat. In den rheinischen Mundarten kann *strunzen* auch »herausspritzen« und »urinieren« bedeuten, aber anders als im Rheinischen Wörterbuch vorgeschlagen scheint es sich hierbei um ein anderes Verb mit einer anderen Wortgeschichte (wohl lautmalerischen Ursprungs) zu handeln.

Duden 1999 8/3791; Grimm 20/135; Lexer 2/1223; RhWb 8/884; Schiller/Lübben 4/444; Weischer 200; Werner 385; Wrede 2010 943

Stubbi, Stuppi eine kleine, dickbauchige Bierflasche *Zehn Stuppis schaff ich locker am Abend.* Mittlerweile auch quasi offiziell *Heute der Kasten Stubbi zum Sonderpreis!* – so ein Getränkemarkt in Trier. *Stuppis, Stubbis* trinkt man in der Eifel, an der Mosel und im Trierer Land.

Das rheinische Mundartwort *stupp* meint »stumpf, kurz, gedrungen« und beschreibt damit exakt die typische Form der in der Region üblichen kleinen Bierflasche; mittelniederdeutsch stubbe »Baumstumpf«.

RhWb 8/939; Schiller/Lübben 4/445

stucken auch **stuckern** stoßen, stauchen, schlagen *Die Straße is so schlecht, dat stuckt echt, wenne da drüber fährst.* Auch ein Motor kann *stuckern* »stottern«. Daneben »onanieren« (beim Mann) *Zu viel stucken is nich gesund.*

Vom Rheinland bis nach Norddeutschland weit verbreitet, ebenso im Niederländischen als stuiken »stauchen«. Von dort ist das Wort wohl auch in den deutschen Sprachraum gelangt, mittelniederländisch ist stuken »stoßen« schon im 13. Jahrhundert belegt (woraus sich wahrscheinlich das standarddeutsche stauchen entwickelt hat). Das Wort ist sehr alt und hat Parallelen sowohl im Altsächsischen (stukkian) als auch im Altindischen (tujati »er stößt«). Die sexuelle Komponente ergibt sich aus *stuckern* als »rütteln, rhythmisch stoßen« (siehe auch *stochen*).

Grimm 20/235; RhWb 8/911; Werner 387; http://www.etymologiebank.nl/trefwoord/stuiken

Stulle auch als **Butterstulle** Butterbrot, doppelte Scheibe Brot *Ess dir ma ne Stulle! Nimm dir en paa Stullen mit! Hasse die Stullen eingepackt, gleich is Schule!*

Die *Stulle* ist in den rheinischen Mundarten nur spärlich als *Stolle* belegt, in der Umgangssprache dagegen weit verbreitet. Sie gilt als eine berlinisch-norddeutsche Bezeichnung (dort seit dem 18. Jahrhundert gebräuchlich). Dennoch soll sie eigentlich ein niederländischer Import sein und auf südniederländisch und ostfriesisch stul »Stück (Butter, auch im Rheinischen als *Stolle* »Klumpen« gebräuchlich)« zurückgehen, das niederländische Siedler schon im 12. oder 13. Jahrhundert in Brandenburg eingeführt haben, wo sich dann die Bedeutung von »Klumpen« zu »Brotschnitte« gewandelt hat.

Ganz eindeutig ist diese überall zu lesende Geschichte, die auf den bekannten Germanisten Hermann Teuchert zurückgeht, jedoch nicht. Wirklich alte Belege für stul kennt man nicht, das Wort ist als stol, stul erst im 16. Jahrhundert im Niederländischen belegt. Zudem gilt stul als Variante von stol »bestimmte Sorte Brot«, zurückzuführen auf althochdeutsch stollo, das gleichzeitig die Wurzel des modernen Christstollens ist (mit dem die *Stulle* aber nicht verwandt sein soll). Es ist natürlich möglich, dass niederländische Siedler im 13. Jahrhundert das Wort stul nach Brandenburg mitgebracht haben, das dann im 18. Jahrhundert als Schläfer geweckt wurde und zur *Butterstulle* mutierte, allerdings lauten deren älteste Belege allesamt *Stolle*. Man sieht, hier ist der letzte Bissen noch nicht gegessen.

Anmerkung: Das althochdeutsche Wort stollo hatte ursprünglich die Bedeutung »kleine Säule, Stütze, Zapfen«, daraus entwickelte sich später der bergtechnische Begriff **Stollen** als Vortreibe beim Abbau (eigentlich also der Aus- und Abbau mit Stollen als Pfeilern). Der **Christstollen** erhielt seinen Namen, weil das Gewürzbrot einem abgesägten Stamm ähnelt.

de Vries 715; Grimm 19/200 u. 368; Paul 585; Pfeifer 3/1750; RhWb 8/733; http://www.duden.de/rechtschreibung/Stulle; http://www.etymologiebank.nl/trefwoord/stol; http://www.etymologiebank.nl/trefwoord/stul

Stunk bedeutet in der Umgangssprache »Zank, Ärger« *Nu mach ma kein Stunk hier!* Im Rheinland ist das Wort durch die alternative Kölner Karnevalsveranstaltung **Stunksitzung** sehr populär geworden.

Stunk steht im Ablaut zu stinken und stank, hat aber seine ursprüngliche Bedeutung »Gestank« völlig verloren und ist heute nur noch als »Stänkerei« gebräuchlich. Diese Variante ist wohl in der Berliner Umgangssprache des 19. Jahrhunderts entstanden.

Duden 2008 822; Grimm 20/549

Stuss Unsinn, dummes Zeug, meist als *Stuss reden: Red doch nich son Stuss.* Das Wort ist in der Umgangssprache und in den Mundarten weit verbreitet. Hier kennt man auch die Wendung *nix wie Staat on Stuss make* als Umschreibung für »unangemessenen Aufwand treiben«. Und am nördlichen Niederrhein bedeutet *Stuss* auch »Streit«: *Ek häb Stuss met öm!* Im Ruhrgebiet auch **Stüsskes** *Die hat nur Stüsskes im Kopp.*

Stuss geht auf das hebräische šẹṭūt »Narrheit, Unsinn« zurück, das als stuß im Westjiddischen weiterlebte. Von dort ist das Wort in das Rotwelsche gelangt, das wiederum als Quelle für die Mundarten und schließlich die Umgangssprache diente. Diese Entlehnung hat im 18. Jahrhundert stattgefunden.

Duden 2008 834; Kluge 2011 896; RhWb 8/959; Werner 388

Stuten in den Mundarten auch mit kurzem Vokal als **Stutt**, ist ein feines Weißbrot, früher meist mit spitz zulaufenden Enden. Vom selben Teig ist im Rheinland auch der **Stutenkerl**, das bekannte Gebildgebäck zu Sankt Martin.

Die Form des Stutens verweist auf seine Herkunft. Im Mittelniederdeutschen ist der stuut, stute »der dicke Teil des Schenkels, Oberschenkel, Steiß«. Auch das entsprechende Lendenstück des Schlachtochsen wurde so genannt. »Daher stute(n), ein nach der Form benanntes schenkelförmiges Weißbrot, in der Mitte breit, oben und unten spitz zulaufend, wie es namentlich die Bauern zu den Festen backen.« Im heutigen Niederdeutschen kennt man, anders als im Rheinischen, noch beide Varianten, den *Stüt* als »Steiß« und den *Stuut* als »Weißbrot«.

Duden 2008 816; Kluge 2011 896; Lerchner 210; RhWb 8/960; Schiller/Lübben 4/454; Werner 388; Wrede 2010 947

stuten, stüten »prahlen, angeben« in den Dialekten des unteren Niederrheins und Teilen des zentralen Rheinlands. Hierzu wohl auch das eher nordrheinische **stäuten, stöten** »plaudern«. Das Wort entspricht dem niederländischen stuiten »bluffen, prahlen«, das 1525 erstmals belegt ist. Stuiten gilt als eine Nebenform von stoten »stoßen«, das im Niederländischen die Bedeutung von »jemanden behindern, aufhalten« hat. Es ist allerdings nicht sicher, ob *stuten, stüten* damit ein Lehnwort ist oder nur verwandtschaftliche Verhältnisse vorliegen.

Lerchner 219; RhWb 8/546 u. 964; van Veen/van der Sijs 853

Sums, Summs nervöses Getue, überflüssiges Aufhebens, im Ruhrgebiet auch als **Gesumms** *Mach hier nich son Gesumms, nur weil deine Eltern zu Besuch kommn. Der ganze Sums geht mir auf den Zeiger.*

Die oft zu lesende Ableitung aus dem Jiddischen geht auf den bekannten Rotwelschforscher Wolf zurück, der *Sums* sowohl auf das gaunersprachliche Masummes »dummes Zeug, Unsinn« zurückführt (zu jiddisch mesimos »Gedanken«) als auch auf jiddisch zimes »Kompott, gedämpftes Gemüse« (aus mittelhochdeutsch zuomüese, zuomuose »Zuspeise«). Da beide – sich eigentlich widersprechende – Deutungen nur unbefriedigend als Verballhornungen zu erklären wären, erscheint die Annahme von *Summs* als Rückbildung aus summen, summsen einleuchtender. Im Zweifelsfall sollte die einfachere Erklärung den Vorrang haben.

Grimm 20/1104; Kluge 2011 899; Küpper 816; Pfeifer 3/1763; PfWb 6/810; RhWb 8/991; Wolf 1956 3449; Wolf 1962 194; Wrede 2010 949

süppeln, süffeln, suppen einen draufmachen, viel trinken, auch »genüsslich trinken« *Der olle Suffkopp hat aber ordentlich einen gesuppt. Gehste mit einen suppen? Der süppelt sich ganz stickum einen. supplustich sein* gerne einen über den Durst trinken. Einer, der zu viel trinkt, ist ein **Süffel** *(Der alte Süffel hat schon wieder einen im Tee)* oder ein **Suppsack** *(Dat is doch en ollen Suppsack).*

Im Rheinischen Wörterbuch nur sporadisch belegt, in der Umgangssprache aber weit verbreitet. *Süppeln* ist die niederdeutsche Variante von saufen: mittelhochdeutsch sufen »schlürfen, trinken«, mittelniederdeutsch supen, altsächsisch supan, spätgermanisch *supan »trinken«; vergleiche englisch to sup »trinken, löffeln, schlürfen«, standardniederländisch zuipen »unmäßig trinken«. *Süffeln, Süffel* sind Mischformen aus *süppeln* und saufen.

Pfeifer 3/1480; RhWb 8/115; http://www.etymologiebank.nl/trefwoord/zuipen

T

Tacken Groschen (neuerdings auch Euro) *Neulich hab ich hinten inne Sofaritze noch en paa alte Tacken gefunden. Komm, schieb die Tacken rüber, den Null hasde verloren.*

Den *Tacken* kennt man im gesamten Ruhrgebiet, im nördlichen Bergischen Land, am unteren Niederrhein und in Westfalen. Seine Herkunft ist noch unklar (wohl kaum aus »teutscher Kroschen« entstanden). Er scheint eher einen geheimsprachlichen Ursprung zu haben. Man findet ihn nämlich auch in der bekannten Masematte, der Münsteraner Geheimsprache; sie kennt Wendungen wie *tackens aufe Patte haben* »Geld im Portemonnaie haben« oder sogar den modernen *Tackenosnik* »Parkuhr«. Im westfälischen Familienjüdisch war der *Tack* als »Groschen« gebräuchlich: hei tack »fünfzig Pfennig«. Dieser *Tacken* hat auf jeden Fall nichts mit dem folgenden zu tun.

Meyer 110; Siewert 1993 109; Weinberg 104; Weischer 201

Tacken ein bisschen, ein wenig *Mach ma en Tacken schneller. Noch en Tacken mehr nach rechts.* Auch ein einzelner Zweig, kleiner Ast wird *Tacken* genannt: *Im Frühjahr werden an den Kopfweiden die Tacken* oder *Täck abgeschnitten.* In Duisburg redet man von einem *Tacken Weintrauben,* wenn diese noch zusammenhängen: *Mensch, is dat ne große Traube, nimm dir da mal en Tacken von wech.*

Die beiden so unterschiedlichen Bedeutungen »Zacken« und »Ast« erklären sich aus der Wortgeschichte, die auf mittelniederländisches beziehungsweise mittelniederdeutsches tak zurückgeht, das »Ast, Zweig, etwas spitz Herausstehendes« bezeichnete (und dem wohl ein altes germanisches *takkan vorausging). Das alte tak ist noch heute in den rheinischen und niederdeutschen Dialekten als *Tack* »Zweig«, »Zacke«, »Hämorrhoide« wie auch im Niederländischen als tak »Ast« erhalten, während es sich im Hochdeutschen nur als »Zacke« wiederfindet, als »Zweig« ist es durch den Ast ersetzt worden.

Der *Tacken* als »Zacken« erklärt auch die Wendungen *einen Tacken mehr* oder *einen Tacken zulegen.* Gemeint sind die Zacken in einem Balken, die bei einer Waage die einzelnen Gewichtsunterteilungen markieren; *einen Tacken mehr* bedeutet also ursprünglich »das Gewicht um einen kleinen Schritt verschieben«.

Lerchner 202; RhWb 8/1020; Venema 114; http://www.etymologiebank.nl/trefwoord/tak

talpen mundartlich auch **dalepe** wandern, laufen, stampfen, schwerfällig gehen *Wer is hier mit dreckije Schuhn übber mein hellen Teppich jetalpt! Der is wieder durch den dicksten Matsch getalpt. Wat machse em Urlaub? – Übber de Alpen talpen. Da kommt der schon widder anjetalpt.* **rumtalpen** herumlaufen *Du solls doch nich hier im Vorgarten rumtalpen, hier is alles neu gesät.* Neuerdings auch schon **Talpi** »jemand, der plump geht«.

Das Wort ist überregional sowohl dialektal (mit vielen Ableitungen wie **Talpes** »unbeholfener Mensch« oder **talpig**) als auch umgangssprachlich weit verbreitet, es fehlt aber auffallend im gesamten niederdeutschen Gebiet. Das macht die Verwandtschaft mit niederdeutsch *delfen,* niederländisch delven »graben«, die das Grimmsche Wörterbuch konstruiert, eher unwahrscheinlich. Andererseits gilt in vielen Regionen, die *talpen* kennen, auch *Talp, Talpe* für »Fußspur, Fußstapfen, Pfote, Tatze« (mittelhochdeutsch talpe »Pfote, Tatze«), das auch mit mittelhochdeutsch delben »graben« in Verbindung gebracht wird, aber ebenso an lateinisch talpa »Maulwurf; etwas, das gräbt« erinnert. Ein altes Wort also, dessen Wortgeschichte jedoch irritierend ist.

Bergmann 321; Grimm 2/700 u. 21/101; Lexer 1/408; RhWb 8/1046 u. 9/704; Schweiz Idiotikon 7/1748; Venema 315; Werner 391

Tamtam Umstände, Trara *Mach doch nich son Tamtam um dat bischen Arbeit.* Das weitverbreitete Wort ist entlehnt aus dem Französischen und bezeichnet eigentlich einen indischen Gong.

Kluge 2011 905

tapern ziellos herumirren, schlendern *Wat taperst du denn hier so inne Gegend rum?*, herumtrampeln *Mann, die Handwerker sind einfach durch den Vorgarten getapert!*

Wie bei *talpen* ist auch hier die Wortgeschichte nicht eindeutig. Wahrscheinlich ist das Wort zu mundartlich *Tape* zu stellen, rheinisch für »Pfote«. Das geht zurück auf mittelhochdeutsch tape »Pfote«, hier auch schon tappe »unbeholfener Mensch«. Damit wäre *tapern* verwandt mit tappen, tapsen »ungeschickt gehen«.

Grimm 21/142; Honnen 2012a 234; Kluge 2011 907; Lexer 2/1404; RhWb 8/1061; http://www.duden.de/rechtschreibung/tapern

Tasse in der Wendung *trübe Tasse* »langweiliger, antriebsloser Mensch« *Mit soner trüben Tasse kannsde nix anfangen.*

Aus der allgemeinen Umgangssprache; die Wendung wird häufig als Verballhornung von jiddisch daas »Erkenntnis, Wissen« oder (älterem) jiddisch toschia »Verstand, Klugheit« gedeutet, was aber wenig überzeugt. Es ist kaum nachvollziehbar, dass ein jiddisches Wort erst entstellt und dann mit einem deutschen Wort kombiniert werden sollte; eine entsprechende (familien-)jiddische Wendung ist nicht bekannt. Zudem ist die Wendung relativ jung, etwa seit 1930 belegt (Einflüsse des Jiddischen sind in der Regel älter). Außerdem sind Verbindungen mit »trüb« in den Mundarten häufig zu finden. Tasse steht hier wohl für den Inhalt und nicht das Gefäß.

FrankfWb 16/3149; Küpper 824; Röhrich 5/1601; Stern 212; Wolf 1956 5765

Täute, Täut, Tööt schmale Kanne, Ausguss an einem Gefäß, in den rheinischen Mundarten mit vielen Komposita und Ableitungen: **Bier-, Wasser-, Milchtäute; täuten, tötern** »viel trinken, saufen« *Wir haben ganz schön getötert gestern.* In den Regionen südlich der Nordeifel lauten die entsprechenden Varianten **Zotte, Zeute** und **Zut, Zute**.

Das Wort zeigt sehr schön, wie ein ehemals niederdeutsches Wort im Laufe der Zeit durch Lautwandelprozesse (hier Zweite Lautverschiebung, Monophthongierung) im hochdeutschen Sprachraum verändert wird. Die mittelniederdeutschen Vorformen lauten tûte, tôte und toite, im Mittelniederländischen ist teute belegt; daraus hat sich das standardniederländische tuit »Röhre, Ausguss« entwickelt.

Grimm 23/131 u. 31/874; Kluge 2011 1015; Lerchner 203; RhWb 8/1114 u. 9/878; Venema 142; Werner 395; Wrede 2010 956

temmeln bedeutet im südlichen Rheinland eigentlich »Trauben oder Sauerkraut treten«, in der Umgangssprache heute noch in der Wendung zu hören *Ich bin satt wie jetemmelt* (sehr satt sein). *Temmeln* bedeutet in der Voreifel dagegen »angestrengt Fahrrad fahren, fest in die Pedale treten«. Man muss *temmeln,* wenn man eine Steigung hinauffährt. Auch im zentralen Rheinland gibt es den **Tammelplatz** als Platz, auf dem herumgetreten oder getrampelt wird (meist auf einem Rasenstück), übertragen eine unschöne Stelle: *Jetz mach mir kein Tammelplatz hier auf meim Rasen. Auf dem Tammelplatz kannze doch kein Fußball spielen.*

In den rheinischen Mundarten war *temmeln, tameln, dammeln* weit verbreitet für »etwas niedertreten« und »feststampfen«. Das Verb ist eine Iterativbildung zu dämmen (das l als Kennzeichen sich wiederholender Handlungen), das im Dialekt ebenfalls »feststampfen« bedeutet; dämmen (mittelhochdeutsch und althochdeutsch temmen) meint ursprünglich unter anderem das Anlegen eines befestigten Weges.

MmWb; RhWb 1/1230

tergen ärgern, reizen, necken, quälen *Kinder, ihr seid euch auch nur am tergen. Die is den den ganzen Tach nur am tergen, dat würd ich nich aushalten.* Das entsprechende südlich der Ahr gesprochene **zergen** hat in der Umgangssprache weniger Spuren hinterlassen.

Das Wort ist niederdeutschen Ursprungs: Mittelniederdeutsch tergen, targen und mittelniederländisch tergen, angelsächsisch tergan »zerren« gehen zurück auf die germanische Wurzel *targjan. Daraus sind englisch to tarry »(ver-)zögern«, niederländisch tergen »zerren«, standarddeutsch zergen und eben das niederdeutsche und rheinische *tergen,* das im Anlaut unverschoben geblieben ist, entstanden. Das Ruhrgebiet kennt außerdem die Variante **zergeln** für »streiten, sich fetzen«: *Die zwei sind sich den ganzen Tach am zergeln. Musse den Kleinen immer so zergeln?* Da der verschobene z-Anlaut in den alten Mundarten des Ruhrgebiets nicht heimisch ist, muss *zergeln* ein ostpreußischer Import sein. Dort, wie auch in Brandenburg, ist die Variante in den Mundarten gebräuchlich. Das bergische **fergeln, rumfergeln** »heftig streiten« dürfte aus *zergeln* und *fetzen* entstanden sein.

Grimm 31/690; RhWb 9/716; Trübner 8/375; Werner 393; Wrede 2010 1106; http://www.etymologiebank.nl/trefwoord/tergen

Terz in der Wendung *keinen Terz machen* »Krawall machen, Streit suchen« *Nu mach ma bloß keinen Terz hier, bleib ma ruhig!* Das Wort entstammt wohl der Studentensprache, die *Terz* ist der erste und damit gefährlichste Hieb beim burschenschaftlichen Fechtduell.

Augustin 108; Küpper 829; http://www.duden.de/rechtschreibung/Terz

Tick oder **Ticken** Kleinigkeit, ein bisschen *Kannsde den Krissbaum noch en Tick mehr nach rechts drehen? Ich würd da noch nen Ticken von der roten Abtönfarbe bei tun. Wenn da noch en Tick Salz dran kommt, is dat perfekt.*

Das Verb *ticken* hat in vielen Mundarten die Bedeutung »etwas zart antippen, antupfen«, daraus ist *Tick* als »eine Nuance, ein Stück« entstanden. Der umgangssprachliche Tick als »seltsame Eigenheit« ist dagegen eine Entlehnung aus dem Französischen. Das französische tic »Zucken, wunderliche

Eigenheit« ist im 18. Jahrhundert ins Deutsche gelangt, geht aber seinerseits auf italienisch ticchio »fehlerhafte Gewohnheit (beim Pferde)« zurück.

Trübner 7/49; http://www.duden.de/rechtschreibung/Tick; http://www.etymologiebank.nl/trefwoord/tikken

Tiff, Tief weiblicher Hund in den Mundarten des zentralen Rheinlands und Niederrheins. *Tiff* ist auch die abfällige Bezeichnung für eine »sittenlose« Frau oder eine Prostituierte; eine moderne, umgangssprachliche Ableitung ist **Tiffchen** »Damenschuh« *Mit sone Tiffchen willsde in den Wald?* Im Hessischen gibt es die verschobene Variante **Ziwwe**.

Das Wort ist schon im Altsächsischen als tife und im Mittelniederdeutschen als teve belegt. Aus dem mittelniederländischen teve hat sich die standardniederländische Form teef entwickelt. Im deutschen Sprachraum ist das Wort dagegen mundartlich (selten umgangssprachlich) geblieben, obwohl das Hochdeutsche, anders als beim Rüden, keine eigene Bezeichnung für die Hündin kennt.

de Vries 725; Lerchner 204; MmWb; RhWb 8/1186; Venema 156; Wrede 2010 957

tigern unablässig, weit laufen *Ich bin durch die halbe Stadt getigert und hab keine offene Kneipe gefunden.*

Die Ableitung als »Gang des Tigers«, vielleicht aus der Anschauung der durch Hospitalismus gequälten Tiere in zoologischen Anstalten, bietet sich an. Im Grimmschen Wörterbuch ist es noch nicht verzeichnet, Kluge datiert das Verb in das 20. Jahrhundert. Allerdings scheint die auf den ersten Blick eher abwegige Ableitung aus neuhebräisch thigar »auf Handel ziehen« doch nicht ganz so unwahrscheinlich. Zumindest ist ein rotwelscher Ursprung durchaus möglich. In der Geheimsprache ist das Wort seit dem 19. Jahrhundert reich belegt als »schnell laufen, wandern«, der Tiger ist dort ein Geschäftsreisender. Wenn das Wort auch nicht unbedingt einen hebräischen Ursprung hat, so kann es doch auf einen geheimsprachlichen zurückgehen.

Kluge 2011 917; Küpper 834; Mengel 46; Wolf 1956 5827

Tille auch **Tülle** (abwertend) für eine (junge) Frau *Hasse die Tille gesehen? Dat is aber ne geile Tille.* Verbreitet am Niederrhein, im Ruhrgebiet und im deutschsprachigen Belgien.

Die *Tülle* (althochdeutsch tulli, mittelhochdeutsch tülle) ist in den rheinischen und niederdeutschen Mundarten (in Letzteren *Dülle*) eine »Röhre« oder »etwas Röhrenartiges«. Damit dürfte die *Tille, Tülle* eine anatomische Anspielung sein. Das Wort ist auch im Rotwelschen in gleicher Bedeutung verbreitet.

Besse 2013 47; Honnen 1998a 131; MmWb; RhWb 8/1436; Wolf 1956 1022; http://www.ruhrgebietssprache.de/lexikon/tille.html

timpen ungleich herabhängen *Dein neuer Rock timpt* (an einer Seite länger sein). *Die Tischdecke is am timpen.* **Timpen** eigentlich »Zipfel, Spitze, Ecke, Wipfel«, in der Umgangssprache nur noch in der Wendung *einen im Timpen haben* »betrunken sein« *Der hatte ganz schön ein im Timpen, der konnt nich mehr grade stehn.*

Es ist erstaunlich, dass diese alte mundartliche Wendung, die in den Mundarten des zentralen Rheinlands und am Niederrhein verbreitet ist, heute noch in der Umgangssprache zu hören ist, obwohl das Wort *Timpe, Timpen* schon veraltet ist. Die Wendung erklärt sich aus der Nebenbedeutung von *Timpen* als »Baumgipfel«, also als analoge Bildung zu der verbreiteten Wendung *einen in der Krone haben.* Die *Timp* war lange Zeit eine bekannte Eckkneipe in Köln, in den Niederlanden kennt man timp als spitzes Brötchen.

Im Mittelniederländischen und Mittelniederdeutschen als timp belegt, gehört das Wort zu einer großen Gruppe von Wörtern, die etwas Spitzes bezeichnen, dazu gehört englisch tip »Spitze«, mittelhochdeutsch zumpf »Penis«, das standarddeutsche Verb tippen »mit der Spitze auf etwas weisen« (daraus wurde tippen »Schreibmaschine schreiben«) und auch hochdeutsch Zipfel (an der Ahr heißt die Zipfelmütze *Zimpelmötz*). In der Wortgruppe um *Timpe, timpen* hat sich also ein altes anlautendes t erhalten, das im Standarddeutschen zu z verschoben wurde.

Anmerkung: Hierher gehört auch rheinisches **Tipp, Tippel, Tippert** »Spitze, Berg- oder Baumgipfel«, das jedoch nur Mundartsprecherinnen und -sprecher kennen.

Kluge 2011 1012; RhWb 8/1189; Venema 161; Wrede 2010 957; http://www.etymologiebank.nl/trefwoord/timp

Tinnef oft auch **Tinf** Unsinn, dummes Zeug *Son Tinnef kuck ich mir nich an* (im Fernsehen). *Mach kein Tinnef!;* unnützes Zeug *Watt du dir immer fürn Tinf kaufst, dat braucht kein Mensch!* **Tinfbude** *Kauf da nich ein, dat is ne Tinfbude* (Ramschladen niedrigster Qualität)!

Das Wort entstammt der westjiddischen Familien- und Händlersprache und steht für »minderwertige Ware, Ausschuss«. Es geht zurück auf jiddisch tinneph »Kot, Unflat«. *Tinnef* ist nicht über das Rotwelsche vermittelt, sondern im frühen 20. Jahrhundert (auch durch Presse und Literatur) in die allgemeine Umgangssprache übernommen worden.

Althaus 2005; Althaus 2006b 204; Küpper 834; Werner 395; Wolf 1956 5830

Tippelbruder Wanderhandwerker, heute aber auch schon »Wanderfreund, Vereinskamerad« *Da sind wieder die Tippelbrüder unterwegs. Morgen gehn wir mitte Tippelbrüder in die Eifel.*

Das Wort gehört zur Kundensprache, der Geheimsprache der Wandergesellen und Wanderhandwerker, die sich selbst als *Tippelbrüder* bezeichnen. Manchmal hört man auch noch **Tippelschickse**, eigentlich eine Landstreicherin, heute eher eine Prostituierte auf dem Straßenstrich. Vom mundartlichen **tippeln** »mit kleinen Schritten trippeln« abgeleitet (das wiederum zu **Tipp** »Spitze, Zipfel« (siehe *timpen*)).

Küpper 835; RhWb 8/1196; Wolf 1956 5833

Tippken, Tüppken, Tippchen Hühnerküken *Kuck ma dat kleine Tipken da, is dat nich süß? Die Alte hat neun Tippkes, so wat hab ich noch nich gesehn.* Oder einfach etwas Kleines (zum Beispiel ein Verschluss an Tuben oder Fläschchen) *Wo is denn dat Tüppken schon wieder?*

Die Verkleinerungsform des Mundartworts **Tipp** »Zipfelchen« steht am nördlichen Niederrhein auch allgemein für etwas Kleines.

RhWb 8/1196

tirweln und **tirbeln** sich schnell drehend fortbewegen, wirbeln, trudeln *Wat tirwelt denn da durch die Gegend* (zum Beispiel vom Wind verwirbelte Plastikfolien)? *Jetzt ist der ausgerutscht und tirwelt den Hang runter* (zum Beispiel ein gestürzter Skiläufer).

Tirbeln ist die unverschoben gebliebene Variante von »zwirbeln« (mittelhochdeutsch zirbel, das standarddeutsche zwirbeln ist durch Kontamination mit wirbeln entstanden). Auch hier ist das Rheinland also wieder ein Reliktgebiet, das archaische – in diesem Fall sogar voralthochdeutsche – Lautformen bewahrt: Als indoeuropäische Wurzel wird *derbh angenommen, daraus ist im Althochdeutschen zerben entstanden.

RhWb 8/1201; Venema 171

titschen, ditschen, dazu **auftitschen** und **antitschen** aufprallen, aufschlagen *Ers bin ich über den blöden Hund gestolpert un dann mitte Birne voll aufem Boden getitscht. Der Ball is genau auf die Linie getitscht. Gestern hab ich mein Auto geditscht. Ich bin nur leicht gegen der ihre Stoßstange getitscht.* Beim *Klickern* (Glasmurmelspiel) *titschen* die *Klicker* oder Murmeln aneinander. Jüngere Leute verwenden das Wort auch in der Bedeutung von »losgehen, einen Ort verlassen«: *Lass ma titschen!* In Teilen des Rheinlands gibt es immer noch das traditionelle **Ostereiertitschen** oder **-ditschen**, ein Spiel, bei dem die oder der gewinnt, deren oder dessen Ei ganz bleibt. Am Ende hat tendenziell eine oder einer alle Eier. Früher waren bei dem Spiel betrügerische Gipseier im Umlauf.

Titschen geht zurück auf mittelhochdeutsch tetschen »mit Händen klatschend aufschlagen«, ein lautnachahmendes Verb, verwandt mit *betatschen* und tätscheln.

Grimm 21/527; Kluge 2011 908; Lexer 2/1430; Pfeifer 3/1786; RhWb 8/1210

Titte mittlerweile fast schon normale Bezeichnung für die weibliche Brust (oft auch von Frauen benutzt) *Die hat Titten wie Luftballons. Ich steh auf kleine Titten. Die muss immer ihre Titten herzeigen.* Auch als Anrede oder charakterisierende Bezeichnung zu gebrauchen *Na du alte Titte, wie gehts? Jens, die alte Titte, hadet wieder ma geschafft. Hasse gesehen, wie die linke Titte dem die Kohle abgeluchst hat?*

Das Wort gilt als niederdeutsche Variante von standarddeutsch Zitze, mittelniederdeutsch titte »Zitze«. Die Erklärung greift wohl zu kurz, da im gesamten westdeutschen Sprachraum Zitze und *Titte* nebeneinander stehen. Deshalb ist *Titte* zumindest hier sicherlich eine Entlehnung aus dem angrenzenden Romanischen: französisch tette »Zitze«. Die ist allerdings selbst eine Entlehnung aus dem Altfränkischen (*titta), womit eine gemeinsame Wurzel mit der niederdeutschen *Titte* anzunehmen ist.

Grimm 21/527 u. 22/1946; Kluge 2011 918 u. 101; Onions 927; Post 1982 168; RhWb 8/1212; Trübner 7/173; Venema 211

Tobak, Tubak in der Wendung *Anno Tubak* »total veraltet« *Deine Kleidung is ja so wat von Anno Tubak.* Am Niederrhein kennt man die Wendung *durch Kappes und Tabak stalpen,* wenn jemand durch Matsch und Dreck läuft: *Wie siehs du denn aus, bisse durch Kappes un Tabak gestalpt? harter* oder *starker Tobak* heftig, krass *Das is aber harter Tobak, wat du da behauptes.* **tobaken** Ohrfeigen, Schläge bekommen *Pass auf, sons krisse eine getobakt.* **vertubaken, vertobaken** etwas verputzen, viel essen und trinken *Der kann orntlich wat vertubaken, den krisde so schnell nich besoffen.*

Die Varianten *Tobak* und *Tubak* entsprechen englisch tobacco und frühem niederländischen toeback. Die Wendung *Anno Tubak* gilt als Verballhornung von Anno Domini und müsste dann im mitteldeutschen Sprachraum (mit lenisiertem t: *Duwak*) entstanden sein. Dagegen scheint *harter* oder *starker Tobak* tatsächlich auf eine früher weitverbreitete Legende zurückzugehen, nach der ein Jäger einmal dem Teufel eine Ladung Schrot ins Gesicht geschossen habe, was der mit der Antwort »Du hast aber starken Tobak« quittierte.

Dass die Verben *tobaken, vertubaken* tatsächlich mit *Tobak* zu tun haben, ist zweifelhaft. Der Zusammenhang mit der Teufelsgeschichte erschließt sich nicht. Das Verb war jedenfalls im Rotwelschen schon um 1800 weit verbreitet als »verprügeln« und »vergeuden«; ob es jedoch auf rotwelsch Tabboch »Schlächter« zurückgeführt werden kann, ist ungeklärt.

Anmerkung: Ob die Bezeichnung Tabak wirklich auf ein indianisches Wort der Taino-Sprache (Haiti) zurückgeht, wie überall zu lesen, ist fraglich. Spanisch tabaco und italienisch tabacco sind bereits 1410 als Namen für Heilpflanzen nachgewiesen, die wiederum zu einer arabischen Wurzel tabbaq, tubbaq gehören, die ebenfalls Heilpflanzen bezeichnet. Vielleicht haben sogar die spanischen Eroberer das Wort Tabak in die Karibik importiert, das dann von den Einheimischen übernommen wurde.

Bach 282; Duden 2013 735; Grimm 25/1855; Honnen 2008a 213; Kluge 2011 903; Küpper 34, 837 u. 888; PfWb 2/3; Piirainen/Elling 1004; RhWb 8/1018; Röhrich 5/1592; Trübner 7/1; Wolf 1956 5726; http://www.etymologiebank.nl/trefwoord/tabak

Töle abwertend für Hund *Die blöde Töle von nebenan hat schon wieder auf unsern Rasen geschissen.*

Mit der umgangssprachlichen *Töle* haben auch die Sprachwissenschaftler reichlich Probleme, ihre Herkunft ist undurchsichtig. Ihr wird allenthalben eine niederdeutsche Abstammung attestiert, allerdings ist sie in den niederdeutschen Mundarten kaum unterwegs. In der Literatur taucht sie bereits um 1650 erstmals auf, ihre Verwandtschaft (als »Weiterbildung mit l«) mit der hochdeutschen, aber heute kaum noch gebräuchlichen Zohe »Hündin« ist nur über vier Ecken möglich. Es bleibt als Wurzel die mittelniederdeutsche to, too »Hündin«, altsächsisch *tohila; dann wäre *Töle* als Verkleinerungsform zu deuten. Allerdings ist die le-Endung nicht gerade typisch für das Niederdeutsche. Die *Töle* ist eine etymologische Streunerin.

Bergmann 324; Kluge 2011 919 u. 1014; Küpper 838; Pfeifer 3/1811; Schiller/Lübben 4/553; http://www.duden.de/rechtschreibung/Toele

töttern, tottern, tütten klatschen, sich unterhalten *Wo is deine Frau? Och, die sin doch wieder am töttern da beim Kaffeklatsch. Ja, Kind, heut gibbet kein Abendbrot, die Mamma is bestimmt wieder bei dä Nobersche töttern.* In Solingen steht auch ein **Totterturm** (Sendemast). Aber auch *Die ham sich orntlich einen getöttert* (saufen, sich betrinken).

Die unterschiedlichen Bedeutungsvarianten erklären sich aus der Wortgeschichte. *Tütten* ist eine Ableitung aus *Täute, Tüüt* »Röhre, Ausguss, Kanne«, mittelniederdeutsch und mittelniederländisch tute »Ausguss« (siehe *Täute*) und auch »Horn«; die Bedeutung »saufen« lässt sich aus *Täut* als »Kanne, Bierkanne« ableiten, »klatschen, unterhalten« von *Täut* als »lautgebendes Horn«. Mittelniederdeutsch tute ist auch der Ursprung von standardsprachlich Tüte.

RhWb 8/1116 u. 1262; Wrede 2010 973; http://www.etymologiebank.nl/trefwoord/tuit1

Trabanten (nur Plural) Kinder, Anhang, Familienangehörige *Kanz ruich mit deine ganzen Trabanten vorbeikommen, is genuch für alle da.*

In den Mundarten und der allgemeinen Umgangssprache weit verbreitet; das Wort ist im deutschen Sprachraum erstmals 1424 als drabant »Diener, Leibwächter« belegt, im Frühniederländischen 1516 als drauant »Leibwächter« und in Kleve 1522 als drawanten »Fußsoldat«; zu alttschechisch drabant »Leibwache« mit unklarer Herkunft. Die Bedeutungsentwicklung verlief über Leibwache – ständiger Begleiter – Abhängiger – Kinder. Letzteres ist eine westdeutsche Sonderbedeutung.

Grimm 21/941; Honnen 2008a 217; Pfeifer 3/1821; RhWb 8/1263; Tonnar/Evers 203; Trübner 7/76; Werner 396; http://www.etymologiebank.nl/trefwoord/trawant

tratschen klatschen, über andere Leute herziehen *Hasse schon wieder getratscht? Die is nur am tratschen. Wat die schon wieder zu tratschen haben? Die tratscht widder über der Jupp.* **Tratsche** *Die alte Tratsche hat dem Lehrer alles erzählt.* **Tratschtante** *Das ist eine alte Tratschtante.* **trötschen, drätschen** in dicken Tropfen regnen *Zwei Stunden drüch, und dann fing et widder an ze drätsche.* **Trätschlappen** sind Schmutzfänger, die man früher häufig an alten VW-Käfern sah und heute wieder an Fahrrädern findet.

Die beiden Hauptbedeutungen von *tratschen* in den rheinischen Mundarten sind »ein klatschendes Geräusch machen« und »schwerfällig laufen, durch Matsch stalpen, stampfen, etwas breit schlagen«. Letztere hat zur Bedeutungserweiterung »durch Weitererzählen breittreten« geführt, die erste zu »in dicken, klatschenden Tropfen regnen«.

Das entsprechende limburgische Verb *trasjen, tratsen, dratsen* »durch Schlamm laufen« gilt als Intensivum (Verstärkungsform) von mittelniederländisch driten »seine Notdurft verrichten« (ebenso mittelniederdeutsch driten, siehe *Driet*). Völlig gesichert ist diese Herleitung nicht, vergleiche zum Beispiel mittelniederdeutsch tratsen »plump, grob tanzen«.

Die Variante *trötschen* könnte auch eine Ableitung von rheinisch *Träutsche* »Wasserfall, Gießkanne« (ein lautmalendes Wort) sein (siehe auch *trötschig*).

Debrabandere 2011 409; Grimm 21/1274 u. 1276; Kluge 2011 926; PfWb 2/423; RhWb 8/1298, 1318 u. 1400; Schiller/Lübben 5/107 u. 283; http://www.etymologiebank.nl/trefwoord/dretsen

Trecker ist die landwirtschaftliche Zugmaschine, ein Traktor *Wir sind bestimmt ne halbe Stunde hinter som blöden Trecker hergezuckelt. Die Trecker sind auch nich mehr dat, wat se ma waren. Die sind ja groß wie en Laster.* Das Gerät führt zur großen Wortfamilie um das Mundartverb **trecken** »ziehen«, das auch noch im Regiolekt zu hören ist: *Trecken* (Aufforderung beim Kartenspiel)! *Dat treckt hier aber* (heftig ziehen)! *Treck ma kräftich dran, dann geht dat schon auf. Lass mich ma trecken* (an der Zigarette ziehen). Seltener hört man heute **antrecken** »anziehen«: *Nu treck dich an und beeil dich!* **ömtrecken** »umziehen« *Der muss sich noch ömtrecken. Die sind am ömtrecken.* Der **Treck** »Zug« (*Der hat überhaupt kein Treck nach Hause. Da is kein Treck drin bei dem* (Schwung, Engagement)) führt zum standarddeutschen **Flüchtlingstreck** oder zum zeitgeistigen **Trekking** »Wandern« und dem vertrackten *Treck, Track* »Spur«, dem man dabei folgt – eine sprachliche Großfamilie, die durch komplizierte familiäre Verhältnisse geprägt ist.

Die Wiege lag eindeutig im Althochdeutschen bitrehhan »schieben, ziehen«, aus dem sich im Mittelhochdeutschen trechen und vor allem im Mittelniederdeutschen trecken »ziehen« ableiten lassen (analog zu stechen und stecken). Die Variante trechen verschwand bereits im 16. Jahrhundert, trecken erst in frühneuhochdeutscher Zeit aus der Schriftsprache (mit der Ausnahme von vertrackt). In den niederdeutschen und rheinischen Mundarten sowie in den Fachsprachen der Schiffer und Bergleute ist das Familienleben dagegen noch völlig intakt, in der Umgangssprache haben nur die oben genannten Kleinfamilien überlebt. Im Niederländischen gehört trekken zur Standardsprache und ist verantwortlich für die etwas komplizierten Familienverhältnisse. Denn der Treck als »Flüchtlingszug mit Karren« taucht erstmals im Afrikaans der südafrikanischen Buren im Zuge ihrer Auswanderung aus der Kapkolonie auf (im Niederländischen »de Groote Treck der Boeren«). Von hier ist das Wort in dieser Bedeutung ins Englische, Amerikanische, Niederländische und schließlich Deutsche gelangt. Auch der *Trecker* ist eigentlich kein legitimer Nachkomme von *trecken,* sondern ein Bastard. Als Bezeichnung für eine Zugmaschine taucht er erstmals 1930 in Norddeutschland auf und ist damit eine niederdeutsche Verballhornung des aus dem Englischen übernommenen Lehnworts Traktor (englisch tractor, zu lateinisch trahere »ziehen«). Von der Insel stammt auch der Track als GPS- oder Tonspur (auf einem Tonband), obwohl der auch auf die niederdeutsche Stammfamilie zurückgeht (zu *trecken* als »eine Spur ziehen«). Bei uns ist der Track, und eben nicht *Treck, aber erst als englisches Modewort »angeheiratet« worden. Als einziger legitimer Nachkomme unserer Wortfamilie im Standarddeutschen kann allein das Wort vertrackt (eine vertrackte Angelegenheit) gelten, das auf niederdeutsches *vertrecken* »verziehen, verzerren« zurückgeht und im 17. Jahrhundert schriftsprachlich geworden ist.

Anmerkung: Im Rheinischen südlich der Ahr heißt der *Trecker* **Bulldog**, nach dem berühmten Modell der Firma Lanz von 1921.

Küpper 846; Lausberg/Möller 52; Onions 939; Pfeifer 3/1833; RhWb 8/1319; Trübner 7/99; Werner 397; http://www.etymologiebank.nl/trefwoord/trekken

Treschen, Tresken ist eine naive, unbedarfte Frau im Ruhrgebiet. *Tres, Tresche* oder *Treske* sind rheinische Abkürzungen des Vornamens Therese, der auch als Schimpfwort für Frauen gebraucht wird.

RhWb 8/1174

triezen ist in der Umgangssprache weit verbreitet als »jemanden quälen, ärgern«: *Die hat den getriezt bis aufs Blut, kein Wunder, dat der über alle Berge is. Wat bisse die auch immer am triezen?* **Triezerei** *Wat soll denn diese Triezerei schon widder?*

Das Wort stammt wohl aus der Matrosensprache, dort bedeutet *triezen* »jemanden oder etwas mit einer Winde hochziehen«; zu niederdeutsch *Trieze,* mittelniederdeutsch tritse »Winde«. Im Niederländischen bedeutet trijsen noch heute »takeln«.

Grimm 22/492; Kluge 2011 930; Nail 1988 362; RhWb 1/1502; Wahrig 6/294

Trollo, Trolo langweiliger, etwas dümmlicher Mensch *Der Nachbar, der is vielleicht en Trollo. Ey du Trolo, kannsde nich aufpassen?*

Im Mittelhochdeutschen war ein *Troll, Trolle* nicht nur ein nordischer Unhold, sondern vor allem ein »Tölpel« oder »ungeschlachter, bäurischer Mensch«. In den Mundarten und der Umgangssprache hat sich diese Bedeutungsvariante in *Trollo, Trolo* bis heute gehalten. Möglicherweise ist auch die *Trulla* ein Trollabkömmling (siehe *Trulla*). Dass der Troll oder *Trolo* mit dem Verb *sich trollen* »sich fortbewegen« (englisch to troll) verwandt ist, ist keineswegs sicher.

Grimm 22/798; Lexer 2/1523; Onions 944; RhWb 8/1385; Trübner 7/131

Tross Traube, Bund (bei Blumen oder Früchten) *Wenn du zum Markt gehst, bring bitte auch ein Tross grüne Trauben mit.*

Tross ist ein altes Wort, das man im Niederländischen (tros), im Niederdeutschen und fast im ganzen Rheinland bis hinunter zur Eifel hört. Am nördlichen Niederrhein ist es noch heute oft in der Umgangssprache zu hören. Es geht wohl zurück auf altfranzösisches troce und torse »Träger, Bündel«, das zu lateinisch tradux »Weinranke« zu stellen ist. Da das Wort im Altfranzösischen jedoch nie im Zusammenhang mit Früchten verwendet wurde, wird auch über die Verwandtschaft mit altnordisch tros »verkümmerter Ast« spekuliert.

Post 1982 217; RhWb 8/1396; http://www.etymologiebank.nl/trefwoord/tros1

Tröte, Trötte, Tröt Luftröhre *Wat bisse so am husten? – Ich hab en Krümmel inne Trötte. Tröte* ist die volksetymologische Verballhornung des alten Worts *Strotte* »Schlund, Kehle« (siehe dort), das heute kaum noch bekannt ist. Angelehnt an die rheinische *Tröööte* »Blechblasgerät«.

trötschig langsam, lahm *Mein Gott, wat is die trötschich, mit der kommen wir nie an.*

Nur in den Mundarten ist die *Tratsche* oder *Trötsch* eine »plumpe, schwerfällige Person«, das abgeleitete Verb ist **trötschen** »saumselig daherschlendern«, das wohl verwandt ist mit *tratschen* »schwätzen«.

Grimm 21/1274; RhWb 8/1298

Truffel, Truff Maurerkelle, Traufel *Ne Truff musde immer sauber machen, sonst kriegsde keine glatte Wand.*

Das unentbehrliche Werkzeug ist nicht nur im gesamten Rheinland, sondern auch im Englischen als trowel und im Niederländischen als troffel gebräuchlich. Deshalb erstaunt es nicht, dass seine Vorfahren im niederdeutschen oder niederländischen Raum zu finden sind: im Mittelniederdeutschen als truffel, truyffel und im Mittelniederländischen als truwel oder truel. Die vormittelalterliche Wortgeschichte ist nicht ganz geklärt. Sicher handelt es sich bei der *Truffel* um ein romanisches Lehnwort, allgemein wird altfranzösisches trieule »kleiner Löffel« aus lateinisch truella, trulla »Schöpfkelle«, spätlateinisch auch »Maurerkelle« als Vorläufer angenommen. Dann lässt sich das doppelte f in *Truffel* jedoch nur als eine von *Schuffel* »Schaufel« beeinflusste Variante erklären. Deshalb ist lateinisch tryblium »Schale« als Wurzel wahrscheinlicher. Dann wäre das kleine Handwerksgerät ein direkter römischer Nachfahre und kein altfranzösischer Import – aber alt ist die *Truffel* allemal.

Bach 254; Grimm 21/1409; Post 1985 9; RhWb 8/1313; Schiller/Lübben 4/618; Werner 398; http://www.etymologiebank.nl/trefwoord/troffel

Trulla, Drulla langweilige, blöde, auch schlampige Frau *Da kommt schon wieder die Trulla von nebenan. Wat hasse dir denn da vonne Trulla angelacht? Die Trulla von der Bahn hat gesacht, ich könnte mit dem Zuch fahren!*

Trullas kennt man in vielen Lautvarianten in Südtirol (dort auch *Trulle, Trull*), Nordfrankreich (troulle), England (trull »Bauernmädchen, Hure«), den Niederlanden (trul »gutgläubige, einfältige Frau«) und natürlich im deutschen Sprachraum. Im Englischen ist trull seit dem 17. Jahrhundert belegt, dort gilt es als deutsches Lehnwort. Diese weite Verbreitung macht die eigentlich naheliegende Ableitung von *Trulla* als mundartliche Kurzform von Gertrud, Trudel (so das Rheinische Wörterbuch) eher unwahrscheinlich. Es bleibt der Verweis auf mittelhochdeutsch trülle »Hure« (zur Wortfamilie um Troll, trollen), den die englische trull und einige frühneuhochdeutsche Belege des 16. Jahrhunderts (mit dieser Bedeutung) stützen. Die Bedeutungsentwicklung wäre dann »Hure – schlampige Frau – dumme Frau«. Heute ist *Trulla* aber nirgendwo mehr sexuell konnotiert (siehe *Trollo*).

Grimm 22/1334; Kluge 2011 933; Küpper 852; Lexer 2/1543; Moser 212; Onions 946; PfWb 2/569; RhWb 8/1411; Wahrig 6/309; http://www.duden.de/rechtschreibung/Trulla; http://www.etymologiebank.nl/trefwoord/trul

Trumm ist in den rheinischen Mundarten und in der allgemeinen Umgangssprache etwas Dickes, sei es ein Mensch, ein Tier oder ein unförmiger Gegenstand: *Da is mir son Trumm von Stein auf dat Auto geknallt.* Oft in der Verbindung mit der Verstärkungspartikel mords- *Das ist aber ein Mordstrumm von Hund.*

Trumm ist ein altes Wort: alt- und mittelhochdeutsch drum »Endstück, Splitter«, zu der germanischen Wurzel *þramu »Rand, Kante« mit vielfältigen Verwandtschaften im Lateinischen, Griechischen, in den nordischen Sprachen und im Niederländischen. Das anlautende t setzt sich im 16. Jahrhundert im gesamten deutschen Sprachraum durch. Die Bedeutung »dickes Stück« ist auf die Mundarten und die Umgangssprache beschränkt. Der Plural **Trümmer** in der Bedeutung als »Bruchstück« wird seit Klopstock verwendet. In der Umgangssprache wird *Trümmer* (als Singularform) aber auch analog zu *Trumm* verwendet: *Dat is ja en Mordstrümmer.*

Grimm 22/1336; Kluge 2011 933; Moser 213; PfWb 2/569; RhWb 1/1523; Trübner 7/149; Werner 398; Wrede 2010 185

Trumm Trommel *Hau noch ens op die dicke Trumm* (Trommel in Karnevalsumzügen). *Der hat sonne Trumm* (dicker Bauch). Im südlichen Rheinland sagt man **Dromm**.

Hier haben die Mundarten einmal mehr, im Gegensatz zur Standardsprache, die alten Formen bis heute bewahrt: althochdeutsch trumba, mittelhochdeutsch trumme, mittelniederländisch tromme.

Kluge 2011 931; RhWb 8/1414; Wrede 2010 968

Trumpf der bei Kartenspielen wichtige Ausdruck ist die eingedeutschte Form des griechisch-französischen Lehnworts Triumph. In den rheinischen Mundarten wird *Trumpf* auch in vielen Wendungen der Zurechtweisung gebraucht: *Ich werde ihm schon zeigen, was Trumpf ist.* Auch: *Trumpfsex* »eine mollige, aufreizende, etwas ordinäre Dame« *Dat Uschi von gegenüber, dat is en Trumpfsex, kann ich dir sagen.*

Grimm 22/1363; RhWb 8/1414

Tschüss mit den vielen fantasievollen Varianten **Tschüsskes, Tschüssi, Tschüssikowski, Tschüssikowiak** Abschiedsgruß; heute auch oft zu hören als *Und Tschüss!*, wenn man einer Sache überdrüssig ist oder wenn etwas danebengegangen ist: *Die letzten drei Stiche sind bei mir, und tschüss* (beim Skatspiel)! *Hier kommst du nich mehr rein, verzieh dich und tschüss.* Auf den Gruß *Tschüssikowski!* kann man im Ruhrgebiet mit *Tschüssiko-*

wiak! antworten. Daneben **Tschö**, das oft so erscheint: *Tschö mit ö! Tschö zusammen! Tschökes!*

Die Entstehung von *Tschüss* ist nicht ganz geklärt. Die Grußformel geht sicherlich, wie auch das »feinere« und ältere Adieu, auf lateinisch ad deum »Gott befohlen« zurück. Das erklärt aber noch nicht das auslautende s in *Tschüss.* Es taucht bereits in den rheinischen Mundartvarianten *adjüs, adjes* und *adschüss* auf, die im Rheinischen Wörterbuch um 1900 und im Niederländischen als ajuus belegt sind. Hier bleibt als mögliche Herleitung eigentlich nur das spanische adiós, das im Rheinischen zu *adjüs, adjes* und schließlich zu *tschüss* wurde. Aber wie kam adiós ins Rheinland? Das weiß man eben nicht genau. Vielleicht waren es Seeleute, die den spanischen Gruß kannten, oder es ist über das Niederländische (dagegen spricht die schon frühe weite Verbreitung im Osten Deutschlands) oder das Wallonische ins Rheinische gelangt (dito, außerdem ist es dort nur spärlich bezeugt). Einfacher ist es bei *Tschö,* das sicher als Entlehnung auf das französische adieu zurückgeht, das über *adjö* und *adschö* zu *Tschö* wurde. *Tschüsskes* und *Tschökes* sind niederrheinische Spielformen mit der entsprechenden Verkleinerungsendung, und die Varianten *Tschüssikowski* und *Tschüssikowiak* spielen mit polnischen Sprachelementen. Entsprechend verbreitet sind sie im Ruhrgebiet und im Osten Deutschlands.

Cornelissen 2012; Kluge 2011 16; Möller; RhWb 1/56; Wrede 2010 31; http://www.etymologiebank.nl/trefwoord/ajuus

Tuck in der Wendung *in Tuck kommen* oder *bringen* »verwirrt, durcheinander sein« *Ich komm in Tuck. Die Chose hasse aber ganz schön in Tuck gebracht.* Einen *Tuck* kann man aber auch haben: *Ich hab nen Tuck in den Haaren* (eine filzige Stelle). **tucken** wenig perfekt nähen *Et is am tucken, aber et wird nix.* Besonders Schnürbänder, Schuhriemen oder Halsketten können sich **vertucken** und **enttucken** »ver-« und »entwirren« *Immer wenn et schnell gehen soll, sin die Schuhriemen vertuckt. Die Leine musde ers enttucken.*

Das Wort ist in dieser Bedeutung exklusiv im Bergischen Land zu hören; deshalb ist anzunehmen, dass es in der dortigen Bandwirkersprache gebräuchlich war: »Die Bandwirker mussten virtuos mit tausenden Fäden ihrer Bandwebstühle umgehen können«, eine Verwirrung der einzelnen Fäden war entsprechend eine Katastrophe. Es geht wohl auf das mundartliche *Tuck* »Stoß« zurück, das im Mittelhochdeutschen als tuc belegt ist und auch »listiger Streich, Arglist, Tücke« bedeuten kann. Somit hätte sich im Bergischen Land eine alte Bedeutungsvariante gehalten, die in den rheinischen Mundarten sonst kaum mehr bekannt ist (allerdings im Pfälzischen durchweg gebräuchlich ist).

Grimm 22/1516; Halbach 765; Lexer 2/1555; RhWb 7/1428; http://www.naturparkbergischesland.de/fileadmin/PDFs/Bergische_Berufe.pdf

Tucke meist als *blöde* oder *dumme Tucke* verächtlich für eine Frau *Die blöde Tucke hat mir doch glatt die Vorfahrt genommen und war dann noch am meckern. Die dumme Tucke da aufem Amt hat mich stundenlang warten lassen.*

Tuck, Tucke ist in vielen Mundarten die Bezeichnung für das Huhn, entstanden aus dem Lockruf *tucktucktuck*. Damit wäre die *Tucke* eigentlich ein dummes Huhn (deshalb wohl nicht zu Tücke »Argsinn« zu stellen).

Küpper 853; RhWb 8/1427; http://www.duden.de/rechtschreibung/Tucke

tuckern kann alles Mögliche bedeuten: *Boh, der Zahn tuckert, ich muss zum Arzt* (klopfend schmerzen). *Mach ma langsam, mein Herz tuckert wie Sau* (klopfen). *Dat Tuckern der Schiffe aufem Rhein kannsde bis hier hören. Der tuckert jetz schon ne halbe Stunde mit fuffzich vor uns her* (langsam fahren).

Älter als Kluge angibt; zu niederdeutsch und rheinisch *tucken* »stoßen, pochen«, niederländisch tokken »einen Ruck geben« (erstmals 1470 belegt).

Grimm 22/1531; Kluge 2011 934; RhWb 8/1429; Woeste 276; http://www.etymologiebank.nl/trefwoord/tokken

Tullus, Dullus, auch **Tullux** geschrieben, in der Wendung *keinen Tullus machen* »Aufstand, Theater, Lärm um nichts« *Nu mach ma nich son Tullus hier.* Das Wort scheint langsam aus der Umgangssprache zu verschwinden.

Es hat seine Wurzeln in den rheinischen Mundarten. Hier bedeutet *tulen, tülen* »jemanden foppen, Unsinn machen«, ein *Tules, Tüles* macht entsprechend Unsinn. Im Niederländischen ist tuil ein »Scherz«, dort findet sich auch der älteste Beleg um 1500. Das Wort hat wohl nichts mit der Bezeichnung eines alten Kegelspiels im Pfälzischen zu tun, dessen Kugeln *Dullus, Tullus* genannt wurden.

PfWb 2/600; RhWb 8/1435; Venema 199; http://www.etymologiebank.nl/trefwoord/tuil1

Tuppen *Sibbeschröm* spielen, *schröömen;* bei dem Spiel wird durch *Tuppen* »auf den Tisch klopfen« angezeigt, dass der betreffende Spieler dieses Mal mittut (zu *Sibbeschröm* siehe *Schröm*).

RhWb 8/1465

Ture, Turre, Tur, Turen, Türen heißt von der Nordeifel bis nach Westfalen die Türangel oder der Stützhaken an Fensterläden. Das Wort hat mit der germanischen Türe (Eingang) nichts zu tun, sondern ist eine romanische Entlehnung. Es geht auf lateinisches tornus »Dreheisen, Drehscheibe« zurück, ist aber wohl nicht römerzeitlich, sondern erst in altfranzösischer Zeit als tour entlehnt worden. Das Wort ist nur in den regionalen Mundarten bekannt und gilt vielerorts bereits als veraltet.

Post 1982 70; RhWb 8/1481; Wrede 2010 972

türmen abhauen, flüchten; die Herkunft von *türmen* ist unklar, sie hat jedenfalls nichts mit dem von »Turm« abgeleiteten standarddeutschen Verb türmen, auftürmen zu tun. Die Bedeutung ist erst im späten 19. Jahrhundert in Soldatenkreisen aufgekommen: »Wie bei anderen rätselhaften Wörtern, die plötzlich in der niederen Sprache auftauchen, aber in keiner Mundart vorhanden sind, ist auch hier an die Herkunft aus dem Rotwelschen zu denken ...«, heißt es deshalb in Trübners Wörterbuch. Gaunersprachlich ist *türmen* als »entspringen, entfliehen« jedenfalls gut belegt und wird dort oft auf hebräisch tharam »sich entfernen« zurückgeführt.

Kluge 2011 936; Mengel 46; Trübner 7/168; Wolf 1956 5964

Tussi, **Tusse** kann allgemein für eine Frau stehen *Hasde schon dem seine neue Tussi gesehen?* Oft ist die *Tussi* aber eine etwas naive Frau: *blöde Tusse, dumme Tusse.* Am unteren Lauf der Ruhr sagt man auch schon mal **Tuuse** für eine Unbekannte oder eine Frau, die man für naiv oder dämlich hält: *Wat is dat denn für ne Tuuse, steht anne Tanke un weiß nich, dat dat en Diesel is, wat se fährt.* Ein **Tussentoaster** ist natürlich eine Sonnenbank.

Tussi ist die umgangssprachliche Abkürzung von Thusnelda, der Frau des Cheruskerfürsten Arminius. Thusnelda ist im 19. Jahrhundert zum Inbegriff der nervigen Ehefrau geworden (in den rheinischen Mundarten ist Thusnelda eine Kartoffelsorte).

Kluge 2011 916; RhWb 8/1176

Tütennüggel ist eines von den Wörtern, die in Umfragen immer wieder als besonders typisch für das Rheinland angesehen werden. Der *Tütenüggel* ist ein wunderlicher Mensch, ein Tolpatsch oder Dummkopf. Neuerdings ist ein Typus hinzugekommen, den es früher gar nicht gab: das Weichei und der Frauenversteher. Woran man sieht, dass die Bezeichnung keineswegs veraltet, sondern noch quicklebendig ist.

Gerade diese Bedeutungsvariante macht auch die Entstehungslegende des Wortes nachvollziehbar, die man allerorten hört oder liest. Danach ist der *Tütenüggel* ein Muttersöhnchen, das innerlich ein Säugling geblieben ist und immer noch an der Mutterbrust nuckeln will; die dazu passende Legende geht so: »Das Wort soll, wie einiges, was wir im Rheinland noch heute gerne verwenden, aus der napoleonischen Zeit herrühren. Die Besatzungstruppen waren nicht wirklich gerne gesehen und man verhöhnte sie hinter vorgehaltener Hand. Da man den Franzosen nachsagte, dass zu deren bevorzugten Sexualpraktiken das »Nuckeln« an den Brüsten (*Tööten,* heute oft auch *Titten*) ihrer Liebsten gehörte, bezeichnete man sie als *Töö-*

tennüggeler, woraus dann das singuläre *Tütenüggel* wurde.« Nicht umsonst ist ein *Nüggel* in unserer Region auch ein Babyschnuller oder eine Saugflasche.

Diese Herleitung ist allerdings falsch, denn sie beruht nur auf der Lautähnlichkeit. Dagegen spricht schon, dass im Rheinischen die weibliche Brust nahezu ausschließlich *Mämme* (oder ähnlich) heißt – ein Brustnuckler ist der *Tütenüggel* also auf keinen Fall. Was ist er dann? Im Rheinland kennt man das Verb **tötern, töttern, totern** als »einfältig schwatzen« oder »sich träge bewegen«, deshalb ist ein *Töternickel* dort auch ein dummer oder ungeschickter Mensch. Das Grundwort *Nickel* ist nichts anderes als die rheinische Kurzform von Nikolaus, und der *Tütenüggel* nichts anderes als die zentralrheinische Variante des *Töternickel.* Und da die Bewohner der Eifel in Bonn schon immer als Hinterwäldler galten, ist dieser sprachliche Import nur logisch.

MmWb; RhWb 8/1260 u. 1262

Tweil Aufnehmer; heute nur noch im Klevischen gebräuchlich; ein altes Wort, das einmal bis hinunter nach Köln (dwele »Handtuch« 1599) verbreitet war, im Niederländischen als dweil heute hochsprachlich ist: mittelniederdeutsch dwele, dweile »Tuch«, althochdeutsch dwahila »Tüchlein«, gotisch thwahan »Wäsche« zu einer germanischen Wurzel *thwahila. Erstaunlich, wie alt das heute am Niederrhein als schnöder Aufnehmer gebrauchte Tuch ist.

Grimm 32/970; PfWb 6/1722; Wrede 1920 110; RhWb 9/887; http://www.etymologiebank.nl/trefwoord/dweil

U

Uhles im Kessel oder Topf gebackener Kartoffelkuchen *Heute gehen wir zum Uhles-Essen. Uhles* isst man im südlichen Rheinland entlang der Rheinschiene.

Zum *Uhles* wird in der Region – auch in den Medien – eine schöne Wortlegende erzählt: »Uhles war der Name des Mannes, der das Reibeisen erfunden hatte. Erst diese Erfindung machten Gerichte mit geriebenen Kartoffeln möglich. Er muß aus dem Westerwald stammen.«

Uhles ist nicht zu verwechseln mit *Ules* »Nebentenne, Abstellraum«, das vor allem der Westerwald kennt, und mit *Ulles* »Schlafhaube, Zipfelmütze, Kapuze« und »tumber Mensch«. Wahrscheinlich gehört *Uhles* zu *Aule, Aules* »Topf, Tontopf«, in dem auch gebacken wird (siehe *Aule*).

MmWb; Rheinzeitung vom 4.3.2009; RhWb 1/333 u. 9/38

ühren launisch sein, schmollen *Wat bisde widder am üren? Den Franz musste heute in Ruhe lassen, der is am ühren.* **Ührerei** *Schluss mit der Ührerei.* **Geühre** *Wat soll dat Geühre?* **ührich, ürig** schlecht gelaunt *de ührige Pitter* (Bezeichnung für ein meckriges Kind). Eine *ürige Prumm* ist ein Mauerblümchen. *Üren* ist ein altes, für das zentrale Rheinland nördlich von Köln typisches Mundartwort, das noch in der heutigen Umgangssprache zu hören ist. Überregionale Bekanntheit dürfte *der Uerige* in Düsseldorf haben, ein traditionelles Altbierbrauhaus im Herzen der Altstadt, das nach seinem Gründer, dem »uerige Willem« (also dem stets schlecht gelaunten Wilhelm Cürten) benannt ist.

Wie so oft ist auch hier der scharf umgrenzte Geltungsbereich von *ühren, uerig* (mundartliche Varianten sind *ore, örre*) zwischen Moers, Duisburg, Düren, Erkelenz und Wuppertal erstaunlich (dazu die kleine »Insel« um Aachen, wo man **örsch** »missgestimmt« kennt). Nirgendwo sonst ist man *ürig* oder *öerig,* was wiederum die Herleitung schwierig macht. Dies legt die Verwandtschaft mit irre nahe, das in den mittelniederdeutschen und mittelniederländischen Vorformen er, eir, erre und arre – anders als im Mittelhochdeutschen – »zornig« bedeutet und reich belegt ist. Das angelsächsische yrre »zornig« zeigt auch lautliche Parallelen zum rheinischen *ührig, örrig,* die dann als Ablaut zu interpretieren wären. Damit hätte sich im zentralen Rheinland eine mittelniederdeutsche Sonderbedeutung erhalten, die im übrigen deutschsprachigen Raum verschwunden ist. Eine Frage bleibt allerdings: Wieso gerade nur hier?

RhWb 6/405; Schiller/Lübben 1/712; Trübner 4/23; Verdam 168; http://www.uerige.de/historie.html

Üllech, Öllech, Öllich heißt in den rheinischen Mundarten die Zwiebel. Das Wort ist deshalb sehr interessant, weil es (wie der *Dörpel*) eine der ganz wenigen Mischformen aus lateinischen und »deutschen« Elementen ist. *Üllesch* ist entstanden aus **Ünne** und **Lauch** *(Look),* den beiden anderen im Rheinland konkurrierenden Bezeichnungen für das scharfe Gemüse. Dabei hat die *Ünne, Unne* römische Vorfahren (lateinisch unio, französisch oignon und englisch onion), während Lauch, *Look* auf eine germanische Wurzel *lauka zurückgeht (nicht auf lateinisch alium »Knoblauch«), aus der im Althochdeutschen louh und im Mittelhochdeutschen louch wurde. Alte Kölner Belege lauten ullouch, onloeck, ollych oder ollig, die sehr schön die historischen Schreibtraditionen der Stadt illustrieren. In der Umgangssprache hört man *Öllich* kaum, jedoch häufig im folkloristischen Zusammenhang: *Halve Hahn met Öllich* (kölnisches Kneipengericht), *Öllich-Orden* (Karnevalsorden in Hennef).

Anmerkung: Lateinisch unio muss im Rheinland schon sehr früh entlehnt worden sein, da englisch onion und französisch oignon auf die spätlateinische Variante unionem zurückgehen. Somit sind *Ünne* und *Üllech* alte Zeugen der römischen Vergangenheit des Rheinlands.

Bach 255; Frings 177 u. 496; Post 1982 225; RhWb 9/38; Trübner 8/550; Werner 403; Wrede 2010 670

Üllefatzküken, Ullefällchen, Üllefartsküken ist im nördlichen und vor allem niederfränkischen Rheinland ein ulkiges Schimpfwort für einen dummen oder unansehnlichen Menschen. Es ist eine Verballhornung von mittelniederländisch olifant »Elefant« und ist deshalb wörtlich als »Elefantenküken« zu übersetzen, das in der allgemeinen Umgangssprache seit 1850 verbreitet ist und einen plumpen Menschen meint. Das Schimpfwort geht auf die niederrheinische Variante zurück.

Küpper 205; RhWb 9/37

Ullig, Ulligen, Ullige kleines Kind, kleiner Junge, kleines Mädchen *Dat Ullich kann ja schon laufen! Ich hab der Ulligen en Beutel Gummibärchen mitgebracht. Die Ullige von nebenan.* Ein **Ullifurz** ist ein kleinwüchsiger Mensch (Furz wird in diesem Zusammenhang gerne verwendet, zum Beispiel der beliebte *Furzknoten* »kleines Kind«). **ullig** klein, mickrig *Der Hund is wat ullig.* Zu hören am Niederrhein und im Ruhrgebiet.

Über das *Ullig* wird in Duisburg eine wunderschöne Wortlegende erzählt: »Das Wort *ullig* ist nur im Duisburger Stadtgebiet verbreitet; man hört es gelegentlich noch in Moers oder Mülheim. Es soll an der jahrhundertealten Duisburger Latein- und Griechischschule, dem Landfermann-Gymnasium, entstanden sein – so erzählte man sich jedenfalls an ebendieser Schule. Zugrunde liegt altgriechisch olígos ›klein, gering, wenig‹, bekannt aus Fremdwörtern wie ›Oligarchie‹. Die älteren Schüler sollen so die Unterstufenschüler tituliert haben.« Allerdings ist diese Wortgeschichte ziemlich unwahrscheinlich, obwohl die Wortfamilie tatsächlich nur eine sehr eingeschränkte geografische Verbreitung hat. Die ist allerdings größer, als man sich in Duisburg erzählt. Sie reicht von Kleve bis in die Eifel nach Daun. Das Wort ist dialektalen Ursprungs und geht auf eine ältere Wurzel zurück, aus der auch das bergische *Ulbart* (Kosewort für ein kleines Kind) und das niederrheinische *Ullicht* (schlecht brennende Lampe) entstanden sind. Auf jeden Fall ein exklusiv rheinisches Wort.

MmWb; RhWb 9/41

umme in der Wendung *für umme* »kostenlos« *Dat gibbet für umme! Umme* ist in der Umgangssprache weit über seinen ursprünglichen Geltungsbereich gebräuchlich. Eigentlich ist *umme* eine moderne Verkürzung aus pfälzisch *ummesunscht* »umsonst«.

PfWb 6/887; http://www.atlas-alltagssprache.de/r8-f4n-2/

Üpperkes, Öpperkes Geschichten, Dummheiten *Mach bloß keine Üpperkes. Erzähl keine Öpperkes.* Münsterländisch *Ööperkes.* Im Ruhrgebiet, am Niederrhein und im Bergischen verbreitet; nach Rheinischem Wörterbuch die rheinische Variante von »Erzähl keine Opern!«

Honnen 2003 204; Piirainen/Elling 640; RhWb 6/402

Urzen, Otzen und Konsorten: Wie weitverbreitet, hochfrequent und auch »beliebt« diese Bezeichnungen für eine eigentlich völlig unbedeutende und nebensächliche Sache sind, zeigt allein schon die große lautliche Varianz: **Uzen, Ürzen, Urze, Urten, Uresse,** Örzgen, Ötzchen, Örzken, **Örzen, Otzen, Oozen, Orz** oder **Otten**. So werden im Rheinland Essensreste auf dem Teller oder allgemein Reste bezeichnet: *Un dat mir keine Uzen auf dem Teller bleiben. Wer hat denn dat Örzgen liegen lassen? Mach keine Urten, sonz gibbet schlechtes Wetter. Da is noch en Ötzchen drin im Glas. Hat man Reste aum Teller gelassen, hat die Mutter gesacht: »Wat sind dat denn hier für Örzen!? Die paar Örzen packse do wohl aunoch!«* Ein **Otzenlasser** ist jemand, der Reste auf dem Teller lässt *Dat is auch son Otzenlasser.* Die U-Varianten sind eher dem Süden, die O-Varianten dagegen dem Norden des Rheinlands zuzuordnen.

Viele Rheinländerinnen und Rheinländer halten das Wort für typisch rheinisch – das ist es aber beileibe nicht. Auch in anderen Regionen des deutschen Sprachraums nennt man so die (meist von Kindern zurückgelassenen) Essensreste auf dem Teller: In Schwaben sind es *Urasen, Urasete,* in Hessen *Uräße,* in der Pfalz *Urese* beziehungsweise *Urwese,* in Westfalen *Orte* und in Lothringen wie auch im Elsass *Urzen.* In einigen Nachbarländern findet sich das Wort sogar in den Schriftsprachen, so zum Beispiel in England als orts, in Schweden als oräte und in den Niederlanden als ort. Im deutschen Sprachraum hat das ehedem sehr weitverbreitete Dialektwort diesen Sprung in die Hochsprache nicht geschafft. Das hat auch schon das Grimmsche Wörterbuch konstatiert: »wort wie sache haben eigentlich immer auszerhalb des bereiches der schriftsprache gelegen«, wobei es doch eigentlich erstaunlich ist, dass es in der Welt der Schriftsprache keine Überreste auf dem Teller geben soll.

Die Rheinländerinnen und Rheinländer kennen auch das Verb *urzen* oder *uzen (Bisse schon wieder am urzen auf dein Teller?),* das entsprechend »nicht aufessen« oder »Reste übrig lassen« bedeutet und direkt zu den althochdeutschen Wurzeln der *Otzen-Urzen*-Familie führt. Alt- und mittelhochdeutsch urezzan bedeutet nichts anderes als »heraus-essen«, also sich wählerisch aus einem Essen etwas herauspicken. Das Verb dürfte wiederum auf ein gotisches *uzitan zurückgehen. So sind auch die rheinischen Essensreste wieder einmal ein sehr instruktives Beispiel dafür, dass die Mundarten und die Umgangssprache oft einen wirklich alten Wortschatz bewahren und tiefe sprachgeschichtliche Wurzeln haben. Umso erstaunlicher ist in diesem Fall, dass die Hochsprache das Wort nicht übernommen hat und hier eine semantische Lücke lässt.

Anmerkung: Hierher gehört auch *Ütz* als Bezeichnung für ein kleines Lebewesen, meist ein Kleinkind: *Dat Ütz vonne Nachbarn ist schon wieder krank!* Es kann aber auch ein junger Hund gemeint sein: *Die Meyers haben jetzt auch son Ütz.* Wie drastisch Mundarten sein können, zeigt sich an der Ahr, dort ist *Ürzche* eine ledige Frau.

Debrabandere 278; Grimm 24/2371 u. 2614; Lexer 2/2003; RhWb 9/79; van Veen/van der Sijs 627; Wrede 2010 985

usselich ist mit seinen Varianten **usselisch, usselig, uselig, urselich, üselisch, üselich** oder **oselich** eines der »wichtigsten« rheinischen Wörter. Es ist unverzichtbar bei der Beschreibung von nasskaltem Wetter: *Bah, dat is aber heute so richtich uselich draußen, da bleibse besser hintern Ofen!* »ausgesprochen unfreundlich, regnerisch und kühl in einem«. Bei *useligem* Wetter geht man im Rheinland nicht vor die Tür, erst recht nicht, wenn man sich *uselig* »kränklich, erkältet« fühlt. Eigentlich kann alles Fiese, Kränkliche oder Mickrige *uselich* sein. Die dazugehörige Wortfamilie ist nicht überall im Rheinland gleichmäßig verbreitet: Das Verb **oseln, useln** »kränkeln« *(Der Strauch oselt, der wird nix mehr)* kennt man nur im Norden des Rheinlands. Weiter verbreitet ist dagegen der **Osel, Usel, Ursel**, der viele Bedeutungen haben kann, unter anderem »kleines Kind, der Jüngste einer Familie«: *Pass auf, der Osel rennt aufe Straße. Der Osel vonne Müllers is jetz auch beim Barras.* Ein *Ussel* kann aber auch eine ungepflegte Person sein. Im Bergischen Land ist *Usel* auch ein Ekzem oder Hautausschlag: *Der hat den Usel am Leib.* Deshalb kann man auch *den Osel, Ursel haben,* wenn es einem schlecht geht: *Bei denen is dat aber en ganz schöner Usel* (Armut).

Eine umfangreiche Wortfamilie, die nicht nur typisch für die rheinische Umgangssprache, sondern in diesem Zusammenhang auch exklusiv rheinisch ist und den Mundarten zwischen der Zentraleifel und dem Münsterland entstammt, wo zahlreiche Bedeutungsvarianten zu hören sind. Die weitere Wortgeschichte ist jedoch unsicher. Sie wird häufig auf das althochdeutsche usvilar zurückgeführt (erstmals von Wrede), das mit »aschfarben« zu übersetzen ist. Im Mittelhochdeutschen ist usel die Asche, womit auf die aschfahle Gesichtsfarbe von Kranken angespielt sein könnte. Im Sächsischen ist *Üsel* noch heute der »abgebrannte Docht«.

Da diese semantische Verbindung im Rheinischen jedoch völlig fehlt, ist die Herleitung sehr spekulativ. *Uselig* könnte auch eine Variante von unselig sein. So ist im Pfälzischen das n nahezu verschwunden, hier bedeutet *uselich* entsprechend »armselig, kümmerlich«, und selbst im Dänischen finden wir usel und usselich für unselig. Allerdings kennt man im Rheinland für unselig auch die standarddeutsche Lautung, deshalb müsste sich die

Lautvariante *uselich* mit der Sonderbedeutung »kümmerlich« irgendwann verselbstständigt haben. Die niederrheinischen Varianten *unusel* und *nosel* »dumm, geistig schwach, armselig« führen schließlich ins Niederländische. In Limburg gilt *ozel* »Armut, Leid« als Ableitung aus *onnozel* »naiv, dumm« zu mittelniederländisch nosel »Leid«. Dann wäre das rheinische *uselich* ein – limburgisches – Lehnwort, was zumindest zur geografischen Verteilung passen würde. Wahrscheinlicher ist aber, dass das niederrheinische *unusel* zwar ein niederländisches Lehnwort ist, aber mit dem rheinischen *uselich* eigentlich nichts zu tun hat.

Bergmann 336; Debrabandere 2011 279; Grimm 24/2615; Mengel 22; PfWb 6/928; RhWb 9/82; Weinberg 88; Werner 404; Wrede 2010 987; http://www.etymologiebank.nl/trefwoord/onnozel

uzen sich über jemanden amüsieren, über jemanden lästern, unken, ärgern *Watt bis du schon wieder am uuzen? Der Pitter is den Klein immer am uzen.* **veruzen** jemanden hinters Licht führen, verulken *Willze mich veruzen, oder meinze dat wirklich ernst?* **Uzerei** *Vor lauter Uzerei ham die Kinder nich mal ier Limmo ausgetrunken.* **Uuz** *Das war en Uuz* als Klarstellung, wenn jemand gefoppt oder veräppelt wurde. Wenn man auf einem Foto nicht gut aussieht, bezeichnet man es am besten als **Uzkärtchen**. *Geuzt* wird in vielen Mundarten und in der Umgangssprache.

Das Wort wird häufig aus dem jiddischen utzen abgeleitet, das auf polnisch uciecha »Belustigung« zurückgehen soll. Dafür gibt es jedoch keine Belege, zumal das Wort im Jiddischen nur sporadisch nachgewiesen ist und dort schon früh als veraltet galt. Wahrscheinlicher ist, dass Jiddischsprecher ein Wort der deutschen Umgangssprache benutzt haben. Hier ist es erstmals um 1570 in Schwaben belegt. Es gilt als Ableitung von Uz als Koseform von Ulrich, die im Laufe der Zeit zu einer Bezeichnung einer »verächtlichen mannsperson« und schließlich eines »dem trunk ergebenen, närrischen gesellen« geworden ist.

Grimm 24/2617; Kluge 2011 946; Mengel 46; Meyer 115; PfWb 6/967; RhWb 9/88; Trübner 8/363; Wolf 1956 6012; Wolf 1962 188

V

veräppeln jemanden auf den Arm nehmen, verulken *Den hammer janz schön veräppelt. Veräppeln kann ich mich selber!*

Das Wort ist in der Umgangssprache weit verbreitet (auch über den Äppeläquator hinaus, der die mitteldeutschen *Äppel* von den oberdeutschen Äpfeln trennt). Da das Wort nur schwer zu deuten ist, wurde auch hier das Jiddische ins Spiel gebracht. Danach geht *äppel, veräppeln* auf jiddisch ewil »Narr, Tor« zurück. Ein entsprechendes Verb existiert im Jiddischen jedoch nicht. Bleibt als – unbefriedigende – Erklärung, dass *veräppeln* irgendwas mit dem Werfen von faulen *Äppeln* zu tun hat.

Honnen 2008a 222; Kluge 2011 950; Mengel 46; Pfeifer 3/1889; RhWb 1/220; Wolf 1956 121; http://etymologie.tantalosz.de/v.php

verbaseln etwas schlecht machen, nicht schaffen, auch vergessen *Der hat die ganze Sache verbaselt. Ich habe dat Treffen total verbaselt.* Auch im Sinne von »verlieren, verlegen« *Hast du jetz dat Schräubchen verbaselt? Verbasel nich wieder deinen Hausschlüssel!* In den rheinischen Mundarten bedeutet *baseln* auch »sich abmühen«, »zögern« oder »quasseln«. **verbaselt, verbast, verbastert** ist »verwirrt«. Vor allem das Adjektiv **basselich, baselig** »schusselig, zerstreut« *(Der is heut wieder so basselig, der kricht alles kaputt)* ist im niederdeutschen Sprachraum weit verbreitet. Dort liegen auch seine Wurzeln. Das Mittelniederdeutsche kennt vorbasen als »von

Sinnen bringen« und verbaest als »verwirrt«, im Mittelniederländischen steht verbaest für »verwundert« und baserie für »Verwirrung«, im aktuellen Niederländischen gehört verbazen »verwundern« zur Standardsprache.

Duden 1999 9/4182; RhWb 1/490; Schiller/Lübben 5/311; Verdam 649; Werner 406; Wrede 1920 109; Wrede 2010 1006; http://www.etymologiebank.nl/trefwoord/verbazen

verbiestert unzufrieden, angesäuert, verkniffen *Dä kuckt aber verbiestert. Warum is der so verbiestert?*

Das Wort hat nichts mit Biest und Bestie zu tun, sondern geht auf ein altes niederdeutsches Verb zurück: mittelniederdeutsch vorbiesteren »verirren, vom Wege abkommen, abhandenkommen«, mittelniederländisch verbijsteren »sich verirren« (vielleicht zu althochdeutsch bison »wild herumlaufen (vom Vieh)«); das abgeleitete Adjektiv bister »elend, unglücklich« ist im 16. Jahrhundert erstmals in Köln nachgewiesen, im Mittelniederländischen als bijstlijk bereits um 1370. *Verbiestern* ist in niederdeutschen Mundarten als »verirren« heute weit verbreitet, das Partizip *verbiestert* »missmutig« über den niederdeutschen Sprachraum hinaus in der Umgangssprache zu hören.

Grimm 25/109; RhWb 1/684; Schiller/Lübben 5/316; Wrede 1920 110; Wrede 2010 1007; http://www.etymologiebank.nl/trefwoord/verbijsteren

verbimsen verprügeln; erklärt sich aus der Tätigkeit des *Bimsens* »mit Bimsstein schleifen, bearbeiten«. Bims ist ein Lehnwort: lateinisch pumex, daraus althochdeutsch bumiz, mittelhochdeutsch pümez.

RhWb 1/695; Trübner 1/339

verbocken etwas versäumen, in den Sand setzen *Die Mathearbeit hab ich gründlich verbockt. Die Geschichte is aber gründlich verbockt. Wenne dat nich verbockt hättes, wärn wer jetz schon im Urlaup.* Zur Bedeutungsvariante von Bock als »Fehler, Versehen« »einen Bock schießen«.

Grimm 2/201; Röhrich 1/227; http://www.duden.de/rechtschreibung/verbocken

verbumfeien, verfumfeien, verbumfideln etwas in den Sand setzen, etwas verbocken *Das hast du aber verfumfeit. Na, hasse deine Fahrkarte wieder verbumfiedelt, du Heiopei! Das Spiel haben wir total verfumfeit.* Das Wort ist in den rheinischen Mundarten (auch als *bumfideln, verfummfeien* und so weiter), im Niederländischen als verfomfaaien und vor allem in der niederdeutschen Umgangssprache verbreitet. Dort ist die Hauptbedeutung »verprassen, Geld verschwenden«, was auch zum Ursprung des Wortes führt, das erstmals 1589 in Hamburg nachgewiesen ist. Das lautmalende Verb beschreibt den Klang von Musikinstrumenten auf einem Jahrmarkt (Bummfiedel, *Fumm* ist ein Schlaginstrument) und ist später im Sinne von »für überflüssiges Vergnügen Geld ausgeben« verwendet worden. Daraus ist schließlich die Bedeutung »etwas verderben« geworden.

Grimm 25/385; Kluge 2011 952; Küpper 873 u. 875; RhWb 1/1117 u. 2/886; http://www.etymologiebank.nl/trefwoord/verfomfaaien

verdeckens, verdeck nich, verdeck nochmal Ausruf des Unmuts, der Bekräftigung *Der wollte doch verdeckens nich mitgehen! Heute ist das Auto verdeck nicht angesprungen!* Ein im zentralen und nördlichen Rheinland verbreiteter Fluch, der auf das Verb verdecken »etwas zu bemänteln suchen« zurückgeht.

RhWb 1/1300

verdöllt (seltener **verdelli, verdellich**) ist ein Fluch irgendwo zwischen »verflixt« und »verdammt« *(Verdöllt noch mal, wo haste denn schon wieder die Schlüssel hingetan?)*, der linksrheinisch nördlich der Eifel noch häufig zu hören und typisch für die Region ist.

Im Sinne von »verteufelt auch« wird *verdöllt* oft als Kurzform von niederrheinisch *verdüwelt* verstanden. Diese Deutung ist jedoch aus lautlichen Erwägungen wenig wahrscheinlich. Das Problem ist, dass ein passendes Verb zu dem Partizip nur schwer zu finden ist; ein vermeintliches *döllen* ist im Rheinischen Wörterbuch eben nur in *verdöllt* belegt. Aufgrund des Vorkommens vor allem entlang der niederländischen Grenze ist deshalb die

Annahme eines Lehnworts aus dem Limburgischen naheliegend. Dort ist *verduld* mit derselben Bedeutung bekannt und wird zu den Verben *verdollen, verdullen* »jemanden verrückt machen« und damit letztendlich zum Adjektiv *dol, dul* »geisteskrank« (entsprechend deutsch toll) gestellt.

Debrabandere 2011 481; RhWb 1/1390; Werner 407

verdorri, **verdorrich** wird als Bekräftigung, meist nach einer Enttäuschung, gebraucht: *Verdorri noch ma, muss dat sein? Verdorrich, dat kann doch nich wahr sein. Verdorri inne Ecke. Vandorri noch ens!* Oft auch als **Gottverdorri**; im Bergischen Land auch in der Verbindung *Verdeck und Verdorri.*

Wie das ähnliche *verdöllt* ist auch der »unechte Fluch« (so die niederländische Bezeichnung als »bastaardvloek«) *verdorri* nicht leicht zu enträtseln. Das Wörterbuch der deutschen Umgangssprache kennt das Wort seit dem 19. Jahrhundert und vermutet eine Kontraktion aus »verdammt« und »Donner und Doria«. Dagegen spricht jedoch die eingeschränkte regionale Verbreitung (im westlichen Rheinland, Ruhrgebiet und Westfalen) und das Niederländische, das zwar auch verdorie, aber nicht die Wendung »Donner und Doria« kennt. Bei den niederländischen Nachbarn ist das Wort in vielen Varianten weit verbreitet. Deshalb wird verdorie hier auf das alte mittelniederländische Verb verdoren »jemanden verrückt machen« zurückgeführt, das mit dem mittelniederdeutschen dore »Verrückter«, dem Vorläufer unseres Toren, verwandt ist. *Verdorri* bedeutet demnach also im Grunde »mach mich nicht irre, kirre«.

Küpper 874; MmWb; Schiller/Lübben 1/549; van Veen/van der Sijs 931; Verdam 656; http://www.etymologiebank.nl/trefwoord/verdorie

verfransen, **verfranzen** sich verfahren *Inne Südstadt verfrans ich mich jedes Mal, da sind nur Einbahnstraßen. Wir ham uns da total verfranst.*

Im Rheinland ist völlig klar, wer für das *Verfransen* verantwortlich ist: die Franzosen. Die sind nämlich während der napoleonischen Besatzungszeit orientierungslos durch das Rheinland gelaufen und haben vergeblich versucht, die Straßen- und Ortsschilder zu entziffern. Da sie des Deutschen nicht mächtig oder gar Analphabeten waren, haben sie sich heillos »verfranzt«, während die besetzten Rheinländerinnen und Rheinländer dabei hämisch grinsend hinter ihren Gardinen zugesehen haben.

Die wahre Geschichte hinter *verfransen* ist jedoch ähnlich schräg. Das Wort ist relativ jung, es stammt aus der Fliegersprache des Ersten Weltkriegs. »Franz« war dort der Übername für den Beobachter in einem Flugzeug (wie »Emil« für den Piloten). Hatte sich »Emil« verflogen, war »Franz« der Verursacher, die Maschine hatte sich *verfranzt.*

Honnen 2008a 223; Kluge 2011 951; MmWb

verhohnepiepeln jemanden veräppeln, jemanden vorführen, lächerlich machen *Ich lass mich doch nich verhohnepiepeln von dir. Verhohnepiepeln kann ich mich selber. Will se mich verhohnepiepeln? Dat glaub ich gezz nich, du wills mich wohl verhohnepiepeln?*

Wohl zu mittelhochdeutsch holhipen »schmähen, schelten« (eigentlich Hohlhippen (Waffeln) verkaufen), später unter Einfluss von Hohn zu *hohnepiepeln.*

Bergmann 338; Gutknecht 2008 104; Kluge 2011 953; Küpper 877; Lexer 1/1326; RhWb 3/754

verhunzen etwas verunstalten, verderben *Tu dat jute Buch doch nich so verhunzen. Der hat die ganze Sache ganz schön verhunzt.*

Verhunzen müsste eigentlich verhundsen geschrieben werden, denn hunzen bedeutete ursprünglich »wie einen Hund behandeln« (im 16. Jahrhundert wie duzen aus »du«).

Kluge 2011 431; RhWb 3/973; Trübner 3/498 u. 7/465

verjücken, verjückeln verschwenden, mit vollen Händen Geld ausgeben *Der hat sein ganzes Erbe verjückt. Der is dat Letzte am verjücken, wat der noch hat. Wat der mit seine Rumfahrerei fürn Benzin verjückelt.*

Die Verbindung mit rheinisch *jückeln, op jück* (siehe *jückeln*) leuchtet nicht ein; deshalb vielleicht zu jiddisch jauker »teuer«, im Rheinischen Wörterbuch als *jauker* und *jaukern* »teuer handeln« belegt, im Badischen *verjaukern* »verkaufen«.

PfWb 3/1185; RhWb 3/1154 u. 1207; Stern 99

verkackeiern, vergackeiern jemanden an der Nase herumführen *Willze mich verkackeiern mit deine Sprüche? Der is die nur am vergackeiern.*

Die rheinischen Mundarten kennen nur *vergacksen* als »jemanden überraschen, erschrecken«, *vergackeiern* ist eine neuere umgangssprachliche Bildung (seit 1900 bekannt). Wohl zu mitteldeutsch *Gackei,* kindersprachlich für »Ei«.

Küpper 875 u. 878; PfWb 3/4; RhWb 2/970; http://www.duden.de/rechtschreibung/vergackeier; http://gfds.de/vergackeiern/

verkälten erkälten *Wobei has du dich denn verkältet. Ich glaub, ich hab mich verkältet. Ich geb ihnen lieber kein Hand, ich bin wat verkält.* Keine »falsche« Variante, sondern schon mittelhochdeutsch als verkalten »kalt werden« belegt; seit 1566 in Köln nachgewiesen; vergleiche niederländisch verkouden.

Lexer 3/139; RhWb 4/100; Wrede 1920 104; Wrede 2010 1016

verkamesölen, verkamesolen, verkamisölen verhauen, verprügeln *Wenn du niet still bis, verkamesöl ich dich ens richtich. Wo has du denn dat blau Auch her, wer hät dich dann verkamesölt?* In der Eifel bedeutet *verkamesölen* auch »mit mächtigem Appetit etwas essen«: *Hätt der tatsächlisch die janze Prommetaat* (Pflaumenkuchen) *verkammesölt!* **Kamesol** Jacke *Zieh dir dat Kamesol über, sonst holst du dir noch en Pips.* Das typisch rheinische Verb ist noch im Alltag zu hören (nicht im Ruhrgebiet), *Kamesol* dagegen benutzen nur noch die älteren Sprecherinnen und Sprecher im Rheinland. Ursprünglich war das *Kamisol* die »gestrickte (später auch die gewebte) wollene bis zum Halse schliessbare und mit Ärmeln versehene Mannsjacke (oberbergisch um 1800 auch Frauenjacke), die unter dem Rocke getragen wird, besonders von den Arbeitern, Brauern, Metzgern«.

Die Volksetymologie erklärt *Kamesol* als Verkürzung aus »Kammerdienerjacke«; *Kamisol* ist aber im 17. Jahrhundert entlehnt aus französisch camisole (altprovenzalisch camisola), das wiederum zu mittellateinisch camisiale, aus lateinisch camisia »Hemd«. Die Ableitung als »etwas verzehren« ist exklusiv zentralrheinisch.

Küpper 391; RhWb 4/109; Wrede 2010 432; http://www.duden.de/rechtschreibung/Kamisol; http://www.duden.de/rechtschreibung/verkamisolen

verkasematuckeln, verkassematuckeln, verkasematucken ist ein rätselhaftes Wort, das in verschiedenen Varianten und Bedeutungen daherkommt: häufig als »verputzen, viel essen oder trinken« *Kumma, wat der vor Bier verkasemtuckeln kann, da wär ich schon lange breit! Der hat die ganze Torte verkasematuckelt, ich fass et nich!* Noch häufiger ist allerdings ein anderer Gebrauch: *Ich lass mich doch nich verkasematuckeln von dem. Willsde mich etwa verkassematuckeln?* »an der Nase herumführen«. Vor allem im nördlichen Rheinland, im Ruhrgebiet und Münsterland kennt man diese Bedeutungsvariante. Hier kann man jemandem auch drohen *Gleich bekommse eine verkasematuckelt!* Damit wird eine handfeste Abreibung oder zumindest eine Ohrfeige angekündigt. Das ist schon die dritte Bedeutung. Am Niederrhein kann man auch *jemandem etwas verkasematuckeln.* Dann versucht man meist vergeblich, etwas zu erklären: *Ich hab dem dat jetz stundenlang verkasematuckelt, aber der rafft nix.* Hier ist das Wort offensichtlich ein Synonym zu *auseinanderklamüsern.* Wenn man jedoch fragt: *Wie, die alte Kiste hasde noch jemandem verkasematuckelt?,* dann hat man jemandem etwas angedreht, das eigentlich nicht mehr viel Wert hat.

Interessant ist, dass es mittlerweile eine Reihe von Derivaten gibt. So finden sich die Varianten *fisematuckeln, fisemantuckeln* (vornehmlich im Ruhrgebiet; vielleicht eine Mischung aus *Fisematenten* und *kasematuckeln*), *verpisematuckeln, verposematuckeln* und *verknusemantuckeln.* Man hört sie hauptsächlich im nördlichen Rheinland, im gesamten Ruhrgebiet und im angrenzenden Münsterland. Dies scheint das Kerngebiet unseres Wortes zu sein, auch wenn es heute im ganzen Norden des deutschen Sprachraums verbreitet ist. Deshalb hat man auch angenommen, es könnte dort entstanden sein, weil im Münsterländischen die Wörter *tucken* und *kasematucken* gebräuchlich sind, die jeweils »schlagen, verhauen« bedeuten. Wie allerdings wiederum *kasematucken* zu erklären ist, bleibt auch hier unbeantwortet. Eine andere Wortgeschichte führt zur alten Münsterländer Geheimsprache Masematte zurück. Diese Etymologie überzeugt aber nicht, weil sie wohl nur auf Lautgleichheit (masematte – kasematte – kasematuckeln) beruht. Auch die üblichen Verdächtigen, das Französische und das Polnische, sind bemüht worden, aber auch hier sind keine einleuchtenden Ableitungen vorgeschlagen worden. Es bleibt zu konstatieren, dass bislang keine überzeugende Herleitung gelungen ist. Die Umgangssprache steckt also noch voller Geheimnisse.

Anmerkung: Eine schöne Volksetymologie findet sich im Netz: »Ich stelle mir ein altes Bauerngut vor, irgendwo tief im Westen, als der Pott noch nicht an allen Ecken und Enden brodelte. Es ist so viel zu tun, dass kaum Zeit bleibt, um sich mit einer exakten Wortwahl zu beschäftigen. Also wird die Bäuerin, der es zu langsam beim Mittagsmahl zugeht, ihre Magd angehalten haben: Ka se ma tuckeln? Auf Hochdeutsch: Kann sie mal weiter machen?«

Küpper 878; Siewert 1993 115; Weischer 205; http://etymologie.tantalosz.de/v.php; http://wortschutz.merkwert.de/2011/06/ka-se-ma-tuckeln/(Seite nicht mehr aktiv)

verkinschen, verkinzen verwirrt, kindisch oder dement werden *Hasde dat schon wieder vergessen, bisde am verkinschen? Der Oppa is am verkinschen. Der is ja schonn total verkinscht.* Im Hochdeutschen früher selten als verkindern »wieder zum Kind werden«, in den rheinischen Mundarten als *verkindschen* erhalten. Wohl aus dem Adjektiv kindisch gebildet.

Grimm 25/645; Küpper 413 u. 879; RhWb 4/492

verklickern jemandem etwas erklären, beibringen *Dem musst ich ers ma verklickern, wie man mit soner Kiste umgeht.* Das Wort ist in der allgemeinen Umgangssprache mittlerweile weit verbreitet und wird, weil es sich lautlich schön anpasst, sogar, wie in Hessen, für regionalsprachlich gehalten. Dort lautet es entsprechend *vergliggere.* Dennoch scheint der Schwerpunkt des Gebrauchs von *verklickern* im Norden und Westen des deutschen Sprachraums zu liegen. Deshalb verwundert es auch nicht, dass eine überall zu lesende Herkunftsgeschichte indirekt auf diesen Raum Bezug nimmt. In der Seemannssprache gibt es – seit dem späten 18. Jahrhundert – den Fachausdruck Verklicker für ein einfaches Gerät, das auf dem Masttopp von Schiffen die Windrichtung anzeigt. Daraus wird gemeinhin unser umgangssprachliches *verklickern* abgeleitet. Diese Herleitung ist zwar falsch, hat aber einen wahren Kern. Wie viele Fachausdrücke der Seemannssprache stammt auch der Verklicker aus dem Niederländischen. Dort ist ein verklikker eigentlich ein Verräter oder Anzeiger (im Rheinischen würde man *Petze* sagen). Dem liegt das Verb klikken, verklicken (überbringen, auskundschaften) zugrunde, das seit 1400 belegt ist. Es ist wahrscheinlich ein lautmalendes Wort und mit englisch to click und dem deutschen klicken verwandt. Das niederländische verklikken jedenfalls ist der Ursprung sowohl für unser umgangssprachliches *verklickern* als auch den seemannssprachlichen Verklicker. Beide Wörter sind also lediglich verwandt. Siehe auch *Klicker.*

Küpper 879; Seidel 168; van Veen/van der Sijs 461; http://www.derngem.de/hess_s_z.htm; https://de.wikipedia.org/wiki/Segeln

verknacken steht für »verurteilen, in den *Knast* schicken«, entsprechend ist ein **Knacki** jemand, der im Gefängnis saß.

Das Wort gilt als rotwelsches Lehnwort. Allerdings ist es in einschlägigen gaunersprachlichen Wortsammlungen nicht belegt, dort gilt verknassen, verknasten (vergleiche *Knast*) oder einfach knassen. Der Weg von dort zu *verknacken* lässt sich jedoch nur schwer (zum Beispiel als Verballhornung) erklären. Da die schöne Deutung »beruht auf ›knack‹, dem Laut, der entsteht, wenn man den Riegel vorschiebt oder den Schlüssel im Schloss dreht« ebenfalls eher unwahrscheinlich ist, bleibt nur der Weg über *verknacksen,* das auch die Bedeutung »moralisch oder geistig schädigen« haben kann. Das wiederum führt zurück zum Rotwelschen einen Knacks weghaben »krank sein«, denn im gaunersprachlichen Jargon ist »krank« eine Chiffre für »verhaftet, gefangen«.

Duden 2008 456; Grimm 25/669; Küpper 879; Pfeifer 3/1896; Trübner 4/191; Wolf 1956 2766; http://www.duden.de/rechtschreibung/verknacken

verknusen manchmal auch als **verknüstern** hört man im Alltag – nicht nur – im Rheinland tagtäglich: *Den kann ich nich verknusen. Ich kann dat patuu nich verknusen, wie der seine Tochter anschreit. Bah, son fiesen Brei kann ich überhaupt nich verknusen. Was ich nich verknüstern konnte, war das Gelüge von meiner Kollegin.*

Hauptsächlich sind es Personen, die man nicht *verknusen* kann, aber das Objekt der Abneigung können durchaus auch Zustände oder Dinge sein. Wie dem auch sei, die Bedeutung des Wortes ist immer eindeutig. Das scheint auch für die Herkunft von *verknusen* zu gelten. Alle maßgeblichen Wörterbücher wie Duden oder Kluge verweisen auf Röhrichs »Wörterbuch der sprichwörtlichen Redensarten«, das *verknusen* auf niederdeutschen Ursprung zurückführt. Dort bedeutet das Verb *knusen* so viel wie »verdauen«, die übertragene Bedeutung sei dann im 19. Jahrhundert über Berlin in die allgemeine Umgangssprache gelangt.

Allerdings weist Wrede in seinem »Neuen kölnischen Sprachschatz« (bei gleicher Geschichte) das Wort schon um 1900 in Köln nach. Es muss deshalb schon vorher im Rheinland bekannt gewesen sein. Und auch im Rheinischen Wörterbuch ist *verknusen* schon früh belegt, sodass der Umweg über die Berliner Umgangssprache wenig wahrscheinlich ist. Zumal im Rheinischen Wörterbuch sogar die Hauptbedeutung noch mit »etwas verzehren« angegeben wird. Im Rheinland kann man um 1900 also noch beide Bedeutungen nebeneinander finden. Deshalb glaubte Müller, der Herausgeber und Bearbeiter des Rheinischen Wörterbuchs, auch nicht unbedingt an einen niederdeutschen Import, sondern leitete das Wort von *Knause, Knausen* ab, einem im gesamten Rheinland verbreiteten Mundartwort, das ganz verschiedene Bedeutungen haben kann. Danach wäre *verknusen* sogar ein rheinischer Export in die allgemeine Umgangssprache.

Bergmann 338; Duden 2008 893; Grimm 11/1526; Kluge 2011 953; RhWb 4/896; Röhrich 3/1672; Trübner 7/475; http://www.etymologiebank.nl/trefwoord/kneuzen

verkröppen sich leicht verletzen *Der Vadda hat sich ma wieder im Garten verkröppt. Verkröppt* auch in der Bedeutung von »überdreht« *Mist, die Schraube is total verkröppt, da krisse im Leben keine Mutter mehr drauf. Verkröppen* kann man sich am Niederrhein und im Ruhrgebiet. Im Bergischen Land bedeutet *verkröppen* auch »verstauen«: *Da können se lang suchen, dat is joot verkröppt.* Zu Kropf, rheinisch *Kropp,* das für alles Minderwertige steht.

RhWb 4/1564

vermachen hat nur in den Mundarten viele alte Bedeutungen bewahrt, während die Standardsprache vermachen lediglich als »vererben« kennt. Die Umgangssprache hat davon einige übernommen: *Die Kölner ham die Bayern orntlich vermacht* (jemanden verprügeln, schlagen). *Die Arbeit in meinem Garten seh ich nich als Arbeit, da kann ich mich tagelang mit vermachen* oder *An Himmel un Ääd könnt ich mich dran vermache* (etwas leidenschaftlich mögen). *Die Schraube is total vermacht* (zerstört, überdreht). Die letzte Variante erscheint auch in der unverschobenen Variante *vermakt,* während die Bedeutung »sich anstellen, etwas einbilden« seltsamerweise nur in der niederdeutschen Form erscheint: *Wat der sich wieder vermäckt, dat is nich zum Aushalten.* Hier ist der dialektale Ursprung dieser Bedeutungsvariante also noch gut zu erkennen.

Lerchner 223; RhWb 5/682; Trübner 7/502

vermöbeln jemanden verhauen, prügeln *Wie siehs du denn aus? Hammse dich vermöbelt? Die sind gestern ganz schön vermöbelt worden* (im Spiel geschlagen werden).

Die Herkunft ist nicht geklärt, wohl aus der Studentensprache im Zusammenhang mit Mensurschlägereien, ursprünglich (18. Jahrhundert) ein studentensprachlicher Ausdruck für »verkaufen«.

Kluge 2011 954; Küpper 881; Paul 973; Trübner 7/509

vernatzen auch **natzen** jemanden verschaukeln, betrügen *Willsde mich vernatzen? Der hat die aber genatzt!* Wohl zur westfälischen Kurzform *Natz* von Ignatius, der als Synonym eines einfältigen Menschen gilt.

Fellsches/Gronemann 134; Küpper 882; Meyer 117; Piirainen/Elling 623

verpieseln abhauen, weggehen *Ich hab mich nach dem Spiel in Dortmund schnell verpieselt, dat Elend wollt ich mir nich mehr antun. Ich würd mich an deiner Stelle schnell verpieseln. Ich hab dich gestern gar nicht mehr gesehen, du hast dich wohl verpiselt?* Nicht zu *Pisel* »Penis«, sondern zu *pieseln* als Variante von *pissen* »urinieren« analog zu **verpissen** (wohl im Sinne von »sich auf das Klo verdrücken«).

Küpper 883; RhWb 6/879

verplempern zu *Plempe,* ursprünglich eine aus dem 17. Jahrhundert bekannte abwertende Bezeichnung für ein Seitengewehr (bekannt ist die *Prager Plempe* als Mensurdegen). Das Verb *plempen, plempern* bedeutet entsprechend »(an der Seite) baumeln, hin und her schwanken«; ein so geschwenktes Bier wird schal und wurde deshalb auch **Plempe** genannt, wie schließlich alle anderen ungenießbaren Flüssigkeiten. *Verplempern* bedeutet deshalb eigentlich »eine Flüssigkeit vergeuden«, heute kann man alles Mögliche *verplempern.* In der Studentensprache bedeutete *verplempern* »sich platonisch verlieben« (was vielleicht ein gelehrtes Missverständnis ist).

Kluge 1895 132; Kluge 2011 711 u. 955; Trübner 5/157 u. 7/525

verpletten, verplätten jemanden schlagen, jemandem eine hauen, auch »jemandem die Meinung sagen« *Du krichs gleich ein verplettet. Dem hab ich aber eine verplättet, frach nich nach Sonnenschein.*

Plätte, Plette ist ein älteres Wort für die Fläche der Degenklinge. *Verpletten* bedeutet demnach »mit der flachen Klinge verhauen«, übertragen dann »mit der flachen Hand schlagen«. Zu platt siehe niederländisch pletten »platt schlagen« (dort seit 1500 belegt).

Grimm 13/1909; Küpper 883; http://www.etymologiebank.nl/trefwoord/pletten

verpulvern vergeuden, verschwenden *Der hat dat ganze Erbe für nix un widder nix verpulvert.* Zu rotwelsch Pulver »Geld«, seit dem 19. Jahrhundert umgangssprachlich.

Grimm 13/2217; Günther 55; Küpper 883; Wolf 1956 4392

verquast verworren, undurchsichtig, abgehoben *Dat is vielleicht ne verquaste Geschichte, die der erzählt. Der hat aber verquaste Ansichten.* Seltener ist **verquasen** »in Unordnung bringen, verwirren«: *Du kanns dat Dingen haben, aber verquas et mir nich gleich wieder.* In den rheinischen Mundarten auch als *verquanst.*

Das Wort hat seinen Ursprung im niederdeutschen *verdwars,* was so viel wie »verquer, verworren« bedeutet (mittelhochdeutsch tweres, mittelniederdeutsch dwers oder dwars). Hobbysegler kennen es noch als *dwars* für »querab«. Die hochdeutsche Variante lautet zwerch (noch zu hören in Zwerchfell »querliegende Haut«), aus der das moderne quer entstanden ist.

Grimm 32/1084; RhWb 6/1288 u. 1299

verrappsacken, verrammsacken etwas verschleißen, kaputt machen *Wie komms du denn nach Hause, den ganzen Anorack hasse verrappsackt. Et is zum Verzweifeln, wie die Blagen die Klamotten verrappsacken. Musse die neuen Schuhe zum Flatschen anziehen, die willze wohl auch gleich widder verrammsacken!*

Das Wort ist im westlichen Ruhrgebiet gebräuchlich, es ist mundartlich nicht unterfüttert. Es gibt allerdings den **Rappsack** als »Geizhals«, der zu rappen »raffen, gierig raufen« gehört. Im angrenzenden niederländischen Limburg ist der *roepzak* ein »Taugenichts, Tollkopf«. Die abgeleiteten Verben *veropsakken, veroepdjakken* und *verroepzakken* bedeuten wie im Ruhrgebiet »verschleißen, zerstören«. Eigentlich ist ein *Rappsack* also jemand, der aus Geiz etwas so lange benutzt, bis es verschlissen und zerstört ist.

Debrabandere 2011 323, 421 u. 424; RhWb 7/98;
http://www.etymologiebank.nl/trefwoord/rapzak

verratzt aufgeschmissen *Wenne keine Beziehungen hast, bisde verratzt.*

In das allgemeinumgangssprachliche Wort ist viel hineingeheimnisst worden. So soll es aus sorbisch hrać »spielen« entstanden sein oder auf westjiddisch ratzen »laufen« (im Sinne von »sich verrannt haben«) zurückgehen. Aber man muss gar nicht so weit ausholen, um dem Wort auf die Schliche zu kommen. *Ratzen, verratzen* steht in vielen Mundarten vom Rheinland bis nach Bayern für »ritzen verletzen, verschrammen, verkratzen«, studentische Fechtbrüder haben ein *verratztes Gesicht, ratzen* kann aber auch »necken, foppen« bedeuten. Von hier ist es nicht mehr weit bis *verratzt* als »übel dran sein«. Das Wort hat demnach seinen Ursprung in den Dialekten, auch wenn es schon lange den dialektalen Geltungsbereich von *ratzen, verratzen* verlassen hat.

Grimm 14/310; Küpper 884; Mengel 45; PfWb 2/1240 u. 5/398; RhWb 7/146; Stern 165; Wolf 1956 4499

verroschen auch **fraschen** bedeutet in der Region zwischen Heinsberg und Nettetal »zu Neujahr gratulieren und im Glückwünschen zuvorkommen«. Das Wort ist eine rheinische Variante von standardsprachlich überraschen, allerdings mit einer ungewöhnlichen Vorsilbe. In den Niederlanden kennt man es als verrassen »überrumpeln«, das schon im 13. Jahrhundert im Mittelniederländischen und etwas später im Mittelniederdeutschen als vorraschen belegt ist. Das Grundwort gehört zu rasch »schnell«. Ein sehr spezielles und altes Wort.

RhWb 2/734 u. 9/1210; http://www.etymologiebank.nl/trefwoord/verrassen

versaubeuteln etwas versauen, total ruinieren, herunterkommen *Wie kann man seine Karre so versaubeuteln lassen. Wenn der so weiter macht, hat der sein Abi schnell versaubeutelt.*

Der *Saubeutel* ist in vielen Mundarten ein Schimpfwort für einen schmutzigen, verkommenen Menschen, *versaubeuteln* ist die entsprechende Ableitung als »etwas verkommen lassen«.

Anmerkung: Im südlichen Rheinland gibt es auch **schandbeuteln** mit gleicher Bedeutung, das ist eine Kombination aus Schandbank »Strafbank für Schüler« und *saubeuteln.*

Küpper 885; PfWb 5/774; RhWb 7/772 u. 904

verschängelieren etwas verunstalten, durch nicht sachgerechtes Basteln verhunzen *Der Pitter hät sich schön sein Auto verschängeliert mit dem komischen Spoiler. Die neue Tapete verschängeliert dat janze Zimmer. Jeder verschängeliert sich, so joot er kann* (blamieren)!

Verschängeliere ist quasi doppelt rheinisch, denn wir haben es hier mit einer für das Rheinland sehr charakteristischen Lauterscheinung zu tun. Sie betrifft unter anderem die Lautkombinationen -nd- und -nt- und das auslautende -n in Wörtern wie *henger* »hinter«, *anger* »anders«, *fenge* »finden«, *benge* »binden«, *brung* »braun«, *Wing* »Wein« oder *Ring* »Rhein«. In unserem Fall ist aus schänden deshalb *schänge* (siehe *schängen*) geworden. Diese Erscheinung ist zwar nicht auf das Rheinland beschränkt, aber derart gehäuft anzutreffen, dass man hier ihren Ursprung vermutet hat. Außerdem liebt man im dialektalen Rheinland geradezu Verben mit der Endung *-iere,* weil sie so schön französisch klingen. Denn mit den Franzosen hat man es hier ja bekanntlich. Davon zeugen französische beziehungsweise lateinische Lehnwörter wie *odeniere* (planen), *kujoniere* (jemanden quälen), *prakesiere* (tüfteln), *schandaliere* (lärmen) oder *simmeliere* (sinnieren). Und weil die so schön klingen, überträgt man das kurzerhand auch auf andere Wörter: *vermengeliere* (vermengen), *vermolestiere* (verunstalten), *quängeliere* (quängeln) oder eben unser *verschängeliere.* So geht Rheinisch.

RhWb 7/906; Wrede 2010 1026

verscherbeln verkaufen *Der verscherbelt das letzte Hab und Gut. Dat hab ich in der Bucht verscherbelt* (*die Bucht:* eBay).

Das Wort ist über das Rotwelsche und die Studentensprache in die allgemeine Umgangssprache gelangt; das erklärt die negative Bedeutung, die *verscherbeln* heute immer noch hat. In der Gaunersprache bedeutete es »Diebesgut verkaufen« (zu rotwelsch schärfen »hehlen«). *Verscherbeln* hat mit Scherbe (stückweise verkaufen) und dem damit verwandten Scherflein zu tun (»Anteil, Beitrag«, früher auch »kleine Münze«).

Kluge 2011 956; Küpper 885; Wolf 1956 4814;
http://www.duden.de/rechtschreibung/verscherbeln

verscheuern verkaufen *Der hat die Karre schon widder verscheuert. Der hat dat bei Ibäh verscheuert.*

Das Wort gehört zur allgemeinen Umgangssprache, seine Geschichte ist unsicher. Die Ableitung aus Schore, jiddisch sechero »Diebesgut« ist Spekulation; auch die Deutung als »verschwinden machen, bevor ein Auge drauf fällt« (also zu scheuern als »putzen, wienern«) ist arg bemüht. Wahrscheinlicher ist die Herkunft aus dem Niederdeutschen, dort steht *verschüren* für »verkaufen«, in anderen Mundarten ist es nicht belegt.

Buurman 10/593; Duden 1999 9/4287; Küpper 885; Mengel 43; Paul 977; Wahrig 6/531;
http://www.duden.de/rechtschreibung/verscheuern

verschissen in der Wendung *verschissen haben* »in Verruf geraten« *(Der hat bei mir endgültig verschissen).* Die ältere, heute kaum noch zu hörende gleichbedeutende Wendung *in Verschiss geraten* verweist auf den Ursprung des Wortes in der Studentensprache. Dort bedeutete *einen Verschiss machen* »einen Fehler begehen«, meist war damit ein Verstoß gegen die Regeln des Burschenschaftskomments gemeint, ein **Bierverschiss** ist dort entsprechend der Ausschluss von den diversen Trinkspielen.

Augustin 436; Grimm 25/1082; Kluge 1895 133; http://www.duden.de/rechtschreibung/Verschiss

verschütt in der Wendung *verschütt gehen* »verschwinden« *Dat Messer is beim Umzuch verschütt gegangen. Die Katze geht noch verschütt, wenn die immer so weit wech läuft. Dat kann do gaa nich verschütt gehn, so groß wie dat is! Wat verschütt is, kann man wieder finden.*

Verschütt gehen hat nichts mit verschütteten Bergleuten zu tun und ist auch nicht im Ruhrgebiet entstanden. Es geht vielmehr auf das niederdeutsche Verb *schütten* »einsperren, pfänden, schützen« zurück. Früher wurde entlaufenes Vieh vom Flurschütz (dem Schutter) *geschüttet,* das heißt in Gewahrsam genommen, bis es seinem rechtmäßigen Eigentümer zurückgegeben werden konnte. In der Gaunersprache wurde aus *verschüttet* »in Gewahrsam genommen« schließlich »verhaftet«. Und aus dem Rotwelschen ist das Wort schließlich als »verschwunden« in die allgemeine Umgangssprache gelangt.

Čirkić 149; Duden 1999 9/4274; Kluge 2011 956; RhWb 7/1961; Trübner 7/570; Werner 412; Wolf 1956 6090; Zitzen 5/96

versemmeln etwas ruinieren, verderben *Die Klassenarbeit hab ich voll versemmelt. Die haben den Aufstieg schon wieder versemmelt. Der versemmelt jede Chance.* Kann auch die Bedeutung »verkaufen« haben *Die alte Karre hab ich versemmelt.* **semmeln** kräftig treten, schießen *Beim Elfmeter hab ich den Ball voll oben in die Ecke gesemmelt. Ich hab dem eine reingesemmelt* (hauen, prügeln).

Die Hauptbedeutung »etwas verderben« dürfte auf das niederdeutsche Verb *semmeln, zemmeln* »zaudern beim Arbeiten« (niederländisch semmelen, sammelen) zurückgehen. Die Ableitung aus Semmel »Brötchen« (im Sinne von »Brot verkaufen«) erscheint sehr bemüht. Allerdings bleiben die Bedeutungsvarianten »verkaufen« und »prügeln« damit ungeklärt.

Grimm 16/565; Küpper 887; http://www.etymologiebank.nl/trefwoord/semmelen; http://wortschaetze.uni-graz.at/de/wortschaetze/nahrung/belegdatenbank/v/versemmeln/

versusen verlegen, verschlampen *Na, haste deinen Schlüssel schon wieder versust? Musste kucken, wie de die Tür aufkrichs!* Zu *Suse* als Kurzform von Susanne, die allgemein für eine »gutmütigdumme, beschränkte, auch unordentliche person« steht (vergleiche *Transuse*); die Ableitung *versusen* ist wohl im niederdeutschen Sprachraum entstanden.

Grimm 20/1271; Küpper 818 u. 888; RhWb 8/1007; Schmachthagen 543

verticken auch **vertacken** verkaufen *Ich hab die Karre wieder vertickt, die hat ohne Ende Sprit verbraucht. Der vertickt alles, wat nich niet- un nagelfest is.* Seltener ist die Bedeutungsvariante »erklären, verdeutlichen«: *Ich glaub, ich werd dem jetz ers ma verticken, wat Sache is* (auch **vertickern**).

Das Wort ist relativ neu in der allgemeinen Umgangssprache (2004 im Duden aufgenommen) und nicht bei Küpper verzeichnet. Zwei mögliche Herleitungen: Analogbildung zu *verkloppen,* da *ticken* und *tacken* in den Mundarten auch die Bedeutung »hauen, schlagen, prügeln« haben. Möglicherweise auch zu rotwelsch Teke, Tike »Geld« (allerdings nicht sehr häufig belegt).

Duden 1999 9/4295; RhWb 8/1171; Wolf 1956 5793

Verzäll, Vertäll Gerede, Unsinn; das sehr rheinische Mundartwort ist auch in der Umgangssprache noch häufig zu hören: *Mach doch keine Verzäll* oder *Verzälle* »Übertreibung, Lügengeschichte«, aber auch »Unsinn, dummes Zeug«. Das gilt auch für das Verb **verzällen, vertällen** »erzählen«: *Nu verzäll doch nix! Mir brauchs de nix ze verzällen.* **Dummverzäll** dummes, törichtes Gerede *Glaub der nix, dat is nur Dummverzäll!* **Vertällekes** machen bedeutet »belangloses Zeug erzählen«. Die nördlichen, unverschobenen Varianten sind seltener.

Man *verzällt, vertällt* in vielen Mundarten, in der Hochsprache ist das einst weitverbreitete Verb (verzählen konnte »jemanden verdammen, verurteilen, verbannen«, »verraten«, »geringschätzen«, »berichten«, »mitteilen«, »vorlesen« oder »erzählen« bedeuten) heute nur noch in der eingeschränkten Bedeutung »sich verzählen« gebräuchlich. Das wiederum macht die Wortgeschichte deutlich, die mit der von Zahl und zählen identisch ist (was auch das englische to tell »erzählen« und »zählen« verdeutlicht). Zugrunde liegt ein germanisches *taljan, altsächsisch tellian, altenglisch tellan »zählen«; später althochdeutsch zalon, mittelhochdeutsch zellen. Das Mittelniederdeutsche und Mittelniederländische behält die alte Form tellen. Die Vorsilbe ver- erscheint schon früh: mittelhochdeutsch verzellen, mittelniederdeutsch vortellen (beide Bedeutungen »erzählen« und »vorrechnen«), frühneuhochdeutsch verzelen, verzehlen mit den oben genannten Bedeutungen. Besonders im Rheinischen und Niederländischen (vertellen) erscheint die Vorsilbe er- häufig als ver-. Während die Mundarten die alte Doppelbedeutung bewahren, geht sie in der Standardsprache nach 1700 verloren.

Grimm 25/2431; RhWb 9/695; Werner 414; Wrede 1920 106; Wrede 2010 1035; http://www.etymologiebank.nl/trefwoord/vertellen; http://www.etymonline.com/index.php?allowed_in_frame=0&search=tell

Viez, Fiz heißt in der Südeifel, an der Mosel (»Trierer Nationalgetränk«) und in der Pfalz der Apfelwein (seltener Birnenwein): *Der Viez is mir ze sauer, den kann isch nich vertraare.*

Die Herkunft des Wortes ist unsicher und deshalb Anlass für Spekulationen. Die beliebteste Erklärung geht so: »Das Wort entstammt möglicherweise dem lateinischen Wort *vice* mit der Bedeutung *an Stelle (von)* bzw. *für* Wein. Der ›Vice-Wein‹ ist ursprünglich kein Obstwein gewesen, sondern war ein Aufguss, hergestellt aus bereits gekelterten – ausgepressten – Weintrauben. Die ziemlich trocken gepressten Rückstände, der so genannte Trester oder Treber, wurden mit Wasser übergossen, das nach einer gewissen Standzeit einen trauben- oder weinähnlichen Geschmack annahm. Dieser ›Ersatzwein‹ war Alltagsgetränk auch für die Knechte eines Weinbauern, die sich den ›richtigen‹ Wein nicht leisten konnten« (Wikipedia). Eine römerzeitliche Entlehnung kann diese Benennung allerdings auf keinen Fall sein, denn die antiken Feinschmecker hatten eine eigene Bezeichnung für den minderwertigen Tresterwein (lateinisch lora, lorea), die sich noch heute als **Lauer, Laue** in der Pfalz und im Rheingau erhalten hat und in der *Lorche,*

Lorke auch in anderen Regionen weiterlebt. Wenn überhaupt, müsste der Bezug zu lateinisch vicem, vice deshalb erst viel später aufgekommen und so etwas wie ein lustiges Sprachspiel sein (denn als eigenständiges Wort kommt lateinisch vice, vicum gar nicht vor). Aus den gleichen Erwägungen ist auch die Ableitung aus lateinisch faecus »hefeartig, trübe« oder faex »Bodensatz vom Wein« sehr unwahrscheinlich.

Ein echtes lateinisches Lehnwort ist dagegen die **Viezporz**, der typische moselländische Porzellanbecher, aus dem das saure *Gesöff* getrunken wird. Die Bezeichnung geht zurück auf lateinisch portio »Anteil, Teilmenge«, es dürfte sich bei der Porz also ursprünglich um einen Maßbecher gehandelt haben.

Grimm 26/354; Marx/Schmitt 382; PfWb 4/812; Post 1982 259; RhWb 2/513 u. 6/1032; Wrede 2010 1036

Viole, Fiole meist in der Wendung *Fiole schieben* oder *spielen* »sich krank stellen, simulieren« *Der Schlunz schiebt bestimmt bloß Fiole, den habbich quietschfidel inne City gesehen.* Auch als Ausruf *Alles Viole!* »Lug und Trug«.

Die umgangssprachliche Wendung ist in den Mundarten unbekannt. Sie geht auf das Rotwelsche zurück, was schon das Verb *schieben* belegt. Das ist eine umgangssprachliche Verballhornung des gaunersprachlichen Universalverbs *scheften,* das »sein, sitzen, liegen, machen, tun, arbeiten usw.« bedeuten und somit zur Verrätselung einer Aussage beitragen kann (siehe auch *Kohldampf schieben*). Im Rotwelschen bedeutet *Viole schieben* »Mätzchen machen, Aufmerksamkeit erregen« (um auf Jahrmärkten die Besucher in die Buden zu locken oder sie abzulenken, um Taschendieben die Arbeit zu erleichtern). Die gaunersprachliche *Viole* selbst wird oft abgeleitet aus zigeunersprachlich fala »Wand«, auch weil dies die ebenfalls umgangssprachliche Wendung *eine Falle reißen* »belügen, betrügen« nahezulegen scheint. Außer lautlichen Parallelen spricht jedoch nichts für diese Deutung. Eher geht das Wort auf eine übertragene Bedeutung von Viole »Veilchen« zurück. Alte Violen »verblühte Veilchen« sind alte Geschichten, die immer wieder erzählt werden und damit aber nicht wahrer werden.

Bergmann 342; Grimm 26/361; Küpper 220 u. 891; Mengel 44; Wolf 1956 6116

wabbelig ist eng verwandt mit der *Wampe,* beide gehen auf einen alten germanischen Wortstamm zurück, den man als *wambo oder *wamba erschlossen hat (siehe auch *Wampe*).

Grimm 27/5; RhWb 9/157; Trübner 8/37

Wampe und **Wamme** dicker Bauch, Hängebauch »beruhen auf german. *wambo, *wamba in der Urbedeutung ›wabbelicher, weicher, beweglicher Körperteil‹«, wie Trübners Wörterbuch schön anschaulich schreibt.

Kluge 2011 970; Trübner 8/37

wann, wan überdreht, kaputt *Hasde die Schraube wann jedreht?* Das Wort ist in allen rheinischen Mundarten in ähnlichen Bedeutungen (mangelhaft, ausgeleiert, wackelig) verbreitet. Es ist sehr alt: gotisch wans »mangelhaft«, althochdeutsch wan »leer, mangelhaft«, mittelhochdeutsch wan »nicht voll«. Wieder einmal erweist sich hier das Rheinische als Sprachmuseum.

Anmerkung: Das verschwundene Adjektiv wahn »leer« ist im Hochdeutschen durch »leer« ersetzt; es ist noch in den Zusammensetzungen wahnwitzig und wahnsinnig erhalten.

Grimm 27/1859; Kluge 2011 967; RhWb 9/234

Wannlepper oder **Wennläpper** sind im zentralen und südlichen Rheinland zänkische Menschen *(Die streiten sich schon widder wie die Wennlepper)* oder seltener arme Menschen. Man kann auch **wennleppern** »sich herumzanken, auf unflätige Weise fluchen«: *Die Nachbarn sinn sich nur am wennleppern.*

Eigentlich sind oder waren *Wannlepper* umherziehende Korbmacher und Kesselflicker, die unter anderem **Wannen** geflickt haben. So nennt man in den Mundarten geflochtene Getreideschwingen, die zum Dreschen benutzt werden. Die wurden schon im Lateinischen vannus genannt und spielten auch in vielen religiösen Kulten eine wichtige Rolle. Die heutige Bedeutung »Badewanne« hat sich erst viel später etabliert. Auch hier bewahren die Dialekte die ursprüngliche, sehr alte Bedeutung des Wortes.

Das Grundwort *Läpper* geht auf das Verb **lappen** »flicken« zurück, das zu dem auch im Standarddeutschen gebräuchlichen Lappen gehört, der zum Ausbessern benutzt wird. Ein *Läpper* ist im Dialekt ebenfalls ein herumziehender Korbflechter.

Eine lustige Volksetymologie steckt hinter der Bedeutung »zögerlicher Mensch, Bedenkenträger«, als die der *Wannläpper* manchmal falsch verstanden wird. Die geht zurück auf die Konjunktion »wenn«, wie das Bestimmungswort Wann, Wenn in diesem Fall gedeutet wird.

Georges 2/4929; Kluge 2011 971; RhWb 9/247

Watz vornehmlich »kleiner, ungezogener Junge«, aber auch »Erwachsener, der bockig, uneinsichtig ist« *Du Watz, komm endlich her! Et hat keine Zweck, de Watz mach dat net. Wat beste doch für en Watz!* **watze** (eher vernehmlich) weinen *Jungche, warum watzte dann su? Hör auf ze watze, es jo widda gut!*

Watz ist eine alte Fachbezeichnung für das unverschnittene, männliche Schwein. Die Verwandtschaft mit *Wutz* »Ferkel« ist strittig; vielleicht zu althochdeutsch huaz »scharf«. Zu *Ullewatz* siehe *Üllefatzküken.*

Grimm 27/2605; Lausberg/Möller 72; PfWb 6/1110; RhWb 9/316

Weck Weißbrot, Brötchen, auch als **Krenteweck** Rosinenweißbrot. Der *Weck* ist im gesamten Rheinland verbreitet, in der Umgangssprache hat er sich nur im **Weckmann** (Gebildbrot zu Sankt Martin) flächendeckend etabliert. Im Mittelalter war wecke (althochdeutsch wecki, weggi) ein keilförmiges Gebäckstück. »Keil« ist wohl die ursprüngliche Bedeutung gewesen, siehe altnordisch veggr oder noch heute englisch wedge »Keil«. Das Wort ist sehr alt und erst im 17. Jahrhundert aus der Schriftsprache verschwunden. Die Bedeutung »Keil« ist auch in den Mundarten heute nicht mehr bekannt.
Kluge 2011 974; Trübner 8/63; Werner 418; Wrede 2010 1062

Wichser sind ausschließlich unsympathische Männer, außer in Sachsen, dort ist *Wichser* eine Begebenheit mit unangenehmen Folgen. Das Wort ist von wichsen »mit Wachs bearbeiten« abgeleitet. Woher der *Wichser* seine heutige Bedeutung hat, ist nicht ganz klar. Vielleicht weil das Schuheputzen immer eine niedere Beschäftigung war und in Soldatenkreisen sogar als Bestrafung eingesetzt wurde oder weil wichsen in der Nebenbedeutung »onanieren« (von wichsen als »hin und her reiben«) auf einen Mann hindeutet, der sich erfolglos um Frauen bemüht. Außerdem kann *wichsen* auch »prügeln« meinen, dann wäre ein *Wichser* ein übler Schläger.
Bergmann 353; Röhrich 5/1723; Trübner 8/132

Wiemelchen, Wiemelken oder **Wiemelter** (in der Regel im Plural, seltener auch *Fimelter* oder *Mimelter*) sind im nördlichen Rheinland die Johannisbeeren. Das Wort ist im 16. Jahrhundert aus wiinbeere (zu wiin »Wein«) entstanden, als die Kultivierung der Johannisbeere begann. Aus *winbeere* wurde über *wimber, wiimer, wiimol* schließlich das heutige mundartliche *Wiemelchen.*

Anmerkung: Die rheinische Beerengeografie ist sehr unübersichtlich. So kann das *Wiemelken* auch eine Himbeere, Stachelbeere oder Erdbeere sein.
Post 1982 217; RhWb 9/527

Wischiwaschi unbedeutendes Zeug *Alles Wischiwaschi, wat die da treiben. Der Typ is irgendwie wischiwaschi* (aalglatt).

Das Wort kennt auch das Englische als wish-wash und das Niederländische als wissewassje. Das lässt auf eine ältere Wurzel schließen: frühneuniederländisch (1650) wisje wasje »Geschwätz«, mittelniederländisch und mittelniederdeutsch visevase »Schnickschnack«, dazu das Verb visevasen.

Debrabandere 2011 107; Grimm 39/725; Kluge 2011 992; RhWb 9/585; Schiller/Lübben 5/261; http://www.etymologiebank.nl/trefwoord/wissewasje

Wolf in der Wendung *sich einen Wolf laufen* »viel unterwegs sein« *Boah, ich hab mir heute nen Wolf gelaufen beim Einkaufen.* Der *Wolf* bezeichnet auch wundgescheuerte Hautpartien, die durch zu viel Wärme oder übermäßige Reibung gereizt wurden und rötlich schimmern: *Die mit den dicken Beinen, die hat im Sommer auch immer nen Wolf!* Auch *sich nen Wolf reden: Ich red mir hier nen Wolf und du passt noch nicht mal auf!* Ein *Wolf* kann auch ein Nasenpopel sein: *Du has da en Wolf anne Nase hängen.*

In vielen Mundarten ist *Wolf* die Bezeichnung für eine krankhafte Geschwulst (daher auch die Bedeutung »Nasenpopel«) oder für eine Krankheit beziehungsweise Hautentzündung bei Bäumen oder Tieren, wohl auf die räuberische Lebensweise bezogen.

Grimm 30/1242; Kluge 2011 994; RhWb 9/615; Wrede 2010 1089

Wottel Möhre *Wotteln schälen tu ich nich gerne.* **wotteln** arbeiten, sich körperlich anstrengen *Ich bin schwer am wotteln. Wotteln* kennt man im Ruhrgebiet und im Bergischen Land, in Essen-Heisingen gibt es sogar eine **Wottel-Kirmes.**

Hier zeigen sich sehr schön die Aussprachegewohnheiten der Region. Zugrunde liegt die niederdeutsche Variante der Wurzel als *Wortel* (so auch im Niederländischen), die am Niederrhein und im Ruhrgebiet wegen der notorischen Unfähigkeit ihrer Bewohner, ein postvokalisches r zu sprechen, zu *Woetel* und schließlich *Wottel* verkümmert und Außenstehende vor Rätsel stellt. Die Wurzel als Bezeichnung für Wurzelgemüse ist im deutschen

Sprachraum weit verbreitet. Die Bedeutung des abgeleiteten Verbs wurzeln, *wotteln* als »schwer arbeiten« ist auf die pfälzischen und rheinischen Mundarten beschränkt.

Grimm 30/3432; PfWb 6/1499; RhWb 9/670

wullachen oder auch **wullacken** bedeutet »schwer arbeiten, schuften«: *Der is den ganzen Tach im Garten am wullachen, un man sieht nix!* Das Wort ist im Niedersächsischen, im Münsterland, im Ruhrgebiet und im nördlichen Rheinland häufig zu hören. Es ist auch in den Dialekten dieser Regionen zu finden, obwohl es für das Sprachgefühl vieler Dialektsprecherinnen und -sprecher offensichtlich aufgrund seiner Lautung kein genuines Mundartwort ist, da es in einer Reihe von Ortsmundartwörterbüchern fehlt.

Wullachen gibt in der Tat Rätsel auf. Eine oft zu lesende Herleitung ist: »Wahrscheinlich um die slaw. Endung ›ak‹ (dt. Schreibweise: Polack, Böhmack) erweitertes Verbum ›wühlen‹. Vermutlich von Ostpreußen aus im Gefolge polnischer Bergleute und Landarbeiter zur Ruhr und an die Saar gewandert. 1920.« Diese Erklärung ist äußerst unwahrscheinlich. Das Wort ist keineswegs nur in Bergbaurevieren zu hören (im Saargebiet und im Aachener Wurmrevier fehlt es gänzlich), sondern in vielen Mundarten außerhalb der Industrieregionen bekannt; weshalb slawische Zuwanderer ein deutsches Wort absichtlich »polonisieren« sollten, ist völlig unverständlich, zumal neben *wullacken* sogar die nicht polnisch klingende Lautvariante *wullachen* weiter verbreitet ist (diese Lautung ist im Übrigen unabhängig von Verschiebungslinien). Sogar im »Osten«, zum Beispiel in Mecklenburg oder in Sachsen, kennen die Mundarten das Wort *wurachen* in derselben Bedeutung. Die Lautung des Verbs erscheint aber als so ungewöhnlich, dass neben der »slawischen« Herkunft auch ein gaunersprachlicher Ursprung vermutet wird. So wird es sowohl der Münsteraner Geheimsprache Masematte als auch dem allgemeinen Rotwelsch zugerechnet. Allerdings taucht das Wort in keiner anderen der unzähligen sondersprachlichen Dokumentationen auf, sodass auch diese Etymologie ausgeschlossen werden kann.

Es bleibt so nur eine Herkunft aus den niederdeutschen Mundarten. Wie die Nachweise in vielen Dialektdokumentationen belegen, war *wullachen, wullacken* schon lange vor der Einwanderung polnischer Bergleute im Ruhrrevier gebräuchlich. Es ist neben der Ruhrregion, für die es als charakteristisch gilt, auch in den Dialekten von Düsseldorf, des Niederrheins, von Soest, Osnabrück und Hannover nachgewiesen. Darüber hinaus ist *wurachen* mit gleicher Bedeutung in Hamburg und wie erwähnt in Mecklenburg und sogar Sachsen gebräuchlich; hier kann eine gemeinsame Wurzel angenommen werden, die wir jedoch nicht kennen. Das Rheinische Wörterbuch behauptet zwar ein Kompositum aus dem Bestimmungswort wühlen und einem Grundwort *laken,* das taucht jedoch sonst nirgendwo auf. Die weitere Wortgeschichte des Dialektworts *wullachen* bleibt vorläufig im Dunkeln.

Bergmann 358; Horster 568; Küpper 928; Ludewig 125; Mengel 39; Meyer 120; Piirainen/Elling 1063; RhWb 9/642; Schmachthagen 559; Schmoeckel/Blesken 341; Sievert 1993 118; Weischer 208; http://de.wiktionary.org/wiki/wullacken

wuppen etwas Schweres heben *Wupp mich dat Klavier die Treppe eraf.* Auch im übertragenen Sinne *Dat mit der Kneipe, dat krischt dat Elli allein nich gewuppt.* Dazu auch: **wuppdich, wupptich** bedeutet einerseits »schnell«, andererseits benennt es das Ergebnis eines Tuns: *Mit drei-Mannhoch ham-mer dat wuppdich färtich. Isch hap den Meerschweinschen en Möhrschen reingeleescht, un dat hatten se wupptich aufgefressen.*

Das Mundartwort ist im südlichen und zentralen Rheinland verbreitet, in der Umgangssprache seltener zu hören. *Wuppen* ist die niederdeutsche und rheinische Variante von wippen, das in den Mundarten die Bedeutung »etwas Schweres (mit einem Ruck) bewegen« hat.

Grimm 30/2058; PfWb 6/1480; RhWb 9/650; Wrede 2010 1094

Wutz ist ein südlich der Ahr verbreitetes Wort für das Schwein. Auch nördlich davon kennt man *die alte Wutz* als Schimpfwort für eine schmutzige oder sittlich verkommene Person. *Wutz* geht wohl auf einen Lockruf für das Schwein zurück (siehe auch *Watz*).

PfWb 6/1511; RhWb 9/678

Z

Zachel wird im Ruhrgebiet ein kleines, meist stumpfes Messer genannt. Nur hier ist das Wort auch heute noch in der Umgangssprache zu hören. Es war früher weiter verbreitet, wie die Bedeutungsvariante »Eiszapfen« aus Jülich und das Verb *zacheln* »zanken, streiten« aus Opladen belegen. Als *Zachen* ist das Wort auch im Bergischen Land belegt. Der Zusatz »Rotwelsch« in Halbachs Bergischem Sprachschatz verweist auf die Entstehungsgeschichte. In den deutschen Gaunersprachen ist das Wort in den unterschiedlichsten Lautvarianten wie *Sackin, Sacken, Zacken* oder *Zackum* nachgewiesen. Allen zugrunde liegt das hebräische Wort sakkin für »Messer«, das über das Jiddische sakin, sakem ins Rotwelsche gelangt ist. Dort kennt man auch die Wendung *sackum melochen* für »mit dem Messer stechen«.

Halbach 895; RhWb 9/685; Stern 170; Wolf 1956 4712

Zammel ist eine unordentliche Frau, **zammelig** ist entsprechend »wirr, durcheinander« auch »unordentlich, zerzaust«: *Nää, wat bis du wieder zammelich heute, reiß dich ma zusammen.* Das Verb **zammeln** »unordentlich herunterhängen« ist in der Umgangssprache selten.

Zammel ist ein typisch rheinisches Mundartwort und bedeutet »Fetzen, Franse« und im übertragenen Sinn wie in der Umgangssprache »unordentliches Mädchen«. Varianten sind (auch im Pfälzischen und Hessischen) **Zampel** und **zampeln**. Diese Formen verweisen auf zappeln, mit dem *zammeln* und *Zammel* verwandt sind. Im Mittelhochdeutschen sind noch beide Formen belegt (dort gibt es etwa die Zampeldirne), im Hochdeutschen hat sich zappeln durchgesetzt.

Grimm 31/215; Küpper 938; Lexer 3/1026; PfWb 6/1531; RhWb 9/704 u. 706; SüdhessWb 6/737; http://www.duden.de/rechtschreibung/zammelig; http://www.etymologiebank.nl/trefwoord/sammelen

Zanzel oft **Gezanzel** Herunterhängendes, Verwirrtes *Bah, dat Gezanzel an dem Eisbein kann ich nich essen. Mach dat Gezanzel da ma ab. Dat Gezanzel soll ne Frisur sein?* **zanzeln, abzanzeln** *Ich muss ers ma die ganze Haut un dat Fett von dem Braten abzanzeln.*

Das Wort ist in den rheinischen Mundarten nur sehr sporadisch als *Zansel* belegt; es ist über die Umgangssprache aus den ostniederdeutschen Dialekten übernommen; dort ist *Zanzel* ein herunterhängender Flicken oder etwas Ekliges, das man entfernen muss.

Grimm 31/357; RhWb 9/710

zappenduster siehe *duster*

Zasseras Nutzen, Geld, Lohn, Trinkgeld, Gelegenheitsverdienst *Von dem, der dat Portmonee verloren hat, hab ich 200 Maak Finderlohn gekricht, un jetz sitz ich im Zasseras* (im Geld schwimmen). *Der Pitter hat Zasseras, der hat sein Uralt-Golf annen echt reichen Liebhaber verkloppt.*

Das Wort hört man noch gelegentlich im zentralen und südlichen Rheinland. Es stammt aus der Viehhändlersprache und geht zurück auf jiddisch sarser »Vermittlungsgebühr, Trinkgeld«, zu hebräisch sirsor »Unterhändler«.

Althaus 2006a 173; RhWb 9/718; Stern 170

Zaster Geld, Münzen *Der hat Zaster ohne Ende. Ich möcht wissen, wo der den ganzen Zaster her hat.* **Zasterfresse** überhebliches Gewinnergrinsen *Wenn ich diesen Bänker seine Zasterfresse seh, krich ich jedesmaa die Hasskappe.* Aus dem Rotwelschen, entstanden aus dem Romaneswort saster »Eisen«.

Grimm 31/319; Kluge 2011 1003; PfWb 6/1541; RhWb 9/718; Wolf 1956 4743

zauen als *sich zauen* »sich beeilen, sich sputen« *Zau dich, Jung, der Bus geht gleich. Ich muss mich zauen, ich bin spät dran.* Man *zaut sich* im zentralen Rheinland zwischen Köln und der Eifel.

Ein altes Wort, das nicht mehr häufig zu hören ist: althochdeutsch zawan »glücken«, mittelhochdeutsch zouwen »bereiten, fertig machen«; das Verb entwickelt sich in der gesprochenen Sprache – wie so viele – zum Reflexivum.

Bergmann 362; Grimm 31/395; Honnen 2011; RhWb 9/721; Wrede 2010 1101

Zebingemännche ist entweder ein dürres, armseliges Männchen, *dem man das Vaterunser durch die Rippen blasen kann,* oder ein Hausierer, der von Haustür zu Haustür geht.

Die Herkunftslegende dieses Wortes, das man auch heute noch in Köln hören kann, geht so: »Der Begriff stammt von einem Korbmacher, der an der Haustür nachfragt ›Hat Ihr nix ze binge?‹ Damit war gemeint, ob man einen kaputten Korb hat, dessen Henkel man wieder *binge* (binden) und somit reparieren kann.« Diese an sich einleuchtende Geschichte erklärt jedoch nicht die Hauptbedeutung »armseliger Mensch«. Deshalb ist anzunehmen, dass *Zebingemännchen* eine Verballhornung des biblischen Namens Zebedäus ist, der im Rheinland *Zibedijes* oder *Zebendejes* heißt und hier als verächtliche Bezeichnung für einen »dürren, lahmen, schwachen Kerl« oder »Faulenzer« dient.

MmWb; RhWb 1/696 u. 9/729; Wrede 2010 1102

zergen, zergeln, fergeln siehe *tergen*

Zervelatwurst, Cervelatwurst oft nur *Zervelat* »feine Dauerwurst« *En halbes Brötchen mit Zervelat un ne Schwarzbrotscheibe ...* Zu italienisch cervellata »Hirnwurst«, zu lateinisch cerebellum »kleines Gehirn«.

Grimm 16/628; Kluge 2011 1008; RhWb 9/756

Zichte Zigarette *Hasse ma ne Zichte für mich. Mach bloß die Zichte aus, hier wird nich geraucht.* Die *Zichte* ist in der Umgangssprache weit verbreitet und doch eine neue Erscheinung (dokumentiert seit den 1950er-Jahren). Auch die Verwendung in der Münsteraner Geheimsprache Masematte spricht nicht für ein höheres Alter.

Siewert 1993 119

Ziesen auch **Zossies, Zezisewoosch** feine, längliche Bratwurst, die man vor allem im Bergischen kennt *Ich kauf nur Ziesen, nix anderes.* In Aachen heißt sie *Sossiesworsch.* Das Wort ist eine Entstellung aus französisch saucisse »Wurst« (siehe *zuppen*).

RhWb 8/234

Zimtzicke schnippische Frau *Wenn die blöde Zimtzicke kommt, dann geh ich, darauf kannsde einen lassen.* Auch allgemein als Schimpfwort für eine weibliche Person, Steigerung von **Zicke** (seltsamerweise oft als *Zympzicke* geschrieben).

Das Schimpfwort gilt als Kombination aus rotwelsch Zimt »wertloses Zeug, Kram« und mundartlich *Zicke* »Ziege«. Die geheimsprachliche Nebenbedeutung von Zimt ist jedoch kaum bekannt, sodass das Bestimmungswort besser aus den Mundarten abzuleiten ist. Dort ist die Wortfamilie um *Zimp, zimpen* (im Standarddeutschen in zimperlich bekannt) sehr umfangreich: *zimpen* »nörgeln, quengeln«, *Zimp* »mürrischer Gesichtsausdruck«, *Zimpe* »weinerliche Person« einschließlich einer Reihe von Komposita wie *Zimploch, Zimpmaul, Zimperliese* oder *Zimpbuchse* (im Berlinischen *Zimpdriesel*) »zimperliche Frau«. Die *Zimtzicke* ist damit eine volksetymologische Umdeutung der *Zimpzicke.*

Boschmann 1982 110; Duden 1999 10/4636; Grimm 31/1370; Honnen 2008a 232; Küpper 946; RhWb 9/766; Röhrich 5/1773; Trübner 8/406; Wolf 1956 6363

zockeln und **zuckeln** sich langsam bewegen *Der zockelt nun schon seit zehn Minuten mit seiner Nuckelpinne vor uns auf der Landstraße, kein Chance, den zu überholen. Nu zockel doch nich so, wir kommen ja nie an.* **Zockelei** *Bei der elenden Zockelei hier in dem Verkehr krich ich noch die Pimpanölles.* Daneben noch **Rumgezuckel, Gezuckel** oder **Gezuckele**.

Das Wort ist in dieser Bedeutung seit dem 17. Jahrhundert landschaftlich belegt; da es auch »unruhig ziehen« bedeuten kann, ist *zuckeln, zockeln* als verstärkende Form (Iterativbildung) von zucken zu deuten.

Grimm 32/15 u. 282; Kluge 2011 1016; Paul 1085; RhWb 9/820

zocken (um Geld) spielen, spekulieren *Die sin den ganzen Tach am zocken da inne Kneipe. Ich werd noch en bisschen zocken, vielleicht krieg ich die Karre ja noch billiger.* **verzocken** (Geld) verspielen *Der hat sein ganzes Haus verzockt. Da hasse dich aber verzockt* (verspekulieren). **abzocken** jemandem Geld abnehmen *Den armen Kerl ham se bei seim Hausbau richtich abgezockt.* **abgezockt** durchtrieben, gerissen, cool *Der Typ is so wat von abgezockt, da krich se dein Geld nie wieder. Echt abgezockt der Typ, wie der den Verteidiger stehen gelassen hat!* **Abzocker** *Mit so nem Abzocker von Vermieter kannse einpacken.*

Zocken ist über das Rotwelsche aus dem Jiddischen entlehnt: jiddisch zchoken »spielen, scherzen«. Die Wortfamilie ist recht neu, viele Ableitungen und Bedeutungsvarianten sind erst im 20. Jahrhundert entstanden.

Althaus 2006b 211; Kluge 2011 1014; Paul 1081

Zores Durcheinander, widrige Umstände, Zank *Wat es dat schon widder fürn Zores: Wo es minge Brill? Habt ihr Zores? Willze Zores?* Am Mittelrhein kann man mit *Zores* auch unangenehme Zeitgenossen bezeichnen: *Mit dem Zores hon ich nix ze dun* (Pack, Gesindel).

In den Mundarten weit verbreitet: zu jiddisch zoros »Bedrängnis, Angst«; möglicherweise geht die Bedeutungsvariante »Pack« auf ein verwandtes jiddisches zoir »Geringer, Niedriger« zurück.

Althaus 2003 56; Althaus 2006b 211; Kluge 2011 1015; Paul 1082; PfWb 6/1639; RhWb 9/830; Stern 218; Wolf 1956 6387 f.

Zosse, Zossen (altes) Pferd *Kuck dir ma den Klüngelskerl mit dem alten Zossen an.* Aus dem Jiddischen sus »Pferd« über rotwelsch Zußgen »Pferd« in die Umgangssprache gelangt.

Althaus 2006b 212; Paul 1082

Zubbel ungepflegter, unordentlicher, liederlicher Mensch *Du bis ne alte Zubbel.* Eine *Zubbel* (oder auch ein **Zübbelchen**) ist dann logischerweise **zubbelich** »unordentlich, ungepflegt, fransig«: *Die is auf ihre alten Tage aber richtich zubbelich geworden. Also, so zubbelich gehsde mir nich ausem Haus! Du solls dat Bett richtich machen, nich so zubbelich.* **Zubbeln** werden auch ungepflegte Haare genannt. **zubbeln, anzubbeln** unordentlich kleiden *Wat has du dech dann wieder anjezubbelt?* **verzubbeln** durcheinanderbringen *Dat Katrin is immer schon en Zübbelschen gewesen, aber wie et heut sein Haar verzubbelt hat, statt Zöppe draus zu machen! O je.* **hinzubbeln** *Hasse di Decke aber hingezubbelt.*

Ein typisch rheinisches Wort, das in den Mundarten manchmal auch als *Zöbbel, Zoppel* und *Zibbel* erscheint, die Grundbedeutung ist »Lumpen, Fetzen«. Es scheint eine rheinische Wortschöpfung zu sein, die aus lautlichen Gründen nicht mit zupfen oder Zopf verwandt sein kann. Inwieweit *Zubbel* als »liederlicher Mensch« von rheinisch **Zaupe** »Hündin« (mittelhochdeutsch zupe) beeinflusst ist, bleibt Spekulation.

PfWb 6/1685; RhWb 9/727 u. 843

zuppen, zoppen eintunken, Brot in Milch oder Kaffee tauchen *Der Oppa hat zum Schluss immer die Plätzchen in den Kaffee gezoppt, als er keine Zähne mehr hatte. Die Omma is die Plätzkes im Kaffee am zoppen.* Man kann allerdings nicht nur Gebäck im Kaffee untertauchen, sondern auch Menschen im Freibad: *Lass dat Zoppen sein, der kann donnich schwimmen! Wolln wir den ma zoppen?* Schließlich kann *zoppen* auch im Sinne von »schlagen« verwendet werden: *Hör auf, sonst zopp ich dir eine!* **Zöppken** Küchenmesser *Dat Zöppken schneidet nich mehr.* Das *Zöppken,* auch **Zoppmetz**, ist in den Mundarten des gesamten Rheinlands verbreitet. Es ist ein *Zoppenmesser,* mit dem man die Zutaten für eine *Zoppe* »Tunke« *schnibbelt.* Die rheinische *Zoppe* ist nichts anderes als die mundartliche Bezeichnung für die Suppe, die ursprünglich eine Tunke war, in die Brotstücke oder Kartoffeln *gezoppt* »getaucht« wurden. Der typisch rheinische Z-Anlaut bei romanischen Lehnwörtern (siehe die Anmerkung unten) beweist, dass die rheinische Suppe ein französisches Lehnwort sein muss. Das ist in diesem Fall besonders interessant, weil die französische soupe eigentlich niederdeutschen Ursprungs, die rheinische *Zoppe* also eine Rückentlehnung des 14. Jahrhunderts ist.

Anmerkung: Eine Besonderheit der rheinischen Mundarten ist der Z-Anlaut von französischen (romanischen) Lehnwörtern, die eigentlich einen stimmlosen S-Anlaut aufweisen. Bekannte Beispiele neben *zoppen* sind **Zaldot** (Soldat), **Zenteklos** (Saint Nicolas), **Zaus** (Soße), **Zort** (Sorte), **Zolper** (Salzbrühe aus lateinisch sol »Salz«), **Zossies, Zezisewoosch** (Bratwurst, aus französisch saucisse), **Zerviett** (Serviette). Der französische S-Anlaut kann im Rheinischen auch als Sch- daherkommen: **Schloot** (Salat), **Schabau** (Schnaps, aus aqua sabaudica; wenn die Ableitung richtig ist), **Schavur** (Wirsing, aus chou de Savoie), **Schapäng** (Spitzkohl, zu französisch sapin). Ganz offensichtlich hatten die Rheinländerinnen und Rheinländer im Mittelalter bei der Übernahme dieser Wörter Probleme, den ursprünglich stimmlosen romanischen S-Anlaut auszusprechen – die Folgen kann man noch heute in den Mundarten hören.

Meisen 1955a 20; RhWb 9/827; http://www.etymologiebank.nl/trefwoord/sop1

Zutt Ausguss, Brauseaufsatz; siehe *Täute*

Abkürzungsverzeichnis

DtWb	Deutsches Wörterbuch von Jacob und Wilhelm Grimm
FrankfWb	Frankfurter Wörterbuch
LothrWb	Wörterbuch der deutsch-lothringischen Mundarten
LuxemWb	Luxemburger Wörterbuch
MmWb	Rheinisches Mitmachwörterbuch (Online-Version)
PfWb	Pfälzisches Wörterbuch
RhWb	Rheinisches Wörterbuch
SüdhessWb	Südhessisches Wörterbuch
WfWb	Westfälisches Wörterbuch

Literatur

Ackermann
Herbert Ackermann, Grefrather Mundartwörterbuch, 3 Bde., Krefeld 2003

ADA
ADA: Atlas zur deutschen Alltagssprache, www.atlas-alltagssprache.de

Adelung
Johann Christoph Adelung, Wörterbuch der hochdeutschen Mundart. Elektronische Volltext- und Faksimile-Edition nach der Ausgabe letzter Hand, Leipzig 1793–1801, http://lexika.digitale-sammlungen.de/adelung/online/angebot

Alsters
A[ntonius] C. T. Alsters u. a. (Redactie), Venloos Woordenboek. Met een bijdrage van F. Bakker (Blericks Dialect), Venlo 1993

Althaus 1963
Hans Peter Althaus, Jüdisch-hessische Sprachbeziehungen, in: Zeitschrift für Mundartforschung, 30, 1963, S. 104–156

Althaus 2003
Hans Peter Althaus, Zocker, Zoff & Zores. Jiddische Wörter im Deutschen, München [2]2003

Althaus 2005
Hans Peter Althaus, Tinnef, in: Jiddistik-Mitteilungen. Jiddistik in deutschsprachigen Ländern, 33, 2005, S. 13–23

Althaus 2006a
Hans Peter Althaus, Chuzpe, Schmus & Tacheles. Jiddische Wortgeschichten, München [2]2006

Althaus 2006b
Hans Peter Althaus, Kleines Lexikon deutscher Wörter jiddischer Herkunft, München [2]2006

Augst
Gerhard Augst, Dialektwörterbuch der Verbandsgemeinde Hachenburg, Hachenburg 2009

Augustin
[Christian Friedrich Bernhard Augustin], Bemerkungen eines Akademikers über Halle und dessen Bewohner, in Briefen, nebst einem Anhange. Ein Idiotikon der Burschensprache, Germanien (Quedlinburg) 1795, Nachdruck in: Bibliothek zur historischen deutschen Studenten- und Schülersprache, hrsg. von Helmut Henne und Georg Objartel,

Berlin und New York 1984, Bd. 2, S. 315–443

Avé-Lallemant
Friedrich Christian Benedikt Avé-Lallemant, Das Deutsche Gaunerthum in seiner social-politischen, literarischen und linguistischen Ausbildung zu seinem heutigen Bestande, 4 Bde., Leipzig 1858–1862

Bach
Adolf Bach, Über die lateinisch-romanischen Elemente im Wortschatz der nassauischen Mundarten, in: Ders., Germanistisch-Historische Studien. Gesammelte Abhandlungen, hrsg. von Heinrich M. Heinrichs und Rudolf Schützeichel, Bonn 1964

Bächtold-Stäubli
Hanns Bächtold-Stäubli und Eduard Hoffmann-Krayer (Hrsg.), Handwörterbuch des deutschen Aberglaubens, 10 Bde., Berlin und Leipzig 1927–1942

Bäcker
Thomas Bäcker, »Ambacht« und Ambition. Eine Betrachtung von Mundartwörtern, in: An Niers und Kendel, 14, 1985, S. 22f.

Badisches Wörterbuch
Badisches Wörterbuch, begonnen von Ernst Ochs, weitergeführt von Karl Friedrich Müller, Gerhard W. Baur, Rudolf Post und Tobias Streck, Berlin, München und Boston 1944ff.

Basler Studentensprache
Basler Studentensprache. Eine Jubilaumsgabe für die Universität Basel dargebracht vom Deutschen Seminar in Basel, Basel 1910 (Vorwort von John Meier), in: Bibliothek zur historischen deutschen Studenten- und Schülersprache, hrsg. von Helmut Henne, Berlin und New York 1984, Bd. 5, S. 261–344

Bergmann
Gunter Bergmann (Hrsg.), Sächsisches Volkswörterbuch, Leipzig [2]2013

Besse 2004
Maria Besse, Britter Wörterbuch. Moselfränkischer Dialekt am »Tor zum Hochwald«. Britten – Gemeinde Losheim am See (Saarland), Losheim am See 2004

Besse 2013
Maria Besse, Jenisch-Wörterbuch. Sondersprachen im Saarland (Büschfeld-Überlosheim, Dörsdorf, Lautzkirchen), Saarbrücken-Dudweiler 2013

Bielfeldt
H[ans] H. Bielfeldt, Fernentlehnungen aus dem Polnischen, in: Zeitschrift für Slawistik, 10, 1965, S. 337–340

Biss
Claudia Biss, Alkoholkonsum und Trunkenheitsdelikte in Russland mit vergleichenden Bezügen zu Deutschland, Münster 2006

Borner
Matthias E. Borner, Pömpel, Patt und Pillepoppen. Grundwortschatz zum Überleben in Bielefeld, Isselhorst [2]2008

Boschmann 1982
Werner Boschmann, Lexikon der Alltagssprache des Ruhrgebiets. 1000 Worte Bottropisch, Essen 1982

Boschmann 2006
Werner Boschmann, Lexikon der Ruhrgebietssprache. Von Aalskuhle bis Zymtzicke, mit den Höhepunkten der deutschen Literatur – in reinem Ruhrdeutsch, Bottrop [7]2006

Braun
Hans-Gert Braun, Wenn die Wörter wandern. Eine unterhaltsame Geschichte von Begriffen und ihr Weg ins Deutsche, Stuttgart und Leipzig 2003

Bücher
Johannes Bücher, Bonn-Beueler Sprachschatz, Köln 1983 (= Rheinische Mundarten, Bd. 3)

Bumiller
Casimir Bumiller, Auf der Reise. Skizzen zu einer Geschichte des Hausierhandels im Killertal, in: Beiträge zur Volkskunde in Baden-Württemberg, hrsg. von der Landesstelle für Volkskunde Freiburg, Badisches Landesmuseum Karlsruhe und der Landesstelle für Volkskunde Stuttgart, Württembergisches Landesmuseum Stuttgart, Bd. 5, Stuttgart 1993, S. 7–62.

Buurman
Otto Buurman, Hochdeutsch-plattdeutsches Wörterbuch. Auf Grundlage der ostfriesischen Mundart, 12 Bde., Neumünster 1962–1975

Čirkić
Jasmina Čirkić, Rotwelsch in der deutschen Gegenwartssprache, Diss. Mainz, Darmstadt 2006, https://publications.ub.uni-mainz.de/theses/volltexte/2008/1589/pdf/1589.pdf

Clemens
Richard Clemens, Niedermendiger Wörterbuch. Dokumentation einer Mundart der Pellenz, Mendig 2013

Cluse
Christoph Cluse, Juden am Niederrhein während des Mittelalters. Eine Bilanz, in: Jüdisches Leben im Rheinland. Vom Mittelalter bis zur Gegenwart, hrsg. von Monika Grübel und Georg Mölich, Köln 2005, S. 1–27

Cornelissen 2009
Georg Cornelissen, Das Faible für Fisimatenten. Die Rheinländer und ihre »franzosenzeitlichen« Lehnwörter, in: Theis/Wilhelm, S. 43–60

Cornelissen 2010
Georg Cornelissen, Wie schreibt sich Seegers/Zeegers? Einheimische Familiennamen beiderseits der Staatsgrenze zwischen Arnheim und Krefeld, in: Familiennamen an Niederrhein und Maas. Von Angenendt bis Seegers/Zeegers, hrsg. von Georg Cornelissen und Heinz Eickmans, Bottrop 2010, S. 67–82 (= Schriftenreihe der Niederrhein-Akademie, Bd. 9)

Cornelissen 2012
Georg Cornelissen, tschüssi, tschö und tschautschau. Zu drei Fragen des ILR-Fragebogens 10 (2012), in: Alltag im Rheinland, 2012, S. 94–101

Cramm/Huske
Tilo Cramm und Joachim Huske, Bergmannssprache im Ruhrrevier. Auswahl und Erläuterung einiger, vornehmlich älterer Ausdrücke der Bergmannssprache im Steinkohlenbergbau an der Ruhr, Werne [5]2002

Crompvoets
Herman Crompvoets, fisternölles en fispernölles, in: Volkskultur an Rhein und Maas, 2, 1989, S. 31 f.

Debrabandere 2005
Frans Debrabandere, Oost-Vlaams en Zeeuws-Vlaams etymologisch woordenboek. De herkomst van de Oost- en Zeeuws-Vlaamse woorden, Amsterdam und Antwerpen 2005

Debrabandere 2011
Frans Debrabandere, Limburgs etymologisch woordenboek. De herkomst van de woorden uit beide Limburgen, Leuven 2011

Degen
Horst Degen, We kritt Abraham te senn? Aus Anlaß des 50. Geburtstags. Von Abraham-Annoncen in der Velberter Zeitung, in: Historische Beiträge (Feldrath, Langenberg, Neviges), 16, S. 65–76

Denkler
Markus Denkler, Das münsterländische Platt. Westfälische Mundarten, Bd. 1, Münster 2017

Derks
Paul Derks, Neuentdeckte Götter am Niederrhein? Zum Heiligtum in Krefeld-Elfrath, in: Rheinische Vierteljahrsblätter, 55, 1991, S. 331–349

de Vries
Jan de Vries, Nederlands Etymologisch Woordenboek, Leiden 1971

Deunk / Entjes
G. H[endrik] Deunk und H[endrik] Entjes, Woordenboek van het Winterswijks, Groningen 1977

Deutsches Fremdwörterbuch
Deutsches Fremdwörterbuch, begonnen von Hans Schulz, fortgeführt von Otto Basler, hrsg. vom Institut für deutsche Sprache, 7 Bde., Berlin und New York 1995–2010

Deutsches Wörterbuch (DtWb)
Deutsches Wörterbuch von Jacob und Wilhelm Grimm. Neubearbeitung, zunächst hrsg. von der Akademie der Wissenschaften der DDR in Zusammenarbeit mit der Akademie der Wissenschaften zu Göttingen, dann hrsg. von der Berlin-Brandenburgischen Akademie der Wissenschaften und der Akademie der Wissenschaften zu Göttingen, 9 Bde., Stuttgart und Leipzig 1983–2013

Dicks
Karl Dicks, Vogteier Wörterbuch. Eine Dokumentation der Mundart in der Vogtei Gelderland. Mit einer Einführung von Georg Cornelissen, Schwalmtal 1998

Dittmaier 1957
Heinrich Dittmaier, Zum Wortschatz der rheinischen Umgangssprache, in: Rheinisch-westfälische Zeitschrift für Volkskunde, 4, 1957, S. 79–108

Dittmaier 1963
Heinrich Dittmaier, Rheinische Flurnamen, Bonn 1963

Dittmaier 1966
Heinrich Dittmaier, Aus der Werkstatt eines Historischen Rheinisch-Westfälischen Bei- und Familiennamenbuches, in: Beiträge zur Namenforschung NF 1, 1966, S. 71–80, wieder abgedruckt in: Alltag im Rheinland, 2013, S. 44–52

Döring
Alois Döring, Rheinische Bräuche durch das Jahr, Köln 2006

Drenda
Georg Drenda, Wortatlas für Rheinhessen, Pfalz und Saarpfalz, St. Ingbert 2014

Dubois / Mitterand / Dauzat
Jean Dubois, Henri Mitterand und Albert Dauzat, Dictionnaire étymologique et historique du français, Neuausgabe Paris 1993

Duden 1999
Duden. Das große Wörterbuch der deutschen Sprache in zehn Bänden, hrsg. vom Wissenschaftlichen Rat der Duden-

redaktion, 3., grundlegend überarb. und erw. Neuausgabe, Berlin 1999

Duden 2003
Duden. Das große Fremdwörterbuch. Herkunft und Bedeutung der Fremdwörter, hrsg. vom Wissenschaftlichen Rat der Dudenredaktion, Mannheim u. a. 2003 (= Duden, Bd. 5)

Duden 2008
Duden. Das Herkunftswörterbuch. Etymologie der deutschen Sprache, hrsg. vom Wissenschaftlichen Rat der Dudenredaktion. 4., grundlegend überarb. und erw. Neuausgabe, Mannheim u. a. 2008 (= Duden, Bd. 7)

Duden 2013
Duden. Redewendungen. Wörterbuch der deutschen Idiomatik, hrsg. vom Wissenschaftlichen Rat der Dudenredaktion, 4., grundlegend überarb. und erw. Neuausgabe, Berlin u. a. 2013 (= Duden, Bd. 11)

Duden 2015
Duden. Deutsches Universalwörterbuch, hrsg. vom Wissenschaftlichen Rat der Dudenredaktion, Berlin [8]2015

Ebner
Jakob Ebner, Wie sagt man in Österreich? Wörterbuch des österreichischen Deutsch, Mannheim u. a. [4]2009

Eichhoff
Jürgen Eichhoff, Wortatlas der deutschen Umgangssprachen, 6 Bde., Bern und München 1977–2000

Endt
Enno Endt, Bargoens Woordenboek. Kleine woordenschat van de volkstaal (in samenwerking met Lieneke Frerichs), Baarn [2]1974

Eumann
Stephanie Eumann, Plümmo. Ein Lehnwort auf Abwegen, in: Wir im Rheinland. Magazin für Sprache und Alltagskultur, 26, 2008, S. 14–18

Falk / Torp
H[jalmar] S. Falk und Alf Torp, Norwegisch-dänisches etymologisches Wörterbuch, 2 Bde., Heidelberg, 1910/11

Fellsches 1999
Josef Fellsches, Duisburger Wortschätzchen, Aachen [3]1999

Fellsches / Gronemann
Josef Fellsches und Peter Gronemann, Dortmunder Wortschätzchen, Aachen [6]2010

Fellsches / Küster
Josef Fellsches und Rainer Küster, Bochumer Wortschätzchen, Aachen [5]2003

Fellsches / Schnieber
Josef Fellsches und Frank Schnieber, Essener Wortschätzchen, Aachen [2]2005

Förstemann
Ernst Förstemann, Slawische Elemente in deutschen, namentlich westpreussischen Volksmundarten, in: Zeitschrift für vergleichende Sprachforschung auf dem Gebiete des Deutschen, Griechischen und Lateinischen, 1, 1852, S. 412–429

Frankfurter Wörterbuch (FrankfWb)
Frankfurter Wörterbuch aufgrund des von Johann Oppel (1815–1894) und Hans Ludwig Rauh (1892–1945) gesammelten Materials, hrsg. in Verbindung mit der Frankfurter Historischen Kommission von Wolfgang Brückner, 6 Bde., Frankfurt am Main 1971–1985

Frings
Theodor Frings, Germania Romana, Halle/Saale 1932 (= Mitteldeutsche Studien, Bd. 2)

Frischbier
Hermann Frischbier, Preussisches Wörterbuch. Ost- und westpreussische Provin-

zialismen in alphabetischer Reihenfolge, 2 Bde., Berlin 1882/83

Fuß 1880
Matthias Fuß, Zur Etymologie nordrheinfränkischer Provincialismen (Dritte Sammlung), in: Programm der Rheinischen Ritter-Academie zu Bedburg, Köln 1880, S. III–XXX

Fuß 2000
Martin Fuß, Kniep, Knaipe, Wietschaf. Zum Wort Kneipe in den rheinischen Mundarten, in: Volkskultur an Rhein und Maas, 1, 2000, S. 47–52

Gamillscheg
Ernst Gamillscheg, Etymologisches Wörterbuch der französischen Sprache, 2 Bde., Heidelberg 1926–1929, 2., grundlegend überarb. Neuausgabe 1966–1969, www.degruyter.com: zrph.1921.41.3..503.pdf

Georges
Karl-Ernst Georges, Ausführliches lateinisch-deutsches Handwörterbuch, begonnen von Immanuel Johann Gerhard Scheller, fortgeführt von Georg Heinrich Lünemann, bearb. von Georges ab der 7. Auflage, Leipzig 1828, 2 Bde., Leipzig [10]1848

Goossens
Jan Goossens, Sprachatlas des nördlichen Rheinlands und des südöstlichen Niederlands. Erste Lieferung Textband, Marburg 1988

Götze
Alfred Götze, Frühneuhochdeutsches Glossar, Berlin [7]1967

Greive
Artur Greive, Französisches Kölsch – Kölsches Französisches, in: Universität im Rathaus, Köln 1993, Bd. 1: Veranstaltungen im akademischen Jahr 1992/93, S. 69–84

Grimm
Jacob und Wilhelm Grimm, Deutsches Wörterbuch, 33 Bde., Nachdruck München 1984

Grübel/Honnen
Monika Grübel und Peter Honnen (Hrsg.), Jiddisch im Rheinland. Auf den Spuren der Sprache der Juden, Essen 2014

Gruschka
Robert Gruschka, Westjiddisch am Rhein und Main und im übrigen Europa. Eine kurze Darstellung der Sprache der Juden im westlichen Aschkenas, in: Grübel/Honnen, S. 15–40

Günther
Louis Günther, Die deutsche Gaunersprache (Rotwelsch) und verwandte Gaunersprachen, Nachdruck Erftstadt 2003

Günther-Hielscher
Karla Günther-Hielscher u. a., Real- und Sachwörterbuch zum Altrussischen, Wiesbaden 1995

Gutknecht 2002
Christoph Gutknecht, Pustekuchen! Lauter kulinarische Wortgeschichten, München 2002

Gutknecht 2008
Christoph Gutknecht, Von Treppenwitz bis Sauregurkenzeit. Die verrücktesten Wörter im Deutschen, München 2008

Halbach
Gustav Hermann Halbach, Bergischer Sprachschatz. Volkskundliches plattdeutsches Remscheider Wörterbuch, Remscheid 1951

Hattenhauer
Hans Hattenhauer, Umstand und Spirenzien, in: Sprache und Text in Theorie und Empirie. Beiträge zur germanistischen

Sprachwissenschaft. Festschrift für Wolfgang Brandt, hrsg. von Claudia Mauelshagen und Jan Seifert, Stuttgart 2001, S. 1–10 (= ZDL Beihefte, Bd. 114)

Heinen/Kremer
Franz-Josef Heinen und Edie Kremer, Mostert, Bics und Beinchen stellen. Alltagssprache in Ostbelgien, Eupen 2011

Heinzerling/Reuter
Jakob Heinzerling und Hermann Reuter, Siegerländer Wörterbuch, neu bearb. von Hermann Reuter, Siegen [2]1968

Heizmann 1989
Bertold Heizmann, Trinkhallen. Versuch einer volkskundlich-historischen Annäherung an die Alltagskultur, in: Volkskultur an Rhein und Maas, 1, 1989, S. 16–24

Heizmann 2011
Berthold Heizmann (unter Mitarbeit von Dagmar Hänel), Von Apfelkraut bis Zimtschnecke. Das Lexikon der rheinischen Küche, Köln 2011

Henrichs
Winfried Henrichs, Einflüsse des Jiddischen auf den Mülheim-Kärlicher Dialekt, in: Heimat-Jahrbuch Kreis Mayen-Koblenz 1991, S. 143 ff.

Hermanns
Will Hermanns, Aachener Sprachschatz. Wörterbuch der Aachener Mundart, Aachen 1970

Herrmann-Winter
Renate Herrmann-Winter, Kleines plattdeutsches Wörterbuch für den mecklenburgisch-vorpommerschen Sprachraum, Neumünster 1986 (Rostock 1985)

Hessen-Nassauisches Volkswörterbuch
Hessen-Nassauisches Volkswörterbuch. Aus den für ein Hessen-Nassauisches Wörterbuch […] von Ferdinand Wrede angelegten und verwalteten Sammlungen, begonnen von Luise Berthold, fortgesetzt von Hans Friebertshäuser und Heinrich J. Dingeldein, Marburg 1943–2015

Hilgers 1993
Heribert A. Hilgers, Von der Bedeutung des Kölschen Klüngels. Gedanken über die Herkunft des Wortes und über seinen Inhalt, in: Alt-Köln. Mitteilungen des Heimatvereins Alt-Köln, 89, 1993, S. 20 ff.

Hilgers 2014
Heribert A. Hilgers, Alaaf! Ein Kölner Hochruf, Köln 2014

Hoad
T[erry] F. Hoad, The Concise Oxford Dictionary of English Etymology, Oxford 1986

Hoffmann
Walter Hoffmann, »Alaaf« und »Helau«. Altes und Neues zu den rheinischen Karnevalsrufen, in: Niederwupper. Historische Beiträge, 16, 1997, S. 6–12

Hollender
Elisabeth Hollender, Die Sprachen der Kölner Juden im Mittelalter nach ihren schriftlichen Zeugnissen, in: Grübel/Honnen, S. 41–56

Hönig
Fritz Hönig, Wörterbuch der Kölner Mundart, Köln 1905

Honnen 1995
Peter Honnen, Hitliste des mundartlichen Wortschatzes, in: Volkskultur an Rhein und Maas, 1, 1995, S. 44–60

Honnen 1998a
Peter Honnen, Geheimsprachen im Rheinland. Eine Dokumentation der Rotwelschdialekte in Bell, Breyell, Kofferen, Neroth, Speicher und Stotzheim, Köln 1998

Honnen 1998b
Peter Honnen, »Grillage« oder »Grillasch«? Was ist eine Grillaschtorte, wo wird sie gegessen, woher stammt der Name?, in: Volkskultur an Rhein und Maas, 1–2, 1998, S. 57–61

Honnen 2002a
Peter Honnen, Von Dulleks, Proscheks und anderen Lelleks. Zum besonderen Wortschatz des Ruhrdeutschen, in: Wir im Rheinland. Magazin für Sprache und Alltagskultur, 2, 2002, S. 38–44

Honnen 2002b
Peter Honnen, Sondersprachliches im Rheinischen Wörterbuch, in: Aspekte und Ergebnisse der Sondersprachenforschung II., III. und IV. Internationales Symposion 17. bis 19. März 1999 in Rothenberge / 6. bis 8. April 2000 in Münster, hrsg. von Klaus Siewert unter Mitarbeit von Christian Efing, Wiesbaden 2002, S. 87–96 (= Sondersprachenforschung, Bd. 7)

Honnen 2003
Peter Honnen, Kappes, Knies und Klüngel. Regionalwörterbuch des Rheinlands, Köln 2003

Honnen 2008a
Peter Honnen, Alles Kokolores? Wörter und Wortgeschichten aus dem Rheinland, Köln 2008

Honnen 2008b
Peter Honnen, Wortgeschichten, in: Wir im Rheinland. Magazin für Sprache und Alltagskultur, 1–2, 2008, S. 58–65

Honnen 2008c
Peter Honnen, Lauter Henkelmänner, in: Wir im Rheinland. Magazin für Sprache und Alltagskultur, 1–2, 2008, S. 24–29

Honnen 2011
Peter Honnen, Alles ist reflexiv. Reflexiv gebrauchte Verben in der rheinischen Umgangssprache, in: Alltag im Rheinland, 2011, S. 68–75

Honnen 2012a
Peter Honnen, Kappes, Knies und Klüngel. Regionalwörterbuch des Rheinlands, 7., grundlegend überarb. und erw. Neuausgabe, Köln 2012

Honnen 2012b
Peter Honnen, Kelten und Konsorten. Ein Streifzug durch die rheinische Ortsnamenkunde, in: Alltag im Rheinland, 2012, S. 40–61

Honnen 2014
Peter Honnen, Jiddisch in rheinischen Dialekten, in: Grübel / Honnen, S. 123–188

Honnen 2015
Peter Honnen, Alles paletti? Migration und Sprache an Rhein und Ruhr, Köln 2015

Horn
Paul Horn, Die deutsche Soldatensprache, Gießen [2]1905

Horster
Theodor Horster, Rheinberger Wörterbuch. Eine Dokumentation der Mundart am unteren Niederrhein. Mit einer Einleitung von Georg Cornelissen, Köln 1996

Jütte
Robert Jütte, Abbild und soziale Wirklichkeit des Bettler- und Gaunertums zu Beginn der Neuzeit. Sozial-, mentalitäts- und sprachgeschichtliche Studien zum Liber Vagatorum (1510), Köln und Wien 1988

Klepsch
Alfred Klepsch, Westjiddisches Wörterbuch. Auf der Basis dialektologischer

Erhebungen in Mittelfranken, Bd. 1, Tübingen 2004

Kluge 1895
Friedrich Kluge, Deutsche Studentensprache, Straßburg 1895, Nachdruck Berlin und New York 1984, Bd. 5, S. 93–236

Kluge 1901
Friedrich Kluge, Rotwelsch. Quelle und Wortschatz der Gaunersprache und der verwandten Geheimsprachen, Bd. 1: Rotwelsches Quellenbuch, Straßburg 1901

Kluge 1953
Friedrich Kluge, Etymologisches Wörterbuch der deutschen Sprache, bearb. von Alfred Götze, Berlin [16]1953

Kluge 2011
Friedrich Kluge, Etymologisches Wörterbuch der deutschen Sprache, bearb. von Elmar Seebold, 25., grundlegend überarb. und erweiterte Neuausgabe, Berlin 2011

Knüfermann
Arnold Knüfermann, Grafschafter Mundartlexikon. Leben und Arbeiten in der alten Grafschaft Moers, Köln 1983 (= Rheinische Mundarten, Bd. 6)

Kohnemann
Michel Kohnemann, 1500 Scheltnamen aus Eupen, Raeren, Hauset, Kelmis, Aachen, Aachen 1998

König
Werner König (mit Stephan Elspaß, Robert Möller), dtv-Atlas Deutsche Sprache, München [18]2015

Köppen
Heinrich Köppen, Verzeichniss der Idiotismen in plattdeutscher Mundart volksthümlich in Dortmund und dessen Umgebung (veröffentlicht von seinen Freunden und Verehrern), Dortmund 1877

Kremer
Ludger Kremer, Pinnaokel – Pinnörkel – Pinnorek. Ein lateinisch-niederländisches Lehnwort im Rheinland und in Westfalen, in: Niederdeutsches Wort, 43, 2003, S. 107–114

Küntzel
Astrid Küntzel, Fremde in Köln. Integration und Ausgrenzung zwischen 1750 und 1814, Köln u. a. 2008

Küpper
Heinz Küpper, Pons-Wörterbuch der deutschen Umgangssprache, Nachdruck der 1. Auflage, Stuttgart und Dresden 1993

Lausberg / Möller
Helmut Lausberg und Robert Möller, Rheinischer Wortatlas, Bonn 2000

Legros
Waltraud Legros, Was die Wörter erzählen. Eine kleine etymologische Fundgrube, München [8]2004

Leithaeuser 1891
Julius Leithaeuser, Gallicismen in niederrheinischen Mundarten, Bd. 1 (Beilage zum Jahresbericht des Realgymnasiums zu Barmen), Barmen 1891

Leithaeuser 1894
Julius Leithaeuser, Gallicismen in niederrheinischen Mundarten, Bd. 2 (Beilage zum Jahresbericht des Realgymnasiums zu Barmen), Barmen 1894

Lerchner
Gotthard Lerchner, Zur II. Lautverschiebung im Rheinisch-Westmitteldeutschen. Diachronische und diatopische Untersuchungen, Halle / Saale 1971 (= Mitteldeutsche Studien, Bd. 30)

Lexer
Matthias Lexer, Mittelhochdeutsches Handwörterbuch, 3. Bde., Leipzig 1973–1976, Nachdruck Stuttgart 1979

Lötzsch
Ronald Lötzsch, Duden. Jiddisches Wörterbuch, Mannheim u. a. [2]1992

Ludewig
Georg Ludewig, Stadt-Hannoversches Wörterbuch, bearb. und hrsg. von Dieter Stellmacher, Neumünster 1987 (= Name und Wort, Bd. 10)

Lühr
Rosemarie Lühr, Zum Sprachnamen Rotwelsch, in: Rotwelsch-Dialekte. Symposion Münster 10.–12. März 1995, hrsg. von Klaus Siewert, Wiesbaden 1996, S. 15–31 (= Sondersprachenforschung, Bd. 1)

Luxemburger Wörterbuch (LuxemWb)
Luxemburger Wörterbuch, im Auftrag der Großherzoglich Luxemburgischen Regierung hrsg. von der Wörterbuchkommission [...], 5 Bde., Luxemburg 1950–1977

Mangold / Tielemans
Josef Mangold und Eddy Tielemans, Spaghetti, Spargel, Sauerkraut. Iss was?! – Kijken in de keuken van de buur, in: Volkskultur an Rhein und Maas, Spezial 2003, S. 67–90

Marx / Schmitt
Josef Marx und Horst Schmitt, Trierer Wörterbuch, Butzweiler 2011

Matras
Yaron Matras, The Romani Element in German Secret Languages: Jenisch and Romanes, in: Ders. (Hrsg.), The Romani Element in Non-Standard Speech, Wiesbaden 1998, S. 193–230 (= Sondersprachenforschung, Bd. 3)

Mayer
Alois Mayer, »Hals und Beinbruch«. Unsere Umgangssprache im Visier, in: Heimatjahrbuch Kreis Daun 1987, S. 278 f.

Meisen 1954
Karl Meisen, »Jo woll Flötekies!« Die Entstehung und Bedeutung einer rheinischen Redensart, in: Rheinisch-westfälische Zeitschrift für Volkskunde, 1954, S. 168–177

Meisen 1955a
Karl Meisen, Lautersatz in Lehnwörtern der rheinischen Mundarten. Ein Beitrag zur Lautlehre und zum Wortschatz des Rheinischen, in: Rheinisch-westfälische Zeitschrift für Volkskunde, 1955, S. 1–26

Meisen 1955b
Karl Meisen, Rheinische Volksetymologie. Ein Beitrag zur rheinischen Wort- und Namenkunde und zum rheinischen Volkshumor, in: Rheinisch-westfälische Zeitschrift für Volkskunde, 1955, S. 201–237

Meisen 1964/65
Karl Meisen, Köln und die Kölner nach alten Zeugnissen und im Munde des Volkes, in: Rheinisches Jahrbuch für Volkskunde, 15–16, 1964/65, S. 7–55

Menge 1979
Heinz H. Menge, Einflüsse aus dem Polnischen im Ruhrgebiet? Exemplarische Behandlung eines Kapitels aus der »Volkslinguistik«, in: Niederdeutsches Wort. Beiträge zur niederdeutschen Philologie, veröffentlicht von der Kommission für Mundart- und Namensforschung des Landschaftsverbandes Westfalen-Lippe, Bd. 19, Münster 1979, S. 86–116

Menge 1985
Heinz H. Menge, War das Ruhrgebiet auch sprachlich ein Schmelztiegel?, in:

Sprache an Rhein und Ruhr. Dialektologische und soziolinguistische Studien zur sprachlichen Situation im Rhein-Ruhr-Gebiet und ihrer Geschichte, hrsg. von Arend Mihm, Stuttgart 1985, S. 149–162 (= Zeitschrift für Dialektologie und Linguistik, Beiheft 30)

Menge 2013
Heinz H. Menge, Mein lieber Kokoschinski! Der Ruhrdialekt. Aus der farbigsten Sprachlandschaft Deutschlands, Bochum 2013

Menge / Lakemper
Heinz H. Menge und Udo Lakemper, Nicht nur »Maloche«, aber … Einflüsse auf die jiddische Sprache des Ruhrgebiets, in: Juden im Ruhrgebiet. Vom Zeitalter der Aufklärung bis in die Gegenwart, hrsg. von Jan-Pieter Barbian u. a., Essen 1999, S. 575–600

Mengel
Erich Mengel, Altgold, Talmi und Rotwelsch. Ein Gang durch unser mundartliches und umgangssprachliches Wörterbuch, Remscheid o. J.

Meyer
Jürgen Meyer, wat is? Is wat? Das Ruhrstadt-Wörterbuch, Essen 2008

Mihm
Arend Mihm, Mehrsprachigkeit im mittelalterlichen Köln, in: Mittelalterliche Stadtsprachen, hrsg. von Maria Selig und Susanne Ehrich, Regensburg 2016, S. 19–44 (= Forum Mittelalter-Studien, Bd. 11)

Möller
Robert Möller, Das rheinische tschö, in: Rheinische Vierteljahrsblätter, 67, 2003, S. 333–339

Moser
Hans Moser (in Zusammenarbeit mit Robert Sedlaczek), Das Radio Tirol-Wörterbuch der Tiroler Mundarten, Innsbruck 2013

Müller-Schlösser
Hans Müller-Schlösser, Wie der Düsseldorfer denkt und spricht, Düsseldorf 1952

Müller / Weitz
Joseph Müller und Wilhelm Weitz, Die Aachener Mundart. Idiotikon nebst einem poetischen Anhange, Aachen 1836

Nail 1988
Norbert Nail, Regionalsprachliches in der historischen deutschen Studentensprache des 18. und 19. Jahrhunderts, in: Deutscher Wortschatz. Lexikologische Studien. Ludwig Erich Schmitt zum 80. Geburtstag von seinen Marburger Schülern, hrsg. von Horst Haider Munske u. a., Berlin und New York 1988, S. 351–369

Nail 2011
Norbert Nail, Alles Käse, oder was? Der rheinische Halve Hahn und seine sächsischen Verwandten, Marburg 2011, http://www.staff.uni-marburg.de/~nail/pdf/HalverHahn2011.pdf

Neft
Walther Neft, Französische Elemente und Einflüsse in der Köln-Bonner Mundart, in: Godesberger Heimatblätter, 3, 1980, S. 47–53

Neri / Ziegler
Sergio Neri und Sabine Ziegler, »Horde Nöss«. Etymologische Studien zu den Thüringer Dialekten, Bremen 2012

Nöggerath
Jacob Nöggerath, Gemeinnützige und unterhaltende Rheinische Provinzialblätter, Bd. 4, Köln 1834

Onions
C[harles] T. Onions (with the assistance of G. W. S. Friedrichsen and R. W. Burchfield), The Oxford Dictionary of English Etymology, Oxford 1966

Pape
Wilhelm Pape, Beitrag zur Pflege der Mundart, in: Lohmarer Heimatblätter 14, 2000, S. 44 f.

Paul
Hermann Paul, Deutsches Wörterbuch, 9., grundlegend überarb. Neuausgabe von Helmut Henne und Georg Objartel unter Mitarbeit von Heidrun Kämper-Jensen, Tübingen 1992

Pekrun
Richard Pekrun, Das deutsche Wort. Rechtschreibung und Erklärung des deutschen Wortschatzes sowie der Fremdwörter, nach den amtlichen Regeln bearbeitet, Leipzig 1933

Pelzer
Gabriele Pelzer, Die Karnevalsrufe und der »Alaaf-Helau-Äquator«, in: Niederwupper – Historische Beiträge, 16, 1997, S. 13 ff.

Peters
Karl Peters, Nokixeleien. Von A bis Z. alphabetisch geordnet von Horst-Dieter Jansen, Beek 1987

Pfälzisches Wörterbuch (PfWb)
Pfälzisches Wörterbuch, begründet von Ernst Christmann, bearb. von Julius Krämer und Rudolf Post, 6 Bde., Wiesbaden 1965–1997

Pfeifer
Wolfgang Pfeifer, Etymologisches Wörterbuch des Deutschen. Erarbeitet von einem Autorenkollektiv des Zentralinstituts für Sprachwissenschaft unter der Leitung von Wolfgang Pfeifer, 3 Bde., Berlin 1989

Philippa
Marlies Philippa u. a., Etymologisch woordenboek van het Nederlands, Amsterdam 2003–2009

Picard
Rudolf Picard, Solinger Sprachschatz. Wörterbuch der Solinger Mundart, 3., grundlegend überarb. Neuausgabe, Duisburg 1992

Piirainen/Elling
Elisabeth Piirainen und Wilhelm Elling, Wörterbuch der westmünsterländischen Mundart, hrsg. vom Heimatverein Vreden unter Mitarbeit zahlreicher Gewährsleute, Vreden 1992 (= Beiträge des Heimatvereins Vreden zur Landes- und Volkskunde, Bd. 40)

Pilkmann-Pohl
Reinhard Pilkmann-Pohl, Plattdeutsches Wörterbuch des kurkölnischen Sauerlandes, hrsg. vom Sauerländer Heimatbund e. V., Arnsberg ^{2}1988

Pokorny
Julius Pokorny, Indogermanisches Etymologisches Wörterbuch, 2 Bde., Tübingen und Basel ^{3}1994

Post 1982
Rudolf Post, Romanische Entlehnungen in den westmitteldeutschen Mundarten. Diatopische, diachrone und diastratische Untersuchungen zur sprachlichen Interferenz am Beispiel des landwirtschaftlichen Wortschatzes, Wiesbaden 1982 (= Mainzer Studien zur Sprach- und Volksforschung, Bd. 6)

Post 1985
Rudolf Post, Lehn- und Reliktwörter im Rheinland, Köln 1985 (= Geschicht-

licher Atlas der Rheinlande, Beiheft X/1)

Post 1992
Rudolf Post, Pfälzisch. Einführung in eine Sprachlandschaft, 2., grundlegend überarb. und erw. Neuausgabe, Landau/Pfalz 1992

Post 2004
Rudolf Post, Zur Geschichte des Moselromanischen, in: Rheinische Vierteljahrsblätter, 68, 2004, S. 1–35

Ragotzky
Carl Albert Constantin von Ragotzky, Der flotte Bursch oder Neueste durchaus vollständige Sammlung von sämmtlichen jetzt gebräuchlichen burschicosen Redensarten und Wörtern [...] Leipzig 1831, in: Wörterbücher des 19. Jahrhunderts zur deutschen Studentensprache 1, hrsg. von Helmut Henne und Georg Objartel, Berlin und New York 1984, S. 191–304

Remmers
Arend Remmers, Plattdeutsche Wörtersammlung aus Schwelm und Umgebung, in: Beiträge zur Heimatkunde der Stadt Schwelm und ihrer Umgebung, NF, 1989, S. 107–142

Rheinisches Wörterbuch (RhWb)
Rheinisches Wörterbuch, bearb. und hrsg. von Josef Müller (Bd. 7–9 von anderen Bearbeitern und Herausgebern), 9 Bde., Bonn und Berlin 1928–1971

Riegler
Richard Riegler, Das Tier im Spiegel der Sprache. Ein Beitrag zur vergleichenden Bedeutungslehre, Dresden und Leipzig 1907 (= Neusprachliche Abhandlungen, Bd. XV/XVI)

Röhrich
Lutz Röhrich, Lexikon der sprichwörtlichen Redensarten, 5 Bde., Freiburg u. a. 1994

Röll
Walter Röll, Guten Rutsch?, in: Jiddistik-Mitteilungen, 27, April 2002, S. 14 ff.

Rovenhagen
Johann Ludwig Rovenhagen, Wörterbuch der Aachener Mundart, Aachen 1912

Schildt/Schmidt
Joachim Schildt und Hartmut Schmidt (Hrsg.), Berlinisch. Geschichtliche Einführung in die Sprache einer Stadt, Berlin 1992

Schiller/Lübben
Karl Schiller und August Lübben, Mittelniederdeutsches Wörterbuch, Nachdruck der Ausgabe von 1875, Schaan/Liechtenstein 1981

Schleef
Wilhelm Schleef, Dortmunder Wörterbuch, Köln und Graz 1967 (= Niederdeutsche Studien, Bd. 15)

Schlobinski
Peter Schlobinski, Berliner Wörterbuch. Der aktuelle Sprachschatz des Berliners, Berlin [2]1993

Schmachthagen
Peter Schmachthagen, Hamburger Wortschatz. Schnacks und Begriffe aus Stadt und Land, Hamburg 2014

Schmeller
Johann Andreas Schmeller, Bayerisches Wörterbuch, 2 Bde. in 4 Teilen, Nachdruck der von Karl Frommann bearb. 2. Ausgabe München 1872–1877, München 1985

Schmitt
Eva-Maria Schmitt, Vorlieben und Vorurteile rheinländischer Wörterbuchbear-

beiter. Französische Lehnwortsammlungen im nördlichen Rheinland, in: Volkskultur an Rhein und Maas, 1–2, 1997, S. 38–44

Schmoeckel/Blesken
Hermann Schmoeckel und Andreas Blesken, Wörterbuch der Soester Börde. Ein Beitrag zur westfälischen Mundartenforschung, Soest 1952 (= Soester wissenschaftliche Beiträge, Bd. 5)

Schönberner
Egon Schönberner (unter Mitarbeit von Ingrid Hüsges, Ernst Lamers, Johannes Lier), Wortschatz des unteren Niederrheins, Bd. 1, Kleve 1998

Schubert
Ernst Schubert, Fahrendes Volk im Mittelalter, Bielefeld 1995

Schulte-Wess
Ann Christin Schulte-Wess, Die Viehhändlersprache in Westfalen und im nördlichen Rheinland, Münster 2007

Schunk
Günter Schunk u. a., Wörterbuch von Mittelfranken. Eine Bestandsaufnahme aus den Erhebungen des Sprachatlas von Mittelfranken, Würzburg 2000

Schützeichel
Rudolf Schützeichel, Althochdeutsches Wörterbuch, Tübingen [4]1989

Schweiz Idiotikon
Schweizerisches Idiotikon. Wörterbuch der schweizerdeutschen Sprache, begonnen von Friedrich Staub und Ludwig Tobler, fortgesetzt unter der Leitung von Albert Bachmann u. a., Bde. 1–16 Frauenfeld 1881–2012, Bd. 17 Basel 2015

Schwenck
Konrad Schwenck, Wörterbuch der deutschen Sprache in Beziehung auf Abstammung und Begriffsbildung, Frankfurt 1838

Schwerhoff 1991
Gerd Schwerhoff, Köln im Kreuzverhör. Kriminalität, Herrschaft und Gesellschaft in einer frühneuzeitlichen Stadt, Bonn 1991

Schwerhoff 1996
Gerd Schwerhoff, Zwei Verhöre im Spiegel der Turmbücher, 1569 und 1571, in: Quellen zur Geschichte der Stadt Köln, Bd. 2: Spätes Mittelalter und Frühe Neuzeit (1396–1794), hrsg. von Joachim Deeters und Johannes Helmrath, Köln 1996, S. 190

Sedlaczek/Winder
Robert Sedlaczek und Christoph Winder, Das unanständige Lexikon. Tabuwörter der deutschen Sprache und ihre Herkunft, Innsbruck und Wien 2014

Seidel
Wolfgang Seidel, Es geht um die Wurst. Was hinter unseren Wörtern steckt, München 2009

Seidenspinner
Wolfgang Seidenspinner, Bettler, Landstreicher und Räuber. Das 18. Jahrhundert und die Bandenkriminalität, in: Schurke oder Held? Historische Räuber und Räuberbanden, hrsg. von Harald Siebenmorgen, Ausst.-Kat. Badisches Landesmuseum, Karlsruhe 1996, Sigmaringen 1996

Siewert 1993
Klaus Siewert, Olf, bes, kimmel, dollar, hei … Handwörterbuch der Münsterschen Masematte, Münster und New York 1993

Siewert 2010
Klaus Siewert, Die geheime Sprache der Tiötten. Mit Dokumentenanhängen, Hamburg und Münster 2010

Socin
Adolf Socin, Das schweizerische Idiotikon und die wissenschaftliche Bedeutung der Mundart, in: Ludwig Herrig, Archiv für das Studium der neueren Sprachen und Literaturen, Jg. 18, Braunschweig 1889, S. 321–368

Spohr
Heinrich Spohr, Dr Affekat em Zuppejröns. Begriffe der Düsseldorfer Mundart. Bedeutung und Herkunft, Düsseldorf 2015

Sprick
Claus Sprick, Hömma! Sprache im Ruhrgebiet, Essen [12]2009

Stauff
Arnold Stauff, Die Entstehung des »halven Hahns«, in: Alt-Köln. Mitteilungen des Heimatvereins Alt-Köln, 92, März 1994, S. 26 f.

Steinröx
Hans Steinröx, Französische Fremdwörter in unserer Monschauer Mundart, in: Das Monschauer Land. Jahrbuch 1973, S. 152–160

Stern
Heidi Stern, Wörterbuch zum Jiddischen Lehnwortschatz in den deutschen Dialekten, Tübingen 2000 (= Lexicographica. Series Maior, Bd. 102)

Stoett
F[rederik] A. Stoett (Hrsg.), G. A. Bredero's Moortje, Zutphen 1931

Strunge/Kassenbrock
Margret Strunge und Karl Kassenbrock, Masematte. Das Leben und die Sprache der Menschen in Münsters vergessenen Vierteln, Münster 1980

Südhessisches Wörterbuch (SüdhesWb)
Südhessisches Wörterbuch, begründet von Friedrich Maurer nach den Vorarbeiten von Friedrich Maurer u. a., bearb. von Rudolf Mulch (Bde. 1–4) und Roland Mulch (Bde. 3–6), Marburg 1965–2010

Suolahti
Hugo Suolahti, Deutsche Vogelnamen, ihre Herkunft und Bedeutung, Bremen 2012

ten Doornkaat Koolman
Jan ten Doornkaat Koolman, Wörterbuch der ostfriesischen Sprache, 2 Bde., Norden 1879–1884

Teuchert
Hermann Teuchert, Die Sprachreste der niederländischen Siedlungen des 12. Jahrhunderts, Köln und Wien [2]1972

Theis/Wilhelm
Kerstin Theis und Jürgen Wilhelm (Hrsg.), Frankreich am Rhein. Die Spuren der »Franzosenzeit« im Westen Deutschlands, Köln 2009

Thurneysen
Rudolf Thurneysen, Keltoromanisches. Die keltischen Etymologien im keltischen Wörterbuch der romanischen Sprachen von F. Diez, Halle 1884

Tonnar/Evers
August Tonnar und Wilhelm Evers, Wörterbuch der Eupener Sprache, Eupen 1899

Trübner
Trübners Deutsches Wörterbuch, begründet von Alfred Götze, hrsg. von Walther Mitzka, 8 Bde., Berlin 1939–1957

van der Sijs
Nicoline van der Sijs, Chronologisch woordenboek. De ouderdom en herkomst van onze woorden en betekenissen, Amsterdam und Antwerpen [2]2002

van Ingen
Ferdinand van Ingen, Philipp von Zesen in seiner Zeit und Umwelt, Berlin und Boston 2013

van Veen/van der Sijs
P[ieter] A. F. van Veen und Nicoline van der Sijs, Etymologisch woordenboek. De herkomst van onze woorden, Utrecht und Antwerpen 1997

Venema
Johannes Venema, Zum Stand der zweiten Lautverschiebung im Rheinland. Diatopische, diachrone und diastratische Untersuchungen am Beispiel der dentalen Tenuis (Voralthochdeutsch T/), Stuttgart 1997 (= Mainzer Studien zur sprach- und Volksforschung, Bd. 22)

Verdam
Jacob Verdam, Middelnederlandsch Handwoordenboek. Onveranderde Herdruk en van het Woord Sterne af opnieuw bewerkt door C. H. Ebbinge Wubben, s-Gravenhage 1976

Vilmar
August Friedrich Christian Vilmar, Idiotikon von Kurhessen, Marburg und Leipzig 1868

Wahrig
Brockhaus. Wahrig. Deutsches Wörterbuch in sechs Bänden, hrsg. von Gerhard Wahrig u. a., Stuttgart 1980

Weffer
Herbert Weffer, Von aach bes zwöllef. Ein bönnsches Wörterbuch, Bonn 2000

Weigand
Friedrich Ludwig Karl Weigand, Deutsches Wörterbuch, 1. Bd.: A–L, 2., erweiterte Aufl., Gießen 1873

Weijnen
A[ntonius] A. Weijnen, Etymologisch dialectwoordenboek, Asen 1996

Weinberg
Werner Weinberg, Die Reste des Jüdischdeutschen, Stuttgart u. a. 1969 (= Studia Delitzschiana, Bd. 12)

Weischer
Heinz Weischer, Noch'n Pilsken. Ein vergnügliches Hamm-Heessener Lesebuch nebst Wörterbuch und Übungsgrammatik, Essen 1993

Werner
Johannes Werner, Lexikon des alten Krefelder Platt. Wörter, Wendungen, Redensarten, ihre Bedeutung und ihre Herkunft, aus dem Nachlass hrsg., zu Ende geführt und bearb. von Paula Coerper-Berker, Krefeld 2004

Westfälisches Wörterbuch (WfWb)
Westfälisches Wörterbuch, hrsg. von der Kommission für Mundart- und Namenforschung Westfalens, Beiband Neumünster 1969, Bde. 1–3 (A–L), Neumünster 2011–2015

Wiesinger
Peter Wiesinger, Die Einteilung der deutschen Dialekte, in: Dialektologie. Ein Handbuch zur deutschen und allgemeinen Dialektforschung, hrsg. von Werner Besch u. a., 2. Halbband, Berlin und New York 1983, S. 807–899 (= Handbücher zur Sprach- und Kommunikationswissenschaft, Bd. 1.2)

Wilhelm
Jürgen Wilhelm (Hrsg.), Das große Köln-Lexikon, Köln 2005

Winschuh
Karl-Heinz Winschuh, Von Häkmäk, Fisternölleken und bloke Poschen, in:

Jahrbuch des Freundeskreis Lebendige Grafschaft e. V., 1994/95, S. 126 f.

Woeste
Friedrich Woeste, Wörterbuch der Westfälischen Mundart, im Auftrag des Westfälischen Heimatbundes neu bearb. und hrsg. von Erich Nörrenberg, Nachdruck der Ausgabe von 1930, Vaduz 1987

Wolf 1956
Siegmund A. Wolf, Deutsche Gaunersprache. Wörterbuch des Rotwelschen, Mannheim 1956, unveränd. Nachdruck Hamburg 1993

Wolf 1962
Siegmund A. Wolf, Jiddisches Wörterbuch. Wortschatz des deutschen Grundbestandes der jiddischen (jüdischdeutschen) Sprache mit Leseproben, Mannheim 1962, unveränd. Nachdruck Hamburg 1993

Wörterbuch der deutsch-lothringischen Mundarten (LothrWb)
Wörterbuch der deutsch-lothringischen Mundarten, bearb. von Michael Ferdinand Follmann, Leipzig 1909 (= Quellen zur lothringischen Geschichte – Documents de l'Histoire de la Lorraine, Bd. 12)

Wrede 1920
Adam Wrede, Köln und Flandern-Brabant. Kulturhistorische Wechselbeziehungen vom 12–17. Jahrhundert, Köln 1920

Wrede 1928
Adam Wrede, Altkölnischer Sprachschatz. Auf Grund archivalischer Quellenstoffe der Reichsstadt Köln vom 12. Jahrhundert bis 1815 als Wörterbuch bearb. und hrsg. von Adam Wrede, Lieferung 1 + 2, Köln 1928

Wrede 2010
Adam Wrede, Neuer kölnischer Sprachschatz. Mit einer Einführung von Peter Honnen, Sonderausgabe in einem Band, Köln 2010

Zakharine
Dmitri Zakharine, Von Angesicht zu Angesicht. Der Wandel direkter Kommunikation in der ost- und westeuropäischen Neuzeit, Konstanz 2005 (= Historische Kulturwissenschaft, Bd. 7)

Zitzen
E[mil] G. Zitzen, Scholle und Strom. Rheinischer Agrargeschichtlicher Wortschatz in 5 Lieferungen, Bonn 1948–1960

Stichwortverzeichnis und Verweisregister (erstellt von Tim Könenberg)

Fett gedruckt sind alle selbstständigen Stichwörter. Mager sind dagegen alle die Wörter gesetzt, die kein eigenes Stichwort haben, aber in den einzelnen Wortartikeln vorkommen und ebenfalls erläutert werden. Der Hinweis auf das entsprechende Stichwort ist durch > gekennzeichnet. Ein Blick in das Suchregister lohnt sich auf jeden Fall, weil viele Stichwörter in Wortartikeln »versteckt« sind, wo sie nicht unbedingt vermutet werden.